금피셋&은피셋 시리즈

은행NCS를 위한 피셋 PSAT 300제

국민은행
기업은행
농협은행
신한은행
하나은행
수협은행
iM뱅크
BNK금융그룹
농협중앙회
신협중앙회
새마을금고중앙회
금융감독원
신용보증기금
한국산업은행
한국수출입은행

배현우 · 혼JOB취업연구소

은행권 필기 합격을 위한 고난도 문제 풀이 훈련

- 금피셋과 100% 다른 문항으로 엄선
- 기출 유형 및 소재 완벽 반영
- 피셋기출 8회분 + 출제예상 2회분
- 명쾌한 풀이 전략을 담은 맞춤형 해설

은행권 핵심 개념& 키워드 수록

취준생 풀이 결과 회차별 수록

혼JOB

왜 은행 NCS를 위한 피셋PSAT 300제 인가?

NCS 대비를 위해 PSAT 문제에 익숙해져야 한다

- NCS 기반 직업기초능력(이하 'NCS')은 모든 직업인에게 공통적으로 요구되는 기본적인 능력 및 자질을 평가하는 채용 제도입니다.
- 은행마다 차이가 있지만 대부분의 은행 필기시험에서 PSAT 기반의 NCS와 경영·경제·금융 관련 직무수행능력이 출제되고 있습니다.
- 은행 필기시험의 NCS 대비를 위해서는 이해력, 사고력, 계산력 등을 측정하는 PSAT형 문항에 대한 학습과 훈련이 필수적입니다.

PSAT 기출 문제 및 소재를 담았다

- 은행 NCS에 제대로 대비하기 위해서는 무턱대고 아무 문제나 풀기보다는 은행 NCS에 딱 맞는 소재로 구성된 문제를 집중적으로 풀이해야 합니다.
- 은행 NCS의 지문은 해당 은행이 운영하는 사업, 당면한 사회·경제적 이슈, 시행하는 업무 규정 등을 소재로 출제되는 특징을 보입니다.
- <은행 NCS를 위한 피셋PSAT 300제>는 철저한 기출 분석으로 5급 공채, 입법고시, 민경채, 수능 기출 문제 중 반드시 알아야 하는 유형, 소재의 문항을 선별하여 적절한 난이도의 모의고사로 구성했습니다.
- 문제를 통해 은행 핵심 소재들을 익혀 두면 실제 시험에서 유사한 내용의 지문을 만났을 때 문제 풀이의 적응력과 정확도를 월등히 높일 수 있습니다. 필기시험뿐만 아니라 PT 면접, 토론 면접 주제로도 등장할 수 있기 때문에 철저한 학습이 필요합니다.

은행 NCS를 위한 피셋PSAT 300제 활용 방법

PART 1 피셋기출 모의고사

✔ **시험 형식** 30문항 / 5지 선다 / 67분 30초

✔ **출제 영역** 의사소통, 수리, 문제해결

✔ **문항 출처** 행정5급, 입법고시, 민경채, 수능, 고등 수능 모의평가 등

✔ **핵심 소재** 경제 분야: BIS 자기자본비율, 가계부채 증가와 은행 시스템 리스크, 파생상품, 금융취약성지수, 금리, 비트코인과 가상자산, 기축 통화, 법인세, 생산자물가지수, 역모기지론, 연준의 통화정책

시사·상식 분야: 탄소중립, 3D 프린팅, 인공지능, 생체인식시스템

경영 분야: 기업의 사회적 역할, 기업인수합병, RFID, 스키밍전략과 침투전략

✔ **활용 TIP**

- 문항 구성표를 통해 풀이할 모의고사의 문항의 소재와 출처를 확인해 보시기 바랍니다.
- 주어진 시간 내에 모의고사를 풀이하고, 해설의 구조 파악을 통해 문항이 어떻게 구성되었는지 확인하고, 실전 적용 TIP을 확인하여 실전에 빠르게 적용할 수 있는 방법을 체득하시기 바랍니다.
- 기출 문항 중 중요도가 높아 은행 NCS에서 출제될 가능성이 높은 문항으로 구성한 것임을 명심하고, 생소한 소재에 대해서는 추가로 자료를 찾아보고 학습할 것을 추천합니다.

PART 2 출제예상 모의고사

✔ **시험 형식** 30문항 / 5지 선다 / 45분

✔ **출제 영역** 의사소통, 수리, 문제해결

✔ **문항 출처** 신규 제작 문항

✔ **핵심 소재** 경제 분야: 디지털 금융, DTI, 한계효용학파 경제학자, 금리, 유가증권시장 거래

시사·상식 분야: 딥러닝, 경제활동인구

경영 분야: 절대우위론, 독점기업

✔ **활용 TIP**

- 최신 은행 NCS 기출 경향을 철저하게 분석하여 시험에 출제될 가능성이 높은 문항들로 구성한 모의고사입니다.
- 실제 은행 NCS 출제 경향을 반영하여 PART 1 피셋기출 모의고사보다 평이한 난이도로 구성하였습니다.
- 각 문항의 유형 및 소재에 익숙해질 수 있도록 충분히 풀이할 것을 권장합니다.

책 속 미리보기

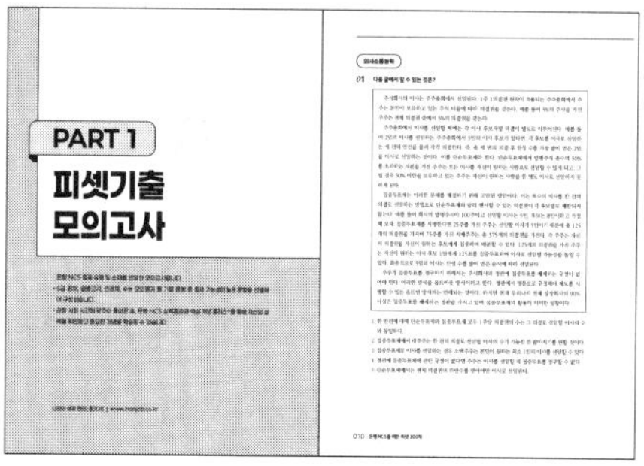

✔ 피셋기출 모의고사

- 은행 NCS 출제 유형 및 소재를 반영한 피셋기출 모의고사 8회분 수록
- 5급 공채, 입법고시, 민경채, 수능 모의평가 등 PSAT형 기출 문항 중 출제 가능성이 높은 문항 선별

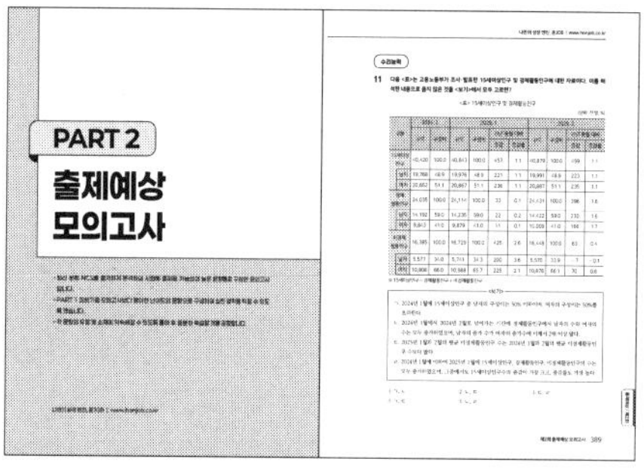

✔ 출제예상 모의고사

- 철저한 은행 NCS 기출 분석을 바탕으로 구성한 출제예상 모의고사 2회분 수록
- 실전 감각을 높이고 현재 실력을 파악할 수 있도록 출제가 예상되는 문항으로 구성

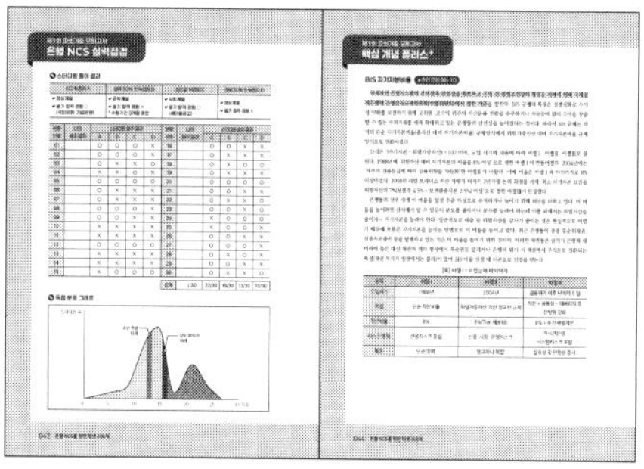

✔ 은행 NCS 실력점검, 핵심 개념 플러스+

- 은행 취업을 준비하는 스터디원들의 모의고사 풀이 결과를 분석하여 수록
- 스터디원 풀이 결과와 나의 풀이 결과를 비교하여 취약 문제 및 현재 위치 파악 가능
- 모의고사 주요 문항의 핵심 개념을 심화 학습할 수 있는 '핵심 개념 플러스+' 수록

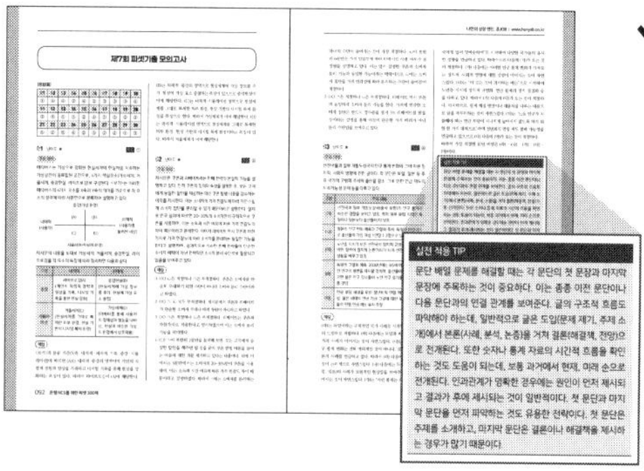

✔ 정답 및 해설

- 문항에 대한 이해를 돕는 '구조 파악' 수록
- 독학 및 스터디에 최적화된 선택지별 상세한 해설
- 빠르고 정확한 문제 풀이 노하우를 담은 '실전 적용 TIP' 수록

이 책의 차례

PART 1

피셋기출 모의고사

- 은행 NCS 출제 유형 및 소재를 반영한 모의고사입니다.
- 5급 공채, 입법고시, 민경채, 수능 모의평가 등 기출 문항 중 출제 가능성이 높은 문항을 선별하여 구성했습니다.
- 권장 시험 시간에 맞추어 풀이한 후, 은행 NCS 실력점검과 핵심 개념 플러스⁺를 통해 자신의 실력을 확인하고 중요한 개념을 학습할 수 있습니다.

제1회 피셋기출 모의고사

✔ **문항 수:** 30문항

✔ **시험 형식:** 객관식 5지 선다형

✔ **시험 시간:** 67분 30초

문항 구성표

영역	번호	출처	소재	난이도
의사소통 능력	01	행정5급	단순투표제와 집중투표제	★★★
	02	입법고시	물가 상승	★
	03	입법고시	대기업집단	★★★
	04	행정5급	이익조정	★★
	05	고3 6월 모의평가	생체 인식 시스템	★
	06	고3 6월 모의평가	생체 인식 시스템	★★
	07	고3 6월 모의평가	생체 인식 시스템	★★★
	08	수능	BIS 비율	★
	09	수능	BIS 비율	★
	10	수능	BIS 비율	★★★
수리 능력	11	입법고시	투자 수익금	★★★
	12	입법고시	생화의 배송상품 가격	★★★
	13	입법고시	생화의 배송상품 가격	★★★
	14	행정5급	종사상지위별 가구 구성비와 가구당 자산	★★★
	15	행정5급	택배 물량, 평균단가 및 매출액	★
	16	입법고시	금융시장 주요지표	★★★
	17	입법고시	금융기관의 개인대출	★★★
	18	입법고시	가구소득 5분위별 소비지출	★★
	19	입법고시	일반은행의 자산운용 행태	★★★
	20	입법고시	주택마련시기와 주택구입자금마련방법	★
문제해결 능력	21	민경채	공기청정기가 자동으로 꺼지는 시각	★★★
	22	행정5급	甲과 乙이 각각 선택할 은행	★
	23	입법고시	업무평가 A등급	★★
	24	입법고시	1인 가구의 소득	★★
	25	입법고시	원화를 페소로 환전	★★★
	26	행정5급	업무코드	★★★
	27	입법고시	주차요금	★★★
	28	입법고시	주차요금	★★★
	29	입법고시	현가와 연금현가	★★★
	30	행정5급	데이터 제공량과 전송 속도	★

의사소통능력

01 다음 글에서 알 수 있는 것은?

주식회사의 이사는 주주총회에서 선임된다. 1주 1의결권 원칙이 적용되는 주주총회에서 주주는 본인이 보유하고 있는 주식 비율에 따라 의결권을 갖는다. 예를 들어 5%의 주식을 가진 주주는 전체 의결권 중에서 5%의 의결권을 갖는다.

주주총회에서 이사를 선임할 때에는 각 이사 후보자별 의결이 별도로 이루어진다. 예를 들어 2인의 이사를 선임하는 주주총회에서 3인의 이사 후보가 있다면, 각 후보를 이사로 선임하는 세 건의 안건을 올려 각각 의결한다. 즉, 총 세 번의 의결 후 찬성 수를 가장 많이 얻은 2인을 이사로 선임하는 것이다. 이를 단순투표제라 한다. 단순투표제에서 발행주식 총수의 50%를 초과하는 지분을 가진 주주는 모든 이사를 자신이 원하는 사람으로 선임할 수 있게 되고, 그럴 경우 50% 미만을 보유하고 있는 주주는 자신이 원하는 사람을 한 명도 이사로 선임하지 못하게 된다.

집중투표제는 이러한 문제를 해결하기 위해 고안된 방안이다. 이는 복수의 이사를 한 건의 의결로 선임하는 방법으로 단순투표제와 달리 행사할 수 있는 의결권이 각 후보별로 제한되지 않는다. 예를 들어 회사의 발행주식이 100주이고 선임할 이사는 5인, 후보는 8인이라고 가정해 보자. 집중투표제를 시행한다면 25주를 가진 주주는 선임할 이사가 5인이기 때문에 총 125개의 의결권을 가지며 75주를 가진 지배주주는 총 375개의 의결권을 가진다. 각 주주는 자신의 의결권을 자신이 원하는 후보에게 집중하여 배분할 수 있다. 125개의 의결권을 가진 주주는 자신이 원하는 이사 후보 1인에게 125표를 집중투표하여 이사로 선임될 가능성을 높일 수 있다. 최종적으로 5인의 이사는 찬성 수를 많이 얻은 순서에 따라 선임된다.

주주가 집중투표를 청구하기 위해서는 주식회사의 정관에 집중투표를 배제하는 규정이 없어야 한다. 이러한 방식을 옵트아웃 방식이라고 한다. 정관에서 명문으로 규정해야 제도를 시행할 수 있는 옵트인 방식과는 반대되는 것이다. 하지만 현재 우리나라 전체 상장회사의 90% 이상은 집중투표를 배제하는 정관을 가지고 있어 집중투표제의 활용이 미미한 상황이다.

① 한 안건에 대해 단순투표제와 집중투표제 모두 1주당 의결권의 수는 그 의결로 선임할 이사의 수와 동일하다.
② 집중투표제에서 대주주는 한 건의 의결로 선임될 이사의 수가 가능한 한 많아지기를 원할 것이다.
③ 집중투표제로 이사를 선임하는 경우 소액주주는 본인이 원하는 최소 1인의 이사를 선임할 수 있다.
④ 정관에 집중투표제에 관한 규정이 없다면 주주는 이사를 선임할 때 집중투표를 청구할 수 없다.
⑤ 단순투표제에서는 전체 의결권의 과반수를 얻어야만 이사로 선임된다.

02 다음 글의 내용과 부합하지 않는 것은?

최근 국내 물가 상승에 원자재 가격이 가장 큰 영향을 미치는 가운데, 글로벌 공급망 차질이 원달러 환율과 유사한 수준으로 중요한 역할을 하는 것으로 분석되었다. 한편, 우리나라는 미국에 비해 수요압력이 높지 않은 것으로 확인되었다. 여기에는 다양한 원인이 있겠으나, 국내 소비가 구조적 부진에서 완전히 벗어나지 못한 점을 주요 원인으로 들 수 있다. GDP갭을 통해 측정한 수요압력의 영향은 개인서비스를 중심으로 한 일부 품목에 제한되었다. 결과적으로 2022년도 2분기 국내 물가상승률(전기대비)의 60%가 원자재 가격 상승과 공급망 차질로부터 유발되었으며, 수요압력 비중은 1% 수준으로 미미하였다.

이처럼 국내 물가 상승의 주요 동인이 글로벌 요인에 있는 만큼, 통화정책을 포함한 국내 정책 대응에 어려움이 많은 상황이다. 국내 인플레이션의 특성을 고려한 정책적 시사점은 다음과 같다. 우선 통화정책과 관련하여, 우리나라는 주요국보다 선제적으로 통화긴축을 실시한 덕분에 점진적인 기준금리 인상경로를 유지하고 있다. 대외요인의 영향에도 불구하고, 금년 들어 상승세를 보이는 기대인플레이션, 개인서비스 품목을 중심으로 한 일부 보복소비(pent-up 소비) 확산 가능성 및 최근 불안정성을 보이는 원달러 환율을 고려할 때 통화긴축의 중요성이 높은 것으로 평가된다. 다만 향후 기준금리 인상경로 결정 시, 미국에 비해 국내에서는 수요압력이 물가 상승에 기여하는 바가 크지 않다는 점을 고려할 필요가 있다.

여타 정책 대응의 경우 통화정책과의 일관성 유지를 중요하게 고려하여야 한다. 특히 우리나라를 포함한 여러 국가에서 포괄적 감세 및 보조금 지급을 통해 유가 상승에 대응하고 있는데, 포괄적 지원을 통해 단기충격을 완화하고 인플레이션을 일시적으로 낮추는 효과를 기대할 수 있을 것이다. 하지만 역사적으로 포괄적 에너지 지원정책은 중장기적 유효성이 낮은 것으로 판명되었다. 수요를 유지시킴으로써 공급충격이 지속되는 부작용이 있고 기업의 비용 전가가 용이해질 가능성이 있다. 또한 이러한 정책은 총수요압력 완화를 위한 통화긴축과도 일관되지 않는 측면이 있다. 이런 점들을 고려할 때, 향후 에너지 가격 상승에 대한 대응은 포괄적 지원보다는 저소득층 지원에 초점을 둘 필요가 있다.

향후 중앙은행의 긴축 등에 힘입어 물가상승세가 완화될 수 있을 것이다. 하지만 팬데믹 영향의 지속, 지정학적 갈등 심화, 기후변화 대응 가속화 등의 영향으로, 원자재 가격 및 공급망 문제가 장기적 관점에서 물가 불확실성을 확대하는 구조적 요인으로 자리 잡을 가능성이 있다. 미국·유로지역·영국 중앙은행 총재들 또한 과거와 같은 저물가로 회귀하지 못할 가능성을 제기한 바 있다. 최근의 높은 물가 수준을 고려할 때 중앙은행의 경기변동 조절을 통한 물가안정 노력이 무엇보다 중요할 것이나, 구조적 요인에 의한 물가 불확실성 확대·지속에 대비하기 위한 노력이 병행되어야 할 것이다.

① 수요압력이 물가 상승에 기여하는 바는 국내에서보다 미국에서 더 작다.
② 중앙은행의 긴축정책을 통한 물가안정의 향후 기대가 공급 측 문제로 인해 실현되지 않을 수 있다.
③ 선제적인 통화긴축의 실시는 기준금리 인상경로에 영향을 미친다.
④ 국내 물가상승의 주요 원인은 내수보다는 글로벌 요인에 있다.
⑤ 유가 보조금 정책은 통화긴축정책과 상충하는 측면이 있다.

03 다음 글의 문단을 논리적 순서에 맞게 나열한 것으로 적절한 것은?

(가) 이와 같은 과정에서 형성된 대기업집단은 다른 독립기업에 비하여 총체적으로 우월한 시장지배력을 바탕으로 국민경제 전체에 커다란 영향력을 행사하게 되었고, 계열회사 상호 간의 내부거래를 통해 상품이나 생산요소 시장을 독과점하거나 과도한 외부금융에 의존하여 외형적 성장을 추구함으로써 경영위험을 증대시키기도 하였다. 또한 계열회사에 대한 상호출자 및 순환출자 등을 통해 적은 자본으로 다수의 계열회사를 지배하는 소유·지배구조의 왜곡과 함께 2세, 3세로의 경영권 승계가 이루어짐으로써 경제력이 개인에게 집중되는 현상(소유집중)까지 야기하게 되었다.

(나) 따라서 「독점규제 및 공정거래에 관한 법률」은 개별 시장에서의 경쟁정책뿐만 아니라, 대기업집단의 경제력 집중으로 인한 폐해를 방지하기 위하여 '지주회사 규제, 상호출자 및 순환출자의 금지, 대규모 내부거래의 이사회 의결 및 공시' 등 규제를 통해 대기업집단의 소유분산, 업종전문화, 기업지배구조 개선 등의 목표를 가지고, 산업 전체 또는 국민경제 전반에 걸친 일반집중과 소유집중의 문제를 경쟁정책의 관점에서 다루고자 하였음을 알 수 있다.

(다) 한편, 우리나라는 오랜 자본주의 역사적 진화과정에서 기업 간의 치열한 경쟁을 통하여 이루어진 서구 자본주의 국가와는 달리, 단기간의 압축 성장을 실현하기 위한 국가 주도의 경제성장 정책의 결과로서 경제력 집중이 나타나게 되었다는 데 그 특징이 있다. 즉, 경제개발 초기 단계에서 정부는 한정된 자본과 자원을 효율적으로 활용하기 위해 불균형 경제성장론에 기초하여 소수의 기업에게 각종 특혜와 지원을 아끼지 않았고, 이들은 특정한 시장에서의 독과점적 지위를 보장받고 이를 기반으로 부가가치가 높은 새로운 시장으로의 진입과 지배력 확장을 계속 반복해 나가면서 대기업집단의 경제구조를 형성하게 된 것이다.

(라) 「독점규제 및 공정거래에 관한 법률」에서 '경제력'이라 함은 어떠한 경제주체가 자신이 소유·지배하는 경제적 자원이나 수단을 바탕으로 다른 경제주체의 자유의사에 따른 경제적 선택에 영향을 줄 수 있는 힘을 말하며, 이러한 경제력이 특정한 경제주체에 집중되는 경우를 '경제력 집중'이라 한다. 경제력 집중은 그 집중의 경제적 현상 또는 특정한 시장이나 산업에 한정하여 나타나는 '시장집중'과 국민경제 전반에 걸쳐 나타나는 '일반집중'으로 구분된다.

(마) 경제력이 집중되는 경우 자본주의 시장경제의 기본원리인 자유경쟁의 결과로서 규모의 경제와 범위의 경제를 통해 경제적 효율성이 증대되는 측면이 있다. 그러나 경제력이 특정한 시장에서 소수의 독과점 기업에 집중된다면, 시장기능을 왜곡시켜 자원배분의 효율성과 소비자 후생을 저하시키고, 기술혁신과 경영의 합리화를 억제함으로써 궁극적으로 국가 경쟁력을 떨어뜨릴 수 있으며, 특히 경제력이 국민경제에 커다란 영향을 미치고 있는 대기업집단에 편중될 경우, 그 대기업집단의 계열기업이 다수의 산업에 진출하는 등의 방식을 통해 개별 시장마다 독과점 지위를 점하게 되고, 모든 개별 시장에서의 경쟁을 제한할 가능성은 더욱 높아지게 되는 부정적인 측면도 존재한다.

① (라) – (나) – (다) – (가) – (마)
② (라) – (마) – (가) – (다) – (나)
③ (라) – (마) – (다) – (가) – (나)
④ (마) – (가) – (나) – (라) – (다)
⑤ (마) – (라) – (다) – (가) – (나)

04 다음 글의 ㉠에 대한 판단으로 적절한 것만을 <보기>에서 모두 고르면?

기업의 경영자는 개인적인 이득을 위해 기업의 성적표라고 할 수 있는 재무제표상에서 당해 이익을 높이거나 낮추고 싶어 한다. 이익이 너무 낮으면 경영상의 책임을 추궁당할 수 있고, 이익이 너무 높으면 시장의 기대치가 높아져 추후 성과에 대한 부담이 될 수 있기 때문이다. 이와 같은 개인적 이득을 위해 경영자가 외부에 보고될 재무제표에 개입하는 행위를 ㉠ '이익조정'이라고 부른다. 이는 실제로 빈번히 나타나는데, 기업이 준수해야 하는 회계기준의 범위를 넘어서지만 않는다면 분식회계와 같은 '이익조작'으로 간주되지는 않는다.

이익조정은 다양한 방식으로 이루어질 수 있는데, 크게 두 가지 유형으로 분류된다. 한 가지는 '실물이익조정'으로, 생산이나 판매에 대한 의사결정을 통해 다양한 물적·인적 자원이나 자금의 흐름에 실제로 영향을 주면서 이익을 조정하는 것이다. 예를 들어 경영자는 비정상적인 가격 할인, 자산 처분, 연구개발비 삭감 등을 통해 당기 이익을 일시적으로 높일 수 있다.

또 다른 유형은 실질적인 자원의 흐름과는 무관하게 회계처리 방식의 변경을 통해 이익을 조정하는 것이다. 이는 장부상의 이익에만 반영될 뿐 실제 기업의 생산이나 판매에 대한 의사결정을 변경시키는 것은 아니기 때문에, '장부상 이익조정'이라고 불린다. 예를 들어 경영자는 감가상각방법을, 매년 동일한 비용으로 처리하는 정액법에서 초기에는 많은 비용을 배분하다가 매년 조금씩 줄이는 정률법으로 변경함으로써 장부상의 이익을 조정할 수 있다.

<보기>

ㄱ. 기업 A의 경영자는 회계기준에 어긋나지 않는 범위에서 당기 이익을 높여 신규 상장 시 자신이 보유한 주식의 발행가액을 높게 책정하고자 생산량을 비정상적으로 늘렸다. 이는 실물이익조정에 해당한다.
ㄴ. 기업 B의 경영자는 경기가 불확실한 상황에서 내년도 이익 목표를 높게 설정하지 않기 위해, 일시적으로 광고비를 대폭 늘려 지출한 뒤 회계기준에 맞게 장부에 반영하여 당해 연도 이익을 낮췄다. 이는 장부상 이익조정에 해당한다.
ㄷ. 기업 C의 경영자는 내년에도 연임하기 위해 당해 연도 적자를 회피하고자 회계기준의 범위 내에서 재고자산의 단가를 종전과는 다른 방식으로 계산하는 회계 선택을 통해 이익을 상향 조정했다. 이는 장부상 이익조정에 해당한다.

① ㄱ ② ㄴ ③ ㄱ, ㄷ ④ ㄴ, ㄷ ⑤ ㄱ, ㄴ, ㄷ

[05~07] 다음 글을 읽고 물음에 답하시오.

지문(指紋)은 손가락의 진피로부터 땀샘이 표피로 융기되어 일정한 흐름 모양으로 만들어진 것으로 솟아오른 부분을 융선, 파인 부분을 골이라고 한다. 지문은 진피 부분이 손상되지 않는 한 평생 변하지 않는다. 이 때문에 홍채, 정맥, 목소리 등과 함께 지문은 신원을 확인하기 위한 중요한 생체 정보로 널리 사용되고 있다.

지문 인식 시스템은 등록된 지문과 조회하는 지문이 동일한지 판단함으로써 신원을 확인하는 생체 인식 시스템이다. 지문을 등록하거나 조회하기 위해서는 지문 입력 장치를 통해 지문의 융선과 골이 잘 드러나 있는 지문 영상을 얻어야 한다. 지문 입력 장치는 손가락과의 접촉을 통해 정보를 얻는데, 이때 지문의 융선은 접촉면과 닿게 되고 골은 닿지 않는다. 따라서 지문 입력 장치의 융선과 골에 대응하는 빛의 세기, 전하량, 온도와 같은 물리량에 차이가 발생한다.

㉠ <u>광학식 지문 입력 장치</u>는 조명 장치, 프리즘, 이미지 센서로 구성되어 있다. 프리즘의 반사면에 손가락을 고정시키면 융선 부분에 묻어 있는 습기나 기름이 반사면에 얇은 막을 형성한다. 조명에서 나와 얇은 막에 입사된 빛은 굴절되거나 산란되어 약해진 상태로 이미지 센서에 도달한다. 골 부분은 반사면에 닿아 있지 않으므로 빛이 굴절, 산란되지 않고 반사되어 센서에 도달한다. 이미지 센서는 빛의 세기를 디지털 신호로 변환하여 지문 영상을 만든다. 이 장치는 지문이 있는 부위에 땀이나 기름기가 적은 건성 지문인 경우에는 온전한 지문 영상을 획득하기 어렵다.

㉡ <u>정전형 센서식 지문 입력 장치</u>는 미세한 정전형 센서들을 촘촘하게 배치한 판을 사용한다. 이 판에는 전기가 흐르고 각 센서마다 전하가 일정하게 충전되어 있다. 판에 손가락이 닿으면 전하가 방전되어 센서의 전하량이 줄어든다. 이때 융선이 접촉된 센서와 그렇지 않은 센서는 전하량에 차이가 생기는데, 각 센서의 전하량을 변환해 지문 영상을 얻는다.

㉢ <u>초전형 센서식 지문 입력 장치</u>는 인체의 온도 변화를 감지하는 여러 개의 작은 초전형 센서를 손가락의 폭에 해당하는 길이만큼 일렬로 배치해서 사용한다. 이 센서는 온도가 변할 때에만 신호가 발생하는 특성이 있다. 센서가 늘어선 방향과 직각 방향으로 손가락을 접촉시킨 채 이동시키면, 접촉면과 지문의 융선 사이에 마찰열이 발생하여 융선과 골에 따라 센서의 온도가 달라진다. 이때 발생하는 미세한 온도 변화를 센서가 감지하고 이에 해당하는 신호를 변환하여 연속적으로 저장해 지문 영상을 얻는다. 이 장치는 다른 지문 입력 장치보다 소형화할 수 있어 스마트폰과 같은 작은 기기에 장착할 수 있다.

ⓐ <u>일반적으로 생체 인식 시스템에서는 '생체 정보 수집', '전처리', '특징 데이터 추출', '정합'의 과정을 거치는데</u> 지문 인식 시스템도 이를 따른다. 생체 정보 수집 단계는 지문 입력 장치를 사용하여 지문 영상을 얻는 과정에 해당한다. 전처리 단계에서는 지문 형태와 무관한 영상 정보를 제거하고 지문 형태의 특징이 부각되도록 지문 영상을 보정한다. 특징 데이터 추출 단계에서는 전처리 단계에서 보정된 영상으로부터 각 지문이 가진 고유한 특징 데이터를 추출한다. 특징 데이터로는 융선의 분포 유형, 융선의 위치와 연결 상태 등이 사용된다. 정합 단계에서는 사전에 등록되어 있는 특징 데이터와 지문 조회를 위해 추출된 특징 데이터를 비교하여 유사도를 계산한다. 이 값이 기준치보다 크면 동일한 사람의 지문으로 판정한다.

05 **윗글의 내용과 일치하는 것은?**

① 광학식 지문 입력 장치에는 프리즘이 필요하다.
② 정맥은 지문과 달리 신원 확인을 위한 생체 정보로 활용할 수 없다.
③ 정전형 센서식 지문 입력 장치가 초전형 센서식 지문 입력 장치보다 소형화에 더 유리하다.
④ 광학식 지문 입력 장치에서 반사면에 융선 모양의 얇은 막이 형성되지 않아야 온전한 지문 영상을 얻을 수 있다.
⑤ 초전형 센서식 지문 입력 장치에서 양호한 지문을 얻기 위해서는 손가락을 센서에 접촉시킨 후 움직이지 않아야 한다.

06 **㉠~㉢을 사용해 정상적인 '지문 영상'을 얻었다고 할 때, 각 센서에 감지되는 물리량에 대한 설명으로 가장 적절한 것은?**

① ㉠에서는, 융선의 위치에서 반사되어 센서에 도달한 빛의 세기가 골의 위치에서 반사되어 센서에 도달한 빛의 세기보다 강하겠군.
② ㉡에서는, 융선에 대응하는 센서의 전하량이 골에 대응하는 센서의 전하량과 같겠군.
③ ㉡에서는, 융선에 대응하는 센서의 전하량이 골에 대응하는 센서의 전하량보다 적겠군.
④ ㉢에서는, 융선에 대응하는 센서의 온도가 골에 대응하는 센서의 온도와 같겠군.
⑤ ㉢에서는, 융선에 대응하는 센서의 온도가 골에 대응하는 센서의 온도보다 낮겠군.

07 **ⓐ에 따라 <보기>의 정보를 활용한 홍채 인식 시스템을 설계한다고 할 때, 단계별 고려 사항으로 적절하지 않은 것은?**

<보기>

홍채는 각막과 수정체 사이에 있는 근육막으로, 빛을 통과시키는 구멍인 동공을 둘러싸고 있다. 홍채 근육은 빛의 양을 조절하기 위해 수축하거나 이완하여 동공의 크기를 조절한다. 홍채에는 불규칙한 무늬가 있는데, 두 사람의 홍채 무늬가 같을 확률은 대략 20억분의 1 정도로 알려져 있다.

① [생체 정보 수집] 홍채의 바깥에 각막이 있으므로 홍채 정보를 수집할 때에는 지문 입력 장치와 달리, 홍채 입력 장치와 홍채가 직접 닿지 않게 하는 방식을 고려해야겠군.
② [전처리] 생체 정보 수집 단계에서 얻은 영상에서 홍채의 불규칙한 무늬가 나타난 부분만을 분리하는 과정이 필요하겠군.
③ [전처리] 홍채의 불규칙한 무늬가 선명하게 드러날 수 있도록 생체 정보 수집 단계에서 얻은 영상을 보정해야겠군.
④ [특징 데이터 추출] 홍채 근육에 의해 동공의 크기가 달라진다는 점을 고려하여 홍채에서 동공이 차지하는 비율을 특징 데이터로 추출해야 하겠군.
⑤ [정합] 등록된 홍채의 특징 데이터와 조회하려는 홍채의 특징 데이터 사이의 유사도를 판정하는 단계이므로 유사도의 기준치가 정해져 있어야 하겠군.

핵심 개념 플러스+

[08~10] 다음 글을 읽고 물음에 답하시오.

국제법에서 일반적으로 조약은 국가나 국제기구들이 그들 사이에 지켜야 할 구체적인 권리와 의무를 명시적으로 합의하여 창출하는 규범이며, 국제 관습법은 조약 체결과 관계없이 국제 사회 일반이 받아들여 지키고 있는 보편적인 규범이다. 반면에 경제 관련 국제기구에서 어떤 결정을 하였을 경우, 이 결정 사항 자체는 권고적 효력만 있을 뿐 법적 구속력은 없는 것이 일반적이다. 그런데 국제결제은행 산하의 바젤위원회가 결정한 BIS 비율 규제와 같은 것들이 비회원의 국가에서도 엄격히 준수되는 모습을 종종 보게 된다. 이처럼 일종의 규범적 성격이 나타나는 현실을 어떻게 이해할지에 대한 논의가 있다. 이는 위반에 대한 제재를 통해 국제법의 효력을 확보하는 데 주안점을 두는 일반적 경향을 되돌아보게 한다. 곧 신뢰가 형성하는 구속력에 주목하는 것이다.

BIS 비율은 은행의 재무 건전성을 유지하는 데 필요한 최소한의 자기자본 비율을 설정하여 궁극적으로 예금자와 금융 시스템을 보호하기 위해 바젤위원회에서 도입한 것이다. 바젤위원회에서는 BIS 비율이 적어도 규제 비율인 8%는 되어야 한다는 기준을 제시하였으며, 이를 구하는 방법은 다음과 같다.

$$\text{BIS 비율}(\%)=\frac{\text{자기자본}}{\text{위험가중자산}}\times 100 \geq 8(\%)$$

여기서 자기자본은 은행의 기본자본, 보완자본 및 단기후순위 채무의 합으로, 위험가중자산은 보유 자산에 각 자산의 신용 위험에 대한 위험가중치를 곱한 값들의 합으로 구하였다. 위험가중치는 자산 유형별 신용 위험을 반영하는 것인데, OECD 국가의 국채는 0%, 회사채는 100%가 획일적으로 부여되었다. 이후 금융자산의 가격 변동에 따른 시장 위험도 반영해야 한다는 요구가 커지자, 바젤위원회는 위험가중자산을 신용 위험에 따른 부분과 시장 위험에 따른 부분의 합으로 새로 정의하여 BIS 비율을 산출하도록 하였다. 신용 위험의 경우와 달리 시장 위험의 측정 방식은 감독 기관의 승인하에 은행의 선택에 따라 사용할 수 있게 하여 '바젤 I' 협약이 1996년에 완성되었다.

금융 혁신의 진전으로 '바젤 I' 협약의 한계가 드러나자 2004년에 '바젤 II' 협약이 도입되었다. 여기에서 BIS 비율의 위험가중자산은 신용 위험에 대한 위험가중치에 자산의 유형과 신용도를 모두 고려하도록 수정되었다. 신용 위험의 측정 방식은 표준 모형이나 내부 모형 가운데 하나를 은행이 이용할 수 있게 되었다. 표준 모형에서는 OECD 국가의 국채는 0%에서 150%까지, 회사채는 20%에서 150%까지 위험가중치를 구분하여 신용도가 높을수록 낮게 부과한다. 예를 들어 실제 보유한 회사채가 100억 원인데 신용 위험 가중치가 20%라면 위험가중자산에서 그 회사채는 20억 원으로 계산된다. 내부 모형은 은행이 선택한 위험 측정 방식을 감독 기관의 승인하에 그 은행이 사용할 수 있도록 하는 것이다. 또한 감독 기관은 필요시 위험가중자산에 대한 자기자본의 최저 비율이 규제 비율을 초과하도록 자국 은행에 요구할 수 있게 함으로써 자기자본의 경직된 기준을 보완하고자 했다.

최근에는 '바젤 III' 협약이 발표되면서 자기자본에서 단기후순위 채무가 제외되었다. 또한 위험가중자산에 대한 기본자본의 비율이 최소 6%가 되게 보완하여 자기자본의 손실 복원력을 강화하였다. 이처럼 새롭게 발표되는 바젤 협약은 이전 협약에 들어 있는 관련 기준을 개정하는 효과가 있다.

바젤 협약은 우리나라를 비롯한 수많은 국가에서 채택하여 제도화하고 있다. 현재 바젤위원회에는 28개국의 금융 당국들이 회원으로 가입되어 있으며, 우리 금융 당국은 2009년에 가입하였다. 하지만 우리나라는 가입하기 훨씬 전부터 BIS 비율을 도입하여 시행하였으며, 현행 법제에도 이것이 반영되어 있다. 바젤 기준을 따름으로써 은행이 믿을 만하다는 징표를 국제 금융 시장에 보여 주어야 했던 것이다. 재무 건전성을 의심받는 은행은 국제 금융 시장에 자리를 잡지 못하거나, 심하면 아예 발을 들이지 못할 수도 있다.

바젤위원회에서는 은행 감독 기준을 협의하여 제정한다. 그 헌장에서는 회원들에게 바젤 기준을 자국에 도입할 의무를 부과한다. 하지만 바젤위원회가 초국가적 감독 권한이 없으며 그의 결정도 법적 구속력이 없다는 것 또한 밝히고 있다. 바젤 기준은 100개가 넘는 국가가 채택하여 따른다. 이는 국제기구의 결정에 형식적으로 구속을 받지 않는 국가에서까지 자발적으로 받아들여 시행하고 있다는 것인데, 이런 현실을 말랑말랑한 법(soft law)의 모습이라 설명하기도 한다. 이때 조약이나 국제 관습법은 그에 대비하여 딱딱한 법(hard law)이라 부르게 된다. 바젤 기준도 장래에 딱딱하게 응고될지 모른다.

08 윗글의 내용 전개 방식으로 가장 적절한 것은?

① 특정한 국제적 기준의 내용과 그 변화 양상을 서술하며 국제 사회에 작용하는 규범성을 설명하고 있다.

② 특정한 국제적 기준이 제정된 원인을 서술하며 국제 사회의 규범을 감독 권한의 발생 원인에 따라 분류하고 있다.

③ 특정한 국제적 기준의 필요성을 서술하며 국제 사회에 수용되는 규범의 필요성을 상반된 관점에서 논증하고 있다.

④ 특정한 국제적 기준과 관련된 국내법의 특징을 서술하며 국제 사회에 받아들여지는 규범의 장단점을 설명하고 있다.

⑤ 특정한 국제적 기준의 설정 주체가 바뀐 사례를 서술하며 국제 사회에서 규범 설정 주체가 지닌 특징을 분석하고 있다.

09 BIS 비율에 대한 이해로 가장 적절한 것은?

① 바젤 I 협약에 따르면, 보유하고 있는 회사채의 신용도가 낮아질 경우 BIS 비율은 낮아지는 경향이 있다.

② 바젤 II 협약에 따르면, 각국의 은행들이 준수해야 하는 위험가중자산 대비 자기자본의 최저 비율은 동일하다.

③ 바젤 II 협약에 따르면, 보유하고 있는 OECD 국가의 국채를 매각한 뒤 이를 회사채에 투자한다면 BIS 비율은 항상 높아진다.

④ 바젤 II 협약에 따르면, 시장 위험의 경우와 마찬가지로 감독 기관의 승인하에 은행이 선택하여 사용할 수 있는 신용 위험의 측정 방식이 있다.

⑤ 바젤 III 협약에 따르면, 위험가중자산 대비 보완자본이 최소 2%는 되어야 보완된 BIS 비율 규제를 은행이 준수할 수 있다.

10 윗글을 참고할 때, <보기>에 대한 반응으로 적절하지 않은 것은?

<보기>

갑 은행이 어느 해 말에 발표한 자기자본 및 위험가중자산은 아래 표와 같다. 갑 은행은 OECD 국가의 국채와 회사채만을 자산으로 보유했으며, 바젤 II 협약의 표준 모형에 따라 BIS 비율을 산출하여 공시하였다. 이때 회사채에 반영된 위험 가중치는 50%이다. 그 이외의 자본 및 자산은 모두 무시한다.

항목	자기자본		
	기본자본	보완자본	단기후순위채무
금액	50억 원	20억 원	40억 원

항목	위험 가중치를 반영하여 산출한 위험가중자산		
	신용 위험에 따른 위험가중자산		시장 위험에 따른 위험가중자산
	국채	회사채	
금액	300억 원	300억 원	400억 원

① 갑 은행이 공시한 BIS 비율은 바젤위원회가 제시한 규제 비율을 상회하겠군.

② 갑 은행이 보유 중인 회사채의 위험 가중치가 20%였다면 BIS 비율은 공시된 비율보다 높았겠군.

③ 갑 은행이 보유 중인 국채의 실제 규모가 회사채의 실제 규모보다 컸다면 위험 가중치는 국채가 회사채보다 낮았겠군.

④ 갑 은행이 바젤 I 협약의 기준으로 신용 위험에 따른 위험가중자산을 산출한다면 회사채는 600억 원이 되겠군.

⑤ 갑 은행이 위험가중자산의 변동 없이 보완자본을 10억 원 증액한다면 바젤 III 협약에서 보완된 기준을 충족할 수 있겠군.

수리능력

11 **X 자동차는 1년 후에 가격이 1,100만 원이 될 예정이며, 만일 권리금을 즉시 지불하고 1년 후에 현물을 건네받는 조건으로 계약할 경우 현 시점에서 권리금을 1,000만 원만 지불하면 된다고 한다. 국내 연간 대출금리는 6%, 예금금리는 3%로 고정되어 있고, 현재 원/달러 환율은 1,000원/달러이다. 그리고 1년 후 원/달러 환율은 현재에 비해 7% 상승한 1,070원/달러이고, 미국의 연간 대출금리는 7%, 예금금리는 4%로 고정되어 있다고 하자. 다음 A, B, C 투자전략을 투자 수익금이 가장 높은 순으로 배열한 것은? (단, 이 자동차에 대한 시장의 수요는 충분하다고 가정한다)**

<보기>

A. 국내 은행에서 1,000만 원을 대출받아서 X 자동차의 권리금을 지불하고 1년 후에 자동차를 건네받아서 이것을 제3자에게 판매하고 은행 대출금을 갚는다.

B. 국내 은행에서 500만 원을 대출받아서 모두 달러로 교환한 후 미국 은행에 예금, 1년 후 인출해서 전부 원화로 다시 바꾸고 은행 대출금을 갚는다.

C. 미국 은행에서 2만 5,000달러를 대출해서 모두 원화로 교환, X 자동차 2대의 권리금을 지불하고 나머지는 국내 은행에 예금한다. 1년 후 X 자동차 2대를 제3자에게 판매하고 예금은 전부 인출, 일부를 환전해 미국 은행에 대한 대출금을 갚는다.

① A − B − C
② B − A − C
③ B − C − A
④ C − A − B
⑤ C − B − A

[12~13] 다음 <표>는 생화의 배송상품 가격에 관한 자료이다. 자료를 보고 물음에 답하시오.

<표 1> 상점별 생화 배송상품 가격

(단위: 송이, 원)

상점 이름	상품명	판매단위	상품가격	혜택
H플라워	장미	10	17,000	상품종류 상관없이 20송이 이상 구매 시 5% 할인 (단, 배송비는 할인 제외)
	튤립	10	17,000	
	거베라	10	13,000	
	스타치스	30	12,000	
S화원	튤립	5	7,500	3만 원 이상 구매 시 무료배송
	카네이션	10	9,400	
	프리지아	30	16,900	
	러넌큘러스	10	10,900	
P꽃집	장미	5	8,000	단일 상품 20송이 구매할 때마다 해당 상품 5송이 서비스
	카네이션	5	5,500	
	소국	5	5,000	
	스타치스	20	8,500	

※ 모든 상점의 배송비는 4,000원임

12 상점별 생화 배송상품에 대한 <보기>의 설명 중 옳은 것만을 모두 고르면? (단, 이하 계산은 모두 배송비를 포함한다)

<보기>

ㄱ. 장미 10송이와 튤립 10송이를 가장 저렴하게 구매할 경우 최종 지불액은 38,000원이다.
ㄴ. 스타치스 50송이를 구매하려는 경우 H플라워보다 P꽃집에서 구매하는 것이 유리하며, 이 때 최종 지불액의 차이는 5,000원 이상이다.
ㄷ. 판매단위로 단일 상품 꽃다발을 구매할 때 1송이당 최종 지불액이 세 번째로 저렴한 상품은 S화원의 프리지아 상품이다.
ㄹ. 판매단위로 단일 상품 꽃다발을 구매할 때 판매 상점에 따른 1송이당 최종 지불액 차이는 카네이션보다 튤립이 크다.

① ㄱ, ㄴ ② ㄱ, ㄷ ③ ㄱ, ㄹ ④ ㄴ, ㄷ ⑤ ㄷ, ㄹ

13 **자료에 따른 생화 배송상품을 구매하여 <표 2>의 꽃다발을 만들고자 할 때, 각 꽃다발을 구매하는 데 드는 최저 가격을 짝지은 것으로 옳지 않은 것은?**

<표 2> 꽃다발 구성요소

종류	구성요소
프로포즈 꽃다발	• 장미 30송이 • 스타치스 20송이
졸업식 꽃다발	• 프리지아 30송이 • 스타치스 30송이
어버이날 꽃다발	• 카네이션 20송이 • 스타치스 20송이
화병용 꽃다발	• 튤립 10송이 • 러넌큘러스 5송이 또는 거베라 5송이
꽃바구니	• 장미 15송이 • 러넌큘러스 5송이 또는 거베라 5송이 • 스타치스 30송이

① 프로포즈 꽃다발 – 52,500원
② 졸업식 꽃다발 – 36,300원
③ 어버이날 꽃다발 – 34,500원
④ 화병용 꽃다발 – 29,900원
⑤ 꽃바구니 – 60,050원

14 **다음 <표>는 2020년 A지역의 가구주 연령대별 및 종사상지위별 가구 구성비와 가구당 자산 보유액 현황에 관한 자료이다. 이를 이용하여 작성한 <보기>의 그래프 중 옳은 것만을 모두 고르면?**

<표> 가구 구성비 및 가구당 자산 보유액

(단위: %, 만 원)

구분		가구 구성비	전체	금융자산	실물자산		
					부동산	거주주택	기타
가구 전체		100.0	43,191	10,570	30,379	17,933	2,242
가구주 연령대	30세 미만	2.0	10,994	6,631	3,692	2,522	671
	30~39세	12.5	32,638	10,707	19,897	13,558	2,034
	40~49세	22.6	46,967	12,973	31,264	19,540	2,730
	50~59세	25.2	49,346	12,643	33,798	19,354	2,905
	60세 이상	37.7	42,025	7,912	32,454	18,288	1,659
가구주 종사상 지위	상용근로자	42.7	48,531	13,870	32,981	20,933	1,680
	임시·일용근로자	12.4	19,498	4,987	13,848	9,649	663
	자영업자	22.8	54,869	10,676	38,361	18,599	5,832
	기타(무직 등)	22.1	34,179	7,229	26,432	16,112	518

<보기>

ㄱ. 가구주 연령대별 부동산 자산 중 거주주택 자산 비중

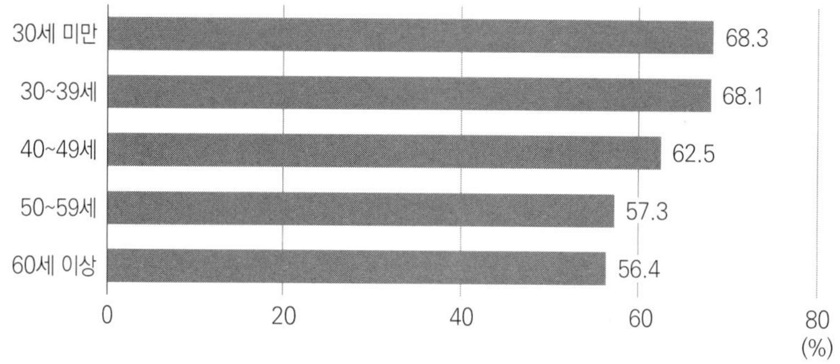

ㄴ. 상용근로자와 자영업자의 자산 유형별 자산 보유액 구성비 비교

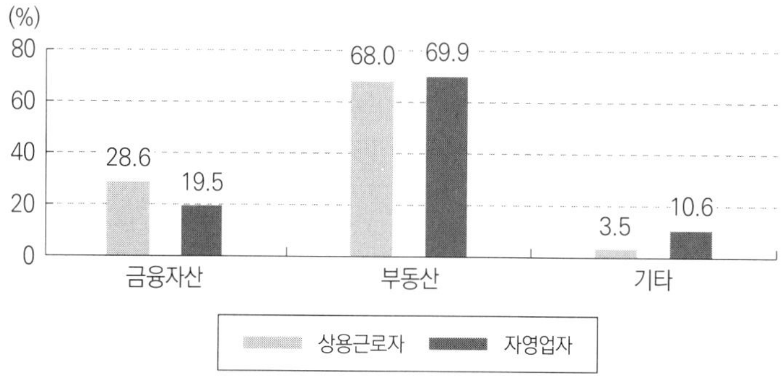

ㄷ. 전체 자산의 가구주 연령대별 구성비

(단위: %)

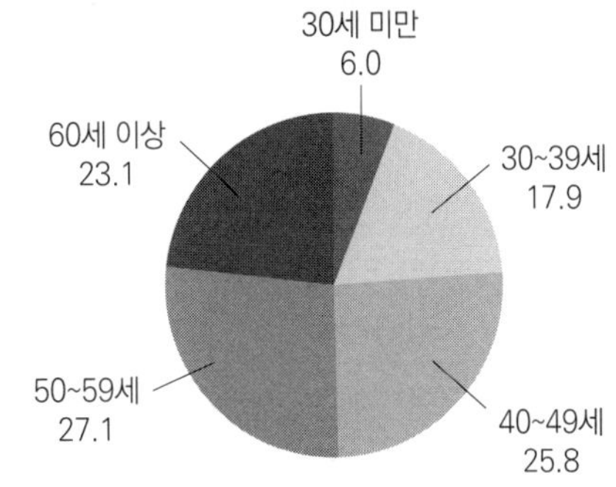

ㄹ. 가구주 종사상지위별 가구당 실물자산 규모

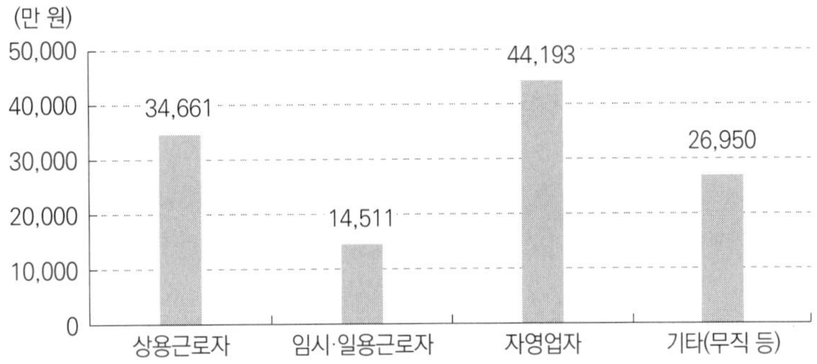

① ㄱ, ㄷ　② ㄴ, ㄷ　③ ㄴ, ㄹ

④ ㄷ, ㄹ　⑤ ㄱ, ㄴ, ㄹ

15 **다음 <표>는 '갑'국의 택배 물량, 평균단가 및 매출액에 관한 자료이다. <보고서>를 작성하기 위해 <표> 이외에 추가로 필요한 자료만을 <보기>에서 모두 고르면?**

<표> 택배 물량, 평균단가 및 매출액

(단위: 만 박스, 원/박스, 억 원)

구분 / 연도	물량	평균단가	매출액
2015	181,596	2,392	43,438
2016	204,666	2,318	47,442
2017	231,946	2,248	52,141
2018	254,278	2,229	56,679

<보고서>

'갑'국의 택배 물량은 2015년 이후 매년 증가하였고, 2018년은 2017년에 비해 약 9.6% 증가하였다. 2015년 이후 '갑'국의 경제활동인구 1인당 택배 물량 또한 매년 증가하고 있는데, 이와 같은 추세는 앞으로도 계속될 것으로 예측된다.

2018년 '갑'국의 택배업 매출액은 2017년 대비 약 8.7% 증가한 5조 6,679억 원이었다. '갑'국 택배업 매출액의 연평균 성장률은 2001~2010년 19.1%, 2011~2018년 8.4%를 기록하였는데, 2011년 이후 성장률이 다소 둔화하였지만, 여전히 높은 성장률을 유지하고 있음을 알 수 있다. 2011~2018년 '갑'국 유통업 매출액의 연평균 성장률은 3.5%로 동기간 택배업 매출액의 연평균 성장률보다 매우 낮다고 할 수 있다. 한편, 택배의 평균단가는 2015년 이후 매년 하락하고 있다.

<보기>

ㄱ. 2001~2014년 연도별 택배업 매출액
ㄴ. 2011~2018년 연도별 유통업 매출액
ㄷ. 2012~2014년 연도별 택배 평균단가
ㄹ. 2015~2018년 연도별 경제활동인구

① ㄱ, ㄴ　② ㄱ, ㄹ　③ ㄴ, ㄷ
④ ㄱ, ㄴ, ㄹ　⑤ ㄴ, ㄷ, ㄹ

16 **다음 <표 1>과 <표 2>는 한국은행에서 발표한 금융시장 주요지표이다. 이에 대한 해석으로 옳은 것을 <보기>에서 모두 고르면?**

<표 1> 금융시장 주요지표, 2005년 1월 12일 발표

구분	04년 말	05. 1. 4. (화)	05. 1. 5. (수)	05. 1. 6. (목)	05. 1. 7. (금)	05. 1. 10. (월)	05. 1. 11. (화)
종합주가지수	895.92	886.90	885.19	871.28	870.84	874.18	884.29
거래량(만 주)	24,858	33,163	34,314	39,470	29,480	27,596	36,443
거래대금(억 원)	16,937	17,888	20,629	24,877	19,826	16,713	22,117
KOSDAQ지수	380.33	393.00	399.68	404.15	408.17	418.71	416.56
거래량(만 주)	27,490	35,452	42,985	57,441	43,850	43,391	46,077
거래대금(억 원)	6,203	9,733	10,128	15,455	13,871	13,673	13,126
환율(₩/$)	1,035.10	1,038.70	1,046.30	1,058.80	1,051.10	1,053.70	1,045.10

<표 2> 금융시장 주요지표, 2006년 1월 12일 발표

구분	05년 말	06. 1. 4. (수)	06. 1. 5. (목)	06. 1. 6. (금)	06. 1. 9. (월)	06. 1. 10. (화)	06. 1. 11. (수)
종합주가지수	1,379.37	1,402.11	1,395.51	1,412.78	1,408.33	1,396.29	1,394.09
거래량(만 주)	44,593	52,799	53,807	58,787	53,149	47,650	53,460
거래대금(억 원)	53,542	69,592	68,995	62,153	61,579	58,485	53,400
KOSDAQ지수	701.79	740.48	736.66	747.10	753.88	744.71	744.17
거래량(만 주)	66,362	91,128	78,144	76,101	77,557	77,038	67,116
거래대금(억 원)	24,372	37,414	29,665	32,041	33,128	33,299	28,455
환율(₩/$)	1,011.60	998.50	987.30	988.10	977.50	982.10	984.60

<보기>

ㄱ. KOSDAQ 지수의 경우, 2년 연속 전년 말과 비교하여 다음 해 연초에 높게 나타나는 성향이 있음을 알 수 있다.

ㄴ. 2006년 초의 경우, 종합주가지수가 상승하면 KOSDAQ 지수 또한 상승하고, 종합주가지수가 하락하면 KOSDAQ 지수 또한 하락하고 있음을 알 수 있다.

ㄷ. 2005년 초에는 2004년 말과 비교하여 높은 환율 수준을 유지하였지만, 2006년 초에는 2005년 말과 비교하여 낮은 환율 수준을 유지하였다.

ㄹ. 2005년 말 KOSDAQ에서 거래된 1주당 평균거래금액은 2004년 말 KOSDAQ에서 거래된 1주당 평균거래금액과 비교하여 1.5배 이상 증가하였다.

① ㄱ, ㄷ　② ㄴ, ㄷ　③ ㄱ, ㄷ, ㄹ
④ ㄴ, ㄷ, ㄹ　⑤ ㄱ, ㄴ, ㄷ, ㄹ

17 **다음 <표>는 국내 각 금융기관의 개인대출 현황 자료이다. <표 4>의 연령대별 차입자현황 중에서 구성비가 모든 금융기관에 동일하게 적용된다고 할 때, <보기> 중 옳은 것을 모두 고르면?**

<표 1> 금융기관별 개인대출 취급현황

(단위: 조 원, %)

구분	은행	상호저축은행	할부금융	신용카드	보험	새마을금고	신협	상호금융	기타	전체
개인대출	234.8	6.3	10.6	5.4	12.2	17.8	12.4	80.2	1.1	380.8
구성비	(61.7)	(1.7)	(2.8)	(1.4)	(3.2)	(4.7)	(3.2)	(21.1)	(0.2)	(100.0)

<표 2> 금융기관의 연령대별 개인대출 비중(금액 기준)

(단위: %)

구분	30세 미만	30~39세	40~49세	50~59세	60세 이상	계
은행	5.7	29.9	37.2	18.5	8.7	100.0
상호저축은행	5.8	23.8	39.3	19.3	11.8	100.0
상호금융	2.3	16.3	35.8	25.6	20.0	100.0
할부금융	19.4	37.6	29.8	9.7	3.4	100.0
신용카드	27.3	37.9	24.9	7.6	2.3	100.0
보험	5.3	34.4	38.9	15.6	5.8	100.0
전체	5.6	26.8	36.4	19.8	11.3	100.0

<표 3> 금융기관별 차입자수

(단위: 만 명)

은행	상호저축은행	할부금융	신용카드	상호금융	보험	새마을금고	신협	총계
660.0	15.3	92.9	92.1	208.5	46.8	58.5	40.4	1,218.1

<표 4> 연령대별 차입자현황

(단위: 천 명, %)

구분	30세 미만	30~39세	40~49세	50~59세	60세 이상	전체
차입자수	1,358	3,156	2,998	1,482	1,013	10,009
구성비	(13.6)	(31.5)	(30.0)	(14.8)	(10.1)	(100.0)
인구 대비 차입자수 비중	6.4	38.1	43.1	34.3	19.6	21.8

<보기>

ㄱ. 새마을금고를 이용하는 40대 차입인구는 약 17.5만 명이다.
ㄴ. 은행을 통한 30대 차입인구의 개인대출 총액은 약 87조 원이다.
ㄷ. 상호금융을 통한 60세 이상 차입인구의 평균 개인대출 금액은 약 7천6백만 원이다.

① ㄱ ② ㄱ, ㄴ ③ ㄱ, ㄷ ④ ㄴ, ㄷ ⑤ ㄱ, ㄴ, ㄷ

18 **다음은 통계청에서 전국의 2인 이상 근로자가구 및 근로자외가구(자영자가구, 무직가구)를 대상으로 조사한 2004년 3/4분기 기준 가계소득 관련 자료이다. 그 가운데 우리나라 가구소득 5분위별 소비지출 구성비에 대한 <표>를 제시하였는데, 이에 대한 설명으로 옳지 않은 것은?**

<표> 우리나라 가구소득 5분위별 소비지출 구성비

구분	1분위	2분위	3분위	4분위	5분위
가구당 평균소득(천 원)	806.1	1,770.0	2,514.0	3,460.3	5,885.7
(1분위 기준배율)	(1.0)	(2.20)	(3.12)	(4.29)	(7.30)
가구당 평균소비지출(천 원)	1,015.7	1,525.5	1,847.4	2,270.5	3,223.1
(1분위 기준배율)	(1.00)	(1.50)	(1.82)	(2.24)	(3.17)
소비지출 구성비(%)	100.0	100.0	100.0	100.0	100.0
식료품	33.7	31.2	30.6	28.4	25.4
(외식)	10.0	12.4	13.5	13.3	12.1
주거	5.5	4.0	3.1	2.9	2.5
광열수도	5.4	4.2	3.8	3.3	2.7
가구가사용품	3.6	3.4	3.8	4.0	4.6
피복신발	3.6	3.9	3.9	4.3	4.8
보건의료	6.2	5.3	4.6	4.1	4.4
교육	8.4	11.5	12.8	14.2	14.2
교양오락	4.1	4.2	4.4	4.8	6.1
교통통신	16.0	17.7	17.2	18.1	15.9
(통신)	7.6	7.5	7.3	6.9	5.3
기타소비지출	13.6	14.4	15.7	15.9	19.3
(잡비)	9.6	10.3	11.7	12.2	15.6

① 평균소득수준이 높을수록 식료품 및 주거, 광열수도 지출비율은 낮아지는 것을 알 수 있다.
② 1분위와 5분위 간의 평균소득수준의 격차는 약 7.3배이고, 평균소비지출의 격차는 약 3.2배 수준을 보여주고 있다.
③ 평균소득수준이 높은 계층은 교육비 지출비율이 상대적으로 높아, 5분위의 해당 지출의 구성비는 1분위에 비해 5.8%p가 높다.
④ 1분위의 가구당 평균소비지출은 해당 가구당 평균소득을 상회하며, 이는 다른 분위에 비해 저축의 여력이 없음을 보여준다.
⑤ 보건의료비와 교통통신비 지출을 사회적 지출로 연결하는 노력은 빈부격차 문제를 완화하는 정책적 접근이 될 것이다.

19 **다음 <그림>은 일반은행의 자산운용 행태에 대한 자료이다. 각 자료에서 수평축은 연도 또는 연월을, 수직축은 비중을 의미한다. 이에 대한 <보기>의 설명 중 옳은 것을 모두 고르면?**

<그림 1> 일반은행의 자산운용구조 추이

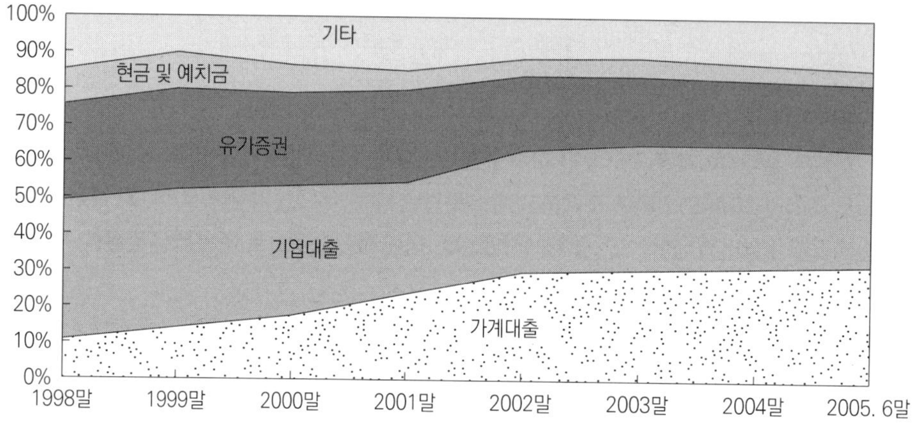

<그림 2> 일반은행의 담보대출 비중

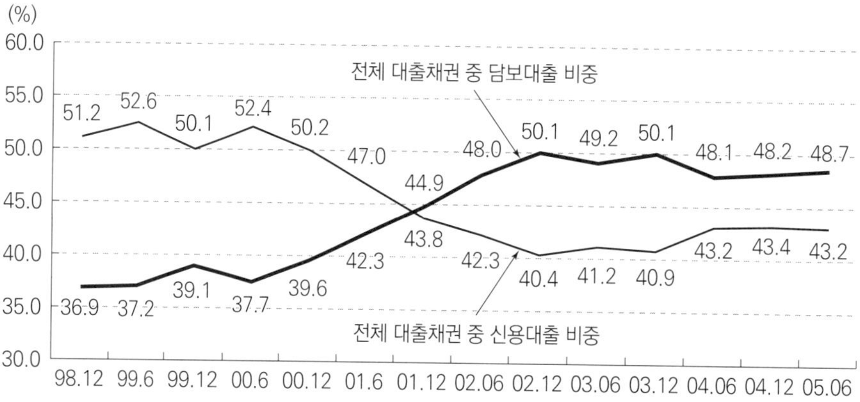

※ 대출채권은 대출과 동일한 의미임

<그림 3> 일반은행의 차주별 담보대출 비중

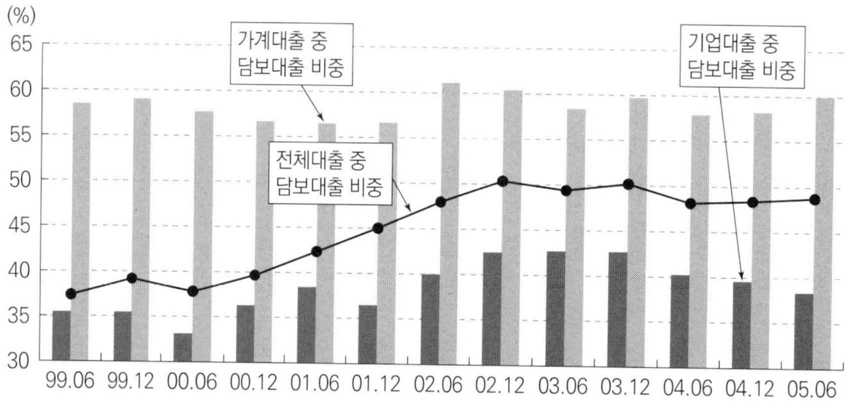

<보기>

ㄱ. 기업대출액이 감소하는 추세이다.
ㄴ. 2002년의 경우 전체 대출액(기업대출+가계대출) 중 가계의 담보대출액 비중이 1999년에 비해 크게 늘어났다.
ㄷ. 1999년에 비해 2001년 이후 전체 대출액(또는 대출채권) 중 담보대출의 비중이 신용대출의 비중을 추월하게 된 것은 가계대출 중 담보대출의 비중에 비하여 기업대출 중 담보대출의 비중이 급격히 늘어났기 때문이다.

① ㄴ
② ㄷ
③ ㄱ, ㄴ
④ ㄱ, ㄷ
⑤ ㄴ, ㄷ

20 **다음은 주택을 이미 마련한 한국인들의 주택마련시기와 주택구입자금 마련방법을 <표>로 제시한 것이다. 이 <표>에 대한 설명 중 옳은 것은?**

<표 1> 주택마련시기

구분	주택마련가구(%)	결혼 전(%)	결혼 후(%)	평균 소요년수
2001년	100.0	15.8	84.2	10년 9개월
2004년	100.0	14.2	85.8	10년 1개월
동부	100.0	13.2	86.8	10년
읍면부	100.0	18.2	81.8	10년 7개월
15~29세	100.0	69.9	30.1	1년 6개월
30~39세	100.0	26.1	73.9	4년 7개월
40~49세	100.0	11.0	89.0	8년 4개월
50~59세	100.0	9.1	90.9	12년
60세 이상	100.0	9.9	90.1	14년 4개월

<표 2> 주택구입자금 마련방법

	주택마련가구	주택마련방법(%)						
		부모 및 친척보조	저축 (계포함)	융자 및 사채	증여 및 상속	재산매각	퇴직금 및 보상금	기타
2001년	100.0	13.8	49.2	16.7	15.5	2.5	1.8	0.7
동부	100.0	14.5	54.1	18.6	7.9	2.3	1.9	0.6
읍면부	100.0	11.6	35.1	10.7	37.5	3.1	1.2	0.9
2004년	100.0	14.8	50.5	19.1	11.8	1.6	2.0	0.2
동부	100.0	15.0	53.5	20.5	7.0	1.7	2.1	0.2
읍면부	100.0	14.1	38.6	13.7	30.8	1.4	1.3	0.1
결혼 전	100.0	25.9	28.2	11.3	32.7	0.8	0.8	0.3
결혼 후	100.0	13.0	54.2	20.4	8.4	1.7	2.2	0.2

① 읍면부의 결혼 전 주택마련 비율이 동부의 경우보다 높은 것은 읍면부에서 증여나 상속을 통한 주택마련이 더 많기 때문이다.

② 결혼 진에 주택을 마련한 가구 중에서는 다른 연령집단에 비해 15~29세의 연령집단에 속한 가구가 가장 많다.

③ 2001년과 2004년 사이에 읍면부와 동부 모두에서 융자 및 사채를 통해 주택을 마련하는 경향이 약간 감소하였다.

④ 젊은 연령집단일수록 평균 주택마련 소요년수가 짧아지므로 앞으로 한국인들의 주택마련 소요년수는 계속 짧아질 것이다.

⑤ 2001년과 2004년 양 해에 주택을 마련한 가구 중 절반 정도가 저축을 통해 주택을 마련하였다.

문제해결능력

21 **다음 글과 <상황>을 근거로 판단할 때, 공기청정기가 자동으로 꺼지는 시각은?**

- A학교 학생들은 방과 후에 자기주도학습을 위해 교실을 이용한다.
- 교실 안에 있는 학생 각각은 매 순간 일정한 양의 미세먼지를 발생시켜, 10분마다 5를 증가시킨다.
- 교실에 설치된 공기청정기는 매 순간 일정한 양의 미세먼지를 제거하여, 10분마다 15를 감소시킨다.
- 미세먼지는 사람에 의해서만 발생하고, 공기청정기에 의해서만 제거된다.
- 공기청정기는 매 순간 미세먼지 양을 표시하며 교실 내 미세먼지 양이 30이 되는 순간 자동으로 꺼진다.

<상황>

15시 50분 현재, A학교의 교실에는 아무도 없었고 켜져 있는 공기청정기가 나타내는 교실 내 미세먼지 양은 90이었다. 16시 정각에 학생 두 명이 교실에 들어와 공부를 시작하였고, 40분 후 학생 세 명이 더 들어와 공부를 시작하였다. 학생들은 모두 18시 정각에 교실에서 나왔다.

① 18시 50분　② 19시 00분　③ 19시 10분
④ 19시 20분　⑤ 19시 30분

22 **다음 글과 <상황>을 근거로 판단할 때, 甲과 乙이 각각 선택할 은행과 그 은행에서 적용받을 최종금리를 옳게 짝지은 것은?**

A, B, C 은행은 고객의 계좌를 개설할 때, 다음과 같이 최종금리를 결정하고 있다.

최종금리(%)=기본금리+특별금리+우대금리

은행	기본금리	특별금리
A	4.2%	0.5%
B	4.0%	0.5%
C	3.8%	0.5%

※ 특별금리 조건: 연소득 2,400만 원 이하

은행	우대금리 조건	최대가산 우대금리
A	• 주택청약 보유 0.5% • 공과금 자동이체 0.5% • K카드 실적 월 30만 원 이상 0.5%	1.0%
B	• 최초 신규고객 1.0% • 공과금 자동이체 0.5%	1.5%
C	• 급여 이체 0.7% • 최초 신규고객 0.6% • K카드 실적 월 60만 원 이상 0.4%	1.7%

<상황>

甲과 乙은 A, B, C은행 중 적용받을 최종금리가 가장 높은 은행을 각각 선택하여 계좌를 개설하려 한다. 이들은 아래와 같은 대화를 나누었다.

甲: 나는 여태 A은행만 이용해 왔고, 주택청약도 보유하고 있어. 공과금 자동이체 계좌는 다른 은행으로 바꿀 수 있지만, 급여이체 계좌는 바꿀 수 없어. 나는 한 달에 K카드를 40만 원 사용해. 나는 연소득 2,200만 원이야.

乙: 나는 B은행만 이용해 왔어. 급여이체와 공과금 자동이체를 어떤 은행에서 하더라도 괜찮아. 나는 한 달에 K카드를 70만 원 사용해. 나는 연소득 3,600만 원이야.

	甲	乙
①	A은행, 5.7%	A은행, 5.2%
②	A은행, 6.2%	C은행, 5.5%
③	B은행, 6.0%	A은행, 5.7%
④	B은행, 6.0%	C은행, 5.5%
⑤	C은행, 6.0%	A은행, 5.7%

23 다음 글과 <상황>을 근거로 판단할 때, □□회사에서 2024년 업무평가 A등급을 받은 사람은?

□□회사에는 갑, 을, 병, 정, 무 5명의 직원이 근무한다. □□회사는 매년 초 전년도에 대한 업무평가를 실시하는데, 업무실적별로 부여받은 점수의 총합과 부서장 평가 점수를 합산하여 점수가 높은 순으로 S, A, B, C, F등급으로 나뉜다. 부서장 평가 점수는 우수는 50점, 보통은 30점, 미흡은 10점이며, 각 업무실적 항목별 부여되는 점수는 다음과 같다.

보고서 작성	1건당 해당 점수 부여 • 15페이지 이하 10점, 16페이지 이상 30페이지 이하 20점, 31페이지 이상 50점 • 단, 5페이지 이하 보고서는 점수 없음
PPT 작성	1건당 해당 점수 부여 • 30장 이하 10점, 31장 이상 60장 이하 20점, 61장 이상 30점 • 단, 10장 이하 PPT는 점수 없음
고객사 미팅	1건당 10점의 기본점수 부여 • 단, 미팅이 계약 성사로 이어진 경우 1건당 50점 가산
출장	국내출장: 1건당 5점 부여 해외출장: 1건당 10점 부여 • 단, 2박 3일 이상의 국내출장 및 5박 6일 이상의 해외출장의 경우 1건당 5점 가산

<상황>

갑, 을, 병, 정, 무가 2024년 업무실적 및 부서장 평가에 대해 나눈 대화이다. 본인에게 해당 사항이 없는 항목에 대해서는 언급하지 않았으며, 2024년 업무실적에 대해서는 빠짐없이 진실만을 이야기하였다.

갑: 나는 2024년에 6페이지짜리 보고서 2건을 작성하고, 70장이 넘는 PPT를 3개나 만들었어. 고객사 미팅을 하나 나갔는데 계약 성사로도 이어져서 뿌듯했지. 그런데도 부서장 평가는 보통이더라.

을: 부서장 평가 우수는 도대체 누가 받는 건지 모르겠어. 나도 부서장 평가 보통을 받았거든. 2주 이상의 해외출장을 2번이나 다녀오고, 고객사 미팅을 3번 나가서 전부 계약 성사까지 이어졌는데 말이야. 과장님 요청으로 3페이지짜리 보고서는 10개는 더 만들었다고.

병: 내가 부서장 평가 우수야. 올해는 보고서를 많이 쓰긴 했지. 50페이지가 넘는 보고서를 3개나 썼어. 17페이지짜리 1개, 5페이지짜리 1개까지 올해만 보고서를 총 5개를 썼네.

정: 나는 고객사 미팅 다니느라 보고서 쓸 시간이 없었지 뭐야. 미팅이 줄줄이 잡혀있어서 올해만 15번이나 미팅을 나갔어. 근데도 계약 성사로 이어진 건은 없네. 그래서 그랬나 부서장 평가도 미흡을 받았어. 열심히 했는데 운이 안 따라준 한 해였어.

무: 이상하네. 난 40장짜리 PPT 4개, 10장짜리 PPT 2개 만든 게 전부인데 그래도 부서장 평가 보통을 받았어. 아! 과장님 모시고 당일치기 국내출장을 매달 1번씩 다녀오긴 했네.

① 갑 ② 을 ③ 병 ④ 정 ⑤ 무

24 다음 글을 근거로 판단할 때, <보기>에서 옳은 것만을 모두 고르면?

1인 가구의 소득은 다인 가구와 비교할 때 매우 낮은 수준으로 나타난다. 2023년 1인 가구의 약 70%가 연소득 기준으로 3,000만 원에 미치지 못하고 있다. 균등화 소득 기준으로 1인 가구(2,606만 원)의 평균 소득이 전체 가구(3,950만 원)에 비해 34.0% 낮았다. 연령별로 균등화 소득 격차를 살펴보면 29세 이하의 경우 전체 가구와 1인 가구 간 차이가 크지 않았으나 30대부터는 커지기 시작하여 연령이 증가할수록 그 차이가 확대되었다.

1인 가구의 부채 대비 자산규모는 다인 가구의 부채 대비 자산규모를 상당폭 하회한다. 1인 가구 순자산은 2023년 기준 1, 2분위(전체 가구 기준 분위) 비중이 각각 45.1%, 26.9%로 나타나는 등 대부분이 전체 가구 중 하위 50% 내에 분포하고 있다. 아울러 1인 가구의 균등화 순자산은 1억 6,000만 원으로 전체 가구의 균등화 순자산이 2억 8,000만 원이라는 점을 고려할 때 매우 저조한 수준이다. 연령별로 균등화 순자산 격차를 살펴보면 29세 이하에서는 전체 가구와 1인 가구 사이에 큰 차이가 없었으나 30대부터는 차이가 벌어지기 시작하여 연령이 증가할수록 그 차이가 커지는 모습이다.

1인 가구는 여타 가구에 비해 고용안정도가 낮은 것으로 평가된다. 취업자 비율을 연령별로 살펴보면 30대 이하 취업자 비율은 1인 가구가 전체 가구를 큰 폭으로 상회하고 있으나, 50대 이상 취업자 비율은 1인 가구가 전체 가구를 하회하고 있다. 이를 통해 30대 이하 청년층 1인 가구의 경우 생계비 마련을 위해 노동시장에 적극적으로 참여하고 있는 것으로 판단할 수 있다. 다만 노동의 질적 측면을 살펴보면 1인 가구는 여타 가구에 비해 임시·일용직 비중이 높아 고용상황이 상대적으로 불안정한데, 특히 고령층에서 그 정도가 심한 모습이다.

※ 균등화 처리 방법: 가구단위로 작성한 통계를 개인단위 통계로 이용하기 위한 통계적 처리 방법

<보기>

ㄱ. 고령층 1인 가구는 여타 가구에 비해 임시·일용직 비중이 높아 고용상황이 상대적으로 불안정하다.

ㄴ. 50대 1인 가구와 50대 전체 가구 간의 균등화 소득 격차는 40대 1인 가구와 40대 전체 가구 간의 균등화 소득 격차보다 크다.

ㄷ. 1인 가구의 균등화 순자산은 전체 가구의 균등화 순자산의 60% 이상이다.

ㄹ. 취업자 비율이 큰 순서대로 나열하면 30대 이하 1인 가구, 50대 이상 전체 가구, 30대 이하 전체 가구, 50대 이상 1인 가구이다.

① ㄱ, ㄴ ② ㄱ, ㄷ ③ ㄱ, ㄹ ④ ㄴ, ㄷ ⑤ ㄴ, ㄹ

25 **다음 글을 근거로 판단할 때, 갑이 '방식 1'을 선택하는 경우를 <보기>에서 모두 고르면?**

갑은 필리핀 여행을 위해 원화를 페소로 환전하여야 한다. 갑은 다음의 두 가지 방식 중 환전 후 리조트에 도착했을 때 더 많은 페소를 갖게 되는 방식 하나만을 선택한다.

- 방식 1: 한국에서 원화를 페소로 환전한다.
- 방식 2: 한국에서 원화를 달러로 환전한 후 필리핀 환전소에서 달러를 페소로 환전한다.

방식 1의 경우 필리핀에 도착한 후 리조트로 바로 이동한다. 방식 2의 경우, 필리핀에 도착한 후 환전소에서 환전하고 리조트로 이동한다. 이때 모든 이동은 택시로 한다.

한국에서 환전할 경우 25원이 1페소로, 1,500원이 1달러로 환전된다. 필리핀 환전소에서 환전할 경우 1달러가 61페소로 환전되나 수수료로 100페소를 부담하여야 한다.

제시된 비용 외의 비용은 고려하지 않으며, 택시비는 리조트에 도착한 후 총액을 페소로 지불한다.

※ <보기>의 각 상황은 독립적임

<보기>

ㄱ. 환전할 금액은 총 75만 원이다. 갑이 리조트로 바로 이동할 경우 택시비로 100페소를 지불하며, 필리핀에서 환전소를 들러 리조트로 이동할 경우 택시비로 총 600페소를 지불한다.
ㄴ. 환전할 금액은 총 60만 원이다. 리조트 바로 옆에 환전소가 위치해 있어 갑이 리조트로 바로 이동할 경우와 환전소를 들러 리조트로 이동할 경우 모두 택시비로 100페소를 지불한다.
ㄷ. 환전할 금액은 총 75만 원이다. 갑이 리조트로 바로 이동할 경우 택시비로 200페소를 지불하며, 환전소를 들러 리조트로 이동할 경우 택시비로 총 1,200페소를 지불한다. 현지 환율의 변화로 필리핀 환전소에서 1달러가 62페소로 환전된다.

① ㄱ ② ㄱ, ㄴ ③ ㄱ, ㄷ ④ ㄴ, ㄷ ⑤ ㄱ, ㄴ, ㄷ

26 다음 글을 근거로 판단할 때, <보기>에서 옳은 것만을 모두 고르면?

甲은 업무코드를 내부 정보망에 입력한 후 해당 업무를 처리한다. 업무코드는 4자리로, 알파벳(2개)과 숫자(2개)로 구성된다. 甲이 담당하는 업무와 업무코드는 다음과 같다.

업무코드	업무	업무코드	업무
AD10	사업자등록 결과처리	CB11	신고서 목록 관리
BA13	휴폐업신고서 관리	CD08	신고자내역 조회
BC03	휴폐업신고서 조회	DA14	신용카드 이용대금 조회
BE02	사업자등록신청서 입력	DD12	전자계산서 발급 조회

甲은 오늘 '휴폐업신고서 관리', '신고서 목록 관리'를 포함하여 업무코드가 서로 다른 6건의 업무를 처리했다.

<보기>

ㄱ. 'A'를 1번만 입력했다면, 'D'는 3번 입력했다.
ㄴ. 가장 많이 입력한 알파벳이 'B'라면, '전자계산서 발급 조회'를 처리하지 않았다.
ㄷ. 입력한 업무코드 네 번째 자리의 숫자 총합이 21이라면, '신고자내역 조회'를 처리했다.

① ㄱ ② ㄴ ③ ㄱ, ㄷ ④ ㄴ, ㄷ ⑤ ㄱ, ㄴ, ㄷ

[27~28] 다음 글을 읽고 물음에 답하시오.

제○○조(주차요금 및 가산금) ① 시장이 설치한 노상주차장의 주차요금은 [별표 1]과 같다.

② 노상주차장의 가산금은 다음 각 호의 경우에 부과하되 해당 주차요금의 4배의 금액으로 하며, 주차요금과 가산금은 함께 부과한다. 다만, 제1호에 해당하는 경우에는 가산금을 부과하기 전에 자진하여 납부하도록 15일의 범위 이내에서 유예기간을 둘 수 있다.

1. 주차쿠폰 또는 주차시간측정계기를 사용하지 아니한 경우. 이 경우, 자동차의 주차를 발견한 때에 이미 4시간을 초과한 것으로 보고 주차요금 및 가산금을 부과하고, 이후 계속 주차하는 때에는 그 주차시간에 대한 주차요금 및 가산금을 추가 부과한다.
2. 주차요금 감면대상이 아니면서 주차시간측정계기에서 주차요금을 감면받은 경우
3. 주차요금을 납부하지 않고 도주한 경우
4. 주차장을 주차 외의 목적(전기자동차의 충전은 제외한다)으로 이용한 경우

제□□조(주차요금의 감면 등) ① 시장은 제○○조제1항 본문에도 불구하고 다음 각 호에 해당할 경우에는 주차요금을 감면할 수 있다.

1. 장애인 및 국가유공자 등이 사용하는 자동차에 대하여는 주차요금의 100분의 80을 할인한다. 다만, 지하철 환승주차장의 경우에는 1일 1회당 최초 3시간까지의 주차요금은 면제하고 이후 주차요금의 100분의 80을 할인한다.
2. 경형자동차와 저공해자동차에 대하여 주차요금의 100분의 50을 할인할 수 있다. 다만, 지하철 환승주차장에서 환승목적으로 주차하는 경형자동차와 저공해자동차에 대해서는 주차요금의 100분의 80을 할인하되, 최초 3시간까지의 주차요금을 면제한다.
3. 모범납세자로 표창을 받은 자로서 서울특별시장 또는 국세청장이 교부한 성실납세증 표지(스티커)를 부착한 차량에 대하여는 발행일로부터 1년간 주차요금을 면제한다.
4. 다둥이 행복카드 소지자에 대하여 두 자녀는 주차요금의 100분의 30, 세 자녀 이상은 100분의 50을 할인한다.
5. 전통시장에서 구매한 영수증을 제시한 차량이 노상주차장을 이용하는 경우 최초 2시간까지의 주차요금을 100분의 50 할인한다. 다만, 1급지에 소재한 주차장을 이용할 경우에는 주차요금을 감면하지 아니한다.
6. 전기자동차는 충전할 경우 1시간 범위 내에서 주차요금을 면제하고 1시간 초과 시부터 부과되는 주차요금의 100분의 50을 할인한다.
7. 보훈보상대상자로서 보훈보상대상자증을 제시한 경우 주차요금의 100분의 50을 할인한다.
8. 소상공인 간편결제시스템으로 주차요금을 결제하는 자에 대하여는 100분의 10 범위에서 시장이 정하는 바에 따라 해당 주차요금을 할인할 수 있다.

② 주차요금의 할인 등에 따라 100원 미만의 단수가 발생할 경우 그 단수는 계산하지 아니한다.

③ 제□□조제1항 각 호 중 둘 이상의 주차요금 감면사유에 해당하는 때에는 그 중 감면율이 높은 하나만 적용한다.

[별표 1] 노상주차장 주차요금표(제○○조제1항 관련)

(단위: 원/구획)

구분	노상주차장			
	1회 주차 시 5분당	1일 주차권(야간에 한함)	월 정기권	
			주간	야간
1급지	500	5,000	–	–
2급지	250	4,000	–	–
3급지	150	3,000	70,000	50,000
4급지	100	2,000	50,000	30,000
5급지	50	1,000	30,000	20,000

27 위의 글을 근거로 판단할 때, <보기>에서 옳은 것만을 모두 고르면?

<보기>

ㄱ. 전기자동차를 타는 甲이 2급지 노상주차장에서 3시간 동안 충전했을 경우, 주차요금 총 3,000원을 납부해야 한다.

ㄴ. 3급지에 소재한 노상주차장을 이용하는 경우, 세 자녀를 양육하고 다둥이 행복카드를 소지한 乙이 전통시장에서 구매한 영수증을 제시한다면 총 80%의 주차요금 할인을 받을 수 있다.

ㄷ. 丙이 4급지 노상주차장에 15일 동안 야간 주차를 할 계획이라면 1일 주차권보다 월 정기권을 결제하는 것이 총비용이 적게 든다.

① ㄱ ② ㄷ ③ ㄱ, ㄴ ④ ㄱ, ㄷ ⑤ ㄴ, ㄷ

28 다음 <상황>을 근거로 판단할 때, 납부해야 할 총비용이 적은 순서대로 나열한 것은? (단, 주차요금을 감면할 수 있는 경우 시장은 반드시 감면한다)

<상황>

A: 1급지 노상주차장에 2시간 주차한 후 주차요금을 납부하지 않고 도주한 자

B: 지하철 환승주차장이 아닌 3급지와 4급지 노상주차장에 각각 5일씩 야간 주차한 국가유공자

C: 저공해자동차를 지하철 환승주차장인 1급지 노상주차장에 환승 목적으로 4시간 주차한 후 소상공인 간편결제시스템으로 주차요금을 결제한 자

D: 3개월 전 국세청장이 교부한 성실납세증 표지를 부착한 차량을 2급지 노상주차장에 5시간 주차한 모범납세자

E: 2급지 노상주차장에 3시간 동안 건설자재를 쌓아 둔 건설사 직원

① D, B, E, C, A ② D, C, B, A, E ③ D, B, C, E, A
④ D, C, B, E, A ⑤ C, D, E, B, A

29 현가와 연금현가에 대한 제시문의 설명을 토대로 할 때 <보기> 중 옳은 것을 모두 고른 것은?

2009년 1월 현재 1만 원의 원금을 이자율 5%로 10년간 복리로 운용하면 10년 후 원리금 합계는 1.6289만 원이 된다. 반대로 이자율 5% 가정 하에서 10년 후 원리금 1만 원을 만들기 위해서는 2009년 1월 현재 0.6139만 원(1/1.6289)의 원금을 가지고 있으면 된다. 여기서 0.6139만 원이라는 수치를 10년 후 1만 원의 현가(現價)라고 한다. 〈표 1〉은 장래의 각 시점에서 단위 1의 값이 현재 시점에서 얼마나 되는지(즉, 현가율)를 나타내고 있는데, 이자율이 5%일 때 20년 후 1만 원의 현가는 0.3768만 원이고, 30년 후는 0.2313만 원이다.

<표 1> 현가율표

경과기간(년)	4%	5%	경과기간(년)	4%	5%
0	1.0000	1.0000	10	0.6755	0.6139
1	0.9615	0.9523	15	0.5552	0.4810
2	0.9245	0.9070	20	0.4563	0.3768
3	0.8890	0.8638	25	0.3751	0.2953
4	0.8548	0.8227	30	0.3083	0.2313
5	0.8219	0.7835	35	0.2534	0.1812

위의 현가 개념을 연금에 응용한 것이 연금현가이다. 2009년부터 5년에 걸쳐 매년 1월에 1만 원의 연금을 지급한다고 가정하자. 단순 계산하면 5년간 매년 1월 1만 원의 연금을 지급하기 위해서는 2009년 1월 현재 5만 원이 필요할 것 같지만 실제로는 5만 원이 전부 필요하지는 않다. 왜냐하면 연금의 지급기간 중 이자수입이 발생하기 때문이다. 이자율 5%를 가정할 때 2009년부터 5년에 걸쳐 매년 초 1만 원의 연금을 지급한다고 한다면, 2009년 1만 원의 연금을 지급하기 위해서는 1만 원이, 2010년 1만 원의 연금지급을 위해서는 9,523원, 2011년 1만 원의 연금지급을 위해서는 9,070원, 2012년 1만 원의 연금지급을 위해서는 8,638원, 2013년 1만 원의 연금지급을 위해서는 8,227원 등 2009년 1월 현재 총 45,458원만 준비하면 된다. 이 45,458원이 5년에 걸쳐 매년 초 1만 원씩 지급하는 연금의 현가이다. 〈표 2〉는 단위 1의 연금을 매년 초에 지급하는 것으로 가정할 때의 연금현가율을 나타내고 있다. 예컨대, 연이자율을 5%로 가정하고 2009년부터 10년에 걸쳐 매년 초 1단위의 연금을 지급할 경우, 연금현가율은 8.1078이다.

<표 2> 연금 현가율표(기시지급, 확정연금)

지급기간(년)	4%	5%	지급기간(년)	4%	5%
1	1.0000	1.0000	10	8.4353	8.1078
2	1.9615	1.9523	15	11.5631	10.8986
3	2.8860	2.8593	20	14.1339	13.0853
4	3.7750	3.7231	25	16.2469	14.7986
5	4.6299	4.5458	30	17.9837	16.1410

<보기>

ㄱ. 연이자율 5% 복리로 자금을 운영하여 2014년 1월에 100만 원을 마련하기 위해서는 2009년 1월 현재 약 82.27만 원의 투자재원이 필요하다.
ㄴ. 2009년 1월 현재 연이자율 5% 복리로 운용되고 있는 1억 원의 자금을 15년에 걸쳐 매년 1월(2009년 1월 포함)에 연금의 형태로 지급한다면 1회에 지급하는 연금액은 1억 원을 10.8986으로 나눈 금액이다.
ㄷ. 2009년 1월 현재 10년 후 100만 원의 현가는 이자율 4%일 때가 5%일 때보다 크다.
ㄹ. 2009년 1월부터 향후 30년에 걸쳐 매년 1월 100만 원의 연금을 지급한다고 하면 2009년 1월 현재 필요한 재원은 연이자율을 4%로 가정할 경우 약 1,798만 원이다.

① ㄱ, ㄴ ② ㄴ, ㄷ ③ ㄷ, ㄹ ④ ㄱ, ㄴ, ㄷ ⑤ ㄴ, ㄷ, ㄹ

30 **다음 글과 <상황>을 근거로 판단할 때, 甲이 2월에 이용할 통신사는?**

통신사(A~E)의 데이터 제공량과 전송 속도에 따른 월 기본요금은 다음과 같다.

구분	데이터 제공량 (GB)	데이터 전송 속도 (Mbps)	기본요금 (천 원)
A	50	100	50
B	100	200	60
C	250	200	80
D	500	500	120
E	무제한	200	140

- 데이터 제공량을 초과하여 사용하는 경우, 추가로 사용한 데이터 1GB당 200원의 추가 요금이 발생한다.
- OTT 콘텐츠를 구독하는 경우, 월 2만 원의 추가요금이 부과된다. 단, E통신사의 기본요금에는 OTT 콘텐츠 구독료가 포함되어 있다.

<상황>

甲은 월 요금 총액이 가장 저렴할 것으로 예상되는 통신사를 2월에 이용하려고 한다. 다만 甲은 데이터 전송 속도가 200Mbps 미만인 통신사는 이용하지 않는다. 甲의 1월 데이터 사용량은 400GB이고, 2월에도 같은 양의 데이터를 사용하려 한다. 그리고 1월까지 구독하지 않았던 OTT 콘텐츠를 구독하려 한다.

① A ② B ③ C ④ D ⑤ E

스터디원 풀이 결과

최고 득점자 A	상위 30% 컷 득점자 B	최빈값 득점자 C	하위 30% 컷 득점자 D
✔ 경상계열 ✔ 필기 합격 경험 ○ (국민은행, 기업은행)	✔ 공학계열 ✔ 필기 합격 경험 × * 수험기간 3개월 미만	✔ 사회계열 ✔ 필기 합격 경험 ○ (새마을금고)	✔ 경상계열 ✔ 필기 합격 경험 ×

문항 번호	나의 풀이 결과	스터디원 풀이 결과 A	B	C	D	문항 번호	나의 풀이 결과	스터디원 풀이 결과 A	B	C	D
01		○	○	○	×	16		○	○	×	×
02		○	○	○	×	17		○	×	×	×
03		○	×	×	○	18		○	×	○	○
04		×	×	○	×	19		○	×	×	×
05		○	○	○	○	20		○	○	○	○
06		○	×	×	×	21		○	○	×	×
07		○	×	×	×	22		○	×	×	○
08		○	○	○	×	23		○	○	×	○
09		○	○	×	×	24		×	○	○	○
10		×	×	×	×	25		×	○	○	×
11		×	×	×	×	26		○	○	×	×
12		○	○	○	○	27		○	○	○	×
13		×	×	×	×	28		○	×	○	×
14		×	×	×	×	29		○	○	×	×
15		×	○	○	○	30		○	×	×	○
						합계	/ 30	22/30	16/30	13/30	10/30

득점 분포 그래프

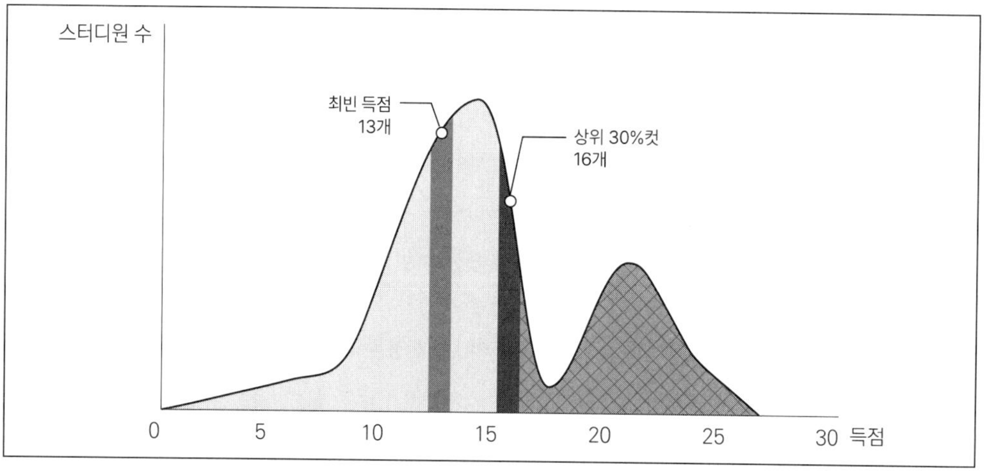

문항별 정답률

문항 번호	01	02	03	04	05	06	07	08	09	10
상위 30%(A)	71%	86%	71%	71%	93%	71%	64%	93%	100%	14%
전체(B)	38%	73%	43%	66%	82%	66%	32%	70%	77%	14%
(A－B)	33%p	13%p	28%p	5%p	11%p	5%p	32%p	23%p	23%p	0%p
문항 번호	11	12	13	14	15	16	17	18	19	20
상위 30%(A)	21%	71%	43%	29%	78%	71%	50%	86%	64%	100%
전체(B)	11%	46%	20%	16%	82%	29%	16%	66%	32%	71%
(A－B)	10%p	25%p	23%p	13%p	－4%p	42%p	34%p	20%p	32%p	29%p
문항 번호	21	22	23	24	25	26	27	28	29	30
상위 30%(A)	93%	100%	86%	57%	43%	86%	57%	57%	71%	93%
전체(B)	46%	73%	54%	54%	34%	41%	30%	34%	30%	70%
(A－B)	47%p	27%p	32%p	3%p	9%p	45%p	27%p	23%p	41%p	23%p

- 이번 회차의 결정적 문항 16 21 26 29
- 위 4개 문항은 득점 상위 30% 스터디원의 정답률과 전체 스터디원의 정답률이 40%p 이상 차이 나는 문항으로, 합격권에 들기 위해 꼼꼼한 복습이 필요합니다.

결정적 문항 오답 패턴 분석

16번

KOSDAQ과 종합주가지수 수치를 혼동하거나, 평균 거래금액 계산 시 '만 주'와 '억 원' 단위를 일치시키지 않아 선택지 ①을 고른 경우가 많았다. 복습 시 지표별 구분과 단위 정리에 주력하며, 선택지별 핵심 수치를 빠르게 파악하는 훈련이 필요하다.

21번

학생 1인당 10분마다 5씩 미세먼지를 증가시키고, 공기청정기는 10분마다 15씩 제거한다는 점을 놓친 수험생들이 많았다. 특히 학생 수의 변화 시점과 각각의 미세먼지 기여분을 정확히 반영하지 못한 채 흐름을 어림짐작해 선택지 ④나 ⑤를 고른 경우가 많았다. 복습 시 시간 흐름에 따른 변수 변화 정리를 집중 연습해야 한다.

26번

오답자들은 '서로 다른 6건의 업무'라는 조건을 간과하거나, 업무코드 구성의 제약을 종합적으로 따지지 못한 채 선지의 일부 정보만 단편적으로 검토한 경우가 많았다. 복습 시 고정 정보(이미 처리한 2개 업무: '휴폐업신고서 관리', '신고서 목록 관리')를 기준으로 가능한 업무 조합을 소거법으로 추론하는 훈련이 필요하다.

29번

복리·현가 개념을 구체적인 계산 없이 직관으로만 이해하거나, '연금현가율'이 '기시지급' 기준이라는 점을 인지하지 못한 경우가 많았다. 현가율표, 연금현가율표 해석에 익숙해지고, 복리의 영향과 기시/말시 구분을 정확히 연습해야 한다.

BIS 자기자본비율 +관련 문항 08~10

국제적인 은행시스템의 건전성과 안정성을 확보하고 은행 간 경쟁조건상의 형평을 기하기 위해 국제결제은행의 은행감독규제위원회(바젤위원회)에서 정한 기준을 말한다. BIS 규제의 특징은 경쟁심화로 수익성 악화를 보전하기 위해 고위험·고수익 위주의 자산운용 전략을 추구하거나 자금공여 없이 수익을 창출할 수 있는 부외거래를 대폭 확대하고 있는 은행들의 건전성을 높이겠다는 것이다. 따라서 BIS 규제는 과거의 단순 자기자본비율(총자산 대비 자기자본비율) 규제방식에서 위험가중자산 대비 자기자본비율 규제방식으로 전환시켰다.

산식은 '(자기자본÷위험가중자산)×100'이며, 도입 시기와 내용에 따라 바젤Ⅰ, 바젤Ⅱ, 바젤Ⅲ로 불린다. 1988년에 '위험자산 대비 자기자본의 비율을 8% 이상'으로 정한 바젤Ⅰ이 만들어졌다. 2004년에는 '차주의 신용등급에 따라 신용위험을 차등화'한 바젤Ⅱ가 나왔다. 이때 비율은 바젤Ⅰ과 마찬가지로 8% 이상이었다. 2008년 리먼 브라더스 파산 사태가 터지자 2년가량 논의 과정을 거쳐 '최소 자기자본 요건을 위험자산의 7%(보통주 4.5%+보전완충자본 2.5%) 이상'으로 정한 바젤Ⅲ가 탄생했다.

은행들의 경우 대개 이 비율을 일정 수준 이상으로 유지하거나 높이기 위해 최선을 다하고 있다. 이 비율을 높이려면 산식에서 알 수 있듯이 분모를 줄이거나 분자를 늘려야 하는데 이를 위해서는 위험자산을 줄이거나 자기자본을 늘려야 한다. 일반적으로 대출 등 위험자산을 갑자기 줄이는 것은 현실적으로 어렵기 때문에 보통은 자기자본을 늘리는 방법으로 이 비율을 높이고 있다. 최근 은행들이 종종 후순위채권, 신종자본증권 등을 발행하고 있는 것은 이 비율을 높이기 위한 것이며, 이러한 채권들은 금리가 은행채 대비하여 높은 대신 채권의 권리 행사에서 후순위로 밀리거나 은행의 위기 시 채권에서 주식으로 전환되는 특성(채권 투자자 입장에서는 불리)이 있어 BIS 비율 산정 때 자본으로 인정을 받는다.

[표] 바젤Ⅰ~Ⅲ 한눈에 파악하기

항목	바젤Ⅰ	바젤Ⅱ	바젤Ⅲ
도입시기	1988년	2004년	금융위기 이후 단계적 도입
핵심	단순 자본비율	위험가중자산 기반 정교한 규제	자본+유동성+레버리지 등 전방위 강화
자본비율	8%	8%(Tier 세분화)	8%+추가 완충자본
리스크 범위	신용리스크 중심	신용·시장·운영리스크	거시건전성, 시스템리스크 포함
특징	단순 명확	정교하나 복잡	실효성 및 안정성 중시

자산건전성 분류와 대손충당금 적립

자산건전성 분류는 금융감독원 지침에 따라 은행 등의 금융기관이 가계대출 및 기업대출을 '정상, 요주의, 고정, 회수의문, 추정손실'의 5단계로 나누는 것을 말한다. 건전성 분류에 있어서 정상, 요주의가 넓은 의미의 '정상여신'이고, 고정, 회수의문, 추정손실은 연체가 지속되어 채권회수에 위험이 발생된, 소위 '부실채권'으로 분류된다. 신문의 은행 관련 기사에서 부실채권을 '고정이하여신(고정+회수의문+추정손실)'이라고 부르는 이유가 바로 여기에 있다.

대손충당금은 은행 등 금융기관이 대출을 내준 뒤 돌려받지 못할 것으로 예상되는 부실채권을 회계상 비용으로 처리하는 금액을 의미한다. 좀 더 쉽게 설명하자면, 대출이 실행된 후 연체될 경우, 은행은 대출금을 추후에 정상적으로 돌려받을 수도 있고 떼일 수도 있지만, 현시점에서는 떼인 것으로 잠정 결정하고 대출의 일정 부분을 쌓아 놓는 것을 말한다. 많이 쌓으면 쌓을수록 은행 입장에서는 순이익 규모가 줄어들게 되지만, 대신 자산건전성은 높아져 추후에 발생할 리스크에 대비할 수 있다. 대손충당금 적립 규모는 금융기관마다 자율로 정할 수 있고, 금융감독원이 이를 감독한다.

대손충당금 적립은 은행의 손익과 관련하여 신문에 자주 나오는 용어이니 은행 취업을 준비하는 입장에서는 왜 이러한 것이 필요한지, 그리고 자산건전성 분류에 따라 대략 어느 정도의 충당금이 적립되어야 하는지 등을 파악해 두도록 하자.

다음은 은행의 대손충당금 적립률에 대한 대략적인 내용이다. 연체가 없는 정상여신에 대하여도 가계여신의 경우 1% 이상의 충당금을 적립하여야 하는데 이는 은행의 부실화를 막기 위한 조치라고 이해하면 된다. (은행업감독규정)

[표] 자산건전성 분류와 대손충당금 적립

구분	채무상환능력 기준	연체기간	적립비율 (%, 가계여신)
정상	채무상환능력이 양호해 대출에 문제가 없는 것으로 판단되는 자산	1개월 미만	1
요주의	즉각적인 문제가 발생하지 않았지만 상환능력이 떨어질 수 있는 요인이 잠재된 것으로 판단되는 자산	1개월 이상~3개월 미만	10
고정	상환능력을 악화시키는 요인이 가시화되어 채권회수에 상당한 위험이 발생한 자산	3개월 이상 연체한 자산 중 회수할 수 있는 예상가액	20
회수의문	상환능력이 현저히 악화해 채권회수에 심각한 위험이 발생한 자산	3개월 이상 12개월 미만 연체한 자산 중 회수 예상가액 초과 부분	55
추정손실	회수가 확실히 불가능한 자산	12개월 이상 연체한 자산 중 회수 예상가액 초과 부분	100

제2회 피셋기출 모의고사

- **문항 수:** 30문항
- **시험 형식:** 객관식 5지 선다형
- **시험 시간:** 67분 30초

문항 구성표

영역	번호	출처	소재	난이도
의사소통 능력	01	행정5급	기업의 사회적 역할	★
	02	입법고시	위챗	★
	03	입법고시	인앱결제 강제 방지법	★★
	04	입법고시	총실질소득	★★★
	05	수능	기축 통화	★★★
	06	수능	기축 통화	★★★
	07	수능	기축 통화	★★★
	08	고3 4월 모의고사	영업레버리지도	★
	09	고3 4월 모의고사	영업레버리지도	★★
	10	고3 4월 모의고사	영업레버리지도	★★★
수리 능력	11	입법고시	법인세, 종업원 수 및 유형자산 금액	★★★
	12	입법고시	소재·부품·장비 산업 무역 현황	★★★
	13	행정5급	연도별 가계부채 현황	★★
	14	입법고시	시장소득 및 가처분소득	★★★
	15	행정5급	공공기관 A~C의 경영실적 및 평가점수	★
	16	행정5급	전체 임원의 보수 현황	★
	17	행정5급	근무성적점수 및 승진대상자 선정	★★★
	18	행정5급	연금 가입 및 연금 계좌	★★★
	19	입법고시	현금영수증 발급수단별 발급실적	★★★
	20	입법고시	화폐 k에 대한 A국 화폐 aaa의 환율	★★
문제해결 능력	21	민경채	스키, 봅슬레이, 컬링, 쇼트트랙	★★
	22	입법고시	단순 체크섬 계산	★★★
	23	입법고시	단순 체크섬 계산	★★★
	24	입법고시	기업의 비전과 전략	★★
	25	입법고시	계절별 판촉활동	★★
	26	입법고시	스키밍전략과 침투전략	★★
	27	입법고시	수확체감의 법칙	★★★
	28	입법고시	수의계약	★★★
	29	입법고시	홍보활동을 위한 도시 이동거리	★★★
	30	입법고시	차량모델별 가격표	★★★

의사소통능력

01 다음 글의 (가)~(다)에 들어갈 말을 적절하게 나열한 것은?

기업의 사회적 역할에 대한 기대가 높아짐에 따라 기업의 사회적 기여를 실현하기 위한 프로그램이 개발되었는데, 그 대표적인 예로서 '사회적 책임 이행'을 들 수 있다. 여기에 속하는 활동은 성공적으로 진행되어 그 목표를 달성했더라도 기업의 [(가)] 까지는 이어지지 못했으므로, 기업의 입장에서는 이를 장기적으로 지속하기 어려웠다.

이에 비해 최근에 주목받고 있는 '공유가치 창출'은 기업이 사회적 기여라는 역할을 수행하면서 기업 자신의 핵심 역량 강화도 실현할 수 있는 활동을 뜻한다. 공유가치 창출이란 기업이 사업과 관련된 지역공동체 자체의 역량을 강화시키고 이를 통해 기업의 경쟁력도 향상시키는 활동이라고 할 수 있다.

사회적 책임 이행과 공유가치 창출은 지향점을 달리하기 때문에 활동의 모습도 다르게 나타난다. 그 예로서 세계적인 커피 회사인 X사의 사례를 들 수 있다. X사는 원산지 커피 농부들의 소득 향상을 위해 평균 시장가격보다 높은 가격에 커피 원두를 구매하는 고가 매수 프로그램을 운영했고 이것은 기업의 [(나)]에 대한 대표적 사례로 거론된다.

그런데 X사가 새로 추진한 '캡슐커피 프로그램'은 공유가치 창출 프로그램이 종래의 사회기여 프로그램을 어떻게 혁신할 수 있는가를 보여준다. 캡슐커피 프로그램에는 원산지 농부들에 대한 혁신적 농법 전수와 영농 자금 지원도 포함되어 있다. 이 프로그램이 정착된 지역에서는 커피 농부들의 소득이 고가 매수 프로그램만 운영되었던 시절에 비해 15배 이상 증가했다. 또한 커피 원두의 품질이 비약적으로 향상되었는데, X사의 고급 원두 시장에서의 매출액이 30% 이상 증가한 것은 이에 힘입은 것으로 평가된다.

이처럼 공유가치 창출은 장기적으로 기업과 지역사회의 건설적 관계를 추구하며 기업의 사회적 기여와 기업의 핵심 역량 강화의 [(다)](이)라는 새로운 방향을 제시한다.

	(가)	(나)	(다)
①	핵심 역량 강화	사회적 책임 이행	통합
②	핵심 역량 강화	사회적 책임 이행	분리
③	핵심 역량 강화	공유가치 창출	통합
④	사회적 기여	사회적 책임 이행	분리
⑤	사회적 기여	공유가치 창출	분리

02 **다음 글의 내용에 부합하는 것만을 <보기>에서 모두 고르면?**

'위챗(WeChat)'은 메신저 앱을 넘어 중국인들의 '생활 플랫폼'이 됐다. 금융·결제·쇼핑·예약·공과금 결제 등 거의 모든 생활 서비스를 하나의 앱으로 해결하는 '슈퍼 앱'으로 불린다. 이는 중국 내 알리페이 등 ICT 기업으로 확산되었고, 다른 나라로까지 퍼져나가고 있다. 인공지능(AI)의 관점에서 슈퍼 앱이 파괴적인 이유는, 실생활의 행동 흐름을 데이터로 연결해 수평적 흐름을 만들어 내는 '데이터 쓰레드(Data Thread)'를 통해 인공지능이 스스로 소비자의 욕구를 읽고 행동을 예측할 수 있기 때문이다.

게다가 중국 인터넷 이용자는 약 8억 3,000만 명(전체 인구 대비 약 60%)으로, 미국의 3배에 가깝다. 중국은 이를 바탕으로 소비자 구매 행동의 정밀한 지도를 보유하게 됐다. 중국 기업은 데이터 쓰레드를 완성함으로써 데이터의 양적 측면뿐 아니라 질적인 측면에서도 자신만의 인공지능 색채를 내기 시작했다.

4차산업혁명 시대의 핵심동력인 인공지능이 미국 중심의 일극체계를 중국과 미국의 양극체계로 전환시켰고, 민족주의를 강화할 것이란 분석이 나왔다. 한국전자통신연구원(ETRI)은 그간 산업의 기술을 선도하는 것은 미국이었지만, 중국은 정부 주도로 풍부한 '데이터 가치사슬'을 창출하며 자신만의 인공지능 색채를 가진 새로운 길을 만들기 시작했다고 봤다. 인공지능 전략이 기술 경쟁을 넘어 강대국 간 패권 경쟁을 촉발하고 있다는 분석이다.

이와 관련해 '인공지능 민족주의'가 등장했다는 분석도 뒤따랐다. 인공지능과 관련한 자국의 데이터, 서비스 등을 보호하고 타국의 영향력을 줄이려는 새로운 국민주의가 나타나고 있다는 설명이다. 최근 인공지능 선도 기업과 서비스들은 무역 거래제한 조치, 조세 제도, 개인정보 보호법 등에 의해 국경을 넘는 데 어려움을 겪고 있다. 각종 보고서에서는 인공지능 기술이 정치 질서와 맞물리며 국가 간 과학기술 격차는 물론 강력한 무기화 가능성을 지적한다.

<보기>

ㄱ. 4차산업혁명 시대의 핵심동력인 인공지능은 미국 중심의 일극체계로부터 중국과 미국의 양극체계로 전환시켰다는 분석이 있다.

ㄴ. 인공지능 기술은 정치 질서와 맞물려 국가 간 과학기술 격차는 물론 강력한 무기화의 가능성이 있다.

ㄷ. 인공지능은 민족주의의 폐쇄성을 극복하고 지구촌의 하나의식, 즉 통합적 사고확립에 기여한다.

① ㄴ ② ㄷ ③ ㄱ, ㄴ ④ ㄱ, ㄷ ⑤ ㄱ, ㄴ, ㄷ

03 다음 글의 내용과 부합하지 않는 것은?

소위 '인앱결제 강제 방지법' 또는 '구글 갑질 방지법'으로 불리는「전기통신사업법」일부개정법률안은 구글·애플 등 앱 마켓을 사실상 독점하는 글로벌 플랫폼 기업의 인앱결제 강제를 방지하기 위한 취지의 법안이다. 앱 마켓은 애플리케이션 개발자가 디지털 콘텐츠 등을 등록·판매하고 이용자가 그 콘텐츠 등을 구매할 수 있도록 거래를 중개하는 공간을 의미하며, 인앱결제는 아이템·상품·콘텐츠 등 애플리케이션 유료 콘텐츠를 구매할 때 앱 마켓 운영업체가 자체적으로 개발한 시스템을 활용해 내부적으로 결제하는 방식을 일컫는다.

인앱결제의 도입으로 인해 앱 이용자의 결제 절차가 편리해진다는 장점이 있지만, 앱 개발자 입장에서는 앱 마켓사업자에게 비싼 결제 수수료를 지불해야 하고 이러한 비용 부담은 종국적으로 앱 이용자에게 전가될 수 있으므로 이들의 권익을 보호할 필요가 있다는 의견이 지속적으로 제기되어 왔다. 이로 인해 여야를 막론하고 인앱결제 강제를 제한하기 위한 다수의 법안이 발의되었고, 국회 과학기술정보방송통신위원회는 1년여 간 1회의 공청회, 3회의 법안심사소위원회, 3회의 안건조정위원회를 통해 이해관계자의 의견 수렴과 관계부처 협의를 거치는 등 심도 있는 심사 끝에 법 개정을 하게 되었다. 법안이 국회 본회의를 통과하자 세계 최초의 앱 마켓 규제 입법례로 평가되면서 미국·독일·프랑스 등 주요 국가 외신에서 대서특필하였고, 특히 세계적인 게임사 에픽게임즈 CEO 팀 스위니는 '나는 한국인이다'라는 SNS를 올리며 환영의 뜻을 보이기도 하였다.

통과된 법안 내용을 구체적으로 살펴보면, 앱 마켓사업자가 거래상의 지위를 부당하게 이용하여 모바일콘텐츠 등 제공사업자에게 특정한 결제방식을 사용하도록 강제하는 행위, 앱 마켓사업자가 모바일콘텐츠 등의 심사를 부당하게 지연하는 행위, 앱 마켓사업자가 앱 마켓에서 모바일콘텐츠 등을 부당하게 삭제하는 행위 등을 금지하는 것을 골자로 한다. 2022년 3월 8일 국무회의에서는 동 법안에 대한 후속조치로서「전기통신사업법 시행령」개정안을 의결하였는데, 인앱결제 강제 금지행위 등의 구체적인 유형을 규정하고 이를 위반한 경우 관련 매출액의 2% 이하의 과징금, 이행강제금 및 과태료를 부과하도록 하는 내용을 담고 있다.

법안과 후속 시행령 등의 시행을 통해 앱 마켓 산업 참여자의 공정한 경쟁을 촉진하고, 앱 생태계 구성원들이 실질적인 변화를 체감할 수 있을 것으로 전망된다. 실제로, 구글·애플 등은 위와 같은 조치에 따라 기존 인앱결제(마켓사업자 자사결제) 방식 외에 앱 개발사의 내부결제(제3자 결제) 방식을 허용하기로 결정하였다.

① 인앱결제를 활용할 경우, 앱 개발자는 앱 마켓사업자에게 수수료를 지불해야 한다.
② 인앱결제 강제 방지법은 2022년 3월 8일 이전에 국회 본회의를 통과하였다.
③ 아이템·상품·콘텐츠 등 애플리케이션 유료 콘텐츠를 구매할 때 앱 개발사의 내부결제 시스템을 활용해 내부적으로 결제하는 방식은 기존 인앱결제에 해당하지 않는다.
④ 앱 개발자가 앱 마켓에서 모바일콘텐츠 등을 부당하게 삭제할 경우 관련 매출액의 2% 이하의 과징금을 부여받을 수 있다.
⑤「전기통신사업법」일부개정법률안은 세계 최초의 앱 마켓 규제 입법례로 평가받는다.

04 다음 글에 직접 나타난 글쓴이의 견해와 가장 거리가 먼 것은?

우리의 이론은 대략 다음과 같이 말할 수 있다. 고용이 증가하면 총실질소득이 증가한다. 공동체의 심리는, 총실질소득이 증가하면 총소비도 증가하지만 소득만큼 증가하지는 않는 방식으로 작용한다. 따라서 만약 고용 증가의 전체가 당장의 소비에 대한 수요 증가를 만족시키기 위하여 사용된다면, 고용주는 손실을 보게 될 것이다. 그리하여 어떤 주어진 양의 고용을 지탱하기 위해서는 그 수준의 고용에 공동체가 소비하기로 한 양을 초과하는 총산출량을 흡수할 만큼 충분한 양의 경상 투자가 있어야 한다. 왜냐하면 이만큼의 투자량이 없다면, 기업가들의 수입은 그만큼의 일자리를 주도록 기업가들을 유도하는 데 필요한 액수보다 적을 것이기 때문이다. 그러므로 그 공동체의 소비 성향이 일정할 때, 균형고용수준 즉 고용주 전체가 고용을 늘리거나 줄이려는 아무런 유인이 없는 수준은 경상 투자량에 의존한다. 그리고 경상 투자량은 우리가 '투자 유인'이라고 부르려는 것에 의존하며, 투자 유인은 '자본의 한계효율스케줄(schedule of marginal efficiency of capital)'과 다양한 만기와 위험을 가진 대출에 대한 이자율 체계의 관계에 의존한다는 것을 알게 될 것이다.

이 분석으로 '풍요 속의 빈곤'이라는 역설을 설명할 수 있다. 왜냐하면 유효 수요가 부족하다는 사실만으로도 완전 고용의 수준에 도달하기 전에 고용의 증가가 멈출 수 있고, 또 실제로 그런 경우가 흔하기 때문이다. 노동의 한계생산의 가치가 여전히 고용의 한계비효용을 초과함에도 불구하고, 유효 수요의 부족이 생산 과정을 저해하는 것이다.

뿐만 아니라 그 공동체가 부유할수록 실제 생산과 잠재적 생산의 차이가 커질 것이고, 따라서 경제 체계의 결점이 더욱 명백하게 드러나게 될 것이다. 왜냐하면 가난한 공동체는 산출물의 대부분을 소비하는 경향이 있으므로 아주 적은 투자량만으로도 완전 고용을 달성할 수 있지만, 부유한 공동체는 비교적 부유한 구성원의 저축성향이 가난한 구성원의 고용과 양립하기 위해 훨씬 더 풍부한 투자 기회가 있어야 하기 때문이다. 잠재적으로 부유하지만 투자 유인이 약한 사회에서는 그 잠재적인 부에도 불구하고 유효 수요의 원리가 작용해서, 사회 전체가 매우 가난해질 것이다. 또한 소비하고 남은 부분이 충분히 줄어들어 취약해진 투자 유인에 맞을 정도에 이를 때까지 부득이 실제 생산을 줄일 수밖에 없게 될 것이다.

① 한 공동체의 소비 성향이 일정할 때 균형고용수준은 경상 투자량에 의존한다.
② 유효 수요가 부족할 때, 부유한 공동체일수록 실업의 문제가 심각하게 나타날 수 있다.
③ 소비성향이 일정하다면, 자본의 한계 효율과 이자율의 관계는 고용 수준에 영향을 준다.
④ 임금이 노동의 한계생산가치보다 적을 때에도 유효 수요가 부족하면 실업이 발생할 수 있다.
⑤ 과잉 생산의 문제가 나타날 때 정부가 개입하여도 유효 수요를 창출하거나 고용을 증가시킬 수 없다.

[05~07] 다음 글을 읽고 물음에 답하시오.

기축 통화는 국제 거래에 결제 수단으로 통용되고 환율 결정에 기준이 되는 통화이다. 1960년 트리핀 교수는 브레턴우즈 체제에서의 기축 통화인 달러화의 구조적 모순을 지적했다. 한 국가의 재화와 서비스의 수출입 간 차이인 경상 수지는 수입이 수출을 초과하면 적자이고, 수출이 수입을 초과하면 흑자이다. 그는 "미국이 경상 수지 적자를 허용하지 않아 국제 유동성 공급이 중단되면 세계 경제는 크게 위축될 것"이라면서도 "반면 적자 상태가 지속돼 달러화가 과잉 공급되면 준비 자산으로서의 신뢰도가 저하되고 고정 환율 제도도 붕괴될 것"이라고 말했다.

이러한 트리핀 딜레마는 국제 유동성 확보와 달러화의 신뢰도 간의 문제이다. 국제 유동성이란 국제적으로 보편적인 통용력을 갖는 지불 수단을 말하는데, ㉠ 금 본위 체제에서는 금이 국제 유동성의 역할을 했으며, 각 국가의 통화 가치는 정해진 양의 금의 가치에 고정되었다. 이에 따라 국가 간 통화의 교환 비율인 환율은 자동적으로 결정되었다. 이후 ㉡ 브레턴우즈 체제에서는 국제 유동성으로 달러화가 추가되어 '금 환 본위제'가 되었다. 1944년에 성립된 이 체제는 미국의 중앙은행에 '금 태환 조항'에 따라 금 1온스와 35달러를 언제나 맞교환해 주어야 한다는 의무를 지게 했다. 다른 국가들은 달러화에 대한 자국 통화의 가치를 고정했고, 달러화로만 금을 매입할 수 있었다. 환율은 경상 수지의 구조적 불균형이 있는 예외적인 경우를 제외하면 ±1% 내에서의 변동만을 허용했다. 이에 따라 기축 통화인 달러화를 제외한 다른 통화들 간 환율인 교차 환율은 자동적으로 결정되었다.

1970년대 초에 미국은 경상 수지 적자가 누적되기 시작하고 달러화가 과잉 공급되어 미국의 금 준비량이 급감했다. 이에 따라 미국은 달러화의 금 태환 의무를 더 이상 감당할 수 없는 상황에 도달했다. 이를 해결할 수 있는 방법은 달러화의 가치를 내리는 평가 절하, 또는 달러화에 대한 여타국 통화의 환율을 하락시켜 그 가치를 올리는 평가 절상이었다. 하지만 브레턴우즈 체제하에서 달러화의 평가 절하는 규정상 불가능했고, 당시 대규모 대미 무역 흑자 상태였던 독일, 일본 등 주요국들은 평가 절상에 나서려고 하지 않았다. 이 상황이 유지되기 어려울 것이라는 전망으로 독일의 마르크화와 일본의 엔화에 대한 투기적 수요가 증가했고, 결국 환율의 변동 압력은 더욱 커질 수밖에 없었다. 이러한 상황에서 각국은 보유한 달러화를 대규모로 금으로 바꾸기를 원했다. 미국은 결국 1971년 달러화의 금 태환 정지를 선언한 닉슨 쇼크를 단행했고, 브레턴우즈 체제는 붕괴되었다.

그러나 붕괴 이후에도 달러화의 기축 통화 역할은 계속되었다. 그 이유로 규모의 경제를 생각할 수 있다. 세계의 모든 국가에서 ㉢ 어떠한 기축 통화도 없이 각각 다른 통화가 사용되는 경우 두 국가를 짝짓는 경우의 수만큼 환율의 가짓수가 생긴다. 그러나 하나의 기축 통화를 중심으로 외환 거래를 하면 비용을 절감하고 규모의 경제를 달성할 수 있다.

05 **윗글을 바탕으로 추론한 내용으로 적절하지 않은 것은?**

① 브레턴우즈 체제에서 마르크화가 달러화에 대해 평가 절상되면, 같은 금액의 마르크화로 구입 가능한 금의 양은 감소한다.

② 트리핀 딜레마는 달러화를 통한 국제 유동성 공급을 중단할 수도 없고 공급량을 무한정 늘릴 수도 없는 상황을 말한다.

③ 금의 생산량 증가를 통한 국제 유동성 공급량의 증가는 트리핀 딜레마 상황을 완화하는 한 가지 방법이 될 수 있다.
④ 브레턴우즈 체제에서 마르크화와 엔화의 투기적 수요가 증가한 것은 이들 통화의 평가 절상을 예상했기 때문이다.
⑤ 닉슨 쇼크가 단행된 이후 달러화의 고평가 문제를 해결할 수 있는 달러화의 평가 절하가 가능해졌다.

06 **미국을 포함한 세 국가가 존재하고 각각 다른 통화를 사용할 때, ㉠~㉢에 대한 설명으로 적절한 것은?**

① ㉠에서 자동적으로 결정되는 환율의 가짓수는 금에 자국 통화의 가치를 고정한 국가 수보다 하나 적다.
② ㉡이 붕괴된 이후에도 여전히 달러화가 기축 통화라면 ㉡에 비해 교차 환율의 가짓수는 적어진다.
③ ㉢에서 국가 수가 하나씩 증가할 때마다 환율의 전체 가짓수도 하나씩 증가한다.
④ ㉠에서 ㉡으로 바뀌면 자동적으로 결정되는 환율의 가짓수가 많아진다.
⑤ ㉡에서 교차 환율의 가짓수는 ㉢에서 생기는 환율의 가짓수보다 적다.

07 **윗글을 참고할 때, <보기>에 대한 반응으로 가장 적절한 것은?**

<보기>

브레턴우즈 체제가 붕괴된 이후 두 차례의 석유 가격 급등을 겪으면서 기축 통화국인 A국의 금리는 인상되었고 통화 공급은 감소했다. 여기에 A국 정부의 소득세 감면과 군비 증대는 A국의 금리를 인상시켰으며, 높은 금리로 인해 대량으로 외국 자본이 유입되었다. A국은 이로 인한 상황을 해소하기 위한 국제적 합의를 주도하여, 서로 교역을 하며 각각 다른 통화를 사용하는 세 국가 A, B, C는 외환 시장에 대한 개입을 합의했다. 이로 인해 A국 통화에 대한 B국 통화와 C국 통화의 환율은 각각 50%, 30% 하락했다.

① A국의 금리 인상과 통화 공급 감소로 인해 A국 통화의 신뢰도가 낮아진 것은 외국 자본이 대량으로 유입되었기 때문이겠군.
② 국제적 합의로 인한 A국 통화에 대한 B국 통화의 환율 하락으로 국제 유동성 공급량이 증가하여 A국 통화의 가치가 상승했겠군.
③ 다른 모든 조건이 변하지 않았다면, 국제적 합의로 인해 A국 통화에 대한 B국 통화의 환율과 B국 통화에 대한 C국 통화의 환율은 모두 하락했겠군.
④ 다른 모든 조건이 변하지 않았다면, 국제적 합의로 인해 A국 통화에 대한 B국과 C국 통화의 환율이 하락하여, B국에 대한 C국의 경상 수지는 개선되었겠군.
⑤ 다른 모든 조건이 변하지 않았다면, A국의 소득세 감면과 군비 증대로 A국의 경상 수지가 악화되며, 그 완화 방안 중 하나는 A국 통화에 대한 B국 통화의 환율을 상승시키는 것이겠군.

[08~10] 다음 글을 읽고 물음에 답하시오.

기업이 경영활동을 수행하는 과정에서 발생되는 비용은, 기업의 영업활동으로 인하여 지출되는 영업비와 기업이 타인의 자본을 사용할 경우 발생되는 재무비로 구성된다. 영업비는 다시, 원재료 구입비, 소모품비 등 생산량에 따라 비례적으로 증가하는 영업변동비와 설비나 사무실의 임차료 및 유지비용, 직원의 임금 등 생산량의 변동과 관계없이 일정하게 발생하는 비용인 영업고정비로 구분된다. 영업고정비는 기계 설비의 구입, 공장 신설, 시설 확장 등과 같이, 기업이 용이하게 현금화할 수 없는 비유동자산에 투자를 많이 할수록 증가하게 되는데 이는 ㉠ 지렛대의 역할을 하여 영업레버리지 효과를 일으킨다.

그런데 기업의 비유동자산에 대한 투자는 때로 영업위험을 초래하기도 한다. 영업위험은 기업의 영업 성격이나 영업비의 성격으로 인하여 발생하는 위험으로 영업이익의 변동성과 관련이 있다. 이에 기업은 투자 정책이 영업이익과 영업위험에 미치는 영향을 측정할 도구가 필요한데, 이때 이용되는 도구가 바로 영업레버리지도이다. 영업레버리지도는 기업의 매출액이 변동할 때 영업이익이 변동하는 정도로, 영업이익에 대한 공헌이익으로 나타낼 수 있다. 여기서 공헌이익이란 매출이 실제로 기업의 이익에 얼마만큼 공헌했는지를 나타내는 것으로, 매출액에서 영업변동비를 차감한 금액을 의미하고, 영업이익이란 순수하게 영업을 통해 벌어들인 이익을 나타내는 것으로, 공헌이익에서 영업고정비를 차감한 금액을 의미한다. 이는 수식을 이용하면 다음과 같이 나타낼 수 있다.

$$\text{영업레버리지도} = \frac{\text{공헌이익}}{\text{영업이익}} = \frac{\text{매출액} - \text{영업변동비}}{\text{매출액} - \text{영업변동비} - \text{영업고정비}}$$

위 수식은 영업고정비가 클수록 영업레버리지도가 커진다는 것을 나타낸다. 다시 말해, 영업고정비가 클수록 영업레버리지 효과가 증가한다는 것을 나타내는 것이다. 예를 들어, 어떤 기업의 매출액이 10억 원, 영업변동비가 6억 원, 영업고정비가 2억 원이라면, 이 기업의 공헌이익은 매출액에서 영업변동비를 차감한 금액인 4억 원이 되며, 영업이익은 매출액에서 영업변동비와 영업고정비를 차감한 금액인 2억 원이 된다. 따라서 이 기업의 영업이익에 대한 공헌이익인 영업레버리지도는 2가 되며, 이는 10%의 매출액 증감이 있을 때, 영업이익은 그 2배인 20%의 증감이 됨을 뜻한다.

영업고정비가 증가할 경우 영업이익이 확대되어 나타나는 것은 생산 규모의 확대로 인해 규모의 경제가 작용하게 되고 단위생산원가는 훨씬 저렴하게 되어, 매출액이 증가할 때, 종전의 소규모 생산 시설을 유지할 때보다 영업이익의 증가 폭이 더 커지기 때문이다. 반대로 매출액이 감소할 때에는 영업고정비의 부담이 증가하여 영업이익의 감소 폭이 더 커진다. 이와 같은 원리에 의해서 영업고정비가 증가하면 영업레버리지 효과가 발생하는 것이다.

이렇게 영업고정비가 증가할수록 매출액의 변동에 따른 영업이익의 변동 폭이 확대된다는 사실은 기업의 의사결정과 관련하여 다음과 같은 점을 시사한다. 첫째, 사업 전망과 관련지어 영업레버리지 효과를 평가해야 한다는 점이다. 사업 전망이 밝은 기업이 영업레버리지도가 높으면 이익의 확대를 기대할 수 있지만, 사업 전망이 흐린 기업이 영업레버리지도가 높으면 손실이 확대될 수 있다. 둘째, 시설 투자 혹은 생산 방식의 전환은 기업의 자산 구조를 변화시키고, 이에 따라 비용 구조를 변화시킨다. 즉 이와 같은 의사결정의 문제는 영업레버리지 효과의 변화를 가져와 영업위험을 변화시킨다. 따라서 영업고정비를 증가시키는 이와 같은 의사결정에는 기업의 영업이익과 영업위험에 미치는 영향이 충분히 고려되어야 한다는 것이다.

08 **문맥을 고려할 때 ㉠의 의미를 파악한 내용으로 가장 적절한 것은?**

① 기업의 영업비와 재무비의 비중을 조절하는 역할을 한다는 것이군.
② 기업의 공헌이익을 항상 일정하게 조절하는 역할을 한다는 것이군.
③ 규모의 경제로부터 발생할 수 있는 효과를 축소시키는 역할을 한다는 것이군.
④ 매출액 변동에 따른 영업이익의 변동 폭을 확대시키는 역할을 한다는 것이군.
⑤ 기업의 영업 성격과 관계없이 기업의 이익을 언제나 증가시키는 역할을 한다는 것이군.

09 [영업레버리지도] **에 대한 이해로 가장 적절한 것은?**

① 기업이 소모품비를 많이 사용할수록 영업레버리지도는 점점 감소한다.
② 기업이 영업위험의 감소를 위해 비유동자산을 처분하면 영업레버리지도는 감소한다.
③ 기업의 생산 시설을 확장하여 생산 규모가 커지면 영업레버리지도는 이전과 동일하게 유지된다.
④ 기업의 투자 정책을 판단하기 위해 단위생산원가를 측정하는 도구인 영업레버리지도를 활용한다.
⑤ 기업의 영업이익과 공헌이익이 같을 때의 영업레버리지도에 따르면 영업레버리지 효과는 증가한다.

10 **<보기>는 윗글을 이해하기 위한 학습지의 일부이다. 윗글을 바탕으로 <보기>에 대해 보인 반응으로 적절하지 않은 것은?**

<보기>

○○ 기업은 작년에 A 생산 방식으로 제품을 생산해 개당 10,000원에 100만 개를 판매하였고, 영업변동비는 개당 9,000원을 유지하였다. 올해는 영업이익을 올리기 위해 B 생산 방식으로의 전환을 검토하였다. B 생산 방식으로 전환할 경우 100만 개의 제품을 판매할 때 영업변동비는 개당 2,000원이 감소하여 7,000원이 되지만, 20억 원의 영업고정비를 새롭게 부담해야 한다는 예측 결과를 얻었다. 다음은 두 생산 방식의 판매량이 10% 증감했을 때를 가정한 표이다.

	A 생산 방식			B 생산 방식		
판매량 증감률(%)	−10	0	+10	−10	0	+10
판매량(만 개)	90	100	110	90	100	110
매출액(억 원)	90	100	110	90	100	110
영업변동비(억 원)	81	90	99	63	70	77
영업고정비(억 원)	0	0	0	20	20	20

① ○○ 기업이 A 생산 방식을 유지한다면 영업레버리지 효과는 기대할 수 없겠군.
② ○○ 기업이 B 생산 방식으로 전환한다면 판매량이 그대로 유지되어도 영업이익은 감소하겠군.
③ ○○ 기업이 B 생산 방식으로 전환한 후 판매량이 10% 증가한다면 영업이익은 30% 증가하겠군.
④ ○○ 기업이 올해의 사업 전망을 부정적으로 예측한다면 A 생산 방식을 유지하는 것이 유리하겠군.
⑤ ○○ 기업이 A 생산 방식을 유지한다면 영업비는 생산량에 따라 비례적으로 증가하는 비용만으로 구성되겠군.

수리능력

11 **다음 <표>는 다국적기업 R의 자회사 I, S, W, J, Y의 법인세, 종업원 수 및 유형자산 금액에 대한 자료이다. <표>와 <정보>를 바탕으로 판단할 때, 법인세 부담액이 큰 자회사부터 순서대로 바르게 나열한 것은?**

<표> 다국적기업 R의 자회사 법인세, 종업원 수 및 유형자산 금액

(단위: 백만 원, 명, 십억 원)

구분	법인세	종업원 수	유형자산 금액
I	1,000	10	500
S	3,500	25	450
W	2,000	45	350
J	4,000	30	300
Y	5,000	10	400

※ 다국적기업 R의 자회사는 위 5개 기업만 존재함

<정보>

- 자회사의 법인세 부담률

$$=0.5\times\frac{\text{해당 자회사의 종업원 수}}{\text{전체 자회사의 종업원 수 합계}}+0.5\times\frac{\text{해당 자회사의 유형자산 금액}}{\text{전체 자회사의 유형자산 금액 합계}}$$

- 자회사의 법인세 부담액＝자회사의 법인세×자회사의 법인세 부담률

① S－J－I－Y－W
② S－J－I－W－Y
③ J－S－W－Y－I
④ J－S－Y－W－I
⑤ J－S－Y－I－W

12 **다음 <표>는 2019~2023년 A국 소재·부품·장비 산업 무역 현황에 대한 자료이다. 이를 바탕으로 작성한 <보고서>의 내용 중 옳지 않은 것은?**

<표> 2019~2023년 A국 소재·부품·장비 산업 무역 현황

(단위: 백만 달러)

구분			2019년	2020년	2021년	2022년	2023년
전체 산업		수출액	542,233	512,498	644,400	683,585	409,502
		수입액	503,343	467,633	615,093	731,370	433,279
		무역수지	38,890	44,865	29,307	−47,785	−23,777
소재·부품·장비 산업		수출액	308,636	300,186	363,479	373,749	215,731
		수입액	192,921	197,635	248,321	263,904	164,518
		무역수지	115,715	102,551	115,158	109,845	51,213
	소재 산업	수출액	91,390	90,647	120,324	117,719	69,382
		수입액	62,254	59,050	81,362	81,358	47,814
		무역수지	( )	( )	( )	( )	( )
	부품 산업	수출액	195,984	190,290	222,027	234,261	132,324
		수입액	112,438	112,897	133,683	152,420	96,993
		무역수지	83,546	77,393	88,344	81,841	35,331
	장비 산업	수출액	21,262	19,249	21,128	21,769	14,025
		수입액	18,229	25,687	33,276	30,126	19,711
		무역수지	3,033	−6,438	−12,148	−8,357	( )

※ 무역수지=수출액−수입액

<보고서>

A국 정부는 자국의 소재·부품·장비 산업의 진흥을 위해 노력하고 있다. ㉠ 2019년 대비 2020년 A국 전체 산업의 무역수지는 15% 이상 증가하였다. A국 전체 산업의 무역수지는 2022년부터 적자이다. ㉡ 2020~2023년 동안 전체 산업 수출액에서 소재·부품·장비 산업 수출액이 차지하는 비중은 매년 감소하고 있다. 이는 일부 품목이 전략품목에서 제외되었기 때문으로 보인다.

각 분야별로 분석하면 다음과 같다. ㉢ 2019~2023년 동안 매년 소재 산업의 무역수지는 200억 달러 이상이다. ㉣ 2022년 전체 산업 수입액 대비 부품 산업 수입액의 비중은 2021년에 비해 감소하였다. ㉤ 2019년 대비 2020년 장비 산업의 무역수지 증감폭은 2022년 대비 2023년 장비 산업의 무역수지 증감폭의 3배 미만이다.

① ㉠　② ㉡　③ ㉢　④ ㉣　⑤ ㉤

핵심 개념 플러스+

13 다음 <표>는 2020~2024년 '갑'국의 연도별 가계부채 현황에 관한 자료이다. <보기>의 자료 중 <표>의 내용에 부합하는 것만을 모두 고르면?

<표> '갑'국의 연도별 가계부채 현황

(단위: 조 원, %)

분류 \ 연도	2020	2021	2022	2023	2024
가계부채 잔액	1,828.8	1,998.3	2,192.4	2,260.1	2,241.4
가계대출 잔액	1,504.9	1,633.6	1,757.1	1,749.8	1,767.3
예금은행분 잔액	767.7	849.9	910.1	902.6	916.0
주택담보대출 잔액	534.0	583.9	629.6	644.1	672.1
비은행·기타분 잔액	737.2	783.7	847.0	847.2	851.3
판매신용 잔액	96.7	95.9	105.8	117.7	118.1
자금순환표상 개인부채 잔액	227.2	268.8	329.5	392.6	356.0
명목GDP 대비 가계부채 잔액 비율	89.6	97.1	98.7	97.3	93.6

<보기>

ㄱ. 2020~2024년 '갑'국의 연도별 명목GDP

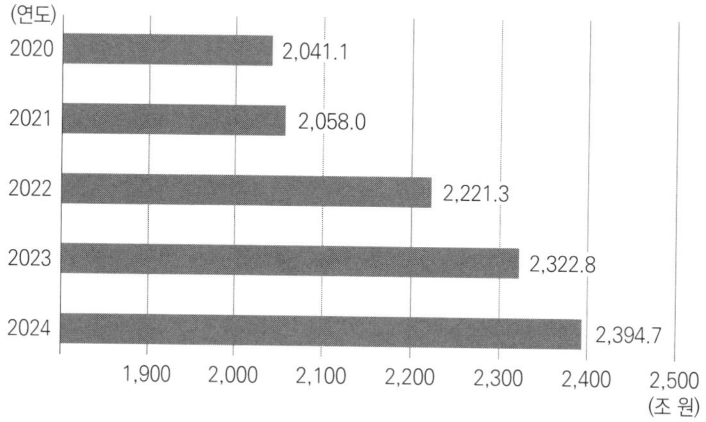

ㄴ. 2022~2024년 가계부채 잔액의 항목별 구성비

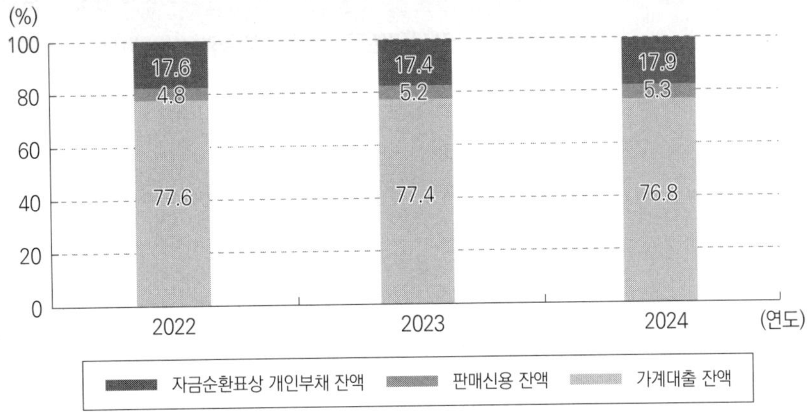

ㄷ. 2021~2024년 주택담보대출 잔액의 전년 대비 증가분

(단위: 조 원)

연도	2021	2022	2023	2024
주택담보대출 잔액 증가분	49.9	45.7	14.5	28.0

ㄹ. 2020~2024년 비은행·기타분 잔액 대비 예금은행분 잔액의 비율

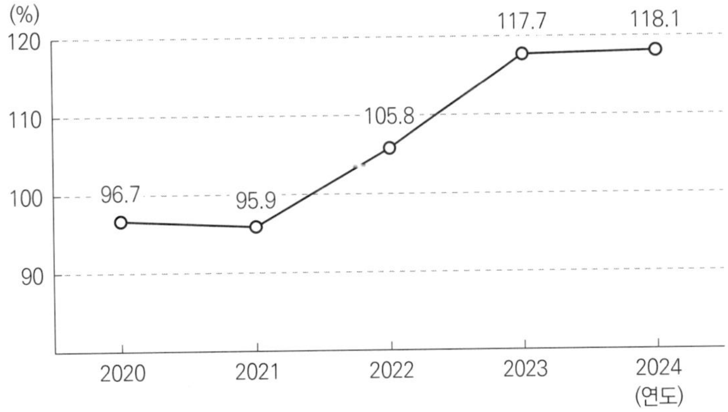

① ㄱ, ㄴ　② ㄱ, ㄷ　③ ㄱ, ㄹ　④ ㄴ, ㄷ　⑤ ㄴ, ㄹ

14 다음 <표>는 2018~2020년 시장소득 및 가처분소득 자료를 활용하여 각 소득분위별 소득점유율과 이를 활용한 소득분배지표를 계산한 표이다. 이에 대한 <보기>의 설명 중 옳은 것만을 모두 고르면?

<표> 시장소득 및 가처분소득 소득점유율과 소득분배지표

(단위: %, 배)

구분		시장소득			가처분소득		
		2018년	2019년	2020년	2018년	2019년	2020년
각 소득분위별 소득점유율	1/10분위	0.9	0.9	0.9	2.2	2.3	2.5
	2/10분위	3.1	3.0	3.0	4.0	4.2	4.3
	3/10분위	4.8	4.7	4.7	5.5	5.5	5.6
	4/10분위	6.2	6.3	6.3	6.7	6.8	6.9
	5/10분위	7.6	7.7	7.7	8.0	8.0	8.1
	6/10분위	9.1	9.1	9.1	9.2	9.3	9.3
	7/10분위	10.8	10.8	10.8	10.8	10.8	10.7
	8/10분위	13.0	13.0	13.0	12.8	12.7	12.6
	9/10분위	16.5	16.5	16.2	15.8	15.5	15.2
	10/10분위	28.0	28.0	28.3	25.0	24.9	24.8
소득분배지표	5분위배율	( )	11.4	11.4	6.6	6.2	5.9
	10분위배율	31.1	31.1	31.4	11.4	( )	( )
	10분위 분배율	33.7	33.5	33.5	45.1	( )	48.3

※ 1) 소득분위란 소득을 기준으로 각 분위별 가구수가 동일하도록 균분한 것이며 1/10분위는 소득이 가장 낮은 분위를 의미함

2) 소득점유율(%): 각 분위별 소득의 합이 전체 소득에서 차지하는 비중

3) 5분위배율(배) $= \frac{\text{상위 20\% 소득점유율}}{\text{하위 20\% 소득점유율}}$

4) 10분위배율(배) $= \frac{\text{상위 10\% 소득점유율}}{\text{하위 10\% 소득점유율}}$

5) 10분위 분배율(%) $\frac{\text{하위 40\% 소득점유율}}{\text{상위 20\% 소득점유율}} \times 100$

<보기>

ㄱ. 2018~2020년 동안 시장소득 기준 상위 30% 소득점유율은 매년 50% 이상이다.
ㄴ. 2018~2020년 가처분소득 기준 10분위배율은 매년 감소한다.
ㄷ. 2020년의 시장소득 기준 5분위배율은 2018년의 시장소득 기준 5분위배율보다 높다.
ㄹ. 2018~2020년 가처분소득 기준 10분위 분배율은 매년 증가한다.

① ㄱ, ㄴ, ㄷ ② ㄱ, ㄴ, ㄹ ③ ㄱ, ㄷ, ㄹ
④ ㄴ, ㄷ, ㄹ ⑤ ㄱ, ㄴ, ㄷ, ㄹ

15 **다음 <표>는 '갑'국 공공기관 A~C의 경영실적 및 평가점수에 관한 자료이다. 이에 대한 <보기>의 설명 중 옳은 것만을 모두 고르면?**

<표> 공공기관 A~C의 경영실적 및 평가점수

(단위: 백만 원, 점)

구분 \ 공공기관	A	B	C
매출액	(　)	4,000	(　)
영업이익	400	(　)	(　)
평균총자산	2,000	(　)	6,000
자산회전지표	0.50	0.80	(　)
영업이익지표	(　)	0.15	0.50
평가점수	(　)	(　)	1.50

※ 1) 자산회전지표 $= \frac{\text{매출액}}{\text{평균총자산}}$

2) 영업이익지표 $= \frac{\text{영업이익}}{\text{매출액}}$

3) 평가점수(점) = (자산회전지표 × 1점) + (영업이익지표 × 2점)

<보기>

ㄱ. 매출액은 A가 가장 크다.
ㄴ. 영업이익은 C가 A의 4배 이상이다.
ㄷ. 평가점수는 B가 가장 낮다.

① ㄴ　② ㄷ　③ ㄱ, ㄴ　④ ㄱ, ㄷ　⑤ ㄱ, ㄴ, ㄷ

16 **다음 <표>는 2023년 '갑'기업 전체 임원(A~J)의 보수 현황에 관한 자료이다. 이에 대한 설명으로 옳은 것은?**

<표> '갑'기업 전체 임원의 보수 현황

(단위: 십만 원)

임원	사업부	등기 여부	보수총액		
				급여	상여
A	가	미등기	7,187	2,700	4,487
B	나	등기	6,497	2,408	(　)
C	다	등기	4,068	(　)	2,000
D	라	미등기	(　)	1,130	2,598
E	마	등기	3,609	1,933	1,676
F	마	등기	3,069	1,643	1,426
G	나	미등기	3,050	1,633	1,417
H	바	미등기	3,036	1,626	1,410
I	사	등기	3,000	2,000	1,000
J	다	미등기	2,990	2,176	814
합계	—	—	40,234	19,317	20,917

※ 보수총액＝급여＋상여

① 보수총액이 많은 임원일수록 상여도 많다.
② '마'사업부 임원의 보수총액 합에서 급여 합이 차지하는 비중은 60% 미만이다.
③ 임원 1인당 보수총액이 가장 적은 사업부는 임원 1인당 급여도 가장 적다.
④ 보수총액에서 상여가 차지하는 비중이 가장 큰 임원은 B이다.
⑤ 미등기 임원의 급여 합은 등기 임원의 급여 합보다 많다.

17 **다음 <표>와 <정보>는 '갑'회사의 승진후보자별 2021~2023년 근무성적점수 및 승진대상자 선정에 관한 자료이다. 이에 대한 <보기>의 설명 중 옳은 것만을 모두 고르면?**

<표 1> 승진후보자별 2021~2023년 근무성적점수

(단위: 점)

연도 / 승진후보자	2023	2022	2021
정숙	85	65	65
윤호	70	85	75
찬희	75	75	65
상용	80	60	65

<표 2> 평가방법별 2021~2023년 가중치

연도 / 평가방법	2023	2022	2021
A	0.5	0.3	0.2
B	0.6	0.4	0.0
C	1.0	0.0	0.0

※ 평가방법별 가중치 합은 1.0임

<정보>

- 평정점수는 2021~2023년 근무성적점수에 해당연도의 가중치를 곱한 값의 합임
- 평정점수가 가장 높은 승진후보자만 승진대상자로 선정함

<보기>

ㄱ. 모든 승진후보자의 평정점수는 평가방법 A를 적용할 때보다 평가방법 B를 적용할 때가 더 높다.

ㄴ. 평가방법 A를 적용할 때와 평가방법 C를 적용할 때의 승진대상자는 같다.

ㄷ. '상용'의 2023년 근무성적점수만 90점으로 변경된다면, 평가방법 A~C 중 어떤 평가방법을 적용하더라도 '상용'이 승진대상자가 된다.

① ㄱ ② ㄷ ③ ㄱ, ㄴ ④ ㄱ, ㄷ ⑤ ㄴ, ㄷ

18 **다음 <표>는 2016~2021년 '갑'국의 연금 가입 및 연금 계좌 보유 현황에 관한 자료이다. 이에 대한 <보기>의 설명 중 옳은 것만을 모두 고르면?**

<표> '갑'국의 연금 가입 및 연금 계좌 보유 현황

(단위: 천 명, 천 개, %)

연도	인구	연금 가입자 수	연금 계좌 수	가입률	중복 가입률
2016	31,523	21,754	30,265	69.0	27.0
2017	31,354	(　)	(　)	69.8	28.0
2018	31,183	22,296	31,432	71.5	(　)
2019	30,915	(　)	31,538	(　)	30.0
2020	30,590	23,793	33,459	77.8	(　)
2021	30,128	23,727	33,458	78.8	(　)

※ 1) '갑'국 연금 가입자는 연금 계좌를 1개 또는 2개 보유함

2) 연금 계좌 수: 해당연도 '갑'국 전체 연금 가입자가 보유한 연금 계좌 수의 합

3) $\text{가입률(\%)} = \frac{\text{연금 가입자 수}}{\text{인구}} \times 100$

4) $\text{중복 가입률(\%)} = \frac{\text{연금 계좌를 2개 보유한 연금 가입자 수}}{\text{인구}} \times 100$

<보기>

ㄱ. 2017년 연금 계좌 수는 전년보다 증가하였다.

ㄴ. 2018년과 2019년의 중복 가입률 차이는 1%p 이상이다.

ㄷ. 2020년 연금 가입자 수는 전년 대비 5% 이상 증가하였다.

ㄹ. 2021년 중복 가입률은 전년보다 증가하였다.

① ㄱ, ㄴ　② ㄱ, ㄷ　③ ㄴ, ㄹ

④ ㄱ, ㄷ, ㄹ　⑤ ㄴ, ㄷ, ㄹ

19 **다음 <표>는 2018~2023년 현금영수증 발급수단별 발급실적에 대한 자료이다. 이에 대한 설명으로 옳은 것은?**

<표> 2018~2023년 현금영수증 발급수단별 발급 건수 및 발급액

(단위: 건, 만 원)

발급수단		2018년	2019년	2020년	2021년	2022년	2023년
휴대폰	발급 건수	394,347	356,667	376,186	392,958	403,597	413,642
	발급액	830,371	855,099	1,006,898	1,124,568	1,217,900	1,254,605
등록번호	발급 건수	50,212	52,027	53,026	51,762	52,237	51,150
	발급액	334,664	359,601	400,448	426,086	443,462	444,703
전용카드	발급 건수	5,049	3,647	2,803	2,216	1,856	1,656
	발급액	15,703	11,633	9,434	8,332	6,588	5,669
앱카드	발급 건수	15	12	10	6	5	4
	발급액	39	31	25	11	11	8
멤버십	발급 건수	1,254	887	724	700	694	1,074
	발급액	4,984	4,084	3,588	3,474	3,275	5,491
합계	발급 건수	450,877	413,240	432,749	447,642	458,389	467,526
	발급액	1,185,761	1,230,448	1,420,393	1,562,471	1,671,236	1,710,476

※ 제시된 발급수단 외 다른 현금영수증 발급수단은 없으며, 하나의 현금영수증은 하나의 발급수단으로만 발급할 수 있음

① 2019년부터 2023년까지 발급 건수가 매년 전년 대비 감소하는 발급수단은 3개이다.

② 2019년부터 2023년까지 발급액이 매년 전년 대비 감소하는 발급수단은 2개이다.

③ 2019년부터 2022년까지 휴대폰을 통한 현금영수증 발급 건수 1건당 발급액은 매년 전년 대비 증가한다.

④ 2018년부터 2021년까지 현금영수증 전체 발급액 중 등록번호를 통한 발급액이 차지하는 비중은 매년 30% 이상이다.

⑤ 2022년 현금영수증 전체 발급 건수 대비 발급 건수의 비중이 전년 대비 증가한 발급수단은 2개이다.

20 **다음 <표>는 '갑'국 화폐 k에 대한 A국 화폐 aaa의 영업일별 환율에 관한 자료이다. 이에 대한 설명으로 옳지 않은 것은? (단, 제시된 영업일 이외의 영업일은 고려하지 않는다)**

<표> A국 화폐 aaa의 영업일별 환율

(단위: k/aaa)

영업일	송금		현찰		기준환율
	보내실 때	받으실 때	사실 때	파실 때	
2022.12.01.	1,387	1,360	1,400	1,346	1,375
2022.12.02.	1,388	1,361	1,401	1,347	1,369
2022.12.03.	1,386	1,358	1,399	1,345	1,370
2022.12.04.	1,400	1,372	1,413	1,359	1,357
2022.12.05.	1,400	1,373	1,414	1,359	1,370
2022.12.06.	1,404	1,376	1,417	1,362	1,387
2022.12.07.	1,395	1,367	1,408	1,354	1,394
2022.12.08.	1,394	1,367	1,408	1,353	1,376
2022.12.09.	1,410	1,382	1,423	1,368	1,380
2022.12.10.	1,395	1,368	1,409	1,354	1,387
2022.12.11.	1,409	1,381	1,423	1,368	1,384
2022.12.12.	1,408	1,381	1,422	1,367	1,383
2022.12.13.	1,399	1,371	1,413	1,358	1,388
2022.12.14.	1,384	1,356	1,397	1,343	1,381
2022.12.15.	1,384	1,356	1,397	1,343	1,379
2022.12.16.	1,375	1,347	1,388	1,334	1,365
2022.12.17.	1,378	1,351	1,392	1,338	1,353
2022.12.18.	1,370	1,342	1,383	1,329	1,362
2022.12.19.	1,369	1,342	1,382	1,329	1,358
2022.12.20.	1,363	1,336	1,376	1,323	1,349
2022.12.21.	1,359	1,332	1,372	1,319	1,347

① 2022년 12월 1일부터 12월 21일 중 영업일별 '기준환율－현찰 파실 때 환율'은 항상 5k/aaa 이상이다.

② 2022년 12월 1일부터 12월 21일 중 영업일별 '송금 보내실 때 환율－송금 받으실 때 환율'은 같은 기간 '현찰 사실 때 환율－현찰 파실 때 환율'보다 항상 작다.

③ 2022년 12월 1일부터 12월 21일 중 기준환율이 연속하여 상승한 최장기간은 연속하여 하락한 최장기간보다 짧다.

④ 2022년 12월 1일부터 12월 13일 사이의 '현찰 사실 때'의 최저 환율과 2022년 12월 14일부터 12월 21일 사이의 '현찰 파실 때'의 최고 환율의 차이는 55k/aaa 이상이다.

⑤ 2022년 12월 1일부터 12월 21일 중 영업일별 '현찰 사실 때 환율－송금 보내실 때 환율'은 항상 15k/aaa 이하이다.

문제해결능력

21 **다음 글의 내용이 참일 때, 반드시 참인 것만을 <보기>에서 모두 고르면?**

A, B, C, D, E는 스키, 봅슬레이, 컬링, 쇼트트랙, 아이스하키 등 총 다섯 종목 중 각자 한 종목을 관람하고자 한다. 스키와 봅슬레이는 산악지역에서 열리며, 나머지 종목은 해안지역에서 열린다. 다섯 명의 관람 종목에 대한 조건은 다음과 같다.

- A, B, C, D, E는 서로 다른 종목을 관람한다.
- A와 B는 서로 다른 지역에서 열리는 종목을 관람한다.
- C는 스키를 관람한다.
- B가 쇼트트랙을 관람하면, D가 봅슬레이를 관람한다.
- E가 쇼트트랙이나 아이스하키를 관람하면, A는 봅슬레이를 관람한다.

<보기>

ㄱ. A가 봅슬레이를 관람하면, D는 아이스하키를 관람한다.
ㄴ. B는 쇼트트랙을 관람하지 않는다.
ㄷ. E가 쇼트트랙을 관람하면, B는 컬링이나 아이스하키를 관람한다.

① ㄱ ② ㄴ ③ ㄱ, ㄷ ④ ㄴ, ㄷ ⑤ ㄱ, ㄴ, ㄷ

[22~23] 다음 글을 읽고 물음에 답하시오.

숫자 메시지의 단순 체크섬 계산은 다음과 같다. 수신자는 메시지의 각 자리 숫자를 취해 모두 더한 다음, 그 결과에서 마지막 자릿수만 남기고 모두 버리면 된다. 이때 남는 숫자가 단순 체크섬이다. 메시지가 다음과 같다고 하자.

46756

모든 숫자의 합은 4+6+7+5+6=28이다. 그러나 마지막 자릿수만 유지하므로 이 메시지의 단순 체크섬은 8이다. 그렇다면 체크섬을 어떻게 첨부할까? 메시지를 보내기 전에 원본 메시지의 체크섬을 메시지 끝에 첨부하기만 하면 된다. 그러면 수신자가 메시지를 수신할 때 체크섬을 다시 계산해서 결과를 송신자가 보낸 값과 비교해 메시지가 정확한지 알 수 있다. '46756'이라는 메시지의 단순 체크섬은 8이므로 이 메시지와 체크섬을 다음과 같이 전송한다.

467568

이때 메시지 수신자는 송신자가 체크섬 트릭을 이용하고 있다는 사실을 알아야 한다. 수신자가 이를 안다고 가정하면 수신자는 마지막 숫자인 8이 원본 메시지의 일부가 아니라는 사실을 즉시 인식할 수 있고, 따라서 이를 따로 빼놓고 나머지 숫자의 체크섬을 계산할 수 있다. 메시지 전송에서 오류가 없었다면 계산이 체크섬과 같은지 검사하고 메시지가 정확히 전송됐다고 판단한다.

하지만 단순 체크섬 시스템은 메시지에서 하나의 오류만을 검출할 수 있다. 두 개 이상의 오류가 있을 경우 단순 체크섬은 이를 검출할 수도 있지만 검출하지 못할 수도 있다.

		체크섬
원본 메시지	46756	8
오류 하나가 있는 메시지	16756	5
오류 두 개가 있는 메시지	28756	8

원본 메시지(46756)는 전과 같으므로 체크섬도 8로 같다. 다음 행에 있는 메시지는 오류를 하나 가지고 있어 체크섬은 5다. 하나의 오류만 있는 경우 단순 체크섬은 이를 100% 검출한다. 그러나 두 개의 오류를 가진 메시지의 경우 단순 체크섬이 8로 원본 메시지의 체크섬과 동일하다. 이에 따라 메시지를 받는 사람은 메시지에 오류가 있다는 사실을 검출하지 못한다.

다행히도 단순 체크섬 트릭에 몇 가지 수정을 추가해 이 문제를 해결할 수 있다. 그중 하나는 새로운 유형의 체크섬을 정의하는 것이다. 이를 '계단 체크섬'이라 하자. 메시지의 각 자리 숫자는 맨 왼쪽부터 순서대로 각각 1, 2, 3, …의 오름차순으로 구성된 '계단 숫자'에 대응된다. 계단 체크섬을 구하려면 메시지의 각 자리 숫자에 해당 계단 숫자를 곱한 값들의 합계인 '계단합'을 구한다. 마지막으로, 단순 체크섬에서와 마찬가지로 마지막 자릿수만 빼고 버린다. 메시지가 전과 동일한 경우 계단합을 활용해 계산한 계단 체크섬은 다음과 같다.

$$(1\times4)+(2\times6)+(3\times7)+(4\times5)+(5\times6) = 4+12+21+20+30 = 87$$

즉, 마지막 자릿수인 7이 '46756'의 계단 체크섬이 된다. 단순 체크섬과 계단 체크섬을 모두 활용하면, 메시지에 두 개의 오류가 있더라도 확실히 검출할 수 있다. 새로운 체크섬 트릭은 원본 메시지 다음에 두 개의 여분 숫자를 더해 전송한다. 즉, 단순 체크섬을 원본 메시지 다음에 먼저 쓰고 계단 체크섬을 마지막에 쓴다. '46756'이라는 메시지는 다음과 같이 전송된다.

4 6 7 5 6 8 7

이번에도 수신자는 송신자가 메시지에 정확히 어떤 트릭을 적용했는지 사전에 알고 있어야만 한다. 수신자는 마지막 두 숫자를 따로 빼놓는다. 그 다음에 나머지 메시지의 단순 체크섬 및 계단 체크섬을 계산하고, 계산한 두 체크섬이 받은 체크섬과 같다면 메시지는 확실히 정확하거나 세 개 이상의 오류를 갖고 있다는 뜻이다.

22 **윗글을 근거로 판단할 때 옳은 것은?**

① 숫자 메시지의 원본이 '839362'일 경우 단순 체크섬의 값은 4이다.
② 숫자 메시지의 원본이 '123456789'일 경우 계단 체크섬의 값은 6이다.
③ 단순 체크섬 시스템과 계단 체크섬 시스템을 모두 활용할 경우 존재하는 두 개 이상의 모든 오류를 검출할 수 있다.
④ 숫자 메시지의 원본이 '987654321'일 경우 계단 체크섬의 값은 5이다.
⑤ 단순 체크섬 시스템과 계단 체크섬 시스템을 모두 활용하여 원본 메시지 '12345'를 전송하려고 하는 경우, 실제 전송되는 메시지는 '1234550'이 된다.

23 **계단 체크섬과 제곱 체크섬을 모두 활용하여 원본 메시지 '52525'를 전송하려고 한다. 윗글과 다음 <조건>을 근거로 판단할 때 실제 전송되는 메시지로 옳은 것은?**

<조건>

제곱 체크섬이란 숫자 메시지를 제곱하여 나온 숫자의 각 자리 숫자를 모두 더해서 나온 합의 마지막 자릿수를 말한다. 예를 들어 숫자 메시지가 '5252'일 경우 $5252^2=27583504$이므로 각 자리 숫자를 모두 더하면 34이다. 즉, 제곱 체크섬은 34의 마지막 자릿수인 4가 되는 것이다.

계단 체크섬과 제곱 체크섬을 모두 활용하여 메시지를 전송할 경우, 계단 체크섬을 원본 메시지 오른쪽에 먼저 쓰고 제곱 체크섬을 가장 오른쪽에 쓴다.

① 5252520　② 5252525　③ 5252545　④ 5252570　⑤ 5252575

24 **기업의 비전과 전략은 향후 해당 기업이 어떠한 의사결정을 할 것인가에 대한 정보를 제공한다. <그림>은 자동차부품을 생산하는 ○○기업의 비전과 전략을 도식화한 것이다. 제시된 내용을 토대로 할 때 향후 해당 기업이 선택할 수 있는 의사결정으로 가장 적절하지 않은 것은?**

<그림> ○○기업의 비전과 전략

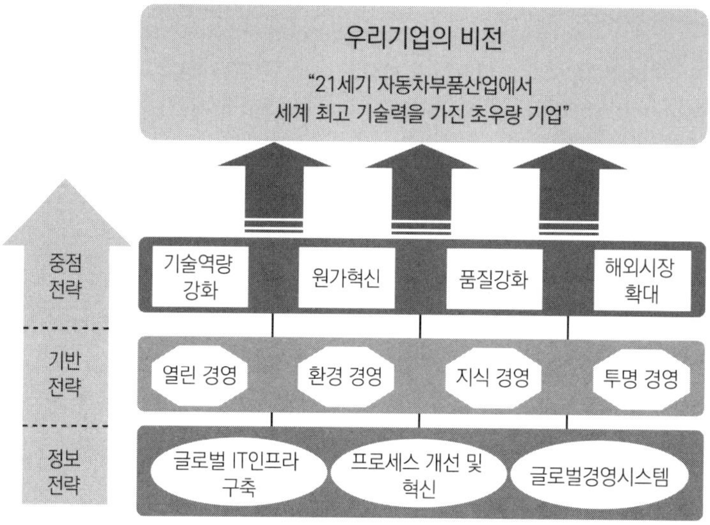

① ○○기업은 글로벌경쟁력을 향상시키고 새로운 성장동력을 확보하는 차원에서 향후 완성차업체를 인수·합병할 것이다.

② ○○기업은 5년 안에 성장잠재력이 높은 인도시장과 아프리카시장에 진출할 것이다.

③ ○○기업은 자동차 선진국인 미국에 연구개발을 전담하는 연구소를 개설할 것이다.

④ ○○기업은 생산 공정 과정에서 발생하는 오염물질을 최소화하기 위하여 자동화·첨단화에 많은 투자를 할 것이다.

⑤ ○○기업은 사내 대학이나 사내 MBA과정을 설치·운영함으로써 조직 구성원의 자기계발에 지속적으로 투자할 것이다.

25 **<그림>은 아이스크림 생산 업체인 A사에서 계절별 판촉활동 여부에 따른 매출액을 분석한 결과이다. <보기>의 설명 중 옳은 것을 모두 고른 것은?**

<그림> 판촉 여부에 따른 연령대 및 계절별 매출액

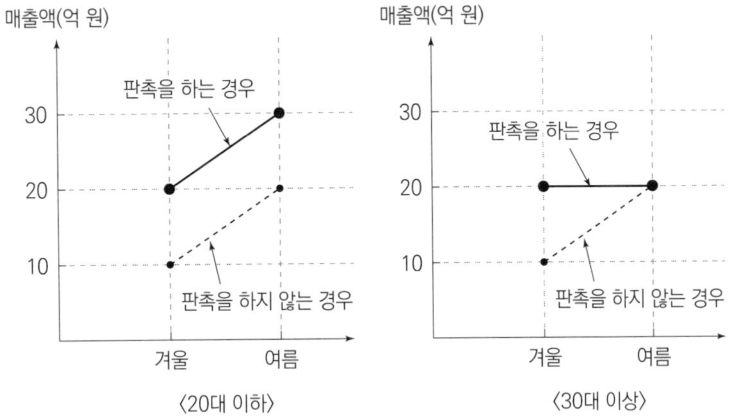

<보기>

ㄱ. 20대 이하 집단은 판촉효과가 있다.
ㄴ. 30대 이상 집단은 계절효과가 있다.
ㄷ. 30대 이상 집단은 판촉효과가 있다.
ㄹ. 20대 이하 집단은 계절에 따라 판촉효과의 차이가 있다.
ㅁ. 30대 이상 집단은 계절에 따라 판촉효과의 차이가 있다.

① ㄱ, ㄷ
② ㄱ, ㄴ, ㄹ
③ ㄱ, ㄷ, ㅁ
④ ㄱ, ㄴ, ㄷ, ㅁ
⑤ ㄴ, ㄷ, ㄹ, ㅁ

26 **제시문은 신제품을 위한 가격전략을 설명하고 있다. 이를 바탕으로 <보기> 중 스키밍전략의 사용이 유리한 상황을 모두 고른 것은?**

> 제품을 처음으로 시장에 내놓을 때 회사가 취할 수 있는 가격전략에는 크게 스키밍전략(skimming strategy)과 침투전략(penetration strategy)의 두 가지가 있다. 스키밍전략을 쓸 때는 신제품의 가격이 처음에는 높았다가 시간이 지나면서 차츰 내려가게 된다. 침투전략은 거꾸로 낮은 가격으로 제품을 진출시켜 짧은 시간 내에 시장에서의 교두보를 확보하려는 전략을 말한다. 스키밍전략은 가능하면 많은 단기이익을 실현하는 것에 주목적이 있으며, 침투전략은 단기이익을 조금 희생하더라도 장기적으로 이익을 더 많이 올리는 것에 주안점을 둔다.

<보기>

ㄱ. 소비자들이 가격에 아주 민감하고, 낮은 가격으로 상품을 공급하면 시장의 성장이 촉진될 때
ㄴ. 가격에 개의치 않고 그 상품을 사겠다는 사람들의 수가 많을 때
ㄷ. 소량생산을 하더라도 생산단가가 대량생산을 할 때에 비해 크게 오르지 않을 때
ㄹ. 생산을 해본 경험이 계속 쌓일수록 생산원가가 빨리 떨어질 때
ㅁ. 소비자들이 가격과 품질이 비례할 것이라는 생각을 하고 있을 때
ㅂ. 가격경쟁력을 강화함으로써 경쟁사의 시장진입을 방지하거나 늦출 수 있을 때

① ㄱ, ㄴ, ㄷ　② ㄴ, ㄷ, ㅁ　③ ㄴ, ㄹ, ㅁ
④ ㄴ, ㄹ, ㅂ　⑤ ㄹ, ㅁ, ㅂ

27 **제시문을 토대로 할 때 A그래프와 B그래프, 그리고 그래프 상의 C점과 D점을 바르게 나열한 것은?**

수확체감의 법칙이란 일정한 농지에서 작업하는 노동자 수가 증가할수록 1인당 수확량이 점차 감소한다는 법칙이다. 바꾸어 말하면 일정한 농지에 투입되는 노동력의 규모가 커질수록 단위노동력 당 수확량 혹은 노동의 효율성은 떨어진다는 것이다. 이러한 경향은 특히 투입된 단위노동력 당 생산량이 줄어드는 수확체감점(point of diminishing returns)에 이르러 더욱 심해진다.

수확체감점은 생산과 연계해서 환경수용력(carrying capacity)과 대비될 필요가 있다. 환경수용력은 특정한 환경적 요소가 인간 노동력의 투입을 수용할 수 있는 능력을 일컫는데, 환경수용점을 넘을 경우 생태계가 비가역적인 손상을 입게 되어 노동 투입량을 아무리 늘려도 생산은 감소하게 된다. 토양의 염화나 양분의 고갈로 인해 생산이 더 이상 이루어질 수 없는 경우가 그런 예에 속할 것이다. 이와 달리 수확체감점을 초과한 예는 어업에서 찾아볼 수 있다. 세계 어업은 남획의 결과 1970년대 이후 단위노동력 당 생산성이 절반으로 줄어들었다. 그러나 수확체감점을 초과하였음에도 불구하고 자본과 기술, 그리고 노동력을 더욱 투입함으로써 전체 어획고는 유지·증가될 수 있었다. 이렇듯 수확체감점을 초과한 경우 생산량은 그대로 유지되거나 심지어 늘어날 수 있는 반면, 환경수용점의 초과는 필연적으로 생산의 감소로 이어진다.

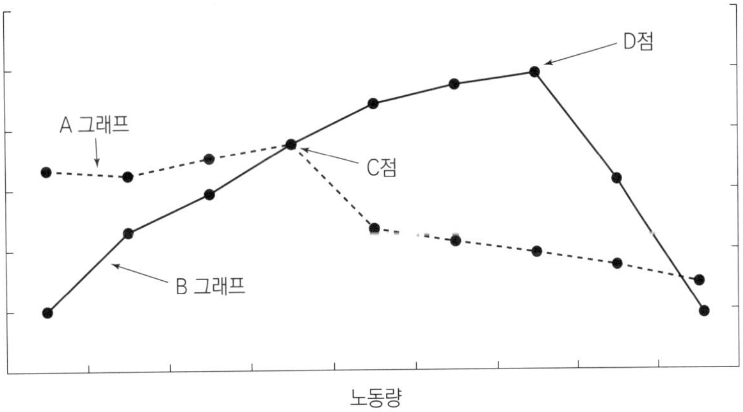

	A	B	C	D
①	$\frac{생산량}{투입량}$	생산량	환경수용점	수확체감점
②	$\frac{투입량}{생산량}$	투입량	환경수용점	수확체감점
③	$\frac{생산량}{투입량}$	투입량	수확체감점	환경수용점
④	$\frac{투입량}{생산량}$	생산량	환경수용점	수확체감점
⑤	$\frac{생산량}{투입량}$	생산량	수확체감점	환경수용점

28 다음 글을 근거로 판단할 때, <보기>에서 옳은 것만을 모두 고르면?

제○○조(수의계약에 의할 수 있는 경우) ① 수의계약을 할 수 있는 경우는 다음 각 호와 같다.

1. 경쟁에 부칠 여유가 없거나 경쟁에 부쳐서는 계약의 목적을 달성하기 곤란하다고 판단되는 경우로서 다음 각 목의 경우

가. 천재지변, 감염병 예방 및 확산 방지, 작전상의 병력 이동, 긴급한 행사, 긴급복구가 필요한 수해 등 비상재해, 원자재의 가격급등, 사고방지 등을 위한 긴급한 안전진단·시설물 개선, 그 밖에 이에 준하는 경우

나. 국가안전보장, 국가의 방위계획 및 정보활동, 군시설물의 관리, 외교관계, 그 밖에 이에 준하는 경우로서 보안상 필요가 있거나, 국가기관의 행위를 비밀리에 할 필요가 있는 경우

2. 제1호 외에 계약의 목적·성질 등에 비추어 경쟁에 따라 계약을 체결하는 것이 비효율적이라고 판단되는 경우로서 다음 각 목의 경우

가. 「건설산업기본법」에 따른 건설공사(같은 법에 따른 전문공사는 제외한다)로서 추정가격이 4억 원 이하인 공사, 같은 법에 따른 전문공사로서 추정가격이 2억 원 이하인 공사 및 그 밖의 공사 관련 법령에 따른 공사로서 추정가격이 1억 6천만 원 이하인 공사에 대한 계약

나. 추정가격이 2천만 원 이하인 물품의 제조·구매·임차계약 또는 용역계약

다. 추정가격이 2천만 원 초과 1억원 이하인 계약으로서 다음의 어느 하나에 해당하는 자와 체결하는 물품의 제조·구매·임차계약 또는 용역계약

1) 「여성기업지원에 관한 법률」에 따른 여성기업

2) 「장애인기업활동 촉진법」에 따른 장애인기업

라. 다른 국가기관 또는 지방자치단체와 계약을 하는 경우

제□□조(견적에 의한 가격결정 등) ① 각 중앙관서의 장 또는 계약담당공무원은 수의계약을 체결하려는 경우에는 2인 이상으로부터 견적서를 받아야 한다. 다만, 다음 각 호의 어느 하나에 해당하는 경우에는 1인으로부터 받은 견적서에 의할 수 있다.

1. 제○○조제1항제1호에 따른 계약의 경우
2. 추정가격이 2천만 원 이하인 경우. 다만, 제○○조제1항제2호다목의 어느 하나에 해당하는 자와 계약을 체결하는 경우에는 5천만 원 이하인 경우로 한다.

<보기>

ㄱ. A부처가 경쟁에 따라 계약을 체결하는 것이 비효율적이라고 판단하여 지방자치단체 B와 추정가격 1천만 원의 수의계약을 하는 경우, 1인으로부터 받은 견적서에 의할 수 있다.
ㄴ. C부처가 경쟁에 따라 계약을 체결하는 것이 비효율적이라고 판단하여 추정가격이 3천만 원인 용역계약을 수의계약하는 경우, 반드시 2인 이상으로부터 견적서를 받아야 한다.
ㄷ. D부처가 경쟁에 부칠 여유가 없는 상황에서 원자재 가격 급등을 해결하기 위해 「장애인기업활동 촉진법」에 따른 장애인기업 E와 추정가격 1억 원의 수의계약을 하는 경우, 1인으로부터 받은 견적서에 의할 수 있다.

① ㄱ　② ㄴ　③ ㄷ　④ ㄱ, ㄴ　⑤ ㄱ, ㄷ

29 **A는 도시 1로부터 <그림>의 모든 도시들(2, 3, 4, 5, 6, 7)을 매주 한 도시씩 방문하여 홍보활동을 하려고 한다. A는 매주마다 홍보가 끝나고 다시 도시 1로 돌아와야 하고, 각 도시들을 방문함에 있어서 이동거리를 최소화하여야 한다면, <보기> 중 옳지 않은 것을 모두 고른 것은?**

<그림> 도시 사이의 거리

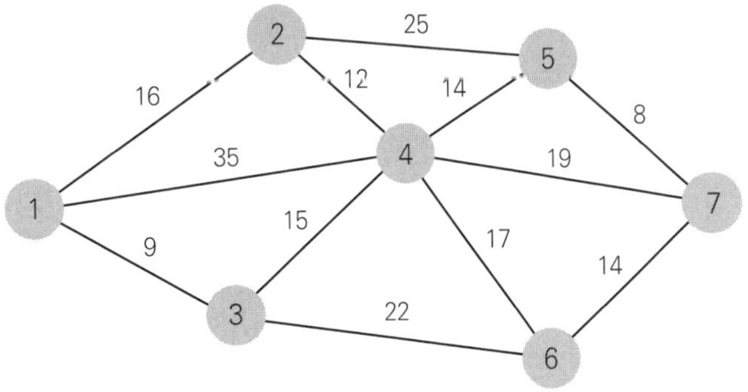

※ 도시 간 연결선상의 숫자는 거리(km)를 의미한다.

<보기>

ㄱ. A가 6주 동안 이동한 총거리는 161km이다.
ㄴ. A는 도시 5에 갈 때 경로 1 – 2 – 5를 이용한다. 즉, 도시 1을 출발하여 도시 2를 거쳐 도시 5에 도착한다.
ㄷ. A는 도시 7에 갈 때 경로 1 – 3 – 4 – 7을 이용한다.
ㄹ. A가 도시 5까지 가는 거리는 도시 6까지 가는 거리보다 길다.

① ㄴ　② ㄷ　③ ㄱ, ㄴ　④ ㄱ, ㄹ　⑤ ㄷ, ㄹ

30 김 씨는 <표>의 차량모델별 가격표를 보고 4,400만 원의 예산제약 하에 차량을 구입하려고 한다. 이 예산의 범위 내에서 동시에 장착될 수 있는 품목들을 골라 모은 것으로 옳지 않은 것은?

<표> 차량모델별 가격표

구분		판매가격(원)	기본장착품목	선택장착품목(원)
300X	Value	32,610,000	V6 3.0E - VGT 디젤엔진, 6단 자동변속기, 가변식듀얼머플러, 공기가열식 보조히터, 17인치 노플랜지 알루미늄휠, 245/65R 17타이어, 오토라이트컨트롤 헤드램프, 세이프티파워윈도우(운전석), 1열 액티브헤드레스트, EBD - ABS, 운전석/동승석 에어백, 풋파킹브레이크, 가죽커버, 1열 시트 열선	하이패스시스템 220,000
	Deluxe	35,520,000	300X Value 기본장착품목 및 좌우독립식 풀오토에어컨, 가죽시트, 2열 시트 열선	사이드스텝과 루프랙 300,000 세이프티 썬루프 440,000
300VX	Luxury	40,290,000	300X Deluxe 기본장착품목 및 인대쉬 6매 CDC 오디오, HID 헤드램프, TPMS	사이드스텝과 루프랙 300,000 세이프티 썬루프 440,000 버튼시동 스마트키 1,030,000 DMB navigation 1,690,000
	Premier	42,290,000	300VX Luxury 기본장착품목 및 통합메모리시스템, VDC, 세이프티 썬루프, 버튼시동 스마트키	사이드스텝과 루프랙 300,000 DMB navigation + 후방카메라 1,890,000 사운드시스템 1,890,000
300VXL	Premium	43,580,000	300VX Premier 기본장착품목 및 사이드스텝과 루프랙, 셀프레벨라이저, 도어가니쉬	DMB navigation + 후방카메라 + 엔터테인먼트시스템 5,830,000

① 셀프레벨라이저, 가죽시트
② TPMS, 버튼시동 스마트키, DMB navigation
③ 가죽커버, 사운드시스템
④ 245/65R 17타이어, 사이드스텝과 루프랙, 세이프티 썬루프
⑤ VDC, 가죽시트

스터디원 풀이 결과

최고 득점자 A	상위 30% 컷 득점자 B	최빈값 득점자 C	하위 30% 컷 득점자 D
✔ 공학계열 ✔ 필기 합격 경험 ○ (농협은행)	✔ 사회계열 ✔ 필기 합격 경험 ○ (국민은행, 서민금융진흥원)	✔ 인문계열 ✔ 필기 합격 경험 ×	✔ 예체능계열 ✔ 필기 합격 경험 ×

문항 번호	나의 풀이 결과	스터디원 풀이 결과				문항 번호	나의 풀이 결과	스터디원 풀이 결과			
		A	B	C	D			A	B	C	D
01		○	○	○	○	16		○	○	×	○
02		○	○	○	×	17		×	×	×	×
03		○	○	×	×	18		×	×	×	○
04		×	×	○	×	19		○	×	○	×
05		○	○	×	×	20		○	○	×	×
06		○	○	×	×	21		○	×	○	○
07		○	○	×	×	22		○	×	×	×
08		○	×	○	○	23		○	×	○	×
09		○	○	○	×	24		○	○	○	×
10		○	○	×	×	25		○	○	×	○
11		×	×	×	×	26		○	○	○	○
12		×	×	×	○	27		○	○	×	×
13		○	×	○	○	28		×	×	○	×
14		×	×	×	×	29		○	○	×	×
15		○	○	×	○	30		○	○	×	×
						합계	/ 30	23/30	17/30	12/30	10/30

득점 분포 그래프

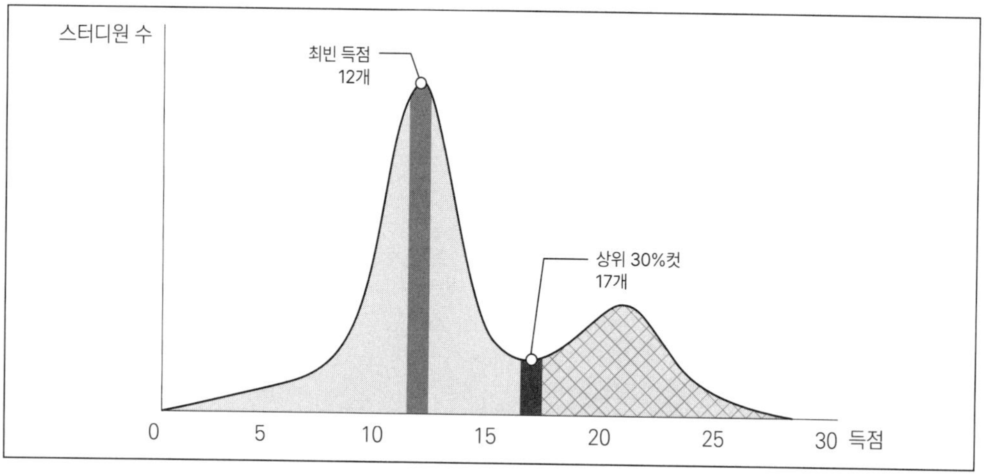

문항별 정답률

문항 번호	01	02	03	04	05	06	07	08	09	10
상위 30%(A)	94%	89%	78%	56%	56%	56%	56%	78%	100%	56%
전체(B)	93%	91%	52%	45%	36%	30%	29%	79%	59%	36%
(A－B)	1%p	－2%p	26%p	11%p	20%p	26%p	27%p	－1%p	41%p	20%p
문항 번호	11	12	13	14	15	16	17	18	19	20
상위 30%(A)	28%	56%	83%	61%	94%	94%	44%	56%	72%	100%
전체(B)	27%	38%	59%	39%	71%	71%	23%	36%	46%	52%
(A－B)	1%p	18%p	24%p	22%p	23%p	23%p	21%p	20%p	26%p	48%p
문항 번호	21	22	23	24	25	26	27	28	29	30
상위 30%(A)	72%	44%	50%	78%	78%	78%	78%	33%	72%	83%
전체(B)	61%	30%	30%	52%	52%	57%	34%	18%	29%	41%
(A－B)	11%p	14%p	20%p	26%p	26%p	21%p	44%p	15%p	43%p	42%p

- 이번 회차의 결정적 문항 09 20 27 29 30
- 위 5개 문항은 득점 상위 30% 스터디원의 정답률과 전체 스터디원의 정답률이 40%p 이상 차이 나는 문항으로, 합격권에 들기 위해 꼼꼼한 복습이 필요합니다.

결정적 문항 오답 패턴 분석

09번

영업레버리지도를 '단위생산원가 측정'이나 '규모의 경제' 개념과 혼동한 결과, 선택지 ④를 고른 경우가 많았다. 복습 시 '영업고정비 증가 → 영업레버리지도 증가 → 영업이익 민감도 상승'의 구조를 명확히 정리할 필요가 있다.

20번

단순 비교가 아닌 '차이 계산'과 '기준 구분(송금/현찰)'을 요구하는 문항 구조로 인해, 표 해석에 익숙지 않은 수험생은 답을 유보하였다. 복습 시 표 내 용어(송금·현찰·기준환율)의 의미를 명확히 이해하는 것과 함께, 단계별로 비교하고 계산하는 연습을 반복하여 정확성과 속도를 동시에 향상시키는 훈련이 필요하다.

27번

수확체감점 초과 시 생산량이 반드시 감소한다고 단정하거나 B 그래프를 노동량이 아닌 투입량으로 오인해 선택지 ① 또는 ③을 골랐다. 복습 시 'C점 이후 생산량 유지·증가 가능 vs D점 이후 무조건 감소' 구조를 구분해야 한다.

29번

총거리를 편도로만 계산하거나, 이동 경로에서 적은 도시를 거치는 경로가 짧다고 오해해 선택지 ④ 또는 ⑤를 고른 경우가 많았다. 복습 시 왕복 거리 여부 확인과 '총거리'를 기준으로 경로를 비교하는 사고력을 기르는 데 집중해야 한다.

30번

하위 등급의 기본장착품목이 상위 등급에 포함된다는 전제가 핵심이다. 오답자들은 이 원리를 간과하여 선택지 ④를 선택한 경우가 많았다. 복습 시 등급 간 기본·선택장착품목의 계층 구조와 예산 합산 계산에 집중해야 한다.

가계부채 증가와 은행 시스템 리스크 +관련 문항 13

가계부채는 가계신용이라고도 하는데, **가계신용은 일반가정이 은행 등 금융기관에서 대출을 받거나 외상으로 물품을 구입한 대금(주로 미결제된 카드사용 금액) 등을 합한 금액**으로 가계대출과 판매신용으로 구성된다. 대표적으로 주택담보대출, 신용대출, 카드론 등이 포함된다.

생애주기적 소비 목적의 가계부채는 총소비를 증대시키며, 자산구입 목적의 가계부채도 내구재 소비 증대 등을 통해 경제에 긍정적인 기능을 수행하지만, 가계부채의 누적은 차입가계의 원리금 상환부담을 가중시키고 가계의 소비를 제약하는 등으로 경제성장에 부정적인 영향을 줄 수 있다. 많은 경제학자들은 부정적인 효과가 긍정적인 효과를 상회하는 임계 부채 수준에 대해서는 대략적으로 GDP 대비 80% 수준을 제시하고 있으며, 이를 넘어설 경우 다음과 같은 경로를 통해 시스템 리스크로 전이될 수 있다.

가계부채 급증 → 상환 능력 저하 → 연체·부도 증가 → 은행 부실채권 확대
→ 자산 건전성 악화 및 대출 축소 → 실물경제 위축 및 시스템 리스크로의 전이

이 과정에서 특히 주의할 점은 **소수의 한계 차주의 부실이 전염성을 갖고 금융 시스템 전반으로 파급(전염 효과)될 수 있다**는 점이다. 예컨대, 부동산 가격이 급락하거나 금리가 급등하는 시점에서는 대규모 연쇄 부실이 발생할 가능성이 높다. 2008년 금융위기 및 2020년 글로벌 팬데믹 사태는 바로 이러한 구조적 연계와 전염 효과가 현실화된 대표 사례이다. 이러한 위험을 억제하기 위해 국내외 금융당국은 다양한 감독 및 규제 장치를 마련하고 있다.

[표] 국내외 금융당국의 감독 및 규제 장치

제도적 장치	목적
DSR 규제	차주의 상환 능력 범위 내로 대출 제한
LTV·DTI 규제	자산 버블 억제 및 과도한 담보대출 제한
스트레스 테스트	외부 충격 조건에서 은행의 자본 및 유동성 방어력 점검
바젤 규제(I~III)	자기자본 및 리스크 관리 강화를 통한 시스템 안정성 확보

은행 취업 필수 키워드

가계부채 관련 금융당국과 은행의 대응 방안

1. 양적 개선

① 가계대출 여신관리 강화: LTV(담보인정비율), DSR(총부채원리금상환비율) 중심의 규제 강화 등

② 제도 유지 및 개선: 예대율과 신예대율 규제 유지, 고위험 주택담보대출에 대한 추가 자본규제 등

③ 건전성 관리 강화: 취약차주 중심의 연체, 부동산 관련 대출 모니터링 강화 등

2. 질적 개선

① 변동금리 → 고정금리, 만기일시상환대출 → 분할상환대출, 단기대출 → 장기대출(30년)로 전환

② 커버드본드* 활성화: 커버드본드 활용 시 장기·저금리 재원 확보가 용이하여 장기·고정금리 대출 공급 확대 가능. 단기·변동금리 비중이 높은 가계부채 구조를 고려할 경우 커버드본드 활성화는 가계부채의 질적 개선에 도움이 됨

* 커버드본드: 발행기관과 발행기관이 제공하는 기초자산집합(Cover pool)에 대한 우선변제권을 통해 투자자에게 이중상환청구권을 보장하는 채권이다. 주로 주택담보대출 등 우량자산을 담보삼아 은행이 발행하는 채권을 말한다. 투자자 입장에서는 은행이 파산하더라도 담보자산에 대한 우선변제권을 보장받는 데다 재원이 부족할 경우 다른 회사채와 마찬가지로 은행의 다른 자산으로 변제받을 수 있어 이중으로 투자금을 보호받을 수 있다. 한마디로 금리가 낮은 대신 안정성이 매우 높은 채권인 셈이다. 은행 입장에서도 커버드본드의 안정성으로 인해 기존 은행채보다 신용등급이 더 높으므로 낮은 금리로 장기에 걸쳐 자금을 조달할 수 있다는 장점이 있다.

3. 정책 개선

① 규제 강화: 부동산 관련 대출 등에 대한 규제 강화

② 금융기관 평가시스템 고도화: 중소기업 대출 인센티브 제공(기업대출로의 유도), 상환능력 중심의 심사로 전환, 목표 미달시 패널티 부과(예 예금보험료율 차등, 주택금융신용보증기금 출연료 차등)

③ 자산 유동화 제도 확대: 주택금융공사의 주택연금 등

④ 취약 계층 구제: 취약차주에 대한 원금 만기 연장, 이자 상환 유예, 부채 탕감, 일자리 확충 등

4. 구조적 대응

① DSR 규제 강화: 차주 단위 DSR 및 스트레스 DSR 강화, 주택담보대출 취급 시 적용 중인 DTI를 DSR로 대체, 중도금대출·전세자금대출 등 DSR 제외대상 대출의 축소 등

② 상환능력 중심의 심사 시스템 정립: 생애소득주기 고려(예 미래 소득 창출 가능성이 높은 청년층에 대해 미래 예상소득을 추가적으로 감안), 소득 파악 체계 개선(예 보조지표·대안 개발) 등

제3회 피셋기출 모의고사

- **문항 수:** 30문항
- **시험 형식:** 객관식 5지 선다형
- **시험 시간:** 67분 30초

문항 구성표

영역	번호	출처	소재	난이도
의사소통 능력	01	입법고시	연방준비제도의 통화정책	★★★
	02	입법고시	RFID	★★
	03	입법고시	최저임금제	★★★
	04	입법고시	기호주의 인공지능, 연결주의 인공지능	★
	05	고3 3월 모의고사	경기 변동을 촉발하는 주원인	★
	06	고3 3월 모의고사	경기 변동을 촉발하는 주원인	★
	07	고3 3월 모의고사	경기 변동을 촉발하는 주원인	★
	08	고3 9월 모의평가	CDS 프리미엄	★★
	09	고3 9월 모의평가	CDS 프리미엄	★★★
	10	고3 9월 모의평가	CDS 프리미엄	★★★
수리 능력	11	입법고시	지역별 아파트 평균 매매가격	★★
	12	입법고시	부동산 보유세	★★★
	13	입법고시	연말정산 제도	★★★
	14	행정5급	종사상지위별 종사자 수 동향	★
	15	행정5급	청년 창업 현황	★★★
	16	입법고시	재무구조와 영업이익에 따른 기업	★★★
	17	입법고시	청약가점 산정기준	★
	18	행정5급	비정규직 간접고용	★★
	19	행정5급	기간별 물가와 명목임금 비교지수	★★
	20	행정5급	호텔 A~D의 운영실적	★
문제해결 능력	21	민경채	전달할 책의 제목과 A의 연구실 번호	★
	22	행정5급	소득에 대한 과세	★★★
	23	민경채	용역 입찰공고	★★
	24	민경채	초과근무 인정시간의 합	★★
	25	민경채	甲주무관이 이용할 주차장	★★
	26	민경채	청년자산형성적금	★
	27	입법고시	의사결정나무 모형을 바탕으로 대출심사	★
	28	입법고시	보증연계투자	★★★
	29	입법고시	주택공급신청자	★★★
	30	입법고시	프로그램 결과로 출력된 값	★★

의사소통능력

핵심 개념 플러스+

01 **다음 글의 문단을 논리적 순서에 맞게 나열한 것으로 가장 적절한 것은?**

미국 증시의 주가를 움직이는 가장 큰 변수는 연방준비제도(Fed, 이하 연준)의 통화정책이다. 연준이 통화 긴축 시기를 서두르고 속도를 낼 것이라는 전망이 힘을 얻을 때면 주가가 급락하곤 한다. 금리 인상은 주식시장에 그렇게도 독인가?

(가) 미국 연준은 코로나 팬데믹에 대응한 제로금리 정책을 벗어나 금리를 올릴 준비를 하고 있다. 연방공개시장위원회(FOMC)에서 연준은 11월에 시작한 테이퍼링(양적완화의 점진적 축소)의 종료 시점을 내년 6월에서 3월로 앞당기고 내년에 세 차례 금리 인상을 시사하는 전망을 내놓았다. 우라카미의 말처럼, 앞으로 미국 증시도 금융장세에서 실적장세로 매끄럽게 옮겨갈까?

(나) 그런데 중앙은행이 기준금리를 왜 올리는가 생각하면 '금리 인상=주가 하락'이란 등식에 의문을 품지 않을 수 없다. 대체로 금리 인하는 불경기에 경기 부양을 위해 하고, 금리 인상은 경기가 회복될 때 시작한다. 경기가 회복되면 기업 실적은 대체로 좋아진다. 이때는 주가가 오를 가능성이 높다고 보는 게 더 합리적이지 않을까?

(다) 일본의 투자분석가인 우라카미 구니오는 1990년에 쓴 『주가 사이클 분별법』이란 책에서 경기 순환 국면에 따라 주식시장에도 4계절이 나타난다고 했다. 호경기에 주가는 상승하지만, 인플레이션을 억제하기 위해 중앙은행이 금리를 계속 올리면 주가는 결국 하락세로 돌아선다. 이어 금리가 높은데 기업 실적까지 나빠지는 국면이 나타나 주가가 더 하락한다. 그러면 중앙은행은 경기를 부양하기 위해 다시 금리를 낮춘다. 저금리 국면이 이어지면 유동성의 힘에 의해 주가가 큰 폭으로 상승하는데, 우라카미는 이런 때를 '금융장세'라고 했다. 그 다음으로, 우라카미는 "중앙은행이 금리를 올리기 시작하지만, 경기가 회복 국면에 들어서 기업 실적이 좋아지기 때문에 주가가 본격적으로 오르는 계절이 펼쳐진다."며, 이를 '실적장세'라고 했다. 금융장세, 실적장세 같은 표현은 지금도 널리 쓰인다.

(라) 어떤 주식이 아직 살 만한지 따질 때, 투자자들이 고려하는 것은 크게 세 가지다. 우선 주주에게 배당으로 돌아올 수 있는 기업의 이익이 얼마인지 살펴 주가가 싼지 비싼지 본다. 성장성도 중요한 변수다. 앞으로 이익이 빠르게 늘어날 것으로 전망되는 기업의 주식은 그렇지 않은 기업 주식보다 훨씬 매력적이다. 금리도 투자 의사 결정에 중요한 변수다. 금리가 낮으면 투자자들은 기대수익을 낮춰 잡고, 주식 가치를 높게 쳐준다. 다른 조건이 같다면, 금리 상승은 주가에 부정적이다.

(마) 미국 연준의 금리 인상이 주가에 부정적인 영향을 끼쳤던 것은 왜일까? 금리 인상이 시작되기 전 유동성에 기댄 주가 상승폭이 매우 컸다는 점과 관련이 있어 보인다. 금리 인상이 본격화된 뒤 유동성 거품이 꺼지기까지 적잖은 시간이 필요했던 것이다. 금리 인상기에는 고성장에 대한 기대로 주가가 폭등한 기업의 실적에 더욱 신경을 곤두세워야 한다. '기대가 컸던 만큼 실망도 큰' 사태가 빚어질 수 있기 때문이다. 최근 미국 연준의 통화 긴축 우려로 주가가 출렁거릴 때 이른바 '기술주'의 주가 변동성이 큰 것에도 그런 우려가 실려 있다.

(바) 미국 주식시장의 역사를 돌아보면, 우라카미의 설명과는 다른 점을 볼 수 있다. 중앙은행이 금리를 급격히 올릴 때 주가 흐름이 지지부진하거나 하락세를 보인 것이다. 주가는 금리를 올리기 시작한 뒤 1년가량 지나서야 상승세로 접어들었다. 금융장세에서 실적장세로 매끄러운 전환이 이뤄지지 않고 초기 단계에서 금리 인상의 부정적 충격이 매우 크게 나타났다.

① (가) – (나) – (라) – (마) – (다) – (바)
② (가) – (라) – (다) – (나) – (바) – (마)
③ (라) – (가) – (마) – (나) – (다) – (바)
④ (라) – (나) – (다) – (가) – (바) – (마)
⑤ (라) – (나) – (다) – (마) – (가) – (바)

02 **다음 글의 내용에 부합하지 않는 것은?**

직장인이라면 하루에도 여러 번 RFID(Radio Frequency IDentification)를 사용한다. 자가용으로 출퇴근하는 직장인이라면 자동차의 문을 열기 위해 RFID를 사용한 후, 주차장 차단기를 올리기 위해 RFID를 사용한다. 혹시 도로에서 통행료를 내야 하는 곳을 지나야 한다면 이때도 RFID를 사용한다. 대중교통을 이용하는 직장인도 마찬가지다. 교통카드도 RFID로 작동한다.

RFID는 다른 무선 기술들과 같이 태그가 리더기의 신호를 받을 수 있는 범위 내에 있는 짧은 시간 동안 연결을 하고, 그 범위를 벗어나면 연결이 끊어진다. 일반적으로 연결이 유지되는 기간은 1초 이내이며, 이 기간 동안 리더기와 태그 사이에 정보의 전송이 완료된다. 리더기의 범위 안에 여러 개의 태그가 있는 경우에는 상황에 따라 리더기의 반응이 달라진다. 사용자에게 하나의 태그를 선택하도록 알림을 줄 수도 있고, 모든 태그로부터 수신되는 정보를 한꺼번에 처리할 수도 있다.

RFID는 사용하는 주파수 대역에 따라 세 가지 유형으로 구분된다. 첫째는 30~500킬로헤르츠의 장파장 대역인 낮은 주파수를 사용하는 경우다. 이 경우 인식 범위는 50센티미터 이내이고, RFID 기술 중에서는 가장 오래된 기술이다. 125킬로헤르츠는 출입통제, 방문증, 재고자산 추적, 자동차 키 등에 사용되고 134.2킬로헤르츠는 동물 식별 등에 사용되며, 귀에 부착하는 형태로 돼지, 소, 양 등에 널리 쓰이고 있다. 둘째는 13.56메가헤르츠의 단파장 대역 주파수를 사용하는 경우로서 인식 범위가 수 센티미터 이하로 좁다. 이는 교통카드, IC 카드/스마트카드 등에 주로 사용되고, 도서관에 소장된 책들에 부착되어 사용되거나 스키장에서 리프트권에 사용된다. 마지막으로 400메가헤르츠 이상의 극초단파장 대역인 높은 주파수를 사용하는 경우다. 이 경우 인식 범위는 수십 미터에 이르고 국방용, 컨테이너 관리, 원격시동 장치 등에 사용된다. 주차장 출입통제용으로 사용되는 일명 주차카드는 860~960메가헤르츠가 사용된다. 그 밖에 2.4기가헤르츠 대역을 사용하는 제품도 있다.

스마트폰에 우선적으로 적용하기 위한 NFC(Near Field Communication)는 RFID 무선통신 표준을 바탕으로 하고 있다. 즉, 물리 계층은 국제표준화기구에서 만든 기존의 표준을 사용하고, 애플리케이션 계층만 NFC 포럼에서 새로 작성한 표준을 사용한다. NFC는 13.56메가헤르츠의 주파수 대역을 사용하며, 통신 거리는 10센티미터 이내로 제한돼 있다. RFID와 달리 NFC는 상황에 따라 태그와 리더 역할을 변경할 수 있으며, 따라서 데이터는 양방향으로 전송이 가능하다.

NFC의 짧은 통신 거리 때문에 데이터를 교환하기 위해서는 통신 대상 기기에 스마트폰을 직접 터치해야 한다. 하지만 짧은 거리이기 때문에 오히려 보안성이 높고 이용자의 행동을 기반으로 의도를 인식해서 다양한 이용자 맞춤형 서비스들과 연결하기 좋다는 장점이 있다. 예를 들어, 박물관에서 전시물 옆의 태그에 사용자가 스마트폰을 갖다 대는 경우에만 동작하게 할 수 있다. 교통카드로 활용되는 경우에는 한 사람씩 차례로 태그가 이뤄지게 해 준다.

> 오늘날 스마트폰에는 NFC 기능이 내장되고 있으며 이는 교통카드, 신용카드, 멤버십카드, 쿠폰, 신분증 등 다양한 분야에서 활용되고 있다. 또한 NFC를 활용하면 스마트폰으로 도어락을 간편하게 여닫을 수 있으며, 와이파이 설정 등을 손쉽게 할 수 있다.
>
> ※ 1기가헤르츠＝1,000메가헤르츠＝1,000,000킬로헤르츠

① RFID는 주파수가 높을수록 인식 범위가 넓다.
② 스마트폰에 적용된 NFC를 교통카드로 사용하는 경우 통신 거리가 10센티미터 이하로 제한돼 있다.
③ NFC는 RFID 무선 통신 표준을 바탕으로 하고 있다.
④ 스키장 리프트권에 사용되는 주파수는 동물 식별 등에 사용되는 주파수보다 높다.
⑤ RFID를 적용한 리더기는 범위 안에 여러 개의 태그가 있는 경우 사용자에게 하나의 태그를 선택하도록 알림을 줄 수도 있고, 모든 태그로부터 수신되는 정보를 한꺼번에 처리할 수도 있다.

03 다음 글로부터 추론할 수 있는 내용으로 가장 거리가 먼 것은?

세계 여러 나라에서 정부부문의 비대화에 대한 비판의 소리가 높아지고 있다. 이런 분위기 때문에 예산 규모를 늘리기가 쉽지 않음을 눈치챈 각국 정부는 다른 방법을 통해 활동 반경을 넓히려 노력하고 있다. 규제의 확대가 바로 그것인데, 규제는 정부가 예산을 지출하지 않고 정책목표를 달성할 수 있는 방편이 되기 때문이다. 예를 들어 최저임금제도는 정부가 직접 저소득 근로자들에게 소득보조를 해주는 것과 비슷한 효과를 낼 수 있다.

이처럼 규제는 눈에 잘 띄지 않는 재정 지출의 성격을 갖고 있기 때문에, 겉으로 나타난 예산의 규모만 보고 정부부문의 크기를 판단해서는 안 된다. 예산이 줄어드는 대신 규제가 대폭 늘게 되면 정부부문의 실질적인 규모는 예전에 비해 더 커질 수도 있기 때문이다. 두 나라를 놓고 정부부문의 비중을 비교할 때도 단순히 정부지출의 대 국내총생산(GDP) 비율만을 보고 평가를 내려서는 안 된다. 지난 15년 동안의 통계에서 이 비율을 구해보면, 일본은 32.4% 수준에 머물고 있었는데 미국의 경우에는 32.9%로 이보다 높았던 것으로 드러나 있다. 그렇지만 일본이 미국보다 상대적으로 더 작은 정부를 유지해 왔다고 생각하는 사람은 아무도 없다.

규제는 공공정책의 수행에 드는 비용을 개인과 기업에게 전가시키는 결과를 가져오게 된다. 미국을 대상으로 행한 한 연구에 의하면, 연방정부가 시행한 규제로 말미암아 민간부문이 져야 했던 비용이 1995년 한 해에만 6,680억 달러에 이르는 규모였다고 한다. 그 해의 연방정부 예산이 1조 5,000억 달러였던 것과 비교해 보면 규제로 인한 비용 부담의 규모가 매우 컸다는 사실을 알 수 있다. 이 수치를 한 가구당의 비용으로 환산하면 무려 7,000달러나 되어, 한 가구당 평균 소득세 납부액 6,000달러 보다도 더 높은 것으로 드러난다.

더구나 이 비용의 수치는 매우 보수적으로 계산된 것이라는 평가를 받고 있다. 그 수치에는 규제에 순응하기 위해 지출해야 하는 직접적 비용만이 고려되고 그 밖의 비용은 포함되지 않고 있다. 예를 들어 새로운 규제가 도입되었을 때 기업들이 이에 적응하는 과정에서 생긴 생산성 저하 같은 부분은 전혀 고려되지 않았다. 이런 종류의 비용까지 포함한다면 규제로 인해 발생하는 비용의 실제 규모는 엄청나게 커질 수 있다. 어떤 사람은 규제의 남발을 막기 위해 '규제예산(regulatory budget)'제도를 도입할 필요가 있다고 말한다. 이 제도는 각 정부부처에 규제로 인해 발생하는 비용의 일정한 한도를 배정하고, 그 한도를 넘지 않는 범위 안에서만 규제를 실시할 수 있게 만든다. 예를 들어 어떤 부처에 배정된 규제관련 비용의 한도가 2,000억 원인데, 그 부처가 이미 도입한 규제로 말미암아 민간부문이 1,800억 원의 비용을 부담하고 있다고 하자. 이제 그 부처는 민간부문에 200억 원 이상의 비용을 초래할 것으로 예측되는 규제를 새로이 도입하지 못한다. 이와 같은 제약은 각 부처로 하여금 가장 긴요하다고 생각하는 규제만을 실시하라고 압력을 가하는 역할을 한다.

이 제도가 갖는 또 하나의 장점은, 정부가 도입을 고려하고 있는 규제가 국민에게 얼마나 많은 비용 부담을 요구하게 될지 명백히 드러나게 만든다는 데 있다. 이 과정에서 정부 지출을 통해 수행해야 할 사업을 규제로 대체함으로써 더 많은 사회적 비용을 초래할 수도 있다는 사실이 밝혀질 수 있다. 그렇게 되면 합당한 이유 없이 규제를 남발하기가 매우 어려워질 것이 분명하다.

① 정부의 규제로 인해 발생하는 간접적인 비용의 크기는 잘 밝혀지지 않고 있는데, 그것이 사회적으로 드러나게 되는 것은 큰 의의가 있을 것이다.
② 최저임금제의 도입으로 발생하는 사회적 효율성이 저하된 크기를 추정할 수 있다.
③ 1995년 미국의 연방정부 예산 중 약 40%가 가계의 소득세 납부를 통해 조달된 것으로 추정할 수 있다.
④ 규제예산제도의 핵심 내용은 정부가 규제를 집행하는데 필요한 예산의 한도를 각 부처에 배정하는 것이다.
⑤ 일본에서 각종 정부 규제로 발생하는 비효율의 대 GDP 비율은 미국에 비해 더 높은 수준일 것이다.

04 다음 글의 내용과 부합하지 않는 것은?

인공지능 연구에서 가장 두드러진 세 가지 패러다임은 기호주의 인공지능, 연결주의 인공지능 및 뉴로 심볼릭 인공지능이다. 기호주의 인공지능은 논리를 사용하여 지식을 표현하고 규칙과 알고리즘을 기본으로 추론을 한다. 반면, 연결주의 인공지능은 인간의 뇌를 모방한 정보를 처리하는 상호 연결된 노드로 구성된 인공 신경망에 의존하여 추론한다. 마지막으로 뉴로 심볼릭 인공지능은 두 패러다임을 결합하여 경험을 통해 추론하고 학습한다.

기호주의 인공지능에서 지식은 기호를 사용하여 표현되며 논리연산을 사용하여 조작할 수 있다. 이러한 기호와 그 관계는 지식베이스에 저장되고 논리적 추론을 통해 기호 시스템이 결론을 내린다. 이 인공지능 패러다임은 전문가 시스템, 규칙 기반 의사 결정 등과 같은 도메인별 지식을 포함하는 작업에 매우 적합하다. 그러나 전문지식이 제공되지 못하고 데이터만 있을 경우 엔지니어링을 하는 데 한계를 가진다. 그 예로 기호주의 인공지능은 대량의 데이터만 제공되는 복잡한 작업을 처리하거나 불완전한 데이터를 처리하는 데에는 효과적이지 않다. 그럼에도 불구하고 기호주의 인공지능은 인공지능 연구의 중요한 영역으로 남아 있으며 자연어 처리, 검색엔진, 로봇 공학, 계획 및 스케줄링 등 많은 실제 응용 프로그램에 활용되고 있다.

연결주의 인공지능은 인간의 뇌 구조와 기능에서 영감을 받아 정보를 처리하는 상호 연결된 노드 또는 뉴런으로 구성된 인공 신경망을 기반으로 하는 인공지능이다. 상호 연결된 노드들에 데이터를 입력하면 다른 노드로 그 출력이 전달되며, 노드 간 연결의 가중치와 편향을 조정함으로써 입력 데이터의 패턴을 인식하고 예측하는 방법을 학습하게 된다. 인공 신경망은 많은 양의 데이터에서 복잡한 패턴을 감지할 수 있고, 다양한 유형의 데이터를 쉽게 적용할 수 있어 이미지 분류, 음성 인식, 자연어 처리와 같은 다양한 작업들에 활용이 가능하다. 그러나 기호주의 인공지능과 달리 신경망의 내부동작을 해석하고 특정 결과가 어떻게 도출되었는지 이해하기 어려울 뿐만 아니라 인공 신경망을 학습하는 데 계산비용이 많이 들고 대규모 데이터 세트가 필요하다는 단점이 있다.

반면, 뉴로 심볼릭 인공지능은 하이브리드 방식으로 기호주의 인공지능의 강점과 연결주의 인공지능의 강점을 결합하였다. 뉴로 심볼릭 인공지능의 목표는 논리적으로 추론하고 경험을 통해 학습하며 복잡한 현실 문제를 처리할 수 있는 지능형 시스템을 만드는 것이다. 하지만 뉴로 심볼릭 인공지능은 복잡한 지식의 표현이나, 실세계의 복잡한 데이터로부터 효과적이고 유연하게 의미 있는 정보를 추출하는 데 한계가 있다. 그럼에도 불구하고 뉴로 심볼릭 인공지능은 인간처럼 상징적 지식과 신경망 추론 능력을 갖춘 인공의 일반지능을 개발하는 데 활용할 수 있을 것으로 평가된다. 인공의 일반지능은 인간이 할 수 있는 어떠한 지적인 업무도 성공적으로 해낼 수 있는 기계의 지능을 말한다.

① 연결주의 인공지능은 신경망의 내부동작을 해석하고 특정 결과가 어떻게 도출되었는지 이해하기 어렵다는 단점이 있다.
② 기호주의 인공지능은 대량의 데이터만 제공되는 복잡한 작업을 처리하는 데에는 부적절하다.
③ 인간이 할 수 있는 지적인 업무를 성공적으로 해낼 수 없는 기계의 지능은 인공의 일반지능이라고 할 수 없다.
④ 기호주의 인공지능은 전문지식이 제공되지 못하고 데이터만 있을 경우 엔지니어링을 하는 데 한계를 가진다.
⑤ 뉴로 심볼릭 인공지능은 실세계의 복잡한 데이터로부터 효과적이고 유연하게 의미 있는 정보를 추출하는 데 한계가 있어 인공의 일반지능 개발에 활용하기는 어렵다.

[05~07] 다음 글을 읽고 물음에 답하시오.

경제 성장은 장기적인 관점에서 국내 총생산(GDP)이 지속적으로 증가하는 것이다. 그러나 경제가 꾸준히 성장하는 국가라 하더라도, 경기는 좋을 때도 있고 나쁠 때도 있다. 경기 변동은 실질 GDP*의 추세를 장기적으로 보여 주는 선에서 단기적으로 그 선을 이탈하여 상승과 하락을 보여 주는 현상을 말한다. 경기 변동을 촉발하는 주원인에 대해서는 여러 견해가 있다.

1970년대까지는 경기 변동이 ⓐ 일어나는 주원인이 민간 기업의 투자 지출 변화에 의한 총수요* 측면의 충격에 있다는 견해가 우세했다. 민간 기업이 미래에 대해 갖는 기대에 따라 투자 지출이 변함으로써 경기 변동이 촉발된다는 것이다. 따라서 정부가 총수요 충격에 대응하여 적절한 총수요 관리 정책을 실시하면 경기 변동을 억제할 수 있다고 보았다. 그러나 1970년대 이후 총수요가 변해도 총생산은 변하지 않을 수 있다는 비판이 제기되자, 이에 따라 금융 당국의 자의적인 통화량 조절이 경기 변동의 원인으로 작용한다는 주장이 제기되었다.

이후 루카스는 경제 주체들이 항상 '합리적 기대'를 한다고 보고, 이들이 불완전한 정보로 인해 잘못된 판단을 하여 경기 변동이 발생한다는 '화폐적 경기 변동 이론'을 주장하였다. 합리적 기대란 어떤 정보가 새로 들어왔을 때 경제 주체들이 이를 적절히 이용하여 미래에 대한 기대를 형성한다는 것이다. 그러나 경제 주체들에게 주어지는 정보가 불완전하기 때문에 그들은 잘못 판단할 수 있으며, 이로 인해 경기 변동이 발생하게 된다. 루카스는 ㉠ 가상의 사례를 들어 이를 설명하고 있다.

일정 기간 오직 자신의 상품 가격만을 아는 한 기업이 있다고 하자. 이 기업의 상품 가격이 상승했다면, 그것은 통화량의 증가로 전반적인 물가 수준이 상승한 결과일 수도 있고, 이 상품에 대한 소비자들의 선호도 변화 때문일 수도 있다. 전반적인 물가 상승에 의한 것이라면 기업은 생산량을 늘릴 이유가 없다. 하지만 일정 기간 자신의 상품 가격만을 아는 기업에서는 아무리 합리적 기대를 한다 해도 가격 상승의 원인을 정확히 판단할 수 없다. 따라서 전반적인 물가 수준이 상승한 경우에도 그것이 선호도 변화에서 온 것으로 판단하여 상품 생산량을 늘릴 수 있다. 이렇게 되면 근로자의 임금은 상승하고 경기 역시 상승하게 된다. 그러나 일정 시간이 지나 가격 상승이 전반적인 물가 수준의 상승에 의한 것임을 알게 되면, 기업은 자신이 잘못 판단했음을 깨닫고 생산량을 줄이게 된다.

그러나 이러한 루카스의 견해로는 대규모의 경기 변동을 모두 설명하기 어렵다는 비판이 제기되었다. 이에 따라 일부 학자들은 경기 변동의 주원인을 기술 혁신, 유가 상승과 같은 실물적 요인에서 찾게 되었는데, 이를 '실물적 경기 변동 이론'이라고 한다. 이들에 의하면 기업에서 생산성을 향상시킬 수 있는 기술 혁신이 발생하면 기업들은 더 많은 근로자를 고용하려 할 것이다. 그 결과 고용량과 생산량이 증가하여 경기가 상승하게 된다. 반면 유가가 상승하면 기업은 생산 과정에서 에너지를 덜 쓰게 되므로 고용량과 생산량은 줄어들게 된다.

최근 일부 학자들은 한 나라의 경기 변동을 설명하는 중요한 요소로 해외 부문을 거론하고 있다. 이들은 세계 각국의 경제적 협력이 밀접해지면서 각국의 경기 변동이 서로 높은 상관관계를 가진다고 보고, 그에 따라 경기 변동이 국제적으로 전파될 수 있다고 생각한다.

* 실질 GDP: 물가 변동에 의한 생산액의 증감분을 제거한 GDP

* 총수요: 국민 경제의 모든 경제 주체들이 소비, 투자 등의 목적으로 사려고 하는 재화와 용역의 합

05 **윗글에 대한 설명으로 가장 적절한 것은?**

① 경기 변동의 주원인에 대한 여러 견해를 순차적으로 소개하고 있다.
② 경기 변동의 과정에서 경제 주체들이 대응하는 방식을 대조하고 있다.
③ 경기 변동으로 인해 나타나는 현상의 장점과 단점을 분석하고 있다.
④ 경기 변동의 원인에 따라 달라지는 경제 주체들의 생활 양상을 보여주고 있다.
⑤ 경기 변동으로 인한 생산량의 변화가 초래할 수 있는 상황에 대해 예측하고 있다.

06 **㉠을 참고할 때, [A]에 들어갈 내용으로 가장 적절한 것은?**

> 선생님: 루카스가 경기 변동 과정을 설명하기 위해 사용했던 가상의 사례는 금융 당국의 정책을 그다지 신뢰하지 않았던 그의 생각을 이해하는 데 중요한 전제가 됩니다. 경기 상승을 위해 통화량 증가 정책을 반복적으로 시행한다면, 기업들은 자기 상품의 가격이 상승할 때 ___[A]___ 할 것입니다. 합리적 기대를 하는 경제 주체들은 새로운 정보를 받아들여 자신의 잘못된 판단을 줄여 나가기 때문입니다.

① 자신들의 합리적 기대와는 무관하게 생산량을 늘리려
② 통화량이 계속 증가할 것이라고 보고 생산량을 늘리려
③ 근로자의 임금이 변화되는 것을 고려하여 생산량을 늘리려
④ 소비자들의 선호가 수시로 바뀔 수 있다고 보고 생산량을 늘리지 않으려
⑤ 전반적인 물가 수준이 상승한 것이라고 판단하여 생산량을 늘리지 않으려

07 **ⓐ와 문맥적 의미가 가장 유사한 것은?**

① 얼마 후에 꺼져 가던 불꽃이 다시 일어났다.
② 그녀는 싸움이 일어난 틈을 타서 그 자리를 떠났다.
③ 그는 친구의 말에 화가 일어났지만 곧 마음을 가라앉혔다.
④ 구성원들이 적극적으로 일어나 동아리의 위기를 해결하였다.
⑤ 체육 대회가 가까워질수록 승리에 대한 열기가 다시 일어났다.

[08~10] 다음 글을 읽고 물음에 답하시오.

대한민국 정부가 해외에서 발행한 채권의 CDS 프리미엄은 우리가 매체에서 자주 접하는 경제 지표의 하나이다. 이 지표를 이해하기 위해서는 채권의 '신용 위험'과 '신용 파산 스와프(CDS)'의 개념을 살펴볼 필요가 있다.

채권은 정부나 기업이 자금을 조달하기 위해 발행하며 그 가격은 채권이 매매되는 채권 시장에서 결정된다. 채권의 발행자는 정해진 날에 일정한 이자와 원금을 투자자에게 지급할 것을 약속한다. 채권을 매입한 투자자는 이를 다시 매도하거나 이자를 받아 수익을 얻는다. 그런데 채권 투자에는 발행자의 지급 능력 부족 등의 사유로 이자와 원금이 지급되지 않을 가능성인 신용 위험이 수반된다. 이에 따라 각국은 채권의 신용 위험을 평가해 신용 등급으로 공시하는 신용 평가 제도를 도입하여 투자자를 보호하고 있다.

우리나라의 신용 평가 제도에서는 원화로 이자와 원금의 지급을 약속한 채권 가운데 발행자의 지급 능력이 최상급인 채권에 AAA라는 최고 신용 등급이 부여된다. 원금과 이자가 지급되지 않아 부도가 난 채권에는 D라는 최저 신용 등급이 주어진다. 그 외의 채권은 신용 위험이 커지는 순서에 따라 AA, A, BBB, BB 등 점차 낮아지는 등급 범주로 평가된다. 이들 각 등급 범주 내에서도 신용 위험의 상대적인 크고 작음에 따라 각각 '－'나 '＋'를 붙이거나 하여 각 범주가 세 단계의 신용 등급으로 세분되는 경우가 있다. 채권의 신용 등급은 신용 위험의 변동에 따라 조정될 수 있다. 다른 조건이 일정한 가운데 신용 위험이 커지면 채권 시장에서 해당 채권의 가격이 떨어진다.

CDS는 채권 투자자들이 신용 위험을 피하려는 목적으로 활용하는 파생 금융 상품이다. CDS 거래는 '보장 매입자'와 '보장 매도자' 사이에서 이루어진다. 여기서 '보장'이란 신용 위험으로부터의 보호를 뜻한다. 보장 매도자는, 보장 매입자가 보유한 채권에서 부도가 나면 이에 따른 손실을 보상하는 역할을 한다. CDS 거래를 통해 채권의 신용 위험은 보장 매입자로부터 보장 매도자로 이전된다. CDS 거래에서 신용 위험의 이전이 일어나는 대상 자산을 '기초 자산'이라 한다.

[A] 가령 은행 ㉠ 갑은, 기업 ㉡ 을이 발행한 채권을 매입하면서 그것의 신용 위험을 피하기 위해 보험 회사 ㉢ 병과 CDS 계약을 체결할 수 있다. 이때 기초 자산은 을이 발행한 채권이다.

보장 매도자는 기초 자산의 신용 위험을 부담하는 것에 대한 보상으로 보장 매입자로부터 일종의 보험료를 받는데, 이것의 요율이 CDS 프리미엄이다. CDS 프리미엄은 기초 자산의 신용 위험이나 보장 매도자의 유사시 지급 능력과 같은 여러 요인의 영향을 받는다. 다른 요인이 동일한 경우, ㉣ 기초 자산의 신용 위험이 크면 CDS 프리미엄도 크다. 한편 ㉤ 보장 매도자의 지급 능력이 우수할수록 보장 매입자는 유사시 손실을 보다 확실히 보전받을 수 있으므로 보다 큰 CDS 프리미엄을 기꺼이 지불하는 경향이 있다. 만약 보장 매도자가 발행한 채권이 있다면, 그 신용 등급으로 보장 매도자의 지급 능력을 판단할 수 있다. 이에 따라 다른 요인이 동일한 경우, 보장 매도자가 발행한 채권의 신용 등급이 높으면 CDS 프리미엄은 크다.

08 **[A]의 ㉠~㉢에 대한 이해로 가장 적절한 것은?**

① ㉠은 기초 자산을 보유하지 않는다.
② ㉠은 기초 자산에 부도가 나면 손실을 보상하는 역할을 한다.
③ ㉡은 신용 위험을 기피하는 채권 투자자이다.
④ ㉢은 신용 위험을 부담하는 보장 매도자이다.
⑤ ㉢은 기초 자산에 부도가 나야만 이득을 본다.

09 **<보기>의 ㉮~㉲ 중 CDS 프리미엄 이 두 번째로 큰 것은?**

<보기>

윗글의 ㉣과 ㉤을 기준으로 서로 다른 CDS 거래 ㉮~㉲를 비교하여 CDS 프리미엄의 크기에 순서를 매길 수 있다. (단, 기초 자산의 발행자와 보장 매도자는 한국 기업이며, ㉮~㉲ 에서 제시된 조건 외에 다른 조건은 동일하다)

CDS 거래	기초 자산의 신용 등급	보장 매도자 발행 채권의 신용 등급
㉮	BB+	AAA
㉯	BB+	AA−
㉰	BBB−	A−
㉱	BBB−	AA−
㉲	BBB−	A+

① ㉮ ② ㉯ ③ ㉰ ④ ㉱ ⑤ ㉲

10 윗글을 바탕으로 <보기>를 이해한 내용으로 가장 적절한 것은?

<보기>

X가 2015년 12월 31일에 이자와 원금의 지급이 완료되는 채권 B_X를 2011년 1월 1일에 발행했다. 발행 즉시 B_X 전량을 매입한 Y는 B_X를 기초 자산으로 하는 CDS 계약을 Z와 체결하고 보장 매입자가 되었다. 계약 체결 당시 B_X의 신용 등급은 A−, Z가 발행한 채권의 신용 등급은 AAA였다. 2011년 9월 17일, X의 재무 상황 악화로 B_X의 신용 위험에 대한 우려가 발생하였다. 2012년 12월 30일, X의 지급 능력이 2011년 8월 시점보다 개선되었다. 2013년 9월에는 Z가 발행한 채권의 신용 등급이 AA+로 변경되었다. 2013년 10월 2일, B_X의 CDS 프리미엄은 100bp*였다. (단, X, Y, Z는 모두 한국 기업이며 신용 등급은 매월 말일에 변경될 수 있다. 이 CDS 계약은 2015년 12월 31일까지 매월 1일에 갱신되며 CDS 프리미엄은 매월 1일에 변경될 수 있다. 제시된 것 외에 다른 요인에는 변화가 없다.)

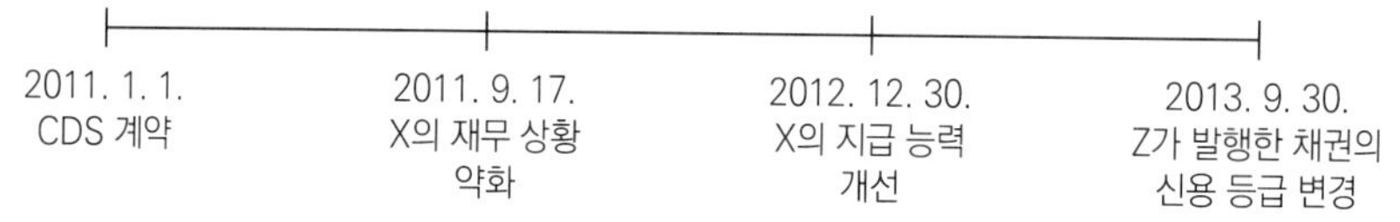

* bp: 1bp는 0.01%와 같음

① 2011년 1월에는 B_X에 대한 CDS 계약으로 X가 신용 위험을 부담하게 되었겠군.

② 2011년 11월에는 B_X의 신용 등급이 A−보다 높았겠군.

③ 2013년 1월에는 B_X의 신용 위험으로 Z가 손실을 입을 가능성이 2011년 10월보다 작아졌겠군.

④ 2013년 3월에는 B_X에 대한 CDS 프리미엄이 100bp보다 작았겠군.

⑤ 2013년 4월에는 B_X의 신용 등급이 BB−보다 낮았겠군.

수리능력

11 **다음 <표>는 지역별 아파트 평균 매매가격에 관한 자료이다. 이에 대한 설명으로 옳지 않은 것은?**

<표> 지역별 아파트 평균 매매가격

(단위: 만 원/m^2)

연도	전국	수도권	지방	서울					
					도심권	동북권	동남권	서북권	서남권
2006	305.6	362.8	133.0	493.5	577.7	329.5	822.7	396.2	433.4
2007	235.1	330.7	135.4	470.3	597.1	375.5	776.4	425.5	441.8
2008	187.4	355.0	135.1	557.8	572.0	470.3	772.8	461.3	485.6
2009	235.4	391.5	157.6	591.4	701.3	485.2	849.4	530.5	513.7
2010	251.5	389.8	173.9	603.6	682.3	453.0	878.8	495.8	533.5
2011	268.5	383.0	199.1	593.4	649.7	459.9	899.2	506.4	502.7
2012	277.7	379.8	207.6	571.8	656.1	426.6	843.9	480.8	492.3
2013	298.0	380.1	225.4	547.2	630.7	447.4	810.7	499.9	488.9
2014	315.2	403.0	238.9	581.1	671.9	466.8	862.8	531.7	504.8
2015	357.3	452.9	253.6	645.2	734.6	509.9	967.1	580.3	562.3
2016	389.7	491.0	272.0	689.4	785.8	558.4	991.6	659.8	611.5
2017	405.9	538.3	264.7	807.4	885.9	615.9	1,173.6	750.6	703.1
2018	364.2	468.5	271.5	820.8	946.0	701.8	1,256.1	786.1	733.3
2019	500.2	684.1	297.8	1,062.8	1,234.5	827.5	1,547.8	1,009.1	927.0

※ 전국 매매건수 = 수도권 매매건수 + 지방 매매건수

① 2019년 전국 아파트 매매건수 중 수도권 아파트 매매건수는 50% 미만이다.

② 2006년 전국 아파트 매매건수 중 수도권 아파트 매매건수는 75% 이상이다.

③ 2011년 대비 2019년 서울의 권역별 아파트 평균 매매가격 인상률은 서북권이 가장 높다.

④ 2011년 대비 2019년 아파트의 평균 매매가격 인상률은 수도권이 지방보다 높다.

⑤ 2013년부터 2019년까지 서울의 모든 권역별 아파트 평균 매매가격은 매년 지속적으로 상승하였다.

12 **다음 <정보>와 <표>는 어느 나라의 부동산 보유세에 관한 자료이다. <정보>와 <표>를 근거로 갑~무 중 2021년도 부동산 보유세 납부세액이 가장 큰 납세의무자를 고르면?**

<정보>

- 부동산 보유세의 과세요건(납세의무자, 과세대상, 과세표준, 세율)을 판단하는 과세기준일은 매년 6월 1일임
- 납세의무자: 주택 보유자
- 과세대상: 주택
- 과세표준=(개인별 주택 공시지가의 합－기본공제 6억원)×공정시장가액비율
  - 납세의무자가 법인인 경우 기본공제 6억원이 적용되지 않음
  - 공정시장가액비율은 90%로 함
- 세율

과세표준	일반(2주택 이하)		3주택 이상 보유자 또는 조정대상지역 2주택 보유자	
	개인	법인	개인	법인
3억 원 이하	0.6%	3%	1.2%	6%
3억 원 초과 6억 원 이하	0.8%		1.6%	
6억 원 초과 12억 원 이하	1.2%		2.2%	
12억 원 초과	1.6%		3.6%	

  - 개인의 경우 과세표준에 따른 4단계 초과누진세율을 적용하고, 법인의 경우 단일세율을 적용함
  - 초과누진세율이란 과세표준의 금액을 여러 단계로 구분하고, 각 초과단계마다 높은 세율을 적용하는 세율 구조를 의미함
  - 조정대상지역 2주택 보유자는 보유하고 있는 주택 모두가 조정대상지역에 있는 자를 의미함
- 산출세액=과세표준×세율
- 납부세액=산출세액+가산세
- 부동산 보유세의 납부기간은 매년 12월 1일부터 12월 15일까지이며, 기간 내에 납부하지 않을 경우 산출세액의 3%가 가산세로 부과됨

<표> 갑~무의 주택 보유 및 부동산 보유세 납부 현황

구분		납부일	보유주택	공시지가	취득일	조정대상지역 여부
갑	개인	2021. 12. 16.	a	16억 4,000만 원	2019. 12. 30.	○
			b	7억 6,000만 원	2021. 2. 10.	×
을	개인	2021. 12. 1.	c	7억 원	2016. 4. 15.	×
			d	6억 8,000만 원	2018. 10. 15.	○
			e	4억 2,000만 원	2019. 3. 3.	×
병	개인	2021. 12. 13.	f	11억 3,000만 원	2015. 10. 2.	○
			g	8억 7,000만 원	2018. 7. 15.	○
정	법인	2021. 12. 15.	h	5억 2,000만 원	2020. 1. 18.	×
무	법인	2021. 12. 20.	i	7억 5,000만 원	2019. 12. 30.	○
			j	4억 5,000만 원	2021. 6. 25.	×

※ 갑~무 모두 각 주택을 취득일 이후 지속적으로 보유하고 있음

① 갑 ② 을 ③ 병 ④ 정 ⑤ 무

13 **다음은 근로소득자 '갑'의 올해 기본정보와 A국의 올해 연말정산 제도에 관한 자료이다. 이 자료를 근거로 할 때, 2020년 '갑'의 소득에 대한 산출세액과 결정세액을 바르게 나열한 것은? (단, 주어진 자료만을 활용한다)**

가. A국의 근로소득자 '갑' 기본정보(2020년 기준)

총급여액	4,500만 원
가족	배우자 1인(배우자의 연간 근로소득 합계액: 700만 원)
연금보험료	480만 원
국민건강보험료	120만 원
신용카드 사용액	3,000만 원(모두 5~7월에 사용)
배우자 교육비	900만 원(대학교등록금)

나. A국 올해 연말정산 제도 소개

- 근로소득금액＝총급여액－근로소득 공제금액

총급여액 구간	근로소득 공제금액
1,500만 원 초과~4,500만 원 이하	750만 원＋(총급여액－1,500만 원)×15%

- 과세표준＝근로소득금액－소득공제＋소득공제 종합한도 초과액
- 소득공제는 각 항목별 공제금액의 총합
- 소득공제 종합한도는 총급여액의 30%
  ('소득공제≦소득공제 종합한도'인 경우, 소득공제 종합한도 초과액은 0원임)

<table>
<tr><th>소득공제 항목</th><th>공제내용</th></tr>
<tr><td>기본공제(소득공제)</td><td>• 본인: 근로소득자 본인에 대한 기본공제(연 150만 원)
• 배우자: 배우자에 대한 기본공제(연 150만 원). 단, 연간 근로소득 합계액 500만 원 이하인 배우자에 대해 적용</td></tr>
<tr><td>연금보험료 소득공제</td><td>• 근로소득자가 납입한 연금보험료 전액 공제</td></tr>
<tr><td>특별소득공제(건강보험료 등)</td><td>• 근로소득자가 부담하는 국민건강보험료 전액 공제</td></tr>
<tr><td>신용카드 소득공제</td><td>• 신용카드 소득공제 금액: 신용카드 사용액×공제율(%)
<table><tr><th>구분</th><th>3월 사용액</th><th>4~7월 사용액</th><th>그 외 사용액</th></tr><tr><td>공제율</td><td>30%</td><td>80%</td><td>15%</td></tr></table>• 신용카드 소득공제 한도: 330만 원</td></tr>
</table>

- 산출세액

과세표준	신출세액
1,200만 원 이하	과세표준×6%
1,200만 원 초과~4,600만 원 이하	72만 원+(과세표준−1,200만 원)×15%

- 결정세액=산출세액−세액공제
  ('세액공제≥산출세액'인 경우, 결정세액은 0원임)

<table>
<tr><th>세액공제
항목</th><th>공제내용</th></tr>
<tr><td>근로소득
세액공제</td><td>• 근로소득 세액공제 금액
- 산출세액이 130만 원 이하인 경우: 산출세액×55% 공제
- 산출세액이 130만 원 초과인 경우: 71만 5천 원+(산출세액−130만 원)×30% 공제
• 근로소득 세액공제 한도:
- 총급여액 3,300만 원 이하: 74만 원
- 총급여액 3,300만 원 초과~7,000만 원 이하: 74만 원−[(총급여액−3,300만 원)×0.008] (단, 이 금액이 66만 원 미만인 경우 66만 원)</td></tr>
<tr><td>교육비
세액공제</td><td>• 공제액: 교육비 세액공제 대상금액×20%
• 교육비 세액공제 대상금액:
<table>
<tr><th>구분</th><th>초·중·고등학교 학비</th><th>대학교등록금</th></tr>
<tr><td>근로소득자 본인</td><td colspan="2">전액</td></tr>
<tr><td>기본공제 대상자인 배우자
• 직계비속·형제자매
• 입양자 및 위탁아동</td><td>300만 원</td><td>900만 원</td></tr>
</table></td></tr>
</table>

	산출세액	결정세액
①	202만 5천 원	0원
②	202만 5천 원	136만 5천 원
③	225만 원	0원
④	225만 원	159만 원
⑤	225만 원	160만 6천 원

14 **다음 <표>는 '갑'국 종사상지위별 종사자 수 동향에 관한 자료이다. 제시된 <표> 이외에 <보고서>를 작성하기 위해 추가로 필요한 자료만을 <보기>에서 모두 고르면?**

<표> 종사상지위별 종사자 수 동향

(단위: 천 명)

종사상지위 \ 시기	2022년 7월	2023년 6월	2023년 7월
상용근로자	16,403	16,680	16,675
임시일용근로자	1,892	2,000	2,020
기타종사자	1,185	1,195	1,187

<보고서>

'갑'국 고용노동부는 2023년 7월 사업체노동력조사를 통해 종사자 및 입·이직자 현황을 파악하였다. 2023년 7월 상용근로자는 전년 동월 대비 27만 2천 명 증가하였으며, 임시일용근로자는 전년 동월 대비 12만 8천 명 증가하였다. 사업체 규모별 종사자 수 동향을 살펴보면, 2023년 7월 300인 미만 사업체의 경우 전년 동월 대비 33만 3천 명 증가하였으며, 300인 이상 사업체는 전년 동월 대비 6만 9천 명 증가하였다. 한편, 2023년 7월 입직자는 전년 동월 대비 2만 6천 명 증가하였고 전월 대비 5만 8천 명 증가하였다. 2023년 7월 이직자는 전년 동월 대비 약 4.0% 증가하였고 전월 대비 약 7.0% 증가하였다. 또한, 2023년 7월 전체 입직자 중 채용을 통한 입직자는 전년 동월 대비 2만 5천 명 증가하였으며, 기타 입직자는 전년 동월 대비 1천 명 증가하였다.

<보기>

ㄱ. 사업체 규모별 종사자 수 동향

(단위: 선 명)

시기 / 사업체 규모	2022년 7월	2023년 6월	2023년 7월
300인 미만	16,216	16,555	16,549
300인 이상	3,264	3,320	3,333

ㄴ. 주요산업별 종사자 수 동향

(단위: 천 명)

시기 / 주요산업	2022년 7월	2023년 6월	2023년 7월
제조업	3,696	3,740	3,737
건설업	1,452	1,463	1,471
도매 및 소매업	2,274	2,308	2,301

ㄷ. 입직자 및 이직자 수 동향

(단위: 천 명)

시기 / 구분	2022년 7월	2023년 6월	2023년 7월
입직자	1,001	969	1,027
이직자	973	946	1,012

ㄹ. 입직유형별 입직자 수 동향

(단위: 천 명)

시기 / 입직유형	2022년 7월	2023년 6월	2023년 7월
채용	892	925	917
기타	109	44	110
합계	1,001	969	1,027

① ㄱ, ㄷ
② ㄴ, ㄷ
③ ㄴ, ㄹ
④ ㄱ, ㄴ, ㄹ
⑤ ㄱ, ㄷ, ㄹ

15 다음 <표>는 2017~2021년 '갑'국의 청년 창업 현황에 관한 자료이다. <표>를 이용하여 작성한 자료로 옳지 않은 것은?

<표 1> 연도별 청년 창업건수 현황

(단위: 건)

연도		2017	2018	2019	2020	2021
청년 전체		228,460	215,819	208,260	218,530	226,082
	남성	150,341	140,362	120,463	130,532	150,352
	여성	78,119	75,457	87,797	87,998	75,730

<표 2> 2021년 청년 창업건수 상위 10개 업종의 성별 창업건수 현황

(단위: 건)

순위	업종	남성 창업건수	여성 창업건수	합
1	통신판매업	30,352	20,351	50,703
2	숙박·음식점업	29,352	9,162	38,514
3	상품중개업	18,341	6,365	24,706
4	온라인광고업	6,314	5,348	11,662
5	정보통신업	5,291	4,871	10,162
6	부동산업	5,433	4,631	10,064
7	운송 및 창고업	3,316	2,201	5,517
8	교육서비스업	3,021	2,472	5,493
9	여가 관련 서비스업	1,053	1,377	2,430
10	제조업	992	472	1,464
계		103,465	57,250	160,715

<표 3> 2017~2020년 10개 업종별 청년 창업건수 현황

(단위: 건)

업종 \ 연도	2017	2018	2019	2020
통신판매업	42,123	51,321	55,123	47,612
숙박·음식점업	31,428	39,212	46,121	49,182
상품중개업	18,023	14,921	10,982	20,761
온라인광고업	9,945	8,162	9,165	8,172
정보통신업	8,174	7,215	6,783	6,943
부동산업	9,823	7,978	7,152	6,987
운송 및 창고업	7,122	6,829	6,123	5,931
교육서비스업	6,119	5,181	5,923	4,712
여가 관련 서비스업	3,089	2,987	3,621	4,981
제조업	1,891	1,523	2,012	1,723
합계	137,737	145,329	153,005	157,004

① 연도별 성별 청년 창업건수

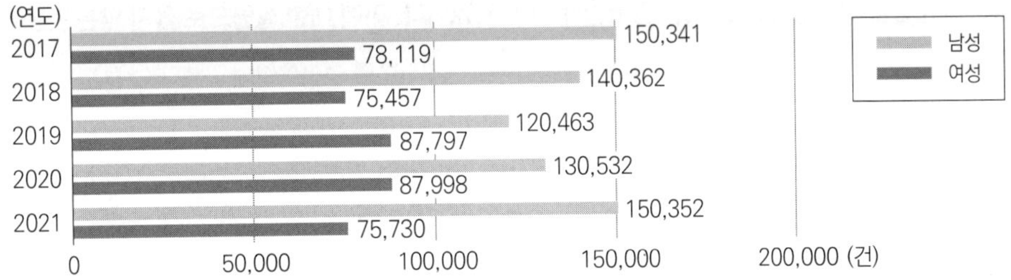

② 2021년 청년 창업건수 상위 10개 업종의 2017년 대비 창업건수 증감폭

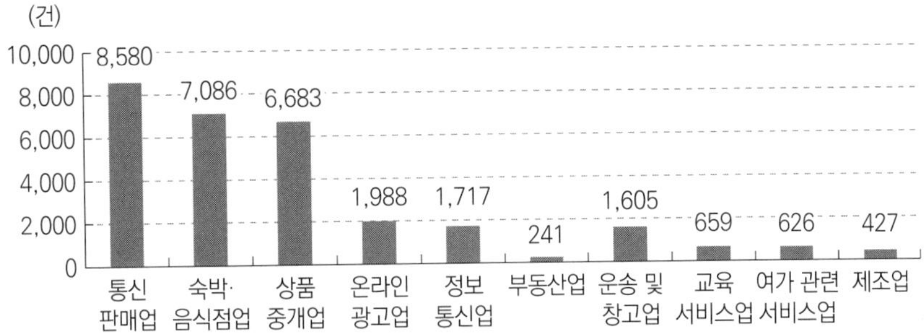

③ 여성 창업건수의 전년 대비 증가율 추이

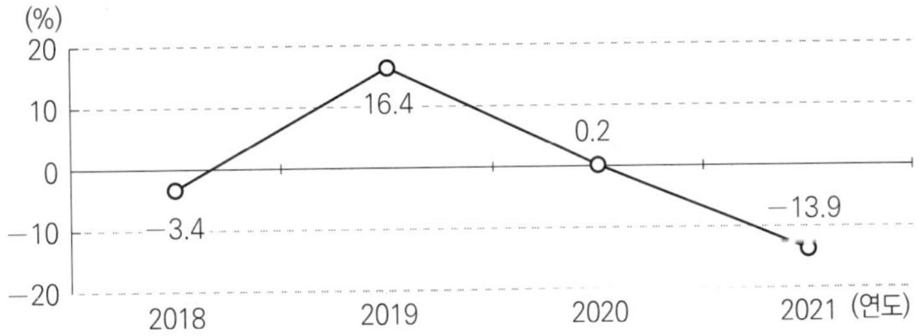

④ 2021년 청년 창업건수 상위 10개 업종의 성별 창업건수 구성비

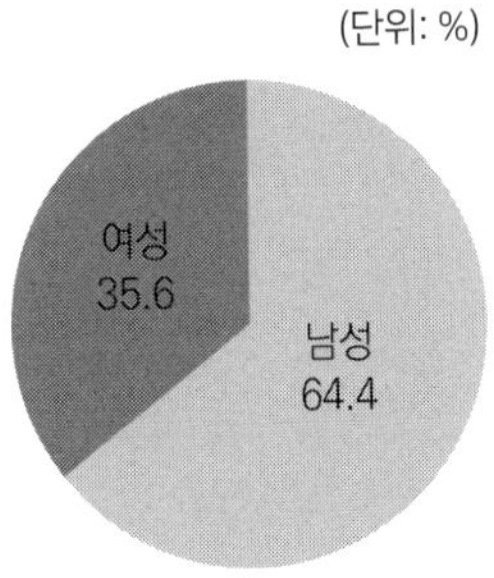

⑤ 2021년 청년 창업건수 상위 3개 업종의 성별 창업건수 구성비

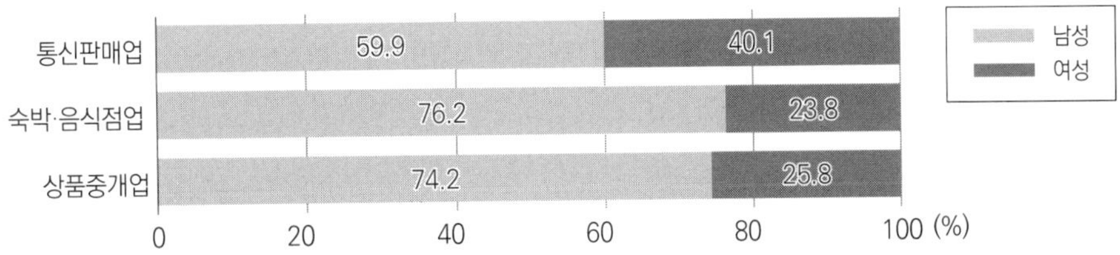

16 다음 <표>와 <정보>는 1,500개 기업들의 2017~2019년 재무구조와 영업이익에 따른 기업 분포와 영업이익 증가율 및 자본 증가율에 관한 자료이다. 이에 대한 설명으로 옳지 않은 것은?

<표 1> 2017년과 2018년의 재무구조와 영업이익에 따른 기업 분포

(단위: 개)

재무구조			2018년				합계
			자산 > 부채		자산 ≦ 부채		
		영업이익	흑자	적자	흑자	적자	
2017년	자산 > 부채	흑자	458	123	35	23	639
		적자	103	152	25	42	322
	자산 ≦ 부채	흑자	57	25	12	145	239
		적자	47	16	27	210	300
합계			665	316	99	420	1,500

<표 2> 2018년과 2019년의 재무구조와 영업이익에 따른 기업 분포

(단위: 개)

재무구조			2019년				합계
			자산 > 부채		자산 ≦ 부채		
		영업이익	흑자	적자	흑자	적자	
2018년	자산 > 부채	흑자	528	47	73	17	665
		적자	148	96	14	58	316
	자산 ≦ 부채	흑자	45	12	13	29	99
		적자	39	37	126	218	420
합계			760	192	226	322	1,500

※ 2017~2019년 동안 영업이익이 '0'인 기업은 없음

<정보>

$$t\text{년도 영업이익 증가율(\%)}=\frac{t\text{년도 영업이익}-(t-1)\text{년도 영업이익}}{(t-1)\text{년도 영업이익}}\times 100$$

단, t년도 영업이익 증가율은 $(t-1)$년도와 t년도의 영업이익이 모두 흑자인 경우에만 계산한다. 즉, $(t-1)$년도와 t년도 중 어느 한 연도라도 영업이익에서 적자가 발생하면 계산할 수 없다. $(t-1)$년도의 영업이익이 적자이며 t년도의 영업이익이 흑자이면 '흑자로 전환되었다'고 한다. $(t-1)$년도의 영업이익이 흑자이지만 t년도의 영업이익이 적자이면, '적자로 전환되었다'고 한다. $(t-1)$년도와 t년도의 영업이익이 모두 적자면 '적자가 지속되었다'고 한다.

$$\text{t년도 자본 증가율(\%)}=\frac{t\text{년도 자본}-(t-1)\text{년도 자본}}{(t-1)\text{년도 자본}}\times 100$$

단, t년도 자본 증가율은 $(t-1)$년도와 t년도의 자산이 부채를 모두 초과할 때만 계산한다. 즉, $(t-1)$년도와 t년도 중 어느 한 연도라도 자산이 부채 이하인 완전자본잠식 상태면 계산할 수 없다. $(t-1)$년도의 자산이 부채 이하이며, t년도의 자산이 부채를 초과하면 '완전자본잠식이 해소되었다'고 한다. $(t-1)$년도의 자산이 부채를 초과하지만 t년도의 자산이 부채 이하면 '완전자본잠식으로 전환되었다'고 한다. $(t-1)$년도와 t년도의 자산이 모두 부채 이하면 '완전자본잠식이 지속되었다'고 한다.

① 2019년에 완전자본잠식이 해소되면서 그해에 흑자로 전환된 기업의 수는 2018년에 완전자본잠식이 해소되면서 그해에 흑자로 전환된 기업의 수보다 적다.
② 2018년 영업이익 증가율을 계산할 수 없는 기업들 중 그해에 완전자본잠식이 지속된 기업의 수는 2019년 영업이익 증가율을 계산할 수 없는 기업들 중 그해에 완전자본잠식이 지속된 기업의 수보다 많다.
③ 2018년 자본 증가율을 계산할 수 있는 기업들 중 그해의 영업이익 증가율을 계산할 수 있는 기업의 수는 2019년에 자본 증가율을 계산할 수 있는 기업들 중 영업이익 증가율을 계산할 수 없는 기업의 수의 2배를 초과한다.
④ 2018년 영업이익 증가율을 계산할 수 있는 기업들 중 그해에 완전자본잠식으로 전환된 기업의 수는 그해에 완전자본잠식이 해소된 기업의 수보다 적다.
⑤ 2019년에 자산이 부채를 초과한 기업들 중 그해에 적자가 발생한 기업의 수는 2018년에 자산이 부채를 초과한 기업들 중 그 해에 적자가 발생한 기업의 수보다 적다.

17 다음 <표>는 청약가점 산정기준에 관한 자료이다. 이에 대한 설명으로 옳은 것은? (단, 청약가점은 무주택기간, 부양가족수, 청약통장 가입기간 각 항목의 합으로 계산되며 점수가 높을수록 당첨 확률이 높다. 또한, 주택보유자라고 명시하지 않은 사람은 현재 무주택자라고 가정한다)

<표> 청약가점 산정기준

가점항목	가점구분	점수	가점구분	점수
무주택기간	1년 미만	2	8년 이상 9년 미만	18
	1년 이상 2년 미만	4	9년 이상 10년 미만	20
	2년 이상 3년 미만	6	10년 이상 11년 미만	22
	3년 이상 4년 미만	8	11년 이상 12년 미만	24
	4년 이상 5년 미만	10	12년 이상 13년 미만	26
	5년 이상 6년 미만	12	13년 이상 14년 미만	28
	6년 이상 7년 미만	14	14년 이상 15년 미만	30
	7년 이상 8년 미만	16	15년 이상	32
부양 가족수	0명(가입자 본인)	5	4명	25
	1명	10	5명	30
	2명	15	6명 이상	35
	3명	20		
청약통장 가입기간	6개월 미만	1	8년 이상 9년 미만	10
	6개월 이상 1년 미만	2	9년 이상 10년 미만	11
	1년 이상 2년 미만	3	10년 이상 11년 미만	12
	2년 이상 3년 미만	4	11년 이상 12년 미만	13
	3년 이상 4년 미만	5	12년 이상 13년 미만	14
	4년 이상 5년 미만	6	13년 이상 14년 미만	15
	5년 이상 6년 미만	7	14년 이상 15년 미만	16
	6년 이상 7년 미만	8	15년 이상	17
	7년 이상 8년 미만	9		

※ 무주택기간 가점은 현재 무주택자에 한하여 적용됨
※ 청약가점 외에 다른 사항은 고려하지 않음

① 무주택기간이 8년, 부양가족수가 4명, 청약통장 가입기간이 6개월인 A의 청약가점은 44점이다.
② B와 C의 청약통장 가입기간이 같을 경우, 무주택기간이 15년이고 부양가족수가 5명인 B가 무주택기간이 13년이고 부양가족수가 6명인 C보다 당첨확률이 높다.
③ 부양가족수가 7명이고 청약통장 가입기간이 15년인 주택보유자 D는 무주택기간이 15년, 부양가족수가 2명, 청약통장 가입기간이 2년인 E보다 청약가점이 높다.
④ F와 G의 무주택기간이 같을 경우, 부양가족수가 5명이고 청약통장 가입기간이 5년인 F가 부양가족수가 4명이고 청약통장 가입기간이 8년인 G보다 당첨확률이 낮다.
⑤ 무주택기간이 1년 미만이고 부양가족이 없는 H의 청약가점은 청약통장 가입기간이 아무리 길어도 20점을 넘을 수 없다.

18 **다음 <표>는 유통업체 '가'~'바'의 비정규직 간접고용 현황에 대한 자료이다. 이에 대한 <보기>의 설명 중 옳은 것만을 모두 고르면?**

<표> 유통업체 '가'~'바'의 비정규직 간접고용 현황

(단위: 명, %)

유통업체	사업장	업종	비정규직 간접고용 인원	비정규직 간접고용 비율
가	A	백화점	3,408	74.9
나	B	백화점	209	31.3
다	C	백화점	2,149	36.6
	D	백화점	231	39.9
	E	마트	8,603	19.6
라	F	백화점	146	34.3
	G	마트	682	34.4
마	H	마트	1,553	90.4
바	I	마트	1,612	48.7
	J	마트	2,168	33.6
전체			20,761	29.9

※ 비정규직 간접고용 비율(%) $= \frac{\text{비정규직 간접고용 인원}}{\text{비정규직 간접고용 인원} + \text{비정규직 직접고용 인원}} \times 100$

<정보>

ㄱ. 업종별 비정규직 간접고용 총인원은 마트가 백화점의 2배 이상이다.
ㄴ. 비정규직 직접고용 인원은 A가 H의 10배 이상이다.
ㄷ. 비정규직 간접고용 비율이 가장 낮은 사업장의 비정규직 직접고용 인원은 다른 9개 사업장의 비정규직 직접고용 인원의 합보다 많다.
ㄹ. 유통업체별 비정규직 간접고용 비율은 '다'가 '라'보다 높다.

① ㄱ, ㄷ　② ㄴ, ㄹ　③ ㄷ, ㄹ
④ ㄱ, ㄴ, ㄷ　⑤ ㄱ, ㄴ, ㄹ

19 **다음 <표>는 일제강점기 8개 도시의 기간별 물가와 명목임금 비교지수에 관한 자료이다. 이에 대한 <보기>의 설명 중 옳은 것만을 모두 고르면?**

<표 1> 일제강점기 8개 도시의 물가 비교지수

기간 \ 도시	경성	대구	목포	부산	신의주	원산	청진	평양
1910~1914년	1.04	0.99	0.99	0.95	0.95	1.05	1.06	0.97
1915~1919년	0.98	1.03	0.99	0.96	0.98	1.03	1.03	1.00
1920~1924년	1.03	1.01	1.01	1.03	0.96	0.99	1.05	0.92
1925~1929년	1.05	0.98	0.99	0.98	0.98	1.04	1.05	0.93
1930~1934년	1.06	0.96	0.93	0.98	1.06	1.00	1.04	0.97
1935~1939년	1.06	0.98	0.94	1.01	1.02	0.99	1.02	0.98

※ 기간별 각 도시의 물가 비교지수는 해당 기간 8개 도시 평균 물가 대비 각 도시 물가의 비율임

<표 2> 일제강점기 8개 도시의 명목임금 비교지수

기간 \ 도시	경성	대구	목포	부산	신의주	원산	청진	평양
1910~1914년	0.92	0.83	0.89	0.96	1.01	1.13	1.20	1.06
1915~1919년	0.97	0.88	0.99	0.98	0.92	1.01	1.32	0.93
1920~1924년	1.13	0.93	0.97	1.05	0.79	0.96	1.32	0.85
1925~1929년	1.05	0.83	0.91	0.98	0.95	1.05	1.36	0.87
1930~1934년	1.06	0.86	0.84	0.96	0.96	1.01	1.30	1.01
1935~1939년	0.99	0.85	0.85	0.95	1.16	1.04	1.10	1.06

※ 기간별 각 도시의 명목임금 비교지수는 해당 기간 8개 도시 평균 명목임금 대비 각 도시 명목임금의 비율임

<보기>

ㄱ. 경성보다 물가가 낮은 도시는 '1910~1914년' 기간에는 5곳이고 '1935~1939년' 기간에는 7곳이다.

ㄴ. 물가와 명목임금 모두가 기간별 8개 도시 평균보다 매 기간에 걸쳐 높은 도시는 한 곳뿐이다.

ㄷ. '1910~1914년' 기간보다 '1935~1939년' 기간의 명목임금이 경성은 증가하였으나 부산은 감소하였다.

ㄹ. '1920~1924년' 기간의 명목임금은 목포가 신의주의 1.2배 이상이다.

① ㄱ, ㄷ　② ㄱ, ㄹ　③ ㄴ, ㄷ

④ ㄱ, ㄴ, ㄹ　⑤ ㄴ, ㄷ, ㄹ

20 **다음 <표>는 2019년 12월 호텔A~D의 운영실적에 대한 자료이다. 이에 대한 <보기>의 설명 중 옳은 것을 고르면?**

<표> 2019년 12월 호텔A~D의 운영실적

(단위: 개, 만 원)

호텔	판매가능 객실 수	판매 객실 수	평균 객실 요금
A	3,500	1,600	40
B	3,000	2,100	30
C	1,250	1,000	20
D	1,100	990	10

※ 1) 객실 수입 = 판매 객실 수 × 평균 객실 요금

2) 객실 판매율(%) $= \frac{\text{판매 객실 수}}{\text{판매가능 객실 수}} \times 100$

<보기>

ㄱ. 객실 수입이 가장 많은 호텔은 B이다.
ㄴ. 객실 판매율은 호텔C가 호텔D보다 낮다.
ㄷ. 판매가능 객실당 객실 수입이 가장 적은 호텔은 A이다.
ㄹ. 판매가능 객실 수가 많은 호텔일수록 객실 판매율이 낮다.

① ㄱ, ㄴ ② ㄱ, ㄷ ③ ㄱ, ㄹ ④ ㄴ, ㄷ ⑤ ㄴ, ㄹ

피셋기출 / 제3회

문제해결능력

21 **다음 글을 근거로 판단할 때, A에게 전달할 책의 제목과 A의 연구실 번호를 옳게 짝지은 것은?**

<정보>

○ 5명의 연구원(A~E)에게 책 1권씩을 전달해야 하고, 책 제목은 모두 다르다.
○ 5명은 모두 각자의 연구실에 있고, 연구실 번호는 311호부터 315호까지이다.
○ C는 315호, D는 312호, E는 311호에 있다.
○ B에게 「연구개발」, D에게 「공공정책」을 전달해야 한다.
○ 「전환이론」은 311호에, 「사회혁신」은 314호에, 「복지실천」은 315호에 전달해야 한다.

	책 제목	연구실 번호
①	「전환이론」	311호
②	「공공정책」	312호
③	「연구개발」	313호
④	「사회혁신」	314호
⑤	「복지실천」	315호

22 **다음 글과 <상황>을 근거로 판단할 때, X의 범위는?**

A국은 다음과 같은 원칙에 따라 소득에 대해 과세한다.
○ 근로소득자나 사업자 모두 원칙적으로 과세대상소득의 20%를 세금으로 납부한다.
○ 근로소득자의 과세대상소득은 근로소득이고, 사업자의 과세대상소득은 매출액에서 생산비용을 공제한 값이다.
○ 근로소득자의 경우 신용카드 지출금액의 5%는 과세대상소득에서 공제한다. 예를 들어 원래 과세대상소득이 1천만 원인 사람이 10만 원을 신용카드로 지출하면 이 사람의 실제 과세대상소득은 5천 원 감소하여 999만 5천 원이 된다.
○ 사업자는 신용카드로 취득한 매출액의 1%를 수수료로 카드회사에 지불한다. 수수료는 생산비용에 포함되지 않는다.
○ 지역상권 활성화를 위해 2021년 한시적으로 지역상권부흥상품권을 통한 거래는 사업자의 과세대상에서 제외하기로 했다.

<상황>

2021년 A국의 근로소득자 甲은 가구를 제작·판매하는 사업자 乙로부터 100만 원에 판매되는 식탁을 신용카드로 구입하려고 하였다. 乙이 이 식탁을 제작하는 데 드는 생산비용은 80만 원이다. 그런데 乙은 지역상권부흥상품권으로 자신이 판매하는 가구를 구매하는 고객에게 (X) 만 원을 할인하는 행사를 진행하였고, 甲은 이 사실을 알게 되었다. 이에 甲은 지역상권부흥상품권으로 이 식탁을 구매하였으며, 결과적으로 신용카드로 거래하는 것보다 甲과 乙 모두 금전적으로 이득을 보았다.

① 0＜X＜5
② 1＜X＜5
③ 1＜X＜6
④ 3＜X＜6
⑤ 3＜X＜10

피셋기출 / 제3회

23 다음 글과 <상황>을 근거로 판단할 때, 甲~戊 중 사업자로 선정되는 업체는?

△△부처는 □□사업에 대하여 용역 입찰공고를 하고, 각 입찰업체의 제안서를 평가하여 사업자를 선정하려 한다.

○ 제안서 평가점수는 입찰가격 평가점수(20점 만점)와 기술능력 평가점수(80점 만점)로 이루어진다.
○ 입찰가격 평가점수는 각 입찰업체가 제시한 가격에 따라 산정한다.
○ 기술능력 평가점수는 다음과 같은 방식으로 산정한다.
  - 5명의 평가위원이 평가한다.
  - 각 평가위원의 평가결과에서 최고점수와 최저점수를 제외한 나머지 3명의 점수를 산술평균하여 산정한다. 이때 최고점수가 복수인 경우 하나를 제외하며, 최저점수가 복수인 경우도 마찬가지이다.
○ 기술능력 평가점수에서 만점의 85% 미만의 점수를 받은 업체는 선정에서 제외한다.
○ 입찰가격 평가점수와 기술능력 평가점수를 합산한 점수가 가장 높은 업체를 선정한다. 이때 동점이 발생할 경우, 기술능력 평가점수가 가장 높은 업체를 선정한다.

<상황>

○ □□사업의 입찰에 참여한 업체는 甲~戊이다.
○ 각 업체의 입찰가격 평가점수는 다음과 같다.

(단위: 점)

구분	甲	乙	丙	丁	戊
평가점수	13	20	15	14	17

○ 각 업체의 기술능력에 대한 평가위원 5명의 평가결과는 다음과 같다.

(단위: 점)

구분	甲	乙	丙	丁	戊
A위원	68	65	73	75	65
B위원	68	73	69	70	60
C위원	68	62	69	65	60
D위원	68	65	65	65	70
E위원	72	65	69	75	75

① 甲　② 乙　③ 丙　④ 丁　⑤ 戊

24 **다음 글을 근거로 판단할 때, 甲~戊 중 금요일과 토요일의 초과근무 인정시간의 합이 가장 많은 근무자는?**

○ A기업에서는 근무자가 출근시각과 퇴근시각을 입력하면 초과근무 '실적시간'과 '인정시간'이 분 단위로 자동 계산된다.
- 실적시간은 근무자의 일과시간(월~금, 09:00~18:00)을 제외한 근무시간을 말한다.
- 인정시간은 실적시간에서 개인용무시간을 제외한 근무시간을 말한다. 하루 최대 인정시간은 월~금요일은 4시간이며, 토요일은 2시간이다.
- 재택근무를 하는 경우 실적시간을 인정하지 않는다.

○ A기업 근무자 甲~戊의 근무현황은 다음과 같다.

구분	금요일			토요일	
	출근시각	퇴근시각	비고	출근시각	퇴근시각
甲	08:55	20:00	—	10:30	13:30
乙	08:00	19:55	—	—	—
丙	09:00	21:30	개인용무시간 (19:00~19:30)	13:00	14:30
丁	08:30	23:30	재택근무	—	—
戊	07:00	21:30	—	—	—

① 甲 ② 乙 ③ 丙 ④ 丁 ⑤ 戊

피셋기출 / 제3회

25 다음 글을 근거로 판단할 때, 甲주무관이 이용할 주차장은?

○ 甲주무관은 출장 중 총 11시간(09:00~20:00) 동안 요금이 가장 저렴한 주차장 한 곳을 이용하고자 한다.
○ 甲주무관의 자동차는 중형차이며, 3종 저공해차량이다.
○ 주차요금은 기본요금과 추가요금을 합산하여 산정하고, 할인대상인 경우 주차요금에 대하여 할인이 적용된다.
○ 일 주차권이 있는 주차장의 경우, 甲은 주차요금과 일 주차권 중 더 저렴한 것을 선택한다.
○ 주차장별 요금에 대한 정보는 아래와 같다.

구분	기본요금 (최초 1시간)	추가요금 (이후 30분마다)	비고
A주차장	2,000원	1,000원	—
B주차장	3,000원	1,500원	- 경차 전용 주차장 - 저공해차량 30% 할인
C주차장	3,000원	1,750원	- 경차 50% 할인 - 일 주차권 20,000원(당일 00:00~24:00 이용 가능)
D주차장	5,000원	700원	—
E주차장	5,000원	1,000원	- 경차, 저공해차량 (1, 2종) 50% 할인 - 저공해차량(3종) 20% 할인 - 18:00~익일 07:00 무료

① A주차장 ② B주차장 ③ C주차장 ④ D주차장 ⑤ E주차장

26 **다음 글과 <상황>을 근거로 판단할 때, 2023년 현재 甲~戊 중 청년자산형성적금에 가입할 수 있는 사람은?**

A국은 청년의 자산형성을 돕기 위해 비과세 혜택을 부여하는 청년자산형성적금을 운영하고 있다.

청년자산형성적금은 가입일이 속한 연도를 기준으로 직전과세년도의 근로소득과 사업소득의 합이 5,000만 원 이하인 청년이 가입할 수 있다. 단, 직전과세년도에 근로소득과 사업소득이 모두 없는 사람과 직전 2개년도 중 한 번이라도 금융소득 종합과세 대상자였던 사람은 가입할 수 없다.

청년은 19~34세인 사람을 의미한다. 단, 군복무기간은 나이를 계산할 때 포함하지 않는다. 예를 들어, 3년간 군복무를 한 36세인 사람은 군복무기간 3년을 제외하면 33세이므로 청년에 해당한다.

<상황>

이름	나이	직전과세년도 소득		최근 금융소득 종합과세 해당 년도	군복무 기간
		근로소득	사업소득		
甲	20세	0원	0원	없음	없음
乙	36세	0원	5,000만 원	없음	없음
丙	29세	3,500만 원	1,000만 원	2022년	2년
丁	35세	4,500만 원	0원	2020년	2년
戊	27세	4,000만 원	1,500만 원	2021년	없음

① 甲 ② 乙 ③ 丙 ④ 丁 ⑤ 戊

피셋기출 / 제3회

27 다음 글과 <상황>을 근거로 판단할 때 옳은 것은?

데이터분석 방법으로 많이 활용되는 의사결정나무 방법은 데이터를 분석하여 이들 사이에 존재하는 패턴을 예측 가능한 규칙들의 조합으로 나타낸다. '연애 타입', '리더십 스타일', 'MBTI' 등을 확인할 때나 '스무고개놀이'와 같이 단계별로 질문의 답을 따라가서 마지막에 결과를 보는 것이다.

A은행은 기존 고객 데이터를 이용하여 의사결정나무 모형을 완성하였다. 이 모형을 바탕으로 대출심사를 하여 대출여부를 결정한다. 모형의 규칙은 다음과 같다.

1. 직업 유무를 확인한다.
2. 직업이 있다면 월수입이 월 400만 원 이상인지 여부를 확인한다.
3. 직업이 있고 월수입이 월 400만 원 이상이라면 기존에 대출받은 금액이 얼마인지 확인한다.
4. 직업이 없다면 나이가 26세 이상인지 확인한다. 이때 26세 이상이면 신용이 보통이라고 판단하고, 26세 미만이면 신용이 불량이라고 판단한다.
5. 직업이 있고 월수입이 400만 원 미만이라면 직계비속이 있는지를 확인한다. 이때 직계비속이 있다면 기존에 대출받은 금액이 얼마인지 확인한다.
6. 3번이나 5번의 경우 기존 대출금액을 확인한 후 고객이 기존에 2,000만 원 미만의 대출을 받았거나 대출을 받은 이력이 없다면 우량고객으로 판단하고, 대출금액이 5,000만 원을 초과한다면 불량고객으로 판단한다. 만일 대출금액이 2,000만 원과 5,000만 원 사이에 있다면 보통고객으로 판단한다.
7. 직업이 있고 월수입이 400만 원 미만인 고객이 직계비속이 없다면 보통고객으로 판단한다.
8. 우량고객은 대출이 가능하고, 불량고객은 대출이 불가능하며, 보통고객은 대출을 위해 추가 자료를 요청받는다.

<상황>

30세의 K씨는 직장에서 승진하여 연봉이 4,000만 원이 되었고 얼마 전에는 첫아이도 태어났다. K씨는 아내와 의논하여 방의 개수를 늘려서 이사를 가려다보니 자금이 필요했다. 그래서 처음으로 대출을 받아보기 위해 A은행에 찾아갔다.

※ 월수입＝연봉÷12

① K씨는 불량고객으로 분류되어 대출을 받을 수 없다.
② K씨는 보통고객으로 분류되어 대출을 위해 추가 자료를 요청받는다.
③ K씨는 우량고객으로 분류되어 대출을 받을 수 있다.
④ 만약 K씨가 기존에 6,000만 원을 대출 받은 상태라도 추가 대출이 가능하다.
⑤ 만약 K씨의 연봉이 5,000만 원이고 기존 대출금액이 1,000만 원일 때, 대출을 위해 추가 자료를 요청받는다.

28 **현재까지 보증기금은 D기업 주식 6억 원을 인수하여 보증연계투자 총액이 6억 원이다. 보증기금은 추가적인 보증연계투자를 검토하고 있다. 다음 글과 <상황>을 근거로 판단할 때 <보기>에서 옳지 않은 것만을 모두 고르면?**

> 제○○조(보증연계투자)
>
> ① 보증기금은 신용보증관계가 성립한 기업에 대하여만 다음 각 호의 어느 하나에 해당하는 방식으로 보증연계투자를 할 수 있다.
>
> 1. 주식의 인수
> 2. 전환사채의 인수
> 3. 신주인수권부사채의 인수
>
> ② 기금의 보증연계투자 총액의 한도는 기금의 기본재산과 이월이익금의 합계액의 100분의 1로 한다.
>
> ③ 기금이 같은 기업에 대하여 보증연계투자할 수 있는 한도는 40억 원으로 한다.

<상황>

○ 현재 보증기금과 신용보증관계를 성립하고 있는 기업은 A, C, D기업 3개 뿐이다.
○ 현재 보증기금의 기본재산은 3,000억 원이고 이월이익금은 500억 원이다.

<보기>

ㄱ. 보증기금은 A기업의 교환사채 10억 원을 인수하는 방법으로 보증연계투자를 할 수 있다.
ㄴ. 보증기금은 B기업 주식 20억 원을 인수하는 방법으로 보증연계투자를 할 수 있다.
ㄷ. 보증기금은 C기업 전환사채 28억 원을 인수하는 방법으로 보증연계투자를 할 수 있다.
ㄹ. 보증기금은 D기업 주식 32억 원을 인수하는 방법으로 보증연계투자를 할 수 있다.

① ㄱ, ㄴ　　② ㄱ, ㄹ　　③ ㄷ, ㄹ
④ ㄱ, ㄴ, ㄹ　　⑤ ㄴ, ㄷ, ㄹ

29 다음 글을 근거로 판단할 때 옳지 않은 것은? (단, A, C, G, H, K는 주택공급신청자이다. 또한 각 선지는 별도의 사실관계로 본다)

제○○조(정의) 이 규칙에서 사용하는 용어의 뜻은 다음과 같다.

1. "세대"란 다음 각 목의 사람(이하 "세대원"이라 한다)으로 구성된 집단(주택공급신청자가 세대별 주민등록표에 등재되어 있지 않은 경우는 제외한다)을 말한다.
   가. 주택공급신청자
   나. 주택공급신청자의 배우자
   다. 주택공급신청자의 직계존속(주택공급신청자의 배우자의 직계존속을 포함한다)으로서 주택공급신청자 또는 주택공급신청자의 배우자와 같은 세대별 주민등록표에 등재되어 있는 사람
   라. 주택공급신청자의 직계비속(직계비속의 배우자를 포함한다)으로서 주택공급신청자 또는 주택공급신청자의 배우자와 세대별 주민등록표에 함께 등재되어 있는 사람
   마. 주택공급신청자의 배우자의 직계비속으로서 주택공급신청자와 세대별 주민등록표에 함께 등재되어 있는 사람
2. "세대주"란 세대별 주민등록표에서 성년자인 세대주를 말한다.

2의1. "단독세대주"란 세대별 주민등록표에 배우자 및 직계존 비속이 없는 세대주를 말한다.

3. "무주택세대구성원"이란 세대원 전원이 주택을 소유하고 있지 않은 세대의 구성원을 말한다.(단, "무주택세대구성원"은 무주택자로 본다)

제△△조(주택소유 여부 판정기준) 주택소유 여부를 판단할 때 분양권 등을 갖고 있거나 주택 또는 분양권 등의 공유지분을 소유하고 있는 경우에는 주택을 소유하고 있는 것으로 보되, 다음 각 호의 어느 하나에 해당하는 경우에는 주택을 소유하지 아니한 것으로 본다.

1. 상속으로 주택의 공유지분을 취득한 사실이 판명되어 사업주체로부터 부적격자로 통보받은 날부터 3개월 이내에 그 지분을 처분한 경우
2. 20제곱미터 이하의 주택 또는 분양권 등을 소유하고 있는 경우. 다만, 2호(戶) 이상의 주택 또는 분양권 등을 소유하고 있는 세대는 제외한다.
3. 60세 이상의 직계존속(배우자의 직계존속을 포함한다)이 주택 또는 분양권 등을 소유하고 있는 경우
4. 건물등기부 또는 건축물대장등의 공부상 주택으로 등재되어 있으나 주택이 낡아 사람이 살지 아니하는 폐가이거나 주택이 멸실되었거나 주택이 아닌 다른 용도로 사용되고 있는 경우로서 사업주체로부터 부적격자로 통보받은 날부터 3개월 이내에 이를 멸실시키거나 실제 사용하고 있는 용도로 공부를 정리한 경우

① 부부인 A와 B는 함께 살고 있으나 B만 주택 한 채를 소유하고 있고 사정상 주민등록이 따로 되어 있으며, A가 단독으로 주민등록이 되어 있고 분양권 등 혹은 주택 또는 분양권 등의 공유지분을 소유하고 있지 않은 경우, A는 무주택자로 인정받을 수 있다.

② 동일한 주민등록표에 함께 등재되어 있는 부부인 C와 D가 각각 20제곱미터 이하의 주택을 소유하고 있는 경우, C와 D는 무주택자로 인정받을 수 있다.

③ E의 사망으로 E가 소유하고 있던 주택을 E의 배우자인 F와 무주택자이며 단독세대주인 자녀 G가 상속받은 경우, 이로 인하여 사업주체로부터 부적격자로 통보받은 날부터 3개월 이내에 G가 자신의 지분을 처분하였다면, G는 무주택자로 인정받을 수 있다.

④ 자신 명의의 주택이 없는 H(만 70세)가 H의 자녀인 I 및 I의 배우자인 J와 주민등록이 함께 되어 있고 실질적으로도 거주를 함께 하고 있는 경우, I 명의의 주택이 있다면 H는 무주택자로 인정받을 수 없다.

⑤ 무주택자이며 단독세대주인 K가 부모인 L로부터 공부상 주택으로 등재되어 있는 주택을 단독 상속받아 주택을 총 한 채 소유하게 되었으나 그 주택이 낡아 사람이 살지 아니하는 폐가인 경우, 사업주체로부터 부적격자로 통보받은 날부터 3개월 이내에 이를 멸실시켰다면, K는 무주택자로 인정받을 수 있다.

30 다음 글을 근거로 판단할 때 <프로그램>의 결과로 출력된 a, b, c, d를 모두 더하면?

○○○언어에서 슬라이싱(slicing)은 연속적인 문자열의 값들을 가져오는 명령어이다.

슬라이싱을 할 때에는 양수/음수 인덱스를 이용하여 새로운 문자열을 생성할 수 있는데 〈보기〉와 같이 활용된다.

<보기>

문자열 예시	[	ㄱ	ㄴ	ㄷ	ㄹ	ㅁ	]
양수 인덱스		1	2	3	4	5	
음수 인덱스		−5	−4	−3	−2	−1	

① 특정 시작 위치부터 끝까지 가져오기

명령어가 [3 :] 라면 [ㄷ ㄹ ㅁ],

명령어가 [−4 :] 라면 [ㄴ ㄷ ㄹ ㅁ]

② 시작부터 특정 위치 직전까지 가져오기

명령어가 [: 4] 라면 [ㄱ ㄴ ㄷ],

명령어가 [: −2] 라면 [ㄱ ㄴ ㄷ]

③ 특정 위치부터 특정 위치 직전까지 가져오기

명령어가 [3 : 5] 라면 [ㄷ ㄹ],

명령어가 [−4 : −3] 라면 [ㄴ]

<프로그램>

문자열: [202297812354]

a = [: 5]

b = [7 : 9]

c = [−10 : −7]

d = [10 :]

① 547 ② 2,686 ③ 3,098 ④ 3,665 ⑤ 5,485

MEMO

제3회 피셋기출 모의고사

은행 NCS 실력점검

스터디원 풀이 결과

최고 득점자 A	상위 30% 컷 득점자 B	최빈값 득점자 C	하위 30% 컷 득점자 D
✔ 자연계열 ✔ 필기 합격 경험 × * 수험기간 3개월 미만	✔ 사회계열 ✔ 필기 합격 경험 ○ (광주은행, 신협)	✔ 인문계열 ✔ 필기 합격 경험 ○ (농협은행)	✔ 경상계열 ✔ 필기 합격 경험 ×

문항 번호	나의 풀이 결과	스터디원 풀이 결과				문항 번호	나의 풀이 결과	스터디원 풀이 결과			
		A	B	C	D			A	B	C	D
01		○	×	×	×	16		×	×	×	×
02		○	×	○	×	17		○	○	○	○
03		○	×	×	×	18		○	○	×	○
04		○	○	○	×	19		○	○	×	○
05		○	○	○	×	20		○	○	○	×
06		○	○	○	○	21		○	○	○	○
07		×	○	○	○	22		×	×	○	×
08		○	○	○	○	23		○	○	○	×
09		○	×	○	×	24		○	×	○	○
10		×	○	○	○	25		○	○	×	○
11		○	×	×	×	26		○	○	○	○
12		○	○	×	×	27		○	○	×	○
13		○	×	×	×	28		○	○	×	×
14		○	○	○	○	29		○	○	○	×
15		○	○	×	×	30		○	○	×	×
						합계	/ 30	26/30	21/30	17/30	13/30

득점 분포 그래프

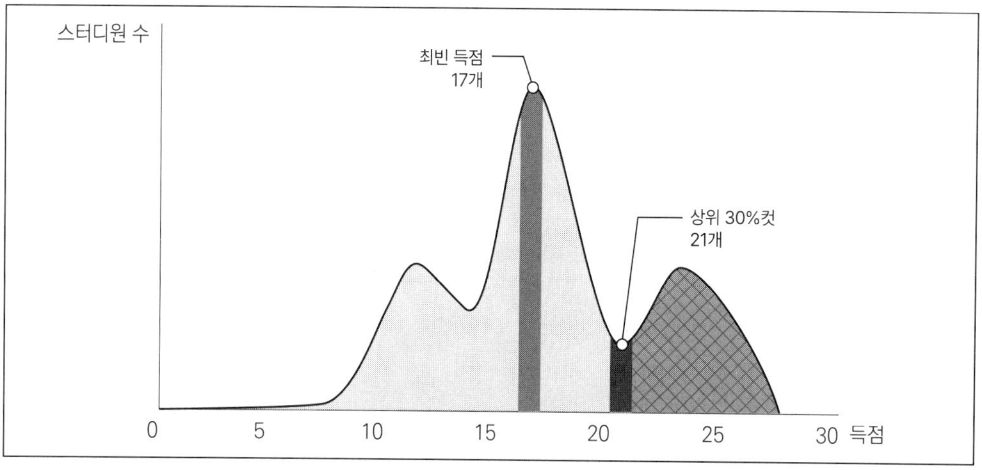

문항별 정답률

문항 번호	01	02	03	04	05	06	07	08	09	10
상위 30%(A)	56%	67%	49%	100%	95%	95%	83%	78%	67%	56%
전체(B)	44%	63%	33%	85%	78%	76%	83%	52%	37%	44%
(A－B)	12%p	4%p	16%p	15%p	17%p	19%p	0%p	26%p	30%p	12%
문항 번호	11	12	13	14	15	16	17	18	19	20
상위 30%(A)	78%	83%	49%	95%	89%	27%	95%	78%	100%	95%
전체(B)	57%	39%	30%	81%	48%	11%	89%	59%	59%	70%
(A－B)	21%	44%p	19%p	14%p	41%p	16%p	6%p	19%p	41%p	25%p
문항 번호	21	22	23	24	25	26	27	28	29	30
상위 30%(A)	95%	43%	95%	89%	95%	95%	95%	49%	78%	95%
전체(B)	94%	33%	54%	59%	69%	78%	80%	33%	44%	67%
(A－B)	1%p	10%p	41%p	30%p	26%p	17%p	15%p	16%p	34%p	28%p

- 이번 회차의 결정적 문항 12 15 19 23
- 위 4개 문항은 득점 상위 30% 스터디원의 정답률과 전체 스터디원의 정답률이 40%p 이상 차이 나는 문항으로, 합격권에 들기 위해 꼼꼼한 복습이 필요합니다.

결정적 문항 오답 패턴 분석

12번

'납부기한 경과 시 가산세 부과'나 '법인은 기본공제 미적용' 등의 예외 규정을 누락하거나, 계산 도중 공제항목과 세율 적용 기준을 혼동한 오답자들은 최종적으로 선택지 ①을 정답으로 잘못 판단하였거나 〈정보〉와 〈표〉를 교차검토하지 못해 선택을 주저하여 미답 처리한 경우가 많았다. 복습 시 법인/개인 여부, 누진세율 구조, 납부일 가산세 등 주요 조건을 체크하며 연습해야 한다.

15번

'증감폭'의 개념을 간과한 경우, 선택지 ②를 정답으로 고르지 못하고 ③을 택한 사례가 많았다. 복습 시 '감소폭이 있는 항목인데 그래프에 없는가?'를 우선 점검하고, 수치 비교가 아닌 방향성만 파악해도 정답을 가릴 수 있다는 점에 주목하자.

19번

기간이 다른 비교지수를 단순 수치로 비교하거나, '기준값 1'이 기간마다 다르다는 점을 인지하지 못한 오답자들은 선택지 ②를 정답으로 고르는 오류를 범했다. 복습 시에는 지수 비교 시 기준값의 상대성과 비교 기준의 일관성을 중점적으로 익혀야 한다.

23번

기술능력 평가 기준을 '100점 만점'으로 오해하거나 최고·최저점 제외 규칙에 따라 산술평균을 정확히 계산하지 못한 오답자들은 결과적으로 선택지 ②를 정답으로 골랐다. 복습 시 만점 기준(80점)과 평가 제외 규칙을 명확히 이해하고 적용하는 훈련이 필요하다.

연준의 통화정책과 은행 +관련 문항 01

미국 연방준비제도(Fed)의 통화정책은 세계 금융시장의 기준 역할을 할 뿐 아니라, 국내 은행산업에도 직간접적인 영향을 미친다. 연준의 정책 변화는 한국은행의 통화정책, 환율, 외국 자본 유출입, 대출 및 예금 금리 등 은행 산업 전반에 변화를 가져온다.

연준의 통화정책으로는 크게 연방기금금리(Federal Fund Rate) 조정, 공개시장조작(Open Market Operation), 지급준비제도(Reserve Requirement), 양적완화(Quantitative Easing) 등의 방식으로 집행된다. 이 중 **가장 핵심적인 수단은 연방기금금리(기준금리) 조정**이다. 연준이 기준금리를 인상하면 글로벌 시장의 자금이 미국으로 몰리며 달러 강세와 신흥국 자본 유출을 야기할 수 있다. 이로 인해 국내 시장에서는 원화 약세와 국내 금리 상승 압력이 발생한다. 이에 따라 은행의 자금 조달 비용이 증가하고, 대출금리도 따라 올라가게 된다.

은행은 예대마진을 통해 수익을 창출하는 구조이므로, 금리 인상기에는 단기적으로 마진(수익)이 확대되는 경향이 있다. 하지만 기준금리가 급격히 상승할 경우, 차주의 이자 상환 부담이 증가하면서 연체율 상승, 대손비용 확대, 부실채권 증가 등으로 이어질 수 있어 리스크 또한 증가하게 된다. 특히 **변동금리 대출이 많은 국내 금융시장 특성상 연준의 통화긴축(금리 인상)은 은행의 자산 건전성에 부정적인 영향을 줄 수 있다.**

반대로 연준이 금리를 인하하거나 양적완화를 통해 시장에 유동성을 공급하면, 국내로 유입되는 자금이 늘어 원화 강세(달러 약세), 채권시장 활성화, 대출금리 하락 등의 흐름으로 이어진다. 이 경우 은행은 자금 조달이 용이해지고 대출 증가를 기대할 수 있지만, 수익성 악화(마진 축소) 가능성도 함께 고려해야 한다. 이러한 구조적 영향을 정리하면 다음과 같다.

[표] 연준 통화정책의 영향

연준 정책 변화	국내 금리 및 환율	은행에 대한 영향
기준금리 인상(긴축)	• 금리 상승 압력 • 원화 약세(달러 강세)	• 대출금리 상승 → 예대마진 및 순이자마진(NIM) 확대 • 부실위험 및 대손비용 증가
기준금리 인하(완화)	• 금리 하락 압력 • 원화 강세(달러 약세)	• 시중 유동성 증가 → 경기 활성화 가능 • 예대마진 및 순이자마진 축소로 수익성 저하

은행 취업 필수 키워드

✎ 금리 변동(인하 및 인상)에 대한 은행의 대응 방안

1. 비이자 부문 수익 확대

① **필요성**: 비이자 부문 수익 확대는 자산(은행에서는 대출을 의미함) 중심의 성장 한계를 극복하고 은행에 새로운 수익원을 창출시켜 줌으로써 지속 가능한 수익의 토대가 됨. 현재 국내은행의 수익구조는 이자이익에 편중되어 있는데, 이자이익은 저금리·저성장이 지속되면 순이자마진(NIM)* 및 대출 자산 규모 축소로 지속적인 수익 창출이 어렵고, 고금리가 지속될 경우 과도한 이자수익 추구와 수익 규모에 대한 비판적인 시각이 생길 수 있음

* 순이자마진: 은행의 모든 금리부자산의 운용결과로 발생한 은행의 운용자금 한 단위당 이자순수익(운용수익률)을 나타내는 개념이다. 유가증권투자수익까지 포함되므로 예대마진(대출금리에서 예금금리 차감)보다는 넓은 개념이라고 이해하면 된다.

② 비이자 부문 수익은 펀드 판매수수료, 방카슈랑스 수수료, 신탁 관련 이익, 외환·파생 관련 이익 등 은행의 전통적인 수익원인 예금과 대출 이외의 부분에서 올리는 수익을 의미함

③ 현재 우리나라 은행들의 경우 비이자 부문 수수료 수익 비중이 은행 전체 수익의 10% 내외 수준을 보이고 있어, 미국 및 유럽계 은행들의 비이자 수익 비중인 40~50%와 비교하면 턱없이 낮은 수준임. 미국 은행들의 경우 계좌 개설·유지 수수료, 트랜잭션 뱅킹 수수료(자금 거래 대행 서비스), 투자은행 관련 업무 등을 통해 수수료 수입을 극대화하고 있음

2. 해외 진출

① **필요성**: 저출산, 고령화 등으로 인한 한국경제의 구조적 저성장 지속, 성장률 하락에 따른 은행 수익성 악화 예상, 핀테크 및 인터넷전문은행의 성장 등에 따른 경쟁 격화 등을 들 수 있음

② 은행의 해외 진출 주요국으로는 금융산업 발전이 미진하나, 내수 시장이 크고 성장잠재력이 풍부하며 글로벌 공급망 재편에 따른 수혜가 예상되는 아세안 지역(베트남, 인도네시아 등), 인도, 멕시코 등이 될 수 있음

3. 디지털 경쟁력 확보

① **필요성**: MZ세대 중심의 디지털 친화적 소비자 증가, 빅테크 기업과의 경쟁 심화, AI 중심의 생산성 향상, 마이데이터 등 규제 환경의 변화, 플랫폼뱅킹 및 BaaS(Banking as a Service) 등 미래 수익원 확보 등을 들 수 있음

② 빅테크(big tech)의 위협이 강화되고 있는 상황에서 은행과 국내 핀테크 간, 은행과 은행 간 협력을 통한 상생 방안을 적극적으로 모색해야 하며 이를 위해서는 협력적 경쟁(co-opetition) 관계가 필수

제4회 피셋기출 모의고사

- **문항 수:** 30문항
- **시험 형식:** 객관식 5지 선다형
- **시험 시간:** 67분 30초

문항 구성표

영역	번호	출처	소재	난이도
의사소통 능력	01	입법고시	글로벌공급망	★
	02	입법고시	3D 프린팅	★★★
	03	입법고시	진입비용	★
	04	행정5급	플랫폼 노동	★
	05	고3 7월 모의고사	기업인수합병	★
	06	고3 7월 모의고사	기업인수합병	★
	07	고3 7월 모의고사	기업인수합병	★
	08	고2 11월 모의고사	파생상품	★
	09	고2 11월 모의고사	파생상품	★★★
	10	고2 11월 모의고사	파생상품	★★★
수리 능력	11	행정5급	건물 기준시가 산정방법	★★★
	12	민경채	주택소유통계	★
	13	입법고시	GDP 대비 소득세 부담 비중	★★★
	14	입법고시	지역의 소비상품권 발행	★★★
	15	입법고시	지주회사 현황	★★★
	16	입법고시	수입물품에 대한 관세 등 과세	★★★
	17	행정5급	글로벌 전기차 시장 점유율	★★★
	18	행정5급	무역지수 및 교역조건지수	★★★
	19	입법고시	기초·기말재고자산	★★
	20	입법고시	국가별 생산자물가지수	★★★
문제해결 능력	21	민경채	해수전지 기밀 자료를 훔쳐간 용의자 심문	★★★
	22	행정5급	역모기지론	★★
	23	행정5급	역모기지론	★★
	24	입법고시	5명의 집 위치와 지붕 색	★★★
	25	민경채	휴가지원사업	★
	26	입법고시	청년매입임대주택	★★★
	27	입법고시	수치형과 문자형 데이터	★★★
	28	입법고시	긴급복지지원제도	★★★
	29	입법고시	전기차 보조금 예산 규모	★★★
	30	행정5급	청년미래공제 참여기업	★

의사소통능력

01 다음 글의 내용과 부합하지 않는 것만을 <보기>에서 모두 고르면?

글로벌공급망은 하나의 기관과 그 기관에 대한 공급자와 소비자 간에 가공되지 않은 재화를 판매 가능한 상품으로 변환시키는 모든 상호작용에 관하여 서로 협력하는 네트워크를 의미한다. 글로벌공급망 네트워크는 활동, 인적요소, 기술, 정보 그리고 자원을 모두 그 요소로 포함한다. 글로벌공급망은 오랜 기간을 통하여 발전되어 왔다. 오늘날 선도적 글로벌공급망 파트너들은 빠르게, 내재적 그리고 외부적 마찰의 감소를 통한 처리로 재화와 서비스를 최종 소비자의 예상을 뛰어넘는 방식으로 전달함으로써 비교우위를 확보하고 있다. 미국의 아마존과 우리나라의 한 온라인 상품구매 사이트가 24시간도 안 되는 시간 안에 소비자가 주문한 상품을 문 앞에 도착하게 하는 것을 보면 그러한 현상을 실감할 수 있다.

최근 이러한 글로벌공급망의 위험성이 제기되고 있는 이유는 무엇인가? 그 이유는 이해관계자들이 가장 낮은 비용과 가장 효율적인 공급을 위한 생산지를 찾는 방식으로 경제적 우위를 확보함에 따라 분산된 공급망의 발달이다. 이와 같이 분산된 공급망이 발달하게 되면서 복잡한 상호의존성으로부터 발생하는 위험성은 공급망의 어느 한 부분이 영향을 받게 될 때 매우 높은 변동성을 가져올 수 있다.

글로벌공급망의 상호의존성은 더욱 증대되고 있다. 이러한 현상은 앞으로 수십 년간 기관들과 개별국가들이 자신들의 활동 안에서 상호 내부적으로 문제를 해결할 수 있는 가능성이 높아지지 않는 한 지속될 것이다. 중요한 것은 상호의존성과 글로벌공급망의 위험성이 동시에 높아지고 있다는 점이다. 또한 공급망을 형성하고자 하는 동기는 지구상의 특정 지역에 소재하는 민간 기업들의 이익 추구로부터 오지만, 자연재해, 팬데믹, 그리고 인류의 분쟁 등으로 심화되는 공급망에 대한 영향은 어느 특정 지역에 국한되지 않는다. 공급망에 혼란이 발생하게 되면, 그 영향이 인접 산업으로 전이되고, 특정 국가의 경제뿐만 아니라 광범위한 지역 경제와 전세계 경제에 영향을 미치게 된다.

특히, 우리는 글로벌공급망의 혼란이 가져오는 부정적인 영향으로 피해를 보는 사람들에 대한 관심을 가질 필요가 있다. 공급망 혼란은 휴대전화와 같은 고급 기술에 기반한 상품의 가격 인상과 공급부족만을 초래하는 것이 아니다. 우크라이나 전쟁이 식품과 에너지 공급망의 대규모 혼란을 초래함으로써 이러한 상품들의 가격이 급등하였고 모든 나라에서 인플레의 위기를 가져왔다. 부유국들과 부유한 개인들은 이러한 공급부족을 해결하고자 물자를 매점매석함으로써 그것들을 가장 필요로 하는 사람들에 부정적인 영향을 미치게 된다. 실제로 이해당사자들은 상호의존성에 의해서 야기된 공급부족을 대면하게 되면, 자신들의 안전을 위한 방도를 우선시하게 되어 국제 공급 체제의 불안정성을 더욱 키우게 된다. 이러한 관점에서, 글로벌공급망과 관련하여 기업들, 기관들, 또는 정부 간에 상호 커뮤니케이션이 표준화될 필요가 있다. 그렇지 않은 경우, 잘못된 커뮤니케이션, 외부와 단절된 내부적 상호작용성, 공급망 데이터의 분리 및 병목현상 등이 나타날 수 있다. 공급망과 관련한 이해당사자들의 목적은 공급망 안에서 향상된 작동성을 통하여 비용을 낮추고, 효율성을 개선하며 위험성을 경감하는 것이다. 그리고 그 궁극적 혜택은 인류 모두에게 돌아간다.

<보기>

ㄱ. 글로벌공급망의 위험성은 더욱 분산된 공급망의 발달로 감소될 수 있다.
ㄴ. 개별 기관이 자신의 활동 안에서 내부적 상호작용성을 높이게 되면 글로벌공급망의 상호의존성은 높아진다.
ㄷ. 글로벌공급망의 위험성 증가와 동시에 기업들과 국가들의 상호의존성 증가가 나타나고 있다.
ㄹ. 글로벌공급망의 혼란은 고급 기술에 기반한 상품에만 관련되는 현상이다.
ㅁ. 글로벌공급망의 혼란은 기본적인 물자를 가장 필요로 하는 사람들에게 부정적인 영향을 미친다.

① ㄱ, ㄴ, ㄹ ② ㄱ, ㄷ, ㄹ ③ ㄱ, ㄷ, ㅁ
④ ㄴ, ㄷ, ㄹ ⑤ ㄴ, ㄹ, ㅁ

02 다음 글에 대한 추론으로 옳지 않은 것만을 <보기>에서 모두 고르면?

'3D 프린팅'이라는 용어는 소재를 층층이 이어 쌓아 물건을 만드는 과정을 의미한다. 이는 소재를 깎거나 망치질을 하면서 모양을 다듬는 기계 가공이나 소재를 녹인 다음에 틀에 끼워 외형을 다듬는 플라스틱 사출 성형 및 금속 주조와 같은 전통적인 제조 과정과는 다르다. 하지만 3D 프린팅이라는 용어는 이 분야의 최첨단 기술을 완전하게 담지는 못한다. 이 용어들은 장기와 조직을 만들 수 있는 바이오 프린팅이나 3D 프린팅으로 제작된 물체가 시간이 지나면서 스스로 모양을 갖춰가는 4D 프린팅 등의 최첨단 기술을 포함하지 않기 때문이다.

3D 프린팅 기술은 이미 25년 전에 등장했다. 하지만 최근 들어 더 소형화되고 저렴해지고 성능이 향상되어 여러 용도로 사용 가능해짐에 따라 주목을 끌기 시작했다. 이렇게 생산된 제품들은 매우 복잡한 수준의 재료적 특성을 가지면서도 표면 처리는 정교해지고 정밀한 가공도 가능하다. 아직도 많은 사람들이 3D 프린팅을 작은 플라스틱 물체와 연관 짓지만 이제 금속, 세라믹, 콘크리트 같은 소재를 출력할 수 있고 또한 그래핀(얇고 강하고 유연함), 초경합금(드릴과 절단기에도 견딜 만큼 경도가 강함) 그리고 생태학적 바이오 소재(플라스틱 대체재, 파스타 같은 식재료)와 같은 첨단소재도 출력할 수 있다. 다양한 소재를 이용한 3D 프린팅은 이미 존재하며 앞으로도 보편화될 것이다.

3D 프린팅은 소량 생산을 더욱 경제적으로 만들며 생산자와 소비자 가까이에서 상품을 생산할 수 있어 납품 시간과 배송 비용도 줄어든다. 이는 증기력으로 운송 비용을 줄인 1차 산업혁명과 함께 태동된 생산과 소비의 분리를 되돌리는 것이라 할 만하다. 생산과 소비의 분리는 컨테이너화와 기술 격차의 추세 속에서 촉진되어 오늘날 노동력이 풍부한 개발도상국으로의 오프쇼어링을 가능하게 했다. 현재의 성장 속도를 고려할 때 3D 프린팅은 제조, 운송, 물류, 교통, 인프라, 건설, 유통, 항공우주 기업들의 전체적인 생산 시스템을 파괴하며 선진국과 개발도상국 모두의 정부, 경제, 노동시장에 큰 영향을 끼칠 것이다.

3D 프린팅은 생산과 소비 시스템, 그리고 글로벌 공급망을 바꿀 것이다. 3D 프린팅은 북반구 선진국들이 개척한 신기술로, 대부분의 3D 프린팅 시설 역시 그 지역에 존재한다. 예를 들어 2012년에는 3D 프린팅 시스템의 40%는 북미에서, 30%는 유럽, 26%는 아시아·태평양 지역에서 설치되었고 4%만이 기타 지역에서 설치되었다. 많은 경우 3D 프린팅의 영향력은 생산 단계에서 현재의 가치 사슬을 보완하는 수준에 머물러 있다. 하지만 3D 프린팅으로 제작된 결과물들이 미숙련, 노동 집약적 및 저부가가치 노동을 완전하게 대체함에 따라 영향력은 보다 파괴적으로 작용할 수 있다. 따라서 3D 프린팅 기술이 선진국으로의 대규모 리쇼어링으로 이어진다면, 개발도상국이 채택한 노동 집약적 저비용 제조업 기반의 산업화 전략은 효과를 잃을 것이며 많은 일자리가 사라질 것이다.

3D 프린팅은 아직 주류가 아니다. 3D 프린팅이 글로벌 제조업 시장에서 차지하는 비중은 0.04%에 불과하며 미국에서 생산된 모든 제품 중에서 3D 프린팅으로 생산된 것은 1%에도 미치지 못한다. 하지만 3D 프린팅 산업은 빠르게 성장하고 있다. 가트너(Gartner)에 의하면 2016년 글로벌 3D 프린팅 시장 규모는 50만 대 수준이었는데, 이는 2015년보다 두 배가 증가한 수준이며 2020년에는 670만 대로 증가할 것으로 예상된다. 홀러스(Wohlers)는 3D 프린팅 산업이 매년 25% 성장할 것으로 관측했다. 프라이스워터하우스쿠퍼스(PricewaterhouseCoopers)에 의하면 2016년 미국 제조업체의 52%가 향후 3~5년 사이 대량생산에 3D 프린팅을 활용할 것이고, 22%는 같은 기간 사이 공급망에 급격한 변화를 겪게 될 것이다. 다시 말해서 3D 프린터 시장의 성장 속도는 수평적인 성장곡선이 수직적인 성장곡선으로 급격하게 바뀌는 전형적인 하키스틱 모양의 패턴이 될 것임을 의미한다.

<보기>

ㄱ. 3D 프린팅은 생산과 소비의 분리를 촉진함으로써 기업들이 선진국으로 리쇼어링하는 주요 원인이 되고 있다.

ㄴ. 가트너에 의하면 2020년 글로벌 3D 프린팅 시장 규모는 2015년에 비해 14배 이하로 증가할 것으로 예상되었다.

ㄷ. 3D 프린팅을 활용하여 생산된 생산품 시장의 성장 속도는 전형적인 하키스틱 모양의 패턴을 그릴 것으로 예상된다.

ㄹ. 3D 프린팅이 개발도상국의 노동집약적 저부가가치 노동을 대체함에 따라 해당 국가의 산업화 전략에 대대적인 수정이 이루어지고 있다.

① ㄱ, ㄴ, ㄷ　② ㄱ, ㄴ, ㄹ　③ ㄱ, ㄷ, ㄹ

④ ㄴ, ㄷ, ㄹ　⑤ ㄱ, ㄴ, ㄷ, ㄹ

03 다음 글을 읽고 추론할 수 있는 내용으로 가장 적절하지 않은 것은?

> 진입비용의 면에서, 진입비용이 높은 시장에서 진입비용이 낮은 시장보다 경쟁이 더 치열하다. 높은 진입비용은 이를 회수하는데 더 많은 시장점유율을 확보해야 하고 따라서 시장에서 경쟁이 심화될 것이다. 더구나 제품시장에서 특유의 자산에 관한 비용이 퇴출비용으로 작용한다면 상황은 더욱 그러할 것이다. 즉, 높은 퇴출비용이나 자산 특이성은 더 치열한 경쟁을 유발한다. 실업 또는 해고에 따른 퇴출비용도 고려되어야 하는데, 정부가 개입하는 프랑스의 Aribus Industrie와 같은 컨소시엄에서는 해고비용이 중요한 변수가 될 수 있다.
>
> 규모의 경제면에서, 한 제품시장에서 규모의 경제 가능성이 다른 시장보다 크다면 그 시장에서 경쟁이 더 치열할 것이다. 반도체 시장을 예를 들어보자. 누적 생산량이 증가할수록 단위원가가 감소하는, 이른바 경험곡선효과가 두드러지게 나타난다. 생산량을 증가시키면 원가절감을 통해 이익증가로 이어진다. 이러한 상황에서는 경쟁기업이 매출이나 시장점유율을 증가시키기가 쉽지 않는데, 예로서 화학제조 산업이 그러하다. 규모의 경제에서 진입비용의 효과는 시장크기 대비 최소한 유효생산 규모의 비율로서 나타낼 수 있다. 이는 시장에서 생존하기 위한 최소한의 시장점유율의 지표로서 해석할 수 있다. 최소 유효생산규모비율이 높을수록 자사의 점유율 또는 시장입지를 지키는데 더 많은 노력이 들어가는 것이며, 그 비율이 낮을수록 경쟁기업의 이익이 더 커질 것이다.
>
> 한 제품시장에서 제품라인을 생산하거나 여러 제품시장에서 다양한 제품을 생산할 때 그 기업은 생산, 마케팅 그리고 기타 활동으로부터 비용절감을 할 수 있어 수익성을 높이는 시너지 효과를 거둘 수 있다. 범위의 경제가 시너지 효과로 나타나면 경쟁사의 행동에 대해 관련되는 제품으로부터 보다 신속하고 효과적인 대응을 할 수 있다.

① 진입비용이 낮으면 시장에서 경쟁정도가 낮아진다.
② 자산이 특정 제품의 생산에 맞도록 특유성이 높으면 퇴출비용이 높아져 경쟁이 치열해진다.
③ 규모의 경제의 가능성이 커질수록 시장의 경쟁정도는 높아진다.
④ 유효생산규모비율이 높을수록 시장진입비용이 낮아진다.
⑤ 범위의 경제가 있는 제품라인은 비용을 절감하고 경쟁력도 높일 수 있다.

04 다음 글의 내용과 상충하는 것은?

'플랫폼 노동'은 웹사이트나 스마트폰 앱 등의 디지털 플랫폼을 통해 일거리를 구하고, 그 플랫폼에서 보수를 받는 노동을 말한다. 플랫폼 노동자는 디지털 플랫폼을 통해 서비스 수요자와 연결되며, 플랫폼을 운영하는 기업은 서비스 공급자와 서비스 수요자를 중개하는 대가로 이익을 취한다.

플랫폼 노동에서는 노동 과정 중 관리자에 의한 직접적인 지시나 감독이 없다. 이 점이 플랫폼 노동에서 '사용 – 종속 관계'가 부정되는 근거가 되기도 한다. 그러나 플랫폼 노동자에 대한 통제는 보이지 않는 형태로 이루어진다. 플랫폼 노동자의 작업 과정과 그 결과는 모두 데이터로 축적된다. 데이터는 플랫폼의 알고리즘에 반영되어 노동자에게 보상과 제재를 부여하는 기준이 된다. 예컨대, 음식 배달 플랫폼의 알고리즘은 픽업 시간, 배달 시간, 음식 상태 등 고객 만족도를 측정할 수 있는 별도의 평가 항목을 만들고 이에 대한 구체적인 수치를 제공한다. 그리고 이 수치가 데이터로 축적되어 알고리즘을 통해 다음 일감을 부여하는 기준이 된다. 이처럼 플랫폼 노동자는 알고리즘이 제공하는 수치에 따라 관리되며 이를 '평판에 의한 통제'라고 부른다.

평판에 의한 통제 과정은 자동으로 축적된 데이터를 바탕으로 노동자를 기술적으로 평가하는 것처럼 보이기 때문에, 관리자가 직접 개입하는 것보다 더 공정한 것처럼 여겨질 수 있다. 그런데 플랫폼 기업은 노동자의 성취에 대한 정당한 보상을 위해서 업무 평가를 진행하는 것이 아니다. 플랫폼 기업은 이윤을 극대화하기 위해 노동자의 노동 과정을 수치화하고 알고리즘에 반영하여 평가한다. 더욱이 플랫폼 노동의 구조상 노동자는 자신을 평가하는 기준이 되는 데이터를 직접 확인할 방법이 없으며, 그 데이터가 처리되는 알고리즘이 어떤 방식으로 작동하는지도 알 수 없다. 그렇게 플랫폼 노동자는 플랫폼 기업의 은밀한 통제를 받게 되고, 이는 새로운 형태의 사용 – 종속 관계라고 할 수 있다.

전통적인 사업장 노동자는 일정 시간과 기간을 두고 규칙적으로 일하지만, 플랫폼 노동자는 원하는 시간에 플랫폼에 접속해 일을 시작하고 마칠 수 있다. 전통적인 사업장처럼 공식적 근무 시간이 없기에 자기 상황에 맞춰 일과 여가를 유연하게 조정하는 것이 분명 가능하다. 이런 점에서 플랫폼 노동은 노동자의 자율성을 증가시키는 것처럼 보일 수 있다. 하지만 실제로는 고용 및 보수, 업무 내용 및 평가 등이 알고리즘의 은폐된 지휘·감독 하에 놓여 있다. 형식적으로는 자율성이 있어 보이지만 알고리즘을 이용한 플랫폼 기업의 보이지 않는 통제가 작동하고 있는 것이다.

① 플랫폼 기업은 단지 서비스 공급과 수요를 중개하는 역할을 넘어 노동자에 대한 통제를 수행한다.
② 플랫폼 기업은 축적된 데이터를 기술적으로 활용하여 노동자의 성취를 정당하게 보상하고자 업무 평가를 수행한다.
③ 플랫폼 노동과정에서 관리자의 직접적인 지시나 감독이 없더라도 플랫폼 기업과 플랫폼 노동자는 사용 – 종속 관계에 있다고 볼 수 있다.
④ 플랫폼 노동자는 전통적인 사업장 노동자에 비해 정해진 업무시간에 얽매이지 않고 자신의 노동 시간을 유연하게 조정할 수 있다.
⑤ 플랫폼 서비스 이용자의 만족도 평가 데이터는 플랫폼 노동자에 대한 보상과 제재의 근거로 활용된다.

[05~07] 다음 글을 읽고 물음에 답하시오.

기업들은 이익의 극대화를 위해 끝없이 경쟁한다. 이러한 경쟁의 전략으로 한 기업이 다른 기업을 인수하거나 다른 기업과 합치는 방법이 있는데 이를 기업인수합병이라고 한다. 이는 기업 간의 결합 형태에 따라 수평적, 수직적, 다각적 인수합병으로 ㉠ 나눌 수 있다.

먼저 수평적 인수합병은 같은 업종 간에 이루어지는 인수합병이다. 예를 들면 두 전자 회사가 결합하여 하나의 전자 회사가 되는 경우이다. 일반적으로 수평적 인수합병이 이루어지면 경쟁 관계에 있던 회사가 결합하여 불필요한 경쟁이 줄고 이전보다 큰 규모에서 생산이 이루어지게 되므로 인수합병한 기업은 생산량을 ㉡ 늘릴 수 있게 된다. 이러한 과정에서 규모의 경제*가 실현되면 생산 단가가 낮아져 가격 경쟁력이 증가하고 이를 통해 제품의 시장점유율*이 높아질 수있다. 그러나 수평적 인수합병 이후에 독과점으로 인한 폐해가 ㉢ 일어날 경우, 이는 규제의 대상이 되기도 한다.

수직적 인수합병은 동일한 분야에 있으나 생산 활동 단계가 다른 업종 간에 이루어지는 인수합병이다. 이러한 수직적 인수합병은 통합의 방향에 따라 전방 통합과 후방 통합으로 나눌 수 있다. 예를 들어 자동차의 원자재를 공급하는 기업과 자동차를 생산하는 기업이 인수합병하는 경우, 자동차를 생산하는 기업이 자동차의 원자재를 공급하는 기업을 통합하면 후방 통합이고, 자동차의 원자재를 공급하는 기업이 자동차를 생산하는 기업을 통합하면 전방 통합이 된다. 이렇게 수직적 인수합병이 ㉣ 이루어지면 생산 단계의 효율성이 증가하여 거래비용*이 감소하고, 원자재를 안정적으로 공급할 수 있다는 장점이 있지만, 인수합병한 기업 중 특정 기업에 문제가 발생할 경우, 기업 전체가 위험해질 수 있다는 단점도 있다.

마지막으로 다각적 인수합병은 서로 관련성이 적은 기업 간의 결합이다. 예를 들면 한 회사가 전자 회사, 건설 회사, 자동차 회사를 결합하여 하나의 회사를 만드는 경우이다. 이러한 경우 만약 건설 회사의 수익성이 낮더라도 상대적으로 높은 수익성이 기대되는 다른 회사를 통해 위험을 분산시킨다면 기업의 안정된 수익성을 유지할 수 있다는 장점이 있다. 그러나 기업이 외형적으로만 비대해질 경우, 시장에서 높은 수익을 내기에는 한계가 있을 수도 있다.

기업은 인수합병을 통해 사업의 규모를 확대할 수 있다. 그러나 경우에 따라서는 인수합병을 통한 외적인 성장에만 ㉤ 치우쳐 신기술 연구 등과 같은 내적 성장을 위한 투자에 소홀할 수 있다. 또한 인수합병 과정에서 많은 직원이 해직되거나 전직될 수도 있고 이로 인해 조직의 인간관계가 깨지는 등 여러 문제가 발생할 수 있기에 인수합병은 신중하게 이루어져야 한다.

* 규모의 경제: 생산 요소 투입량의 증대(생산 규모의 확대)에 따른 생산비 절약 또는 수익 향상의 이익
* 시장점유율: 경쟁 시장에서 한 상품의 총판매량에서 한 기업의 상품 판매량이 차지하는 비율
* 거래비용: 각종 거래 행위에 수반되는 비용

05 **윗글을 통해 알 수 있는 내용으로 적절하지 않은 것은?**

① 기업은 인수합병을 통해 이익의 극대화를 꾀할 수 있다.
② 기업은 수직적 인수합병을 통해 생산 단계의 효율성을 높일 수 있다.
③ 기업이 다각적 인수합병을 한 경우 위험을 분산하여 안정된 수익성을 유지할 수 있다.
④ 기업은 수평적 인수합병을 통해 경쟁 관계에 있던 기업과 결합하여 불필요한 경쟁을 줄일 수 있다.
⑤ 기업은 수직적 인수합병을 통해 서로 다른 분야에 있으나 생산 활동 단계가 같은 업종끼리 결합할 수 있다.

06 **윗글을 바탕으로 <보기>의 사례를 이해한 내용으로 적절하지 않은 것은?**

<보기>

부도 위기에 놓인 A자동차 회사의 경영진은 회사를 매각하기로 했다. 이때 경쟁 관계에 있던 B자동차 회사는 생산 단가를 낮추고 가격 경쟁력을 증가시키기 위해 A자동차 회사 노조의 강한 반대에도 불구하고 A자동차 회사와의 인수합병에 성공했다. 이후, A자동차 회사와 결합한 B자동차 회사의 시장점유율은 매우 높아졌으며, 자동차 분야에서 세계 1위의 기업으로 성장했다. 이후 B자동차 회사는 자동차 생산에 필요한 원자재를 안정적으로 공급받기 위해 철강 회사를 저렴한 비용으로 인수합병하여 B사가 되었다. 그런데 B사는 신기술 연구에 소홀했던 탓에 자동차 분야에서 C자동차 회사에 1위 자리를 내주게 되었다.

① A자동차 회사의 노조가 B자동차 회사와의 인수합병에 반대한 이유는 A자동차 회사가 B자동차 회사에 다각적 인수합병이 되었기 때문이군.
② B자동차 회사가 A자동차 회사를 인수합병한 이유는 가격 경쟁력을 증가시켜 이익을 내려 했기 때문이겠군.
③ B자동차 회사는 원자재를 안정적으로 공급받기 위해 철강 회사를 후방 통합하였군.
④ B자동차 회사에 의해 인수합병된 철강 회사의 경영에 큰 문제가 생긴다면 B사 전체에 위험이 될 수도 있겠군.
⑤ B사가 자동차 분야의 경쟁에서 C자동차 회사보다 뒤처진 이유는 신기술 연구에 소홀했기 때문이군.

07 **문맥상 ㉠~㉤과 바꿔 쓰기에 가장 적절한 것은?**

① ㉠: 구분할
② ㉡: 실현할
③ ㉢: 촉구될
④ ㉣: 포함되면
⑤ ㉤: 왜곡되어

핵심 개념 플러스+

[08~10] 다음 글을 읽고 물음에 답하시오.

파생상품이란 기초자산의 가치 변동에 따라 가격이 결정되는 금융상품이다. 이때 기초자산은 농축산물이나 원자재 같은 실물자산뿐만 아니라 주식이나 채권 등 가격이 매겨질 수 있는 모든 대상을 의미하는데, 기초자산의 가치 변동에 따른 파생상품의 가격 변화는 거래 당사자에게 손익을 발생시킨다.

파생상품은 기초자산에 해당하는 거래대상의 미래 가격이 불확실하기 때문에 미래의 특정 시점에서 발생할 수 있는 손실의 위험에 대비하기 위해 만들어졌다. 파생상품이 만들어지기 이전에는, 이러한 불확실성으로 인해 거래대상을 팔려는 매도자는 가격 하락에 대한, 거래대상을 사려는 매수자는 가격 상승에 대한 두려움이 클 수밖에 없었다. 그래서 거래 당사자들은 그들의 이해관계가 일치하는 경우 기초자산을 계약 체결 시점에 정해 놓은 가격과 수량으로 미래의 특정 시점, 즉 계약 만기 시점에 인수·인도하기로 약속하는 계약을 통해 미래의 위험에 대비하고자 하였다. 19세기 중반 이전까지는 ㉠ 선도라는 파생상품이 이러한 계약으로서 기능하였다. 그런데 선도는 정해진 가격으로 계약과 동시에 물품을 인수·인도하는 현물 거래와는 형태가 달랐다. 그래서 선도의 경우 거래 당사자들이 자기가 거래하고자 하는 물품의 가격, 수량, 만기 시점 등에 있어 이해관계가 일치하는 거래 상대방을 찾기가 어려웠다. 또한 계약을 체결했더라도 만기 이전에 그 계약을 임의로 파기할 위험이 높다는 불안정성이 늘 존재했다.

이런 문제점을 해결하기 위해, 경제 활동의 규모가 커지게 된 19세기 중반부터는 ㉡ 선물이라는 파생상품이 나타났다. 선물은 기초자산을 계약 체결 시점에 정해 놓은 가격과 수량으로 계약만기 시점에 거래한다는 점에서는 선도와 동일하다. 하지만 공인된 거래소에서 거래가 이루어진다는 점에서는 차이가 있다. 거래소의 역할은 다음과 같다. 첫째, 이해관계가 일치하는 거래 당사자들이 쉽게 만날 수 있는 장을 마련해 주었다. 둘째, 거래 당사자들 사이에서 거래의 매개적 역할을 하였다. 셋째, 거래와 관련된 다양한 제도적 장치를 마련해 주었다. 이를 통해 거래 안정성이 확보되어 계약 만기 전에 이루어지는 선물 거래로 차익을 얻고자 하는 사람들의 거래가 활발하게 이루어지게 되었다. 그 결과, 선물은 미래의 위험에 대비하려는 수단이자 현재의 이익 창출을 위한 투자 수단으로 활성화되었다.

선물 거래의 안정성을 확보하기 위한 제도적 장치로는 반대거래, 증거금, 일일정산 등이 있다. 반대거래는 계약 만기 시점 이전에 거래 당사자들이 원할 경우 언제든지 선물을 거래할 수 있는 장치이다. 이를 통해 선물 거래의 당사자는 바뀌지만, 정해진 가격과 수량의 기초자산을 만기 시점에 인수·인도하는 계약 자체는 유지되므로 안정적인 거래가 가능해진다. 증거금은 계약 당사자가 해당 계약을 확실히 이행한다는 것을 보증하여 거래의 안정성을 확보하기 위한 장치인데, 대표적으로 개시증거금과 유지증거금이 있다. 개시증거금은 계약 당사자가 선물 거래를 시작하기 위해 맡겨야 하는 증거금으로, 계약 체결 시점에 정해진 기초자산의 가격에 수량을 곱한 액수의 일부이므로 상대적으로 적은 금액이다. 유지증거금은 선물 거래가 유지되기 위한 최소한의 증거금을 의미한다. 일일정산은 선물 거래가 유지되는 동안 날마다 당일의 거래 마감 시점의 가격으로 선물 거래 당사자의 손익을 계산하여 이를 증거금에서 차감 또는 가산하는 장치이다. 이를 통해, 거래 당사자들은 매일매일의 손익을 따지면서 반대거래 여부를 결정할 수 있기 때문에 거래의 안정성이 확보된다. 한편 일일정산의 결과 특정 거래자의 증거금 계좌 잔고가 유지증거금 이하로 떨어졌을 경우 거래소는 계약의 이행 가능성을 회복하기 위해 증거금 계좌 잔고가 개시증거금 이상이 되도록 증거금의 추가 납부를 요구하는데 이를 마진콜이라고 한다. 이러한 마진콜을 충족하기 전까지 마진콜을 받은 당사자의 일일정산은 불가능하다.

주식을 기초자산으로 하는 선물 거래를 통해 만기 시점과 반대거래 시점에서의 손익 계산 방법을 파악해 보면 다음과 같다. 현재 시점에서 A가 B에게 특정 기업의 주식을 미래의 특정 시점에, 정해진 수량만큼 정해진 가격으로 사겠다는 계약을 B와 체결한다. 이는 곧 A가 B에게 그 계약, 즉 선물을 산 것을 의미한다. 계약 체결 시점의 선물 가격은 계약 만기 시점에 거래하기로 정한 주식 한 주당 가격이다. 만약 이 계약이 만기 시점까지 유지된다면 A의 손익은 계약 만기 시점의 주식 가격에서 계약 체결 시점의 선물 가격을 뺀 것에 거래승수*를 곱하고, 이것에 다시 계약 수*를 곱한 금액이 된다. 이때 B의 손익은 A의 손익과 정반대가 된다. 그런데 만약 계약 만기 시점 이전에 A가 C에게 자신이 보유한 선물을 파는 반대거래가 이루어져 A와 B 사이의 선물 거래 관계가 청산되는 경우를 가정해 보자. A의 손익은 A가 B와 계약을 만기까지 유지한 경우 A의 손익 계산 방법에서, 계약 만기 시점의 주식 가격을 반대거래가 이루어진 시점의 선물 가격으로 바꾸기만 하면 된다. 이때 B의 손익은 A의 손익과 정반대가 된다. 한편 앞에서 언급한 반대거래가 발생하면 그 시점에서 A는, 선물 계약에 따른 만기 시점의 주식 거래와 관련된 B에 대한 의무를 C에게 넘기게 된다. 그러므로 선물 계약의 만기 시점이 되면 C는 계약에서 정한 대로 특정 기업의 주식을 정해진 가격과 수량으로 B에게 사게 된다.

* 거래승수: 선물 거래의 수량을 표준화하기 위해 곱해 주는 수치
* 계약 수: 선물 거래의 표준화된 단위를 1계약이라고 할 때, 그 계약의 수량

08 **㉠과 ㉡에 대한 설명으로 적절하지 않은 것은?**

① ㉠과 ㉡은 모두 기초자산의 가치 변동에 따라 거래 당사자의 손익이 결정되는 금융상품이다.
② ㉠은 ㉡과 달리 계약을 체결하더라도 만기 이전에 그 계약을 임의적으로 파기할 위험이 높았다.
③ ㉠은 ㉡과 달리 계약 체결 시점에 정해 놓은 가격과 수량으로 미래의 특정 시점에 기초자산을 거래한다는 계약이다.
④ ㉡은 ㉠과 달리 거래의 안정성을 확보하기 위해서 반대거래, 증거금, 일일정산 등의 제도적 장치를 갖추고 있다.
⑤ ㉡은 ㉠과 달리 이해관계가 일치하는 거래 당사자들의 매개적 역할을 하는 공인된 거래소에서 거래가 이루어진다.

※ 윗글과 <보기>를 바탕으로 09번과 10번 물음에 답하시오.

<보기>

[상황]

20○○년 5월 10일, 갑은 △△ 기업의 주식을 한 주당 15만 원의 가격으로 6월 8일에 을에게 사겠다는 5계약을 체결한다. 그런데 5월 30일에 갑은 보유한 선물을 병에게 파는 반대거래를 한다. 그리고 이 선물은 6월 8일까지 반대거래 없이 유지된다.

[주식 가격과 선물 가격의 변화 (단위: 만 원)]

가격 \ 일자	5월 10일	5월 30일	6월 8일
주식 가격	13	10	7
선물 가격	15	12	8

(단, 거래승수는 10주로 하고, 거래 수수료 등 거래 비용은 없다고 가정함)

09 윗글을 바탕으로 <보기>의 '상황'을 이해한 내용으로 적절하지 않은 것은?

① 5월 10일에 갑과 을의 선물 거래가 이루어질 때 갑은 을에 대해서 선물의 매수자, 을은 갑에 대해서 선물의 매도자가 된다.

② 5월 30일에 갑과 병의 반대거래가 이루어질 때 갑과 을 사이의 선물 거래 관계는 청산된다.

③ 5월 30일에 갑과 병의 반대거래가 이루어질 때 갑은 병에 대해서 선물의 매도자, 병은 갑에 대해서 선물의 매수자가 된다.

④ 6월 8일에 선물 계약에 따른 주식의 거래가 이루어질 때 갑과 을 사이의 주식 거래 관계는 청산된다.

⑤ 6월 8일에 선물 계약에 따른 주식의 거래가 이루어질 때 을은 병에 대해서 주식의 매도자, 병은 을에 대해서 주식의 매수자가 된다.

10 다음은 윗글과 <보기>를 읽은 학생이 보인 반응이다. ⓐ와 ⓑ에 들어갈 내용으로 가장 적절한 것은?

갑이 5월 30일에 병과 반대거래를 하는 경우 갑의 손익은 (ⓐ)만 원이 되는데, 만약에 반대거래를 하지 않고 선물을 만기까지 유지했다면 갑의 손익은 (ⓑ)만 원이 되었을 것이다.

	ⓐ	ⓑ		ⓐ	ⓑ
①	−150	−350	②	−150	−400
③	−30	−80	④	15	40
⑤	250	400			

수리능력

11 다음 <방법>은 2021년 '갑'국의 건물 기준시가 산정방법이고, <표>는 건물 A~E의 기준시가를 산정하기 위한 자료이다. 이에 근거하여 A~E 중 2021년 기준시가가 두 번째로 높은 건물을 고르면?

<방법>

○ 기준시가 = 구조지수 × 용도지수 × 경과연수별잔가율 × 건물면적(m^2) × 100,000(원/m^2)

○ 구조지수

구조	지수
경량철골조	0.67
철골콘크리트조	1.00
통나무조	1.30

○ 용도지수

용도	대상건물	지수
주거용	단독주택	1.00
	아파트	1.10
상업용 및 업무용	여객자동차터미널	1.20
	청소년수련관	1.25
	관광호텔	1.50
	무도장	1.50

○ 경과연수별잔가율 = 1 − 연상각률 × (2021 − 신축연도)

용도	주거용	상업용 및 업무용
연상각률	0.04	0.05

※ 경과연수별잔가율 계산 결과가 0.1 미만일 경우에는 경과연수별잔가율을 0.1로 정함

<표> 건물 A~E의 구조, 대상건물, 신축연도 및 건물면적

구분 건물	구조	대상건물	신축연도	건물면적(m^2)
A	철골콘크리트조	아파트	2016	125
B	경량철골조	여객자동차터미널	1991	500
C	철골콘크리트조	청소년수련관	2017	375
D	통나무조	관광호텔	2001	250
E	통나무조	무도장	2002	200

① A ② B ③ C ④ D ⑤ E

12 **다음은 2022년과 2023년 '갑'국 주택소유통계에 관한 자료이다. 제시된 <표>와 <정보> 이외에 <보고서>를 작성하기 위해 추가로 필요한 자료만을 <보기>에서 모두 고르면?**

<표> 2022년과 2023년 주택소유 가구 수

(단위: 만 가구)

연도	2022	2023
주택소유 가구 수	1,146	1,173

<정보>

$$\text{가구 주택소유율(\%)} = \frac{\text{주택소유 가구 수}}{\text{가구 수}} \times 100$$

<보고서>

'갑'국의 주택 수는 2022년 1,813만 호에서 2023년 1,853만 호로 2.2% 증가하였다. 개인소유 주택 수는 2022년 1,569만 호에서 2023년 1,597만 호로 1.8% 증가하였다. 주택소유 가구 수는 2022년 1,146만 가구에서 2023년 1,173만 가구로 2.4% 증가하였지만, 가구 주택소유율은 2022년 56.3%에서 2023년 56.0%로 감소하였다. 2023년 지역별 가구 주택소유율을 살펴보면, 상위 3개 지역은 A(64.4%), B(63.0%), C(61.0%)로 나타났다.

<보기>

ㄱ. 2019~2023년 '갑'국 주택 수 및 개인소유 주택 수

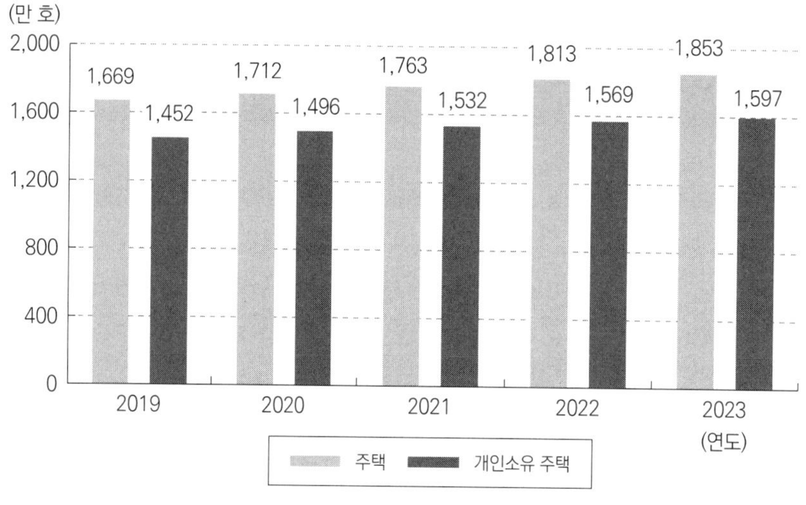

ㄴ. 2022년과 2023년 '갑'국 가구 수

(단위: 만 가구)

연도	2022	2023
가구 수	2,034	2,093

ㄷ. 2023년 '갑'국 지역별 가구 주택소유율 상위 3개 지역

(단위: %)

지역	A	B	C
가구 주택소유율	64.4	63.0	61.0

ㄹ. 2023년 '갑'국 가구주 연령대별 가구 주택소유율

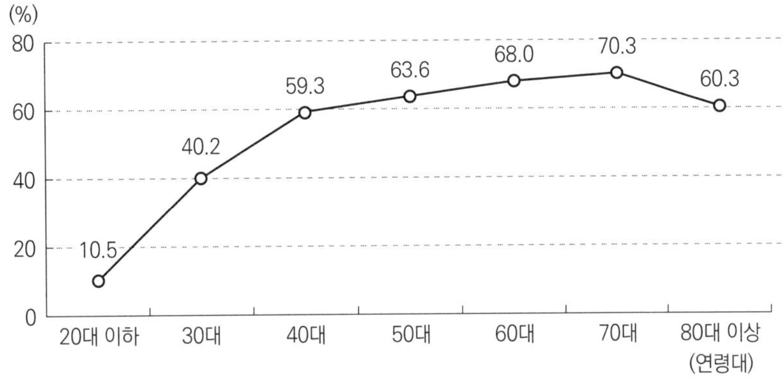

① ㄱ, ㄴ
② ㄱ, ㄹ
③ ㄴ, ㄷ
④ ㄴ, ㄹ
⑤ ㄱ, ㄴ, ㄷ

13 **다음 <표>는 2012년과 2021년 갑~무 국가(사랑, 행복, 희망, 평화, 지혜)의 GDP 대비 소득세 부담 비중과 총조세 대비 소득세 부담 비중에 대한 자료이다. <표>와 <조건>을 근거로 판단할 때, 갑~무 국가를 2012년과 2021년 총조세 대비 소득세 부담 비중의 차이(D－C)가 큰 국가부터 순서대로 바르게 나열한 것은?**

<표> 갑~무 국가의 소득세 부담 비중

(단위: %, %p)

구분	GDP 대비 소득세 부담 비중			총조세 대비 소득세 부담 비중		
	2012년(A)	2021년(B)	차이(B－A)	2012년(C)	2021년(D)	차이 (D－C)
갑	4.95	7.50	(　)	19.50	24.75	(　)
을	8.80	9.90	(　)	27.40	29.70	(　)
병	8.00	9.50	(　)	18.10	21.00	(　)
정	9.40	10.50	(　)	25.60	26.60	(　)
무	9.20	11.20	(　)	38.50	42.10	(　)
OECD 평균	7.50	8.30	(　)	22.40	23.80	(　)

<조건>

○ 2012년과 2021년 GDP 대비 소득세 부담 비중의 차이(B－A)가 가장 큰 두 국가는 사랑과 희망이다.

○ 2012년과 2021년 총조세 대비 소득세 부담 비중의 차이(D－C)가 OECD 평균의 두 배 미만인 국가는 평화와 행복이다.

○ 2021년 사랑의 총조세 대비 GDP 비중은 평화의 1.1배이다.

① 사랑 – 희망 – 지혜 – 평화 – 행복
② 사랑 – 희망 – 지혜 – 행복 – 평화
③ 사랑 – 평화 – 지혜 – 행복 – 희망
④ 희망 – 평화 – 행복 – 지혜 – 사랑
⑤ 희망 – 행복 – 평화 – 지혜 – 사랑

14 **다음 <표>는 '가'~'아' 8개 지역의 소비상품권 발행 및 사용 현황에 대한 자료이다. 이에 대한 설명으로 옳은 것은?**

<표 1> 지역별 소비상품권 발행액, 국가부담분, 지역부담분, 사용액 및 구매자 수

(단위: 천 달러, 명)

지역	발행액	국가부담분	지역부담분	사용액	구매자 수
가	37,794	4,914	6,803	27,589	60,255
나	26,463	3,176	2,911	20,641	56,327
다	38,099	4,953	7,620	25,907	65,142
라	19,337	2,514	1,161	12,569	28,122
마	38,823	5,047	9,318	31,446	63,180
바	36,930	5,171	7,386	27,697	72,004
사	30,673	3,375	7,055	25,765	54,015
아	46,769	6,080	8,419	26,658	89,109

※ 발행액=국가부담분+지역부담분+사용자부담분=사용액+미사용액

<표 2> 지역별 전체 소비상품권 사용액 대비 해당 산업 소비상품권 사용액 비중

(단위: %)

산업 / 지역	종합소매	외식	헬스뷰티	의료	여가취미	기타	합계
가	21.1	25.5	15.4	10.0	14.0	14.0	100.0
나	18.2	26.7	10.2	17.0	12.9	15.0	100.0
다	23.2	18.4	19.5	11.8	11.2	15.9	100.0
라	20.8	18.8	24.0	7.1	13.7	15.6	100.0
마	22.6	22.2	16.1	6.3	17.5	15.3	100.0
바	17.9	17.6	13.6	14.5	19.2	17.2	100.0
사	29.2	26.2	16.8	4.0	16.0	7.8	100.0
아	16.5	22.1	14.5	15.8	14.8	16.3	100.0

① 구매자 1인당 발행액이 가장 낮은 지역은 미사용액이 가장 적다.
② 발행액에서 사용자부담분이 차지하는 비중은 모든 지역에서 각각 70% 이상이다.
③ '라' 지역의 여가취미산업 소비상품권 사용액은 '마' 지역의 의료산업 소비상품권 사용액보다 많다.
④ 전체 소비상품권 사용액에서 외식, 헬스뷰티, 의료 소비상품권 사용액이 차지하는 비중의 합은 모든 지역에서 각 50% 이상이다.
⑤ 소비상품권 발행액 대비 미사용액의 비율이 20% 미만인 지역은 발행액에서 지역부담분이 차지하는 비중이 20% 이상이다.

15 **다음 <표>와 <그림>은 우리나라 지주회사 현황에 관한 자료이다. 이에 대한 <보고서>의 설명 중 옳은 것만을 모두 고르면?**

<표 1> 지주회사 수 변동 추이

(단위: 개)

구분 / 연도	2011	2012	2013	2014	2015	2016	2017	2018	2019	2020
일반지주회사	103	114	117	130	152	183	164	163	157	154
대기업집단 소속	28	30	30	29	19	39	34	37	41	44
금융지주회사	12	13	15	10	10	10	9	10	10	10
대기업집단 소속	2	2	1	1	1	2	3	2	2	2

※ 표 안의 값은 각 연도별 12월 말 기준 수치임

<표 2> 2020년도 자산총액별 지주회사 수

(단위: 천억 원, 개)

구분 / 자산총액	5 미만	5 이상 10 미만	10 이상 30 미만	30 이상 50 미만	50 이상 70 미만	70 이상 100 미만	100 이상
일반지주회사	76	36	27	7	2	2	4
대기업집단 소속	2	9	18	7	2	2	4
금융지주회사	0	0	2	1	1	1	5
대기업집단 소속	0	0	0	0	0	1	1

<그림> 2020년도 부채비율별 지주회사 수

(단위: 개)

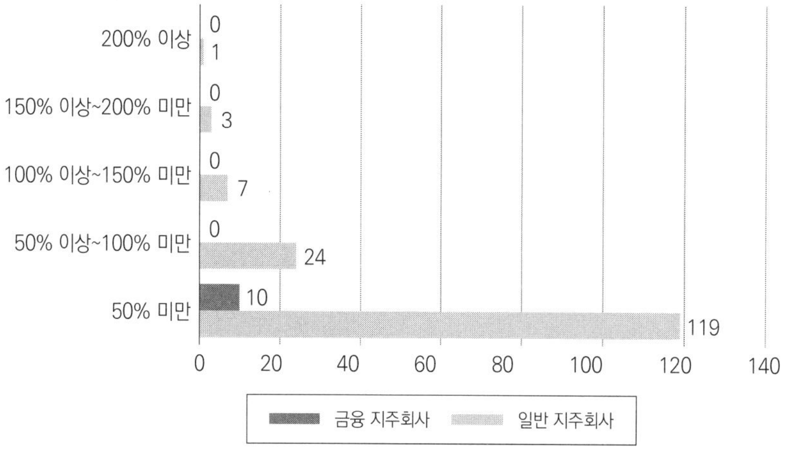

<보고서>

지주회사란 주식의 소유를 통하여 국내 회사의 사업내용을 지배하는 것을 주된 사업으로 하는 회사를 의미하며, 「독점규제 및 공정거래에 관한 법률」에 따른 일반지주회사와 「금융지주회사법」에 따른 금융지주회사로 구분된다.

2020년 12월 말 기준 지주회사의 수는 164개로 전년보다 감소하였다. 구체적으로 지주회사는 3개가 신설되고 6개가 제외되었는데, 제외된 사유는 주로 자산총액 5천억 원 미만 지주회사들의 자산총액 감소 및 제외 신청 등이었다. ㉠ 한편, 대기업집단 소속 지주회사의 수는 2017~2020년 동안 매년 증가하였다.

2020년 전체 지주회사 평균 자산총액은 2조 1,598억 원으로 전년대비 1,631억 원 증가했다. 자산총액 5천억 원 미만인 지주회사의 수는 2019년에는 전체 167개 중 82개였으나, 2020년에는 76개로 전년보다 그 수와 비중 모두 감소하였다. ㉡ 2020년 자산총액 1조 원 이상 지주회사의 수는 전체 지주회사 수의 30% 이상을 차지하고 있으며, 이 중 35개는 대기업집단 소속 지주회사이다. ㉢ 한편, 2020년 자산총액 1조 원 미만인 지주회사의 수에서 대기업 집단 소속 지주회사의 수가 차지하는 비중은 10% 미만이다.

전체 지주회사의 평균 부채비율은 35.3%(일반지주회사 35.6%, 금융지주회사 30.1%)로 법률상 기준(200% 이하)보다 크게 낮은 수준이다. ㉣ 2020년 부채비율이 100% 미만인 지주회사의 수는 전체 지주회사의 수에서 95% 이상을 차지하고 있으며, 부채비율 100% 이상 지주회사의 수는 11개이다.

① ㄱ, ㄴ　② ㄱ, ㄷ　③ ㄴ, ㄹ　④ ㄱ, ㄴ, ㄷ　⑤ ㄱ, ㄴ, ㄹ

16 다음 <표>는 '갑'국(화폐단위: 원)의 '을'국(화폐단위: 달러)으로부터의 수입물품에 대한 관세 등 과세에 대한 표이다. <표>와 <정보>를 근거로 <보기>의 설명 중 옳은 것만을 모두 고르면?

<표> '을'국 수입물품에 대한 '갑'국 세율표

		관세율 (%)	부가가치세율 (%)	교육세율 (%)	주세율 (%)	과세운임
가방	과세가격 20만 원 이하	8	10	0	0	kg당 10,000원
	과세가격 20만 원 초과분	8	20	30	0	
위스키	과세가격 20만 원 이하	10	10	30	20	ml당 30원
	과세가격 20만 원 초과분	20	10	50	30	
와인		15	10	10	30	ml당 50원

<정보>

○ 과세가격=상품가격×고시환율+과세운임
○ 관세=과세가격×관세율
○ 부가가치세=과세가격×부가가치세율
○ 교육세=과세가격×교육세율
○ 주세=과세가격×주세율
○ 수입가격=과세가격×(1+관세율)×(1+부가가치세율)×(1+교육세율)×(1+주세율)
○ 2022년 고시환율=1,000원/달러

※ 계산 예시: 과세가격 25만 원인 위스키의 경우
관세=20만 원×10%+(25만 원−20만 원)×20%=3만 원

<보기>

ㄱ. 2022년에 '을'국으로부터 80달러인 와인(1,000ml) 1병을 수입하는 경우 교육세는 8,000원, 주세는 24,000원이다.
ㄴ. 2022년에 '을'국으로부터 180달러인 가방(5kg) 1개를 수입하는 경우 수입가격은 387,504원이다.
ㄷ. 세율표는 불변인 가운데 2022년 고시환율이 800원/달러로 하락한다면 2022년에 '을'국으로부터 수입하는 50달러인 위스키(1,000ml) 1병에 대한 관세는 고시환율 하락 전에 비해 1,000원 감소한다.
ㄹ. 2022년에 '을'국으로부터 300달러인 위스키(1,000ml) 1병을 수입할 때의 수입가격보다 300달러인 와인(1,000ml) 1병의 수입가격이 더 낮다.

① ㄱ, ㄴ ② ㄱ, ㄷ ③ ㄴ, ㄷ ④ ㄴ, ㄹ ⑤ ㄷ, ㄹ

17 **다음 <표>는 2020년 기준 글로벌 전기차 시장 점유율 상위 10개 업체의 2015~2020년 전기차 판매량에 관한 자료이다. 이에 대한 <보고서>의 설명 중 옳은 것만을 모두 고르면?**

<표> 2020년 기준 글로벌 전기차 시장 점유율 상위 10개 업체의 전기차 판매량 및 시장 점유율

(단위: 대, %)

업체 \ 연도	2015	2016	2017	2018	2019	2020
T사	43,840 (15.9)	63,479 (14.4)	81,161 (10.8)	227,066 (17.4)	304,353 (19.8)	458,385 (22.1)
G사	2,850 (1.0)	3,718 (0.8)	39,454 (5.2)	56,294 (4.3)	87,936 (5.7)	218,626 (10.6)
V사	5,190 (1.9)	12,748 (2.9)	18,424 (2.5)	24,093 (1.8)	69,427 (4.5)	212,959 (10.3)
R사	60,129 (21.8)	78,048 (17.7)	85,308 (11.3)	140,441 (10.8)	143,780 (9.4)	184,278 (8.9)
H사	1,364 (0.5)	6,460 (1.5)	26,841 (3.6)	53,138 (4.1)	98,737 (6.4)	146,153 (7.1)
B사	9,623 (3.5)	46,909 (10.6)	42,715 (5.7)	103,263 (7.9)	147,185 (9.6)	130,970 (6.3)
S사	412 (0.1)	1,495 (0.3)	10,490 (1.4)	34,105 (2.6)	52,547 (3.4)	68,924 (3.3)
P사	1,543 (0.6)	5,054 (1.1)	4,640 (0.6)	8,553 (0.7)	6,855 (0.4)	67,446 (3.3)
A사	—	—	—	15 (0.0)	40,272 (2.6)	60,135 (2.9)
W사	—	—	—	5,245 (0.4)	38,865 (2.5)	56,261 (2.7)

※ 괄호 안의 수치는 글로벌 전기차 시장에서 해당 업체의 판매량 기준 점유율임

<보고서>

2020년 글로벌 전기차 시장에서 판매량 기준 업체별 순위는 T사, G사, V사, R사, H사 순이었다. ㉠ H사의 2020년 전기차 판매량은 2016년 대비 20배 이상이었으며, 시장 점유율은 7.1%였다. ㉡ H사의 전기차 판매량 순위는 2015년 7위에서 2016년 5위로 상승하였으며, 2019년에는 4위로 오른 후 2020년에 다시 5위를 기록하였다. T사는 2020년 약 45만 8천 대로 가장 많은 전기차를 판매한 업체였다. ㉢ T사의 전기차 판매량이 2016년 이후 전년 대비 가장 많이 증가한 해에는 시장 점유율도 전년 대비 가장 많이 증가하였다. 한편, G사는 2020년 약 21만 9천 대의 전기차를 판매하였는데, 이 중 81.4%인 약 17만 8천 대가 중국에서 판매되었다. V사는 2020년 다양한 모델을 출시하여 시장 점유율을 확대하였는데, ㉣ V사의 2020년 전기차 판매량은 전년 대비 14만 대 이상 증가하여 전기차 판매량 상위 10개 업체 중 판매량 증가율이 가장 높았다.

① ㄱ ② ㄱ, ㄴ ③ ㄱ, ㄹ ④ ㄴ, ㄷ ⑤ ㄴ, ㄷ, ㄹ

피셋기출 / 제4회

18 다음 <표>는 '갑'국의 6~9월 무역지수 및 교역조건지수에 관한 자료이다. 이에 대한 <보기>의 설명 중 옳은 것만을 모두 고르면?

<표 1> 무역지수

구분 / 월	수출		수입	
	수출금액지수	수출물량지수	수입금액지수	수입물량지수
6	110.06	113.73	120.56	114.54
7	103.54	106.28	111.33	102.78
8	104.32	108.95	116.99	110.74
9	105.82	110.60	107.56	103.19

※ $\text{수출(입)물가지수} = \frac{\text{수출(입)금액지수}}{\text{수출(입)물량지수}} \times 100$

<표 2> 교역조건지수

구분 / 월	순상품교역조건지수	소득교역조건지수
6	91.94	( )
7	( )	95.59
8	( )	98.75
9	91.79	( )

※ 1) $\text{순상품교역조건지수} = \frac{\text{수출물가지수}}{\text{수입물가지수}} \times 100$

2) $\text{소득교역조건지수} = \frac{\text{수출물가지수} \times \text{수출물량지수}}{\text{수입물가지수}}$

<보기>

ㄱ. 수출금액지수와 수출물량지수는 매월 상승한다.
ㄴ. 수출물가지수는 매월 90 이상이다.
ㄷ. 순상품교역조건지수는 매월 100 이하이다.
ㄹ. 소득교역조건지수는 9월이 6월보다 낮다.

① ㄱ, ㄴ　② ㄴ, ㄷ　③ ㄴ, ㄹ
④ ㄱ, ㄷ, ㄹ　⑤ ㄴ, ㄷ, ㄹ

19 **다음 <표>는 A~C 기업의 연도별, 기업별 기초·기말재고자산, 매출원가 및 매출액에 관한 자료이다. 이에 대한 <보기>의 설명 중 옳은 것만을 모두 고르면?**

<표> 연도별, 기업별 기초·기말재고자산, 매출원가 및 매출액

(단위: 백만 달러)

구분	2019년				2022년			
	기초 재고자산	기말 재고자산	매출원가	매출액	기초 재고자산	기말 재고자산	매출원가	매출액
A	4,200	5,300	3,600	3,300	6,100	4,800	7,600	8,500
B	5,800	4,100	3,000	3,600	4,200	5,300	5,300	6,000
C	6,400	9,600	6,400	6,000	5,700	6,000	5,500	6,100

※ 평균재고자산＝(기초재고자산＋기말재고자산)÷2

※ 재고자산회전율＝매출원가÷평균재고자산

※ 매출원가＝기초재고자산＋매입자산－기말재고자산

※ 매출총이익＝매출액－매출원가

<보기>

ㄱ. 2019년 대비 2022년 평균재고자산이 증가한 기업은 2개이다.

ㄴ. 2019년 재고자산회전율이 가장 높은 기업은 C이다.

ㄷ. 2022년 A는 B보다 매입자산과 매출총이익이 모두 많다.

ㄹ. 2022년 재고자산회전율이 높은 기업일수록 매출총이익도 많다.

① ㄱ, ㄷ　② ㄱ, ㄹ　③ ㄴ, ㄷ　④ ㄴ, ㄹ　⑤ ㄷ, ㄹ

20 **다음 <표>는 2017~2021년 국가별 생산자물가지수에 관한 자료이다. 이에 대한 설명으로 옳지 않은 것은?**

<표> 2017~2021년 국가별 생산자물가지수

국가	생산자물가지수				
	2017년	2018년	2019년	2020년	2021년
알바니아	101.9	103.6	102.7	99.2	101.9
독일	105.3	107.3	108.3	107.5	115.5
헝가리	109.5	115.6	118.0	123.0	139.6
아일랜드	104.7	102.9	101.4	92.2	91.4
몰타	96.3	100.5	102.7	103.0	106.3
네덜란드	105.2	108.3	109.3	104.8	117.9
노르웨이	109.5	125.8	121.3	108.9	150.1
폴란드	108.5	110.8	112.4	111.8	120.8
러시아	175.6	197.2	201.1	193.6	241.0
스페인	108.2	110.8	110.5	106.5	122.3
스웨덴	102.1	108.9	112.1	108.3	119.9
우크라이나	299.8	352.5	367.1	360.2	507.3
영국	106.6	109.9	112.7	112.4	118.1
세르비아	130.2	131.6	132.4	130.8	142.1

※ 각 국가별 2010년의 물가수준을 100으로 함

※ 제시되지 않은 국가는 고려하지 않음

① 2021년 스페인 생산자물가지수의 전년 대비 증가율은 2021년 세르비아 생산자물가지수의 전년 대비 증가율의 1.5배 이상이다.

② 제시된 국가 중 2017년 생산자물가지수가 가장 작은 국가의 2021년 생산자물가지수는 2017년 대비 10% 이상 증가하였다.

③ 2019년 제시된 모든 국가의 생산자물가지수는 2010년보다 크다.

④ 제시된 국가 중 2018년 대비 2020년 생산자물가지수가 증가한 국가 수는 7개 미만이다.

⑤ 제시된 국가 중 2017년 대비 2018년 생산자물가지수의 증가폭이 두 번째로 큰 국가는, 2017년 대비 2018년 생산자물가지수의 증가율도 두 번째로 크다.

문제해결능력

21 **다음 글의 내용이 참일 때, 반드시 참인 것만을 <보기>에서 모두 고르면?**

A기술원 해수자원화기술 연구센터는 2014년 세계 최초로 해수전지 원천 기술을 개발한 바 있다. 연구센터는 해수전지 상용화를 위한 학술대회를 열었는데 학술대회로 연구원들이 자리를 비운 사이 누군가 해수전지 상용화를 위한 핵심 기술이 들어 있는 기밀 자료를 훔쳐 갔다. 경찰은 수사 끝에 바다, 다은, 은경, 경아를 용의자로 지목해 학술대회 당일의 상황을 물으며 이들을 심문했는데 이들의 답변은 아래와 같았다.

바다: 학술대회에서 발표된 상용화 아이디어 중 적어도 하나는 학술대회에 참석한 모든 사람들의 관심을 받았어요. 다은은 범인이 아니에요.

다은: 학술대회에 참석한 사람들은 누구나 학술대회에서 발표된 하나 이상의 상용화 아이디어에 관심을 가졌어요. 범인은 은경이거나 경아예요.

은경: 학술대회에 참석한 몇몇 사람은 학술대회에서 발표된 상용화 아이디어 중 적어도 하나에 관심이 있었어요. 경아는 범인이 아니에요.

경아: 학술대회에 참석한 모든 사람들이 어떤 상용화 아이디어에도 관심이 없었어요. 범인은 바다예요.

수사 결과 이들은 각각 참만을 말하거나 거짓만을 말한 것으로 드러났다. 그리고 네 명 중 한 명만 범인이었다는 것이 밝혀졌다.

<보기>

ㄱ. 바다와 은경의 말이 모두 참일 수 있다.
ㄴ. 다은과 은경의 말이 모두 참인 것은 가능하지 않다.
ㄷ. 용의자 중 거짓말한 사람이 단 한 명이면, 은경이 범인이다.

① ㄱ ② ㄴ ③ ㄱ, ㄷ ④ ㄴ, ㄷ ⑤ ㄱ, ㄴ, ㄷ

피셋기출 / 제4회

[22~23] 다음 글을 읽고 물음에 답하시오.

> 정부는 2007년부터 역모기지론을 도입한다고 발표하였다. 역모기지를 이용할 수 있는 대상자는 공시가격 8억 원 이하 주택을 한 채만 소유하고 있는 만 65세 이상의 중산·서민층으로 한정된다.
>
> 역모기지론 운영방법에 의하면, 담보로 맡긴 주택가격과 가입 당시의 연령에 따라 매월 지급받는 금액이 달라진다. 주택가격이 높을수록, 가입 당시의 연령이 높을수록 받는 금액이 많아진다. 월 지급금액 산정은 일반 주택담보대출 때처럼 감정가(시세 수준)를 기초로 한다. 예를 들어, 감정가 8억 원짜리 주택을 만 70세에 맡기면 매달 198만 원을 받게 되고, 같은 주택을 만 65세에 맡기면 매달 186만 원을 받게 된다. 감정가 5억 원짜리 주택을 소유하고 있는 고령자가 역모기지론을 신청하면 가입연령에 따라 월 수령액은 △만 65세 93만 원, △만 68세 107만 원, △만 70세 118만 원 등이 된다. 월 수령액은 5년마다 주택시세를 재평가하여 조정된다.
>
> 정부가 역모기지론 이용자에게 부여하는 혜택은 △등록세 면제, △국민주택채권매입의무 면제, △재산세 25% 감면, △대출이자비용 200만 원 한도 내 소득공제 등이다. 다만, 등록세 면제는 감정가 5억 원 이하 집에 해당되며, 나머지 3개의 혜택은 감정가 5억 원 이하, 국민주택규모(전용면적 85m^2 이하), 연간소득 1,000만 원 이하의 조건을 모두 갖추어야 한다.
>
> ※ 역모기지론: 주택을 소유하고 있으나 일정소득 이하의 고령자에게 소유주택을 담보로 매월 또는 일정 기간마다 노후생활자금을 연금형식으로 대출하는 금융상품

22 역모기지론 정책이 효과적으로 시행될 수 있는 적절한 조건을 모두 고른 것은?

<보기>

ㄱ. 만 65세 이상인 가구주의 주택소유비율은 60%로서 만 30세 미만의 24%, 30대의 47%, 40대의 67%에 비하여 매우 높다.

ㄴ. 현재 주택을 소유한 노년층은 대부분 청장년기에 노후생활을 위한 소득축적 기회가 적었고 현재도 특별한 소득이 없다.

ㄷ. 한 은행의 조사에 따르면, 만 65세 이상의 노인들이 보유하고 있는 주택의 공시가격은 대부분이 8억 원 이하인 것으로 나타났다.

ㄹ. 어떤 연구기관의 조사에 따르면, 86%에 달하는 노인들이 양로원이나 기타 사회복지시설을 이용하는 것보다 자기 집에 그대로 머물러 살기를 원한다고 응답했다.

① ㄱ, ㄷ　② ㄴ, ㄹ　③ ㄱ, ㄴ, ㄷ
④ ㄴ, ㄷ, ㄹ　⑤ ㄱ, ㄴ, ㄷ, ㄹ

23 **다음 중 위에서 제시한 역모기지론을 시행한다고 할 때 이에 부합하는 것을 고르면? (단, 공시가격과 감정가는 같다)**

① 역모기지론으로 월 198만 원을 받으려고 만 70세에 신청하는 노인은 등록세를 납부할 필요가 없다.

② 월 수령액이 만 65세 93만 원, 만 68세 107만 원으로 차이가 나는 이유는 역모기지론 신청자들이 보유한 주택가격을 주변 주택시가의 평균으로 산정하기 때문이다.

③ 감정가 8억 원인 주택을 소유하고 있는 노인이 역모기지론을 신청할 경우, 재산세의 25%를 감면받을 수 있다.

④ 전용면적이 110m^{2}인 주택(감정가는 2억 5천만 원)을 이용하여 역모기지론을 신청할 경우, 국민주택채권매입의무 면제, 재산세 25% 감면, 대출이자비용 200만 원 한도 내 소득공제 혜택을 모두 받을 수 있다.

⑤ 역모기지론의 최초 수령 이후 10년이 경과되었을 때, 재평가한 주택가격이 신청 당시의 감정가보다 하락할 경우 월 수령액은 최초 수령액보다 작아진다.

24 다음 글을 근거로 판단할 때 옳지 않은 것은?

작은 동네에 로피, 애디, 쿠롱, 페티, 푸비 5명이 살고 있다. 이들은 일렬로 늘어선 집에 각자 1명씩 살고 있으며, 동네에 다른 거주자는 없다. 또한 이들이 사는 집의 지붕은 각각 다른 색깔이며, 빨강, 주황, 노랑, 초록, 파랑의 5가지이다.

다른 마을에서 찾아온 인구학자 뾰로로는 인구조사를 위해 5명의 거주자들을 인터뷰하였는데, 이들은 아래와 같이 답변하였다. 참고로 이들 중 3명은 진실만을 말하고 있고, 나머지 2명은 거짓만을 말하고 있다.

로피: 애디네 집은 쿠롱이네 집의 바로 오른쪽에 있고, 애디네 집 지붕은 주황색이야.
애디: 로피네 집은 가장자리에 있고, 그 지붕은 빨간색이야.
쿠롱: 나는 왼쪽에서 두 번째 집에 살고 있고, 우리 집 지붕은 빨간색이야.
페티: 푸비네 집 지붕은 주황색이고, 애디네 집은 가장자리에 있어.
푸비: 우리 집은 한가운데 있고, 페티네 집 지붕은 초록색이야.

뾰로로가 거주민들의 속마음을 간파한 결과, 로피와 애디 중에 최소한 한 명은 거짓말을 매우 싫어해서 진실만을 말한다는 사실을 알아냈다. 그러나 그는 그것이 누구인지를 적은 기록을 분실하고 말았다.

※ 이 동네의 집은 5개뿐이며, 옆집과의 거리는 모두 동일함

① 쿠롱이네 집 지붕 색은 알 수 없다.
② 애디네 집 지붕이 주황색이라면, 페티네 집 지붕은 초록색이다.
③ 푸비네 집은 한가운데에 있다.
④ 쿠롱이네 집은 가장자리에 있지 않을 수 있다.
⑤ 쿠롱이와 애디가 서로의 옆집에 산다면, 푸비네 집 지붕은 주황색이다.

25 **다음 글과 <상황>을 근거로 판단할 때, 甲~戊 중 휴가지원사업에 참여할 수 있는 사람만을 모두 고르면?**

<2023년 휴가지원사업 모집 공고>

○ 사업 목적
- 직장 내 자유로운 휴가문화 조성 및 국내 여행 활성화

○ 참여 대상
- 중소기업·비영리민간단체·사회복지법인·의료법인 근로자. 단, 아래 근로자는 참여 제외
  - 병·의원 소속 의사
  - 회계법인 및 세무법인 소속 회계사·세무사·노무사
  - 법무법인 소속 변호사·변리사
- 대표 및 임원은 참여 대상에서 제외하나, 아래의 경우는 참여 가능
  - 중소기업 및 비영리민간단체의 임원
  - 사회복지법인의 대표 및 임원

<상황>

甲~戊의 재직정보는 아래와 같다.

구분	직장명	직장 유형	비고
간호사 甲	A병원	의료법인	근로자
노무사 乙	B회계법인	중소기업	근로자
사회복지사 丙	C복지센터	사회복지법인	대표
회사원 丁	D물산	대기업	근로자
의사 戊	E재단	비영리민간단체	임원

① 甲, 丙 ② 甲, 戊 ③ 乙, 丁
④ 甲, 丙, 戊 ⑤ 乙, 丙, 丁

26 **다음 <규정>을 근거로 판단할 때 <보기>의 설명이 옳은 것만을 모두 고르면?**

<규정>

다음은 2022년 〈청년매입임대주택〉 입주대상 및 입주조건이다.

가. 입주대상

무주택 요건 및 소득·자산 기준을 충족하고 다음 어느 하나에 해당하는 자로 한다. 다만, 소득 수준에 따라 순위를 정해 입주자를 선정하며 기준을 충족하는 가장 높은 순위를 적용한다.

① 만 19세 이상~39세 이하인 사람

② 대학생(입학 및 복학 예정자 포함)

③ 취업준비생(고등학교·대학교를 졸업·중퇴 후 2년 이내인 미취업자)

나. 소득·자산 기준

구분		1순위	2순위	3순위
소득	범위	가구	본인과 부모	본인
	기준	아래 <소득 기준> 참고		
자산	범위	–	본인과 부모	본인
	기준	검증 안함	합산 29,200만 원 이하	25,400만 원 이하
자동차 가액	범위	–	본인과 부모	본인
	기준	검증 안함	합산 3,496만 원 이하	3,496만 원 이하

※ 단, 자산은 예치금, 자동차 가액, 보증금으로 구성된다.

순위	<소득 기준>
1순위	1. 생계·주거·의료급여 수급자 가구 2. 차상위계층 가구 3. 지원대상 한부모가족에 속하는 자
2순위	본인과 부모의 월평균 소득의 합이 전년도 도시근로자 가구당 월평균소득 100% 이하인 자
3순위	본인의 월평균 소득이 전년도 도시근로자 가구당 월평균소득 100% 이하인 자

※ 2021년 도시근로자 가구당 월평균 소득은 300만 원이다.

다. 임대조건

① 1순위: 보증금 100만 원, 임대료 시중 시세 40%

② 2·3순위: 보증금 200만 원, 임대료 시중 시세 50%

※ 거주기간에 상관없이 보증금은 변동 없으며, 시중 임대료 또한 월 70만 원으로 변동이 없다.

라. 거주기간

최초 2년(입주자격 유지 시 재계약 가능하며, 최장 6년), 단 재계약 시 계약조건의 변동은 없다.

<보기>

※ A~D씨는 2022년 청년매입임대주택에 입주하고자 하며, 언급된 조건 외에는 고려하지 않는다.

ㄱ. 무주택자로 전세 보증금 2,000만 원의 임대주택에 부모와 함께 살고 있는 취업준비생인 A씨(만 26세)의 월평균 소득은 80만 원이고 아버지의 월평균 소득은 210만 원이며 은행에 500만 원을 예치하고 있다. 아버지는 1,800만 원 상당의 자동차를 소유하고 있다. A씨는 2순위에 해당하며 4년간 입주하는 데 소요되는 예상 비용은 보증금을 포함하여 1,880만 원이다.

ㄴ. 무주택자인 B씨(만 30세)는 차상위계층 가구에 해당하며 월평균 소득은 90만 원이고 은행에 500만 원을 예치하고 있으며 차량은 소유하고 있지 않다. B씨는 1순위에 해당하며 6년간 입주하는 데 소요되는 예상 비용은 보증금을 포함하여 2,160만 원이다.

ㄷ. 무주택자로 월세 보증금 500만 원의 임대주택에 부모와 함께 살고 있는 대학생 C씨(만 23세)의 월평균 소득은 50만 원이고 아버지의 월평균 소득은 240만 원이며 은행에 1,000만 원을 예치하고 있다. 아버지는 2,500만 원 상당의 자동차를 소유하고 있다. C씨는 2순위에 해당하며 6년간 입주하는 데 소요되는 예상 비용은 보증금을 포함하여 2,720만 원이다.

ㄹ. 무주택자인 D씨(만 18세)는 지원대상 한부모가족에 속하고 고등학교에 재학중이며 D씨 아버지의 월평균 소득은 200만 원이고 은행에 1,000만 원을 예치하고 있으며 차량은 소유하고 있지 않다. D씨는 1순위에 해당하며 최초 2년간 입주하는 데 소요되는 예상 비용은 보증금을 포함하여 772만 원이다.

① ㄱ, ㄷ
② ㄴ, ㄹ
③ ㄱ, ㄴ, ㄷ
④ ㄱ, ㄴ, ㄹ
⑤ ㄴ, ㄷ, ㄹ

27 다음 글을 근거로 판단할 때 <보기>에서 옳은 것만을 모두 고르면?

○○프로그램에서 변수는 동일한 형태의 데이터 값이 1차원으로 구성된 데이터로서 수치형과 문자형의 값을 가진다. 예를 들어 〈프로그램〉에서 첫 번째 명령문인 id = c(0, 1, 2, 3, 4)는 '변수 id에 수치형 데이터 0, 1, 2, 3, 4를 할당(assign)함'을 의미한다. 여기서 = 기호는 '할당' 기호라고 불린다. 또한 c( )는 데이터값 여러 개를 하나의 변수로 구성하는 함수를 의미한다. 즉 '할당' 기호를 기준으로 오른쪽의 함수 c( )를 사용해 수치형 데이터를 결합해 이를 왼쪽의 변수에 '할당', 혹은 '저장'하는 것이다. 이렇게 변수에 할당된 데이터 값은 대괄호를 이용해 선택하고 출력할 수 있다. 예를 들어, 명령문 id[1]은 변수 id의 첫 번째 값 0을 선택해 출력한다. 한편 〈프로그램〉의 두 번째 명령문에서 변수 country와 같이 문자형 데이터 값은 수치형 데이터와 달리 큰 따옴표(" ")로 감싼 형식을 가진다.

<프로그램>

```
id = c(0, 1, 2, 3, 4)
country = c("Japan", "Switzerland", "South Korea", "Singapore", "Cyprus")
age = c(84.3, 83.4, 83.3, 83.2, 83.1)
df = tibble(id, country, age)
```

〈프로그램〉의 마지막 명령문은 함수 tibble( )을 사용해 1차원의 변수들을 2차원의 행렬 형태로 결합시켜 df에 할당한다. 이때 df는 다음의 3가지 원칙을 따르는 타이디데이터(tidy data)이다.

원칙1: 하나의 변수(variable)는 하나의 열(column)을 형성한다.

원칙2: 하나의 사례(observation)는 하나의 행(row)을 형성한다.

원칙3: 각 열과 행의 조합에 해당하는 칸(cell)에는 하나의 값(value)이 존재한다.

위의 타이디데이터 원칙에 따라 df는 5개의 사례와 3개의 변수로 구성된 5×3 행렬형태를 가진다. 또한 df의 일부 데이터를 선택해 출력할 수 있다. 선택된 데이터를 출력하고자 할 때는 타이디데이터의 행과 열에 따른 위치 정보를 대괄호를 이용해 입력한다. 다음은 df의 일부 데이터를 선택하는 명령문을 입력해 출력한 〈결과〉이다.

<명령문 1>

df[1,]

<결과>

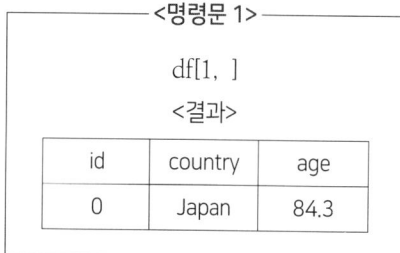

id	country	age
0	Japan	84.3

<명령문 2>

df[,1]

<결과>

0
1
2
3
4

<보기>

ㄱ. '변수 song에 문자형 데이터 애국가, 교가, 군가를 할당함'을 OO프로그램 명령문으로 나타내면 song = c(애국가, 교가, 군가)와 같이 나타낼 수 있다.

ㄴ. 위 글의 〈프로그램〉에서 명령문 df[1, 2]는 1이다.

ㄷ. 타이디데이터 df에서 두 번째 변수에 해당하는 세 번째 사례의 값을 선택해 출력하는 명령문은 df[3, 2]이다.

① ㄱ ② ㄴ ③ ㄷ ④ ㄱ, ㄴ ⑤ ㄴ, ㄷ

28 다음 <규정>에 근거하여 판단할 때 <보기> 중에서 설명이 옳은 것만을 모두 고르면?

<규정>

○ 긴급복지지원제도

1. 긴급복지지원제도란 갑작스러운 위기상황으로 생계유지가 곤란한 저소득층에게 생계·의료·주거지원 등 필요한 복지서비스를 신속하게 지원하여 위기상황에서 벗어날 수 있도록 돕는 제도이다.
2. 지원 대상은 갑작스러운 위기상황으로 생계유지 등이 곤란한 저소득 가구이다.
3. 가구의 소득·재산기준은 아래 세 가지 모두 충족하여야 한다.

   ① 소득: 기준중위소득(월) 75% 이하

   ※ 기준중위소득(월): 1인 170만 원, 2인 290만 원, 3인 380만 원, 4인 기준 470만 원

   ② 재산: 대도시 188백만 원, 중소도시 118백만 원, 농어촌 101백만 원 이하(재산에는 금융재산이 포함된다.)

   ③ 금융재산: 500만 원 이하(금융재산에는 예치금이 포함된다.)
4. 위기상황 주급여 종류와 지원내용 및 금액

종류	지원내용	지원금액	최대 횟수
생계유지비	식료품비, 의복비 등 1개월 생계유지비	35만 원(1인당)	6회
의료비	각종 검사, 치료 등 의료서비스 지원 - 300만 원 이내(본인부담금 및 비급여 항목)	300만 원 이내(1인당)	2회
주거비	국가·지자체 소유 임시거소 제공 또는 타인 소유의 임시거소 제공 등 1개월 주거비 - 제공자에게 거소사용 비용 지원	대도시: 60만 원 중소도시: 40만 원 농어촌: 20만 원(1인당)	12회

※ 생계유지비 및 주거비는 월 1회 지급한다.

<보기>

※ 甲, 乙, 丙, 丁은 모두 갑작스러운 위기상황으로 생계유지가 곤란하다.

ㄱ. 배우자와 함께 농촌에 거주하는 甲씨는 폭설로 인해 주택과 재소 경작 하우스가 무너졌다. 폭설 피해로 인해 소득은 없고 재산은 5천만 원이며 은행에 450만 원을 예치하고 있다. 이 부부는 각자 매월 정기적으로 1회 병원 진료 및 치료를 받아야 하며, 1인당 20만 원의 본인부담금을 지출한다. 이 가구가 생계유지비(3개월), 의료비(기한 없음), 주거비(6개월)로 지급받을 수 있는 예상 금액은 530만 원이다.

ㄴ. 중소도시에서 무소득 자녀 2명과 월 250만 원의 소득이 있는 배우자를 둔 무소득자 乙씨는 운전 중 중상의 교통사고로 병원에서 치료 중이며 본인부담금 병원비로 350만 원을 지불하여야 한다. 이 가구는 재산은 1억 원이고 은행에 490만 원을 예치하고 있다. 이 가구가 생계유지비(6개월)와 의료비(1회)로 지급받을 수 있는 예상 금액은 890만 원이다.

ㄷ. 어촌에서 무소득 자녀 1명과 배우자를 부양하고 있는 丙씨는 가두리양식장 운영으로 가정의 생계를 유지하던 중 강력한 태풍으로 인해 가두리양식장이 유실되어 소득이 없게 되었다. 재산은 1억 원이고 은행에 300만 원을 예치하고 있다. 이 가구가 생계유지비 최대 횟수로 지급받을 수 있는 예상 금액은 630만 원이다.

ㄹ. 대도시에서 무소득 부양가족 3명을 두고 월 소득이 350만 원인 丁씨의 주택이 화재로 전소됨으로써 주거할 곳이 없게 되었다. 이 가구의 재산은 9천만 원이고 은행에 예치된 돈은 450만 원으로 이 가구가 주거비를 최대 횟수로 지급받을 수 있는 예상 금액은 2,800만 원이다.

① ㄱ, ㄷ　② ㄱ, ㄹ　③ ㄴ, ㄷ　④ ㄴ, ㄹ　⑤ ㄷ, ㄹ

29 다음 글과 <상황>을 근거로 판단할 때 A부처의 2022년도 총 전기차 보조금 예산 규모는?

○ A부처는 국내에서 생산되는 전기차 지원 및 전기차 보급물량 확대를 위한 2022년도 보조금 업무처리지침을 다음과 같이 밝혔다.

○ 2022년도 전기차 '총 지원대수' 및 '대당 지원기준액'은 다음과 같다.

차종	총 지원대수	대당 지원기준액
승용차	100,000대	1,000만 원
화물차	50,000대	1,500만 원
승합차	2,000대	3,000만 원
합계	152,000대	—

※ 단, 승용차 전체 지원대수의 10%는 전기택시에 배정하고, 전기택시에는 대당 보조금 500만 원을 추가로 지원한다.

○ '1대당 지원기준액'은 차량가격대에 따라 차등 적용되는데, 구체적인 차량가격대별 지원율은 다음과 같다.

차량가격	지원율
5천만 원 미만	100%
5천만~8천만 원 미만	50%

<상황>

○ 국내 보조금 지원대상 전기차(택시 포함)의 차종별 구성비율은 다음과 같다.

차종	5천만 원 미만	5천만~8천만 원 미만
승용차	80%	20%
화물차	60%	40%
승합차	50%	50%

※ 단, 국내 전기택시는 모두 5천만 원 미만의 승용차이다.

① 1조 5,450억 원
② 1조 5,950억 원
③ 1조 8,100억 원
④ 1조 9,500억 원
⑤ 2조 원

30 **다음 글과 <상황>을 근거로 판단할 때, 청년미래공제에 참여 가능한 기업을 모두 고르면?**

<2022년 청년미래공제 참여기업 모집 공고문>

○ 목적
- 미취업 청년의 중소기업 유입을 촉진하고, 청년 근로자의 장기 근속과 자산 형성을 지원

○ 참여 자격
- 고용보험 피보험자 수 5인 이상 중소기업
- 고용보험 피보험자 수 1인 이상 5인 미만의 기업이라도 청년기업은 참여 가능

※ 청년기업: 14세 이상 39세 이하인 청년이 현재 대표이면서 사업을 개시한 날부터 7년이 지나지 않은 기업

○ 참여 제한
- 청년수당 가입유지율이 30% 미만인 기업은 참여 불가. 단, 청년수당 가입 인원이 2인 이하인 경우는 참여 가능

※ 청년수당 가입유지율(%) = $\frac{\text{청년수당 6개월 이상 가입 유지 인원(㉡)}}{\text{청년수당 가입 인원(㉠)}} \times 100$

<상황>

2022년 현재 중소기업(A~E)에 관한 정보는 다음과 같다.

기업	고용보험 피보험자 수	대표자 나이	사업 개시 경과연수	(㉠)	(㉡)
A	45	39	8	25	7
B	30	40	8	25	23
C	4	40	6	2	2
D	2	39	6	2	0
E	2	38	8	2	2

① A, C ② A, D ③ B, D ④ B, E ⑤ C, E

제4회 피셋기출 모의고사

은행 NCS 실력점검

스터디원 풀이 결과

최고 득점자 A	상위 30% 컷 득점자 B	최빈값 득점자 C	하위 30% 컷 득점자 D
✔ 경상계열 ✔ 필기 합격 경험 ○ (신한은행)	✔ 인문계열 ✔ 필기 합격 경험 ○ (신용회복위원회)	✔ 경상계열 ✔ 필기 합격 경험 ×	✔ 사회계열 ✔ 필기 합격 경험 ×

문항 번호	나의 풀이 결과	스터디원 풀이 결과				문항 번호	나의 풀이 결과	스터디원 풀이 결과			
		A	B	C	D			A	B	C	D
01		○	○	×	○	16		×	×	×	×
02		×	○	×	×	17		×	×	×	×
03		○	○	○	○	18		○	×	×	×
04		○	○	○	○	19		○	○	×	○
05		○	○	○	○	20		○	×	×	×
06		○	○	○	×	21		×	×	×	×
07		○	○	○	○	22		○	×	○	×
08		○	○	○	×	23		○	○	○	×
09		○	○	×	×	24		×	○	×	×
10		○	×	○	×	25		○	×	○	×
11		×	×	×	○	26		○	○	×	×
12		○	○	○	○	27		×	×	×	×
13		○	○	×	×	28		×	×	×	×
14		○	○	×	×	29		○	○	×	×
15		○	×	×	○	30		○	×	○	○
						합계	/ 30	22/30	17/30	12/30	10/30

득점 분포 그래프

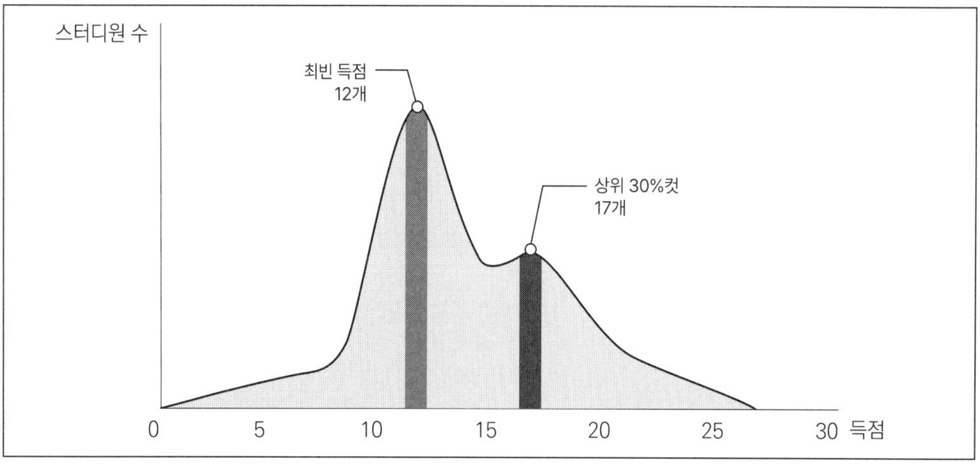

문항별 정답률

문항 번호	01	02	03	04	05	06	07	08	09	10
상위 30%(A)	89%	67%	94%	100%	94%	94%	78%	94%	67%	61%
전체(B)	70%	37%	87%	87%	76%	87%	74%	81%	26%	37%
(A−B)	19%p	30%p	7%p	13%p	18%p	7%p	4%p	13%p	41%p	24%p
문항 번호	11	12	13	14	15	16	17	18	19	20
상위 30%(A)	61%	94%	83%	94%	72%	33%	50%	56%	83%	72%
전체(B)	31%	72%	33%	39%	48%	11%	20%	30%	59%	44%
(A−B)	30%p	22%p	50%p	55%p	24%p	22%p	30%p	26%p	24%p	28%p
문항 번호	21	22	23	24	25	26	27	28	29	30
상위 30%(A)	72%	67%	83%	56%	78%	78%	50%	72%	72%	83%
전체(B)	39%	52%	67%	35%	72%	31%	35%	39%	30%	80%
(A−B)	33%p	15%p	16%p	21%p	6%	47%p	15%p	33%p	42%p	3%p

- 이번 회차의 결정적 문항 09 13 14 26 29
- 위 5개 문항은 득점 상위 30% 스터디원의 정답률과 전체 스터디원의 정답률이 40%p 이상 차이 나는 문항으로, 합격권에 들기 위해 꼼꼼한 복습이 필요합니다.

결정적 문항 오답 패턴 분석

09번

오답자들은 '계약 청산'과 '반대거래' 개념은 이해했으나, 반대거래로 인해 최종 거래 당사자가 바뀐다는 점을 추적하지 못했다. 복습 시 계약 구조를 그리며 당사자 변화를 정리하자.

13번

총조세 대비 소득세 비중 차이(D−C)를 정확히 비교하지 못했거나, '사랑'과 '평화'의 총조세 대비 GDP 비중 비율(1.1배)을 감으로 판단한 오답자들은 선택지 ②를 골랐다. 복습 시 조건 간 관계 정리와 비율 계산 연습이 필요하다.

14번

오답자들이 정답 선택을 포기한 주요 원인은 문제 해결에 필요한 계산량과 정보량의 부담 때문으로 보인다. 특히 선택지 ①과 ②는 각 표의 자료를 종합해 복수 지역의 수치를 비교해야 하고, 구매자 수·비율 계산 등 시간 소모적 사고가 필요하다. 복습 시에는 수식 유도, 비율 계산, 여집합 활용 방식 등을 반복 숙달하는 것이 중요하다.

26번

D씨의 나이(만 18세)가 입주 대상 요건을 충족하지 않음에도 이를 간과해 계산을 진행한 경우가 많았다. 복습 시 '계산 가능 여부' 자체가 주어진 조건 충족에 달려 있음을 인지하고, 먼저 조건 충족 여부를 빠르게 가리는 연습이 필요하다.

29번

전기택시 수를 미리 구분하여 계산하지 않거나, 보조금 지원율이 가격대별로 다르다는 조건을 놓쳐 계산이 꼬였을 가능성이 크다. 전기택시 보조금 추가 조건과 가격대별 지원율을 표로 정리하고, 유형화된 계산 전략을 반복 훈련하자.

은행에서의 파생상품 활용 +관련 문항 08~10

은행은 자산운용, 리스크 관리, 고객 맞춤형 금융상품 제공 등을 위해 파생상품을 폭넓게 활용한다. **파생상품(Derivatives)이란 기초자산(예 금리, 환율, 주식, 채권 등)의 가격 변동에 따라 가치가 결정되는 금융상품**으로, 위험을 헷지하거나 수익을 추구하는 수단으로 사용된다. 은행에서 가장 널리 사용되는 파생상품은 크게 **선도계약(Forward), 선물(Futures), 옵션(Options), 스왑(Swaps)** 등이 있으며 외환 스왑은 환율 변동 리스크를 회피하기 위해, 이자율 스왑은 고정금리와 변동금리 간의 교환을 통해 금리 리스크를 관리하기 위해 활용된다.

1. 파생상품 유형 및 구조

파생상품 유형	주요 구조	은행 활용 목적	리스크 이전 방식
선도계약 (Forward)	장외에서 맞춤형 계약 체결	특정 시점의 금리/환율 고정	계약 상대방에 리스크 전가
선물 (Futures)	거래소에서 표준화된 계약	금리/주식/통화 헷지 및 투자	거래소·청산소가 리스크 중개
옵션 (Options)	권리 부여형 상품(콜/풋)	환율/금리 급변에 대비	옵션 매도자에게 위험 전가
스왑 (Swaps)	두 자금흐름 교환	고정 ↔ 변동금리 교환	상대방과 상호 리스크 교환

2. 은행의 파생상품 활용 목적

① 리스크 관리(Hedging)

- **금리 리스크 헤지**: 예금과 대출의 금리 차이 변동을 방지하기 위해 금리스왑(IR Swap) 등을 사용
- **환율 리스크 헤지**: 외화자산 및 부채의 환위험을 줄이기 위해 통화스왑(Currency Swap), FX Forward 등을 사용
- **신용 리스크 헤지**: CDS(신용부도스왑) 등을 통해 채무불이행 위험을 회피

② 수익 창출(Trading 및 고객 서비스)

- **자기매매(Prop Trading)**: 시장 예측을 바탕으로 파생상품에 투자하여 수익 추구
- **고객 맞춤형 상품 제공**: 기업 고객 또는 고액자산가에게 맞춤형 환헤지 상품, 금리연계 상품 등 제공
- **구조화 상품 판매**: ELS, DLS 등 구조화된 파생결합상품을 설계·판매하여 수수료 수익 확보

은행 취업 필수 키워드

✎ 상장지수펀드

상장지수펀드(ETF: Exchange Traded Funds)는 **코스피200이나 특정 자산을 추종하도록 설계된 펀드**이다. 해당 주가지수에 편입된 주식의 바스켓(10개 이상의 주식 조합)과 동일하게 펀드를 구성하고, 이에 따라 발행된 주식이나 수익증권을 한국거래소에 상장해 일반 개인들도 거래할 수 있도록 한 것이다. 개별 주식처럼 매매가 편리하고 인덱스펀드처럼 거래비용이 낮다. 일반 펀드에 비해 투자 정보를 파악하기 쉽다. 일반 펀드의 경우 가입이나 환매(펀드자금 인출) 때 다음 날 기준가로 가격이 결정되는 데 반해 상장지수펀드는 실시간 가격으로 매매가격이 결정된다는 점도 특징이다.

✎ 파생결합증권

구분	세부 내용
주가연계증권 (ELS)	• 주가연계증권은 기초자산(코스피 200, S&P 500 등의 주가지수)의 가격에 연동되어 수익이 결정되는 파생결합증권 • 개인투자자에게도 널리 판매되는 상품이며, 은행, 증권사 등 금융기관이 설계하여 발행 • 예금보다 높은 수익률이 가능하지만 녹인(Knock - In) 조건이 발생하면 큰 손실을 볼 수 있는 고수익 - 고위험 상품. 금융소비자보호법에 따라 ELS는 고난이도 상품으로 분류되어 적합성·적정성 테스트, 숙려기간, 녹취, 설명 의무 등이 적용
파생연계증권 (DLS)	주가 외 기초자산(금리, 통화, 상품, 신용위험 등) 가격의 변동과 연계되어 수익률이 결정되는 증권
주식워런트증권 (ELW)	주가지수 또는 특정 주식 등의 기초자산을 사전에 정한 가격으로 미래 시점에 사거나 팔 수 있는 권리를 나타내는 증권으로서 거래소에 상장되어 거래
상장지수증권 (ETN)	기초자산 가격의 변동과 연계되어 수익률이 결정되는 증권으로 거래소에 상장되어 거래

✎ 신용부도스왑

신용부도스왑(CDS: Credit Default Swap)은 **기업이나 국가가 파산해 채권, 대출 원리금을 돌려받지 못할 위험을 사고 파는 신용파생상품**이다. 대출이나 채권의 형태로 자금을 조달한 채무자의 신용위험만 따로 떼어내 매매하는 것이다. 예를 들어, A은행이 B기업의 회사채를 인수한 경우 B기업이 파산할 위험에 대비해 A은행은 C금융사에 정기적으로 수수료를 지급하고 C금융사에서 투자 원금을 되돌려 받을 수 있는 구조다. 여기서 C금융사는 신용위험에 대한 수수료를 받고 위험을 부담하는 보험사 역할을 한다. CDS는 신용위험 관리 및 금융시장 안정에 기여할 수 있는 유용한 도구이지만, 투기적 거래 및 시스템 리스크 유발 가능성도 상존하는 금융상품이다.

제5회 피셋기출 모의고사

- **문항 수:** 30문항
- **시험 형식:** 객관식 5지 선다형
- **시험 시간:** 67분 30초

문항 구성표

영역	번호	출처	소재	난이도
의사소통 능력	01	고3 4월 모의고사	통화 지표	★★
	02	고3 4월 모의고사	통화 지표	★
	03	고3 4월 모의고사	통화 지표	★★
	04	입법고시	여성의 경제활동 참여	★★★
	05	고3 9월 모의평가	해시 함수	★★
	06	고3 9월 모의평가	해시 함수	★★
	07	고3 9월 모의평가	해시 함수	★★
	08	고3 3월 모의고사	공시 의무	★
	09	고3 3월 모의고사	공시 의무	★★
	10	고3 3월 모의고사	공시 의무	★★★
수리 능력	11	행정5급	가구당 보험료 및 보험급여	★
	12	행정5급	전국 아파트 입주 물량	★
	13	입법고시	보이스피싱 피해 현황	★★★
	14	입법고시	인구 및 노년부양비 전망	★★★
	15	입법고시	성과급 체계 및 사업부별 성과급	★★★
	16	민경채	지점별 매출	★
	17	행정5급	예산 매출액	★★★
	18	입법고시	세계잉여금 처리순서 및 사용 내역	★★★
	19	입법고시	공공기관 자산 현황	★★★
	20	입법고시	기관별 가계대출 분기말 잔액	★★★
문제해결 능력	21	민경채	甲부처 신입직원 선발시험	★★★
	22	행정5급	甲사무관이 선택할 경로	★★
	23	행정5급	A무인세탁소 사업자로부터 받을 총액	★★★
	24	민경채	투자할 작품	★
	25	민경채	암호 기술	★
	26	민경채	암호 기술	★★
	27	입법고시	금융취약성지수	★
	28	입법고시	양도세 총액	★★★
	29	입법고시	근로기준법 임산부의 보호 규정	★★★
	30	행정5급	보유 포인트 계산	★★

의사소통능력

[01~03] 다음 글을 읽고 물음에 답하시오.

돈의 총량을 뜻하는 통화량이 과도하게 많거나 적으면 심한 물가 변동이 일어날 수 있으며, 실업률, 이자율 등에도 영향을 미칠 수 있다. 따라서 통화량을 파악하여 적절한 수준으로 조절하는 통화정책의 중요성이 갈수록 커지고 있다. 문제는 통화량의 파악이 쉽지 않다는 것이다. 현금뿐 아니라, 현금으로 바뀔 수 있는 성질인 유동성을 가진 금융상품까지 통화에 포함되기 때문이다.

통화량 파악이 복잡한 이유를 통화 형성 과정을 통해 더 자세히 살펴보자. 통화는 중앙은행이 화폐를 발행하여 개인과 기업 등의 경제 주체들에게 공급함으로써 창출된다. 이때 중앙은행이 발행한 화폐를 본원통화라고 한다. 본원통화의 일부는 현금으로 유통되고, 일부는 은행에 예금된다. 예금은 경제 주체가 금융기관에 돈을 맡겨 놓는 것이므로 이들의 요구가 있으면 현금으로 바뀔 수 있는 유동성이 있어 통화에 포함된다. 그런데 이 예금 중 일정 비율만 예금자의 인출에 대비해 지급준비금으로 남고 나머지는 대출된다. 예금의 일부가 대출되면 대출액만큼의 통화가 새로 만들어지는데, 이를 신용창조라고 한다. 예를 들어 은행에 예금되어 있는 1만 원이 시중에 대출될 때, 예금액 1만 원은 그대로 통화량에 포함되어 있는 채 대출된 1만 원이 통화량에 새로 추가되는 것이다. 이러한 신용창조의 과정이 반복되면서 본원통화보다 몇 배 많은 통화량이 형성되는데 그 증가된 배수를 통화승수라고 한다. 다만 시중에 유통되던 현금이 은행에 예금되더라도 그 예금액만큼 시중의 현금은 줄어들기때문에 이런 경우에는 통화량에 변화가 없다.

그런데 금융기관의 금융상품마다 유동성의 정도가 달라 모두 동일한 통화로 취급하기 어려운 까닭에 통화량 파악이 복잡해진다. 그래서 각 나라의 중앙은행은 다양한 통화 지표를 만들어 통화량을 파악하고 있다. 우리나라의 통화 지표는 2003년을 기점으로 양분된다. 앞 시기에는 '통화', '총통화', '총유동성'이라는 통화 지표를 사용했다. '통화'와 '총통화'에는 현금과 예금은행의 금융상품들이 포함되었고, '총유동성'에는 여기에다 비은행금융기관*의 금융상품들이 추가되었다. 2003년 이후에는 IMF의 통화금융통계매뉴얼에 따라 '협의통화', '광의통화', 'Lf(금융기관 유동성)'라는 지표가 사용되었다. 협의통화에는 현금뿐 아니라 예금을 취급하는 모든 금융기관의 요구불예금 및 수시입출식 저축성 예금이 포함된다. 요구불예금과 수시입출식 저축성 예금은 고객의 요구가 있으면 즉시 현금으로 바뀔 수 있기에 유동성이 매우 높다고 판단되어 현금과 같은 지표에 묶였다. 광의통화는 협의통화에, 예금을 취급하는 모든 금융기관의 예금 상품 중 이자 소득을 포기해야만 현금화할 수 있어 유동성이 낮은 상품들까지 추가한 것이다. 여기에는 정기예금 등 만기 2년 미만의 금융상품들이 해당된다. 다만 이전 지표의 '총통화'에 포함되었던 만기 2년 이상의 저축성 예금은 유동성이 매우 낮다는 이유로 제외했다. Lf는 만기 2년 이상의 저축성 예금 등 광의통화에 포함되지 않았던 모든 금융기관의 금융상품까지 포괄한다.

보통 광의통화는 시중의 통화량을 가장 잘 드러내는 지표로 인정받고, 통화승수 역시 광의통화를 기반으로 한다. 그리고 협의통화는 단기금융시장의 규모를 파악하는 데, Lf는 실물경제의 규모를 파악하는 데 더 적합하다. 이렇게 통화 지표는 통화량을 다층적으로 파악하게 하여 효율적인 통화정책 운용에 기여할 수 있다.

* 비은행금융기관: 중앙은행과 예금은행을 제외한 금융기관

01 **윗글을 바탕으로 <보기>를 이해할 때 빈칸에 들어갈 말로 가장 적절한 것은?**

<보기>

김 씨는 중앙은행에 사무 용품을 납품하고 받은 현금 100만 원을 A 은행에 요구불예금으로 입금했다. A 은행은 이 예금 중 10만 원을 지급준비금으로 남기고 90만 원을 이 씨에게 대출했다. 이 씨는 대출받은 90만 원을 모두 B 은행에 요구불예금으로 입금했다. B 은행은 이 예금 중 9만 원을 지급준비금으로 남기고 81만 원을 박 씨에게 대출했다. 박 씨는 대출받은 81만 원을 모두 C 은행에 요구불예금으로 입금했다. 중앙은행이 김 씨에게 공급한 100만 원의 통화는 이러한 과정을 거치면서 (   )

① 171만 원으로 늘어나는 신용창조가 발생했다.
② 181만 원으로 늘어나는 신용창조가 발생했다.
③ 271만 원으로 늘어나는 신용창조가 발생했다.
④ 290만 원으로 늘어나는 신용창조가 발생했다.
⑤ 371만 원으로 늘어나는 신용창조가 발생했다.

02 **윗글을 바탕으로 <보기>의 ⓐ와 같은 상황에서 ⓑ의 현상이 일어난 원인을 추론한 것으로 가장 적절한 것은?**

<보기>

ⓐ 중앙은행이 화폐를 발행하여 공급을 대폭 늘렸음에도 불구하고 오히려 ⓑ 통화승수가 하락했다.

① 신용창조 활동이 활성화되었기 때문이다.
② 파생된 통화가 급속히 증가했기 때문이다.
③ 본원통화가 줄어 대출을 줄였기 때문이다.
④ 금융기관이 대출을 제한하였기 때문이다.
⑤ 지급준비금이 줄어 대출을 늘렸기 때문이다.

03 윗글을 참고하여 <보기>를 이해한 내용으로 적절하지 않은 것은?

<보기>

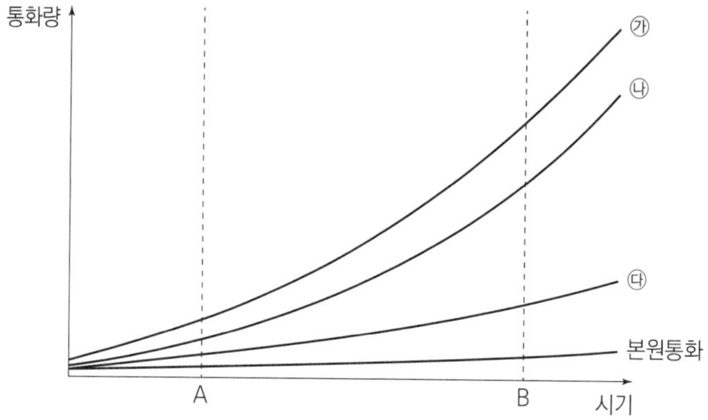

단, 위 그래프는 IMF의 통화금융통계매뉴얼에 따른 통화 지표를 활용하여 파악한 통화량 변화를 가상으로 나타낸 것이다.

① ㉮는 ㉯에 포함되지 않은 모든 금융상품을 포괄하겠군.
② ㉰는 금융기관의 수시입출식 저축성 예금을 포함하겠군.
③ ㉰에 비해 ㉮는 실물경제의 규모를 파악하는 데 더 적합하겠군.
④ ㉯가 ㉰보다 높게 나타난 이유는 만기 2년 이상의 금융상품이 포함된 결과이겠군.
⑤ A와 B 시기의 통화승수를 비교하기 위해서는 본원통화 대비 ㉯의 통화량을 파악해야겠군.

04 다음 글의 순서로 가장 적절한 것은?

(가) 여전히 남성은 여성보다 더 높은 경제활동 비율을 보이고 있다. 그러나 유급 노동력에서 여성의 비율이 높아지면서, 경제적으로 적극적인 남성의 비율이 감소하고 있다. 1981년에는 45~54세의 남성의 98%가 경제활동을 하고 있었지만, 1997년에는 그 수치가 91%로 줄어들었다. 이와 같이 성에 따른 격차의 축소는 미래에도 계속될 것 같다.

(나) 최근에 남성과 여성 간의 경제활동 참여율의 격차가 줄어들고 있는 데에는 여러 가지 이유가 있다. 첫째, 전통적으로 여성 그리고 '가정의 영역'과 관련된 범위와 성격에서 변화가 일어났다. 출산율이 낮아지고 출산연령이 높아지면서, 이제 많은 여성들이 젊었을 때 임금 노동에 참여하고 아이를 가진 후에 다시 일을 한다. 가족의 규모가 줄어들었다는 것은 많은 여성들이 이전에는 어린 자녀를 위해 가사에 소비했던 시간이 줄어들었다는 것을 의미한다. 많은 가사노동의 기계화는 가정을 유지하기 위해 써야 할 시간의 양을 줄이는 데 도움을 주었다. 자동식기세척기, 진공청소기, 세탁기는 가사일을 덜 노동집약적인 것으로 만들었다. 여성들이 아직도 남성보다 더 많은 가사일을 담당하지만, 남성과 여성 간의 가사 분업은 시간이 지나면서 꾸준히 약화되고 있다.

(다) 가장 중요한 증가는 기혼 여성에게서 이루어졌다. 결혼을 했거나 동거를 하든지, 3세 이하의 아이가 있는 여성의 60%가 보수를 받는 일을 하고 있다. 그런데 편모의 수치는 상당히 낮아서 학교에 갈 나이가 되지 않은 아이를 가진 편모의 36%만이 경제활동에 참여하고 있다.

(라) 또한 금전적인 이유로 많은 여성들이 노동시장에 진출하고 있다. 영국에서 남성 가장, 여성 주부와 자녀들로 이루어진 전통적인 핵가족 모델이 이제는 가족의 1/4에 불과하다. 남성 실업의 증가를 포함하여 가구에 가해지는 경제적 압력으로 인하여 많은 여성들이 보수가 주어지는 고용을 찾게 되었다. 많은 가구들이 바람직한 생활양식을 유지하기 위하여 두 개의 소득이 필요하다는 것을 알게 되었다. 편모 가정의 증가와 독신과 무자녀 가정의 높은 비율을 포함하여 가구 구조의 변화는 전통적인 가구 이외의 여성들이 선택에 의해서든지 필요에 의해서든지 노동 시장으로 진입하게 하였다.

(마) 여성의 경제활동 참여는 다소 지속적으로 증가했다. 주요한 영향은 제2차 세계대전 동안 경험한 노동력 부족이었다. 전쟁 기간 동안 여성이 이전에는 배타적인 남성의 영역으로 간주되었던 많은 일들을 하기 시작했다. 남성들이 전쟁에서 돌아오자마자 다시 대부분의 일들을 남성들이 차지했지만, 이미 만들어진 형태가 무너지기 시작했다. 전쟁 이후 성적인 분업이 극적으로 변했다. 1945년에 여성이 전체 노동력의 29%만을 차지했다면, 1971년에는 반 정도의 여성이 경제활동에 참여하였다. 1997년에는 영국에서 30~45세 여성의 75% 이상이 경제적으로 경제활동에 참여하였으며, 이것은 여성들이 소득이 있는 일을 하거나 일을 찾았다는 것을 의미한다.

① (가) – (다) – (마) – (나) – (라)
② (나) – (라) – (가) – (마) – (다)
③ (나) – (라) – (마) – (다) – (가)
④ (마) – (다) – (가) – (나) – (라)
⑤ (마) – (다) – (라) – (나) – (가)

[05~07] 다음 글을 읽고 물음에 답하시오.

온라인을 통한 통신, 금융, 상거래 등은 우리에게 편리함을 주지만 보안상의 문제도 안고 있는데, 이런 문제를 해결하기 위하여 암호 기술이 동원된다. 예를 들어 전자 화폐의 일종인 비트코인은 해시 함수를 이용하여 화폐 거래의 안전성을 유지한다. 해시 함수란 입력 데이터 x에 대응하는 하나의 결과 값을 일정한 길이의 문자열로 표시하는 수학적 함수이다. 그리고 입력 데이터 x에 대하여 해시 함수 H를 적용한 수식을 H(x)=k라 할 때, k를 해시 값이라 한다. 이때 해시 값은 입력 데이터의 내용에 미세한 변화만 있어도 크게 달라진다. 현재 여러 해시 함수가 이용되고 있는데, 해시 값을 표시하는 문자열의 길이는 각 해시 함수마다 다를 수 있지만 특정 해시 함수에서의 그 길이는 고정되어 있다.

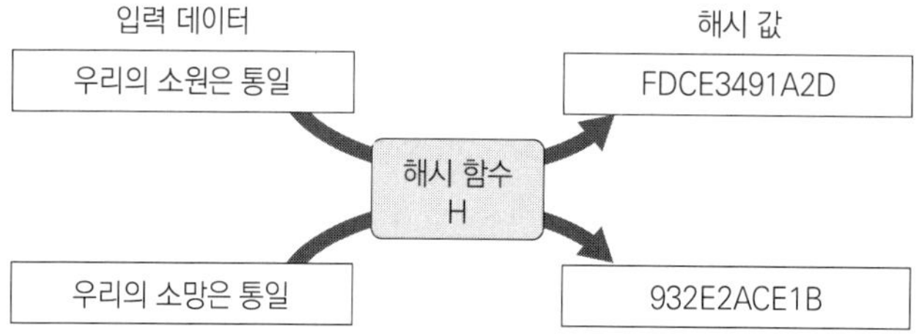

[해시 함수의 입·출력 동작의 예]

이러한 특성을 갖고 있기 때문에 해시 함수는 데이터의 내용이 변경되었는지 여부를 확인하는 데 이용된다. 가령, 상호 간에 동일한 해시 함수를 사용한다고 할 때, 전자 문서와 그 문서의 해시 값을 함께 전송하면 상대방은 수신한 전자 문서에 동일한 해시 함수를 적용하여 결과 값을 얻은 뒤 전송받은 해시 값과 비교함으로써 문서가 변경되었는지 확인할 수 있다.

그런데 해시 함수가 ㉠ <u>일방향성</u>과 ㉡ <u>충돌회피성</u>을 만족시키면 암호 기술로도 활용된다. 일방향성이란 주어진 해시 값에 대응하는 입력 데이터의 복원이 불가능하다는 것을 말한다. 특정 해시 값 k가 주어졌을 때 H(x)=k를 만족시키는 x를 계산하는 것이 매우 어렵다는 것이다. 그리고 충돌회피성이란 특정 해시 값을 갖는 서로 다른 데이터를 찾아내는 것이 현실적으로 불가능하다는 것을 의미한다. 서로 다른 데이터 x, y에 대해서 H(x)와 H(y)가 각각 도출한 값이 동일하면 이것을 충돌이라 하고, 이때의 x와 y를 충돌쌍이라 한다. 충돌회피성은 이러한 충돌쌍을 찾는 것이 현재 사용할 수 있는 모든 컴퓨터의 계산 능력을 동원하더라도 그것을 완료하기가 사실상 불가능하다는 것이다.

[가] 해시 함수는 온라인 경매에도 이용될 수 있다. 예를 들어 ○○ 온라인 경매 사이트에서 일방향성과 충돌회피성을 만족시키는 해시 함수 G가 모든 경매 참여자와 운영자에게 공개되어 있다고 하자. 이때 각 입찰 참여자는 자신의 입찰가를 감추기 위해 논스*의 해시 값과, 입찰가에 논스를 더한 것의 해시 값을 함께 게시판에 게시한다. 해시 값 게시 기한이 지난 후 각 참여자는 본인의 입찰가와 논스를 운영자에게 전송하고 운영자는 최고 입찰가를 제출한 사람을 낙찰자로 선정한다. 이로써 온라인 경매 진행 시 발생할 수 있는 다양한 보안상의 문제를 해결할 수 있다.

* 논스: 입찰가를 추측할 수 없게 하기 위해 입찰가에 더해지는 임의의 숫자

05 윗글의 '해시 함수'에 대한 이해로 적절하지 않은 것은?

① 전자 화폐를 사용한 거래의 안전성을 위해 해시 함수가 이용될 수 있다.
② 특정한 해시 함수는 하나의 입력 데이터로부터 두 개의 서로 다른 해시 값을 도출하지 않는다.
③ 입력 데이터 x를 서로 다른 해시 함수 H와 G에 적용한 H(x)와 G(x)가 도출한 해시 값은 언제나 동일하다.
④ 입력 데이터 x, y에 대해 특정한 해시 함수 H를 적용한 H(x)와 H(y)가 도출한 해시 값의 문자열의 길이는 언제나 동일하다.
⑤ 발신자가 자신과 특정 해시 함수를 공유하는 수신자에게 어떤 전자 문서와 그 문서의 해시 값을 전송하면 수신자는 그 문서의 변경 여부를 확인할 수 있다.

06 윗글의 ㉠과 ㉡에 대하여 추론한 내용으로 가장 적절한 것은?

① ㉠을 지닌 특정 해시 함수를 전자 문서 x, y에 각각 적용하여 도출한 해시 값으로부터 x, y를 복원할 수 없다.
② 입력 데이터 x, y에 특정 해시 함수를 적용하여 도출한 문자열의 길이가 같은 것은 해시 함수의 ㉠ 때문이다.
③ ㉡을 지닌 특정 해시 함수를 전자 문서 x, y에 각각 적용하여 도출한 해시 값의 문자열의 길이는 서로 다르다.
④ 입력 데이터 x, y에 특정 해시 함수를 적용하여 도출한 해시 값이 같은 것은 해시 함수의 ㉡ 때문이다.
⑤ 입력 데이터 x, y에 대해 ㉠과 ㉡을 지닌 서로 다른 해시 함수를 적용하였을 때 도출한 결과 값이 같으면 이를 충돌이라고 한다.

07 [가]에 따라 <보기>의 사례를 이해한 내용으로 가장 적절한 것은?

<보기>

온라인 미술품 경매 사이트에 회화 작품 △△이 출품되어 A와 B만이 경매에 참여하였다. A, B의 입찰가와 해시 값은 다음과 같다. 단, 입찰 참여자는 논스를 임의로 선택한다.

입찰참여자	입찰가	논스의 해시 값	'입찰가+논스'의 해시 값
A	a	r	m
B	b	s	n

① A는 a, r, m 모두를 게시 기한 내에 운영자에게 전송해야 한다.
② 운영자는 해시 값을 게시하는 기한이 마감되기 전에 최고가 입찰자를 알 수 없다.
③ m과 n이 같으면 r과 s가 다르더라도 A와 B의 입찰가가 같다는 것을 의미한다.
④ A와 B 가운데 누가 높은 가격으로 입찰하였는지는 r과 s를 비교하여 정할 수 있다.
⑤ B가 게시판의 m과 r을 통해 A의 입찰가 a를 알아낼 수도 있으므로 게시판은 비공개로 운영되어야 한다.

[08~10] 다음 글을 읽고 물음에 답하시오.

기업은 주식과 채권 등 증권을 발행함으로써 경영 활동에 필요한 자금을 조달한다. 증권을 발행하는 기업은 증권의 발행 사실과 취득 절차를 안내하는 방식으로, 투자자들이 증권의 취득을 위한 의사 표시인 청약을 하도록 권유한다. 이때 청약을 권유받는 대상이 50인 이상인 경우를 공모, 50인 미만인 경우를 사모라고 한다. 사모는 취득한 증권을 타인에게 되파는 전매가 1년간 제한된다. 다만 청약을 권유받는 대상이 50인 미만이더라도 1년 내 증권 전매가 가능하다면 공모로 간주된다.

기업이 증권 거래소에 증권을 거래 물건으로 등록하면 상장 법인이 된다. 상장 법인은 자본시장법에 따라 '중요사항'을 시장에 공개할 공시 의무를 지닌다. 중요사항은 합리적인 투자 판단과 상장 법인의 가치에 중대한 영향을 미칠 수 있는 정보이다. 상장 법인이 중요사항을 공시하지 않으면 시장 참여자 간의 정보 불균형이 발생하며, 이는 증권 시장에 대한 투자자들의 신뢰를 떨어뜨리고 시장의 효율성을 저해하게 된다. 공시 의무는 상장 법인이 금융위원회에 공시 자료를 제출함으로써 이행되며, 자료를 제출하지 않거나 자료에 불완전한 정보를 기재한 상장 법인은 제재 대상이 된다.

공시 의무는 발행 시장과 유통 시장에서 발생한다. 발행 시장에서 상장 법인은 증권을 공모할 때마다 증권 신고서를 통해 중요사항을 공개함으로써 공시 의무를 이행한다. 반면 상장 법인이 사모로 증권을 발행한 경우에는 공시 의무가 면제되기 때문에 증권 신고서를 제출하지 않아도 된다. ㉠ 발행 시장에서의 공시에 포함되어야 하는 중요사항에는 공모하는 증권의 수량 및 가격 등의 공모 관련 사항과 상장 법인의 사업 내용 및 대주주에 관한 사항 등의 발행인 관련 사항이 있다. 상장 법인이 제출한 증권 신고서가 금융위원회의 심사를 통과하여 증권이 발행되면, 상장 법인은 청약을 권유하고 투자자는 해당 증권을 청약할 수 있게 된다.

유통 시장은 공모 절차를 거친 증권이 투자자들 간에 거래되는 곳이다. 여기에서는 증권의 매매가 끊임없이 이루어지며 가격 또한 변한다. 따라서 상장 법인은 투자 판단에 필요한 정보를 빠르고 정확하게 제공할 공시 의무를 지닌다. 상장 법인은 발행인 관련 사항 가운데 변동된 사항을 반영하여 기업의 현황을 일정 기간마다 공시하는 ㉡ 정기 공시를 해야 한다. 그리고 투자자의 투자 판단에 중대한 영향을 미치는 경영 정보가 발생하는 경우에는 이를 신속하게 공시하는 ㉢ 수시 공시를 해야 한다. 한편 공시되지 않은 정보를 특정인에게 투자 설명회 등을 통하여 선별적으로 제공하고자 한다면 그 제공에 앞서 동일한 정보를 공시해야 한다. 정보의 비대칭을 방지하기 위한 이러한 공시를 공정 공시라 한다.

자본시장법에서는 공시되지 않은 정보를 거래에 이용하는 것을 규제한다. 대표적인 규제로는 미공개중요정보 이용행위 금지가 있다. 미공개중요정보 이용행위란 중요사항 중 공개되지 않은 것을 특정 증권 등의 매매에 이용하거나 타인에게 이용하게 하는 것을 이른다. 이 규제의 대상은 상장 법인의 임직원 등 내부자와 내부자로부터 직접 정보를 받은 1차 정보수령자이다. 단, 해당 정보를 인식하더라도 그 정보가 거래에 영향을 미치지 않았다면 이는 미공개중요정보 이용행위라 볼 수 없다. 이와는 별개로 1차 정보수령자로부터 정보를 받아 이를 증권 매매에 이용하거나 타인에게 이용하게 했다면 이는 시장질서 교란행위 금지를 위반한 것으로 처벌받게 된다.

08 **윗글의 내용과 일치하지 않는 것은?**

① 상장 법인이 증권을 발행하면 투자자에게 해당 증권의 청약을 권유할 수 있다.
② 유통 시장에서 투자자들에 의해 거래되는 증권은 가격이 변화한다는 특징을 갖는다.
③ 공시 제도는 투자자들의 합리적인 투자 판단을 도와 시장의 효율성을 제고할 수 있다.
④ 증권 신고서가 금융위원회의 심사를 통과하지 못한 경우 상장 법인은 투자자에게 청약을 권유할 수 없다.
⑤ 청약의 권유 대상이 50인 미만이면서 1년간 전매가 제한된 증권을 발행하는 경우 상장 법인은 공시 의무를 갖는다.

09 **㉠~㉢에 대한 설명으로 가장 적절한 것은?**

① ㉠에서는 상장 법인이 추가로 발행해 공모하는 증권에 대해서는 공시 자료를 제출하지 않아도 된다.
② ㉡은 특정인에게 정보를 선별적으로 제공한 즉시 그 정보와 동일한 내용을 포함하여 이루어져야 한다.
③ ㉢은 주기적으로 이루어지므로 상장 법인이 불완전한 내용을 제출하더라도 제재 대상이 되지 않는다.
④ ㉠과 ㉡에서는 모두 상장 법인이 금융위원회에 공시 자료를 제출해야 한다.
⑤ ㉠과 ㉢에는 모두 증권의 최초 발행 가격과 수량 정보가 포함되어야 한다.

10 **윗글을 바탕으로 <보기>를 이해한 내용으로 적절하지 않은 것은?**

<보기>

배터리 제조사 갑은 2022년 7월 증권 거래소에 주식을 상장하면서 대표 이사 겸 대주주 A의 지분이 누락된 증권 신고서를 제출하였다. 갑은 2024년 6월, A가 보유 주식 중 일부를 주기적으로 매도한다는 계획을 공시하였다. 이후 A는 계획대로 주식을 매도하고 있다.

같은 해 10월, A와 갑의 임원 B는 갑의 지난 분기 영업 이익이 시장 예상치를 크게 밑돌았다는 사실을 알게 되었으나 갑은 이 사실을 공시하지 않았다. B는 자산 관리사 C에게 이사실을 전달하였고, C는 갑의 주가가 하락할 것으로 보고 자신의 고객들이 보유하고 있던 갑의 주식을 매도하였다.

① 갑이 증권 신고서에 A의 지분을 기재하지 않은 것은 중요사항을 누락한 것이므로 갑은 공시 의무를 위반하였군.
② A가 2024년 10월 이후에 주식을 매도하더라도 그 행위가 6월에 공시한 계획대로 행해진 것이라면 A의 주식 매매는 미공개중요정보 이용행위에 해당하지 않겠군.
③ 영업 이익이 시장 예상치를 크게 밑돌았음에도 이를 신속하게 공시하지 않았기 때문에 갑은 수시 공시 의무를 위반한 것이겠군.
④ B가 C에게 갑에 관한 중요사항을 전달한 것은 공개되지 않은 상장 법인의 정보를 타인에게 이용하게 한 것이므로 B는 미공개중요정보 이용행위 금지를 위반하였군.
⑤ C가 B로부터 받은 정보를 활용해 주식을 매도한 것은 1차 정보수령자로부터 받은 정보를 매매에 이용한 것이므로 C는 시장질서 교란행위로 처벌받게 되겠군.

11 **다음 <표>는 2020년 '갑'국의 가구당 보험료 및 보험급여 현황에 대한 자료이다. <표>와 <보고서>를 근거로 A, B, D에 해당하는 질환을 바르게 나열한 것은?**

<표> 2020년 가구당 보험료 및 보험급여 현황

(단위: 원)

구분 / 보험료 분위	보험료	전체질환 보험급여 (보험혜택 비율)	4대 질환별 보험급여 (보험혜택 비율)			
			A 질환	B 질환	C 질환	D 질환
전체	99,934	168,725 (1.7)	337,505 (3.4)	750,101 (7.5)	729,544 (7.3)	390,637 (3.9)
1분위	25,366	128,431 (5.1)	327,223 (12.9)	726,724 (28.6)	729,830 (28.8)	424,764 (16.7)
5분위	231,293	248,741 (1.1)	322,072 (1.4)	750,167 (3.2)	713,160 (3.1)	377,568 (1.6)

※ 1) 보험혜택 비율 $= \frac{\text{보험급여}}{\text{보험료}}$

2) 4대 질환은 뇌혈관, 심장, 암, 희귀 질환임

<보고서>

2020년 전체 가구당 보험료는 10만 원 이하였지만 전체질환의 가구당 보험급여는 16만 원 이상으로 전체질환 보험혜택 비율은 1.7로 나타났다.

4대 질환 중 전체 보험혜택 비율이 가장 높은 질환은 심장 질환이었다. 뇌혈관, 심장, 암 질환의 1분위 보험혜택 비율은 각각 5분위의 10배에 미치지 못하였다. 또한, 뇌혈관, 심장, 희귀 질환의 1분위 가구당 보험급여는 각각 전체질환의 1분위 가구당 보험급여의 3배 이상이었다.

	A	B	D
①	뇌혈관	심장	희귀
②	뇌혈관	암	희귀
③	암	심장	희귀
④	암	희귀	심장
⑤	희귀	심장	암

12 다음 <표>는 2020년 4분기(10~12월) 전국 아파트 입주 물량에 관한 자료이다. 제시된 <표> 이외에 <보고서>를 작성하기 위해 추가로 필요한 자료만을 <보기>에서 모두 고르면?

<표 1> 월별 아파트 입주 물량

(단위: 세대)

구분 \ 월	10월	11월	12월	합
전국	21,987	25,995	32,653	80,635
수도권	13,951	15,083	19,500	48,534
비수도권	8,036	10,912	13,153	32,101

<표 2> 규모 및 공급주체별 아파트 입주 물량

(단위: 세대)

구분	규모			공급주체	
	$60m^2$ 이하	$60m^2$ 초과 $85m^2$ 이하	$85m^2$ 초과	공공	민간
전국	34,153	42,528	3,954	23,438	57,197
수도권	21,446	24,727	2,361	15,443	33,091
비수도권	12,707	17,801	1,593	7,995	24,106

<보고서>

2020년 4분기(10~12월) 전국 아파트 입주 물량은 80,635세대로 집계되었다. 수도권은 48,534세대로 전년동기 및 2015~2019년 4분기 평균 대비 각각 37.5%, 1.7% 증가했고, 비수도권은 32,101세대로 전년동기 및 2015~2019년 4분기 평균 대비 각각 47.6%, 46.8% 감소하였다. 시도별로 살펴보면, 서울은 12,097세대로 전년동기 대비 7.9% 증가하였다. 그 외 인천·경기 36,437세대, 대전·세종·충남 8,015세대, 충북 3,835세대, 강원 646세대, 전북 0세대, 광주·전남·제주 5,333세대, 대구·경북 5,586세대, 부산·울산 5,345세대, 경남 3,341세대였다. 주택 규모별로는 $60m^2$ 이하 34,153세대, $60m^2$ 초과 $85m^2$ 이하 42,528세대, $85m^2$ 초과 3,954세대로, $85m^2$ 이하 중소형주택이 전체의 95.1%를 차지하여 중소형주택의 입주 물량이 많았다. 공급주체별로는 민간 57,197세대, 공공 23,438세대로, 민간 입주 물량이 공공 입주 물량의 2배 이상이었다.

<보기>

ㄱ. 2015~2019년 4분기 수도권 및 비수도권 아파트 입주 물량
ㄴ. 2015~2019년 공급주체별 연평균 아파트 입주 물량
ㄷ. 2019~2020년 4분기 시도별 아파트 입주 물량
ㄹ. 2019년 4분기 규모 및 공급주체별 아파트 입주 물량

① ㄱ, ㄴ ② ㄱ, ㄷ ③ ㄱ, ㄹ ④ ㄴ, ㄷ ⑤ ㄴ, ㄹ

13 **다음 <표 1>~<표 4>는 갑국의 보이스피싱 피해 현황에 대한 자료이다. 다음 <보기> 중 <표 1>~<표 4>의 내용과 부합하는 것만을 모두 고르면?**

<표 1> 연도별 보이스피싱 피해 현황

(단위: 억 원, 명)

구분	2019년	2020년	2021년	2022년	2023년
피해금액	6,720	2,353	1,682	1,451	1,965
환급액	1,915	1,141	603	379	652
피해자 수	50,372	18,265	13,213	12,816	11,503

※ 법인 포함

<표 2> 범죄유형별 보이스피싱 피해금액 현황

(단위: 억 원)

구분	2021년	2022년	2023년
대출빙자	521	311	692
메신저피싱	991	927	662
기관사칭	170	213	611
합계	1,682	1,451	1,965

<표 3> 피해자 연령별 보이스피싱 피해금액 현황

(단위: 억 원)

구분	2021년	2022년	2023년
20대 이하	52	92	231
30대	121	53	188
40대	219	145	249
50대	650	477	560
60대 이상	612	673	704
합계	1,654	1,440	1,932

※ 법인 제외

<표 4> 금융권역별 보이스피싱 피해금액 현황

(단위: 억 원)

구분	2021년	2022년	2023년
은행	1,080	1,111	1,417
인터넷전문은행	129	304	196
비은행	602	340	548
증권사	220	34	31
중소서민금융 등	382	306	517
합계	1,682	1,451	1,965

<보기>

ㄱ. 피해자 연령별 보이스피싱 피해금액 비중

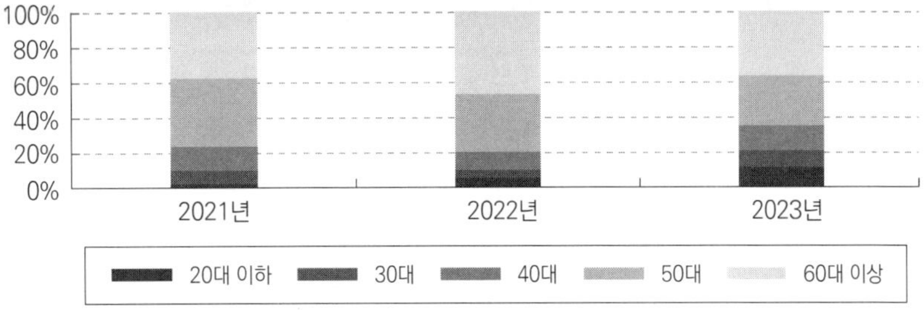

ㄴ. 피해자(법인 포함) 1인당 보이스피싱 피해금액 및 환급액

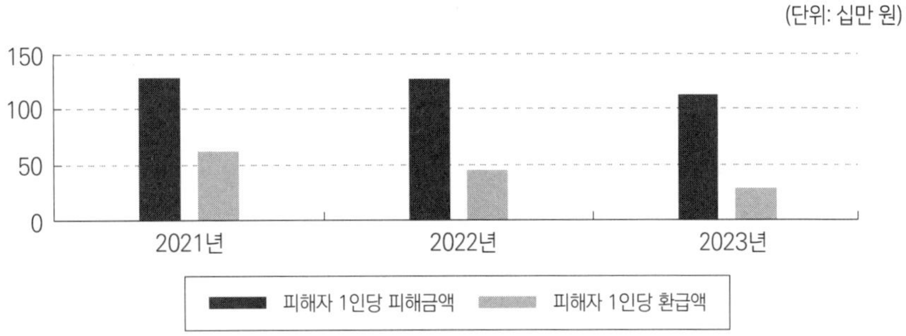

ㄷ. 범죄유형별 보이스피싱 피해금액 비중 변화

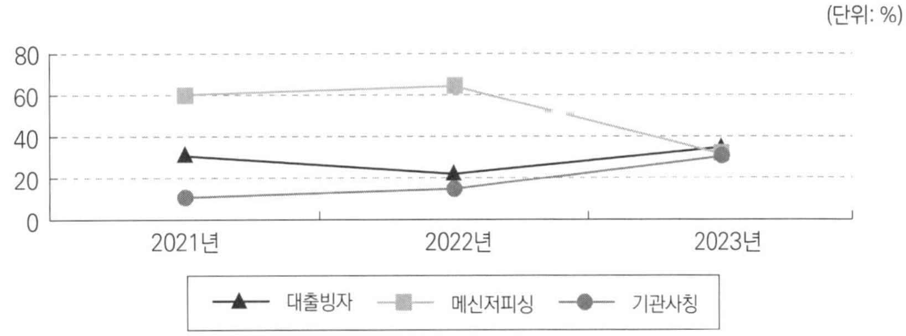

ㄹ. 2023년 금융권역별 보이스피싱 피해금액 비중

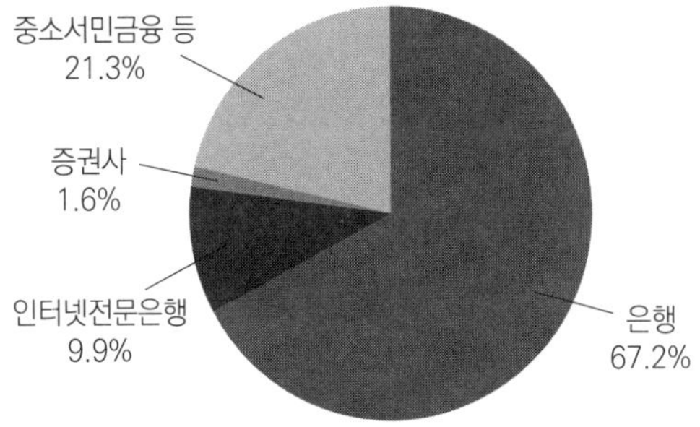

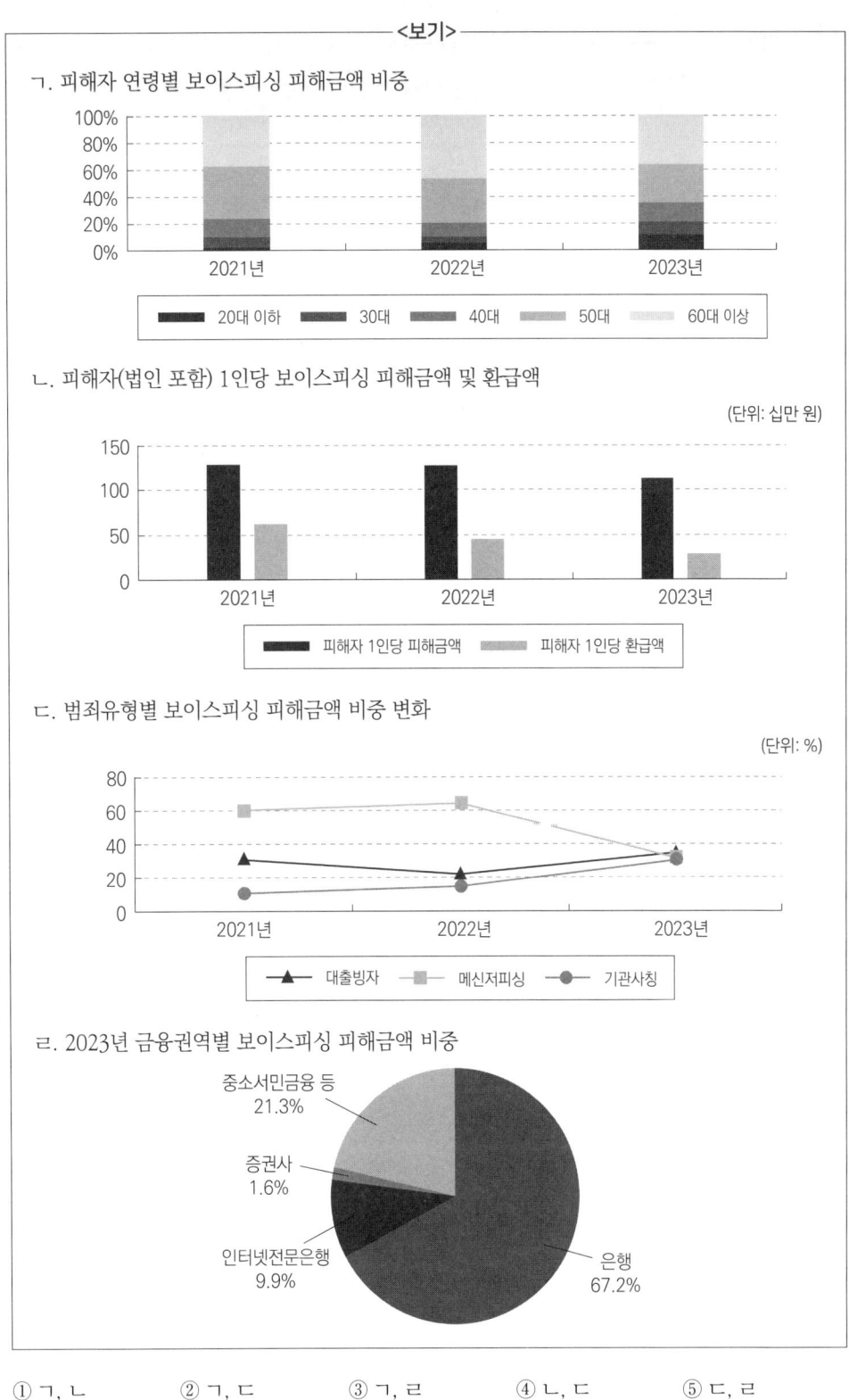

① ㄱ, ㄴ ② ㄱ, ㄷ ③ ㄱ, ㄹ ④ ㄴ, ㄷ ⑤ ㄷ, ㄹ

14 **다음 <표>는 A국의 인구 및 노년부양비 전망에 관한 자료이다. 이에 대한 설명으로 옳지 않은 것은?**

<표 1> A국 인구 및 노년부양비 전망

(단위: 천 명, %)

연도	2017	2018	2020	2024	2025	2028	2029	2036
총인구	51,362	51,607	51,781	51,888	51,905	51,942	51,941	51,516
생산가능인구	37,572	37,645	37,358	36,282	35,853	34,664	34,339	30,831
노인인구	(　)	7,372	8,125	9,945	10,511	12,118	(　)	15,712
노년부양비	18.8	19.6	21.7	27.4	29.3	(　)	36.5	51
연도	**2043**	**2053**	**2054**	**2055**	**2056**	**2061**	**2062**	**2066**
총인구	50,149	46,389	45,903	45,406	44,900	42,324	41,812	39,792
생산가능인구	27,445	23,492	23,142	22,770	(　)	20,127	19,696	(　)
노인인구	17,884	18,905	18,855	18,815	18,777	18,810	18,782	18,461
노년부양비	65.2	80.5	81.5	82.6	83.9	(　)	95.4	101.8

※ 총인구＝유소년인구＋생산가능인구＋노인인구

※ 노년부양비(%)＝ $\frac{\text{노인인구}}{\text{생산가능인구}} \times 100$

※ 노령화지수＝ $\frac{\text{노인인구}}{\text{유소년인구}} \times 100$

<표 2> A국 연도별 출생자 및 사망자

(단위: 명)

구분	출생자	사망자
2011	477,863	258,335
2012	488,666	266,601
2013	445,962	266,971
2014	439,198	267,690
2015	444,098	277,490
2016	411,859	279,027
2017	362,867	285,542
2018	334,115	302,604
2019	308,697	298,495
2020	275,815	307,764

① 2056년 유소년인구는 2017년에 비해 50% 이상 감소할 것이다.

② 2029년의 노령화지수는 200 이상일 것이다.

③ 2012~2020년 중 전년대비 출생자 수의 감소폭이 가장 큰 연도는 2017년이다.

④ 2061년 노년부양비는 2028년에 비해 150% 이상 증가할 것이다.

⑤ 2012~2020년 중 전년대비 사망자 수가 가장 많이 증가한 해의 전년대비 출생자 수의 감소율은 10% 이하이다.

15 **다음 <정보>는 A 기업의 성과급 체계 및 사업부별 성과급에 관한 자료이다. 이에 대한 설명으로 옳은 것은?**

<정보>

A 기업의 성과급 체계는 아래와 같이 3가지로 구분된다.

1. 성과인센티브: 사업부가 연초 수립한 목표를 초과 달성하면 사업부별 성과급 기준표에 따라 연 1회 지급
2. 목표달성장려금: 사업부가 연초 수립한 목표와 무관하게 사업부별 성과급 기준표에 따라 연 2회 지급
3. 특별상여금: 사업부가 연초 수립한 목표를 초과 달성하면 월급의 100%를 연 3회 지급

A 기업의 사업부별 성과급 기준표는 아래와 같다.

사업부 구분	목표달성장려금(월급 기준)	성과인센티브(연봉 기준)
반도체	100%	45%
모바일	75%	25%
가전	100%	35%

A 기업 사원의 연봉은 월급의 12배이다.

① 반도체 사업부가 연초 수립한 목표를 초과 달성하였다면 반도체 사업부 B 사원의 연봉이 5천만 원일 때 1년간 받을 성과급은 모두 4천 5백만 원 이상이다.
② 모바일 사업부가 연초 수립한 목표를 초과 달성하였다면 모바일 사업부 C 사원의 월급이 6백만 원일 때 1년간 받을 성과급은 모두 5천만 원 이상이다.
③ 가전 사업부가 연초 수립한 목표를 초과 달성하였다면 가전 사업부 D 사원의 연봉이 5천만 원일 때 1년간 받을 성과급은 모두 3천 5백만 원 이상이다.
④ 반도체 사업부가 연초 수립한 목표를 초과 달성하지 못하였다면 반도체 사업부 E 사원의 연봉이 5천만 원일 때 1년간 받을 성과급은 모두 8백만 원 이하이다.
⑤ 가전 사업부가 연초 수립한 목표를 초과 달성하지 못하였다면 가전 사업부 F 사원의 월급이 6백만 원일 때 1년간 받을 성과급은 모두 1천 5백만 원 이상이다.

16 **다음 <표>는 2019년 '갑'회사의 지점(A~E)별 매출 관련 현황에 관한 자료이다. 이에 대한 <보기>의 설명 중 옳은 것만을 모두 고르면?**

<표> '갑'회사의 지점별 매출 관련 현황

(단위: 억 원, 명)

구분 \ 지점	A	B	C	D	E	전체
매출액	10	21	18	10	12	71
목표매출액	15	26	20	13	16	90
직원 수	5	10	8	3	6	32

※ 목표매출액 달성률(%) $= \frac{\text{매출액}}{\text{목표매출액}} \times 100$

<보기>

ㄱ. 직원 1인당 매출액이 가장 많은 지점은 D이다.
ㄴ. 목표매출액 달성률이 가장 높은 지점은 C이다.
ㄷ. 지점 매출액이 5개 지점 매출액의 평균을 초과하는 지점은 3곳이다.
ㄹ. 5개 지점의 매출액이 각각 20%씩 증가한다면, 전체 매출액은 전체 목표매출액을 초과한다.

① ㄱ, ㄴ
② ㄱ, ㄷ
③ ㄷ, ㄹ
④ ㄱ, ㄴ, ㄹ
⑤ ㄴ, ㄷ, ㄹ

17 **다음 <표>는 2024년 예상 매출액 상위 10개 제약사의 2018년, 2024년 매출액에 관한 자료이다. 이에 대한 <보기>의 설명 중 옳은 것만을 고르면?**

<표> 2024년 매출액 상위 10개 제약사의 2018년, 2024년 매출액

(단위: 억 달러)

2024년 기준 매출액 순위	기업명	2024년	2018년	2018년 대비 2024년 매출액 순위변화
1	Pfizer	512	453	변화없음
2	Novartis	498	435	1단계 상승
3	Roche	467	446	1단계 하락
4	J&J	458	388	변화없음
5	Merck	425	374	변화없음
6	Sanofi	407	351	변화없음
7	GSK	387	306	5단계 상승
8	AbbVie	350	321	2단계 상승
9	Takeda	323	174	7단계 상승
10	AstraZeneca	322	207	4단계 상승
매출액 소계		4,149	3,455	
전체 제약사 총매출액		11,809	8,277	

※ 2024년 매출액은 예상 매출액임

<보기>

ㄱ. 2018년 매출액 상위 10개 제약사의 2018년 매출액 합은 3,700억 달러 이상이다.

ㄴ. 2024년 매출액 상위 10개 제약사 중, 2018년 대비 2024년 매출액이 가장 많이 증가한 기업은 Takeda이고 가장 적게 증가한 기업은 Roche이다.

ㄷ. 2024년 매출액 상위 10개 제약사의 매출액 합이 전체 제약사 총매출액에서 차지하는 비중은 2024년이 2018년보다 크다.

ㄹ. 2024년 매출액 상위 10개 제약사 중, 2018년 대비 2024년 매출액 증가율이 60% 이상인 기업은 2개이다.

① ㄱ, ㄴ　② ㄱ, ㄷ　③ ㄱ, ㄹ　④ ㄴ, ㄷ　⑤ ㄴ, ㄹ

18 **다음 글과 주어진 <표>는 세계잉여금 처리순서 및 사용 내역에 관한 자료이다. <표>의 사용 내역이 관련 법령을 준수하였다면, 이에 대한 <보기>의 설명 중 옳지 않은 것만을 모두 고르면?**

세계잉여금이란 정부 예산을 초과한 세입과 예산 가운데 쓰고 남은 세출불용액 등을 합한 금액이다. '갑'국의 일반회계 세계잉여금은 관련 법령 등에 따라 지방교부세법에 따른 지방교부세 및 지방교육재정교부금법에 따른 지방교육재정교부금의 정산에 우선 사용되고, 이와 같이 사용하고 남은 금액의 100분의 30 이상은 공적자금상환기금법에 따른 공적자금기금에 우선적으로 출연하여야 하며, 그 후 남은 금액의 100분의 30 이상을 국채 또는 차입금 등 국가채무 상환에 사용하여야 한다. 이렇게 사용하고 남은 잔액은 추가경정예산안 편성에 사용할 수 있으며, 그 후의 잔액은 다음 연도의 세입에 이입된다.

<그림> '갑'국의 일반회계 세계잉여금 처리 순서

교부금 등 정산		공적자금기금 출연		국가채무 상환		추가경정예산 재원 또는 다음 연도 세입 이입
• 지방교부세 • 지방교육재정 교부금	⇨	잔액의 30/100 이상	⇨	잔액의 30/100 이상	⇨	

<표> '갑'국의 일반회계 세계잉여금 사용 내역

(단위: 억 원)

연도	일반회계 세계잉여금	사용내역			
		교부금 등 정산	공적자금기금 출연 및 국가채무 상환	추가경정예산 재원	다음 연도 세입 이입
2020	214,651	1,475	(A)	11,451	(B)
2021	347,874	(C)	15,418	(D)	(E)

<보기>

ㄱ. 2020년 일반회계 세계잉여금 중 공적자금기금 출연 및 국가채무 상환(A)을 위하여 10조 8,500억 원을 사용하는 경우 관련 법령을 준수한다.

ㄴ. 2020년 일반회계 세계잉여금 중 국가채무 상환을 위하여 5조 원을 사용하였을 경우, 다음 연도 세입 이입에 사용된 금액(B)은 9조 원보다 작다.

ㄷ. 2021년 일반회계 세계잉여금 중 교부금 등 정산에 사용된 금액(C)은 31조 7,000억 원보다 크다.

ㄹ. 2021년 일반회계 세계잉여금 중 추가경정예산 재원으로 활용된 금액(D)과 다음 연도 세입 이입에 사용된 금액(E)의 합은 1조 4,000억 원보다 작다.

① ㄱ, ㄷ　② ㄱ, ㄹ　③ ㄴ, ㄷ　④ ㄴ, ㄹ　⑤ ㄷ, ㄹ

19 **다음 <표>는 '갑'국 공공기관의 2013~2019년 자산 현황 및 공공기관 수 현황에 관한 자료이다. 이에 대한 <보기>의 설명 중 옳은 것만을 모두 고르면?**

<표 1> 2013~2019년 공공기관 자산 현황

(단위: 조 원)

		2019년	2018년	2017년	2016년	2015년	2014년	2013년
공기업		600.3	579.3	569	563	555.6	561.2	550.1
종류별	시장형	296.3	283	278	277.3	276.2	271.9	258.4
	준시장형	304	296.3	291	285.7	279.4	289.3	291.7
준정부기관		215.5	207.3	205.1	201.7	193.3	187.1	184.3
종류별	기금관리형	125.4	116	113.1	110.9	105.5	109.6	116.3
	위탁집행형	90.1	91.3	92	90.8	87.8	77.5	68
기타공공기관		45.3	41.8	36	35	32.1	29.4	26.3

※ 공공기관은 공기업, 준정부기관, 기타공공기관으로만 구성됨

<표 2> 2013~2019년 공공기관 수 현황

(단위: 개)

		2019년	2018년	2017년	2016년	2015년	2014년	2013년
공기업		36	35	35	30	30	30	30
종류별	시장형	16	15	14	14	14	14	14
	준시장형	20	20	21	16	16	16	16
준정부기관		93	93	88	89	86	87	87
종류별	기금관리형	14	16	16	16	17	17	17
	위탁집행형	79	77	72	73	69	70	70
기타공공기관		210	210	207	202	200	185	178

※ 공공기관당 평균자산(조 원) $= \frac{\text{공공기관 자산}}{\text{공공기관 수}}$

<보기>

ㄱ. 2013년 대비 2019년 기금관리형 준정부기관 자산 증가율이 준시장형 공기업 자산 증가율보다 높다.

ㄴ. '갑'국 전체 공공기관 자산 합계는 2015년이 2014년보다 4조 원 이상 크다.

ㄷ. 시장형 공기업의 공공기관당 평균자산은 2018년이 2019년보다 크다.

ㄹ. 시장형 공기업, 준시장형 공기업, 기금관리형 준정부기관, 위탁집행형 준정부기관, 기타공공기관 중 2018년에 비해 2019년에 공공기관당 평균자산의 증가율이 가장 큰 기관은 기타공공기관이다.

① ㄱ, ㄴ ② ㄱ, ㄷ ③ ㄱ, ㄹ ④ ㄴ, ㄷ ⑤ ㄷ, ㄹ

20 **다음 <표>는 기관별 가계대출 분기말 잔액과 당기 증가액에 관한 자료이다. 이에 대한 설명으로 옳지 않은 것은? (단, 소수점 아래 둘째자리에서 반올림한다)**

<표 1> 가계대출 잔액 증가액 및 2021년 3분기말 잔액

(단위: 조 원)

	2020년			2021년			
	2분기	3분기	4분기	1분기	2분기	3분기	3분기말 잔액
가계대출	23.9	39.7	46.3	34.7	41.0	37.0	1,744.7
주택담보대출	14.8	17.4	20.2	20.4	17.3	20.8	969.0
기타대출	9.1	22.3	26.1	14.3	23.8	16.2	775.7

<표 2> 기관별 가계대출 잔액 증가액 및 2021년 3분기말 잔액

(단위: 조 원)

		2020년			2021년			
		2분기	3분기	4분기	1분기	2분기	3분기	3분기말 잔액
예금취급기관		14.5	29.0	35.5	24.2	21.5	29.2	1,248.7
종류별	주택담보대출	9.0	12.8	18.2	16.6	6.4	19.2	722.0
	기타대출	5.5	16.2	17.3	7.6	15.1	10.0	526.7
세부 기관별	예금은행	14.3	25.9	28.8	18.7	12.4	21.0	902.0
	상호저축	0.9	1.9	2.0	1.9	2.6	1.4	37.4
	신용협동조합	−0.4	−0.1	0.5	0.0	0.3	0.6	35.9
	상호금융	1.1	2.1	3.7	3.8	5.7	5.2	209.3
	새마을금고	−1.3	−0.8	0.4	−0.1	0.5	0.9	62.8
	신탁·우체국예금	−0.1	−0.0	0.1	−0.1	0.0	0.1	1.3
기타금융기관		9.3	10.6	10.8	10.5	19.6	7.7	496.1
종류별	주택담보대출	5.8	4.5	2.1	3.7	10.9	1.5	247.1
	기타대출	3.5	6.1	8.7	6.7	8.7	6.2	249.0
세부 기관별	보험회사	−1.2	1.5	1.8	1.0	1.5	1.3	124.4
	연금기금	−0.2	0.3	0.2	0.3	0.3	0.5	16.7
	여신전문회사	−1.2	1.8	2.7	2.1	2.5	0.4	75.6
	공적금융기관	2.2	1.2	−1.1	−0.7	3.3	0.5	47.8
	기타금융중개회사	10.3	5.4	7.8	7.4	12.6	4.7	219.8
	기타	−0.6	0.3	−0.5	0.4	−0.5	0.3	11.8

※ 단, 가계대출 잔액 증가액이란 해당 분기 기말 가계대출 잔액에서 기초 가계대출 잔액을 뺀 값임

※ n분기 기말 가계대출 잔액＝(n＋1)분기 기초 가계대출 잔액

※ 예: 2021년 2분기말 기타금융기관 기타대출 잔액은 242.8조 원(249.0조 원－6.2조 원)

① 2020년 2분기부터 2021년 3분기까지, 주택담보대출 잔액 증가액이 기타대출 잔액 증가액보다 컸던 분기에는 기타금융기관 가계대출 잔액 증가액이 10조 원 이상이었다.
② 2020년 4분기말 가계대출 잔액 대비 2021년 3분기말 가계대출 잔액의 분기별 평균 증가율은 상호저축이 신용협동조합보다 크다.
③ 예금은행과 상호저축은 2020년 2분기부터 2021년 3분기까지 분기말 가계대출 잔액이 매 분기 증가하였다.
④ 2020년 4분기말 가계대출 잔액이 가장 큰 세부기관은 예금은행이고, 기타금융중개회사와 상호금융이 그 뒤를 잇는다.
⑤ 2020년 2분기부터 2021년 3분기까지, 주택담보대출 잔액 증가액에서 기타금융기관 비중이 가장 컸던 분기와 예금은행의 총 가계대출 잔액 증가액이 가장 작았던 분기는 동일하다.

문제해결능력

21 **다음 글을 근거로 판단할 때 옳은 것은?**

> 甲부처 신입직원 선발시험은 전공, 영어, 적성 3개 과목으로 이루어진다. 3개 과목 합계 점수가 높은 사람순으로 정원까지 합격한다. 응시자는 7명(A~G)이며, 7명의 각 과목 성적에 대해서는 다음과 같은 사실이 알려졌다.
>
> ○ 전공시험 점수: A는 B보다 높고, B는 E보다 높고, C는 D보다 높다.
> ○ 영어시험 점수: E는 F보다 높고, F는 G보다 높다.
> ○ 적성시험 점수: G는 B보다도 높고 C보다도 높다.
>
> 합격자 선발 결과, 전공시험 점수가 일정 점수 이상인 응시자는 모두 합격한 반면 그 점수에 달하지 않은 응시자는 모두 불합격한 것으로 밝혀졌고, 이는 영어시험과 적성시험에서도 마찬가지였다.

① A가 합격하였다면, B도 합격하였다.
② G가 합격하였다면, C도 합격하였다.
③ A와 B가 합격하였다면, C와 D도 합격하였다.
④ B와 E가 합격하였다면, F와 G도 합격하였다.
⑤ B가 합격하였다면, B를 포함하여 적어도 6명이 합격하였다.

22 **다음 글을 근거로 판단할 때, 甲사무관이 선택할 경로는?**

○ 甲사무관은 차를 운전하여 A부처에서 B연구소로 출장을 가려고 한다.
○ 甲사무관은 회의 시작 시각까지 회의 장소에 도착하려고 한다.
○ 출발 시각은 오전 11시이며, 회의 시작 시각은 당일 오후 1시 30분이다.
○ 甲사무관은 A부처에서 B연구소 주차장까지 갈 경로를 다음 5가지 중에서 선택하려고 한다.

경로	주행 거리	소요시간	통행요금	피로도
최적경로	128km	1시간 34분	2,600원	4
최소시간경로	127km	1시간 6분	7,200원	2
최단거리경로	116km	2시간 6분	0원	2
무료도로경로	132km	1시간 31분	0원	5
초보자경로	129km	1시간 40분	4,600원	1

※ 피로도 수치가 작을수록 피로가 덜한 것을 의미함

○ 甲사무관은 통행요금이 5,000원을 넘으면 해당 경로를 이용하지 않으며, 통행요금이 5,000원을 넘지 않으면 피로가 가장 덜한 경로를 선택한다.
○ 甲사무관은 B연구소 주차장에 도착한 후, 도보 10분 거리의 음식점으로 걸어가 점심식사(30분 소요)를 마치고 다시 주차장까지 걸어온 뒤, 주차장에서 5분 걸려 회의 장소에 도착할 예정이다.

① 최적경로 ② 최소시간경로 ③ 최단거리경로
④ 무료도로경로 ⑤ 초보자경로

23 다음 글과 <상황>을 근거로 판단할 때, 가원이가 A무인세탁소 사업자로부터 받을 총액은?

A무인세탁소의 사업자가 사업장 내 기기의 관리상 주의를 소홀히 하여 세탁물이 훼손된 경우, 아래와 같은 배상 및 환급 기준을 적용한다.

○ 훼손된 세탁물에 대한 배상액은 '훼손된 세탁물의 구입가격×배상비율'로 산정한다. 배상비율은 물품의 내구연한과 사용일수에 따라 다르며 아래 〈배상비율표〉에 따른다.

○ 물품의 사용일수는 사용개시일에 상관없이 구입일부터 세탁일까지의 일수이다.

○ 사업자는 훼손된 세탁물에 대한 배상과는 별도로 고객이 지불한 이용요금 전액을 환급한다.

<배상비율표>

내구연한	배상비율			
	80%	60%	40%	20%
1년	0~44일	45~134일	135~269일	270일~
2년	0~88일	89~268일	269~538일	539일~
3년	0~133일	134~403일	404~808일	809일~

<상황>

가원이는 2022. 12. 20. A무인세탁소에서 셔츠, 조끼, 치마를 한꺼번에 세탁하였다. 그런데 사업자의 세탁기 관리 소홀로 인하여 세탁물 모두가 훼손되었다.

A무인세탁소의 이용요금은 세탁 1회당 8,000원이며, 가원이의 세탁물 정보는 다음과 같다.

구분	내구연한	구입일	사용개시일	구입가격
셔츠	1년	2022. 10. 10.	2022. 11. 15.	4만 원
조끼	3년	2021. 1. 20.	2022. 1. 22.	6만 원
치마	2년	2022. 12. 01.	2022. 12. 10.	7만 원

① 124,000원　② 112,000원　③ 104,000원
④ 96,000원　⑤ 88,000원

24 **다음 글을 근거로 판단할 때, A사가 투자할 작품만을 모두 고르면?**

○ A사는 투자할 작품을 결정하려고 한다. 작품별 기본점수 등 현황은 다음과 같다.

현황 / 작품	기본점수(점)	스태프 인원(명)	장르	감독의 최근 2개 작품 흥행 여부(개봉연도)	
성묘	70	55	판타지	성공(2009)	실패(2015)
서울의 겨울	85	45	액션	실패(2018)	실패(2020)
만날 결심	75	50	추리	실패(2020)	성공(2022)
빅 포레스트	65	65	멜로	성공(2011)	성공(2018)

○ 최종점수는 작품별 기본점수에 아래 기준에 따른 점수를 가감해 산출한다.

기준	가감 점수
스태프 인원이 50명 미만	감점 10점
장르가 판타지	가점 10점
감독의 최근 2개 작품이 모두 흥행 성공	가점 10점
감독의 직전 작품이 흥행 실패	감점 10점

○ 최종점수가 75점 이상인 작품에 투자한다.

① 성묘, 만날 결심
② 성묘, 빅 포레스트
③ 서울의 겨울, 만날 결심
④ 만날 결심, 빅 포레스트
⑤ 서울의 겨울, 빅 포레스트

[25~26] 다음 글을 읽고 물음에 답하시오.

암호 기술은 일반적인 문장(평문)을 해독 불가능한 암호문으로 변환하거나, 암호문을 해독 가능한 평문으로 변환하기 위한 원리, 수단, 방법 등을 취급하는 기술을 말한다. 이 암호 기술은 암호화와 복호화로 구성된다. 암호화는 평문을 암호문으로 변환하는 것이며, 반대로 암호문에서 평문으로 변환하는 것은 복호화라 한다.

암호 기술에서 사용되는 알고리즘, 즉 암호 알고리즘은 대상 메시지를 재구성하는 방법이다. 암호 알고리즘에는 메시지의 각 원소를 다른 원소에 대응시키는 '대체'와 메시지의 원소들을 재배열하는 '치환'이 있다. 예를 들어 대체는 각 문자를 다른 문자나 기호로 일대일로 대응시키는 것이고, 치환은 단어, 어절 등의 순서를 바꾸는 것이다.

암호 알고리즘에서는 보안을 강화하기 위해 키(key)를 사용하기도 한다. 키는 암호가 작동하는 데 필요한 값이다. 송신자와 수신자가 같은 키를 사용하면 대칭키 방식이라 하고, 다른 키를 사용하면 비대칭키 방식이라 한다. 대칭키 방식은 동일한 키로 상자를 열고 닫는 것이고, 비대칭키 방식은 서로 다른 키로 상자를 열고 닫는 것이다. 비대칭키 방식의 경우에는 수신자가 송신자의 키를 몰라도 자신의 키만 알면 복호화가 가능하다. 그리고 비대칭키 방식은 서로 다른 키를 사용하기 때문에, 키의 유출 염려가 덜해 조금 더 보안성이 높다고 알려져 있다.

한편 암호 알고리즘에 사용하기 위해 만들 수 있는 키의 수는 키를 구성하는 비트(bit)의 수에 따른다. 비트는 0과 1을 표현할 수 있는 가장 작은 단위인데, 예를 들어 8비트로 만들 수 있는 키의 수는 2^8, 즉 256개이다. 키를 구성하는 비트의 수가 많으면 많을수록 모든 키를 체크하는 데 시간이 오래 걸려 보안성이 높아진다. 256개 정도의 키는 컴퓨터로 짧은 시간에 모두 체크할 수 있으나, 100비트로 구성된 키가 사용되었다면 체크해야 할 키의 수가 2^{100}개에 달해 초당 100만 개의 키를 체크할 수 있는 컴퓨터를 사용하더라도 상당히 많은 시간이 걸릴 것이다.

56비트로 구성된 키를 사용하여 만든 암호 알고리즘에는 DES(Data Encryption Standard)가 있다. 그런데 오늘날 컴퓨팅 기술의 발전으로 인해 DES는 더 이상 안전하지 않아, DES보다는 DES를 세 번 적용한 삼중 DES(triple DES)나 그 뒤를 이은 AES(Advanced Encryption Standard)를 사용하고 있다.

25 **윗글을 근거로 판단할 때, <보기>에서 옳은 것만을 모두 고르면?**

<보기>

ㄱ. 복호화를 통하여 암호문을 평문으로 변환할 수 있다.
ㄴ. 비대칭키 방식의 경우, 수신자는 송신자의 키를 알아야 암호를 해독할 수 있다.
ㄷ. 대체는 단어, 어절 등의 순서를 바꾸는 것이다.
ㄹ. 삼중 DES 알고리즘은 DES 알고리즘보다 안전성이 높다.

① ㄱ, ㄴ ② ㄱ, ㄹ ③ ㄴ, ㄷ ④ ㄴ, ㄹ ⑤ ㄷ, ㄹ

26 **윗글과 <상황>을 근거로 판단할 때, (가)에 해당하는 수는?**

<상황>

2^{56}개의 키를 1초에 모두 체크할 수 있는 컴퓨터의 가격이 1,000,000원이다. 컴퓨터의 체크 속도가 2배가 될 때마다 컴퓨터는 10만 원씩 비싸진다. 60비트로 만들 수 있는 키를 1초에 모두 체크할 수 있는 컴퓨터의 최소 가격은 (가) 원이다.

① 1,100,000 ② 1,200,000 ③ 1,400,000
④ 1,600,000 ⑤ 2,000,000

핵심 개념 플러스+

27 다음 글을 근거로 판단할 때 옳은 것은?

한국은행은 최근 주요국 중앙은행 및 국제기구를 중심으로 장기적 금융 불안 요인을 포착하려는 국제적 흐름에 맞추어 금융취약성지수(FVI)를 새로 개발했다. FVI는 금융시스템 내 잠재 취약성을 식별하기 위한 지수로, 금융 불균형을 측정하는 자산 가격 및 신용축적과 금융기관 복원력 등 세 가지 평가요소 내 11개 부문과 39개의 세부 지표로 구성된다. FVI는 역사적 최고치를 100으로, 최저치를 0으로 하여 지수의 범위를 0~100 사이로 한다. FVI가 100에 가까울수록 과거 금융취약성이 가장 심화되었던 시기의 지수 수준에 근접하게 된다. 동 지수를 구성하는 3개 평가요소 및 11개 부문에 대해서도 동일한 방법을 적용하여 각 평가요소 및 부문별 지수를 산출할 수 있다. 이는 경제 주체의 심리지표 등이 주로 반영되는 금융안정지수(FSI)와 비교해 중장기적인 금융 불안 요인을 보여준다.

한국은행은 2021년 6월 금융안정보고서에서 FVI를 산출한 결과와 현 금융안정 상황을 평가한 내용 등을 처음으로 공개했다. 위 보고서에서 한국은행은 우리나라 금융시스템의 잠재적 취약성이 신종 코로나바이러스 감염증(코로나19) 이전보다 더욱 확대되었다고 평가했다. 2021년 1분기 FVI는 58.9로 2019년 4분기 대비 17포인트 상승했다. FVI 상승은 금융 불균형 누증 및 금융기관 복원력 약화 등으로 구조적 취약성이 심화되었음을 의미한다. 또한 대내외 충격 발생 시 금융·경제에 초래할 부정적 영향의 크기가 확대될 수 있음을 시사한다. FVI 평가요소 중 자산 가격 총 지수는 주식 및 부동산 시장의 수익 추구 성향 강화로 인해 외환위기 및 글로벌 금융위기 당시 최고치에 근접했다.

① 한국은행의 FVI는 2021년 6월 이후의 기간에 대해서만 산출되어 있다.
② FVI는 금융 불균형에 대한 경제 주체의 심리지표를 주로 반영한다.
③ FVI 평가요소 중 자산 가격 총 지수는 외환위기 당시 100에 가까운 값을 나타냈다.
④ FVI의 하락은 금융 불균형 누증 및 금융기관 복원력 약화 등으로 구조적 취약성이 심화되었음을 의미한다.
⑤ 2021년 1분기 FSI는 2019년 4분기보다 상승하였다.

28 다음 글과 <상황>을 근거로 판단할 때 甲이 납부하여야 하는 양도세의 총액은?

A국은 건물과 토지를 거래할 때 가격의 일정 비율을 양도세로 납부하도록 하고 있다. 건물의 경우, 주택은 주택가격 억제와 거래 활성화를 위해 양도세를 면제하지만 상가는 가격의 10%를 양도세로 납부하여야 한다. 건물 내에 주택과 상가가 섞여 있는 경우, 건물 가격에 건물의 총면적에서 상가가 차지하는 면적 비율을 곱한 값이 과세표준이 된다. 예를 들어, 가격이 10억 원인 건물에서 주택이 차지하는 면적 비율이 40%, 상가가 차지하는 면적 비율이 60%라면 과세표준은 6억 원이고 양도세는 6천만 원이다. 다만, 건물의 총면적 중 주택이 차지하는 면적이 50%를 초과할 경우 건물 전체를 주택으로 본다.

토지의 경우, 원칙적으로 가격의 10%를 양도세로 납부하여야 한다. 다만, 주택(건물의 총면적 중 주택이 차지하는 면적이 50%를 초과하는 경우를 포함한다)에 부속되는 토지의 경우 주택 면적의 5배에 해당하는 면적까지는 면세한다. 건물 내에 주택과 상가가 섞여 있는 경우, 건물의 총면적에서 주택 및 상가가 차지하는 면적 비율만큼을 각 용도에 부속되는 토지로 본다. 예를 들어, 건물 내에 주택과 상가의 면적 비율이 3 : 7이라면, 건물의 부속토지 면적의 30%는 주택에 부속되는 토지로, 70%는 상가에 부속되는 토지로 보는 것이다.

다만, A국은 과세비용 절감을 위해 건물이나 토지를 거래할 경우, 거래 대상이 되는 건물이나 토지의 일부분의 가격은 해당 부분이 전체 건물이나 토지에서 차지하는 면적 비율에 전체 건물이나 토지의 가격을 곱한 것으로 본다.

<상황>

甲은 건물 X 및 그 부속토지를 각각 100억 원에, 건물 Y 및 그 부속토지를 각각 1,000억 원에 매도하였다. 건물 X의 총면적은 1,000m^{2}이고 그중 주택이 600m^2, 상가가 400m^{2}를 차지한다. X의 부속토지 면적은 10,000m^{2}이다. 건물 Y의 총면적은 5,000m^{2}이고, 그중 주택이 2,000m^2, 상가가 3,000m^{2}를 차지한다. Y의 부속토지 면적은 25,000m^{2}이다.

① 115억 원
② 125억 원
③ 135억 원
④ 145억 원
⑤ 155억 원

피셋기출 / 제5회

29 **다음 <규정>과 <상황>을 근거로 판단할 때 <보기>에서 사용자가 <규정>을 위반한 사례만을 모두 고르면? (단, 기간 계산 시 초일은 산입한다. 또한 각 <보기>는 별도의 사실관계로 본다)**

<규정>

제○○조 ① 사용자는 임신 중의 여성에게 출산 전과 출산 후를 합하여 90일(한 번에 둘 이상 자녀를 임신한 경우에는 120일)의 출산전후휴가를 주어야 한다. 이 경우 휴가 기간의 배정은 출산 후에 45일(한 번에 둘 이상 자녀를 임신한 경우에는 60일) 이상이 되어야 한다.

② 사용자는 임신 중인 여성 근로자가 유산의 경험이 있다면, 제1항의 휴가를 청구하는 경우 출산 전 어느 때라도 휴가를 나누어 사용할 수 있도록 하여야 한다. 이 경우 출산 후의 휴가 기간은 연속하여 45일(한 번에 둘 이상 자녀를 임신한 경우에는 60일) 이상이 되어야 한다.

③ 제1항부터 제2항까지의 규정에 따른 휴가 중 최초 60일(한 번에 둘 이상 자녀를 임신한 경우에는 75일)은 유급으로 한다. 다만, 고용보험공단으로부터 출산전후휴가급여 등이 지급된 경우에는 그 금액의 한도에서 지급의 책임을 면한다.

④ 사용자는 임신 중의 여성 근로자에게 시간외근로를 하게 하여서는 아니 되며, 그 근로자의 요구가 있는 경우에는 쉬운 종류의 근로로 전환하여야 한다.

⑤ 사용자는 제1항에 따른 출산전후휴가 종료 후에는 휴가 전과 동일한 업무 또는 동등한 수준의 임금을 지급하는 직무에 복귀시켜야 한다.

⑥ 사용자는 임신 후 12주 이내 또는 36주 이후에 있는 여성 근로자가 1일 2시간의 근로시간 단축을 신청하는 경우 이를 허용하여야 한다. 다만, 1일 근로시간이 8시간 미만인 근로자에 대하여는 1일 근로시간이 6시간이 되도록 근로시간 단축을 허용할 수 있다.

⑦ 사용자는 제6항에 따른 근로시간 단축을 이유로 해당 근로자의 임금을 삭감하여서는 아니 된다.

⑧ 사용자는 임신 중인 여성 근로자가 1일 소정근로시간을 유지하면서 업무의 시작 및 종료 시각의 변경을 신청하는 경우 이를 허용하여야 한다. 다만, 정상적인 사업 운영에 중대한 지장을 초래하는 경우에는 그러하지 아니하다.

<상황>

여성 근로자인 A는 2020년 3월 1일에 임신을 하였으나 2020년 6월 19일에 유산하였다. 이후 A는 2023년 4월 1일에 임신하여 2024년 1월 1일에 출산하였다.

<보기>

ㄱ. A는 2024년 1월 1일에 쌍둥이를 출산하였고, 사용자는 A에게 출산전후휴가를 2023년 10월 18일부터 2024년 2월 14일까지만 주었다.

ㄴ. A는 2023년 7월 14일부터 2023년 8월 14일까지 1일 2시간만큼 근로시간의 단축을 신청하였다. 사용자는 이를 허용하였으나, 단축된 근로시간만큼 임금을 삭감하였다.

ㄷ. A는 출산전후휴가를 신청하고 이 중 36일을 출산 12주 전부터 매주 3일씩 사용하겠다고 신청하였으나, 사용자는 이를 거부하였다.

① ㄱ　② ㄴ　③ ㄱ, ㄴ　④ ㄱ, ㄷ　⑤ ㄴ, ㄷ

30 **다음 글을 근거로 판단할 때, 甲이 2024년 1월 10일에 보유한 포인트는?**

2022년 1월 1일 甲은 A그룹 통합 멤버십 서비스에 가입하였다. 해당 서비스는 A그룹 제휴 업체에서 결제 시 결제금액의 일부를 포인트로 적립하고, 적립된 포인트를 다음 결제부터 현금처럼 사용할 수 있는 제도이다. 결제 시 포인트를 사용하는 경우, 보유한 포인트 중 가장 먼저 적립된 포인트부터 사용되며, 결제금액 중 사용포인트를 제외한 금액에 대해서만 포인트가 적립된다. 단, 사용하지 않은 포인트는 적립일(결제일)로부터 1년이 되는 날이 속한 달의 말일에 소멸된다.

甲이 A그룹 제휴 업체에서 결제한 내역은 다음과 같다.

날짜	제휴 업체	결제금액(원)	적립률(%)	사용포인트
2022. 1. 5.	A영화관	50,000	5	
2022. 9. 20.	A카페	22,000	2	2,000
2023. 1. 9.	A편의점	25,000	2	
2023. 3. 27.	A레스토랑	50,300	4	300
2024. 1. 5.	A화장품점	10,500	5	500

① 2,000 ② 2,300 ③ 2,500
④ 2,600 ⑤ 3,100

제5회 피셋기출 모의고사

은행 NCS 실력점검

스터디원 풀이 결과

최고 득점자 A	상위 30% 컷 득점자 B	최빈값 득점자 C	하위 30% 컷 득점자 D
✔ 교육계열 ✔ 필기 합격 경험 ○ (기업은행)	✔ 자연계열 ✔ 필기 합격 경험 ○ (지역농협, 새마을금고)	✔ 인문계열 ✔ 필기 합격 경험 ○ (부산은행)	✔ 공학계열 ✔ 필기 합격 경험 ×

문항 번호	나의 풀이 결과	스터디원 풀이 결과				문항 번호	나의 풀이 결과	스터디원 풀이 결과			
		A	B	C	D			A	B	C	D
01		○	×	○	×	16		○	○	○	○
02		○	○	○	×	17		○	○	×	×
03		○	○	○	×	18		○	○	×	×
04		○	○	×	×	19		○	×	○	×
05		○	×	×	○	20		×	×	○	×
06		×	○	×	×	21		×	×	×	×
07		×	○	○	○	22		○	×	○	×
08		○	×	○	○	23		○	×	×	×
09		○	○	×	○	24		○	○	○	○
10		×	○	×	×	25		○	○	○	○
11		○	○	○	○	26		○	×	○	○
12		○	○	○	○	27		○	○	×	○
13		○	○	×	×	28		×	×	×	×
14		○	×	○	×	29		○	○	×	×
15		○	○	×	×	30		×	○	×	×
						합계	/ 30	23/30	19/30	15/30	11/30

득점 분포 그래프

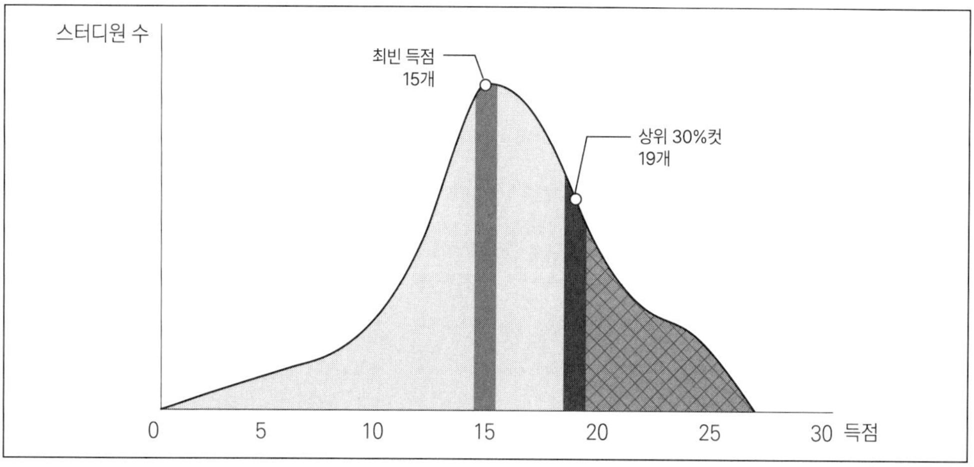

문항별 정답률

문항 번호	01	02	03	04	05	06	07	08	09	10
상위 30%(A)	88%	97%	88%	75%	88%	75%	50%	88%	94%	50%
전체(B)	69%	85%	63%	46%	65%	65%	54%	78%	69%	30%
(A−B)	19%p	12%p	25%p	29%p	23%p	10%p	−4%p	10%p	25%p	20%p
문항 번호	11	12	13	14	15	16	17	18	19	20
상위 30%(A)	97%	97%	89%	50%	78%	83%	81%	67%	67%	61%
전체(B)	70%	89%	46%	28%	37%	80%	37%	24%	44%	44%
(A−B)	27%p	9%p	43%p	22%p	41%p	3%p	44%p	43%p	23%p	17%p
문항 번호	21	22	23	24	25	26	27	28	29	30
상위 30%(A)	61%	72%	67%	94%	97%	67%	97%	22%	72%	78%
전체(B)	48%	52%	43%	83%	81%	52%	80%	7%	44%	50%
(A−B)	13%p	20%p	24%p	11%p	16%p	15%p	17%p	15%p	28%p	28%p

- 이번 회차의 결정적 문항 13 15 17 18
- 위 4개 문항은 득점 상위 30% 스터디원의 정답률과 전체 스터디원의 정답률이 40%p 이상 차이 나는 문항으로, 합격권에 들기 위해 꼼꼼한 복습이 필요합니다.

결정적 문항 오답 패턴 분석

13번

금융권역별 피해금액 비중에서 '은행'과 '인터넷전문은행'을 분리 표기한 그래프를 그대로 수용해 중복 계산 여부를 확인하지 않았고, 환급액 비교 시 피해자 수를 고려한 환산 없이 판단하여 선택지 ⑤를 고른 경우가 많았다. 복습 시 기준 항목 포함 여부와 단위당 환산 연습이 필요하다.

15번

성과급 지급 항목별 계산 방식 차이를 인지하지 못하고 선택지 ②를 정답으로 고른 경우가 많았다. 특히 성과인센티브는 연봉 기준, 목표달성장려금·특별상여금은 월급 기준으로 계산됨에도 이를 혼동해 과대 계산하거나, 월급 600만 원 기준 실제 합계 4,500만 원에 그치는 것을 간과하였다.

17번

오답자들은 전체 매출 대비 상위 10개 기업 비중 비교에서 숫자만 보고 2024년이 더 클 것이라 추정했고, 증가율 60% 이상 기업을 단순 증감폭 큰 기업으로 오해해 선택지 ⑤를 골랐다. 복습 시 비율 비교 계산과 '증가율' 개념 정확히 구분하는 훈련이 필요하다.

18번

오답자들은 공적자금기금 출연 및 국가채무 상환 비율을 잘못 계산하거나, '보다 크다/작다' 표현에 대한 판단 기준을 혼동했다. 특히 선택지 ①을 고른 경우, 30%가 아닌 51% 이상을 사용해야 한다는 점을 간과했다. 복습 시 비율 규칙의 누적 적용과 비교문 해석 연습이 필요하다.

금융취약성지수(FVI) +관련 문항 27

금융취약성지수(FVI: Financial Vulnerability Index)는 **한 국가의 금융 시스템이 외부 충격에 얼마나 취약한지를 종합적으로 진단하는 지표**로, 중앙은행이나 금융당국이 위기 징후를 조기에 포착하고 선제적 대응을 할 수 있도록 돕는다. 이는 단일한 지표가 아니라 **가계, 기업, 금융기관, 자산시장, 대외부문 등 다양한 경제·금융 데이터를 결합한 종합지수**로서, 금융 시스템의 안정성을 시계열적으로 평가하고, 위험 누적의 경향성을 나타내기 위해 주기적으로 산출된다.

예를 들어, 가계부채가 급증하거나 기업들의 이자보상능력이 약화되거나 금융기관의 자기자본비율이 하락하는 경우 이 지수는 상승하게 되며, 이는 시스템 전반의 위험도가 높아졌음을 의미한다. FVI가 일정 수준 이상으로 상승하면 금융당국은 이를 '경보 신호'로 인식하고 대출 규제, 유동성 관리, 감독 강화 등의 정책 대응을 검토하게 된다. 이러한 맥락에서 FVI는 경기 선행지수나 일반적인 경제 지표와는 달리, **금융 시스템 내 누적된 리스크의 크기와 민감도를 측정하는 데 중점을 둔 조기 경보형 지표**로 볼 수 있다. FVI는 아래와 같은 부문별 지표들을 표준화하여 가중합하는 방식으로 산출된다.

[표] FVI 세부 지표

부문	대표적 구성 지표	위험 시사점
가계부문	가계부채비율, DSR, 연체율 등	부채 상환능력 악화 시 금융기관의 자산 건전성 저하 가능성
기업부문	부채비율, 이자보상배율, 수익성 등	기업 부실 시 대출 부실 전이 가능성 증가
금융기관부문	BIS비율, LCR(유동성 커버리지 비율), NPL 비율 등	자기자본 부족, 유동성 위기, 금융 중개기능 위축 우려
자산시장부문	주택가격 변동률, 주가 변동성, 거래량 등	자산가격 하락 시 담보가치 하락 및 소비·투자 위축 가능
대외부문	외환보유액 대비 단기외채 비율, 환율 변동성 등	글로벌 자본 유출입 불안정성에 따른 유동성 리스크 확대 가능성

이와 같은 구성으로 인해 FVI는 금융당국이 거시건전성 정책을 수립할 때 핵심 근거로 활용되며, 은행 등 금융기관도 내부 리스크 관리 체계 내에서 이 지수를 참고하여 자산 포트폴리오 조정, 충당금 확충, 대출한도 관리 등의 전략을 마련한다. 예컨대, 가계부채 관련 FVI 지표가 급등한 경우 은행은 변동금리 위주 대출 비중을 축소하거나 보증 요건을 강화하는 방식으로 리스크를 관리할 수 있다.

은행 취업 필수 키워드

이자보상배율

이자보상배율은 한 해 동안 기업이 벌어들인 돈(영업이익)이 그해에 갚아야 할 이자(이자비용)에 비해 얼마나 많은지를 나타내는 지표로, 영업이익을 이자비용으로 나눠 구한다. 따라서 이자보상배율이 1보다 작다는 건 한 해 동안 벌어들인 돈으로 이자조차 갚지 못한다는 의미다. 3년 연속 이자보상배율이 1 미만인 기업을 한계기업(좀비기업)으로 간주한다. 3년 연속 이자조차 갚지 못할 정도라면 자체적인 생존능력이 없다고 보는 것이다.

LCR

유동성커버리지비율(LCR: Liquidity Coverage Ratio)은 뱅크런(은행자금 대량 이탈)을 가정한 유동성 위기 상황에서 30일 동안 빠져나갈 순현금 대비 즉시 현금화할 수 있는 고(高)유동성 자산 비율이다. 100% 이상일 경우, 위기 상황에서도 필요한 자금 지급 능력이 있다고 판단한다.

LCR = 고유동성자산(HQLA)* / 30일간 순현금 유출 예상액**
* 위기 시 신속히 현금화할 수 있는 고신용·고유동성 자산(현금, 국채 등)
** 위기 상황에서 30일 내 유출될 것으로 예상되는 자금에서 유입 가능 자금을 차감한 것

변동성 지수

변동성 지수(VIX: Volatility Index)는 로버트 E. 웨일리 교수가 미국 주식시장의 변동성을 나타내기 위해 개발한 것으로, S&P 500 지수옵션에 대해, 향후 30일간의 변동성에 대한 투자기대지수를 나타낸다. 시장상황에 대한 정보, 수급과 함께 주가에 영향을 미치는 요소 중의 하나인 투자자들의 투자심리를 수치로 나타낸 지수다. 예를 들어 VIX 30(%)이라고 하면 앞으로 한 달간 주가가 30%의 등락을 거듭할 것이라고 예상하는 투자자들이 많다는 것을 의미한다.

S&P 500 지수옵션의 변동성이 커질 것이라는 기대심리가 높아질수록 VIX지수는 올라간다. 변동성 확대에 대한 기대가 크다는 것은 그만큼 투자자들의 심리가 불안하다는 것을 의미해, 흔히 VIX지수를 '공포지수(fear index)'라 부른다.

제6회 피셋기출 모의고사

- **문항 수:** 30문항
- **시험 형식:** 객관식 5지 선다형
- **시험 시간:** 67분 30초

문항 구성표

영역	번호	출처	소재	난이도
의사소통 능력	01	행정5급	호혜성 교환경제체제	★
	02	입법고시	NFT	★
	03	입법고시	사회적 시장경제	★
	04	민경채	국제표준도서번호(ISBN)	★★
	05	고3 7월 모의고사	금리	★
	06	고3 7월 모의고사	금리	★
	07	고3 7월 모의고사	금리	★
	08	고1 11월 모의고사	원가회계	★
	09	고1 11월 모의고사	원가회계	★
	10	고1 11월 모의고사	원가회계	★
수리 능력	11	행정5급	그래픽카드의 사양 및 단가	★★★
	12	입법고시	지역별 가계자산	★★
	13	입법고시	보고서 현황과 업무성과기준	★★★
	14	행정5급	금융소득 분위별 가구당 자산규모	★★★
	15	입법고시	제조업 부문별 재무구조	★★
	16	입법고시	법인세 과세표준	★★
	17	입법고시	A 놀이공원의 이용요금	★★★
	18	입법고시	은행권 유통 동향	★★★
	19	입법고시	생산원가, 판매비 및 가격	★★★
	20	행정5급	지역별 고령인구 및 고령인구 비율	★★★
문제해결 능력	21	행정5급	탄소중립	★★★
	22	행정5급	탄소중립	★★★
	23	민경채	자격증 소지 여부	★★★
	24	입법고시	A기업에 대한 SWOT	★★
	25	민경채	AD카드	★
	26	입법고시	유미가 선택할 쿠폰	★★★
	27	행정5급	A과의 내선번호	★★★
	28	행정5급	주주총회의 소집절차	★★
	29	행정5급	개발도상국으로 흘러드는 외국자본	★★
	30	행정5급	포상금 사용기준	★

의사소통능력

01 다음 글에서 사용되고 있는 논증 방식을 아래 <보기>에서 모두 고른 것은?

사회주의 경제체제가 붕괴된 이후, 경쟁에 기반한 시장경제체제가 인간 사회의 생존을 보장하는 가장 적합한, 심지어 유일한 경제체제라고 믿는 사람들이 점차 증가하고 있다. 이들은 호혜성 물물교환제도가 미개사회에나 존재하는 것이라 생각하고, 만약 그런 미개사회가 시장경제체제를 도입하기만 한다면 더 나은 삶을 누릴 수 있으리라 믿는 경향이 있다. 돌려받을 대가가 무엇인지, 언제 그 대가를 받을 수 있는지 등이 분명하게 특정되지 않은 호혜성 물물교환제도는 적절한 경쟁을 유발할 수 없는 비효율적인 것이어서, 소득과 생활 수준 향상에 도움이 되지 못한다는 것이다.

그러나 시장경제체제가 언제 어디에서나 호혜성 교환경제체제보다 우월한 것은 아니다. 호혜성 교환경제체제는 초과 생산을 향해 집중적인 경쟁을 하도록 자극하는 것이 오히려 한 집단의 생존에 악영향을 끼치는 자연 조건에서 주로 발견된다. 사냥꾼이 어느 한 시기에 모든 노력을 집약하여 더 많은 동물과 식물을 남획할 경우 그들 서식지 내의 식량 공급 능력이 영원히 상실될 위험 속에 살아가는 에스키모족이나 부시맨족은 그와 같은 자연조건에 우선적으로 적응하는 경제체제를 취할 수밖에 없는 것이다. 호혜성이란 정확한 계산이라든지 누구에게 빚을 졌다는 사고와는 정반대의 사고이므로, 호혜성이 지배하는 사회에서는 물품이나 용역을 제공받았다 해서 공개적으로 감사를 표시하는 것이 오히려 무례한 태도로 여겨진다.

리차드 리(Richard Lee) 교수의 발표에 의하면 부시맨들은 일주일에 단 10~15시간의 노동으로 생활을 영위할 수 있다. 이러한 사실의 발견은 현대인이 인류 역사상 가장 적은 시간의 노동을 하고 가장 장시간의 휴식을 취하고 있다는 현대 산업 사회의 신화를 무색하게 만든다. 원시 사냥꾼이나 채집가에게 노동조합 같은 것이 있을 리 만무하지만 그들의 노동시간은 우리보다 짧다. 수 주 혹은 여러 달 동안 집중적으로 가해지는 과도한 노동량은 그들의 생태계가 감당할 수 있는 수준을 넘어서는 것이기 때문에, 소련의 전설적인 광부 스타하노프처럼 혁신적인 작업 방식으로 개인 생산량을 대폭 증가시키는 사람들은 부시맨 사회에 명백한 위협이 된다. 부시맨 지도자들이 자신의 추종자들로 하여금 단 1개월만이라도 스타하노프를 본받아 일하게 만든다면 그들의 서식지 내의 사냥감들이 전멸하게 되어 그 해가 다 가기 전에 그 부족은 굶어 죽게 될 것이다. 부시맨 사회에서 호혜성 물물교환이 널리 행해지고, 시혜를 베푼다는 느낌 없이 자기가 잡은 사냥물을 조용히 분배하는 믿음직스러운 사냥꾼에게 최고의 영예가 수여되는 이유가 바로 여기에 있다.

<보기>

ㄱ. 가설을 입증한 뒤 그것을 일반화하고 있다.
ㄴ. 예시를 통해 자신의 주장을 옹호하고 있다.
ㄷ. 귀납적 방법을 사용하여 자신의 주장을 정당화하고 있다.
ㄹ. 다른 전문가가 밝힌 사실을 자신의 논거로 활용하고 있다.
ㅁ. 다양한 결과들을 원인별로 분류하여 분석하는 방법을 취하고 있다.

① ㄱ, ㄷ ② ㄴ, ㄹ ③ ㄱ, ㄴ, ㄹ
④ ㄴ, ㄷ, ㅁ ⑤ ㄷ, ㄹ, ㅁ

02 다음 글의 내용과 부합하는 것은?

NFT의 정의를 보자. NFT(Non-Fungible Token)는 블록체인 기술을 활용해 디지털 자산에 고유한 값을 부여한 인증서다. 디지털 토큰(token) 형태로 발행되어 해당 자산의 소유권(ownership), 구매자 정보 등을 기록하고 그것이 원본임을 증명한다. 복사 또는 다른 NFT와 대체(맞교환)가 불가능하기 때문에 '대체 불가 토큰'이라고도 한다. 바로 이 특성이 혁신으로 받아들여진다. 이미 각종 유·무형 자산을 토큰화(tokenization)해 다양한 산업과 맞물려 토큰 이코노미를 창출하고 있다. 그러나 NFT는 가치 변동성, 사행성, 보안과 해킹 등의 우려가 제기되는 것도 사실이다.

NFT는 소유권, 저작권 등의 진위 여부를 확인하는 수단이다. '디지털화한 자산'은 이 NFT를 등에 업고 '유동화(securitization)' 시장으로 진출이 본격화될 것이라 예상된다. 그동안 유동화 대상 자산은 채권, 부동산 등 실물 위주였으나, NFT를 도입할 수 있는 대상이 지식재산(IP) 전반으로 확대되고 있어 전에 없던 형태의 거래 발생이 점쳐진다. 거래는 소유가 기본이 되어야 한다. 따라서 NFT가 지식재산의 소유권, 진위 여부 등을 확인하는 수단으로 활용된다면 유동화 시장의 확장을 앞당길 것이다. 상대적으로 디지털화가 용이한 '저작권(그림, 음악, 사진 등 콘텐츠)'보다는 특허로 대변되는 '산업재산권' 분야의 변화를 더 주목할 필요가 있다. 유동화 구현은 지식재산의 권리(이용권, 소유권·저작권 등)를 블록체인 네트워크상에서 NFT로 분할·기록해 거래하는 방식이 될 것이다. NFT 기반 지식재산 유동화 시장 형성이 머지않았다. 그러나 국가 지식재산정책 어디에서도 NFT·블록체인 기반 지식재산 거래를 검토하고 있지 않다. NFT는 권리와 관련된 만큼 법적 안정성을 확보하고 유동화 가능성에 대비한 정책 마련을 적극적으로 고민할 필요가 있다.

아담 스미스 이래 자본주의 경제는 재화의 사적 소유를 강력히 인정해 왔다. 이때의 재화는 배타적 권리가 부여된 자산이다. 현재 NFT는 희소한 재화를 소유(수집)했다는 데서 오는 효용, 즉 만족감이 절대적이지만, NFT가 해당 재화의 고유한 가치를 인증함으로써 거래와 투자를 일으켜야 '자산(asset)'으로서의 가치를 충분히 얻을 수 있을 것이다. 즉 NFT 그 자체보다는 디지털화된 재화 및 그 재화를 소비하는 플랫폼(마켓 플레이스, 메타버스 등)이 결합되어 투자·거래상품으로서의 가치를 창출할 때 비로소 이것이 가능해진다. 최근 시장은 바로 이 잠재력에 주목하여 성장 중이라고 볼 수 있다.

전술한 바처럼 디지털 토큰인 NFT가 자산의 성격을 가진다면 법률상 '가상자산(virtual assets)'으로도 볼 수 있을까? 이는 달리 말해 NFT를 규제 대상에 포함할 것인가의 문제다. 정부(금융위원회)는 NFT가 「특정 금융거래정보의 보고 및 이용 등에 관한 법률」상 가상자산의 정의에 부합하지 않는다는 의견이다. 이는 지난 10월 28일 국제자금세탁방지기구(FATA)가 발표한 「가상자산과 가상자산 사업자에 대한 업데이트된 지침」의 결정과 다르지 않다. NFT는 암호화폐와 달리 투자나 지급·결제 수단으로 보지 않은 것이다. 만약 NFT가 가상자산에 포함된다면 「소득세법」 제64조의3제2항 등에 따라 양도·대여분에 대해 기타소득으로 과세 대상이 된다. 현재 NFT는 그 개념과 산업에서의 활용이 정립되어 가는 단계이므로 우선 '디지털 자산'으로 인식하는 것이 바람직하다고 본다. 법률상 가상자산의 범주에 포함할지 여부는

NFT가 시장에서 투자나 거래 수단으로 기능하는지를 점검하고 실질적인 성격을 고려하여 향후 규정해야 할 것이다. 기술의 발전과 혁신은 늘 규제라는 장벽을 마주한다. 그것이 경제·사회적 가치를 창출할 때에는 공론화에 의한 사회적 신뢰와 합의, 적정한 수준의 규제의 조화가 필요하다.

① NFT는 복사 또는 다른 NFT와 대체(맞교환)가 불가능하기 때문에 해킹의 우려로부터 자유롭다.
② 정부의 입장에 따를 때 NFT는 투자나 지급·결제 수단 및 가상자산으로 보기 어렵다.
③ NFT는 희소한 재화를 수집했다는 데서 오는 만족으로 인하여 자산으로서의 충분한 가치를 제공한다.
④ 산업재산권은 각종 저작권보다 디지털화가 용이하다.
⑤ 현재 국가 주도의 지식재산정책을 바탕으로 NFT 기반 지식재산 유동화 시장 형성을 촉진하고 있다.

03 다음 글의 ㉠에 들어갈 내용으로 가장 적절한 것은?

2014년 장클로드 융커 EU 집행위원장은 이렇게 선언했다. "나는 사회적 시장경제를 굳게 믿는다. 위기를 겪는 동안 배 주인과 투기꾼들은 더 부유해지고 연금 생활자들이 더 이상 자신들을 돌볼 수 없게 된 것은 사회적 시장경제에 맞지 않는다." 연금 생활자들이 더 이상 스스로를 부양할 수 없게 된 중요한 까닭 중 하나는 그들의 저축에서 나오는 수익률이 낮다는 사실이다. 영국에서 「21세기 자본」이 출간된 그달 IMF의 「세계경제전망」은 2001년 이후 미국에서 실질 주식투자 수익률과 실질금리 사이의 격차가 커지고 있다고 설명했다. "세계적으로 실질금리는 1980년대 이후 크게 떨어졌으며, 지금은 소폭 마이너스 시대에 들어가 있다." 1996년부터 2014년까지 영국에서 두 가지 유형의 저축(고정금리 채권과 즉시 인출 계좌)이 보여주는 것처럼 실질금리가 실제로 마이너스가 됐으며, 여러 해 동안 그 수준이 유지되었다. 저축자들이 새로운 저축으로 투자 금액을 보충하지 않으면 이러한 형태로 보유한 그들의 부는 뒷걸음질할 것이다.

일반적인 금융자산의 수익률과 소액 저축자가 실제로 받은 수익률 사이에 끼어든 쐐기 같은 것이 금융 서비스 산업의 소득원인데, 그것 자체가 매우 불평등하게 분배되며 최상위 소득자들의 몫이 늘어나는 데 크게 기여해 왔다. 그러나 수익률의 차이가 소액 저축자들에게 주는 시사점에도 관심을 가질 필요가 있다. 자산의 수익률은 대규모 자산보다 소액 자산일 때 훨씬 더 낮다. 그렇다면 소액 저축자들에게 유리하게 다시 경제의 균형을 잡으려면 무엇을 할 수 있는가? 어떻게 하면 그들의 저축에서 나오는 수익이 자본의 수익률에 가까워질 수 있는가? 시장의 경쟁은 이러한 결과를 보장하지 않았다. 공정거래국은 확정기여형 퇴직연금 시장에 참여한 모든 저축자에게 수익률을 올리려면 경쟁에만 의존할 수 없다고 결론지었다. 연금 상품을 제공하고 관리하는 회사의 수수료에 상한을 두는 것과 같은 규제가 하나의 대안이다. 영국 정부는 이에 따라 연금기금의 운영 수수료에 대해 0.75%의 상한을 정해 발표했다. 그러나 국영 금융기관들을 통해 적절한 수익률을 확보하는 것이 직접적인 길이다. 그러므로 [㉠]

이는 급진적인 발상이 아니다. 수익률을 보장하는 물가연동채권은 이미 미국 독립전쟁 기간인 1780년 매사추세츠공화국 정부가 발행했다. 소액 저축자들에게는 과거 아일랜드, 영국과 다른 여러 나라 정부가 물가연동저축증서를 제공했다. 영국에서는 당초 은퇴할 나이가 지난 이들에게만 제공했기 때문에 처음에는 '할머니 채권'으로 알려진 국민물가연동저축증서가 2011년까지 제공됐다. 이 채권들은 저축의 구매력을 보장했을 뿐만 아니라 연 1%의 이자를 지급했으므로 실질금리 면에서 이득을 주었다. 이러한 수익을 내는 채권을 다시 도입하면 소액 저축자들이 그동안 이용할 수 있었던 저축 수단에 비해 수익률 면에서 크게 향상될 것이다.

① 정부는 국민저축채권을 통해 저축에 대한 플러스 실질금리를 보장해야 한다.
② 정부는 연금 상품을 제공·관리하는 회사의 수수료에 대한 상한선을 두는 등 사회적 시장경제를 적극 펼쳐야 한다.
③ 정부는 기대되는 일인당 가계소득의 실질성장률이 국영 금융기관 수익률과 일치하도록 해야 한다.
④ 정부는 연금 저축자들의 부가 뒷걸음질하지 않도록 즉시 인출 계좌 개설을 확대해야 한다.
⑤ 정부는 가계소득을 보장받도록 최저임금과 그 이상의 보수에 대한 실행 규칙이 있는 임금 정책을 펼쳐야 한다.

04 **다음 글에서 추론할 수 있는 것은?**

국제표준도서번호(ISBN)는 전 세계에서 출판되는 각종 도서에 부여하는 고유한 식별 번호이다. 2007년부터는 13자리의 숫자로 구성된 ISBN인 ISBN-13이 부여되고 있지만, 2006년까지 출판된 도서에는 10자리의 숫자로 구성된 ISBN인 ISBN-10이 부여되었다.

ISBN-10은 네 부분으로 되어 있다. 첫 번째 부분은 책이 출판된 국가 또는 언어 권역을 나타내며 1~5자리를 가질 수 있다. 예를 들면, 대한민국은 89, 영어권은 0, 프랑스어권은 2, 중국은 7 그리고 부탄은 99936을 쓴다. 두 번째 부분은 국가별 ISBN 기관에서 그 국가에 있는 각 출판사에 할당한 번호를 나타낸다. 세 번째 부분은 출판사에서 그 책에 임의로 붙인 번호를 나타낸다. 마지막 네 번째 부분은 확인 숫자이다. 이 숫자는 0에서 10까지의 숫자 중 하나가 되는데, 10을 써야 할 때는 로마 숫자인 X를 사용한다. 부여된 ISBN-10이 유효한 것이라면 이 ISBN-10의 열 개 숫자에 각각 순서대로 10, 9, …, 2, 1의 가중치를 곱해서 각 곱셈의 값을 모두 더한 값이 반드시 11로 나누어 떨어져야 한다. 예를 들어, 어떤 책에 부여된 ISBN-10인 '89-89422-42-6'이 유효한 것인지 검사해 보자. $(8\times10)+(9\times9)+(8\times8)+(9\times7)+(4\times6)+(2\times5)+(2\times4)+(4\times3)+(2\times2)+(6\times1)=352$이고, 이 값은 11로 나누어 떨어지기 때문에 이 ISBN-10은 유효한 번호이다. 만약 어떤 ISBN-10의 숫자 중 어느 하나를 잘못 입력했다면 서점에 있는 컴퓨터는 즉시 오류 메시지를 화면에 보여줄 것이다.

① ISBN-10의 첫 번째 부분에 있는 숫자가 같으면 같은 나라에서 출판된 책이다.
② 임의의 책의 ISBN-10에 숫자 3자리를 추가하면 그 책의 ISBN-13을 얻는다.
③ ISBN-10이 '0-285-00424-7'인 책은 해당 출판사에서 424번째로 출판한 책이다.
④ ISBN-10의 두 번째 부분에 있는 숫자가 같은 서로 다른 두 권의 책은 동일한 출판사에서 출판된 책이다.
⑤ 확인 숫자 앞의 아홉 개의 숫자에 정해진 가중치를 곱하여 합한 값이 11의 배수인 ISBN-10이 유효하다면 그 확인 숫자는 반드시 0이어야 한다.

핵심 개념 플러스+

[05~07] 다음 글을 읽고 물음에 답하시오.

우리는 현금이나 예금 및 유가 증권을 일컫는 금융 자산을 관리하기 위해 금융 거래를 한다. 금융 거래는 개인과 금융 기관의 거래뿐만 아니라 개인과 개인 간에도 빈번히 일어나는데, 개인과 금융 기관 간에는 금리를 잘 따져봐야 하고, 개인과 개인 간에는 금전소비대차 계약에 대해 알아야 한다.

금리란 원금에 대한 이자의 비율을 말하는 것으로 자금의 수요와 공급에 의해 결정되며, 자산의 증감에 영향을 미치는 중요한 요소이다. 예금자의 입장에서는 같은 금액을 예금하더라도 금리의 방식, 즉 단리인지 복리인지에 따라 수익률이 다르다. 단리는 원금에 대해서만 이자가 붙지만, 복리는 원금과 이자를 모두 합친 금액에 이자가 붙는다. 예를 들어 원금 1,000만 원을 연 5% 금리로 2년간 예금하면 단리 이자는 매년 50만 원이다. 하지만 복리의 경우 첫해의 이자는 50만 원이나, 다음 해는 첫해의 이자가 포함된 1,050만 원에 5%의 금리를 적용하여 이자는 52만 5천 원이 되는 것이다. 즉 금리가 같다면, 원금이 커질수록 또 ⓐ 기간이 길어질수록 단리와 복리에 따른 금액의 차이는 커진다.

또한 금리로 인한 실제 수익률을 판단할 때에는 물가 변동률이 중요한 요소가 될 수 있다. 물가 변동률을 고려하지 않은 금리를 명목 금리라 하고, 물가 변동을 고려하여 명목 금리에 물가 변동률을 뺀 금리를 실질 금리라 한다. 예를 들어, 철수가 100만 원을 연 10% 금리로 예금한다면 1년 뒤 원금에 이자를 포함한 원리금합계는 110만 원이 된다. 그런데 물가 상승률이 10%이면 원리금합계의 가치와 1년 전의 원금의 가치가 동일해지기 때문에 철수의 명목 금리는 10%이지만 실질 금리는 0%인 것이다.

금리는 예금자뿐 아니라 금융 기관으로부터 돈을 빌리는 사람에게도 중요하다. 돈을 빌리면 대출 이자를 내게 되는데 일반적으로 금리가 오르면 대출 이자도 오른다. 따라서 금리에 따른 이자 부담을 줄이기 위해서는 고정 금리와 변동 금리를 따져봐야 한다. 고정 금리는 대출 기간에 금리가 변하지 않지만, 변동 금리는 적절한 금리 조정을 통해 금리가 계속 변한다. 금리의 조정은 다양한 요인들에 의해 이루어지는데, 일부 금융 기관은 자체적으로 산출한 자금 조달 비용에 따라 변동 금리를 결정하기도 한다. 하지만 대부분의 금융 기관들은 한국은행에서 발표하는 기준 금리를 반영하여 금리를 책정한다. 기준 금리는 한국은행의 금융통화위원회가 시중의 통화량을 ⓑ 조절하기 위해 매달 인위적으로 결정하는데, 경기 과열로 물가 상승의 우려가 있으면 기준 금리를 올려 경기를 안정시킨다. 또한 경기가 위축될 우려가 있으면 기준 금리를 낮추어 경기 활성화를 꾀한다. 기준 금리가 변하게 되면 금융 기관의 금리에 영향을 미쳐 변동 금리로 돈을 빌린 사람의 이자 부담은 커지거나 작아진다.

금융 거래는 개인과 금융 기관 간의 거래뿐 아니라 개인 간에도 이루어진다. 이때 발생할 수 있는 갈등을 예방하기 위해 민법은 금전, 즉 돈을 빌려주는 것을 내용으로 하는 계약을 금전소비대차로 규정하고 관련 내용을 ⓒ 명시하고 있다. 금전소비대차 계약은 돈을 빌려주는 채권자와 돈을 빌리는 채무자의 합의를 우선시하는데, 이때의 계약은 몇 가지 ⓓ 유의할 점이 있다.

첫째, 채권자와 채무자는 이자에 관한 사항을 서로 합의해야 한다. 이자 지급에 대한 합의가 이루어지지 않았을 때는 무이자가 원칙이다. 그런데 만일 이자 지급에는 합의를 하였으나 이자율을 정하지 않았으면 연 5%의 법정 이자율이 적용된다. 둘째, 채무자가 돈을 갚지 못할 때를 대비해서 채권자가 요구하는 인적 담보와 물적 담보에 관한 사항을 명시해야 한다. 채권자는 인적 담보와 물적 담보 모두를 요구할 수 있는데 채무자 대신 돈을 갚아 줄 보증인을 제공하는 것을 인적 담보라 하고, 빚 대신 처분할 수 있는 물건을 제공하는 것을 물적 담보라 한다. 물적 담보는 채권자가 처분할 수 있어야 하므로 채무자의 소유이거나, 채무자의 소유가 아닌 다른 사람의 소유라면 소유자로부터 처분에 대한 약속을 받아야 한다. 셋째, 돈을 갚을 날짜를 합의해야 한다. 돈을 갚기로 한 날 채무자는 채권자의 은행 계좌로 입금하면 되지만, 직접 만나 갚기로 할 경우 채권자가 고의로 나타나지 않거나, 받기를 거부하여 갚지 못한다면 사전에 합의가 없더라도 공탁 제도를 활용할 수 있다. 공탁은 채무자가 돈이나 유가 증권 등을 법원의 공탁소에 맡기는 것을 말한다. 공탁을 할 경우 그날 돈을 갚는 것과 같은 효과를 가져 ⓔ 상환 시기에 따른 분쟁을 피할 수 있다.

금전소비대차는 채무자가 빌린 돈을 갚으면 계약이 만료된다. 만약 채무자가 돈을 갚지 않으면 채권자는 계약 해제나 강제 집행을 통해 채무 내용에 대해 강제할 수 있다. 이때 자산보다 빚이 많아 빚을 갚을 능력이 없는 채무자를 돕기 위해 법원은 채무자 회생 및 파산에 관한 법률에 따라 ㉠ 개인 회생 제도와 ㉡ 개인 파산 제도를 시행하고 있는데, 두 제도 모두 빚을 갚을 능력이 없다는 것을 법원으로부터 확인받아야 한다. 개인 회생 제도의 경우는 채무자가 지속적인 수입이 있을 때 신청할 수 있고, 개인 회생 제도를 신청할 당시의 수입에서 최저 생계비를 제외하고 법원이 정해 준 금액을 5년간 갚으면 나머지 빚은 면제된다. 그런데 채무자가 지속적 수입이 없을 경우에는 개인 파산 제도를 신청할 수 있다. 이때 채무자가 법원에 파산 신청을 먼저 하면 법원은 채무자에게 파산 선고를 하고, 채무자가 면책 선고까지 받으면 모든 채무는 없어진다. 이러한 제도로, 과도한 빚으로 인한 부담을 덜 수는 있겠지만 선고를 받기 전까지 채무자와 그 주변인이 감당해야 할 부담은 엄청나며, 선고를 받은 후에도 금융 기관과의 신용 거래에 불이익을 당하는 등 정상적으로 경제생활을 하기에 큰 어려움이 생길 수 있다.

05 윗글을 바탕으로 <보기>의 사례를 검토한 내용으로 가장 적절한 것은?

<보기>

A는 주택을 구입하고자 B에게 돈을 빌리고 개인 간의 금융 거래에 관한 금전소비대차 계약서를 작성했다. 이에 채무자 A와 채권자 B는 돈을 갚지 못했을 경우를 대비하여 인적·물적 담보에 관한 사항을 합의하고, 원금은 지정 날짜에 만나서 상환하기로 했다. 이자는 매달 지급하기로 했으나 이자율은 정하지 않았다.

① A와 B가 인적 담보에 합의했더라도 B는 보증인을 요구할 수 없다.
② A가 지정 날짜까지 상환하지 않으면 B는 채무 내용에 대한 강제 집행을 할 수 있다.
③ A의 소유가 아니면 B는 처분에 대한 약속을 받은 물건이라도 물적 담보로 설정할 수 없다.
④ A와 B가 이자율을 정하지 않았으므로 무이자 원칙에 따라 A는 이자를 지급하지 않아도 된다.
⑤ 원금 상환 날짜에 B가 나타나지 않아도 A와 B 사이에 사전 합의가 없으면 A는 공탁 제도를 활용할 수 없다.

06 ㉠과 ㉡에 대한 설명으로 적절한 것은?

① ㉠은 ㉡과 달리 채무자가 일정 금액을 5년간 갚아야 빚이 면제된다.
② ㉠은 ㉡과 달리 채무자가 자산보다 빚이 많은 경우에 신청할 수 있다.
③ ㉠은 ㉡과 달리 채무자가 빚을 갚을 능력이 없다는 것을 법원으로부터 확인받아야 한다.
④ ㉡은 ㉠과 달리 채무자의 수입에서 최저 생계비를 보장해 준다.
⑤ ㉡은 ㉠과 달리 채무자가 지속적인 수입이 있어야 신청할 수 있다.

07 ⓐ~ⓔ를 사용하여 만든 문장으로 적절하지 않은 것은?

① ⓐ: 조선은 유교가 기간이 되는 도덕을 정치 이념으로 삼았다.
② ⓑ: 체중 관리를 위해 식사량 조절이 필요하다.
③ ⓒ: 회의를 개최하는 이유를 신청서에 명시해야 한다.
④ ⓓ: 장마 때에는 농작물 관리에 유의해야 한다.
⑤ ⓔ: 그 나라는 외채를 상환할 능력이 없다.

[08~10] 다음 글을 읽고 물음에 답하시오.

원가회계란 정확한 원가나 수익을 측정하고 분석하는 경영 관리 활동 중 하나이다. 여기서 원가란 기업이 제품을 만들기 위해 재료를 구입하거나 서비스를 얻기 위해 소비된 경제적 가치를 화폐액으로 측정한 것으로, 기업의 입장에서는 원가가 항목별로 얼마나 소비되었는지를 알아야 기업을 경영하는 데 필요한 의사 결정을 할 수 있다. 그래서 기업은 원가를 항목별로 분류하여 집계하고 분석하기 위해 원가회계를 활용한다.

먼저 원가회계에서는 원가를 크게 제조원가와 비제조원가로 나눈다. 제조원가는 재료비, 인건비, 기계 설비 대여비, 공장 임차료 등과 같이, 기업이 재료를 구입하고 제품을 만드는 활동에서 소요된 모든 비용이다. 비제조원가는 광고비나 운반비 등과 같이, 생산된 제품을 판매하고 관리하는 활동에서 소요된 모든 비용으로, 제조원가를 제외한 모든 원가이다. 일반적으로 제조원가와 비제조원가의 합에 예상 수익을 더한 것이 판매가격이 된다. 원가회계에서는 제조원가를 계산할 때 단위당 제조원가를 기준으로 한다. 여기서 단위당 제조원가는 특정 기간에 생산된 제품 한 개의 제조원가를 의미하는 것으로, 발생한 제조원가의 총액을 총생산량으로 나누어 구한다.

한편 원가회계에서는 원가행태에 따라 원가를 분류하기도 한다. 원가행태란 조업도의 변화에 따라, 발생한 원가의 총액이 일정한 방식으로 변화하는 움직임을 의미한다. 이때 조업도란 기업이 자원을 최대한 투입하여 생산할 수 있는 규모에서, 현재 어느 정도를 생산하고 있는가를 의미하는 것이다. 조업도는 주로 생산량으로 나타낼 수 있는데, 예를 들어 조업도가 80%라면, 기업이 최대로 생산할 수 있는 총생산량의 80%를 생산하고 있다는 뜻이다. 일반적으로 조업도와 기업의 수익은 비례할 것이라 예측하기 쉽지만, 경우에 따라서는 비용이 추가로 지출될 수 있어 오히려 단위당 제조원가의 변화를 예측하기 어려울 수 있다. 그래서 원가회계에서는 조업도의 변화에 따른 원가의 움직임을 유효하게 적용할 수 있는 조업도의 범위를 임의로 정하고, 그 범위 안의 원가행태를 분석한다.

이러한 원가행태에 따라 원가를 분류하면 고정원가, 변동원가, 혼합원가로 나눌 수 있다. 먼저 고정원가는 조업도의 변화와 상관없이 원가의 총액이 일정하게 발생하는 것으로, 기계 설비 대여비, 공장 임차료 등을 들 수 있다. 예를 들어 제과점이 빵을 만들기 위해 일정 금액을 지불하고 공장을 1년간 빌렸다면, 임차료로 발생한 원가의 총액은 빵을 생산하지 않아도 일정하다. 또한 빵 생산량이 늘거나 줄어도 임차료로 발생한 원가의 총액은 항상 일정하다. 따라서 빵 하나를 생산하는 데 필요한 단위당 임차료는 조업도가 증가할수록 오히려 감소한다.

다음으로 변동원가는 조업도의 변화에 따라 원가의 총액이 비례적으로 증가하거나 감소하는 것으로, 대표적인 예로 제품의 재료비를 들 수 있다. 가령 제과점에서 빵 생산량을 늘리면 그만큼 밀가루 구입비도 늘어나므로, 밀가루 구입비로 발생한 원가의 총액은 조업도의 증가에 따라 비례하여 증가한다. 따라서 빵 하나를 생산하는 데 필요한 단위당 밀가루 구입비는 조업도의 증감과 상관없이 동일하다.

마지막으로 혼합원가는 고정원가와 변동원가의 합으로, 전기 요금이 대표적인 예이다. 전기 요금은 사용량과 관계없이 발생하는 기본요금과 사용량에 따라 발생하는 추가 요금으로 이루어져 있어 고정원가와 변동원가의 특성을 모두 가진다. 그래서 전기 요금으로 발생한 원가의 총액은 조업도의 증가에 따라 비례하여 증가하고, 단위당 전기 요금은 조업도가 증가할수록 감소한다.

이러한 고정원가, 변동원가, 혼합원가를 활용하여 기업은 효율적으로 경영 관리 활동을 할 수 있다. 가령 ㉠ 기계 설비 대여비에 투자한 비용이 커서 고정원가 비중이 변동원가보다 높은 기업은 조업도를 높이는 데 집중하면 기업의 수익을 높이는 데 효과적이다.

08 원가회계**에 대한 설명으로 적절하지 않은 것은?**

① 원가회계에서는 단위당 제조원가를 기준으로 제조원가를 계산한다.
② 원가회계에서는 원가를 원가행태에 따라 제조원가와 비제조원가로 나눈다.
③ 기업은 원가를 항목별로 분류하여 집계하고 분석하기 위해 원가회계를 활용한다.
④ 원가회계는 정확한 원가나 수익을 측정하고 분석하는 경영 관리 활동 중 하나이다.
⑤ 원가회계는 조업도의 변화에 따른 원가의 움직임을 유효하게 적용할 수 있는 조업도의 범위를 임의로 정한다.

09 **㉠의 이유를 추론한 내용으로 가장 적절한 것은?**

① 기계 설비 대여비 원가의 총액이 제품의 생산량이 늘어날수록 줄어들기 때문이겠군.
② 기계 설비 대여비 원가의 총액이 단계별로 증가해야 기업의 수익을 높일 수 있기 때문이겠군.
③ 조업도를 높이면 단위당 기계 설비 대여비가 감소하여 기업의 수익을 높이는 데 효과적이기 때문이겠군.
④ 단위당 기계 설비 대여비가 증가함에 따라 조업도가 증가하여 판매가격을 올리는 데 효과적이기 때문이겠군.
⑤ 조업도를 높이면 기계 설비 대여비 원가의 총액이 비례적으로 증가해서 제품의 판매가격이 오르기 때문이겠군.

10 **<보기>는 윗글을 이해하기 위한 학습지의 일부이다. 윗글을 바탕으로 <보기>에 대해 보인 반응으로 적절하지 않은 것은?**

<보기>

A 회사는 나무 의자 제조를 위해 무인 자동화 기계 설비를 대여하고 2023년 1월부터 1년간 공장을 임차하여 근로자 없이 공장을 가동하였다. 이 회사는 2023년 1월부터 3월까지 의자를 1200개 생산하였고, 지역 신문에 광고를 실어 매달 생산한 의자를 모두 해당 월에 판매하였다. 다음은 이 회사의 2023년 1월부터 3월까지의 원가 분석 자료이다.

항목 \ 월	1월	2월	3월
의자 생산량	200개	400개	600개
목재 구입비(개당)	5만 원	5만 원	5만 원
공장 임차료	100만 원	100만 원	100만 원
기계 설비 대여비	10만 원	10만 원	10만 원
공장 전기 요금	15만 원	25만 원	35만 원
광고비	1만 원	1만 원	1만 원

※ 단, 제시된 항목 외에 다른 비용은 발생하지 않았고, 조업도는 생산량으로 나타냄

① 1월부터 3월까지 비제조원가는 매달 동일하군.
② 목재 구입비로 발생한 원가의 총액은 3월이 가장 높군.
③ 단위당 공장 전기 요금은 2월에 비하여 3월에 증가하는군.
④ 1월부터 3월까지 발생한 변동원가의 비중은 고정원가의 비중보다 높군.
⑤ 4월에 생산량이 없더라도 공장 임차료로 발생한 원가의 총액은 변하지 않겠군.

수리능력

11 **다음 <표>는 '갑'~'무' 모니터와 '가'~'바' 그래픽카드의 사양 및 단가에 대한 자료이고, <대화>는 자료와 관련한 사무관 사이의 대화 내용이다. 이를 근거로 판단할 때, 2024년 3월 4일 A부서에서 구매한 모니터와 그래픽카드의 전체 가격은?**

<표 1> 모니터 제품별 사양 및 단가

(단위: Hz, 인치, 천 원/개)

구분 / 제품	해상도별 지원 여부			주사율	크기	단가
	FHD	QHD	UHD			
갑	○	○	○	60	32	360
을	○	○	○	100	27	480
병	○	×	×	60	32	230
정	○	○	○	75	32	530
무	○	○	×	120	27	420

※ 1) ○: 지원, ×: 미지원

2) 해상도가 높은 것부터 순서대로 나열하면 UHD, QHD, FHD임

<표 2> 그래픽카드 제품별 사양 및 단가

(단위: fps, GB, 천 원/개)

구분 / 제품	해상도별 지원 프레임속도			메모리 용량	단가
	FHD	QHD	UHD		
가	337	287	163	24	3,100
나	224	141	68	12	680
다	172	108	52	8	520
라	306	214	115	24	1,600
마	217	147	77	16	740
바	129	81	39	8	380

<대화>

장 사무관: 조 사무관님 소개해주신 '갑'~'무' 모니터와 '가'~'바' 그래픽카드의 사양 및 단가 자료 확인했습니다. 그런데, 금번 A 부서의 모니터, 그래픽카드 구매예산과 제품별 구매 수량은 어떻게 되나요?
3:10 pm

조 사무관: 네, 저희 A 부서는 총 3,000만 원 예산 범위 내에서 모니터 10개와 그래픽카드 32개를 2024년 3월 4일에 구매하였습니다.
3:11 pm

장 사무관: 모니터 10개와 그래픽카드 32개를 각각 단일제품으로 구매하셨나요?
3:13 pm

조 사무관: 네, 그렇습니다. 소개해드린 자료에서 모니터는 30인치 이상 크기에 QHD 이상 해상도를 지원하는 제품을 선택하였고, 그래픽카드는 해당 모니터가 지원하는 가장 높은 해상도를 기준으로 그래픽카드 프레임 속도 값이 모니터 주사율 값보다 큰 제품을 선택하였습니다.
3:16 pm

장 사무관: 그러셨군요. 예산제약 때문에 제품 선택이 어려우셨겠어요.
3:17 pm

조 사무관: 네, 그렇습니다. 방금 말씀드린 사양을 만족하는 모니터와 그래픽카드 중 모니터는 단가 대비 주사율이 더 큰 제품을 선택하였고, 그래픽카드는 메모리 용량이 더 큰 제품을 선택하였습니다. 모든 구매는 예산 범위 내에서 제품별 단가대로 진행하였습니다.
3:19 pm

장 사무관: 수고 많으셨네요. 덕분에 큰 도움이 되었습니다. 감사합니다.
3:20 pm

① 25,360천 원
② 27,060천 원
③ 27,280천 원
④ 27,880천 원
⑤ 28,980천 원

12 **다음 <표>는 동일한 집단을 대상으로 조사한 2019년 지역별 가계자산과 가계부채 현황에 관한 자료이다. <표>와 <정보>에 근거하여 A~F에 해당하는 지역(대구, 광주, 울산, 세종, 경기, 제주)을 바르게 나열한 것은?**

<표 1> 2019년 지역별 가계자산 평균 및 중앙값

(단위: 만 원)

지역	총자산 평균			총자산 중앙값
		금융자산	실물자산	
전국 평균	43,191	10,570	32,621	25,508
서울	64,240	15,889	48,351	34,202
A	41,819	9,029	32,790	25,085
B	34,387	9,485	24,902	25,898
C	47,546	11,905	35,641	31,340
D	58,784	11,355	47,429	38,000
E	50,460	8,446	42,014	28,358
F	39,306	10,246	29,060	30,518

<표 2> 2019년 지역별 가계부채 평균 및 중앙값

(단위: 만 원)

지역	총부채 평균			총부채 중앙값
		금융부채	임대보증금	
전국 평균	7,910	5,755	2,155	5,550
서울	10,635	6,196	4,439	7,200
A	7,546	5,874	1,672	4,480
B	5,003	4,081	922	4,300
C	10,217	7,664	2,553	8,000
D	10,145	7,470	2,675	9,000
E	7,289	6,313	976	4,000
F	6,672	4,860	1,812	5,150

※ 중앙값은 자산 및 부채 보유 가계 기준으로 산출함

※ 순자산 평균 = 총자산 평균 − 총부채 평균

<정보>

- 총자산 평균이 전국 평균보다 높은 지역은 서울, 세종, 경기, 제주이다.
- 총부채 평균과 총부채 중앙값의 차이가 큰 상위 3개 지역은 서울, 대구, 제주이다.
- 총자산 평균은 전국 평균보다 낮지만, 총자산 중앙값이 전국 평균보다 높은 지역은 광주, 울산이다.
- 순자산 평균이 높은 상위 3개 지역은 서울, 세종, 제주이다.
- 총부채 평균 대비 금융부채의 비중이 높은 상위 2개 지역은 광주, 제주이다.

	A	B	C	D	E	F
①	대구	광주	세종	경기	제주	울산
②	제주	울산	세종	경기	대구	광주
③	대구	광주	경기	세종	제주	울산
④	제주	울산	경기	세종	대구	광주
⑤	대구	울산	경기	세종	제주	광주

13 **다음은 A 기관의 2020년 보고서 현황과 업무성과기준이다. A 기관 '갑'~'정' 입법조사관을 업무성과점수가 높은 순으로 바르게 나열한 것은?**

(가) A 기관의 2020년 보고서 현황

(작성자, 보고서 제목, 분류, 작성일 순임)

- 갑 입법조사관, "공공외교 자산으로서의 한류 현황과 국회의 대응과제", 국제관계 동향과 분석, 2020.1.3.
- 을 입법조사관, "국회 비대면 회의의 법적 쟁점과 과제", 이슈와 논점, 2020.3.5.
- 병 입법조사관, "모바일 운전면허증 도입 관련 호주와 미국의 입법 사례와 시사점", 외국입법 동향과 분석, 2020.5.7.
- 을·병·정 입법조사관, "총기안전관리 규제강화의 입법영향분석", 입법영향분석보고서, 2020.6.5.
- 갑 입법조사관, "지방자치단체 사회복지시설의 민간위탁 현황 및 개선과제", 현안분석, 2020.6.30.
- 정 입법조사관, "기후변화 대응 수자원시설물 관리 방안", 지표로 보는 이슈, 2020.8.5.
- 갑·병·정 입법조사관, "2020 미국 대선 결과 분석", 입법정책보고서, 2020.11.26.
- 을 입법조사관, "코로나19 대응 국내외 동향", 현안브리핑, 2020.12.1.
- 병 입법조사관, "Three Legislations Related to COVID-19 in Korea", A Report, 2020.12.7.

(나) 업무성과기준

입법조사관의 업무성과점수는 작성한 보고서의 점수를 총합하여 계산한다.

분류기준	기준점수
입법영향분석보고서, 입법정책보고서	90점
현안분석	50점
이슈와 논점, 지표로 보는 이슈, 현안브리핑, 외국입법 동향과 분석, 국제관계 동향과 분석, A Report	25점

- 상반기에 작성한 보고서는 기준점수의 50%를 가산한다.

※ 상반기: 1월 1일~6월 30일, 하반기: 7월 1일~12월 31일

- 2인 이상이 공동 작성한 보고서는 기준점수의 10%를 가산한 후 인원수로 나누어 배분한다.
- 점수는 중복하여 가산한다.

계산 예시)
- 입법정책보고서를 상반기에 작성한 경우 90×1.5점을 부여한다.
- 현안분석을 2인이 공동 작성한 경우 각각 50×1.1÷2점을 부여한다.
- 이슈와 논점을 4인이 공동으로 상반기에 작성한 경우 각각 {25+(25×0.1)+(25×0.5)}÷4점을 부여한다.

① 갑 – 병 – 을 – 정
② 갑 – 병 – 정 – 을
③ 을 – 갑 – 병 – 정
④ 병 – 갑 – 을 – 정
⑤ 병 – 갑 – 정 – 을

14 다음 <표>는 2019년 금융소득 분위별 가구당 자산규모와 소득규모에 관한 자료이다. 제시된 <표> 이외에 <보고서>를 작성하기 위해 추가로 필요한 자료만을 <보기>에서 고르면?

<표 1> 금융소득 분위별 가구당 자산규모

(단위: 만 원)

자산 구분	가구 분류 \ 금융소득 분위	1분위	2분위	3분위	4분위	5분위
자산총액	전체	34,483	42,390	53,229	68,050	144,361
	노인	26,938	32,867	38,883	55,810	147,785
순자산액	전체	29,376	37,640	47,187	63,197	133,050
	노인	23,158	29,836	35,687	53,188	140,667
저축액	전체	6,095	8,662	11,849	18,936	48,639
	노인	2,875	4,802	6,084	11,855	48,311

<표 2> 금융소득 분위별 가구당 소득규모

(단위: 만 원)

자산 구분	가구 분류 \ 금융소득 분위	1분위	2분위	3분위	4분위	5분위
경상소득	전체	4,115	4,911	5,935	6,509	9,969
	노인	1,982	2,404	2,501	3,302	6,525
근로소득	전체	2,333	2,715	3,468	3,762	5,382
	노인	336	539	481	615	1,552
사업소득	전체	1,039	1,388	1,509	1,334	1,968
	노인	563	688	509	772	1,581

※ 금융소득 분위는 금융소득이 있는 가구의 금융소득을 1~5분위로 구분하며, 숫자가 클수록 금융소득 분위가 높음

<보고서>

2019년 금융소득 분위별 가구당 자산규모를 살펴보면, 금융소득 5분위 가구를 제외할 경우 각 금융소득 분위에서 노인가구당 자산총액은 전체가구당 자산총액보다 낮았다. 가구당 자산총액과 순자산액은 전체가구와 노인가구 모두에서 금융소득 분위가 높아짐에 따라 각각 증가하였다. 금융자산 역시 금융소득과 함께 증가하였는데 특히 전체가구 중 금융소득 1분위 가구당 금융자산은 자산총액의 약 35% 수준으로 나타났다. 이는 자산총액에 비해 금융자산의 불평등 정도가 심한 것으로 볼 수 있다. 저축액의 경우 노인가구 중 금융소득 1분위 가구당 저축액은 2,875만 원이고, 2분위 가구당 저축액은 4,802만 원으로 나타났다. 이는 금융소득 분위별로 구한 가구당 금융소득과 유사한 비율로 증가한 것이다.

2019년 금융소득 분위별 가구당 소득규모를 살펴보면, 금융소득 5분위를 제외한 가구당 경상소득은 각 금융소득 분위에서 노인가구가 전체가구 대비 60% 이하로 나타났다. 이는 노인가구의 경우 근로활동의 비중이 감소하므로 자산총액과는 다르게 전체가구의 경상소득과 노인가구의 경상소득 차이가 크게 나타난 결과로 볼 수 있다. 근로소득의 경우는 노인가구에서 금융소득 2분위보다 3분위의 가구당 근로소득이 더 작은 것으로 나타나 금융소득 분위가 높아짐에 따라 증가 추세를 보여준 가구당 금융자산과는 다른 형태를 보여주었다.

<보기>

ㄱ. 2019년 금융소득 없는 가구의 자산, 소득
ㄴ. 2019년 금융소득 분위별 가구당 금융자산
ㄷ. 2019년 경상소득 분위별 가구당 금융소득
ㄹ. 2019년 금융소득 분위별 가구당 금융소득

① ㄱ, ㄴ　② ㄱ, ㄷ　③ ㄴ, ㄷ
④ ㄴ, ㄹ　⑤ ㄷ, ㄹ

15 **다음 <표>와 <그림>은 우리나라 법인세 과세표준 규모별 법인세 납부액 현황과 법인세징수액 및 국내총생산(GDP) 증가율의 연도별 추이를 정리한 것이다. 이에 대한 설명으로 옳은 것을 <보기>에서 모두 고르면?**

<표> 법인세 과세표준 규모별 납부액 현황

(단위: 개, 억 원)

과세표준 규모	세율	법인 수	총과세표준액	총세액
결손	—	102,387 (33.8)	—	43 (0.0)
1천만 원 이하	15%	70,913 (23.4)	1,581 (0.2)	286 (0.1)
1천만 원 초과~1억 원 이하		85,779 (28.2)	34,798 (3.4)	4,813 (2.2)
소계		156,692 (51.6)	36,379 (3.6)	5,099 (2.3)
1억 원 초과~10억 원 이하	27%	37,927 (12.5)	100,061 (9.8)	17,959 (8.0)
10억 원 초과~100억 원 이하		5,621 (1.9)	155,380 (15.3)	33,232 (14.9)
100억 원 초과~500억 원 이하		750 (0.2)	132,383 (13.0)	31,257 (14.0)
500억 원 초과		85 (0.0)	592,733 (58.3)	135,871 (60.8)
소계		44,383 (14.6)	980,557 (96.4)	218,319 (97.7)
합계		303,462 (100.0)	1,016,936 (100.0)	223,461 (100.0)

※ ( )는 합계 대비 점유비중(%)

<그림> 법인세 징수액 및 국내총생산(GDP) 증가율 비교(1976~2003년)

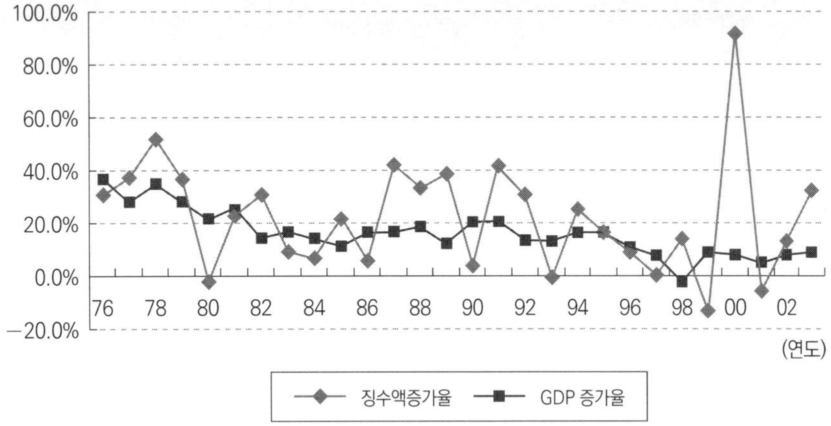

※ 증가율은 전년대비임

<보기>

ㄱ. 법정세율 15%를 적용받는 과세표준 1억 원 이하의 법인 수는 15만 6,692개로 전체 법인의 51.6%를 차지하고 있다.

ㄴ. 1억 원 초과의 과세표준으로 27%의 누진단계세율을 적용받는 법인은 4만 4,383개로 전체 법인의 14.6%를 점유하며, 동 법인이 부담하는 총세액은 21조 8,319억 원으로 전체 법인세액의 96.4%를 납부하고 있고, 법인당 평균세액은 4억 9,190만 원으로 과세표준 1억 원 이하의 법인이 납부하는 평균세액과는 커다란 차이를 보이고 있다.

ㄷ. 우리나라 전체 법인 중 과세표준 10억 원 초과 6,456개의 법인이 전체 세액의 89.7%를 부담하였다.

ㄹ. 법인세 징수액증가율과 GDP 증가율을 비교하면 대체로 GDP 증가율에 비해 법인세 징수액증가율의 등락폭이 더 크다.

ㅁ. GDP 증가율이 높아지면 법인세 징수액증가율이 항상 큰 폭으로 증가하는 반면 GDP 증가율이 둔화되면 법인세 징수액증가율은 감소한다.

① ㄱ, ㄴ, ㄷ, ㄹ　② ㄱ, ㄴ, ㄹ　③ ㄱ, ㄷ, ㅁ
④ ㄱ, ㄷ, ㄹ　⑤ ㄴ, ㄷ, ㅁ

16 다음은 제조업 부문별 재무구조 관련 자료이다. 다음 <보기>에서 옳은 것을 모두 고르면?

<표 1> 제조업 재무구조 관련 주요비율 추이

(단위: %)

구분	1997 말	1998 말	1999 말	2000 말	2001 말	2002 말
부채비율	396.3	303.0	214.7	210.6	182.2	135.4
자기자본비율	20.2	24.8	31.8	32.2	35.4	42.5
차입금의존도	54.2	50.8	42.8	41.2	39.8	31.7

※ 1) 부채비율＝(부채/자기자본)×100
2) 자기자본비율＝(자기자본/총자본)×100
3) 차입금의존도＝{(차입금＋회사채)/총자본}×100

<표 2> 제조업 부문별 재무구조 관련 지표

(단위: %)

	부채비율		차입금의존도		자기자본비율	
	2002말	2003말	2002말	2003말	2002말	2003말
제조업	135.4	123.4	31.7	28.3	42.5	44.8
대기업	128.9	113.5	31.2	25.9	43.7	46.8
중소기업	152.1	147.6	32.9	33.5	39.7	40.4
수출기업	125.3	115.3	29.3	24.5	44.4	46.4
내수기업	140.6	129.7	32.9	31.1	41.6	43.5

<보기>

ㄱ. 2003년 말 제조업의 차입금의존도가 2002년 말에 비해 낮아진 것은 중소기업의 차입금의존도가 낮아졌기 때문으로 볼 수 있다.
ㄴ. 제조업 부문의 경우 1997년 이래 부채비율은 꾸준히 하락하고 있는 반면 자기자본비율은 상승하고 있다.
ㄷ. 2002년과 2003년 모두에 있어, 수출기업이 내수기업보다 부채비율과 차입금의존도는 낮고 자기자본비율은 높게 나타나고 있다.
ㄹ. 2003년 중소기업은 차입금의존도가 2002년에 비해 다소 높아진 가운데 부채비율의 하락폭이 대기업의 약 1/3 수준에 그쳤다.

① ㄱ, ㄴ ② ㄴ, ㄷ ③ ㄴ, ㄹ
④ ㄱ, ㄴ, ㄷ ⑤ ㄴ, ㄷ, ㄹ

17 **다음 <표>는 A 놀이공원의 이용요금을 나타내는 자료이다. 가족구성이 <정보>와 같은 초롱이네 가족이 놀이공원을 이용할 때의 요금에 대한 설명으로 옳지 않은 것은?**

<표> A 놀이공원의 이용요금

(단위 : 원)

구분	어른(20세 이상)	청소년(14~19세)	어린이(4~13세)
입장권	15,000	12,000	10,000
주간 자유이용권	29,000	25,000	22,000
야간 자유이용권	27,000	23,000	20,000
연간회원권	90,000	90,000	75,000

※ 1) 65세 이상 및 국가유공자의 경우 무료입장하며 자유이용권과 연간회원권은 50% 할인
2) 자유이용권 소지자 및 4세 미만 유아는 무료입장
3) 연간회원권 소지자는 연간 무료입장 및 자유이용

<정보>

- 할아버지 70세
- 아빠 41세 – 국가유공자
- 엄마 37세
- 오빠 15세
- 초롱이 8세
- 동생 2세

① 초롱이네 가족 모두가 A 놀이공원에 입장하기 위해서 37,000원 이상의 요금을 지불해야 한다.
② 할아버지와 아빠 그리고 동생은 입장만 하고 엄마, 오빠, 초롱이가 주간 자유이용권을 구매하여 이용할 경우 소요되는 총금액은 초롱이의 연간회원권 구매 비용보다 싸다.
③ 아빠, 오빠, 초롱이가 연간 3회 주간에 방문하여 자유이용권을 이용할 경우 연간회원권을 이용하는 것보다 더 저렴하다.
④ 할아버지와 동생을 제외한 가족이 모두 동시에 자유이용권을 구입하여 놀이공원을 이용할 경우 최저 소요금액은 83,500원이다.
⑤ 초롱이와 오빠는 연간 4회 방문하여 이 중 3회는 야간 자유이용권을 구매하여 이용하고 1회는 입장만 할 경우 연간회원권을 구매하지 않는 편이 더 저렴하다.

피셋기출 / 제6회

18 다음 <표>는 은행권 유통 동향에 관한 자료이다. 이에 대한 설명 중 옳지 않은 것은?

<표> 은행권 유통 동향

(단위: 억 원, %)

기준 시점	5만원권		1만원권		5천원권		1천원권		합계	
	발행 잔액	유통 비중	발행 잔액	유통 비중	발행 잔액	유통 비중	발행 잔액	유통 비중	발행 잔액	유통 비중
'09.6.22.	—	—	259,480	92.2	10,218	3.6	11,731	4.2	281,429	100.0
'09.6.23.	16,462	5.5	259,185	86.8	10,225	3.4	12,697	4.3	298,569	100.0
'09.6월 말	24,835	8.2	255,880	84.5	10,258	3.4	11,770	3.9	302,743	100.0
'09.7월 말	42,291	13.7	244,759	79.2	10,049	3.3	11,691	3.8	308,790	100.0
'09.8월 말	52,978	17.0	236,792	76.0	9,991	3.2	11,679	3.8	311,440	100.0
'09.9월 말	77,244	21.6	256,333	71.8	10,879	3.0	12,697	3.6	357,153	100.0
'09.10월 말	77,560	23.4	231,531	69.8	10,449	3.1	12,266	3.7	331,806	100.0
'09.11월 말	85,787	25.5	228,576	67.9	10,222	3.0	12,047	3.6	336,632	100.0

※ 1) 유통매수 $= \dfrac{\text{해당 은행권 발행잔액}}{\text{해당 은행권 액면가}}$

2) 유통비중(%) $= \dfrac{\text{해당 은행권 발행잔액}}{\text{은행권 발행잔액 합계}} \times 100$

3) '09년 6월 22일 이전에는 5만원권이 발행된 적이 없다고 가정함

4) 고액권이라 함은 5만원권과 1만원권을 의미함

① '09년 6월 22일 기준의 1만원권 유통비중은 '09년 6월 23일 이후 5만원권과 1만원권 유통비중의 합보다 작다.

② 1만원권의 '09년 9월 말 기준 유통매수와 '09년 8월 말 기준 유통매수와의 차이는 1천원권의 '09년 9월 말 기준 유통매수와 '09년 8월 말 기준 유통매수와의 차이의 2배보다 작다.

③ 5만원권이 발행된 이후 5만원권의 유통매수는 매월 말 기준으로 전월 말 대비 지속적으로 증가하고 있는 반면, 1만원권의 경우에는 9월 말을 제외하면 매월 말 기준 유통매수가 전월 말에 비하여 지속적으로 감소하고 있다.

④ 5만원권이 발행된 이후 매월 말 기준으로 고액권의 유통 비중은 전월 말 대비 지속적으로 증가하고 있다.

⑤ '09년 11월 말 기준으로 1천원권의 유통매수는 1만원권 유통매수의 50%를 상회하고 있다.

19 **다음 <표>는 A 완구회사의 생산원가, 판매비 및 가격에 관한 자료이다. <표>와 <정보>를 근거로 할 때 다음 중 옳지 않은 것은?**

<표> A 완구회사의 생산원가, 판매비 및 가격

(단위: 원)

품목	생산원가	판매비	소비자 판매가격	대형마트 납품가격
바비인형	3,600	900	5,000	( )
양배추인형	4,350	240	( )	( )
곰인형	5,500	500	7,500	6,900
강아지인형	3,200	200	4,000	( )
호두까기인형	5,000	440	( )	( )

※ 이윤＝판매가격(또는 납품가격)－생산원가－판매비(소비자에게 판매하는 경우에만 포함)

※ 이윤율(%)＝ $\frac{\text{이윤}}{\text{판매가격(또는 납품가격)}} \times 100$

<정보>

A 완구회사는 위와 같이 5개 인형품목을 생산하고 있다. A사는 이를 소비자에게 직접 판매하거나 대형마트에 납품하는 두 가지 방법으로 이윤을 창출한다. 소비자에게 직접 판매할 때는 판매비가 발생하지만, 대형마트에 납품할 때는 판매비가 발생하지 않는다. 소비자에게 판매할 경우에는 판매가격을 기준으로, 대형마트에 납품할 때는 납품가격을 기준으로 이윤과 이윤율을 계산한다.

① 강아지인형을 대형마트에 납품할 때의 이윤과 소비자에게 판매할 때의 이윤이 같다면, 강아지인형의 대형마트 납품가격은 3,800원이다.

② 바비인형을 소비자에게 판매할 때의 이윤율과 대형마트에 납품할 때의 이윤율이 같다면, 바비인형의 대형마트 납품가격은 강아지인형의 소비자 판매가격과 같다.

③ 양배추인형을 소비자에게 판매할 때의 이윤율과 강아지인형을 소비자에게 판매할 때의 이윤율이 같다면, 양배추인형의 소비자 판매가격은 5,400원이다.

④ 곰인형과 호두까기인형의 소비자 판매가격 대비 판매비의 비율이 같다면, 호두까기인형을 소비자에게 판매할 때의 이윤율은 곰인형을 대형마트에 납품할 때의 이윤율보다 작다.

⑤ 호두까기인형을 대형마트에 납품할 때의 이윤율과 바비인형을 소비자에게 판매할 때 이윤율이 같다면, 호두까기인형을 대형마트에 납품할 때의 이윤은 500원 이하이다.

20 **다음 <그림>과 <표>는 지역별 고령인구 및 고령인구 비율에 대한 자료이다. 이에 대한 <보기>의 설명 중 옳은 것만을 고르면?**

<그림> 2019년 지역별 고령인구 및 고령인구 비율 현황

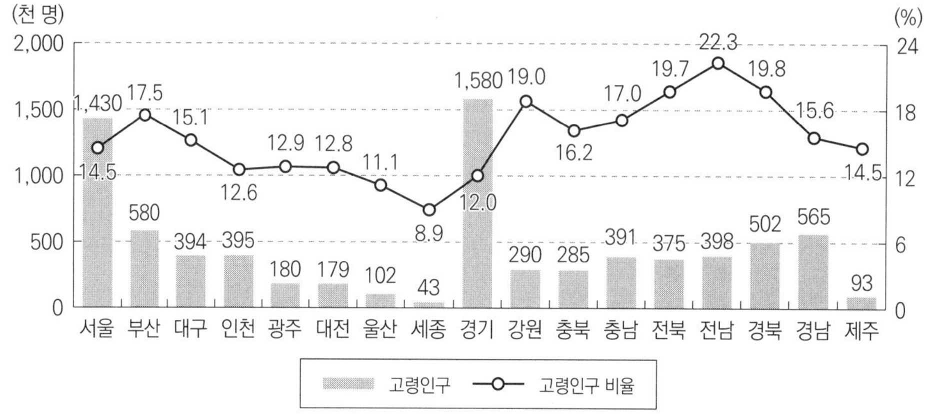

※ 고령인구 비율(%)$=\frac{\text{고령인구}}{\text{인구}}\times 100$

<표> 지역별 고령인구 및 고령인구 비율 전망

(단위: 천 명, %)

지역 \ 연도 · 구분	2025		2035		2045	
	고령인구	고령인구 비율	고령인구	고령인구 비율	고령인구	고령인구 비율
서울	1,862	19.9	2,540	28.4	2,980	35.3
부산	784	24.4	1,004	33.4	1,089	39.7
대구	494	21.1	691	31.2	784	38.4
인천	550	18.4	867	28.4	1,080	36.3
광주	261	18.0	377	27.3	452	35.2
대전	270	18.4	392	27.7	471	35.0
울산	193	17.3	302	28.2	352	35.6
세종	49	11.6	97	18.3	153	26.0
경기	2,379	17.0	3,792	26.2	4,783	33.8
강원	387	25.6	546	35.9	649	43.6
충북	357	21.6	529	31.4	646	39.1
충남	488	21.5	714	30.4	897	38.4
전북	441	25.2	587	34.7	683	42.5
전남	475	27.4	630	37.1	740	45.3

경북	673	25.7	922	36.1	1,064	43.9
경남	716	21.4	1,039	31.7	1,230	39.8
제주	132	18.5	208	26.9	275	34.9
전국	10,511	20.3	15,237	29.5	18,328	37.0

<보기>

ㄱ. 2019년 고령인구 비율이 가장 낮은 지역은 2025년 대비 2045년 고령인구 증가율도 가장 낮다.
ㄴ. 2045년 고령인구 비율이 40% 이상인 지역은 4곳이다.
ㄷ. 2025년, 2035년, 2045년 고령인구 상위 세 개 지역은 모두 동일하다.
ㄹ. 2045년 충북 인구는 전남 인구보다 많다.

① ㄱ, ㄴ ② ㄱ, ㄷ ③ ㄴ, ㄷ
④ ㄴ, ㄹ ⑤ ㄷ, ㄹ

피셋기출 / 제6회

문제해결능력

[21~22] 다음 글을 읽고 물음에 답하시오.

> '탄소중립'이란 인간 활동을 통한 온실가스 배출을 최대한 줄이고, 남은 온실가스는 산림 흡수 및 제거활동을 통해 실질적인 배출량을 0으로 만드는 것을 의미한다. 즉 배출되는 탄소량과 흡수·제거되는 탄소량을 동일하게 만든다는 개념으로, 이에 탄소중립을 '넷제로(Net-Zero)'라 부르기도 한다. 탄소중립에 동참하기로 한 A은행은 업무를 수행하면서 발생하는 이산화탄소 배출량을 줄이기 위해 2가지 사항에 주목하였다. 첫 번째는 항공 출장이고, 두 번째는 컴퓨터의 전력 낭비이다.
>
> 한 사람이 비행기로 출장 시 발생하는 이산화탄소 평균 배출량은 400kg으로, 이는 같은 거리를 4명이 자동차 한 대로 출장 시 발생하는 이산화탄소 평균 배출량의 2배에 해당한다. 항공 출장으로 인하여 현재 A은행이 배출하는 연간 이산화탄소의 양은 A은행의 연간 전체 이산화탄소 배출량의 1/5에 달하는 수준이다.
>
> 항공 출장을 줄이기 위해서 A은행은 화상회의시스템을 도입하기로 하였다. 화상회의시스템을 활용할 경우에 한 사람의 이산화탄소 평균 배출량은 항공 출장의 1/10 수준에 불과하다. A은행에서는 매년 연인원 1,000명이 항공 출장을 가고 있는데, 항공 출장인원의 30%에게 항공 출장 대신 화상회의시스템을 활용하도록 할 계획이다.
>
> 한편 은행과 같이 정보 처리가 업무의 핵심인 업계에서는 컴퓨터 시스템의 전력 소비가 전체 전력 소비의 큰 비중을 차지한다. A은행은 컴퓨터의 전력 낭비 요소를 파악하기 위하여 컴퓨터 전력 사용 현황을 조사하였다. 그 결과 컴퓨터의 전력 소비량이 밤 시간대에 놀라울 정도로 많다는 것을 발견하게 되었다. 그 이유는 직원들이 자신의 컴퓨터를 끄지 않고 퇴근하여 많은 컴퓨터가 밤에 계속 켜져 있었기 때문이다.
>
> 이에 A은행은 전력차단프로젝트를 수행하기로 하였다. 22,000대의 컴퓨터에 전력관리 소프트웨어를 설치하여, 컴퓨터가 일정시간 사용되지 않으면 언제라도 컴퓨터와 모니터의 전원이 자동으로 꺼지도록 하는 것이다. 이 프로젝트를 통하여 A은행은 연간 35만kWh의 전력 소비를 절감할 수 있을 것으로 예상되며, 이는 652톤의 이산화탄소 배출에 해당하는 양이다.

21 윗글을 근거로 판단할 때, <보기>에서 옳은 것만을 모두 고르면?

<보기>

ㄱ. A은행이 전력차단프로젝트를 시행하더라도 주간에 전력 절감은 없을 것이다.
ㄴ. A은행의 전력차단프로젝트로 절감되는 컴퓨터 1대당 전력량은 연간 15kWh 이상이다.
ㄷ. A은행이 화상회의시스템과 전력차단프로젝트를 도입하면 넷제로가 실현된다.
ㄹ. 1인당 이산화탄소 평균 배출량은 4명이 자동차 한 대로 출장을 가는 경우가 같은 거리를 1명이 비행기로 출장을 가는 경우의 1/8에 해당한다.

① ㄱ, ㄴ　② ㄱ, ㄷ　③ ㄴ, ㄹ
④ ㄱ, ㄷ, ㄹ　⑤ ㄴ, ㄷ, ㄹ

22 윗글을 근거로 판단할 때, ㉠에 해당하는 것은?

> A은행은 화상회의시스템과 전력차단프로젝트의 도입효과를 검토해 보았다. 검토 결과 둘을 도입하면, A은행 이산화탄소 배출량은 도입 전에 비해 연간 (㉠)% 감소할 것으로 예상되었다.

① 30　② 32　③ 34
④ 36　⑤ 38

23 다음 글의 내용이 참일 때, 반드시 참인 것만을 <보기>에서 모두 고르면?

> △△처에서는 채용 후보자들을 대상으로 A, B, C, D 네 종류의 자격증 소지 여부를 조사하였다. 그 결과 다음과 같은 사실이 밝혀졌다.
>
> ○ A와 D를 둘 다 가진 후보자가 있다.
>
> ○ B와 D를 둘 다 가진 후보자는 없다.
>
> ○ A나 B를 가진 후보자는 모두 C는 가지고 있지 않다.
>
> ○ A를 가진 후보자는 모두 B는 가지고 있지 않다는 것은 사실이 아니다.

<보기>

ㄱ. 네 종류 중 세 종류의 자격증을 가지고 있는 후보자는 없다.
ㄴ. 어떤 후보자는 B를 가지고 있지 않고, 또 다른 후보자는 D를 가지고 있지 않다.
ㄷ. D를 가지고 있지 않은 후보자는 누구나 C를 가지고 있지 않다면, 네 종류 중 한 종류의 자격증만 가지고 있는 후보자가 있다.

① ㄱ　② ㄷ　③ ㄱ, ㄴ
④ ㄴ, ㄷ　⑤ ㄱ, ㄴ, ㄷ

24 **다음은 레저용 차량을 생산하는 A기업에 대한 SWOT 분석의 결과이다. 아래의 <보기> 중 전략에 따른 대응이 옳은 것을 모두 고르면?**

다음은 SWOT 분석에 대한 설명이다.

SWOT 분석이란 조직진단 시 조직의 외부 환경 분석을 통해 기회와 위협요인을 규정하고, 조직의 내부 역량 분석을 통해서 조직의 강점과 약점을 파악하여, 이를 토대로 강점은 최대화하고, 약점은 최소화하며, 기회는 최대한 활용하고, 위협은 최대한 억제하는 전략을 세워서 조직의 성공을 기하는 분석방법이다.

<표 1> SWOT 분석 매트릭스

	강점(S)	약점(W)
기회(O)	SO 전략: 공격적 전략 강점을 가지고 기회를 살리는 전략	WO 전략: 방향전환 전략 약점을 보완하여 기회를 살리는 전략
위협(T)	ST 전략: 다양화 전략 강점을 가지고 위협을 회피하거나 최소화하는 전략	WT 전략: 방어적 전략 약점을 보완하여 위협을 회피하거나 최소화하는 전략

<표 2> A기업의 SWOT 분석결과

강점(Strengths)	약점(Weaknesses)
• 높은 브랜드 이미지와 평판 • 훌륭한 서비스와 판매 후 보증수리 • 확실한 거래망, 딜러와의 우호적인 관계 • 막대한 R&D 역량 • 자동화된 공장 • 대부분의 차량 부품 자체 생산	• 한 가지 차종에의 집중 • 고도 기술에의 집중 • 생산설비에 대한 막대한 투자에 따른 차량모델 변경의 어려움 • 한 곳의 생산 공장만 보유 • 전통적인 가족형 기업 운영
기회(Opportunities)	**위협(Threats)**
• 소형 레저용 차량에 대한 수요 증대 • 새로운 해외시장의 출현 • 저가형 레저용 차량에 대한 선호 급증	• 휘발유의 부족 및 가격의 급등 • 레저용 차량 전반에 대한 수요 침체 • 다른 회사들과의 경쟁 심화 • 차량 안전 기준의 강화

<보기>

ㄱ. ST 전략 – 기술개발을 통하여 연비를 개선한다.
ㄴ. SO 전략 – 대형 레저용 차량을 생산한다.
ㄷ. WO 전략 – 규제강화에 대비하여 보다 안전한 레저용 차량을 생산한다.
ㄹ. WT 전략 – 생산량 감축을 고려한다.
ㅁ. WO 전략 – 국내 다른 지역이나 해외에 공장들을 분산 설립한다.
ㅂ. ST 전략 – 경유용 레저 차량 생산을 고려한다.
ㅅ. SO 전략 – 해외 시장 진출보다는 내수 확대에 집중한다.

① ㄱ, ㄴ, ㅁ, ㅂ
② ㄱ, ㄷ, ㄹ, ㅂ
③ ㄴ, ㄹ, ㅁ, ㅂ
④ ㄹ, ㅁ, ㅅ
⑤ ㄱ, ㄹ, ㅁ, ㅂ

25 다음 글과 <상황>을 근거로 판단할 때, 갑돌이가 할 수 없는 행위는?

'AD카드'란 올림픽 및 패럴림픽에서 정해진 구역을 출입하거나 차량을 탑승하기 위한 권한을 증명하는 일종의 신분증이다. 모든 관계자들은 반드시 AD카드를 패용해야 해당 구역에 출입하거나 차량을 탑승할 수 있다. 아래는 AD카드에 담긴 정보에 대한 설명이다.

<AD카드 예시>

<table>
<tr><td>대회구분</td><td>○ 올림픽 AD카드에는 다섯 개의 원이 겹쳐진 '오륜기'가, 패럴림픽 AD카드에는 세 개의 반달이 나열된 '아지토스'가 부착된다.
○ 올림픽 기간 동안에는 올림픽 AD카드만이, 패럴림픽 기간 동안에는 패럴림픽 AD카드만이 유효하다.
○ 두 대회의 기간은 겹치지 않는다.</td></tr>
<tr><td>탑승권한</td><td>○ AD카드 소지자가 탑승 가능한 교통서비스를 나타낸다. 탑승권한 코드는 복수로 부여될 수 있다.
<table>
<tr><th>코드</th><th>탑승 가능 교통서비스</th></tr>
<tr><td>T1</td><td>VIP용 지정차량</td></tr>
<tr><td>TA</td><td>선수단 셔틀버스</td></tr>
<tr><td>TM</td><td>미디어 셔틀버스</td></tr>
</table></td></tr>
<tr><td>시설입장
권한</td><td>○ AD카드 소지자가 입장 가능한 시설을 나타낸다. 시설입장권한 코드는 복수로 부여될 수 있다.
<table>
<tr><th>코드</th><th>입장 가능 시설</th></tr>
<tr><td>IBC</td><td>국제 방송센터</td></tr>
<tr><td>HAL</td><td>알파인 경기장</td></tr>
<tr><td>HCC</td><td>컬링센터</td></tr>
<tr><td>OFH</td><td>올림픽 패밀리 호텔</td></tr>
<tr><td>ALL</td><td>모든 시설</td></tr>
</table></td></tr>
</table>

<table>
<tr>
<td>특수구역
접근권한</td>
<td>○ AD카드 소지자가 시설 내부에서 접근 가능한 특수구역을 나타낸다. 특수구역 접근권한 코드는 복수로 부여될 수 있다.
<table>
<tr><th>코드</th><th>접근 가능 구역</th></tr>
<tr><td>2</td><td>선수준비 구역</td></tr>
<tr><td>4</td><td>프레스 구역</td></tr>
<tr><td>6</td><td>VIP 구역</td></tr>
</table>
</td>
</tr>
</table>

<상황>

갑돌이는 올림픽 및 패럴림픽 관계자이다. 다음은 갑돌이가 패용한 AD카드이다.

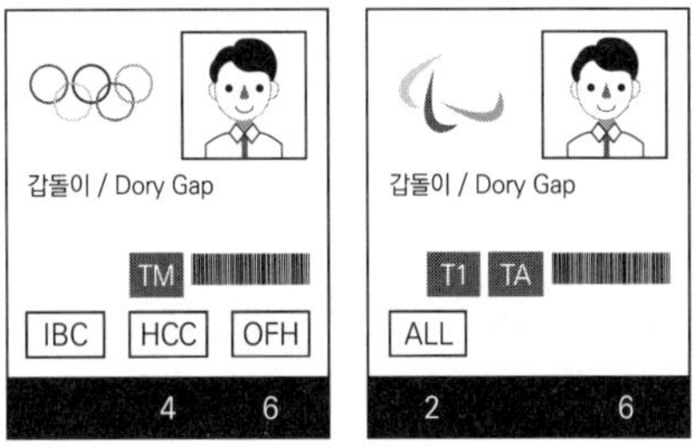

① 패럴림픽 기간 동안 알파인 경기장에 들어간다.
② 패럴림픽 기간 동안 VIP용 지정차량에 탑승한다.
③ 올림픽 기간 동안 올림픽 패밀리 호텔에 들어간다.
④ 올림픽 기간 동안 컬링센터 내부에 있는 선수준비 구역에 들어간다.
⑤ 올림픽 기간 동안 미디어 셔틀버스를 타고 이동한 후 국제 방송센터에 들어간다.

26 다음 <조건>과 <일정>을 근거로 판단할 때 유미가 선택할 쿠폰은?

<조건>

○ 유미는 유럽 어느 한 나라의 '가'~'바' 도시를 기차를 통해 여행할 계획으로 기차 쿠폰을 구매하려 한다.

○ 유미의 경비는 기차 쿠폰의 금액과 기차 구간별 금액의 합이다.

○ 유미는 일정대로 움직이며 경비를 최소화하고자 한다.

○ 기차 쿠폰은 일주일 동안 사용할 수 있다.

<그림> 기차 구간별 금액

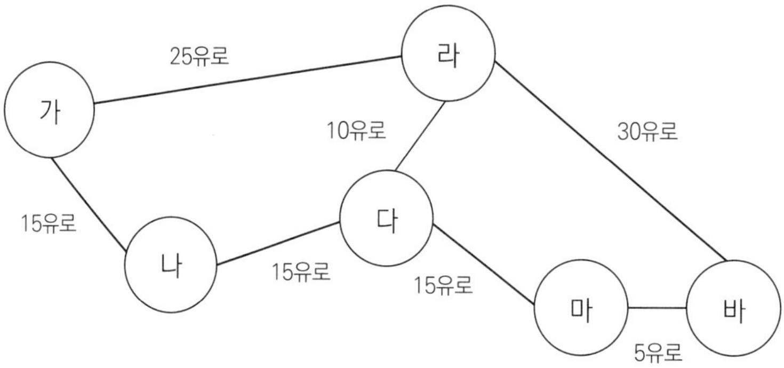

<표> 기차 쿠폰

구분	A 쿠폰	B 쿠폰	C 쿠폰	D 쿠폰	E 쿠폰
가격	2유로	5유로	23유로	31유로	105유로
평일(러시아워 시간 제외)	할인 없음	40% 할인	40% 할인	40% 할인	무료
평일(러시아워 시간)	할인 없음	할인 없음	20% 할인	할인 없음	할인 없음
주말(토요일, 일요일)	40% 할인	40% 할인	40% 할인	무료	무료

<일정>

○ 월요일
- '가'도시에서 '나'도시로 이동
- '나'도시에서 러시아워 시간에 '다'도시로 이동
- '다'도시에서 다시 출발지인 '가'도시로 이동

○ 화요일
- '가'도시에서 '나'도시로 이동

○ 수요일
- '나'도시에서 '마'도시로 이동
- '마'도시에서 러시아워 시간에 '라'도시로 이동

○ 목요일
- '라'도시에서 러시아워 시간에 '다'도시로 이동

○ 금요일
- '러시아워 시간에 '바'도시로 이동
- '바'도시에서 러시아워 시간에 '라'도시로 이동

○ 토요일
- '라'도시에서 '가'도시로 이동
- '가'도시에서 다시 '라'도시로 이동

○ 일요일
- '라'도시에서 출발지인 '가'도시로 이동

※ 러시아워 시간으로 표시된 경우에만 러시아워 시간으로 간주한다.

① A 쿠폰 ② B 쿠폰 ③ C 쿠폰
④ D 쿠폰 ⑤ E 쿠폰

27 다음 글을 근거로 판단할 때, <보기>에서 옳은 것만을 모두 고르면?

A과에는 4급 과장 1명, 5급 사무관 3명, 6급 주무관 6명이 근무한다. A과의 내선번호는 253[?] 네 자리로 이루어져 있으며, 맨 뒷자리 번호는 0~9 중에서 하나씩 과원에게 배정된다.

맨 뒷자리 번호 배정규칙은 다음과 같다. 먼저 직급순으로 배정한다. 따라서 과장에게 0, 사무관에게 1~3, 주무관에게 4~9를 배정한다. 다음으로 동일 직급 내에서는 여성에게 앞번호가 배정된다. 성별도 같은 경우, 나이가 많은 사람에게 앞번호가 배정된다. 나이도 같은 경우에는 소속 팀명의 '가', '나', '다' 순으로 앞번호가 배정된다.

<A과 조직도>

과장: 50세, 여성

가팀	나팀	다팀
사무관1: 48세, 여성	사무관2: 45세, 여성	사무관3: 45세, (　　)
주무관1: 58세, 여성 주무관2: 39세, 남성	주무관3: (　　), (　　) 주무관4: 27세, 여성	주무관5: 44세, 남성 주무관6: 31세, 남성

<보기>

ㄱ. 사무관3이 배정받는 내선번호는 그의 성별에 따라서 달라지지 않는다.
ㄴ. 여성이 총 5명이라면, 배정되는 내선번호가 확정되는 사람은 4명뿐이다.
ㄷ. 주무관3이 남성이고 31세 이상 39세 이하인 경우, 모든 과원의 내선번호를 확정할 수 있다.
ㄹ. 사무관3의 성별과 주무관3의 나이와 성별을 알게 된다면, 현재의 배정규칙으로 모든 과원의 내선번호를 확정할 수 있다.

① ㄱ, ㄴ　② ㄱ, ㄷ　③ ㄴ, ㄹ
④ ㄱ, ㄷ, ㄹ　⑤ ㄴ, ㄷ, ㄹ

28 다음 글과 <상황>을 근거로 판단할 때 옳은 것은?

주주총회의 소집절차 또는 그 결의방법이 법령이나 정관을 위반하거나 그 결의내용이 정관을 위반한 경우, 주주총회 결의취소의 소(이하 '결의취소의 소'라 한다)를 제기할 수 있는 사람은 해당 회사의 주주, 이사 또는 감사이다. 이들 이외의 사람이 결의취소의 소를 제기하면 소는 부적법한 것으로 각하된다. 결의취소의 소를 제기한 주주·이사·감사는 변론이 종결될 때까지 그 자격을 유지하여야 한다. 따라서 변론종결 전에 원고인 주주가 주식을 전부 양도하거나 이사·감사가 임기만료나 해임·사임·사망 등으로 그 지위를 상실한 경우, 소는 부적법한 것으로 각하된다. 소가 부적법 각하되면 주주총회의 결의를 취소하는 것이 정당한지에 관한 법원의 판단 없이 소송은 그대로 종료하게 된다.

결의취소의 소는 해당 회사를 피고로 해야 하며, 회사 아닌 사람을 공동피고로 한 경우 그 사람에 대한 소는 부적법한 것으로 각하되고, 회사에 대한 소송만 진행된다. 한편 회사가 피고가 된 소송에서는 회사의 대표이사가 회사를 대표하여 소송을 수행한다. 그렇지만 이사가 결의취소의 소를 제기한 때에는 이사와 대표이사의 공모를 막기 위해서 감사가 회사를 대표하여 소송을 수행한다. 이와 달리 이사 이외의 자가 결의취소의 소를 제기한 때에는 대표이사가 소송을 수행하며, 그 대표이사가 결의취소의 소의 대상이 된 주주총회 결의로 선임된 경우라 하더라도 마찬가지이다.

<상황>

A회사의 주주총회는 대표이사 甲을 해임하고 새로이 乙을 대표이사로 선임하는 결의를 하여 乙이 즉시 대표이사로 취임하였다. 그런데 그 주주총회의 소집절차는 법령에 위반된 것이었다. A회사의 주주는 丙과 丁 등이 있고, 이사는 戊, 감사는 己이다. 甲과 乙은 주주가 아니며, 甲은 대표이사 해임결의로 이사의 지위도 상실하였다.

① 甲이 A회사를 피고로 하여 결의취소의 소를 제기하면, 법원은 결의를 취소하는 것이 정당한지에 관해 판단해야 한다.
② 丙이 A회사를 피고로 하여 결의취소의 소를 제기하면, 乙이 A회사를 대표하여 소송을 수행한다.
③ 丁이 A회사와 乙을 공동피고로 하여 결의취소의 소를 제기하면, A회사와 乙에 대한 소는 모두 부적법 각하된다.
④ 戊가 A회사를 피고로 하여 결의취소의 소를 제기하면, 甲이 A회사를 대표하여 소송을 수행한다.
⑤ 己가 A회사를 피고로 하여 제기한 결의취소의 소의 변론이 종결된 후에 己의 임기가 만료된다면, 그 소는 부적법 각하된다.

29 **다음 글을 근거로 판단할 때 옳지 않은 것은?**

> 개발도상국으로 흘러드는 외국자본은 크게 원조, 부채, 투자가 있다. 원조는 다른 나라로부터 지원받는 돈으로, 흔히 해외 원조 혹은 공적개발원조라고 한다. 부채는 은행 융자와 정부 혹은 기업이 발행한 채권으로, 투자는 포트폴리오 투자와 외국인 직접투자로 이루어진다. 포트폴리오 투자는 경영에 대한 영향력보다는 경제적 수익을 추구하기 위한 투자이고, 외국인 직접투자는 회사 경영에 일상적으로 영향력을 행사하기 위한 투자이다.
>
> 개발도상국에 유입되는 이러한 외국자본은 여러 가지 문제점을 보이고 있다. 해외 원조는 개발도상국에 대한 경제적 효과가 있다고 여겨져 왔으나 최근 경제학자들 사이에서는 그러한 경제적 효과가 없다는 주장이 점차 힘을 얻고 있다.
>
> 부채는 변동성이 크다는 단점이 지적되고 있다. 특히 은행 융자는 변동성이 큰 것으로 유명하다. 예컨대 1998년 개발도상국에 대하여 이루어진 은행 융자 총액은 500억 달러였다. 하지만 1998년 러시아와 브라질, 2002년 아르헨티나에서 일어난 일련의 금융 위기가 개발도상국을 강타하여 1999~2002년의 4개년 동안에는 은행 융자 총액이 연평균 −65억 달러가 되었다가, 2005년에는 670억 달러가 되었다. 은행 융자만큼 변동성이 큰 것은 아니지만, 채권을 통한 자본 유입 역시 변동성이 크다. 외국인은 1997년에 380억 달러의 개발도상국 채권을 매수했다. 그러나 1998~2002년에는 연평균 230억 달러로 떨어졌고, 2003~2005년에는 연평균 440억 달러로 증가했다.
>
> 한편 포트폴리오 투자는 은행 융자만큼 변동성이 크지는 않지만 채권에 비하면 변동성이 크다. 개발도상국에 대한 포트폴리오 투자는 1997년의 310억 달러에서 1998~2002년에는 연평균 90억 달러로 떨어졌고, 2003~2005년에는 연평균 410억 달러에 달했다.

① 개발도상국에 대한 투자는 경제적 수익뿐만 아니라 회사 경영에 영향력을 행사하기 위해서도 이루어질 수 있다.
② 해외 원조는 개발도상국에 대한 경제적 효과가 없다고 주장하는 경제학자들이 있다.
③ 개발도상국에 유입되는 외국자본에는 해외 원조, 은행 융자, 채권, 포트폴리오 투자, 외국인 직접투자가 있다.
④ 개발도상국에 대한 2005년의 은행 융자 총액은 1998년의 수준을 회복하지 못하였다.
⑤ 1998~2002년과 2003~2005년의 연평균을 비교할 때, 개발도상국에 대한 포트폴리오 투자가 채권보다 증감액이 크다.

30 **다음 글을 근거로 판단할 때, 우수부서 수와 기념품 구입 개수를 옳게 짝지은 것은?**

> A기관은 탁월한 업무 성과로 포상금 5,000만 원을 지급받았다. 〈포상금 사용기준〉은 다음과 같다.
>
> <포상금 사용기준>
>
> ○ 포상금의 40% 이상은 반드시 각 부서에 현금으로 배분한다.
> - 전체 15개 부서를 우수부서와 보통부서 두 그룹으로 나누어 우수부서에 150만 원, 보통부서에 100만 원을 현금으로 배분한다.
> - 우수부서는 최소한으로 선정한다.
>
> ○ 포상금 중 2,900만 원은 직원 복지 시설을 확충하는 데 사용한다.
>
> ○ 직원 복지 시설을 확충하고 부서별로 현금을 배분한 후 남은 금액을 모두 사용하여 개당 1만 원의 기념품을 구입한다.

	우수부서 수	기념품 구입 개수
①	9개	100개
②	9개	150개
③	10개	100개
④	10개	150개
⑤	11개	50개

제6회 피셋기출 모의고사

은행 NCS 실력점검

스터디원 풀이 결과

최고 득점자 A	상위 30% 컷 득점자 B	최빈값 득점자 C	하위 30% 컷 득점자 D
✔ 인문계열 ✔ 필기 합격 경험 ○ (신한은행, IM뱅크)	✔ 사회계열 ✔ 필기 합격 경험 ○ (광주은행)	✔ 인문계열 ✔ 필기 합격 경험 ×	✔ 경상계열 ✔ 필기 합격 경험 ×

문항 번호	나의 풀이 결과	스터디원 풀이 결과				문항 번호	나의 풀이 결과	스터디원 풀이 결과			
		A	B	C	D			A	B	C	D
01		○	○	○	○	16		○	○	○	×
02		○	○	○	○	17		○	×	×	×
03		×	○	○	○	18		○	×	×	○
04		○	○	○	○	19		○	○	×	×
05		○	○	×	×	20		○	○	×	○
06		○	×	○	○	21		○	○	○	×
07		○	○	○	○	22		○	×	×	×
08		○	○	○	○	23		×	×	×	×
09		○	○	○	×	24		○	○	○	×
10		○	○	○	○	25		○	○	○	○
11		○	×	×	×	26		○	○	×	×
12		○	○	×	○	27		×	×	×	×
13		○	○	×	×	28		○	×	○	×
14		×	×	×	×	29		○	×	○	○
15		○	○	○	×	30		○	○	○	×
						합계	/ 30	26/30	20/30	17/30	13/30

득점 분포 그래프

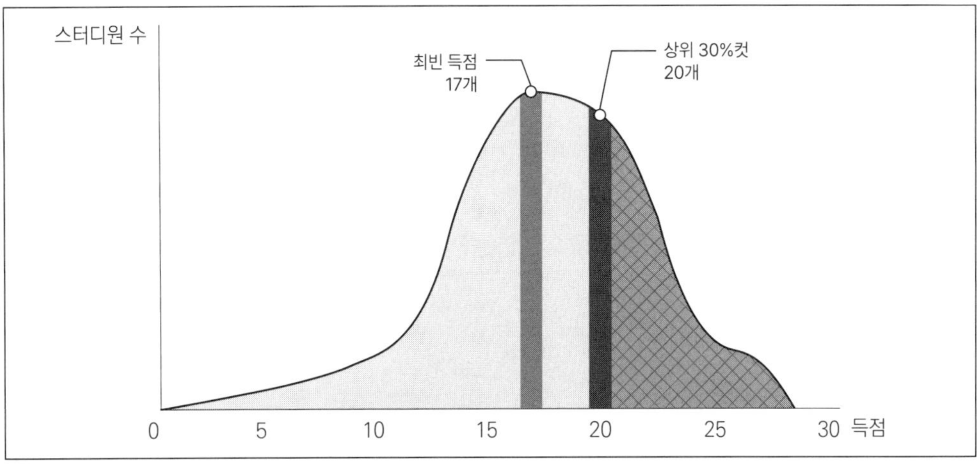

문항별 정답률

문항 번호	01	02	03	04	05	06	07	08	09	10
상위 30%(A)	97%	88%	81%	88%	94%	75%	100%	88%	97%	88%
전체(B)	85%	85%	75%	60%	73%	83%	98%	81%	73%	73%
(A－B)	12%p	3%p	6%p	28%p	21%p	－8%p	2%p	7%p	24%p	15%p
문항 번호	11	12	13	14	15	16	17	18	19	20
상위 30%(A)	44%	88%	72%	38%	88%	53%	31%	44%	69%	63%
전체(B)	19%	60%	31%	29%	58%	56%	31%	48%	25%	48%
(A－B)	25%p	28%p	41%p	9%p	30%p	－3%p	0%p	－4%p	44%p	15%p
문항 번호	21	22	23	24	25	26	27	28	29	30
상위 30%(A)	75%	38%	63%	88%	100%	75%	38%	69%	75%	94%
전체(B)	46%	23%	31%	58%	96%	31%	25%	63%	67%	79%
(A－B)	29%p	15%p	32%p	30%p	4%p	44%p	13%p	6%p	8%p	15%p

- 이번 회차의 결정적 문항 13 19 26
- 위 3개 문항은 득점 상위 30% 스터디원의 정답률과 전체 스터디원의 정답률이 40%p 이상 차이 나는 문항으로, 합격권에 들기 위해 꼼꼼한 복습이 필요합니다.

결정적 문항 오답 패턴 분석

13번

'공동작성'이나 '상반기 가산점'에 따른 점수 계산 규칙을 빠르게 적용하지 못한 결과, 선택지 ②나 ④를 고르거나 풀이를 중도에 포기한 경우가 많았다. 이들은 각 보고서별 점수를 신속히 산출하는 연습이 부족했다. 복습 시 보고서 제목이 아닌 분류명 중심으로 정보를 추출하는 훈련이 필요하다.

19번

'이윤율＝이윤÷판매가격×100' 공식에서 분모를 혼동한 결과, 선택지 ③을 정답으로 고른 오답자들이 많았다. 복습 시 소비자 판매 기준인지 납품 기준인지를 먼저 파악한 뒤, 해당 기준에 맞추어 분모를 설정하고 계산 흐름을 점검하는 훈련이 필요하다.

26번

경비를 구하기 위해 총 7일 동안의 일정, 러시아워 포함 여부, 할인 적용 여부, 경로 최적화 등을 고려해야 하므로 연산 부담이 크다. 오답자 다수는 복잡한 조건에 압도되어 계산을 시작조차 하지 못했을 가능성이 높다. 복습 시 일정별 정리표 작성과 경로별 최소 경비 산정 훈련이 필요하다.

금리 +관련 문항 05~07

1. 금리와 실질금리

금리는 돈의 가치, 즉 물가변동을 고려하느냐의 여부를 기준으로 명목금리와 실질금리로 구분할 수 있다. 은행이 제시하는 저축금리, 주택담보대출금리, CD금리 등 우리 눈에 보이는 금리들을 명목금리라고 부른다. 이를 조금 더 정확하게 말하면 '화폐단위로 원금과 이자를 계산하여 양자의 비율에 의해 계산된 이자율'이다. 화폐라는 눈에 보이는 단위로 계산하기 때문에 쉽고 명확하게 이해된다.

그러나 명목금리만으로 저축과 차입의 실질적인 효과를 정확하게 측정할 수 없다. 물가가 변하면서 화폐의 가치에 변화를 주고 이것이 화폐단위로 측정된 명목금리의 실질적인 가치를 변화시키기 때문이다. 이런 이유로 명목금리가 아닌 재화와 서비스의 양이라는 실질변수를 이용해 원금과 이자를 측정해야 할 필요가 생기는 것이다. 이것을 실질금리라고 부른다.

공식으로는 '**실질금리≒명목금리－물가상승률**'로 나타낼 수 있으며, 이 식에 따르면 명목금리가 10%이고 물가상승률이 0%인 경우 실질금리는 10%가 된다. 화폐의 구매력이 고스란히 유지되었기 때문에 저축한 사람은 10%의 이자만큼 실질 소득이 증가한 것이다. 만약 명목금리가 10%인데 물가상승률이 20%라면 실질금리는 －10%가 된다. 이 경우 저축한 사람의 명목소득은 10% 증가했지만, 구매력이 20%나 떨어졌기 때문에 10%의 손해를 본 것이다.

한편 금리와 물가의 관계를 설명하는 피셔효과(Fisher Effect)란 금융거래 시 명목금리는 실질금리에 예상 물가상승률(기대 인플레이션율)을 더해서 결정되는 것을 말한다. 예를 들어 통화정책으로 금리를 조정할 때 시장참가자들은 미래의 인플레이션율을 합리적으로 예상하여 실질금리에 덧붙이는 형태로 금리를 결정한다면 실질금리는 변하지 않게 되고 결국 명목금리만 조정된다는 것이다.

2. 기준금리

한국은행 금융통화위원회에서 결정하는 정책금리를 말한다. 금리 체계의 기준이 되는 금리로서 한국은행과 금융기관에 환매조건부채권매매(RP)와 대기성 여수신 등의 자금거래를 할 때 기준으로 적용된다. 한국은행 산하 기관인 금융통화위원회에서 일 년에 여덟 차례 결정하며, 결정된 기준금리는 초단기금리인 콜금리에 영향을 주고, 다시 장단기 시장금리, 예금 및 대출 금리 등의 변동으로 이어져 궁극적으로 실물경제 활동에 영향을 미치게 된다.

기준금리가 인상되면 시중의 돈을 흡수하기 때문에 통화량이 줄어들고 과열된 경기를 꺼지게 하는 효과가 있다. 반대로 기준금리가 인하되면 시중에 돈이 풀려 통화량이 늘어나 경기가 되살아나게 된다. 또한 기준금리가 인상되면 이론적으로 주가가 떨어지고 환율이 내려가며(원화 강세), 인하될 경우에는 반대의 현상이 나타난다.

은행 취업 필수 키워드

✎ 은행의 대출금리 산정체계

은행의 대출금리는 대략 다음과 같은 공식에 따라 산정된다.

대출금리＝기준금리(①)＋가산금리(②)±가감조정금리(③)

① **기준금리:** 대출금리 산정의 기준이 되는 금리로서 CD, 금융채, 통안채, 국고채 유통 수익률 등의 시장금리 또는 코리보, 은행연합회가 공시하는 코픽스(은행권 자금조달비용 지수) 등의 지표금리

② **가산금리:** 대출 취급 시 발생하는 업무원가, 각종 리스크 관리비용, 법적 비용, 목표이익률을 반영해산정

- **업무원가:** 인건비 및 물건비 등을 원가배분 방식을 적용해 산정
- **리스크 관리비용:** 리스크 프리미엄, 유동성 프리미엄, 신용 프리미엄, 자본비용
- **법적 비용:** 신보 등 출연료, 교육세, 예금보험료, 지급준비금 예치금 등
- **목표이익률:** 목표이익 확보를 위해 설정한 수익률

③ **가감조정금리:** 급여통장 유무, 신용카드, 수신실적 등에 따른 부수거래 감면금리, 영업상황을 감안한 본부·영업점 조정금리

✎ 고정금리와 변동금리

고정금리란 최초 약정한 금리가 만기 때까지 그대로 유지되는 금리이다. 반면, 변동금리란 일정 주기별로 시장금리를 반영하여 약정금리가 변동하는 금리이다. 자금 차입자 입장에서는 앞으로 시장금리가 상승할 것으로 예상하는 경우에는 고정금리를 이용하는 것이 유리하고 시장금리가 하락할 것으로 예상하는 경우에는 변동금리를 이용하는 것이 유리하다. 일반적으로 동일 만기에서는 고정금리가 변동금리보다 높은데, 이는 자금 대여자(은행)에게 약정 기간 중 금리 변동에 따른 위험 프리미엄이 존재하기 때문이다.

✎ 양적완화

양적완화(QE: Quantitative Easing)는 통화정책을 시행하는 중앙은행이 정책금리가 제로 수준에 근접하게 인하(추가적인 정책금리 인하 여지가 없음)하였음에도 불구하고 경제 회복이 애초의 기대에 미치지 못함에 따라, 장기금리 하락을 유도하기 위해 국채, MBS 등의 장기채권을 직접 매입하여 시장에 유동성을 충분히 공급하는, 일종의 비전통적 통화정책을 말한다. 기준금리 조절 정책이 '단기금리'(정책금리)에 영향을 미치는 반면, 양적완화는 중앙은행의 발권력을 동원해 '장기금리'(시장금리)에 직접 영향을 미치는 것이 큰 차이점이다.

제7회 피셋기출 모의고사

- **문항 수:** 30문항
- **시험 형식:** 객관식 5지 선다형
- **시험 시간:** 67분 30초

문항 구성표

영역	번호	출처	소재	난이도
의사소통 능력	01	입법고시	메타버스	★
	02	입법고시	쿠폰과 리베이트	★
	03	입법고시	연금 부담	★
	04	입법고시	1파운드어치의 쾌락	★★★
	05	고3 7월 모의고사	노동 가능 인구	★
	06	고3 7월 모의고사	노동 가능 인구	★★★
	07	고3 7월 모의고사	노동 가능 인구	★
	08	고3 7월 모의고사	재무제표	★★
	09	고3 7월 모의고사	재무제표	★
	10	고3 7월 모의고사	재무제표	★★
수리 능력	11	행정5급	지주회사 및 소속회사	★★
	12	민경채	경제활동인구조사 결과	★★★
	13	입법고시	월 소득별 · 가구 규모별 가구 수 및 2~4인 가구 소속 가족 구성원 수	★
	14	입법고시	커피 · 콜라지수 및 국가별 상대가격	★★★
	15	행정5급	기금별 예산과 기금건전성 평가 결과	★★★
	16	행정5급	임직원 평균 연봉 현황	★★★
	17	민경채	해외직접투자 규모와 최저개발국 직접투자 비중	★
	18	민경채	직급별 인원과 시간당 임금	★★★
	19	민경채	짜장면 가격 및 가격지수	★
	20	입법고시	A 스터디룸을 공동	★★
문제해결 능력	21	입법고시	주민대표 선출	★★
	22	입법고시	양도소득세	★★★
	23	입법고시	ICT 기술지원사업이 시작될 수 있는 날	★★★
	24	입법고시	도시재생예비사업 선정 지역	★★★
	25	행정5급	A시 예산성과금	★★
	26	행정5급	대규모 외환거래	★★
	27	행정5급	플랫폼운송사업	★
	28	민경채	집수리지원사업	★
	29	민경채	자영업자 지원	★
	30	민경채	성과급 지급	★★

의사소통능력

01 다음 글에 따를 때 <보기>의 (A)~(D)에 들어갈 내용을 바르게 짝지은 것은?

메타버스는 가상으로 강화(확장)된 현실세계와 현실처럼 지속하는(영구화된) 가상공간이 융복합된 공간으로 정의할 수 있다. 메타버스의 특징을 가상세계(Virtual Worlds), 거울세계(Mirror Worlds), 증강현실(Augmented Reality), 라이프로깅(Lifelogging) 4개의 핵심요소로 구분할 수 있다.

가상세계는 말 그대로 현실과 비슷하게 가상의 것을 만들어낸 환경으로, 컴퓨터 그래픽으로 만들어진 세계(Synthetic World)와 몰입하고 상호작용할 수 있는 환경을 의미한다. 가상의 것을 만들어내는 것이기 때문에 그 재현물이 사용자가 현실적으로 받아들일 수 있느냐의 여부에 따라 사용자는 긍정적 또는 부정적 경험을 하게 된다. 가상세계에서 사용자는 아바타를 통해 실제 환경을 모방한 완전히 새로운 환경에서 다른 아바타 또는 에이전트와 공존하게 된다.

거울세계는 말 그대로 현실세계를 그대로 복제해 디지털 형태로 표현한 세계를 말한다. 거울세계는 가상으로 만들어지기는 했지만, 현실에 기반을 둔다. 우리가 사는 세상이 그대로 디지털로 만들어져 가상세계에 존재한다고 볼 수 있다. 거울세계는 가상현실 기술을 통해 컴퓨터로 구현된다는 점에서 일반 가상세계 혹은 가상환경 공간과 유사하지만, 복제의 대상이 우리가 사는 세상이라는 점에서 일반적인 가상세계와 구분된다. 예를 들어 우리가 사는 공간을 그대로 디지털 형태로 복제해 지도 서비스로 제공하여 목적지에 도착하기 위한 더 빠른 경로를 제공하기도 한다.

증강현실은 가상의 대상물이 현실세계의 시각, 청각, 촉각에 중첩되어 정보 흐름을 증가시키는 혼합된 구조이다. 증강현실은 현실세계에 가상의 대상물을 구현하게 함으로써 실재(Reality)를 대체하는 것이 아닌 실재를 보완하는 역할을 한다. 증강현실은 현실과 가상이 결합되어야 하고, 실시간으로 상호작용이 가능하며, 가상의 대상물이 현실세계에서 정확하게 배치되어야 한다. 예를 들어, QR코드를 인식하여 특정 웹사이트로 전환되거나 특정 정보를 보여주거나, 머리의 움직임을 추적하는 기능으로 시청 중인 영화나 비디오에 서라운드 사운드 환경을 구현하여 음성이 화면의 배우나 동작에 맞춰 3차원의 몰입형 음향으로 제공되는 것이 가능해진다.

라이프로깅은 디지털로 저장되고 접근 가능한 기록물이다. 여기서 말하는 기록물이란 직접적인 경험을 통해 만들어낸 온갖 종류의 기록물로, 사물과 사람의 기억, 관찰, 의사소통과 행동 등 일상을 기록한 것을 의미한다. 라이프로깅은 센서가 수집한 일상생활의 데이터를 수동적으로 수집, 처리, 반영하는 과정으로, 일상생활 데이터는 주로 사용자가 착용한 웨어러블 센서가 수집하지만, 사용자를 둘러싼 다양한 센서에 의해서 수집된 데이터도 포함될 수 있다. 즉, 라이프로깅은 사용자의 과거가 디지털화되어 사용자를 더욱 진짜처럼 만드는 증강 요소로 작용할 수 있도록 만든다.

<보기>

메타버스의 4가지 요소는 2개의 축을 통해 설명할 수 있다.

X축은 내재적 요소와 외재적 요소로 구분되는데, 내재적 요소는 아바타(Avatar) 또는 실제 모습을 통해 사용자의 정체성과 행동을 나타내는 기술을 의미하고, 외재적 요소는 사용자를 둘러싸고 있는 세상에 관한 정보와 통제력을 제공하는 기술을 말한다. 즉, 내재적 요소는 사용자로, 외재적 요소는 사용자를 둘러싼 환경으로 이해할 수 있다.

Y축은 증강과 시뮬레이션으로 나뉘는데, 증강은 실제 환경에서 새로운 제어, 정보 시스템 레이어를 쌓아 올리는 기술을 말하고, 시뮬레이션은 상호작용을 위한 공간으로 컴퓨터 그래픽 등을 통해 새로운 가상의 환경을 제공하는 기술을 말한다.

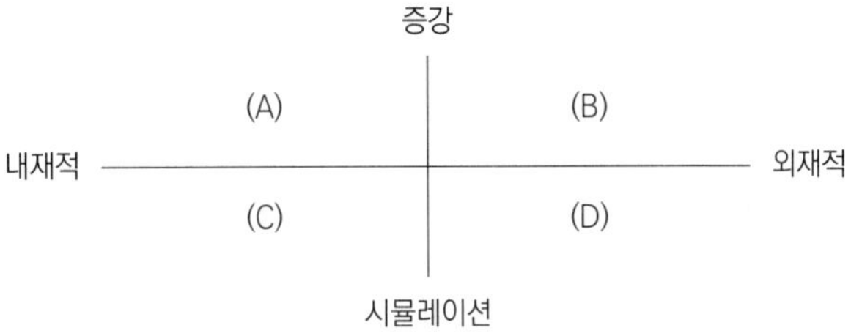

	(A)	(B)	(C)	(D)
①	라이프로깅	증강현실	가상세계	거울세계
②	라이프로깅	가상세계	증강현실	거울세계
③	라이프로깅	증강현실	거울세계	가상세계
④	거울세계	증강현실	가상세계	라이프로깅
⑤	거울세계	가상세계	라이프로깅	증강현실

02 다음 글의 ㉠과 ㉡에 들어갈 말을 가장 적절하게 나열한 것은?

> 쿠폰은 상품 및 서비스를 구매할 때, 무료로 혹은 할인하여 구매할 수 있는 징표로써 생산자가 발행한다. 이러한 쿠폰은 대체로 광고로 소비자에게 전달되며 잡지, 신문, 인터넷 등을 통하여 소비자에게 전달되기도 한다. 예를 들어, 자동차 렌트 할인쿠폰은 자동차를 빌리는 소비자가 쿠폰을 가져올 경우 누구에게나 20%의 할인을 해 준다는 징표이다.
>
> 여기에서 우리는 왜 렌터카 회사가 모든 고객에게 20%를 할인해 주면 될 것을 굳이 쿠폰을 발행함으로써 쿠폰 디자인에 필요한 비용, 프린트 비용, 소비자에게 쿠폰을 전달하는 비용, 쿠폰을 모으는 비용을 절약하지 않는 것일까 하는 의문을 가질 수 있다. 그 해답은 쿠폰이 바로 [㉠]을 제공하기 때문이다.
>
> 한 연구는 소비자의 약 20~30%만이 규칙적으로 쿠폰을 신문지나 전단지 등에서 오려서 정리하여 잘 모아두었다가 필요할 때 사용한다고 보고하였다. 이처럼 가격에 민감한 소비자는 인터넷 등을 찾아서 할인쿠폰 정보를 이용하지만, 소득이 높고 시간이 부족한 소비자 집단은 20% 할인에 크게 매력을 느끼지 못하고 할인쿠폰에 관심을 따로 갖지 않는다. 따라서 렌터카 회사는 가격에 민감하지 않은 소비자, 즉 주어진 가격에 기꺼이 상품을 구매할 의지가 있는 집단에게 일률적으로 가격을 할인하여 판매자의 수익금을 감소시킬 이유는 없는 것이다.
>
> 그러나 가격에 민감한 소비자 집단에게는 할인쿠폰이 상품 구매의 커다란 동기가 될 수 있기 때문에, 할인쿠폰은 소비자 수요의 증대 측면에서 중요한 역할을 한다.
>
> 리베이트는 소비자 구매 대금의 일정 비율을 구매 후에 소비자에게 되돌려 주는 판매 전략이며, 리베이트 프로그램 역시 같은 방법으로 이해하면 된다. 예를 들어 한 전자회사가 5% 리베이트 조건에 냉장고를 100만 원에 팔았다면, 소비자는 냉장고를 100만 원에 구입한 것을 증명할 수 있는 영수증을 주어진 기간 내에 전자회사로 보내고 전자회사는 소비자에게 100만 원의 5%인 5만 원을 다시 돌려주는 형태이다.
>
> 이 경우 역시 가격에 민감하지 않은 소비자 집단은 영수증을 챙겨서 주어진 기간 내에 전자회사로 발송하는 일을 번거롭게 생각할 것이지만, 가격에 민감한 소비자 집단은 반드시 영수증을 챙겨 5% 리베이트를 받을 것이다. 따라서 리베이트 역시 할인쿠폰과 마찬가지로 [㉡]으로 작용한다.

① ㉠: 소비자를 우대하는 하나의 수단
㉡: 소비자 집단을 가격 민감성에 따라 분리하는 수단

② ㉠: 소비자를 우대하는 하나의 수단
㉡: 소비자를 저렴한 가격으로 배려하는 수단

③ ㉠: 소비자를 분리하는 하나의 수단
㉡: 판매자의 수익금을 감소시키는 수단

④ ㉠: 소비자를 분리하는 하나의 수단
㉡: 소비자 집단을 가격 민감성에 따라 분리하는 수단

⑤ ㉠: 소비자를 분리하는 하나의 수단
㉡: 소비자를 저렴한 가격으로 배려하는 수단

03 **다음 글의 내용 전개상 가장 적절한 문단 배열은?**

(가) 이런 통계는 대부분의 선진국에서 있어 엇비슷하며 – 이탈리아, 프랑스, 스페인, 포르투갈, 네덜란드, 스웨덴도 마찬가지다 – 뿐만 아니라 많은 개발도상국들, 특히 중국도 비슷한 경향을 보이고 있다. 몇몇 지역, 예컨대 중부 이탈리아, 남부 프랑스, 남부 스페인에서는 출산율이 독일이나 일본보다도 더 낮다.

(나) 독일의 인구 통계 변화는 전혀 예외적인 것이 아니다. 세계 2위의 경제 대국 일본은 2005년경, 인구가 1억 2,500만 명으로 절정을 이룰 것이다. 보다 비관적인 정부의 예측에 따르면, 2050년경에는 인구가 9,500만 명 정도로 감소할 것이라고 한다. 그보다 훨씬 이전인 2030년경에는 65세 이상의 인구가 성인 인구의 절반을 차지할 것이다. 일본의 출산율은, 독일과 마찬가지로, 가임 여성 1인당 1.3명이다.

(다) 이 모든 것이 의미하는 바는 노년층의 지지를 받는 것은 모든 선진국에 있어 정치적 규범이 된다는 사실이다. 연금은 선거 때마다 들고 나오는 단골 메뉴가 된 지 오래다. 인구와 노동력을 유지하기 위해 이민을 완화하려는 정책 또한 점점 더 정치적 논란거리가 되고 있다. 이런 두 가지 이슈들은 모든 선진국들의 정치 상황을 크게 바꾸고 있는 중이다.

(라) 2030년이 되면, 세계 3위의 경제 대국인 독일은 65세 이상의 인구가 전체 성인 인구의 거의 절반 가량을 차지할 것이다. 지금은 5분의 1 수준이다. 따라서 만약 지금 여성 1인당 1.3명까지 떨어진 독일의 출산율이 정상적인 수준으로 회복되지 않으면, 앞으로 30년 동안 35세 미만의 독일 인구 감소율은 노인 인구의 증가율보다 2배나 빠를 것이다.

(마) 노동 인구가 지불해야 하는 연금 부담이 지나치게 높아지지 않도록 하기 위한 한 가지 대책으로, 정신적으로도 육체적으로도 상당히 건강한 사람들에 대한 정년퇴직 연령 제도는 철폐될 가능성이 높다. 일터에 나가고 있는 젊은 인구와 중년 인구층은 자신들이 전통적인 은퇴 연령에 도달할 즈음에는 연금 기금이 바닥나지 않을까 이미 의심하고 있다. 하지만 정치인들은 어디서나 현행의 연금 제도를 유지할 수 있다고 계속 주장하고 있다.

① 가 – 나 – 다 – 라 – 마 ② 가 – 라 – 나 – 마 – 다 ③ 다 – 마 – 가 – 라 – 나
④ 라 – 나 – 가 – 다 – 마 ⑤ 라 – 나 – 다 – 가 – 마

04 다음 글에 나타난 글쓴이의 주장과 가장 관계가 깊은 것은?

따라서 같은 소득을 가진 두 사람이 그 소득으로 얻게 되는 이득이 같다거나 같은 소득 감소에서 받는 고통도 같다고 자신 있게 말하기는 힘들 것이다. 연소득이 3백 파운드인 두 사람에게 1파운드의 세금을 거두었을 때, 각자 쉽사리 내겠지만, 그것은 1파운드어치의 쾌락(또는 만족)을 포기하는 것이다. 자신에게 1파운드의 가치가 있는 것을 포기하지만, 이들이 포기한 1파운드의 만족도는 대체로 같지 않을 것이다.

그럼에도 불구하고 각자의 개별적 특성이 상쇄될 정도로 충분히 폭넓게 평균을 내보면, 같은 소득을 가진 사람들이 이득을 얻거나 손해를 피하기 위해 내는 돈은 그 이득과 손해에 대한 적절한 척도이다. 각기 연 소득이 1백 파운드인, 셰필드에 사는 1천 명과 리즈에 사는 1천 명에게 1파운드씩 세금을 부과한다면, 우리는 이 세금이 셰필드에 유발하는 쾌락의 감소 또는 손해는 리즈에 유발하는 것과 거의 같은 중요도를 가진다는 것을 자신할 수 있으며, 또 소득을 1파운드씩 늘려주는 모든 일도 두 도시에 동등한 쾌락과 여타 이득을 줄 것이다. 만일 그들이 모두 같은 업종에 있는 성인 남자라면, 그래서 감수성이나 심성, 취향이나 교육이 어느 정도 유사하면, 그럴 가능성은 커질 것이다. 또 만약 가족을 한 단위로 해서, 두 도시에서 일 년 소득이 1백 파운드인 가정에서 1파운드씩 소득을 줄였을 때 유발되는 쾌락의 감소를 비교한다 해도, 그럴 가능성이 별로 줄어들지 않을 것이다.

이제, 우리는 같은 값을 지불해야 할 때, 그가 부유할 경우보다 가난할 경우에 더 강한 유인이 필요하다는 사실을 설명해야 한다. 1실링은 가난한 사람보다 부자에게 적은 쾌락 또는 만족을 준다. 의심할 여지없이, 부자가 시가를 사는 데 1실링을 쓸 것인가를 따질 때, 한 달 생활비인 1실링을 담배에 쓸 것인가를 고민해야 하는 가난한 사람보다는 덜 중요한 쾌락들과 비교할 것이다. 연 소득이 1백 파운드인 직장인은, 연 소득이 3백 파운드인 직장인보다는 더 심한 빗속에서도 걸어서 출근을 할 것이다. 왜냐하면 전차나 버스를 타는 비용이 부자보다는 가난한 사람에게 더 큰 쾌락을 의미하기 때문이다. 가난한 사람이 돈을 쓴다면, 쓰고 난 후 그는 돈의 부족함 때문에 부자보다 더 큰 고통을 받을 것이다. 그 비용이 가난한 사람에게 의미하는 것은 부자에게 의미하는 것보다 크다.

① 개인들 사이에 상품이나 화폐가 주는 쾌락은 서로 비교할 수 없다.
② 상품의 소비가 증가함에 따라 추가적으로 얻어지는 쾌락의 크기는 줄어든다.
③ 화폐 1단위가 주는 쾌락이 동일하도록 상품을 소비하는 것이 쾌락을 최대화하는 방법이다.
④ 소득이 1파운드 늘어날 때 쾌락의 증가와 세금 1파운드를 낼 때 쾌락의 감소는 서로 크기가 같다.
⑤ 합리적인 사람들은 상품 소비를 통해 추가로 얻는 쾌락의 크기와 지불하는 가격이 동일한 수준까지 소비한다.

[05~07] 다음 글을 읽고 물음에 답하시오.

'노동 가능 인구*'는 경제 활동에 참여할 의사와 능력이 있는 '경제 활동 인구'와 육아, 가사, 취학, 취업 준비 등의 이유로 경제 활동에 참여할 의사나 능력이 없는 '비경제 활동 인구'로 구분한다. 경제 활동 인구는 현재 직업에 종사하고 있는 '취업자'와 일할 능력과 의사가 있음에도 불구하고 지난 4주 동안 일자리를 구하지 못한 '실업자'로 나뉜다.

경제 활동 인구 중에서 실업자가 차지하는 비율인 ㉠ '실업률'은 국가 경제를 드러내는 ⓐ 지표의 하나로, 보통 실업률이 낮으면 고용 상황이 매우 좋은 것으로 인식될 수 있다. 하지만 지난 1주간 1시간 이상 수입을 목적으로 일을 한 사람을 취업자로 보기 때문에 이에 해당하는 부업 노동자나 일용직 노동자도 모두 취업자에 해당한다. 또한 능력이 있으나 지난 4주 동안 구직 활동을 하지 않고 구직 활동을 포기한 사람인 '구직단념자'는 비경제 활동 인구로 분류되어 실업자에 포함되지 않는다. 따라서 실업률만으로는 정확한 고용 상황을 파악할 수 없기 때문에 최근에는 노동 가능 인구 중 취업자가 차지하는 비율인 ㉡ '고용률'을 더 중시하는 ⓑ 경향을 보이고 있다.

일반적으로 국가 경제에서 실업률이 높고 고용률이 낮으면 실업으로 인한 문제가 발생할 수 있다. 이러한 실업 문제를 해결하기 위해서는 먼저 원인에 따른 실업 형태를 ⓒ 파악해 볼 필요가 있다. 실업은 크게 '수요 부족 실업'과 '비수요 부족 실업'으로 나눌 수 있는데 수요 부족 실업이란 어떤 경제의 노동력에 대한 총수요가 전체 노동력을 고용할 수 있을 만큼 크지 않을 때 발생하는 실업이며 그것의 단기적 현상이 경기적 실업이다. 즉, 경기적 실업이란 경기 침체로 인한 기업의 인원 감축의 결과로 발생하는 비자발적 실업인 것이다. 비수요 부족 실업에는 마찰적 실업, 구조적 실업 그리고 계절적 실업이 있다. 마찰적 실업이란 노동자들이 이사나 이직 등으로 새로운 일자리를 찾는 과정에서 고용 정보의 불충분으로 인해 발생하는 자발적 실업으로 경제 상황과 관계없이 항상 일정 수준만큼은 나타난다. 구조적 실업은 빈 일자리와 실업이 ⓓ 공존하더라도 생산 설비 자동화와 같은 기술 혁신에 따라 산업 구조를 재편하는 과정에서 수요자가 요구하는 기술을 가진 노동자가 부족하거나 노동자의 지역 간의 이동이 불완전하기 때문에 발생한다. 구조적 실업은 노동력에 대한 총수요가 증가하더라도 수요자가 요구하는 기술 수준을 노동자가 갖추지 못하면 사라지지 않고 장기화되는 경향이 있다. 계절적 실업이란 농림·어업, 관광업 등에서 특정 계절에 일시적으로 실업자가 증가하는 것과 같이 계절의 변화로 인해 특정 시기에 반복적으로 발생하는 실업을 말한다.

실업의 원인은 다양하기 때문에 실업의 형태를 명확하게 구분하는 것은 쉽지 않지만 빈 일자리와 실업 간의 관계를 보여주는 베버리지 곡선을 활용하면 수요 부족 실업과 비수요 부족 실업을 구분할 수 있다. 다음의 〈그림〉에서 가로축은 실업자 수(U)를, 세로축은 충원되지 않은 빈 일자리 수인 결원 수(V)를 나타낸다. 이 〈그림〉에서 두 가지 변수 사이의 관계를 나타내는 곡선이 우하향하고 있는 것은 결원 수가 감소하면 실업자 수가 증가하고 그 역도 또한 성립한다는 것을 나타낸다. 〈그림〉의 원점에서 45°로 나간 직선 F는 베버리지 곡선 B_1과 t에서 만나고 있다. 이 t는 실업자 수와 결원 수가 동일해 모든 실업자가 고용될 수 있는 완전 고용 상태에 해당한다. 현재 노동 시장의 상황을 A라 할 때, 수요 부족 실업의 경우 노동자 수에 비해 빈 일자리가 부족하여 발생한 것이므로 이론적으로는 U_A에서 V_A를 빼면 A에서의 수요 부족 실업자 수를 알 수 있게 된다. 그런데 V_A는 U_1과 동일하므로 결국 U_A에서 U_1을 뺀 ㉮를 수요 부족 실업자 수로 볼 수 있다. 그러나 경기 부양 대책으로 수요 부족 실업을 ⓔ 해소하

피셋기출 / 제7회

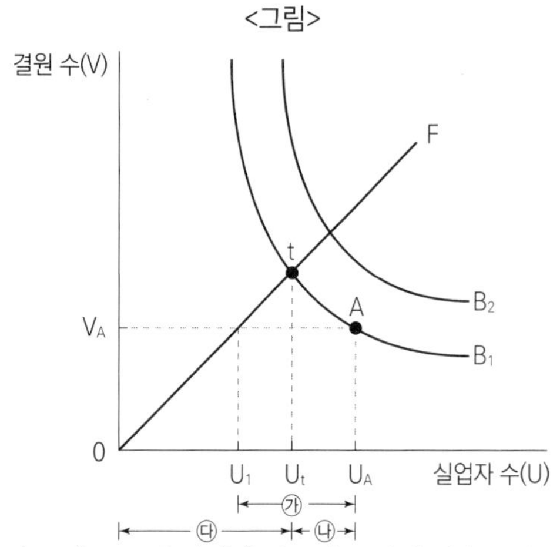

여 결원 수를 증가시키더라도 B_1의 완전 고용 수준인 t에 대응하는 Ut까지만 실업자 수가 줄어들게 된다. 따라서 실질적인 수요 부족 실업자 수는 U_A에서 Ut를 뺀 ㉯가 되고 경기가 좋아져서 취업할 수 있음에도 불구하고 실업 상태에 놓여 있는 ㉰에 해당하는 실업자는 마찰적 실업과 구조적 실업과 같은 비수요 부족 실업자로 보아야 한다.

또한 실업자 수와 결원 수가 동시에 증가하면 B_1에서 B_2로 베버리지 곡선 자체가 이동하게 된다. 이 경우는 노동 시장에서 결원 수가 높아지고 있음에도 실업이 증가하는 것으로 노동 시장에서 수요와 공급의 불일치 정도가 높아져 비수요 부족 실업자 수가 증가하고 있음을 의미한다. 이처럼 베버리지 곡선을 활용하면 수요 부족 실업과 비수요 부족 실업을 구분하여 실업 문제를 해결하기 위한 정책을 마련할 수 있다.

* 노동 가능 인구: 노동력의 관점에서 군인과 수감자를 제외하고 경제 활동이 가능한 만 15세 이상의 인구

05 **㉠과 ㉡에 대한 설명으로 적절한 것은?**

① 육아로 인해 경제 활동에 참여할 의사가 없는 사람은 ㉠에 반영된다.
② 지난 1주간 수입을 목적으로 8시간만 일을 한 사람은 ㉡에 반영되지 않는다.
③ 이직을 위한 퇴직자가 증가하면 ㉠은 감소하고 ㉡은 증가한다.
④ 취업 준비로 경제 활동을 하지 않던 사람들이 취업을 하면 ㉠은 감소하고 ㉡은 증가한다.
⑤ 4주 동안 구직 활동을 하지 않아 구직을 포기한 사람들이 늘어나면 ㉠은 증가하고 ㉡은 감소한다.

06 **윗글을 참고하여 <보기>를 이해한 내용으로 적절하지 않은 것은?**

<보기>

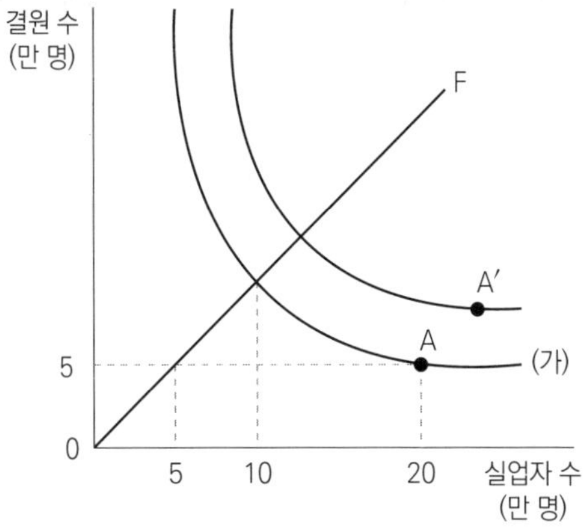

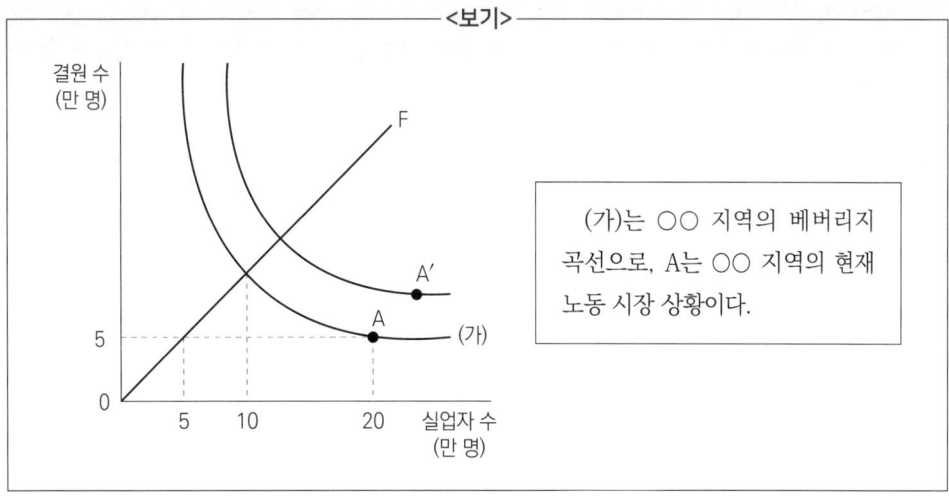

(가)는 ○○ 지역의 베버리지 곡선으로, A는 ○○ 지역의 현재 노동 시장 상황이다.

① ○○ 지역의 경기를 부양시켜 일자리의 수를 증가시키더라도 10만 명의 실업자가 있을 것이다.
② ○○ 지역의 실질적인 수요 부족 실업자 수는 현재의 실업자 수에서 결원 수를 뺀 것이므로 15만 명이다.
③ 수요 부족 실업을 해결하기 위해 ○○ 지역의 경기를 부양시키면 현재보다 5만 개의 일자리를 늘릴 수 있다.
④ 베버리지 곡선은 ○○ 지역의 10만 명에 해당하는 비수요 부족 실업자를 위한 정책을 마련하는 데 활용할 수 있다.
⑤ ○○ 지역의 노동 시장 상황이 A에서 A′로 이동한다면 노동 시장에서 비수요 부족 실업자가 늘어나고 있음을 의미한다.

07 **ⓐ~ⓔ의 사전적 의미로 적절하지 않은 것은?**

① ⓐ: 방향이나 목적, 기준 따위를 나타내는 표지.
② ⓑ: 현상이나 사상, 행동 따위가 어떤 방향으로 기울어짐.
③ ⓒ: 한발 물러나서 어떤 일이 되어 가는 형편을 바라봄.
④ ⓓ: 두 가지 이상의 사물이나 현상이 함께 존재함.
⑤ ⓔ: 어려운 일이나 문제가 되는 상태를 해결하여 없애 버림.

핵심 개념 플러스+

[08~10] 다음 글을 읽고 물음에 답하시오.

여유 자금을 기업에 투자할 때는 투자하고자 하는 기업의 가치를 정확히 파악할 필요가 있다. 이를 위해서는 재무제표를 바탕으로 기업의 재무 상태와 경영 성과를 평가할 수 있는 재무비율 분석이 필수적이다. 재무제표는 기업의 경영에 따른 재무 상태를 파악하기 위해 회계 원칙에 따라 간단하게 표시한 재무 보고서를 말한다. 재무제표는 재무상태표와 포괄손익계산서, 현금흐름표, 자본변동표 등으로 구성되어 있다. 이 중에서 특정 시점의 기업의 재무 상태를 확인하기 위해서는 재무상태표를 활용할 수 있고, 일정 기간의 기업의 수익 규모와 수익성을 확인하기 위해서는 매출액과 당기순이익이 제시된 포괄손익계산서를 활용할 수 있다.

기업의 재무 상태는 자산과 부채, 그리고 기업의 자산에서 모든 부채를 차감한 후의 잔여 지분인 자본*을 통해 알 수 있다. 자산은 현금과 토지, 건물 등과 같이 기업이 소유하고 있는 유형·무형의 재산을 말한다. 부채란 갚아야 할 돈으로 흔히 말하는 빚이다. 자본은 주주가 출자한 자본금과 자본 거래 및 영업 활동을 통해 발생하여 축적된 이익 등으로 구성된다. 기업이 자산을 활용해 발생시킨 매출액에서 매출 원가 및 기타 비용 전부를 차감하면 당기순이익을 알 수 있다.

재무제표에 표시된 숫자들은 숫자 그 자체보다는, 다른 숫자들과 어떤 관계에 있는지 또는 기간별로 그 숫자들이 어떻게 변했는지를 파악할 때 중요한 의미를 갖는다. 따라서 투자자들은 기업의 재무 상태를 파악하기 위해 재무제표에 표시된 숫자들을 활용하여 필요한 정보들을 얻을 수 있는 재무비율 분석을 해야 한다. 재무비율 분석 중 널리 쓰이는 비율로 '자기자본순이익률(ROE)'이 있다. 자기자본순이익률은 주주가 투자한 자기자본에 대한 투자의 효율성을 보여 주는 지표로 당기순이익을 평균자기자본으로 나눈 후 백분율로 환산하면 구할 수 있다. 미국의 화학 기업인 듀퐁은 자기자본순이익률을 활용하여 재무제표를 보다 체계적으로 분석하는 방법인 '듀퐁 ROE 분해'를 창안했다. 듀퐁 ROE 분해에 따르면 자기자본순이익률은 매출액순이익률과 자산회전율 그리고 재무레버리지를 곱한 값과도 같으므로 이 세 가지로 분해하여 각각의 재무비율을 파악하면 기업의 수익성, 효율성, 안정성을 구체적으로 알 수 있다.

듀퐁 ROE 분해 중 '매출액순이익률'은 매출액 대비 당기순이익이 얼마인지를 파악하기 위해 당기순이익을 매출액으로 나눈 수익성 지표이다. 만약 1,000만 원어치 물건을 팔아서 재료비, 인건비, 임차료, 전기료 등을 다 제하고 최종적으로 남은 돈이 120만 원이라면 매출액순이익률은 12%가 되는 것이다. 이는 기업의 한 회계 기간 동안의 매출액 중 당기순이익의 비중을 보여 주어서 산업별 평균값이나 다른 기업과 비교해 보면 자신이 투자한 기업이 수익을 제대로 내고 있는지를 판단할 수 있다.

듀퐁 ROE 분해 중 '자산회전율'은 매출액을 평균총자산으로 나눈 값으로 자산의 효율성 지표이다. 자산회전율이 높으면 기업의 자산이 효율적으로 이용되고 있음을 의미한다. 예를 들어, 기업 A와 B 모두 매출액이 1,000만 원이고 A와 B의 평균 총자산이 각각 1,000만 원과 400만 원이라고 한다면 동일한 매출을 올리기 위해 필요한 자산이 B는 400만 원에 불과한 반면, A는 B의 2.5배인 1,000만 원이다. 따라서 A와 B의 자산회전율은 각각 1과 2.5로 B가 A에 비해 자산의 이용이 2.5배 효율적이었음을 의미한다.

듀퐁 ROE 분해 중 재무레버리지는 평균총자산을 평균자기자본으로 나눈 비율로 안정성 지표이다. 재무레버리지가 높아지면 기업의 안정성은 낮아진다. 특히 경기가 좋지 않을 때에 재무레버리지가 높을 경우 그 기업은 금리 인상에 따른 재무적인 어려움을 겪을 가능성이 높아진다. 따라서 자기자본순이익률이 상승한 기업에 투자를 고려하고 있는 경우에는 그 이유가 높은 재무레버리지에 의한 것은 아닌지 주의할 필요가 있다. 따라서 자신이 투자하고자 하는 기업의 재무레버리지를 산업별 평균값 또는 다른 기업과 비교하여 기업의 안정성을 판단해 보아야 한다.

A기업의 매출액순이익률(%)이 10이고 자산회전율(회)이 2, 재무레버리지가 2라고 한다면 A기업의 자기자본순이익률은 40%(10×2×2)가 된다. 따라서 듀퐁 ROE 분해는 다른 기업과 자기자본순이익률을 비교하거나 각 기업을 수익성, 효율성, 안정성 등의 항목으로 나누어 평가할 수 있기 때문에 투자자뿐만 아니라 기업 내부에도 경영 성과와 재무 상태를 파악할 수 있는 정보를 제공한다는 장점이 있다. 하지만 기업의 경영 환경과 경기 상황 등에 따라 재무비율에 대한 의미가 달라질 수 있으므로 경제 여건 등을 감안하여 적절하게 활용하여야 한다.

* 자본: 기업의 소유주인 주주들만의 자산, 즉 순자산을 회계 용어로 자본이라고 부르며, 타인자본인 부채와 구분하여 자기자본이라고도 함

08 재무레버리지**에 대한 이해로 가장 적절한 것은?**

① 부채가 일정할 경우 평균총자산이 증가하면 재무레버리지가 높아진다.
② 부채가 일정할 경우 평균자기자본이 증가하면 재무레버리지가 높아진다.
③ 평균자기자본이 일정할 경우 부채가 증가하면 재무레버리지가 높아진다.
④ 평균자기자본이 일정할 경우 재무레버리지가 낮아지면 금리 인상에 따른 이자 부담이 커진다.
⑤ 평균총자산이 일정할 경우 평균자기자본이 증가하면 재무레버리지가 높아진다.

피셋기출 / 제7회

[09~10] <보기>는 재무제표의 일부를 정리한 것이다. <보기>를 참고하여 물음에 답하시오.

<보기>

(단위: 억 원)

구분	과목	A기업	B기업	
		2018년	2017년	2018년
재무상태표	평균총자산	200	100	200
	부채	100	50	150
	평균자기자본	100	50	50
포괄손익계산서	매출액	500	100	400
	당기순이익	20	10	20
매출액순이익률(%)		ⓐ	10	5
자산회전율(회)		ⓑ	1	2
재무레버리지		ⓒ	2	4
자기자본순이익률(%)		ⓓ	20	40

※ 회계 기간은 매년 1월 1일부터 12월 31일까지이며, 보고 기간은 매년 12월 31일임
※ 재무제표 수치 이외에 어떤 외적 요인도 고려하지 않음

09 다음은 A기업의 경영 성과에 관한 회의 기록이다. 적절하지 않은 것은?

김 과장: ⓐ에 해당하는 값은 당기순이익을 매출액으로 나눈 지표이므로 4% 입니다. ············ ①
최 대리: ⓐ에 해당하는 값이 2018년의 B기업보다 낮은 상황인데, 그 이유는 매출액이 B기업보다 높기 때문입니다. ············ ②
민 부장: ⓑ에 해당하는 값을 보면, 2018년의 우리 기업은 2018년의 B기업보다 자산이 2배 효율적으로 운영되고 있는 상황입니다. ············ ③
박 사원: ⓒ에 해당하는 값은 2로, 2018년의 B기업에 비해 안정적입니다. 산업별 평균값이나 다른 기업과도 비교해 보겠습니다. ············ ④
정 사장: 2018년 재무제표를 보니, 우리 기업의 ⓓ에 해당하는 값은 2017년의 B기업과 같군요. ············ ⑤

10 **윗글을 참고하여 <보기>를 이해한 내용으로 가장 적절한 것은?**

① 2018년의 B기업은 2017년에 비해 매출액에서 매출 원가 및 기타 비용을 전부 차감한 금액이 감소하였다.

② 2018년의 B기업은 2017년에 비해 주주가 투자한 자기자본에 대한 투자의 효율성을 나타내는 비율이 감소하였다.

③ B기업에 투자하고 있는 투자자가 안정성 지표만을 중시한다면 2019년에는 B기업에 대한 투자를 늘리려고 할 것이다.

④ B기업에 투자하고 있는 투자자가 수익성 지표만을 중시한다면 2019년에는 B기업에 대한 투자를 줄이려고 할 것이다.

⑤ B기업에 투자하고 있는 투자자가 자산의 효율적 이용만을 중시한다면 2019년에는 B기업에 대한 투자를 줄이려고 할 것이다.

수리능력

11 **다음 <보고서>는 2016~2022년 '갑'국의 지주회사 및 소속회사에 관한 자료이다. <보기>의 자료 중 <보고서>의 내용에 부합하는 것만을 모두 고르면?**

<보고서>

지주회사는 주식의 소유를 통하여 다른 회사의 사업활동을 지배하는 것을 주된 사업으로 하는 회사이다. 지주회사 체제란 지주회사가 수직적 출자를 통해 계열사를 소속회사(자, 손자, 증손 회사)로 편입하여 지배하는 소유구조를 의미한다.

'갑'국의 지주회사 자산요건이 2017년에 상향됨에 따라 2018년 이후 지주회사 수는 2017년 지주회사 수의 90% 이하를 유지하고 있다. 하지만 2022년 지주회사 수는 168개로 전년 대비 증가하였다. 편입률은 지주회사 전체 계열사 중 지주회사 체제 안에 편입되어 있는 계열사 비율을 나타내는데, 2018년 80%를 초과하였고 2019년 이후 70% 이상을 유지하고 있다. 2022년에는 지주회사의 전체 계열사 1,281개 중 915개가 지주회사 체제 안에 편입되어 있는 것으로 나타났고, 편입률은 전년 대비 증가하였다.

지주회사의 평균 소속회사 수 추이를 보면, 자, 손자, 증손 회사 각각 2017년 이후 매년 증가하였다. 특히, 2022년에는 전체 소속회사 수가 200개 이상 증가하였다.

자산규모별로 보면 2022년 자산규모 1천억 원 이상 5천억 원 미만인 지주회사 수는 2017년 대비 30% 이상 감소한 반면, 5천억 원 이상인 지주회사 수는 30% 이상 증가하였다.

<보기>

ㄱ. 연도별 지주회사 수

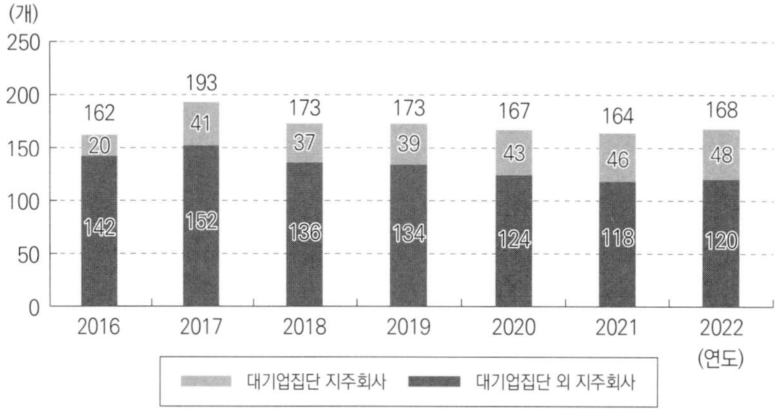

ㄴ. 지주회사의 평균 소속회사 수 추이

(단위: 개)

구분 \ 연도	2016	2017	2018	2019	2020	2021	2022
자	4.9	4.8	5.0	5.3	5.4	5.5	5.8
손자	5.0	4.8	5.2	5.6	5.9	6.2	6.9
증손	0.5	0.6	0.5	0.5	0.8	0.7	0.8
전체	10.4	10.2	10.7	11.4	12.1	12.4	13.5

ㄷ. 연도별 지주회사 편입률

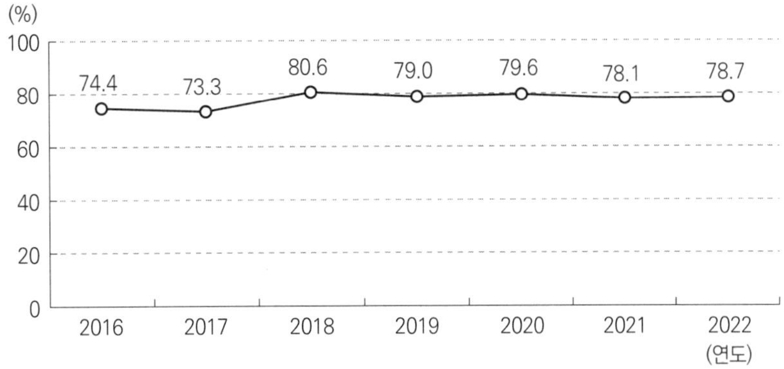

ㄹ. 자산규모별 지주회사 수

(단위: 개)

자산규모 \ 연도	2016	2017	2018	2019	2020	2021	2022
1천억 원 미만	64	84	79	76	78	76	86
1천억 원 이상 5천억 원 미만	88	97	82	83	74	72	66
5천억 원 이상	10	12	12	14	15	16	16

① ㄱ, ㄴ　　② ㄱ, ㄷ　　③ ㄱ, ㄹ

④ ㄴ, ㄷ　　⑤ ㄴ, ㄹ

12 **다음 <그림>은 2021년 7월 '갑'지역의 15세 이상 인구를 대상으로 한 경제활동인구조사 결과를 정리한 자료이다. <그림>의 A, B에 해당하는 값을 바르게 나열한 것은?**

<그림> 2021년 7월 경제활동인구조사 결과

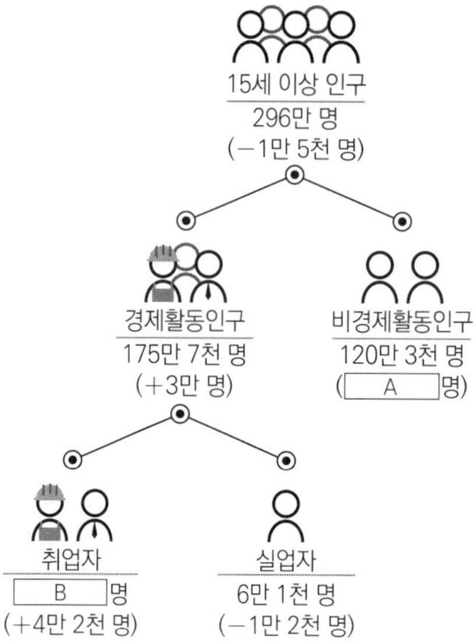

※ (　　)는 2020년 7월 대비 증감 인구수임

	A	B
①	−4만 5천	169만 6천
②	−4만 5천	165만 4천
③	−1만 2천	172만 7천
④	−1만 2천	169만 6천
⑤	+4만 2천	172만 7천

13 **다음 <표 1> 및 <표 2>는 갑, 을 지역 가구의 월 소득별·가구 규모별 가구 수 및 2~4인 가구 소속 가족 구성원 수에 관한 자료이다. 이에 대한 <보기>의 설명 중 옳은 것만을 모두 고르면?**

<표 1> 갑, 을 지역 가구의 월 소득별·가구 규모별 가구 수

(단위: 가구)

구분		2인 이하 가구	3인 가구	4인 이상 5인 이하 가구	소계
갑	200만 원 미만	456	125	140	721
	200만 원 이상 300만 원 미만	531	182	232	945
	300만 원 이상 400만 원 미만	449	259	310	1,018
	400만 원 이상	297	315	390	1,002
	소계	1,733	881	1,072	3,686
을	200만 원 미만	490	144	113	747
	200만 원 이상 300만 원 미만	451	168	217	836
	300만 원 이상 400만 원 미만	315	150	302	767
	400만 원 이상	101	126	188	415
	소계	1,357	588	820	2,765

※ n인 가구는 가족 구성원이 n명인 가구를 의미함
※ 6인 이상 가구는 존재하지 않음

<표 2> 갑, 을 지역 2~4인 가구 소속 가족 구성원 수

(단위: 명)

구분	2인 가구 소속 가족 구성원 수	3인 가구 소속 가족 구성원 수	4인 가구 소속 가족 구성원 수	소계
갑	1,940	2,643	2,864	7,447
을	1,708	1,764	1,844	5,316

※ 동일한 인원이 동시에 2개 이상의 가구 구성원으로 집계된 경우는 없음

<보기>

ㄱ. 5인 가구 수는 갑 지역이 을 지역보다 많다.
ㄴ. 1인 가구 소속 가족 구성원 수는 갑 지역이 을 지역의 150% 이상이다.
ㄷ. 월 소득 400만 원 미만인 전체 가구 중 4인 이상 5인 이하 가구 수가 차지하는 비중은 갑 지역이 을 지역보다 크다.
ㄹ. 월 소득 300만 원 이상 400만 원 미만인 3인 이하 가구의 월 소득 총합은 갑 지역이 을 지역보다 크다.

① ㄱ, ㄴ　② ㄱ, ㄷ　③ ㄱ, ㄹ
④ ㄴ, ㄷ　⑤ ㄴ, ㄹ

피셋기출 / 제7회

14 **다음 <표>는 동일한 화폐단위를 사용하는 A~F국의 커피·콜라지수 및 C국 기준 국가별 상대가격에 관한 자료이다. 이에 대한 <보기>의 설명 중 옳은 것만을 모두 고르면?**

<표> A~F국의 커피·콜라지수 및 C국 기준 국가별 상대가격

구분	커피·콜라지수	C국 기준 국가별 상대가격	
		콜라	커피
A	140	75	㉠
B	144	㉡	120
C	150	100	100
D	100	120	80
E	130	150	130
F	120	75	60

※ 커피·콜라지수=(해당 국가의 커피 가격÷해당 국가의 콜라 가격)×100

※ C국 기준 국가별 커피(콜라)상대가격=(해당 국가의 커피(콜라) 가격÷C국의 커피(콜라) 가격)×100

<보기>

ㄱ. A~F국 중 커피 가격이 C국의 콜라 가격보다 낮은 국가는 1개이다.

ㄴ. ㉠은 100보다 크고, ㉡은 100보다 작다.

ㄷ. C국의 콜라 가격이 2,500원일 때, A, B, C, D, F국 중 커피 가격이 E국의 콜라 가격보다 높은 국가는 D국뿐이다.

① ㄱ ② ㄴ ③ ㄱ, ㄴ

④ ㄱ, ㄷ ⑤ ㄱ, ㄴ, ㄷ

15 **다음 <표>는 2022년 '갑'부처 기금 A~E의 예산과 기금건전성 평가 결과 및 2023년 기금예산 결정 방식에 관한 자료이다. 이에 대한 <보기>의 설명 중 옳은 것만을 모두 고르면?**

<표 1> 2022년 기금별 예산과 기금건전성 평가 결과

(단위: 백만 원, 점)

구분 기금	2022년 예산	평가항목별 점수			기금건전성 총점
		사업 적정성 점수	재원구조 적정성 점수	기금존치 타당성 점수	
A	200,220	30	18	( )	76
B	34,100	24	30	13	( )
C	188,500	( )	14	15	82
D	9,251	25	17	13	( )
E	90,565	18	15	6	45

※ 기금건전성 총점＝사업 적정성 점수＋재원구조 적정성 점수＋기금존치 타당성 점수×2

<표 2> 2023년 기금예산 결정방식

2022년 기금건전성 총점	2023년 예산
60점 미만	2022년 예산의 80%
60점 이상 80점 미만	2022년 예산의 100%
80점 이상	2022년 예산의 110%

<보기>

ㄱ. 2022년 기금건전성 총점이 가장 높은 기금은 C이다.
ㄴ. 기금존치 타당성 점수는 A가 B보다 낮다.
ㄷ. 2023년 A~E예산의 합은 전년 대비 2% 이상 증가한다.
ㄹ. 2022년 사업 적정성 점수가 가장 높은 기금은 2023년 예산이 가장 많다.

① ㄱ, ㄴ ② ㄱ, ㄹ ③ ㄴ, ㄷ
④ ㄷ, ㄹ ⑤ ㄱ, ㄷ, ㄹ

16 **다음 <표>는 A사 임직원 평균 연봉 현황에 관한 자료이다. 이에 대한 <보기>의 설명 중 옳은 것만을 모두 고르면?**

<표> A사 임직원 평균 연봉 현황

(단위: 만 원)

구분	평균 연봉
전체 임직원	6,000
과장 이하 직급	4,875
주임 이하 직급	3,750
사원 이하 직급	3,000
수습	2,000

※ 1) '평균 연봉'은 해당 임직원 연봉의 합을 해당 임직원 수로 나눈 값임

2) 직급을 높은 것부터 순서대로 나열하면 사장, 과장, 주임, 사원, 수습이고, A사의 전체 임직원은 사장 1명, 과장 2명, 주임 3명, 사원 5명, 수습 10명으로 구성됨

<보기>

ㄱ. 사장의 연봉은 3억 원 이상이다.
ㄴ. 주임 3명의 평균 연봉은 7천만 원 이상이다.
ㄷ. 사원 5명의 연봉의 합은 과장 2명의 연봉의 합보다 작다.

① ㄱ ② ㄷ ③ ㄱ, ㄴ
④ ㄴ, ㄷ ⑤ ㄱ, ㄴ, ㄷ

17 **다음 <그림>은 2015~2023년 '갑'국의 해외직접투자 규모와 최저개발국 직접투자 비중에 관한 자료이다. 이에 대한 설명으로 옳은 것은?**

<그림> 해외직접투자 규모와 최저개발국 직접투자 비중

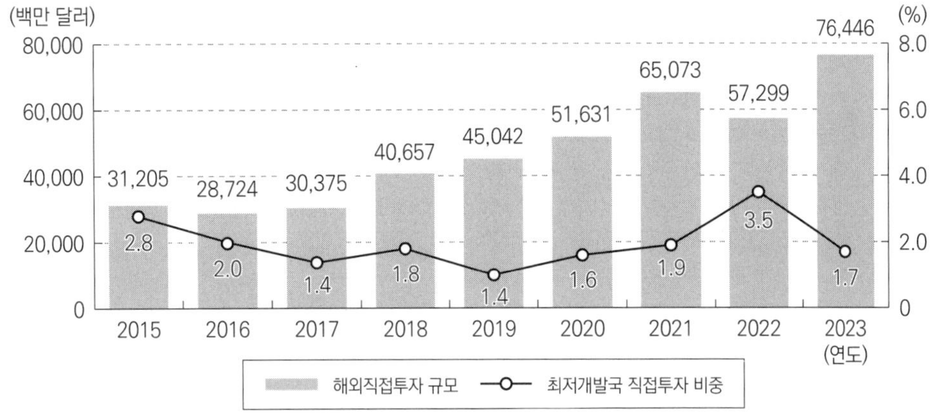

※ 최저개발국 직접투자 비중(%)$=\frac{\text{최저개발국 직접투자 규모}}{\text{해외직접투자 규모}}\times 100$

① 최저개발국 직접투자 규모는 2023년이 2015년보다 크다.
② 2021년 최저개발국 직접투자 비중은 전년보다 감소하였다.
③ 2018년 최저개발국 직접투자 규모는 10억 달러 이상이다.
④ 2023년 해외직접투자 규모는 전년 대비 40% 이상 증가하였다.
⑤ 2017년에 해외직접투자 규모와 최저개발국 직접투자 비중 모두 전년 대비 증가하였다.

18 **다음 <표>는 A회사 전체 임직원 100명의 직급별 인원과 시간당 임금에 관한 자료이다. 이에 대한 <보기>의 설명 중 옳은 것만을 모두 고르면?**

<표> A회사의 직급별 임직원 수와 시간당 임금

(단위: 명, 원)

구분 직급	임직원 수	시간당 임금					
		평균	최저	Q1	중간값	Q3	최고
공장 관리직	4	25,000	15,000	15,000	25,000	30,000	(　　)
공장 생산직	52	21,500	12,000	20,500	23,500	26,500	31,000
본사 임원	8	(　　)	24,000	25,600	48,000	48,000	55,000
본사 직원	36	22,000	11,500	16,800	23,500	27,700	29,000

※ 1) 해당 직급 임직원의 시간당 임금을 낮은 값부터 순서대로 나열하여 4등분한 각 집단을 나열 순서에 따라 1분위, 2분위, 3분위, 4분위로 정함

2) Q1과 Q3은 각각 1분위와 3분위에 속한 값 중 가장 높은 값임

3) 해당 직급 임직원 수가 짝수인 경우, 중간값은 2분위에 속한 값 중 가장 높은 값과 3분위에 속한 값 중 가장 낮은 값의 평균임

<보기>

ㄱ. 공장 관리직의 '시간당 임금' 최고액은 35,000원이다.

ㄴ. '시간당 임금'이 같은 본사 임원은 3명 이상이다.

ㄷ. 본사 임원의 '시간당 임금' 평균은 40,000원 이상이다.

ㄹ. '시간당 임금'이 23,000원 이상인 임직원은 50명 미만이다.

① ㄱ, ㄴ　② ㄱ, ㄹ　③ ㄴ, ㄷ

④ ㄷ, ㄹ　⑤ ㄱ, ㄴ, ㄷ

19 **다음 <표>는 2018~2023년 짜장면 가격 및 가격지수와 짜장면 주재료 품목의 판매단위당 가격에 관한 자료이다. 이에 대한 설명으로 옳은 것은?**

<표 1> 2018~2023년 짜장면 가격 및 가격지수

(단위: 원)

구분 \ 연도	2018	2019	2020	2021	2022	2023
가격	5,011	5,201	5,276	5,438	6,025	( )
가격지수	95.0	98.6	100	103.1	114.2	120.6

※ 가격지수는 2020년 짜장면 가격을 100으로 할 때, 해당 연도 짜장면 가격의 상대적인 값임

<표 2> 2018~2023년 짜장면 주재료 품목의 판매단위당 가격

(단위: 원)

품목	판매단위 \ 연도	2018	2019	2020	2021	2022	2023
춘장	14kg	26,000	27,500	27,500	33,000	34,500	34,500
식용유	900mL	3,890	3,580	3,980	3,900	4,600	5,180
밀가루	1kg	1,280	1,280	1,280	1,190	1,590	1,880
설탕	1kg	1,630	1,680	1,350	1,790	1,790	1,980
양파	2kg	2,250	3,500	5,000	8,000	5,000	6,000
청오이	2kg	4,000	8,000	8,000	10,000	10,000	15,000
돼지고기	600g	10,000	10,000	10,000	13,000	15,000	13,000

※ 짜장면 주재료 품목은 제시된 7개뿐임

① 짜장면 가격지수가 80.0이면 짜장면 가격은 4,000원 이하이다.
② 2023년 짜장면 가격은 2018년에 비해 20% 이상 상승하였다.
③ 2018년에 비해 2023년 판매단위당 가격이 2배 이상인 짜장면 주재료 품목은 1개이다.
④ 2020년에 식용유 1,800mL, 밀가루 2kg, 설탕 2kg의 가격 합계는 15,000원 이상이다.
⑤ 매년 판매단위당 가격이 상승한 짜장면 주재료 품목은 2개 이상이다.

피셋기출 / 제7회

20 **가영, 나영, 다영, 라영은 2024년 2월 1일 A 스터디룸을 공동으로 빌려 사용했으며, 다음 <표 1>, <표 2>는 A 스터디룸 요금표와 사용 현황에 대한 자료이다. 이에 대한 <보기>의 설명 중 옳은 것만을 모두 고르면?**

<표 1> A 스터디룸 요금표

(단위: 원)

구분	08:00~10:00	10:00~18:00	18:00~20:00
시간당 요금	6,000	4,800	6,000

<표 2> A 스터디룸 사용 현황

시간 \ 이름	가영	나영	다영	라영
08:00~09:00	□	■	□	□
09:00~10:00	□	■	□	■
10:00~11:00	■	■	□	■
11:00~12:00	■	■	■	■
12:00~13:00	■	■	■	■
13:00~14:00	■	■	■	□
14:00~15:00	■	□	■	□
15:00~16:00	■	□	■	■
16:00~17:00	■	□	■	■
17:00~18:00	■	□	■	■
18:00~19:00	□	□	■	■
19:00~20:00	□	□	■	□

□ 스터디룸 미사용 ■ 스터디룸 사용

※ 시간당 요금은 해당 시간에 공동으로 사용한 인원들 사이에서 균등하게 분담함

<보기>

ㄱ. A 스터디룸 총사용 요금은 62,400원이다.
ㄴ. 라영이 최종 부담하는 요금은 14,800원이다.
ㄷ. 나영이 14:00~16:00에도 A 스터디룸을 추가로 사용하는 경우 다영이 최종 부담하는 요금은 1,600원 감소한다.

① ㄱ ② ㄴ ③ ㄱ, ㄴ
④ ㄴ, ㄷ ⑤ ㄱ, ㄴ, ㄷ

문제해결능력

21 **다음 <상황>을 근거로 판단할 때 <보기> 중에서 옳은 것만을 모두 고르면?**

<상황>

△△마을에서는 주민대표를 선출하려고 한다. 이번 주 토요일 주민들을 대상으로 정견발표회를 개최하기로 하였고, 후보자들은 정견발표회장의 좌석배치에 민감한 상황이다. 총 4명의 후보들이 출마하였으며, 이들의 직업은 축산업자, 요리사, 변호사, 교사이다. 사회자와 4명 후보들의 이름은 홍길동, 김대한, 정민국, 나사랑, 이나라이다. 이들에 대한 좌석배치 규칙은 다음과 같다. 단, 좌석은 5개뿐이며 일렬로 나란히 배치한다.

좌석 #1	좌석 #2	좌석 #3	좌석 #4	좌석 #5

(가) 사회자는 좌석 #3에 앉는다.
(나) 이나라는 축산업을 하고 있다.
(다) 요리사 출신 후보는 양쪽 끝자리에 앉지 않는다.
(라) 김대한의 양 옆에는 나사랑과 정민국이 앉는다.
(마) 변호사인 홍길동은 좌석 #4에 앉는다.
(바) 정민국은 한 사람만 이웃하고 있다.

<보기>

ㄱ. 나사랑은 사회자이다.
ㄴ. 정민국은 좌석 #1에 앉는다.
ㄷ. 정민국의 직업은 교사이다.
ㄹ. 김대한의 직업은 요리사이다.
ㅁ. 이나라는 좌석 #2에 앉는다.

① ㄱ, ㄷ ② ㄴ, ㅁ ③ ㄱ, ㄴ, ㅁ
④ ㄴ, ㄷ, ㄹ ⑤ ㄱ, ㄴ, ㄷ, ㄹ

22 다음 글을 근거로 판단할 때 <보기>에서 양도소득세를 많이 내는 순서대로 바르게 나열한 것은?

○ (양도소득세의 과세표준) 양도자산별로 양도가액에서 취득가액과 필요경비를 제하여 양도차익을 계산한 후 장기보유특별공제와 양도소득기본공제를 차감하여 계산함

○ (주택에 대한 양도차익의 계산특례) 주택의 양도에 따른 양도차익은 아래의 산식과 같이 계산함

$$\text{주택에 대한 양도차익} = \text{양도차익} \times \left(\frac{\text{양도가액} - \text{9억 원}}{\text{양도가액}}\right)$$

○ (장기보유특별공제) 자산의 보유기간이 3년 이상인 장기보유자산에 대하여 그 양도소득금액을 산정할 때에 일정액을 공제하여 주는 세제상의 장치이며, 장기보유특별공제액은 주택에 대한 양도차익에 보유기간과 거주기간별 공제율을 합산한 비율을 곱한 금액으로 함

1세대 1주택 공제율			
보유기간	공제율	거주기간	공제율
3~4년	12%	2년~3년 (보유기간 3년 이상에 한정함)	8%
		3~4년	12%
4~5년	16%	4~5년	16%
5~6년	20%	5~6년	20%
6~7년	24%	6~7년	24%
7~8년	28%	7~8년	28%
8~9년	32%	8~9년	32%
9~10년	36%	9~10년	36%
10년 초과	40%	10년 초과	40%

○ (양도소득 기본공제) 양도소득이 있는 거주자에 대해서는 장기보유특별공제를 먼저 실시하고 남은 양도소득금액에서 추가로 250만 원을 공제함

○ (양도소득 세율) 양도소득세는 양도소득 과세표준에 다음의 세율을 적용하여 계산한 금액을 그 세액으로 함

과세표준	세율
1,200만 원 이하	과세표준의 6퍼센트
1,200만 원 초과~4,600만 원 이하	과세표준의 15퍼센트
4,600만 원 초과~8,800만 원 이하	과세표준의 24퍼센트
8,800만 원 초과~1억 5천만 원 이하	과세표준의 35퍼센트
1억 5천만 원 초과~3억 원 이하	과세표준의 38퍼센트
3억 원 초과~5억 원 이하	과세표준의 40퍼센트
5억 원 초과~10억 원 이하	과세표준의 42퍼센트
10억 원 초과	과세표준의 45퍼센트

※ 세율 적용의 예: 과세표준이 5억 원인 경우 세액은 2억 원임

<보기>

A: 2018년 3월 취득(취득가액 6억 원), 2021년 1월 양도(양도가액 15억 원), 취득 시부터 양도 시까지 해당 주택에 거주하였음

B: 2007년 11월 취득(취득가액 4억 원), 2021년 3월 양도(양도가액 20억 원), 2015년 9월부터 양도 시까지 해당 주택에 거주하였음

C: 2014년 5월 취득(취득가액 15억 원), 2021년 2월 양도(양도가액 25억 원), 2015년 7월부터 2019년 12월까지 해당 주택에 거주하였음

D: 2005년 8월 취득(취득가액 6억 원), 2021년 3월 양도(양도가액 12억 원), 2011년 2월부터 양도 시까지 해당 주택에 거주하였음

※ 단, A, B, C, D 모두 1세대 1주택자이며 필요경비는 없는 것으로 가정함

① A, B, D, C ② C, A, B, D ③ C, B, A, D
④ D, B, C, A ⑤ D, C, B, A

피셋기출 / 제7회

23 다음 글을 근거로 판단할 때 2023년도 ICT 기술지원사업이 시작될 수 있는 가장 늦은 날로 옳은 것은?

A위원회는 미세먼지 저감을 위해 ICT 기술지원사업을 시행하고 있다. ICT 기술지원사업은 다음 그림과 같은 절차에 따라 운영된다.

지원사업 공고
↓
지원신청서 접수
↓
지원신청서 심의
↓
심의결과 공개 및 지원결정 통보
↓
지원금 교부신청서 제출
↓
지원금 지급
↓
사업 실시

A위원회는 지원사업의 종류, 지원예산규모, 심의기준 등에 대해 결정하고 9월 첫 번째 월요일에 공고해야 한다. 지원신청서 접수는 공고일 다음 날부터 7일 동안 진행된다. 지원신청서 심의는 신청서 접수가 마감된 다음 날부터 각 분야별로 진행되며 15일 이내에 모든 분야의 지원대상자를 선정해야 한다. 단, 각 분야별 예산을 각각의 최종선정자 수로 나눈 분야별 평균 사업예산이 2,000만 원을 초과하거나 최종선정자 수 대비 지원신청자 수의 비가 10을 초과하는 분야의 경우에는 5일 이내에서 심의 기간을 연장할 수 있다. 모든 분야의 지원대상자가 확정되면 그 다음 날 심의결과를 공개하고 지원대상자에게는 선정 사실을 통보해야 한다. 선정된 지원대상자는 통보일 다음 날부터 5일 이내에 지원금 교부신청서를 작성하여 제출해야 한다. A위원회는 모든 지원대상자의 지원금 교부신청서가 접수된 다음 날부터 3일 이내에 지원금을 지급해야 한다. 2023년도 ICT 기술지원사업은 선정된 모든 대상자가 지원금을 수령한 다음 날 공식적으로 시작된다. 여기서 '일'이라 함은 '영업일', 즉 법정공휴일·토요일을 제외한 평일을 의미한다.

2023년 9월, 10월의 법정공휴일은 각 주 일요일과 추석 전날, 추석, 추석 다음 날, 개천절(10월 3일), 한글날(10월 9일)뿐이다. 2023년 추석은 9월 29일 금요일이고, 만약 추석 연휴 사흘이 다른 법정공휴일과 겹칠 경우 공휴일 다음의 첫 번째 비공휴일을 대체휴일로 한다.

<표> 2023년 분야별 예산 및 최종선정자 수, 지원신청자 수

분야	예산(만 원)	최종선정자 수(명)	지원신청자 수(명)
소셜네트워크	150,000	100	850
빅데이터	45,000	30	250
클라우드	50,000	25	200
기가인터넷	37,500	15	100
사물인터넷	144,000	80	680
인공지능	80,000	50	300
블록체인	60,000	40	38

① 10월 24일 ② 10월 25일 ③ 10월 27일
④ 10월 29일 ⑤ 10월 31일

24 **다음 글과 <표>를 근거로 <상황>을 판단할 때 기초지방자치단체 A~E 중 최종적으로 도시재생예비사업에 선정되는 지역은?**

갑 기관 평가위원회는 '21년도 도시재생예비사업을 통한 주민역량 강화와 지역 거버넌스 구축을 위하여 기초지방자치단체를 대상으로 도시재생예비사업 지역을 선정하고자 한다. 구체적인 평가기준과 선정기준은 다음과 같다.

○ 평가기준
- 외부 전문가로 구성된 평가위원회에서 사업의 필요성(30점), 적절성(40점), 효과성(30점)을 기준으로 평가 후 각 점수를 합산하고 가점·감점을 고려하여 평가점수를 계산

○ 가점부여 사항
- 〈표 1〉에 해당하는 사항이 있는 경우 평가점수 외 최대 8점의 가점 부여
- 가점은 중복하여 부여 가능

○ 감점부여 사항
- 소규모재생사업 실집행 부진 지방자치단체는 5점 감점
- 〈표 2〉에 해당하는 사항이 있는 경우 평가점수 외 추가 감점 부여
- 감점은 중복하여 부여 가능

※ 소규모재생사업 실집행 부진 지방자치단체의 기준: '21년 3월 현재 기준 실집행률이 '18년 선정분의 경우 80% 미만, '19년 상반기 선정분의 경우 60% 미만, '19년 하반기 선정분의 경우 40% 미만

○ 선정기준
- 평가점수 70점 이상(가점 제외, 감점 포함)인 기초지방자치단체를 대상으로 사업 선정·지원(단, 70점 이상 사업들이 복수인 경우 고득점(가점·감점 포함)인 기초지방자치단체 하나만을 선정·지원)

<표 1> 추가 가점부여 사항

(단위: 점)

구분	가점항목	배점
주민의 참여의지	컨설팅 기관 또는 예비사회적기업이 지원기관과 컨소시엄 구성·참여	2
	주민조직에 기 구축된 주민공동체 또는 주민상인협의체가 참여	0.5
	도시재생대학 수료 주민의 사업 참여	0.5
	해당 지역의 주민참여프로젝트팀이 국토부 또는 지자체가 시행하는 사업에 참여(1회 참여당 1점)	최대 2
사업의 실현가능성	국비 지원 H/W 사업을 100% 공유지·건축물에 계획	1
뉴딜사업 연계성	국토부 사업점검 결과 양호사업의 비율 70% 이상('20년 11월 말 집계기준)	2

<표 2> 추가 감점부여 사항

(단위: 점)

구분	감점항목	배점
부진원인 파악	집행 부진이유 파악 부재	−2
부진원인 해소노력	사업 정상 추진을 위해 다각적으로 노력한 사항 부재	−3
향후 추진계획	향후 추진계획 부재	−2
노력에 따른 결과 및 성과	노력에 따른 여건 변화 등 긍정적 성과 부재	−3

<상황>

○ '21년 도시재생예비사업에 기초지방자치단체 A~E가 신청하였고, '21년 3월 현재 각 지방자치단체의 평가항목 당 점수는 다음 〈표〉와 같다.

<표> 각 지역의 평가항목 당 점수

(단위: 점)

구분		A	B	C	D	E
평가항목	필요성	18	24	25	21	18
	적절성	30	28	30	30	27
	효과성	25	18	26	19	25

○ 각 지방자치단체별 가점·감점부여 사항은 다음과 같다. (제시된 내용 외에 해당하는 사항은 없음)

A: 예비사회적기업이 지원기관과 컨소시엄을 구성하여 참여하고 있으며, 기존 '18년 하반기에 선정된 소규모재생사업의 실집행률이 70%임.

B: 도시재생대학 수료 주민이 사업에 참여하고 있으며, 국비 지원 H/W 사업을 100% 공유지·건축물에 계획하고 있음.

C: 기존 '19년 하반기에 선정된 소규모재생사업의 실집행률이 20%이며 사업 정상 추진을 위하여 다각적으로 노력한 사항이 없고, 노력에 따른 여건 변화 등 긍정적인 성과가 없었음.

D: '20년 11월 말 집계된 국토부 사업점검 결과 양호사업의 비율이 80%로 밝혀졌음.

E: '19년 상반기에 선정된 소규모재생사업의 실집행률이 60%이며, E 지역 주민참여프로젝트팀이 지자체가 시행하는 사업에 1회 참여한 바 있음.

① A　② B　③ C
④ D　⑤ E

25 다음 글을 근거로 판단할 때, A시 예산성과금을 가장 많이 받는 사람은?

<A시 예산성과금 공고문>

○ 제도의 취지

- 예산의 집행방법과 제도 개선 등으로 예산을 절감하거나 수입을 증대시킨 경우 그 일부를 기여자에게 성과금(포상금)으로 지급함으로써 예산의 효율적 사용 장려

○ 지급요건 및 대상

- 자발적 노력을 통한 제도 개선 등으로 예산을 절감하거나 세입원을 발굴하는 등 세입을 증대한 경우
- 예산절감 및 수입증대 발생시기: 2020년 1월 1일~2020년 12월 31일
- A시 공무원, A시 사무를 위임(위탁) 받아 수행하는 기관의 임직원
- 예산낭비를 신고하거나, 지출절약이나 수입증대에 관한 제안을 제출하여 A시의 예산절감 및 수입증대에 기여한 국민

○ 지급기준

- 1인당 지급액

구분	예산절감		수입증대
	주요사업비	경상적 경비	
지급액	절약액의 20%	절약액의 50%	증대액의 10%

- 타 부서나 타 사업으로 확산 시 지급액의 30%를 가산하여 지급

① 사업물자 계약방법을 개선하여 2019년 12월 주요사업비 8천만 원을 절약한 A시 사무관 甲

② 제도 개선을 통해 2020년 5월 주요사업비 3천 5백만 원을 절약하여 개선된 제도가 A시청 전 부서에 확대 시행되는 데 기여한 A시 사무관 乙

③ A시 지역축제에 관한 제안을 제출하여 2020년 7월 8천만 원의 수입증대에 기여한 국민 丙

④ A시 위임사무를 수행하면서 제도 개선을 통해 2020년 8월 경상적 경비 1천 8백만 원을 절약한 B기관 이사 丁

⑤ A시장의 지시를 받아 사무용품 조달방법을 개선하여 2020년 9월 경상적 경비 1천만 원을 절약한 A시 사무관 戊

26 다음 글과 <상황>을 근거로 판단할 때, 甲이 보고할 내용으로 옳은 것은?

대규모 외환거래는 런던, 뉴욕, 도쿄, 프랑크푸르트, 싱가포르 같은 금융중심지에서 이루어진다. 최근 들어 세계 외환거래 규모는 급증하고 있다. 하루 평균 세계 외환거래액은 1989년에 6천억 달러 수준이었는데, 2019년에는 6조 6천억 달러로 크게 늘어났다.

은행 간 외환거래는 대부분 미국 달러를 통해 이루어진다. 달러는 이처럼 외환거래에서 중심적인 역할을 하기 때문에 기축통화라고 불린다. 기축통화는 서로 다른 통화를 사용하는 거래 참여자가 국제거래를 위해 널리 사용하는 통화이다. 1999년 도입된 유럽 유로는 달러와 동등하게 기축통화로 발전할 것으로 예상되었으나, 2020년 세계 외환거래액의 32%를 차지하는데 그쳤다. 이는 4년 전보다는 2%p 높아진 것이지만 10년 전보다는 오히려 8%p 낮아진 수치이다.

<상황>

2010년과 2016년의 하루 평균 세계 외환거래액은 각각 3조 9천억 달러와 5조 2천억 달러였다. ○○은행 국제자본이동분석팀장 甲은 2016년 유로로 이루어진 하루 평균 세계 외환거래액을 2010년과 비교(달러 기준)하여 보고하려 한다.

① 10억 달러 감소
② 10억 달러 증가
③ 100억 달러 감소
④ 100억 달러 증가
⑤ 변화 없음

피셋기출 / 제7회

27 다음 글을 근거로 판단할 때, <보기>에서 옳은 것만을 모두 고르면?

제00조 ① 여객자동차플랫폼운송사업(이하 '플랫폼운송사업'이라 한다)은 운송플랫폼과 자동차를 확보하고 다른 사람의 수요에 응하여 운송플랫폼을 통해 운송계약을 여객과 체결하여 유상으로 여객을 운송하는 사업을 말한다.

② 플랫폼운송사업을 경영하려는 자는 국토교통부장관의 허가를 받아야 한다.

③ 국토교통부장관은 제2항에 따라 플랫폼운송사업을 허가하는 경우, 30년 이내에서 기간을 한정하여 허가하거나 플랫폼운송사업의 질서를 확립하기 위하여 필요한 조건을 붙일 수 있다.

④ 플랫폼운송사업자는 매출액, 허가대수 또는 운행횟수를 고려하여 다음 각 호에 따른 여객자동차운송시장안정기여금(이하 '기여금'이라 한다)을 국토교통부장관에게 납부해야 한다.

1. 기여금은 월 단위로 산정하여 해당 월의 차차 월(다음다음 달) 말일까지 납부해야 한다.
2. 기여금은 매출액의 5%, 운행횟수당 800원, 허가대수당 40만 원 중 사업자가 어느 하나를 선택할 수 있다. 다만 허가대수가 총 300대 미만인 사업자는 아래 표와 같이 완화하여 적용한다.

허가대수 / 기여금 산정방식	200대 미만	200대 이상 300대 미만
매출액 대비 정률	1.25%	2.5%
운행횟수당 정액	200원	400원
허가대수당 정액	10만 원	20만 원

<보기>

ㄱ. 국토교통부장관은 플랫폼운송사업을 하려는 甲에게 사업 기간을 15년으로 하여 허가할 수 있다.

ㄴ. 플랫폼운송사업허가를 받아 2020년 12월 15일부터 사업을 시작한 乙은 첫 기여금을 2021년 1월 31일까지 납부하여야 한다.

ㄷ. 100대의 차량으로 플랫폼운송사업허가를 받은 丙이 1개월 동안 20,000회 운행하여 매출 3억 원을 올렸다면, 丙이 납부해야 할 해당 월의 기여금은 400만 원 미만이 될 수 있다.

ㄹ. 300대의 차량으로 플랫폼운송사업허가를 받은 丁은 매출액의 5%에 해당하는 금액 또는 허가대수당 800원 중에서 선택하여 기여금을 납부할 수 있다.

① ㄱ, ㄴ　② ㄱ, ㄷ　③ ㄱ, ㄹ
④ ㄴ, ㄷ　⑤ ㄷ, ㄹ

28 **다음 글과 <상황>을 근거로 판단할 때, 甲이 선택할 사업과 받을 수 있는 지원금을 옳게 짝지은 것은?**

○○군은 집수리지원사업인 A와 B를 운영하고 있다. 신청자는 하나의 사업을 선택하여 지원받을 수 있다. 수리 항목은 외부(방수, 지붕, 담장, 쉼터)와 내부(단열, 설비, 창호)로 나누어진다.

<사업 A의 지원기준>

○ 외부는 본인부담 10%를 제외한 나머지 소요비용을 1,250만 원 한도 내에서 전액 지원
○ 내부는 지원하지 않음

<사업 B의 지원기준>

○ 담장과 쉼터는 둘 중 하나의 항목만 지원하며, 각각 300만 원과 50만 원 한도 내에서 소요비용 전액 지원
○ 담장과 쉼터를 제외한 나머지 항목은 내·외부와 관계없이 본인부담 50%를 제외한 나머지 소요비용을 1,200만 원 한도 내에서 전액 지원

<상황>

甲은 본인 집의 창호와 쉼터를 수리하고자 한다. 소요비용은 각각 500만 원과 900만 원이다. 甲은 사업 A와 B 중 지원금이 더 많은 사업을 선택하여 신청하려고 한다.

	사업	지원금
①	A	1,250만 원
②	A	810만 원
③	B	1,250만 원
④	B	810만 원
⑤	B	300만 원

29 **다음 글을 근거로 판단할 때, <보기>에서 甲이 지원금을 받는 경우만을 모두 고르면?**

○ 정부는 자영업자를 지원하기 위하여 2020년 대비 2021년의 이익이 감소한 경우 이익 감소액의 10%를 자영업자에게 지원금으로 지급하기로 하였다.

○ 이익은 매출액에서 변동원가와 고정원가를 뺀 금액으로, 자영업자 甲의 2020년 이익은 아래와 같이 계산된다.

구분	금액	비고
매출액	8억 원	판매량(400,000단위) × 판매가격(2,000원)
변동원가	6.4억 원	판매량(400,000단위) × 단위당 변동원가(1,600원)
고정원가	1억 원	판매량과 관계없이 일정함
이익	0.6억 원	8억 원 − 6.4억 원 − 1억 원

<보기>

ㄱ. 2021년의 판매량, 판매가격, 단위당 변동원가, 고정원가는 모두 2020년과 같았다.

ㄴ. 2020년에 비해 2021년에 판매가격을 5% 인하하였고, 판매량, 단위당 변동원가, 고정원가는 2020년과 같았다.

ㄷ. 2020년에 비해 2021년에 판매량은 10% 증가하고 고정원가는 5% 감소하였으나, 판매가격과 단위당 변동원가는 2020년과 같았다.

ㄹ. 2020년에 비해 2021년에 판매가격을 5% 인상했음에도 불구하고 판매량이 25% 증가하였고, 단위당 변동원가와 고정원가는 2020년과 같았다.

① ㄴ　　② ㄹ　　③ ㄱ, ㄴ

④ ㄴ, ㄷ　　⑤ ㄷ, ㄹ

30 **다음 글과 <상황>을 근거로 판단할 때 옳지 않은 것은?**

□□시는 부서 성과 및 개인 성과에 따라 등급을 매겨 직원들에게 성과급을 지급하고 있다.

○ 부서 등급과 개인 등급은 각각 S, A, B, C로 나뉘고, 등급별 성과급 산정비율은 다음과 같다.

성과 등급	S	A	B	C
성과급 산정비율(%)	40	20	10	0

○ 작년까지 부서 등급과 개인 등급에 따른 성과급 산정비율의 산술평균을 연봉에 곱해 직원의 성과급을 산정해왔다.

성과급＝연봉×{(부서 산정비율＋개인 산정비율)/2}

○ 올해부터 부서 등급과 개인 등급에 따른 성과급 산정비율 중 더 큰 값을 연봉에 곱해 성과급을 산정하도록 개편하였다.

성과급＝연봉×max{부서 산정비율, 개인 산정비율}

※ max{a, b}＝a와 b 중 더 큰 값

<상황>

작년과 올해 □□시 소속 직원 甲~丙의 연봉과 성과 등급은 다음과 같다.

구분	작년			올해		
	연봉(만 원)	성과 등급		연봉(만 원)	성과 등급	
		부서	개인		부서	개인
甲	3,500	S	A	4,000	A	S
乙	4,000	B	S	4,000	S	A
丙	3,000	B	A	3,500	C	B

① 甲의 작년 성과급은 1,050만 원이다.
② 甲과 乙의 올해 성과급은 동일하다.
③ 甲~丙 모두 작년 대비 올해 성과급이 증가한다.
④ 올해 연봉과 성과급의 합이 가장 작은 사람은 丙이다.
⑤ 작년 대비 올해 성과급 상승률이 가장 큰 사람은 乙이다.

피셋기출 / 제7회

제7회 피셋기출 모의고사

은행 NCS 실력점검

스터디원 풀이 결과

최고 득점자 A	상위 30% 컷 득점자 B	최빈값 득점자 C	하위 30% 컷 득점자 D
✔ 경상계열 ✔ 필기 합격 경험 × * 수험기간 3개월 미만	✔ 자연계열 ✔ 필기 합격 경험 ○ (농협은행)	✔ 예체능계열 ✔ 필기 합격 경험 ○ (새마을금고, 신협)	✔ 경상계열 ✔ 필기 합격 경험 ×

문항 번호	나의 풀이 결과	스터디원 풀이 결과				문항 번호	나의 풀이 결과	스터디원 풀이 결과			
		A	B	C	D			A	B	C	D
01		○	○	○	○	16		○	○	×	×
02		○	○	○	○	17		○	○	○	○
03		○	○	○	○	18		×	×	×	×
04		○	×	×	×	19		○	○	○	○
05		○	○	○	×	20		○	×	○	×
06		○	○	×	×	21		○	○	○	○
07		○	○	○	×	22		○	×	×	×
08		○	○	○	○	23		○	×	×	×
09		○	○	○	○	24		×	×	×	×
10		○	○	×	○	25		○	×	○	×
11		○	○	×	×	26		○	○	×	×
12		○	○	○	○	27		○	○	○	×
13		○	×	×	×	28		○	○	○	○
14		○	×	×	×	29		○	○	○	○
15		×	○	×	○	30		○	○	○	×
						합계	/ 30	27/30	21/30	17/30	13/30

득점 분포 그래프

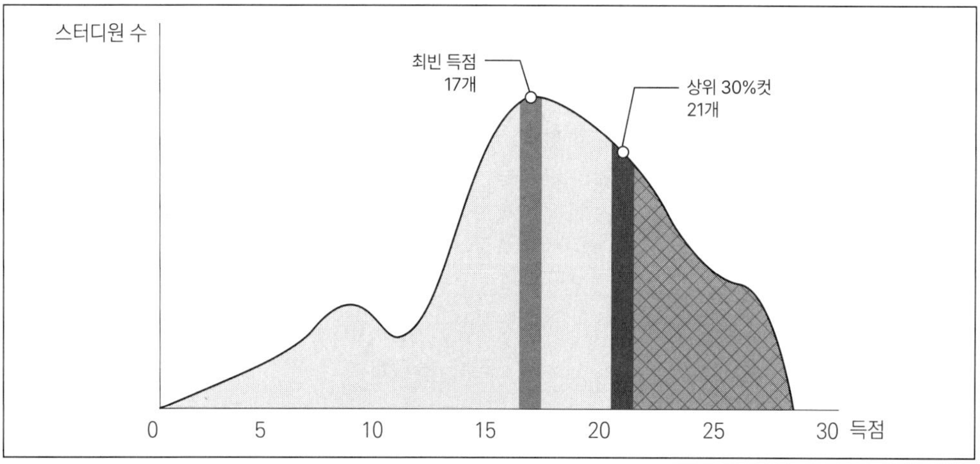

문항별 정답률

문항 번호	01	02	03	04	05	06	07	08	09	10
상위 30%(A)	94%	97%	63%	50%	97%	78%	97%	75%	97%	88%
전체(B)	79%	94%	75%	29%	79%	38%	81%	67%	75%	58%
(A－B)	15%p	3%p	－8%p	21%p	18%p	40%p	16%p	8%p	22%p	30%p
문항 번호	11	12	13	14	15	16	17	18	19	20
상위 30%(A)	81%	97%	38%	63%	50%	88%	88%	3%	100%	88%
전체(B)	50%	88%	19%	31%	48%	29%	92%	1%	96%	56%
(A－B)	31%p	9%p	19%p	32%p	2%p	59%p	－4%p	2%p	4%p	32%p
문항 번호	21	22	23	24	25	26	27	28	29	30
상위 30%(A)	63%	62%	63%	31%	63%	97%	88%	97%	97%	88%
전체(B)	67%	20%	40%	36%	52%	52%	73%	92%	77%	67%
(A－B)	－4%p	42%p	23%p	－5%p	11%p	45%p	15%p	5%p	20%p	21%p

- 이번 회차의 결정적 문항 06 16 22 26
- 위 4개 문항은 득점 상위 30% 스터디원의 정답률과 전체 스터디원의 정답률이 40%p 이상 차이 나는 문항으로, 합격권에 들기 위해 꼼꼼한 복습이 필요합니다.

결정적 문항 오답 패턴 분석

06번

'현재 결원 수'와 '완전 고용 시 결원 수'의 구분 그리고 비수요 부족 실업의 정의를 혼동한 결과, 선택지 ③과 ④를 정답으로 고른 오답자들이 많았다. 복습 시에는 그래프의 각 점이 의미하는 실업자 수와 결원 수를 정확히 해석하는 훈련이 필요하다.

16번

〈보기〉 ㄱ의 계산 과정에서 사장 1명의 연봉을 구할 때 전체 임직원 연봉 총합(6,000×21)에서 과장 이하(4,875×20)를 빼야 하는데, 평균값을 비교하거나 단순히 추정한 경우가 많았다. 선택지 ②(ㄷ)와 ③(ㄱ, ㄴ)을 오답으로 고른 경우, 평균과 총합의 개념 혼동, 인원수 적용 착오 등이 주요 원인이다. 복습 시 '평균×인원수＝총합' 공식을 직급별로 활용하여 특정 직급의 총연봉을 유도하는 방식에 능숙해질 필요가 있다.

22번

장기보유특별공제의 적용 여부와 공제율 산정 기준에서 혼동이 있었고, 양도차익 계산 특례의 적용 여부를 제대로 파악하지 못해 정답 선택을 포기한 응시자들이 많았다. 복습 시에는 양도차익 특례 산식의 구조, 장기보유특별공제율(보유기간·거주기간) 적용 조건 그리고 양도소득세율 구간 계산 방식을 정확히 이해하고 적용하는 훈련이 필요하다.

26번

오답자들은 글의 2문단에서 필요한 수치를 뽑지 못하거나, 〈상황〉과 결합한 연산에 실패하여 풀이를 중단했을 가능성이 크다. 유로화 비중은 2010년 40%, 2016년 30%로 일정해 보이지만, 외환거래 총액이 달라 계산하면 모두 1조 560억 달러로 '변화 없음'이다. 복습 시 수치의 비율×전체값 계산 훈련에 집중해야 한다.

제7회 피셋기출 모의고사

핵심 개념 플러스+

기업가치 분석 +관련 문항 08~10

1. 주요 재무지표

기업에 대한 투자 시 기업가치 분석을 위한 재무지표는 크게 시장평가, 자본효율성, 주주환원, 성장성 등으로 분류할 수 있으며 분류별 대표 지표는 다음과 같다.

[표] 기업가치 분석을 위한 주요 재무지표

구분	주요 재무지표 예시
시장평가	PBR(주가순자산비율), PER(주가수익비율) 등
자본효율성	[자본수익성 관련] ROE(자기자본이익률), ROIC(투하자본이익률) 등 [자본비용 관련] COE(주주자본비용), WACC(가중평균자본비용) 등
주주환원	[배당 관련] 배당금액, 배당성향, 배당수익률 등 [자사주 관련] 자사주 보유분, 신규취득, 소각내역 등 [종합] TSR(총주주수익률), 주주환원율 등
성장성	매출액 증가율, 영업이익 증가율, 자산 증가율 등
기타	자산포트폴리오(영업/비영업자산 등), FCF(잉여현금흐름), 부채비율 등

2. ROE (Return on Equity, 자기자본이익률)

ROE는 **기업이 가진 순수 자기자본으로 1년간 얼마만큼의 이익을 냈는가를 나타내는 지표**이다. 산출방식은 **기업의 당기순이익을 평균자기자본으로 나눈 뒤 100을 곱한 수치**이다. ROE가 10%이면 10억 원의 자본을 투자했을 때 1억 원의 이익을 냈다는 것을 의미한다. ROE가 높은 기업은 자기자본에 비해 당기순이익을 많이 내 효율적인 영업을 했다는 것이다. 투자자 입장에서 보면 ROE가 최소한 은행 이자보다는 높아야 적절하다고 볼 수 있다. ROE가 시중금리를 밑돌면 투자자금을 은행에 예금하는 게 더 낫기 때문이다.

3. 듀폰 ROE 분해(Dupont Analysis)

자기자본이익률(ROE)을 구성하는 원천을 영업효율성(순이익률), 자산활용의 효율성(총자산회전율) 및 재무레버리지(자기자본승수)의 요소별로 나눠 현재의 수익성을 분석하는 방법이다.

$$\text{ROE} = \frac{\text{순이익}}{\text{자기자본}}$$

$$= \frac{\text{순이익}}{\text{매출액}} \times \frac{\text{매출액}}{\text{총자산}} \times \frac{\text{총자산}}{\text{자기자본}}$$

$$\text{ROE} = \boxed{\text{순이익률}} \times \boxed{\text{자산회전율}} \times \boxed{\text{재무레버리지}}$$

PBR(Price to Book value Ratio, 주가순자산비율)

PBR은 **기업이 1주당 어느 정도의 순자산을 가지고 있는지 보여주는 지표로서 시가총액을 자산으로 나눠 계산**한다. PBR이 1보다 작다면 회사를 매각하고 보유 자산을 모든 주주들에게 나누어줘도 회사에 자산이 남는다는 것을 의미하므로 PBR이 1보다 작으면 저평가된 기업, 1보다 크면 고평가된 기업으로 볼 수 있다. 기업의 순자산은 경기 변동이 있더라도 큰 폭으로 변하지 않기 때문에 기업가치를 안정적으로 파악할 수 있다.

PBR＝주가÷주당순자산가치(BPS) 또는 PBR＝시가총액÷순자산(자기자본)

PER(Price Earnings Ratio, 주가수익비율)

PER은 **기업의 주가를 주당순이익(EPS; Earning Per Share)으로 나눈 값**으로, 해당 기업의 주가가 그 기업 1주당 수익의 몇 배 수준으로 거래되는지를 나타낸다. 이에 따라 특정 기업의 현재 PER이 과거 추이 또는 수익구조가 유사한 타 기업 등과 비교해 높을 경우 주가가 기업가치에 비해 고평가되었다고 판단할 수 있다(또는 시장이 그 기업의 미래 성장성에 대해 높게 평가하는 것일 수 있음).

PER＝주가÷주당순이익 (EPS) 또는 PER＝시가총액÷당기순이익

어떤 기업의 주가가 50,000원이고 EPS가 5,000원이라면 PER＝50,000÷5,000＝10배이고 이는 이익 수준이 계속 유지된다는 가정하에 10년 뒤 원금을 회수할 수 있다는 의미이다.

배당성향과 배당수익률

배당성향은 **기업이 벌어들인 순이익 중 얼마를 주주에게 배당금으로 지급했는지를 나타내는 비율**이고 배당수익률은 **현재 주가 대비 배당금이 차지하는 비율**, 즉 투자자가 주가 기준으로 얼마나 배당수익을 올릴 수 있는지를 보여주는 지표이다. 배당성향 및 배당수익률은 자사주 소각 규모와 함께 대표적인 주주환원정책의 지표이다.

배당성향＝(배당금 총액÷당기순이익)×100 배당수익률＝(주당 배당금÷주가)×100

제8회 피셋기출 모의고사

- 문항 수: 30문항
- 시험 형식: 객관식 5지 선다형
- 시험 시간: 67분 30초

문항 구성표

영역	번호	출처	소재	난이도
의사소통 능력	01	입법고시	비트코인	★
	02	입법고시	재정규모를 나타내는 지표	★★
	03	입법고시	지불준비금시장	★★★
	04	고3 3월 모의고사	주식회사	★★
	05	고3 3월 모의고사	주식회사	★★★
	06	고3 3월 모의고사	주식회사	★
	07	입법고시	연결납세제도	★★
	08	고3 3월 모의고사	총잉여	★
	09	고3 3월 모의고사	총잉여	★★
	10	고3 3월 모의고사	총잉여	★
수리 능력	11	행정5급	IT산업 3개(소프트웨어, 인터넷, 컴퓨터) 분야의 인수 · 합병 건수	★
	12	민경채	제조원가	★★★
	13	행정5급	직무스트레스 조사	★★
	14	민경채	GDP 대비 국가채무 및 적자성채무	★
	15	민경채	A공제회 현황	★★
	16	입법고시	기업규모별 수출입 기업 수 및 무역액	★★★
	17	입법고시	상장지수펀드(ETF)	★★★
	18	입법고시	명목GDP 및 무역의존도	★★
	19	입법고시	'갑' 국의 재정준칙	★★★
	20	입법고시	소득분배지표	★★★
문제해결 능력	21	입법고시	화성인이 사랑하는 사람	★★
	22	입법고시	연립주택 입주자	★★★
	23	행정5급	프로그램에서의 명령문	★★
	24	행정5급	프로그램에서의 명령문	★★
	25	행정5급	구매할 가전제품과 상점 연결	★
	26	행정5급	품질인증서번호 부여 규칙	★★★
	27	행정5급	결제할 최소 금액	★★
	28	민경채	가족돌봄휴직	★
	29	민경채	중소기업 광고비 지원사업	★★★
	30	입법고시	투기과열지구와 조정대상지역	★★★

의사소통능력

핵심 개념 플러스+

01 다음 글에 대한 추론으로 적절하지 않은 것만을 <보기>에서 모두 고르면?

2021년 6월 9일, 엘살바도르는 전 세계에서 비트코인을 법정 통화로 승인한 첫 번째 국가가 되었다. 그리고 2022년 4월 7일, 온두라스의 한 경제특구가 비트코인을 포함한 암호화폐를 법정 통화로 채택하였는데, 중앙 정부 차원이 아닌 지자체 차원에서 비트코인을 법정 통화로 채택한 것이다. 그리고 같은 해 4월 21일, 중앙아프리카공화국은 세 번째로 비트코인을 법정 통화로 채택하였다.

개발도상국들이 비트코인을 법정 통화로 채택한 이유는 다음과 같다. 첫째, 송금 비용과 시간을 절약할 수 있기 때문이다. 엘살바도르는 국민의 70%가 기존 은행 시스템을 이용하지 않고 있고, 해외 이민자들이 엘살바도르로 보내는 송금액이 2020년 국내 총생산의 24%를 차지할 정도로 송금 의존도가 높은데, 기존 은행 시스템이 아닌 비트코인 시스템을 사용하면 훨씬 빠르고 저렴하게 송금할 수 있다. 둘째, 미국의 통화 정책으로 인한 인플레이션에 대응하기 위해서이다. 엘살바도르는 자국 화폐인 콜론의 가치가 너무 많이 떨어져 2000년부터 미국의 달러를 법정 통화로 사용하고 있었다. 그런데 코로나19로 인해 미국에서 양적 완화 정책이 시행되었고, 엘살바도르는 달러를 적시에 공급받지 못하고 달러에 의존하던 시스템에 문제가 생겨 이에 대응하기 위해 비트코인을 법정 통화로 채택한 것이다.

미국, 스위스, 싱가포르, 일본, 캐나다 등 일부 선진국은 디지털 자산에 선제적으로 대응하며 규제 프레임 워크를 구축해 왔으며, 디지털 자산의 발행, 서비스 및 과세 영역에서 활발한 논의를 거쳐 각자의 정책을 펼쳐 왔다. 아직 법적으로 명확한 원칙을 수립하지는 못한 상황이지만, 한국보다 3~5년 정도 선제적으로 대응하고 있다.

한국 정부는 대부분의 디지털 자산 시장이 불법이라는 입장 하에 관련 산업을 금지하는 단계였지만, 2022년 5월 루나·테라 사태로 인하여 규제의 정립이 필요하다는 인식이 확산되었다. 그렇지만 디지털 자산 산업의 발전 속도와 흐름을 감안한다면, 새로운 프레임 워크를 통한 규제 정책이 시급한 상황이다. 한편 중국은 한때 디지털 자산 선진국이었으나 2017년부터 시작된 디지털 자산 금지 정책으로 인하여 채굴과 거래가 금지되어 그 위상을 잃게 되었다. 그렇지만 2022년 5월부터 중국이 비트코인 채굴 점유율을 회복하며 전세계 채굴 2위 국가로 재부상하였다. 정부에서 채굴을 전면 금지하였지만, 현지 업계에서는 당국의 감시를 피해 활동을 재개했다는 분석이 나온다.

한편 최근 미국의 증권거래위원회(SEC)와 상품선물거래위원회(CFTC)의 행보를 보면 디지털 자산에 대한 생각을 가늠할 수 있다. 2022년 6월, SEC는 세계 5번째 규모의 토큰인 바이낸스홀딩스가 진행한 BNB의 증권 여부 조사를 시작하였다. 쟁점은 2017년 바이낸스홀딩스가 진행한 BNB 토큰의 판매가 '미등록 증권 판매'에 해당하는지 여부이며, 절차를 밟지 않은 증권 발행으로 판명이 날 경우 법적 조치의 대상이 될 수 있다. 또한 2022년 6월, 미국 상원은 디지털 자산의 규제 기관을 SEC가 아닌 CFTC로 해야 한다는 금융 혁신 법안을 발의하였는데,

이는 게리 갠슬러 미국 SEC 위원장의 주장과 충돌되는 내용이라 주목받고 있으며 테라 사태로 인해 안정성 논란을 빚고 있는 스테이블 코인에 관한 규정 관련 내용도 있다.

<보기>

ㄱ. 지자체 차원에서 법정 통화를 채택하는 국가도 있다.
ㄴ. 다른 국가의 통화정책에 영향을 많이 받는 개발도상국의 경우 비트코인을 법정 통화로 채택하여 대응을 용이하게 할 수 있다.
ㄷ. 일부 선진국은 디지털 자산에 선제적으로 대응하며 규제 프레임 워크를 구축했고, 법적으로 명확한 원칙을 수립한 단계에 이르렀다.
ㄹ. 중국은 디지털 자산 선진국으로 디지털 자산에 대한 규제 없이 혁신을 이루고 있다.
ㅁ. 미국 하원은 디지털 자산의 규제 기관을 상품선물거래위원회로 해야 한다는 금융 혁신 법안을 발의하여 미국 증권거래위원회의 지지를 받고 있다.

① ㄱ, ㄴ, ㅁ ② ㄱ, ㄷ, ㄹ ③ ㄴ, ㄷ, ㄹ
④ ㄴ, ㄷ, ㅁ ⑤ ㄷ, ㄹ, ㅁ

02 다음 글에 대한 추론으로 적절한 것은?

재정규모를 나타내는 지표로서 총계는 일반지출, 내부거래지출, 보전지출을 모두 합한 것이다. 일반지출이란 국민경제에 직접 영향을 미치는 경상지출, 자본지출, 융자지출, 이전지출을 의미하며, 내부거래지출이란 한 회계나 기금이 다른 회계나 기금으로 넘겨주는 지출을 의미한다. 보전지출이란 한 회계나 기금이 민간에서 차입한 자금을 상환하거나(국채상환), 일반지출이나 내부거래지출로 사용하고 남은 자금을 금융기관에 예치하는 것을 가리킨다.

2018년 중앙정부의 일반회계·특별회계 및 기금의 총계 규모는 각각 301.4조 원, 67.2조 원, 594.9조 원으로 이를 합산한 규모는 963.5조 원이다. 하지만 이렇게 합산된 총계 규모는 회계·기금 간 내부거래를 포함하고 있어 실제 재정규모를 과다하게 나타내고 있다.

이에 따라, 2005년부터 중앙정부는 국민경제에 미치는 정부의 실질적인 재정활동을 파악하기 위해 '중앙정부의 총지출 규모' 통계를 관리하고 있다. 총지출은 예산과 기금(금융성기금과 계정성기금 중 외국환평형기금 제외) 총계에서 회계·기금 간 내부거래뿐 아니라 재정수지를 보전해 주는 역할을 수행하는 국채발행이나 차입 등 보전거래를 제외하여 산출한다. 2018년 중앙정부 총지출은 428.8조 원이다.

총수입은 총지출에 대응하는 개념으로, 수입 측면의 중앙정부 재정규모를 나타내는 지표이다. 총수입도 총지출과 마찬가지로, 모든 회계와 기금 수입을 단순 합산할 경우 회계 간 거래 등을 중복 계상하여 실제의 재정수입 전체보다 커지는 문제가 발생한다. 이에 따라 중앙재정의 실제 수입규모를 파악하기 위해 회계·기금 간 내부거래 등을 제외하고 산출하며, 이는 IMF가 국제적 비교를 위해 공통기준으로 제시하는 통합재정 작성방식의 관점과 유사하다. 여기서 총수입 기준의 국세외수입은 국세수입을 제외한 나머지 수입을 의미한다.

총수입은 일반회계의 총계, 특별회계의 총계, 기금(금융성기금과 계정성기금 중 외국환평형기금 제외)의 총계를 모두 더한 뒤, 회계 간 내부거래수입, 기금 간 내부거래수입, 회계와 기금 간 내부거래수입, 각 회계와 기금의 보전수입을 차감하여 산출한다. 2018년 중앙정부 총수입은 447.2조 원이다.

기금 수입을 총수입 기준으로 산정할 때에는 다음과 같은 사항을 고려해야 한다. 첫째, 기금운용계획상의 수입(총계기준) 중 정부 내부 간 거래, 차입금, 이미 기금으로 전입되어 여유자금으로 운용되던 것을 회수하는 여유자금 회수 등 실질적인 의미에서 수입으로 보기 어려운 항목들은 제외된다. 즉, 연금보험료, 융자회수, 이자수입 등 실질적인 의미에서 수입이라고 볼 수 있는 자체수입만을 기금 수입으로 간주한다. 둘째, 금융성기금 및 외국환평형기금은 IMF 기준으로 순수 재정활동이라기보다는 금융활동으로 분류하는 것이 합리적이므로 총수입에서는 제외한다. 이에 따라 예산 및 기금을 합한 정부 전체의 총수입을 산정할 때에는 위와 같은 항목들을 제외한다.

> 내부거래수입은 어느 회계나 기금이 다른 회계나 기금으로부터 넘겨받은 수입으로, 차입금 예수와 같이 빌리는 경우와 전입과 같이 무상으로 얻는 경우가 있다. 일반회계, 특별회계, 기금 수입을 단순 합계하는 경우 정부 내부거래를 중복 계상하여 실제 수입을 과다 계상하게 되므로 총수입 산출 시에는 내부거래를 제외하게 된다. 보전수입은 어느 회계나 기금 입장에서 자체수입이나 내부거래수입으로 조달하지 못해 민간으로부터 빌리거나(국채발행 또는 차입) 남는 돈을 민간에 빌려주었다가 회수(여유자금 회수)하는 경우를 의미한다. 이는 정부의 수입과 지출의 차(재정수지)를 보전해주는 역할을 하는 것으로 실질적인 정부수입으로 보기 힘들기 때문에 총수입 산출 시 제외된다. 이렇게 산출한 수입규모는 일반회계의 자체수입, 특별회계의 자체수입, 기금의 자체수입을 모두 더한 값과 같다.

① 내부거래지출이 없다면 총계와 총지출 규모는 반드시 같다.
② IMF가 제시하는 통합재정 작성방식의 관점은 총지출보다는 총계 방식과 유사하다.
③ 기금이 일반회계로부터 받은 전입금은 총수입 산출 시 기금 수입과 일반회계 수입으로 중복 계상된다.
④ 내부거래지출과 보전지출의 합이 클수록 총계와 일반지출의 차이는 커질 것이다.
⑤ 남는 돈을 민간에 빌려주었다가 회수하는 것은 정부 내부 간 거래와 달리 실질적인 정부수입으로 볼 수 있으므로, 총수입 산출 시 포함하여야 한다.

03 다음 글의 ㉠~㉢에 들어갈 내용으로 적절한 것을 바르게 짝지은 것은?

중앙은행이 통화정책을 사용하면 일차적으로 영향을 받는 금융시장이 지불준비금시장(이하 지준시장)이다. 지준시장은 지불준비금을 예치해야 하는 금융기관들이 초단기간 자금을 거래하는 시장으로 정의할 수 있다. 미국의 경우 연방기금금리가 결정되는 연방기금시장이 지준시장이다. 은행의 지불준비금에 대한 수요는 필요 지불준비금과 초과 지불준비금에 의해 발생한다. 은행은 예금주의 예금 인출에 대비하여 필요 지불준비금 이상으로 지불준비금을 확보해야 할 유인이 있다. 어느 정도로 여유 준비금을 가질 것인가는 지불준비금의 형태로 보유하는 것에 대한 기회 비용인 지준시장에서 결정되는 시장 이자율에 의존한다. 지준시장에서 결정되는 이자율을 지준시장 금리로 부르기로 한다. 총 지불준비금은 필요 지불준비금과 초과 지불준비금의 합으로 정의한다.

지준시장 금리가 높아지면 총 지불준비금에 대한 수요는 낮아진다. 지준시장 금리가 낮아지면 총 지불준비금에 대한 수요가 높아진다. 총 지불준비금에 대한 수요곡선이 음의 기울기를 가지는 중요한 이유는 초과 지불준비금이 은행이 법적으로 반드시 쌓아야 하는 지불준비금보다 더 많이 보유하는 여유 지불준비금의 성격을 지니고 있기 때문이다. 지준시장 금리 이외에 다양한 요인에 의해서도 초과 지불준비금의 규모가 달라질 수 있으나 단순화된 모형을 설명하기 위해 다른 요인들에 의한 영향은 없다고 가정한다. 최근 미국의 경우 시중은행이 중앙은행에 예치한 지불준비금에 대하여 이자를 지급하는 정책을 실시하고 있다. 지불준비금에 대하여 적용되는 이자율이 지준시장 금리보다 높으면 은행들이 예금 인출에 대비하기 위해 준비한 여윳돈을 단기로 빌려줘서 얻는 이자소득보다 중앙은행에 예치하는 것으로부터 얻는 소득이 더 크다. 지준시장 금리가 중앙은행이 설정한 지불준비금에 대한 이자율보다 낮아지면 은행의 지불준비금에 대한 수요는 무한히 커진다. 지준시장 수요와 공급을 그래프로 나타내면 x축은 지준시장의 거래량, y축은 지준시장 금리를 나타낸다. 지불준비금에 대한 이자 지급의 효과를 반영하지 않은 수요 곡선은 음의 기울기를 가진 곡선이 된다. 반면, 지불준비금에 대한 이자지급의 효과를 반영한 경우 지준시장 금리가 중앙은행이 지급하는 지불준비금에 대한 이자율보다 높은 부분에서는 [㉠]를 가진 곡선이고 지준시장 금리가 이보다 낮아지면 수평선이 된다.

은행의 지불준비금에 대한 공급은 어떻게 결정되는가? 지불준비금의 공급은 은행이 어떻게 지불준비금을 조달하는지에 따라서 결정된다. 예를 들어 은행은 지불준비금을 급히 마련해야 하는 시점에서 중앙은행으로부터 대출을 받아서 지불준비금을 마련할 수도 있다. 이와 같이 마련된 지불준비금을 차입 지불준비금으로 정의한다. 이와는 달리 중앙은행의 대출에 의존하지 않고 은행이 직접 조달한 지불준비금이 있다면 이는 은행이 직접 조달한 것으로 분류된다. 이와 같이 마련된 지불준비금을 비차입 지불준비금이라고 한다. 지불준비금의 공급 부분에서 중요한 포인트는 다음과 같다. 중앙은행에 개설된 계좌에 예치하는 모든 금융기관들의 지불준비금을 합한 총량 중에서 비차입 지불준비금의 총량은 중앙은행이 조정하는 것으로 가정한다. 중앙은행이 통화정책을 수행할 수 있는 능력이 있다는 것은 비차입 지불준비금의 규모를 조절할 수 있다는 것을 의미한다. 그 이유는 중앙은행이 실시하는 공개시장조작을 통해 금융기관의 비차입 지불 준비금을 증가시키거나 감소시키는 효과가 발생하기 때문이다. 따라서 지준시장에서 공급곡선은 [㉡]이 되며 중앙은행이 비차입 지불준비금을 지속적으로 감소시킬 경우 지준시장 금리는 결국 [㉢]하게 된다.

	㉠	㉡	㉢
①	음의 기울기	수직선	상승
②	음의 기울기	수직선	하락
③	음의 기울기	수평선	상승
④	양의 기울기	수직선	상승
⑤	양의 기울기	수평선	하락

[04~06] 다음 글을 읽고 물음에 답하시오.

주식회사는 오늘날 회사 기업의 전형이라고 할 수 있다. 이는 주식회사가 다른 유형의 회사보다 뛰어난 자본 조달력을 가지고 있기 때문인데, 주식회사의 자본 조달은 자본금, 주식, 유한책임이라는 주식회사의 본질적 요소와 관련된다.

주식회사의 자본금은 회사 설립의 기초가 되는 것으로, 주식발행을 통해 조성된다. 현행 상법에서는 주식회사를 설립할 때 최저 자본금에 대한 제한을 두지 않고 있으며, 자본금을 정관*의 기재사항으로도 규정하지 않고 있다. 대신 수권주식총수를 정관에 기재하게 하여 자본금의 최대한도를 표시하도록 하고 있다. 수권주식총수란 회사가 발행할 주식총수로, 수권주식총수를 통해 자본금의 최대한도인 수권자본금을 알 수 있다. 주식회사를 설립할 때는 수권주식총수 중 일부의 주식만을 발행해도 되는데, 발행하는 주식은 모두 인수되어야 한다. 여기서 주식을 인수한다는 것은 출자자를 누구로 하는지, 그 출자자가 인수하려는 주식이 몇 주인지를 확정하는 것을 말한다. 회사가 발행하는 주식을 출자자가 인수하고 해당 금액을 납입하면, 그 금액의 총합이 바로 주식회사의 자본금이 된다. 회사가 수권주식총수 가운데 아직 발행하지 않은 주식은 추후 이사회의 결의만으로 발행할 수 있는데, 이는 주식회사가 필요에 따라 자본금을 쉽게 조달할 수 있도록 하기 위한 것이다.

주식은 자본금을 구성하는 단위로, 주식회사는 주식 발행을 통해 다수의 사람들로부터 대량의 자금을 끌어모을 수 있다. 주식은 주식시장에서 자유롭게 양도되는데, 1주의 액면주식은 둘 이상으로 나뉘어 타인에게 양도될 수 없다. 주식회사가 액면가액을 표시한 액면주식을 발행할 때, 액면주식은 그 금액이 균일하여야 하며 1주의 금액은 100원 이상이어야 한다. 주식회사가 발행한 액면주식의 총액은 주식회사 설립 시에 출자자가 주식을 인수하여 납입한 금액의 총합과 같다.

주식의 소유주인 주주는 자기가 보유하고 있는 주식 금액의 비율에 따라 이익배당 등의 권리를 가지면서 회사에 대해 유한책임을 진다. 유한책임이란 주주가 회사에 대하여 주식의 인수가액을 한도로 하는 유한의 출자 의무를 부담하고 회사 채권자에 대해서는 직접적으로 아무런 책임도 부담하지 않는 것을 말한다. 주주의 유한책임은 정관이나 주주총회의 결의로도 가중시킬 수 없다. 이 때문에 주식회사에서는 회사가 현재 보유하고 있는 재산만이 회사 채권자를 위한 유일한 담보가 된다.

주식회사는 자본금, 주식, 유한책임이라는 본질적 요소로 말미암아 자본 조달력을 가지기도 하지만 경제적 폐해를 초래하는 경우도 있다. 자본금이 큰 회사이지만 실제 회사가 보유하고 있는 재산이 터무니없이 적은 경우에 자본금의 크기로는 회사의 신용도를 제대로 파악할 수 없으며, 대주주가 권한을 남용하여 사익을 추구하고도 그로 인한 회사의 손해와 회사의 거래 상대방의 손해에 대해서는 책임을 부담하지 않는 경우가 발생하기도 한다. 또한 파산이나 부도 등 회사의 위기 상황에서 채권자, 근로자, 소비자 등 회사의 이해 관계자들이 피해를 보게 되는 상황이 벌어지기도 한다.

이와 같은 문제를 방지하기 위해 주식회사에 대한 법 규정에서는 자본금에 관한 몇 가지 원칙을 마련하고 있다. ㉠ <u>자본유지의 원칙</u>은 자본금이 실제로 회사에 출자되어야 하고, 회사는 자본금에 해당되는 재산을 실질적으로 유지해야 한다는 것으로, 자본 충실의 원칙이라고도 한다. 만일 여러 회사끼리 돌려 가며 출자를 반복하는 상황이 벌어진다면 실제로 출자된 자본금은 늘어나지 않는데 서류상 가공의 자본금만 늘어나 회사는 부실화되고 외부의 위험에도 취약해진다. ㉡ 자본 불변의 원칙은 자본금을 임의로 변경하지 못하며 자본금의 변경을 위해서는 법적 절차를 거쳐야 한다는 것이다. 우리나라의 법률에서 자본금의 증가는 이사회의 결의만으로 가능하도록 한 반면에 자본금의 감소는 엄격한 법적 절차를 요구하고 있다. 이 밖에도 주식회사에 관한 법률을 법에서 규정된 내용대로만 이행해야 하는 강행법으로 하고, 회사에 관한 중요 사항 및 정관의 변동 사항을 공고하도록 하는 등 주식회사의 폐해를 최소화하기 위한 조치도 시행하고 있다.

* 정관: 회사를 운영하기 위한 규칙을 마련하여 기록한 문서

04 **<보기>는 갑이 주식회사를 설립하기 위해 작성한 정관의 일부이다. 윗글을 바탕으로 <보기>를 이해한 내용으로 적절하지 않은 것은?**

<보기>

제2장 주식과 주권
제5조 당 회사가 발행할 주식의 총수는 1만 주로 한다.
제6조 당 회사가 발행하는 주식 1주의 금액은 금 5천 원으로 한다.
제7조 당 회사는 설립 시에 5천 주의 주식을 발행하기로 한다.

① 갑이 설립하려는 주식회사의 수권주식총수는 1만 주이며 수권자본금은 5천만 원이다.
② 갑이 주식 1주를 발행하는 것으로 정관의 제7조를 수정해도 주식회사의 설립은 가능하다.
③ 갑이 정관에 따라 주식회사를 설립하려면 주식 1만 주에 대한 출자자가 확정되어야 한다.
④ 갑이 정관에 따라 주식회사를 설립하였다면 이 회사의 주주가 인수하여 납입한 금액의 총합은 2천 5백만 원이다.
⑤ 갑이 정관에 따라 주식회사를 설립한 이후, 이 회사의 미발행 주식을 발행하기 위해서는 이사회의 결의가 필요하다.

05 윗글을 바탕으로 <보기>를 이해한 내용으로 적절하지 않은 것은?

<보기>

A 회사는 설립 시에 액면가액 5천 원의 주식을 1백만 주 발행하였고 홍길동은 이 주식의 80%를 인수하여 납입하였다. 이후 A 회사는 B 회사가 설립 시 발행한 주식 100%를 인수하여 25억 원을 납입하였으며, B 회사는 C 회사가 설립 시 발행한 주식 100%를 인수하여 15억 원을 납입하였다. 이후 C 회사는 A 회사의 주식 10억 원어치를 액면가액으로 사들였다. A, B, C 회사는 회사끼리 돌려 가며 출자를 반복하여 자본금에 관한 원칙을 위배했다.

① A 회사가 파산한다면 C 회사의 이해 관계자가 피해를 보게 되는 상황이 벌어질 수 있겠군.
② B 회사가 부도가 난다면 A 회사의 자본금이 손실을 입을 수 있겠군.
③ A 회사의 주주인 홍길동은 B 회사와 C 회사에 대해서도 영향력을 행사할 수 있겠군.
④ C 회사가 설립 시 발행한 주식의 80%를 B 회사가 인수하였더라도 C 회사의 설립 시 자본금은 달라지지 않겠군.
⑤ A, B, C 회사에 출자된 실제 자본금은 90억 원으로 서류상으로 드러난 A, B, C 회사의 자본금의 총합과 동일하겠군.

06 ㉠, ㉡을 이해한 내용으로 가장 적절한 것은?

① ㉠의 목적은 주주의 권한을 확대하는 데에 있다.
② ㉡을 통해 소액을 가지고 주식회사를 설립하는 것을 제한할 수 있다.
③ ㉡은 자본금 감소를 엄격하게 하여 채권자를 보호하는 기능이 있다.
④ ㉠, ㉡은 모두 채권자가 주식회사의 자금 운용 내역을 알 수 있게 한다.
⑤ ㉠, ㉡은 모두 주식회사의 정관 작성에 관한 원칙으로서 개인 간의 자유로운 주식 양도로 인한 폐해를 방지한다.

07 **다음 글에 대한 추론으로 적절한 것은?**

> 연결납세제도(Consolidated tax return)는 모법인·자법인이 경제적으로 결합되어 있는 경우 경제적 실질에 따라 해당 모법인·자법인을 하나의 과세 단위로 보아 소득을 통산하여 법인세를 과세하는 제도로서 조직형태(사업부 또는 자회사)에 관계없이 세부담이 동일하게 유지되도록 하는 제도이다. 연결납세제도를 적용하는 경우 연결집단 내 개별 법인의 결손금이 통산되어 연결집단의 모든 개별 법인이 각각 개별 납세하는 경우보다 세부담이 감소할 수 있다.
>
> 연결납세제도를 도입하게 되면 긍정적인 효과와 부정적인 효과가 발생한다. 연결납세제도의 긍정적인 효과로는 세부담의 공평성과 세제의 중립성 제고를 들 수 있다. 회사를 어떠한 조직형태로 운영할지 결정함에 있어 단일법인인 경우나 자법인을 설립해서 운영하는 경우 모두 경제적 실질이 같을 때 세부담이 동일하기 때문이다.
>
> 연결납세제도의 부정적인 효과로는 세수 감소 및 조세행정비용 증가를 들 수 있다. 연결납세제도는 연결집단 내 개별 법인의 소득을 합산하여 과세하는 제도로서 결손금 통산 등으로 인해 연결집단의 소득이 감소할 수 있고, 그 계산과정이 복잡하기 때문이다.
>
> 연결납세제도의 유형은 '소득통산형'과 '손익대체형'으로 구분된다. 소득통산형이란 모법인과 자법인을 하나의 법인으로 보아 연결소득을 산출한 후 연결세액을 계산하는 방식을 뜻한다. 손익대체형이란 개별적으로 과세소득을 계산한 후 연결법인 간 결손금의 대체만 인정하는 방식을 뜻한다.
>
> A국은 2008년 12월 26일 「법인세법」 개정 시, 기업의 경영조직 선택에 있어 조세의 중립성을 제고하기 위하여 연결납세제도를 도입하였으며 2010년 1월 1일부터 시행하였다. A국의 연결납세제도는 소득통산형 방식을 채택하고 있는데, 적용대상은 모법인과 '완전 지배' 관계에 있는 자법인으로 내국법인에 한정된다. 여기서 완전 지배란 내국법인이 다른 내국법인의 발행주식총수의 전부(지분율 100%)를 보유하는 경우를 말하며, 내국법인과 그 내국법인의 완전자법인이 보유한 다른 내국법인의 주식 등의 합계가 그 다른 내국법인의 발행주식총수의 전부(100%)인 경우를 포함한다. 다른 내국법인을 완전지배하는 내국법인(완전모법인)과 그 다른 내국법인(완전자법인)은 완전모법인의 납세지 관할 지방국세청장의 승인을 받아 연결납세제도를 적용할 수 있다. 연결납세적용 여부는 선택이지만, 일단 적용하면 과세단위 조작을 통한 조세회피 방지를 위해 5년 동안 계속 적용하여야 한다.
>
> 연결납세제도는 OECD 38개국 중 미국·영국·일본·독일 등 24개국에서 시행 중이며, 대체적으로 지분율 100%보다는 완화된 50~95% 기준을 적용하고 있다.

① 연결납세제도는 경제적 실질에 따라 법인세를 과세하여 조세행정비용이 감소할 수 있다.

② 연결집단의 모든 개별 법인이 각각 개별 납세하는 경우 연결납세제도를 적용하는 경우보다 세부담이 증가할 수 있다.

③ A국은 모법인과 자법인을 하나의 법인으로 보아 연결소득을 산출하고 있으며, OECD 국가보다 대체적으로 완화된 지분율 기준을 적용하고 있다.

④ A국은 연결집단 내 개별 법인의 결손금을 2008년 말부터 통산하여 법인세를 과세하고 있다.

⑤ 독일은 A국에 비하여 세수확보보다 조세행정비용을 줄이는 것을 강조한다.

[08~10] 다음을 읽고 물음에 답하시오.

소비자가 어떤 상품을 구매하기 위하여 지불할 용의가 있는 금액보다 실제로 지불한 가격이 낮아 얻는 이득을 소비자 잉여라고 하고, 생산자가 어떤 상품을 판매하여 얻은 실제 수입이 그 상품을 판매하여 꼭 얻어야겠다고 생각한 금액보다 많아 얻는 이득을 생산자 잉여라고 한다. 그리고 소비자 잉여와 생산자 잉여의 합을 총잉여라라고 한다. 상품이 거래되지 않을 때에 비해 어떤 상품이 시장에서 거래될 때에 소비자 잉여는 소비자에게, 생산자 잉여는 생산자에게 혜택이 될 수 있다. 그런데 ㉠ 시장 가격을 임의의 수준으로 결정할 수 있는 독점적 지위를 가진 생산자는 소비자 잉여를 생산자의 이윤으로 흡수하기 위해 이부가격을 설정하기도 한다.

'이부가격설정'이란 어떤 상품에 대하여 두 차례 가격을 치르도록 하는 방식이다. 즉 소비자로 하여금 특정한 상품을 이용할 수 있는 권리를 구입하게 한 다음, 상품을 이용하는 양에 비례하여 가격을 부담시키는 방식이다. 놀이공원 입장료와 놀이 기구 이용료를 생각해 보자. 독점적 지위에 있는 생산자는 놀이 기구 이용료와 별도로 놀이공원 입장료를 받아 두 차례 가격을 치르도록 할 수 있다. 이때 생산자는 놀이공원을 이용할 수 있는 권리인 입장료를 적절한 수준으로 결정해야 자신의 이익을 극대화할 수 있다. 입장료를 지나치게 높은 수준으로 ⓐ 매기면 다수의 소비자들이 이용을 포기할 것이고, 너무 낮은 수준으로 매기면 수입이 줄어들기 때문이다.

놀이공원 입장료를 결정하기 위해 먼저 생산자는 자신의 이익을 극대화하는 수준에서 놀이 기구 이용료를 결정한다. 놀이 기구를 이용할 소비자가 있다면 이들은 생산자가 정해 놓은 가격 이상을 지불할 용의를 가지고 있는 것이다. 놀이 기구를 이용할 소비자의 소비자 잉여는 지불할 용의가 있는 금액에서 실제로 지불하는 가격을 뺀 차이만큼 발생하게 되는데, 생산자는 소비자 잉여의 일부를 놀이공원의 입장료로 결정하여 소비자 잉여를 자신의 이윤으로 흡수할 수 있게 된다.

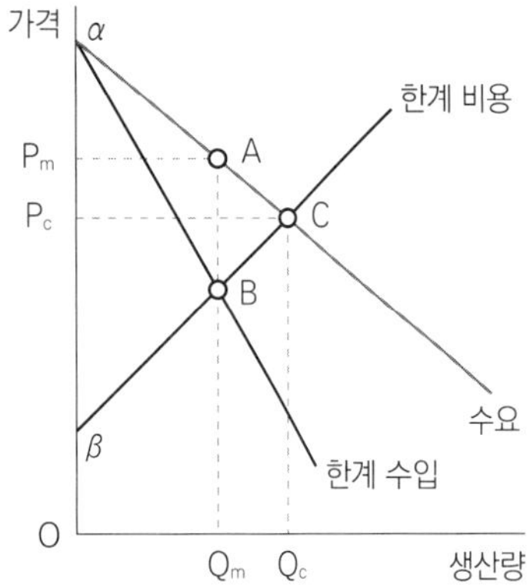

<그림>

이부가격설정은 독점 시장에서 발생하는 사회적 손실을 보완하기도 한다. 완전경쟁 시장에서의 가격과 생산량은 수요 곡선과 공급 곡선이 만나는 지점에서 결정되며 이때 총잉여는 극대화된다. 하지만 독점 시장에서는 한계 비용*과 한계 수입*이 같아지는 지점에서 생산자가 생산량을 결정하고, 가격은 그 생산량과 수요 곡선을 고려하여 결정한다. 그러므로 〈그림〉과 같은 독점 시장에서 상품의 생산량은 Q_m이 되고 가격은 P_m이 되며, 생산자의 수입은 사각형OP_mAQ_m이 된다. 그리고 이때의 생산자 잉여는 사다리꼴βP_mAB, 소비자 잉여는 삼각형$P_m\alpha A$가 된다. 완전 경쟁 시장에 비해 독점 시장에서는 상품의 생산량이 적고 가격은 높다. 따라서 소비자는 완전 경쟁 시장에서보다 적은 수량의 상품을 비싸게 사게 된다. 그렇게 되면 완전 경쟁 시장에 비해 총잉여가 감소한다. 하지만 이부가격설정을 통하여 독점적 지위의 생산자가 생산량을 Q_m에서 Q_c로 늘리면 총잉여는 삼각형 BAC만큼 늘어나게 된다.

* 한계 비용: 상품을 한 단위 추가로 생산할 때 드는 비용
* 한계 수입: 상품을 한 단위 추가로 판매했을 때 얻는 수입

08 **㉠의 사례로 가장 적절한 것은?**

① 어느 지역의 유일한 △△골프장은 입회비를 내고 회원으로 등록해야 골프를 칠 수 있으며 요금은 골프를 친 시간에 따라 징수한다.
② 한시적인 기간 동안 ▽▽마트에서는 한 개에 800원짜리 라면을 다섯 개 사면 3,800원에, 열 개 사면 7,400원에 판매한다.
③ 학생들을 대상으로 ☆☆패스트푸드점은 3,000원짜리 햄버거와 1,000원짜리 콜라를 함께 묶어 3,500원에 판매한다.
④ 어느 지역의 유일한 ○○철도는 18세 이하의 학생들에게 정상 가격의 50%에 해당하는 금액만을 요금으로 징수한다.
⑤ 어느 지역의 유일한 ◇◇수도사업소는 수돗물 사용량 100톤을 기준으로 추가 소비에 대하여 생산 원가만을 부과한다.

09 **윗글을 바탕으로 <보기>를 이해한 내용으로 적절하지 않은 것은?**

<보기>

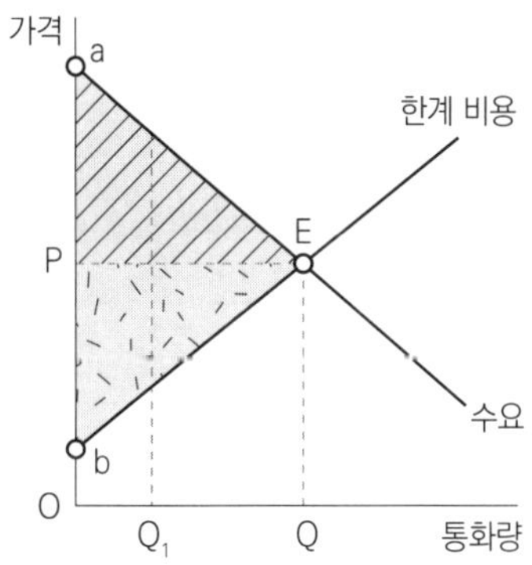

□□지역의 유일한 ○○통신사에서는 통화료를 P로 할 경우에 Q만큼의 소비를 예상하였다. 그리고 자신의 이윤을 극대화하기 위해 통화료와는 별도로 소비자에게 기본요금을 부과하려고 한다.

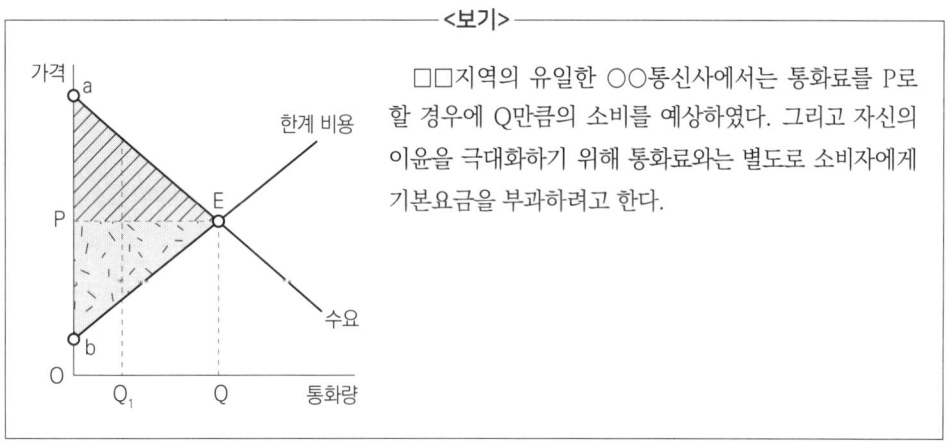

① 기본요금을 부과한다면 ○○통신사의 생산자 잉여는 사다리꼴 OaEQ에 해당할 것이다.
② ○○통신사는 기본요금을 부과하여 소비자가 P보다 높은 가격을 지불하게 할 수 있다.
③ 통화량이 Q_1일 때 통화료로 P 이상의 금액을 지불할 용의가 있는 소비자가 있을 것이다.
④ 기본요금을 부과하지 않는다면 ○○통신사가 통화료로 얻는 수입은 사각형 OPEQ에 해당할 것이다.
⑤ 기본요금을 부과하지 않는다면 ○○통신사의 소비자가 얻는 소비자 잉여는 삼각형 PaE에 해당할 것이다.

10 **ⓐ와 바꿔 쓰기에 적절한 것은?**

① 감정하면	② 배정하면	③ 시정하면
④ 책정하면	⑤ 제정하면	

수리능력

11 다음 <표>와 <보고서>는 2014~2017년 IT산업 3개(소프트웨어, 인터넷, 컴퓨터) 분야의 인수·합병에 대한 자료이다. 이를 근거로 판단할 때, A~E국 중 '갑'국에 해당하는 국가의 2017년 IT산업 3개 분야 인수·합병 건수의 합은?

<표 1> 소프트웨어 분야 인수·합병 건수

(단위: 건)

연도＼국가	미국	A	B	C	D	E
2014	631	23	79	44	27	20
2015	615	47	82	45	30	19
2016	760	72	121	61	37	19
2017	934	127	118	80	49	20
계	2,940	269	400	230	143	78

<표 2> 인터넷 분야 인수·합병 건수

(단위: 건)

연도＼국가	미국	A	B	C	D	E
2014	498	17	63	68	20	16
2015	425	33	57	52	19	7
2016	528	44	64	61	31	14
2017	459	77	69	70	38	21
계	1,910	171	253	251	108	58

<표 3> 컴퓨터 분야 인수·합병 건수

(단위: 건)

연도＼국가	미국	A	B	C	D	E
2014	196	12	33	32	11	3
2015	177	17	38	33	12	8
2016	200	18	51	35	16	8
2017	240	24	51	58	18	9
계	813	71	173	158	57	28

<보고서>

'갑'국의 IT산업 3개(소프트웨어, 인터넷, 컴퓨터) 분야 인수·합병 현황은 다음과 같다. '갑'국의 IT산업 인수·합병 건수는 3개 분야 모두에서 매년 미국의 10% 이하에 불과했다. 또한, 연도별 인수·합병 건수 증가 추이를 살펴보면, 소프트웨어 분야와 컴퓨터 분야의 인수·합병 건수는 매년 증가하였고, 인터넷 분야 인수·합병 건수는 한 해를 제외하고 매년 증가하였다.

① 50　② 105　③ 208
④ 228　⑤ 238

12 **다음 <표>는 제품 A~E의 제조원가에 관한 자료이다. 제품 A~E 중 매출액이 가장 작은 제품은?**

<표> 제품 A~E의 고정원가, 변동원가율, 제조원가율

(단위: 원, %)

구분 제품	고정원가	변동원가율	제조원가율
A	60,000	40	25
B	36,000	60	30
C	33,000	40	30
D	50,000	20	10
E	10,000	50	10

※ 1) 제조원가=고정원가+변동원가

2) 고정원가율(%)$=\frac{\text{고정원가}}{\text{제조원가}}\times 100$

3) 변동원가율(%)$=\frac{\text{변동원가}}{\text{제조원가}}\times 100$

4) 제조원가율(%)$=\frac{\text{제조원가}}{\text{매출액}}\times 100$

① A　② B　③ C
④ D　⑤ E

13 **다음 <표>는 '갑'회사의 생산직 근로자 133명과 사무직 근로자 87명이 직무스트레스 조사에 응답한 결과이다. 이에 대한 <보기>의 설명 중 옳은 것만을 모두 고르면?**

<표 1> 생산직 근로자의 직무스트레스 수준 응답 구성비

(단위: %)

스트레스 수준 / 항목	상위		하위	
	매우 높음	높음	낮음	매우 낮음
업무과다	9.77	67.67	22.56	0.00
직위불안	10.53	64.66	24.06	0.75
관계갈등	10.53	67.67	20.30	1.50
보상부적절	10.53	60.15	27.82	1.50

<표 2> 사무직 근로자의 직무스트레스 수준 응답 구성비

(단위: %)

스트레스 수준 / 항목	상위		하위	
	매우 높음	높음	낮음	매우 낮음
업무과다	10.34	67.82	20.69	1.15
직위불안	12.64	58.62	27.59	1.15
관계갈등	10.34	64.37	24.14	1.15
보상부적절	10.34	64.37	20.69	4.60

<보기>

ㄱ. 항목별 직무스트레스 수준이 '상위'에 해당하는 근로자의 비율은 각 항목에서 사무직이 생산직보다 높다.

ㄴ. '직위불안' 항목에서 '낮음'으로 응답한 근로자는 생산직이 사무직보다 많다.

ㄷ. '관계갈등' 항목에서 '매우 높음'으로 응답한 생산직 근로자는 '매우 낮음'으로 응답한 생산직 근로자보다 11명 많다.

ㄹ. '보상부적절' 항목에서 '높음'으로 응답한 근로자는 사무직이 생산직보다 적다.

① ㄱ　　② ㄹ　　③ ㄱ, ㄷ

④ ㄴ, ㄷ　　⑤ ㄴ, ㄹ

14 **다음 <그림>은 2014~2020년 연말 기준 '갑'국의 국가채무 및 GDP에 관한 자료이다. 이에 대한 <보기>의 설명 중 옳은 것만을 모두 고르면?**

<그림 1> GDP 대비 국가채무 및 적자성채무 비율 추이

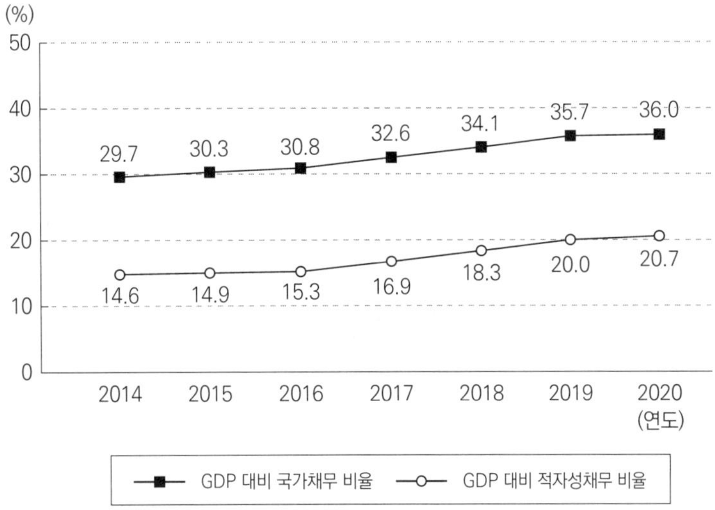

※ 국가채무＝적자성채무＋금융성채무

<그림 2> GDP 추이

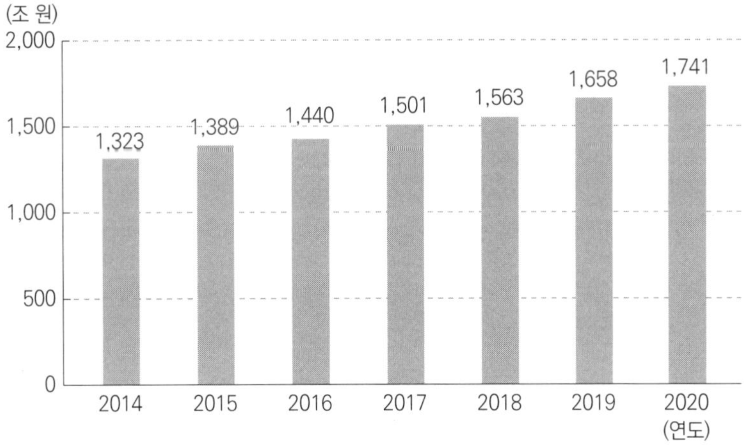

<보기>

ㄱ. 2020년 국가채무는 2014년의 1.5배 이상이다.
ㄴ. GDP 대비 금융성채무 비율은 매년 증가한다.
ㄷ. 적자성채무는 2019년부터 300조 원 이상이다.
ㄹ. 금융성채무는 매년 국가채무의 50% 이상이다.

① ㄱ, ㄴ　　② ㄱ, ㄷ　　③ ㄴ, ㄹ
④ ㄱ, ㄷ, ㄹ　　⑤ ㄴ, ㄷ, ㄹ

15 **다음 <그림>은 2020년 기준 A공제회 현황에 관한 자료이다. 이에 대한 설명으로 옳지 않은 것은?**

<그림> 2020년 기준 A공제회 현황

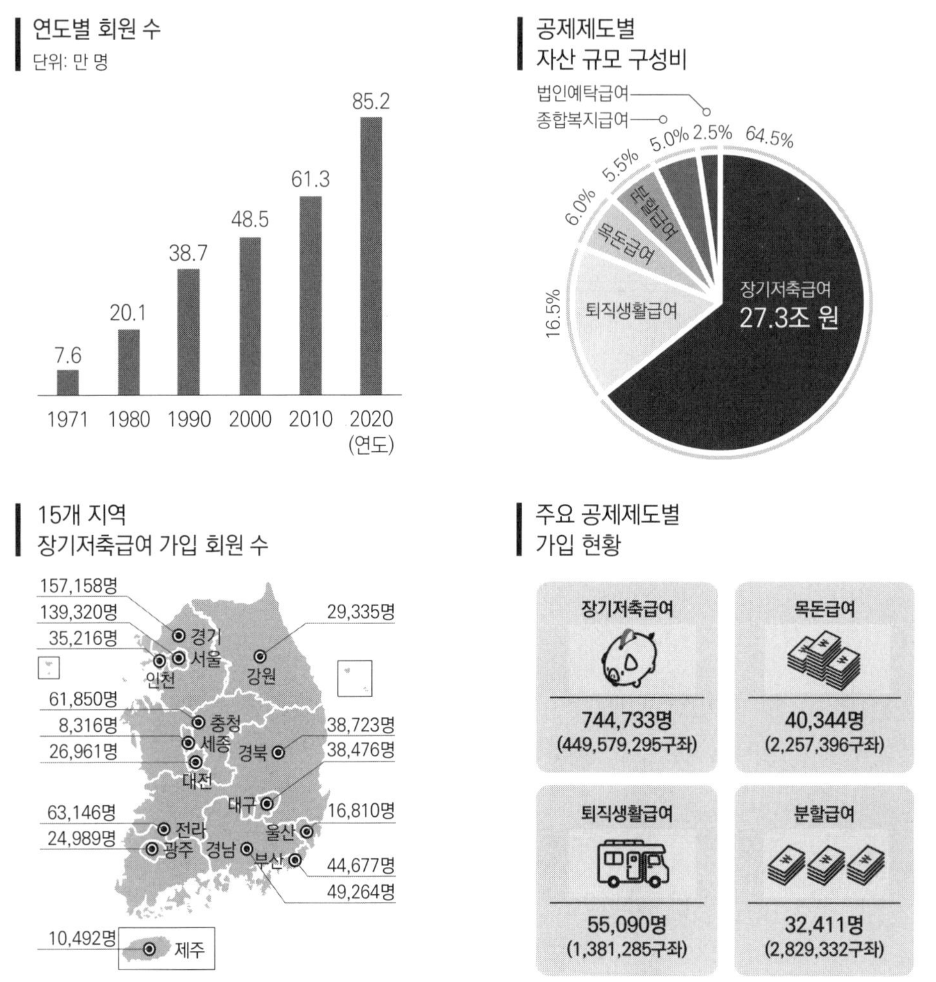

※ 1) 공제제도는 장기저축급여, 퇴직생활급여, 목돈급여, 분할급여, 종합복지급여, 법인예탁급여로만 구성됨
2) 모든 회원은 1개 또는 2개의 공제제도에 가입함

① 장기저축급여 가입 회원 수는 전체 회원의 85% 이하이다.
② 공제제도의 총자산 규모는 40조 원 이상이다.
③ 자산 규모 상위 4개 공제제도 중 2개의 공제제도에 가입한 회원은 2만 명 이상이다.
④ 충청의 장기저축급여 가입 회원 수는 15개 지역 평균 장기저축급여 가입 회원 수보다 많다.
⑤ 공제제도별 1인당 구좌 수는 장기저축급여가 분할급여의 5배 이상이다.

16 **다음 <표>는 2018~2019년 기업규모별 수출입 기업 수 및 무역액에 관한 자료이다. 이에 대한 <보기>의 설명 중 옳지 않은 것만을 모두 고르면? (단, 기업규모는 대기업, 중견기업, 중소기업으로만 구분된다)**

<표> 기업규모별 수출입 기업 수 및 무역액

(단위: 개, 억 달러, %)

구분		수출			수입		
		2018	2019	증감률	2018	2019	증감률
기업 수	전체	( )	( )	( )	185,032	192,791	4.2
	대기업	806	857	6.3	1,093	1,157	5.9
	중견기업	1,941	2,032	4.7	2,406	2,520	4.7
	중소기업	93,490	94,529	1.1	181,533	189,114	4.2
액수	전체	6,052	5,412	−10.3	4,980	( )	( )
	대기업	4,020	3,478	( )	3,230	3,010	−6.8
	중견기업	982	935	( )	784	776	−1
	중소기업	1,050	999	( )	966	1,169	21.0

※ 증감률은 소수점 아래 둘째 자리에서 반올림한 값임

<보기>

ㄱ. 중견기업, 중소기업 모두 2019년 수출액의 전년대비 감소율은 5% 이하이다.
ㄴ. 2019년 전체 수입액은 4,955억 달러로 전년대비 감소율은 0.5% 이상이다.
ㄷ. 전체 수출액에서 대기업이 차지하는 비중은 2018년과 2019년 모두 65% 이상이다.
ㄹ. 2019년 전체 수출 기업 수는 97,418개로 전년대비 1.3% 이상 증가하였다.

① ㄱ, ㄴ　　② ㄱ, ㄷ　　③ ㄱ, ㄹ
④ ㄴ, ㄹ　　⑤ ㄷ, ㄹ

17 **다음 <정보>와 <표>는 상장지수펀드(ETF) 및 '갑' 상장지수펀드(ETF)에 관한 자료이다. 이에 대한 설명으로 옳지 않은 것은? (단, 이하 모든 사항은 제시된 일자만을 고려한다)**

<정보>

상장지수펀드(ETF: Exchange Traded Fund)는 특정 주가지수와 연동되는 수익률을 얻을 수 있도록 설계된 '지수연동형 펀드'로서 거래소에서 주식처럼 거래되며, 주가지수를 사고파는 증권상품으로 볼 수 있다.

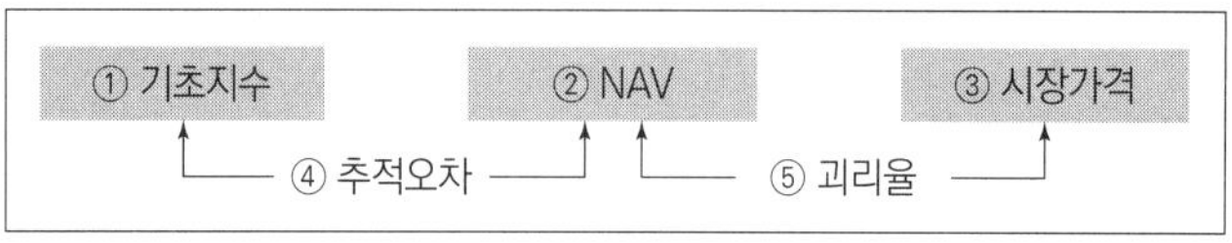

기초지수는 ETF가 추종하는 지수로서, 대표적으로 코스피 200, 코스닥 150, S&P 500 등이 있다. 이론적인 적정가격에 해당하는 NAV(Net Asset Value)는 펀드의 순자산가치를 의미하며 이는 펀드자산 총액에서 부채 및 비용을 뺀 순자산을 ETF 발행 주식수로 나눈 값이다. 따라서 NAV와 시장가격이 일치하면 ETF가 기초지수를 정확히 반영한다고 볼 수 있다. 시장가격은 거래소에서 실시간으로 거래되는 ETF의 가격이며, 괴리율은 시장가격과 NAV와의 격차를 측정하는 지표로 양(+)의 값을 가지면 고평가되었다고 판단하며, 음(−)의 값을 가지면 저평가되었다고 판단한다.

<표> '갑' 상장지수펀드(ETF)

(2021. 1. 26. 기준)

종가/전일대비/NAV		15,750원/−2.90%/16,334원		
52주 최고/최저		16,575원/9,325원		
상장주식수		13,400천 주		
거래량/거래대금		300,045주/4,799백만 원		
순자산가치(NAV) 추이				
일자	거래량(주)	순자산가치(원)	ETF 종가(원)	괴리율(%)
2021. 01. 25.	145,838	16,268	16,220	( )
2021. 01. 22.	415,219	16,229	16,165	−0.39
2021. 01. 21.	186,995	15,669	15,885	1.38
2021. 01. 20.	413,097	15,576	15,680	0.67
2021. 01. 19.	444,017	16,538	A	−4.92
2021. 01. 18.	324,343	16,704	16,485	−1.31
2021. 01. 15.	274,857	16,449	16,440	( )

※ '갑' 상장지수펀드는 베트남 VN30 지수를 추종함

※ 베트남 호치민거래소에서 발표하는 VN30 지수는 호치민거래소 상장종목 중 시가총액, 유동성, 거래대금 등 시장대표성 요건을 충족한 대형주 30종목으로 구성되었음

※ 괴리율(%)$=\frac{\text{ETF 종가}-\text{NAV}}{\text{NAV}}\times 100$(단, 괴리율의 높고 낮음은 절댓값으로 측정함)

※ 괴리율은 소수점 아래 셋째 자리에서 반올림한 값임

① 1월 18일부터 1월 26일까지의 기간 중 '갑' ETF의 종가 기준 전 일자 대비 가격 변동폭이 가장 컸던 일자와 괴리율이 가장 높았던 일자는 동일하다.

② '갑' ETF는 1월 15일부터 1월 26일까지의 기간 중 저평가된 일자가 고평가된 일자보다 많다.

③ '갑' ETF가 추종하는 1월 19일의 기초지수를 정확히 반영하기 위해서는 1월 19일 ETF 종가가 A보다 850원 이상 상승해야 한다.

④ '갑' ETF의 경우 1월 18일부터 1월 25일까지의 기간 중 괴리율이 전 일자 대비 높은 일자는 총 3일자이다.

⑤ '갑' ETF를 12,000원에 매수한 경우 1월 26일 종가 기준 수익률은 31% 이상이며 '갑' ETF가 기초지수를 정확히 추종하였다면 수익률은 36% 이상이다.

18 다음 <표>는 2010~2019년 A국 명목GDP 및 무역의존도에 관한 자료이다. 이에 대한 <보기>의 설명 중 옳은 것만을 모두 고르면?

<표> 2010~2019년 A국 명목GDP 및 무역의존도

구분	명목GDP(백만 달러)	수출		수입		무역 의존도(%)
		금액(백만 달러)	의존도(%)	금액(백만 달러)	의존도(%)	
2019	1,642,184	542,233	33.0	503,343	(　)	(　)
2018	1,720,579	605,650	35.2	535,202	(　)	(　)
2017	1,623,902	573,694	35.3	478,478	(　)	(　)
2016	1,500,112	495,426	33.0	406,540	27.1	60.1
2015	(　　)	526,757	35.9	436,499	(　)	(　)
2014	1,484,318	572,950	38.6	525,515	35.4	74.0
2013	1,370,795	559,632	40.8	515,586	37.6	78.4
2012	(　　)	547,870	42.9	519,584	(　)	(　)
2011	1,253,223	555,214	44.3	524,413	(　)	(　)
2010	1,143,032	466,384	40.8	425,212	37.2	78.0

※ 수출(수입)의존도(%) $= \frac{\text{수출(수입)액}}{\text{명목GDP}} \times 100$

※ 무역의존도 = 수출의존도 + 수입의존도

<보기>

ㄱ. 2011~2018년 동안 명목GDP는 매년 증가하였다.
ㄴ. 2010~2019년 동안 무역의존도가 65% 미만인 해는 총 3개이다.
ㄷ. 2012년 수입의존도는 전년대비 증가하였다.
ㄹ. 2016~2019년 중 수입액 대비 수출액 비율이 가장 높은 해는 2016년이다.

① ㄱ, ㄴ　② ㄱ, ㄷ　③ ㄴ, ㄷ
④ ㄴ, ㄹ　⑤ ㄷ, ㄹ

19 **다음 <정보>와 <표>는 '갑' 국의 재정준칙에 관한 자료이다. 이에 대한 설명으로 옳지 않은 것은?**

<정보>

재정준칙이란 재정수입·지출, 재정수지, 국가채무 등 총량적 재정지표에 대한 법적 구속력을 부여함으로써 구체적인 재정운용 목표로 재정규율을 확보하기 위해 각국이 도입·운영 중인 재정건전화 제도이다. '갑' 국은 재정준칙의 하나로 평상시 GDP 대비 국가채무비율은 60%, GDP 대비 통합재정수지비율은 −3%를 기준으로 관리하되, 아래와 같이 "(GDP 대비 국가채무비율÷60%)×(GDP 대비 통합재정수지비율÷ −3%)"가 1 이하가 되도록 하려고 한다. 또한 경기둔화 시에는 GDP 대비 통합재정수지비율 기준을 1%p 완화하여 GDP 대비 통합재정수지비율은 −4%로 조정할 수 있도록 하였다.

<표 1> '갑'국의 재정준칙

평상시: (A÷60%)×{B÷(−3%)}≤1.0

경기둔화 시: (A÷60%)×{B÷(−4%)}≤1.0

※ 준칙 계산 시, A는 GDP 대비 국가채무비율(%), B는 GDP 대비 통합재정수지비율(%)이며 각 값은 소수점 아래 둘째 자리에서 반올림한 값임

※ <표 1>의 기준을 만족하지 못할 시, 재정준칙을 위반한 것으로 봄

<표 2> '갑' 국의 주요 재정지표

(단위: 조 원)

구분	2018	2019	2020	2021	2022	2023	2024
통합재정수지	30	−19	−30	−72	−84	−87	−90
국가채무	630	765	805	960	1,050	1,200	1,320
GDP	1,890	1,920	1,930	2,000	2,100	2,180	2,275

※ 주어진 기간만을 고려하며, 별도로 언급이 없는 한 평상시 재정준칙을 적용함

① 재정준칙을 위반하는 해는 3개이다.

② 2018~2024년을 경기둔화라고 판단할 경우 재정준칙을 위반하는 해는 없다.

③ 2024년에 통합재정수지가 22조 원만큼 증가할 경우 해당연도의 재정준칙 위반여부가 바뀐다.

④ GDP 대비 국가채무비율 기준을 60%에서 50%로 변경할 경우 재정준칙을 위반하는 해는 5개이다.

⑤ GDP 대비 통합재정수지비율 기준을 −3%에서 −2%로 변경할 경우 재정준칙을 위반하는 해는 4개이다.

20 **다음 <표>는 '갑' 국의 소득분배지표에 관한 자료이다. 이에 대한 <보기>의 설명 중 옳은 것만을 모두 고르면?**

<표 1> 시장소득 기준 소득분배지표 현황

구분	2019	2018	2017	2016	2015	2014	2013	2012	2011
지니계수	0.404	0.402	0.402	0.402	0.396	0.397	0.401	0.411	0.418
소득 5분위배율	11.56	11.15	10.88	10.88	10.41	10.32	10.29	10.65	11.21
소득 10분위배율	32.43	31.10	29.36	29.36	26.76	25.90	25.90	26.55	28.20
상대적 빈곤율(%)	20.8	19.9	19.8	19.8	19.5	19.6	19.1	19.0	19.6

<표 2> 처분가능소득 기준 소득분배지표 현황

구분	2019	2018	2017	2016	2015	2014	2013	2012	2011
지니계수	0.339	0.339	0.354	0.355	0.352	0.363	0.372	0.385	0.388
소득 5분위배율	6.25	6.25	6.96	6.98	6.91	7.37	7.68	8.10	8.32
소득 10분위배율	10.71	10.71	12.54	12.47	12.27	13.51	14.60	15.75	16.04
상대적 빈곤율(%)	16.3	16.3	17.3	17.6	17.5	18.2	18.4	18.3	18.6

<정보>

○ 처분가능소득(세후소득)=시장소득+공적이전소득−공적이전지출

○ 시장소득(세전소득)=근로소득+사업소득+재산소득+사적이전소득−사적이전지출

○ 지니계수: 국민의 소득불평등 정도를 보여주는 가장 대표적인 지표로 그 값이 클수록 불평등해짐

○ 소득 5분위배율 $= \frac{\text{최상위 20\% 계층의 평균소득}}{\text{최하위 20\% 계층의 평균소득}}$

○ 소득 10분위배율 $= \frac{\text{최상위 10\% 계층의 평균소득}}{\text{최하위 10\% 계층의 평균소득}}$

○ 상대적 빈곤율(%)=전체 인구 중 소득이 중위소득의 50% 이하인 인구의 비율

<보기>

ㄱ. 2012~2016년 동안 시장소득 기준 상대적 빈곤율이 전년대비 감소한 해는 3개이다.

ㄴ. 2012~2014년의 경우 처분가능소득 기준 최하위 20% 계층의 평균소득이 매년 전년대비 10%씩 증가했다면 같은 기간 최상위 20% 계층의 평균소득은 매년 전년대비 증가했을 것이다.

ㄷ. 2019년 시장소득 기준 중위소득이 4천만 원이라면 최상위 20% 계층의 평균소득은 2억 5천만 원보다 적다.

① ㄱ ② ㄴ ③ ㄱ, ㄴ ④ ㄴ, ㄷ ⑤ ㄱ, ㄴ, ㄷ

문제해결능력

21 **다음 <진술>이 모두 참이라고 할 때, 아래의 <결론>이 타당하게 도출되기 위해서 추가로 필요한 전제는?**

<진술>

○ 화성인이 사랑하는 사람은 착하고 잘생긴 금성인뿐이다.

○ 누군가에게 선물을 잘 사주거나 애정 표현을 한다면 그 사람을 사랑하는 것이다.

○ 갑은 무뚝뚝한 화성인이다.

○ 무뚝뚝한 사람은 누구에게도 애정 표현을 하지 않는다.

○ 착한 사람만이 자신에게 애정 표현하지 않는 사람을 사랑한다.

○ 을은 갑을 사랑한다.

<결론>

을은 잘생긴 금성인이다.

① 을은 착하다.
② 을은 무뚝뚝하지 않다.
③ 갑은 을에게 선물을 잘 사준다.
④ 을은 갑에게 선물을 잘 사준다.
⑤ 갑은 을에게 애정 표현을 하지 않는다.

22 **A~F 여섯 사람은 지상 1층부터 5층으로 지어진 연립주택의 입주자이다. 이 중 A를 포함한 두 사람만 같은 층에 입주해 있고 다른 네 사람은 각기 다른 층에 입주해 있다. 다음 대화가 모두 참일 때 A와 같은 층의 입주자는?**

A: 나는 B보다 위층에 살고 있어.
B: 나는 3층에 살고 있지 않아.
C: 나는 4층에 살고 있지 않아.
D: 나는 C보다 위층에 살고 있어.
E: 나는 B보다 아래층에 살고 있어.
F: 나는 1층에 살고 있어.

① B ② C ③ D ④ E ⑤ F

피셋기출 / 제8회

[23~24] 다음 글을 읽고 물음에 답하시오.

○○프로그램에서 하나의 명령문은 cards, input 등의 '중심어'로 시작하고 반드시 세미콜론(;)으로 끝난다. 중심어에는 명령문의 지시 내용이 담겨있는데, cards는 그 다음 줄부터 input 명령문에서 이용할 일종의 자료집합인 레코드(record)가 한 줄씩 나타남을 의미한다. 〈프로그램 1〉에서 레코드는 '701102'와 '720508'이다.

input은 레코드를 이용하여 변수에 수를 저장하는 것을 의미한다. 첫 번째 input은 첫 번째 레코드를 이용하여 명령을 수행하고, 그 다음부터의 input은 차례대로 그 다음 레코드를 이용한다. 예를 들어 〈프로그램 1〉에서 첫 번째 input 명령문의 변수 a에는 첫 번째 레코드 '701102'의 1~3번째 위치에 있는 수인 '701'을 저장하고, 변수 b에는 같은 레코드의 5~6번째 위치에 있는 수인 '02'에서 앞의 '0'을 빼고 '2'를 저장한다. 두 번째 input 명령문의 변수 c에는 두 번째 레코드 '720508'의 1~2번째 위치에 있는 수인 '72'를 저장한다. 〈프로그램 2〉와 같이 만약 input 명령문이 하나이고 여러 개의 레코드가 있을 경우 모든 레코드를 차례대로 이용한다. 한편 input 명령문이 다수인 경우, 어느 한 input 명령문에 @가 있으면 바로 다음 input 명령문은 @가 있는 input 명령문과 같은 레코드를 이용한다. 이후 input 명령문부터는 차례대로 그 다음 레코드를 이용한다.

print는 input 명령문에서 변수에 저장한 수를 결과로 출력하라는 의미이다. 다음은 각 프로그램에서 변수 a, b, c에 저장한 수를 출력한 〈결과〉이다.

<프로그램 1>

```
cards
701102
720508
;
input a 1 - 3 b 5 - 6;
input c 1 - 2;
print;
```

<결과>

a	b	c
701	2	72

<프로그램 2>

```
cards
701102
720508
;
input a 1 - 6 b 1 - 2 c 2 - 4;
print;
```

<결과>

a	b	c
701102	70	11
720508	72	205

23 **윗글을 근거로 판단할 때, <보기>에서 옳은 것만을 모두 고르면?**

<보기>

ㄱ. input 명령문은 레코드에서 위치를 지정하여 변수에 수를 저장할 수 있다.
ㄴ. 두 개의 input 명령문은 같은 레코드를 이용하여 변수에 수를 저장할 수 없다.
ㄷ. 하나의 input 명령문이 다수의 레코드를 이용하여 변수에 수를 저장할 수 있다.

① ㄴ ② ㄷ ③ ㄱ, ㄴ
④ ㄱ, ㄷ ⑤ ㄱ, ㄴ, ㄷ

24 **윗글을 근거로 판단할 때, 다음 <프로그램>의 <결과>로 출력된 수를 모두 더하면?**

<프로그램>

```
cards
020824
701102
720508
;
input a 1 - 6 b 3 - 4;
input c 5 - 6@;
input d 3 - 4;
input e 3 - 5;
print;
```

<결과>

a	b	c	d	e

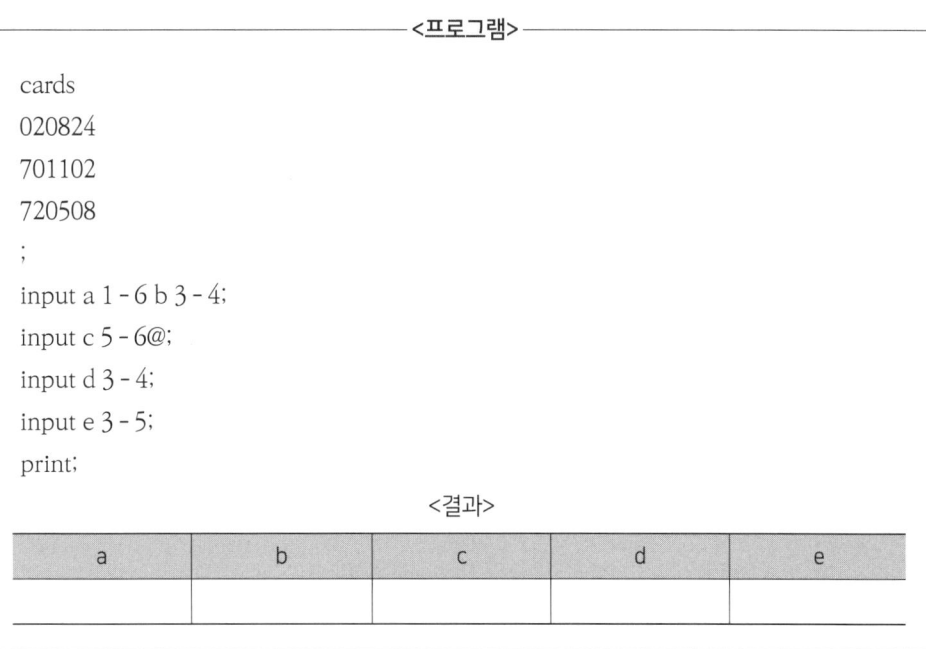

① 20895 ② 20911 ③ 20917
④ 20965 ⑤ 20977

25 다음 글을 근거로 판단할 때, 서연이가 구매할 가전제품과 구매할 상점을 옳게 연결한 것은?

○ 서연이는 가전제품 A~E를 1대씩 구매하기 위하여 상점 甲, 乙, 丙의 가전제품 판매가격을 알아보았다.

<상점별 가전제품 판매가격>

(단위: 만 원)

구분	A	B	C	D	E
甲	150	50	50	20	20
乙	130	45	60	20	10
丙	140	40	50	25	15

○ 서연이는 각각의 가전제품을 세 상점 중 어느 곳에서나 구매할 수 있으며, 아래의 〈혜택〉을 이용하여 총 구매액을 최소화하고자 한다.

<혜택>

- 甲: 200만 원 이상 구매 시 전품목 10% 할인
- 乙: A를 구매한 고객에게는 C, D를 20% 할인
- 丙: C, D를 모두 구매한 고객에게는 E를 5만 원에 판매

① A – 甲　② B – 乙　③ C – 丙
④ D – 甲　⑤ E – 乙

26 다음 <대화>와 <품질인증서번호 부여 규칙>을 근거로 판단할 때, 乙이 발급받은 품질인증서번호는?

<대화>

甲: 안녕하세요? '품질인증서' 발급을 신청하러 오셨나요?

乙: 토목분야로 예전에 품질인증서를 발급받은 적이 있어요. 재발급받으려 합니다.

甲: 인증서 유효기간은 발급일로부터 2년까지입니다. 선생님께선 2017년 11월 20일에 발급받으셨네요. 오늘 접수하시면 유효기간 만료일로부터 30일이 지난 겁니다.

乙: 그렇군요. 저희가 2019년 11월에 본사와 공장을 전부 이전해서 주소가 바뀌었어요. 본사는 대전으로 이전했고, 공장은 중동에서 베트남으로 이전해 있어요. 이러한 내용으로 발급해 주세요.

甲: 접수되었습니다. 품질인증서는 접수일로부터 3주 후에 발급됩니다.

<품질인증서번호 부여 규칙>

품질인증서번호는 부여 규칙(가~라)에 따라 아래와 같이 ㉠~㉣란에 숫자 또는 코드가 기재된다.

㉠	㉡	㉢	㉣

가. ㉠란에 발급연도의 3, 4번째 숫자를 기재한다.

나. ㉡란에 아래의 신청유형별 코드를 기재한다.

신청유형	코드	신청유형	코드
신규신청	1A	재발급(기간만료 후)	4B
연장신청(기간만료 전)	2A	재발급(양도)	5C
규격확인 신청	3B	재발급(공장주소변경)	6C

※ 2개 이상의 신청유형에 해당되는 경우에는 해당 코드를 모두 기재하되, 각 코드에 포함된 숫자가 큰 코드를 먼저 기재함

다. ㉢란에 아래의 분야별 코드를 기재한다.

분야명	코드	분야명	코드
기계	AA	에너지	CC
전기·전자	AB	토목	CD
정보·통신	BB	의료기기	DD

라. ㉣란에 아래의 지역구분 코드를 기재한다. (단, 지역구분 코드는 발급연도를 기준으로 공장 소재지에 따른다)

국내	코드	국외	코드
서울·인천·경기	DA	아시아	FA
대전·세종·충남·충북	DB	미주	FB
광주·전남·전북·제주	DC	유럽	FC
부산·울산·경남	DD	중동	FD
대구·경북	DE	아프리카	FE
강원	DF	기타지역	FF

① 196C4BCDFA ② 194B6CCCDB ③ 196C4BCDFD
④ 204B6CCDDB ⑤ 206C4BCDFA

27 다음 글을 근거로 판단할 때, 창렬이가 결제할 최소 금액은?

○ 창렬이는 이번 달에 인터넷 면세점에서 가방, 영양제, 목베개를 각 1개씩 구매한다. 각 물품의 정가와 이번 달 개별 물품의 할인율은 다음과 같다.

구분	정가(달러)	이번 달 할인율(%)
가방	150	10
영양제	100	30
목베개	50	10

○ 이번 달 개별 물품의 할인율은 자동 적용된다.

○ 이번 달 구매하는 모든 물품의 결제 금액에 대해 20%를 일괄적으로 할인받는 '이달의 할인 쿠폰'을 사용할 수 있다.

○ 이번 달은 쇼핑 행사가 열려, 결제해야 할 금액이 200달러를 초과할 때 '20,000원 추가 할인 쿠폰'을 사용할 수 있다.

○ 할인은 '개별 물품 할인 → 이달의 할인 쿠폰 → 20,000원 추가 할인 쿠폰' 순서로 적용된다.

○ 환율은 1달러당 1,000원이다.

① 180,000원　② 189,000원　③ 196,000원
④ 200,000원　⑤ 210,000원

28 **다음 글을 근거로 판단할 때 옳은 것은?**

제00조 ① 사업주는 근로자가 조부모, 부모, 배우자, 배우자의 부모, 자녀 또는 손자녀(이하 '가족'이라 한다)의 질병, 사고, 노령으로 인하여 그 가족을 돌보기 위한 휴직(이하 '가족돌봄휴직'이라 한다)을 신청하는 경우 이를 허용하여야 한다. 다만 대체인력 채용이 불가능한 경우, 정상적인 사업 운영에 중대한 지장을 초래하는 경우, 근로자 본인 외에도 조부모의 직계비속 또는 손자녀의 직계존속이 있는 경우에는 그러하지 아니하다.

② 사업주는 근로자가 가족(조부모 또는 손자녀의 경우 근로자 본인 외에도 직계비속 또는 직계존속이 있는 경우는 제외한다)의 질병, 사고, 노령 또는 자녀의 양육으로 인하여 긴급하게 그 가족을 돌보기 위한 휴가(이하 '가족돌봄휴가'라 한다)를 신청하는 경우 이를 허용하여야 한다. 다만 근로자가 청구한 시기에 가족돌봄휴가를 주는 것이 정상적인 사업 운영에 중대한 지장을 초래하는 경우에는 근로자와 협의하여 그 시기를 변경할 수 있다.

③ 제1항 단서에 따라 사업주가 가족돌봄휴직을 허용하지 아니하는 경우에는 해당 근로자에게 그 사유를 서면으로 통보하여야 한다.

④ 가족돌봄휴직 및 가족돌봄휴가의 사용기간은 다음 각 호에 따른다.

1. 가족돌봄휴직 기간은 연간 최장 90일로 하며, 이를 나누어 사용할 수 있을 것
2. 가족돌봄휴가 기간은 연간 최장 10일로 하며, 일 단위로 사용할 수 있을 것. 다만 가족돌봄휴가 기간은 가족돌봄휴직 기간에 포함된다.
3. ○○부 장관은 감염병의 확산 등을 원인으로 심각단계의 위기경보가 발령되는 경우, 가족돌봄휴가 기간을 연간 10일의 범위에서 연장할 수 있다.

① 조부모와 부모를 함께 모시고 사는 근로자가 조부모의 질병을 이유로 가족돌봄휴직을 신청한 경우, 사업주는 가족돌봄휴직을 허용하지 않을 수 있다.

② 사업주는 근로자가 신청한 가족돌봄휴직을 허용하지 않는 경우, 해당 근로자에게 그 사유를 구술 또는 서면으로 통보해야 한다.

③ 정상적인 사업 운영에 중대한 지장을 초래하는 경우, 사업주는 근로자의 가족돌봄휴가 시기를 근로자와 협의 없이 변경할 수 있다.

④ 근로자가 가족돌봄휴가를 8일 사용한 경우, 사업주는 이와 별도로 그에게 가족돌봄휴직을 연간 90일까지 허용해야 한다.

⑤ 감염병의 확산으로 심각단계의 위기경보가 발령되고 가족돌봄휴가 기간이 5일 연장된 경우, 사업주는 근로자에게 연간 20일의 가족돌봄휴가를 허용해야 한다.

29 다음 글과 <지원대상 후보 현황>을 근거로 판단할 때, 기업 F가 받는 지원금은?

□□부는 2021년도 중소기업 광고비 지원사업 예산 6억 원을 기업에 지원하려 하며, 지원대상 선정 및 지원금 산정 방법은 다음과 같다.

○ 2020년도 총매출이 500억 원 미만인 기업만 지원하며, 우선 지원대상 사업분야는 백신, 비대면, 인공지능이다.

○ 우선 지원대상 사업분야 내 또는 우선 지원대상이 아닌 사업분야 내에서는 '소요 광고비×2020년도 총매출'이 작은 기업부터 먼저 선정한다.

○ 지원금 상한액은 1억 2,000만 원이나, 해당 기업의 2020년도 총매출이 100억 원 이하인 경우 상한액의 2배까지 지원할 수 있다. 단, 지원금은 소요 광고비의 2분의 1을 초과할 수 없다.

○ 위의 지원금 산정 방법에 따라 예산 범위 내에서 지급 가능한 최대 금액을 예산이 소진될 때까지 지원대상 기업에 순차로 배정한다.

<지원대상 후보 현황>

기업	2020년도 총매출(억 원)	소요 광고비(억 원)	사업분야
A	600	1	백신
B	500	2	비대면
C	400	3	농산물
D	300	4	인공지능
E	200	5	비대면
F	100	6	의류
G	30	4	백신

① 없음 ② 8,000만 원 ③ 1억 2,000만 원
④ 1억 6,000만 원 ⑤ 2억 4,000만 원

30 **다음 글과 <표>를 근거로 판단할 때 <보기>에서 옳은 것만을 모두 고르면?**

○○국 정부는 주택가격의 안정을 위하여 필요한 경우 '투기과열지구'와 '조정대상지역'을 지정하고 각종 규제를 시행한다. 2021년 현재 적용되는 관련 규정은 다음과 같다.

1) 투기과열지구로 지정되기 위해서는 전년도에 ① 해당 지역의 주택가격 상승률이 전국 소비자물가 상승률의 1.2배를 초과해야 하며 ② 해당 지역 주택보급률이 전국 평균 이하이어야 한다는 두 가지 요건이 충족되어야 한다. 투기과열지구로 지정된 지역은 주택담보대출 규제가 강화되고 분양권 전매가 제한될 수 있다.

2) 조정대상지역으로 지정되기 위해서는 전년도에 ① 해당 지역의 주택가격 상승률이 해당 지역 소비자물가 상승률의 1.3배를 초과해야 하며 ② 해당 지역 주택보급률이 전국 평균의 60% 이하이어야 한다는 두 가지 요건이 충족되어야 한다. 조정대상지역으로 지정된 지역에 대해서는 주택담보대출 규제 강화, 분양권 전매 제한과 함께 분양가 상한제를 추가로 적용할 수 있다.

<표> 지역별 주택관련 통계자료

지역	2020년 가구 수(가구)	2020년 주택 수(호)	소비자물가지수		주택매매가격지수	
			2019년	2020년	2019년	2020년
A시	300	330	95	100.7	100	105
B시	250	140	85	93.5	90	108
C시	180	153	90	108	110	127.6
D시	350	189	100	120	95	117.8
E시	400	228	80	92	85	102
전국	2,500	2,400	90	103.5	100	120

※ $\text{주택보급률(\%)} = \frac{\text{주택 수}}{\text{가구 수}} \times 100$

※ $\text{소비자물가상승률(\%)} = \frac{\text{금년도 소비자물가지수} - \text{전년도 소비자물가지수}}{\text{전년도 소비자물가지수}} \times 100$

※ $\text{주택가격상승률(\%)} = \frac{\text{금년도 주택매매가격지수} - \text{전년도 주택매매가격지수}}{\text{전년도 주택매매가격지수}} \times 100$

<보기>

ㄱ. 2021년 A~E시 중 윗글에 제시된 어떠한 부동산 규제 조치도 시행할 수 없는 지역은 2개이다.
ㄴ. 2021년 B시와 D시에 대해서는 분양권 전매 제한 조치를 시행할 수 있다.
ㄷ. 2021년 D시와 E시에 대해서는 주택담보대출 규제 강화를 시행할 수 있다.
ㄹ. 2021년 주택담보대출 규제 강화, 분양권 전매 제한, 그리고 분양가 상한제를 모두 시행할 수 있는 지역은 B시밖에 없다.

① ㄱ, ㄴ, ㄷ　② ㄱ, ㄴ, ㄹ　③ ㄱ, ㄷ, ㄹ
④ ㄴ, ㄷ, ㄹ　⑤ ㄱ, ㄴ, ㄷ, ㄹ

피셋기출 / 제8회

스터디원 풀이 결과

최고 득점자 A	상위 30% 컷 득점자 B	최빈값 득점자 C	하위 30% 컷 득점자 D
✔ 사회계열 ✔ 필기 합격 경험 ○ (국민은행, 소상공인진흥공단)	✔ 공학계열 ✔ 필기 합격 경험 × * 수험기간 3개월 미만	✔ 경상계열 ✔ 필기 합격 경험 ○ (지역농협)	✔ 사회계열 ✔ 필기 합격 경험 ×

문항 번호	나의 풀이 결과	스터디원 풀이 결과				문항 번호	나의 풀이 결과	스터디원 풀이 결과			
		A	B	C	D			A	B	C	D
01		○	○	○	○	16		○	×	○	×
02		○	×	○	○	17		○	×	×	×
03		○	×	○	×	18		○	○	×	×
04		○	×	×	○	19		○	×	×	×
05		○	×	×	×	20		×	×	×	×
06		○	○	○	○	21		×	○	○	×
07		○	○	○	○	22		×	×	×	○
08		○	○	○	○	23		○	○	×	×
09		○	○	○	×	24		○	○	×	×
10		○	○	○	○	25		○	○	○	×
11		○	○	×	×	26		○	×	○	×
12		○	○	×	○	27		○	○	×	×
13		○	○	○	○	28		○	○	○	○
14		○	○	○	○	29		×	○	×	×
15		○	○	×	○	30		○	○	×	×
						합계	/ 30	26/30	20/30	15/30	13/30

득점 분포 그래프

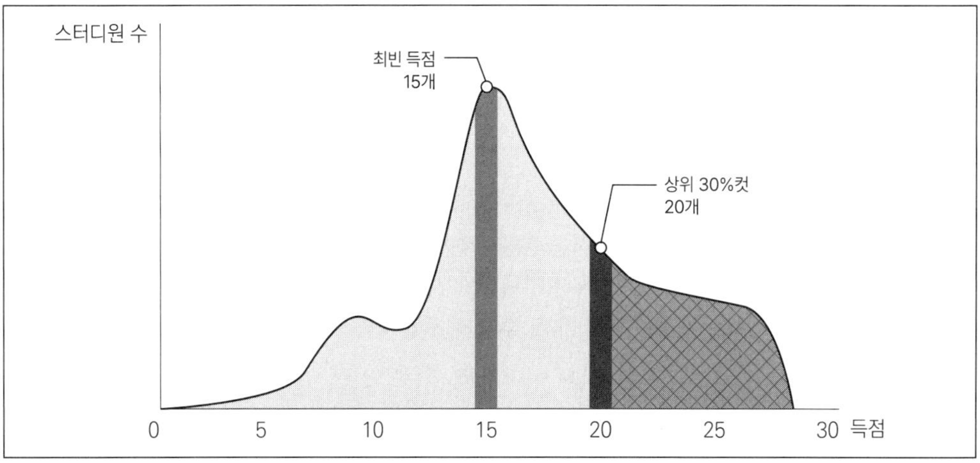

문항별 정답률

문항 번호	01	02	03	04	05	06	07	08	09	10
상위 30%(A)	93%	71%	57%	86%	60%	97%	71%	89%	86%	100%
전체(B)	73%	56%	42%	56%	42%	85%	50%	81%	69%	100%
(A－B)	20%p	15%p	15%p	30%p	18%p	12%p	21%p	8%p	17%p	0%p
문항 번호	11	12	13	14	15	16	17	18	19	20
상위 30%(A)	97%	81%	89%	97%	86%	57%	43%	97%	43%	43%
전체 (B)	71%	33%	69%	79%	58%	44%	25%	54%	30%	21%
(A－B)	26%p	48%p	20%p	18%p	28%p	13%p	18%p	43%p	13%p	22%p
문항 번호	21	22	23	24	25	26	27	28	29	30
상위 30%(A)	71%	57%	97%	86%	89%	74%	97%	100%	71%	93%
전체(B)	65%	48%	55%	52%	74%	41%	55%	83%	33%	31%
(A－B)	6%p	9%p	42%p	34%p	15%p	33%p	42%p	17%p	38%p	62%p

- 이번 회차의 결정적 문항 12 18 23 27 30
- 위 5개 문항은 득점 상위 30% 스터디원의 정답률과 전체 스터디원의 정답률이 40%p 이상 차이 나는 문항으로, 합격권에 들기 위해 꼼꼼한 복습이 필요합니다.

결정적 문항 오답 패턴 분석

12번

'제조원가율'과 '고정원가율·변동원가율'의 관계를 이해하지 못해 선택지 ④를 고른 오답자가 많았다. 복습 시 '제조원가율＝고정원가율＋변동원가율'을 바탕으로, '매출액＝제조원가÷제조원가율' 공식을 적용하는 훈련이 필요하다.

18번

'수입의존도'가 감소한 2012년의 자료를 수치 확인 없이 전체 추세만으로 판단한 결과, 선택지 ⑤를 고른 오답자가 많았다. 복습 시 수입의존도 계산에 필요한 공식과 수치를 정확히 적용하고, 수입 대비 수출 비율은 직접 계산하는 습관을 들여야 한다.

23번

오답자들은 @ 기호의 기능을 간과하고 input 명령문 수만 보고 레코드 교체 여부를 오해한 경우가 많았다. @ 기호가 있는 경우 동일 레코드를 연속 활용할 수 있음을 이해하고, 레코드 처리 흐름과 변수 저장 방식을 구조적으로 파악해야 한다.

27번

'200달러 초과'라는 조건을 '200달러 이상'으로 혼동하여 선택지 ①을 고른 오답자들이 많았다. 복습 시 '초과'와 '이상'의 개념 차이를 정확히 구분하고, 할인 적용 순서에 따라 단계별로 계산하는 훈련이 필요하다.

30번

'전국 물가와 주택보급률'을 기준으로 삼는 투기과열지구와, '지역 물가와 전국 평균 60% 기준'을 모두 충족해야 하는 조정대상지역의 지정 요건을 혼동하여 잘못된 지역에 규제를 적용한 경우가 많았다. 복습 시 각 규제 유형별로 비교 기준이 되는 지표와 범위의 차이를 명확히 구분하는 연습이 필요하다.

비트코인과 가상자산 +관련 문항 01

1. 비트코인

① 공급 구조

구분	세부 내용
발행 총량	2,100만 개로 고정(초과 발행 불가)
발행 방식	채굴(Mining)을 통해 일정 주기로 보상 지급(평균 10마다 1개 블록 생성)
반감기(Having)	약 4년마다 채굴 보상이 절반으로 줄어듦 → 공급 증가 속도 둔화
공급 통제	중앙은행 없음. 알고리즘에 따라 공급량 자동 조절

② 비트코인과 디플레이션

구분	세부 내용
디플레이션 자산	공급량이 줄고 수요가 늘면 가치 상승 가능성 증가
화폐의 구매력 상승	미래에 비트코인으로 더 많은 상품 구매 가능 → 소비 지연 유도 가능성
뛰어난 가치 저장	디지털 금(Digital Gold)으로 불림 → 인플레이션 대비 수단으로 활용됨
정부 통화정책 회피 가능	통화의 무제한 발행이 가능한 법정화폐(Fiat money)와 대비되는 구조

2. 가상자산과 금융시스템 리스크

실물경제 여건과 무관하게 가격이 급등락하는 가상자산의 취약성에도 불구하고, **시세차익을 노린 투기적 수요를 중심으로 가상자산 시장이 크게 확대될 경우 다양한 경로를 통해 금융시스템 안정에 부정적 영향**을 미칠 수 있다.

① **금융기관 익스포저 경로:** 금융기관 입장에서는 가상자산 투자자 등에 대한 대출, 가상자산 및 관련 금융상품에 대한 익스포저가 클 경우 가상자산 가격 급락 시 자산건전성이 악화될 수 있음

② **투자손실경로:** 투자자의 경우 가상자산 시장이 확대되고 관련 금융상품 출현이 늘어나 투자기회가 확충되더라도 그 경제적 가치의 존재 여부에 대한 불확실성으로 투자손실이 확대될 경우 소비 위축 등 실물경제에 부정적 영향을 미칠 수 있음

③ **시장경로:** 가상자산 관련 금융상품의 가격이 급락할 경우에는 금융시장 전반의 변동성이 확대될 수 있음

은행 취업 필수 키워드

CBDC(Central Bank Digital Currency)

- 디지털 형태를 갖고 보편적으로 사용되는, 중앙은행이 발행하는 법정 화폐를 의미한다.
- 디지털 형태로 블록체인 같은 보안 기술을 이용한다는 점에서는 스테이블코인과 같은 민간 가상 자산과 비슷하지만 CBDC는 지폐나 동전처럼 액면가격이 정해져 있고 법정통화로서의 효력이 있다는 점에서 일반적인 가상자산과 근본적으로 다르다.
- 중앙은행 디지털화폐는 법정화폐이므로 뱅크런 등 유사 사태 발생 시 중앙은행이 발권력을 동원하는 최종대부자 기능을 수행함으로써 안정성을 유지할 수 있어 향후 중앙은행 디지털 화폐가 본격 발행될 경우 스테이블 코인과 경쟁할 가능성이 높다.

예금토큰(Tokenized Deposits)

- 예금토큰은 은행이 기관용 CBDC를 기반으로 분산원장 기술 등을 이용하여 발행하는 예금과 유사한 형태의 디지털자산(은행예금을 토큰화함)이다.
- 예금토큰은 분산원장 기반 플랫폼에서 유통이 가능하도록 디지털 지급결제 수단이 내재화되어 있어 기존 지급결제 수단(각종 Pay 등)의 도움 없이도 실생활에서 물품·서비스의 구매뿐만 아니라 개인 간 송금 등에도 직접 사용할 수 있는 등 화폐(currency)의 기능을 수행[기존 은행예금은 통화(money)의 기능을 수행]한다.
- 예금토큰은 디지털화폐의 주요 특징인 프로그램 가능성(programmability)을 기반으로 에스크로(escrow), 바우처 및 지역화폐 기능 등과 같은 부가서비스를 내재화할 수 있고, 국경 간 지급결제의 효율성을 높일 수 있다.
- 높은 신뢰성: 예금제도 및 은행 규제, 예금자보호제도, 은행 대차대조표에 대한 신뢰, 중앙은행의 특별대출 등이 예금토큰의 가치를 보장한다.

스테이블코인(Stable Coin)

- 스테이블코인은 민간기업 등이 발행하고, 그 가치가 법정화폐나 특정 자산과의 교환 비율로 고정된 암호화폐를 의미한다. 현재 통용되는 주요 스테이블코인은 대부분 미국 달러와 1:1의 교환 비율로 가치가 고정되어 있다(USDT, USDC 등).
- 스테이블코인은 크게 담보 유무를 기준으로 담보형(현재 대세)과 알고리즘형(무담보)으로 나눌 수 있고, 담보형은 다시 담보 종류에 따라 법정화폐 담보형(현금, 국채 등), 가상자산 담보형으로 나눌 수 있다.
- 준비자산 및 발행기관에 대한 신뢰에 의해 가치가 담보되는 스테이블코인은 시장 스트레스 상황에서 액면가와 시장가가 괴리될 위험을 보유한다.
- 스테이블코인의 준비자산 형성 과정에서 예금 등 민간 자금이 대규모로 유출되어 국채 등 정부 자금으로 집중될 경우, 민간 자금 시장의 공급 감소로 인해 시장 금리가 상승하는 일종의 구축효과(crowd – out effect)가 유발될 수 있다.

PART 2

출제예상 모의고사

- 최신 은행 NCS를 철저하게 분석하여 시험에 출제될 가능성이 높은 문항들로 구성한 모의고사입니다.
- PART 1 피셋기출 모의고사보다 평이한 난이도의 문항으로 구성하여 실전 감각을 익힐 수 있도록 했습니다.
- 각 문항의 유형 및 소재에 익숙해질 수 있도록 풀이 후 충분히 복습할 것을 권장합니다.

제1회 출제예상 모의고사

제2회 출제예상 모의고사

제1회 출제예상 모의고사

- **문항 수:** 30문항
- **시험 형식:** 객관식 5지 선다형
- **시험 시간:** 45분

문항 구성표

영역	번호	소재	난이도
의사소통 능력	01	한계효용학파 경제학자	★
	02	비트코인	★
	03	미래 변화와 금융의 대응 전략	★
	04	미래 변화와 금융의 대응 전략	★
	05	정보의 비대칭성	★
	06	독점기업	★
	07	독점기업	★★
	08	절대우위론	★
	09	절대우위론	★★
	10	평균 물가 상승률	★
수리 능력	11	중공업과 경공업 종사자 비중	★★
	12	신용카드 혜택 및 지출 예상 내역	★★★
	13	제조기업 갑의 상품 매출입 가격	★★★
	14	금융기관별 주택금융신용보증 잔액	★★
	15	채권등록 현황	★
	16	채권등록 현황	★
	17	K사 주식의 일별 주가	★★
	18	신발 쇼핑몰 Foot의 판매정보	★★★
	19	은행의 대출 현황	★★
	20	국내와 미국의 금리 현황	★★★
문제해결 능력	21	네 명의 가족이 다리를 건너는 데 걸리는 최소 시간	★★★
	22	근무 연수	★★
	23	기획안	★★
	24	최소한의 재고 수준 유지	★★★
	25	허위표시, 비진의의사표시, 행위착오	★★★
	26	교육 진행을 위한 컨벤션 예약	★★★
	27	사내 카페테리아 물품의 유통기한과 취급방법	★
	28	사내 카페테리아 물품의 유통기한과 취급방법	★★★
	29	공모전 평가 기준	★★
	30	연장 및 휴일 근로에 따른 근로수당	★★★

의사소통능력

01 **다음 글의 빈칸 ㉠에 들어갈 내용으로 가장 적절한 것은?**

> 한계효용학파 경제학자들은 사람들의 소득 수준과 수요 수준은 그들 각자가 재화의 생산에 얼마나 기여하느냐에 달려있다고 말한다. 그들의 노동이 창출하는 초과 가치에 따라 보수를 받는다고 주장하는 것이다. 하지만 이런 주장은 왜 어떤 사람들은 다른 사람들이 노동의 대가로 지불받는 것보다 열 배 혹은 스무 배나 더 많은 돈을 받는지, 그리고 일은 전혀 하지 않고 그저 재산을 소유하기만 한 사람들이 왜 돈을 받는지는 문제 삼지 않은 채 그냥 당연한 것으로 받아들이고 있다. 주식소유주들이나 대부업자들이 도대체 무슨 일을 하는가?
>
> 그 답은 아주 간단하다고 경제학자들은 말한다. 노동뿐만 아니라 자본도 생산에 참여한다는 것이다. 그러니 노동자가 재화 창출에 기여한 바에 따라 보수를 받듯이, 자본가도 마찬가지라고 말이다. 각각의 생산요소는 그 '한계수익 산출량'에 상당하는 보상을 받는다는 것이다.
>
> 사실상 이런 논의는 자본소유주들이 더 속 편히 지내기 쉽게 해 준다는 것을 제외하고는 아무것도 해명하지 못한다. 이것은 실제로 부자들은 더 부유해져야 마땅하다고 말하는 것이나 다름없다. '2는 2'라든가 '고양이는 고양이'라는 식의 동어반복에 의존하고 있는 것이다. 그들은 자본이 생산하는 '한계수익 산출량'을 언급할 것이다. 그런데 이 '한계수익 산출량'은 어떻게 측정하냐고 물어보면, 그들은 그것을 생산하는 데 소모된 자본의 가치를 언급한다. 결국에 가서는 (㉠   )

① '한계수익 산출량'이 '한계효용 체감의 법칙'의 준거로써 작용한다고 말하게 되는 것이다.
② 사실상 '자본의 가치는 자본의 가치와 같다.'라거나 '이윤은 이윤과 같다.'라고 말하게 되는 것이다.
③ 수요가 개인들의 선택, 즉 물건들에 대한 선호도의 차이에 따라 좌우된다고 말하게 되는 것이다.
④ 리카르도의 '수확체감의 법칙'에 따라 자본의 가치가 필연적으로 하락하게 된다고 말하게 되는 것이다.
⑤ 재화의 '사용가치'보다 '교환가치'가 선행하게 되는 자본주의의 독특한 특성이 드러나는 것이라고 말하게 되는 것이다.

핵심 개념 플러스+

02 다음 글의 내용 전개상 문단 배열이 가장 적절한 것은?

(가) 디지털 금융의 확산은 금융 소외 계층에 대한 포용을 강화할 수 있는 중요한 기회로 작용한다. 특히 지리적 제약이나 신용 등급 문제로 인해 전통적인 금융기관의 접근이 어려웠던 사람들에게, 모바일 뱅킹과 간편결제 서비스는 대안적인 금융 통로를 제공한다. 예컨대, 은행 지점이 드문 농어촌 지역 주민이나 저소득층, 청년층은 스마트폰만으로도 계좌 개설, 송금, 결제 등의 기본 금융 서비스를 손쉽게 이용할 수 있게 되었다. 이러한 변화는 금융의 접근성과 형평성을 높이는 데 기여한다는 점에서 사회적 의미가 크다.

(나) 그러나 디지털 금융이 가져올 수 있는 긍정적인 변화 가능성과는 별개로, 여전히 디지털 접근성이 낮은 일부 계층에게는 또 다른 금융 배제의 원인이 될 수 있다. 특히 고령층이나 정보 소외계층은 스마트폰 사용에 익숙하지 않거나 인터넷 환경에 접근하기 어렵기 때문에 디지털 금융 서비스 이용이 제한된다. 따라서 정부와 금융기관은 단순히 서비스를 확장하는 데 그치지 않고, 디지털 포용을 위한 제도적 장치 마련과 함께 고령층·저소득층을 대상으로 하는 맞춤형 디지털 역량 교육 프로그램을 병행해야 한다.

(다) 디지털 기술이 금융 산업에 미치는 영향은 단순히 업무 효율성을 높이는 데 그치지 않고, 금융 서비스의 전반적인 구조를 변화시키는 데까지 이르고 있다. 인공지능(AI)을 기반으로 한 신용 평가 시스템은 기존의 재무자료 외에도 소비 패턴이나 통신 데이터 등 다양한 비정형 데이터를 활용해 더욱 정교한 리스크 평가를 가능하게 하며, 로보어드바이저는 고객의 투자 성향에 따라 자동으로 포트폴리오를 구성·관리해 준다. 또한 블록체인 기술을 활용한 해외 송금 서비스는 중개기관 없이도 빠르고 안전하게 거래를 처리할 수 있어, 금융의 탈중앙화 흐름도 뚜렷해지고 있다.

(라) 디지털 금융이란 정보통신기술(ICT)을 바탕으로 한 새로운 금융 서비스 제공 방식으로, 전통적 금융과는 다른 속성과 접근 방식을 지닌다. 대표적인 예로는 모바일 뱅킹, 인터넷 전문은행, 핀테크 기업들이 제공하는 다양한 맞춤형 서비스들이 있다. 이러한 디지털 금융 서비스는 시간과 장소에 구애받지 않고 빠른 거래가 가능하며, 낮은 수수료로 더 많은 이용자에게 접근성을 제공한다는 장점이 있다. 특히 실시간 처리, 자동화된 자산 관리, 사용자 중심 인터페이스는 고객의 만족도를 높이며 금융 서비스의 개인화 및 고도화를 촉진하고 있다.

① (가) – (나) – (다) – (라)
② (다) – (가) – (라) – (나)
③ (다) – (라) – (나) – (가)
④ (라) – (가) – (다) – (나)
⑤ (라) – (다) – (가) – (나)

[03~04] 다음 보도자료를 읽고 물음에 답하시오.

보 도 자 료

보도 일시	배포 즉시	배포일	2025. 2. 27.(목)
배포 기관	금융위원회	담당 부서	미래금융총괄과

'미래 변화와 금융의 대응 전략' 기조 연설

급변하는 사회 환경 속에서 금융의 역할이 재정의되고 있다. 인구구조 변화, 기후위기, 기술혁신이라는 세 가지 거대한 흐름은 단지 외부 요인에 그치지 않고, 금융산업의 구조와 기능 전반을 재편할 것을 요구하고 있다. 이에 대응하여 금융위원회는 중장기 전략을 '완화', '적응', '혁신'이라는 세 축으로 구성하여 금융의 대응 방향을 제시하였다.

완화(mitigation) 전략은 변화로 인해 발생하는 충격을 줄이고, 그 속도를 조절함으로써 사회적 안정성을 확보하고자 한다. 예를 들어, 청년도약계좌 수익률을 최대 9.5%로 제고하고, 노후지원 보험서비스를 활성화하며, 첨단전략산업과 같은 5대 전략분야에 정책자금을 집중 공급하는 것이 대표적이다. 이는 인구고령화와 기후변화 등 장기적 과제가 야기하는 구조적 부담을 금융정책을 통해 선제적으로 완화하려는 접근이다.

적응(adaptation) 전략은 변화된 환경에 능동적으로 대응할 수 있도록 금융의 시스템을 고도화하는 데 초점을 둔다. 금융회사들은 녹색금융, 개인자산관리, 벤처·창업금융 등 잠재 성장 분야에 특화된 전략을 마련하고 있으며, 금융·비금융 정보를 활용한 정교한 신용평가, 기술금융의 내실화, 인력 재교육 등을 통해 대응 역량을 강화하고 있다. 이에 발맞춰 정부는 금융투자산업의 구조 혁신, 디지털 금융보안법 제정, 망분리 규제 개선, AI 인프라 확충 등 제도적 기반 ㉠ 정비를 병행하고 있다.

혁신(innovation) 전략은 금융의 외연을 넓히고, 새로운 시스템과 참여 구조를 정립하여 중장기 성장을 모색하는 방향이다. 예컨대, 보험과 의료, 녹색금융과 탈탄소 컨설팅을 연계한 융합 모델은 산업 간 협업을 통해 새로운 가치를 창출하고 있다. 또한 지급결제 시스템 개편, 토큰증권(STO), 조각투자 플랫폼 제도화, 가상자산 2단계 입법 등은 금융기술 환경의 변화를 제도적으로 수용하고자 하는 시도이다. 'K-금융'의 해외 진출 활성화는 금융산업의 국제 경쟁력 확보 차원에서도 중요한 의미를 가진다.

이러한 3대 전략은 단순한 제도 보완이나 기술 수용을 넘어서, 금융이 변화의 흐름을 능동적으로 이끌어가는 중심축이 되어야 함을 전제한다. 사회적 신뢰와 금융안정, 소비자 보호, 산업육성 간 균형을 고려한 정책 설계가 중요하며, 정부뿐 아니라 금융회사, 시장 참여자 모두의 공동 대응이 요구된다. 지금은 단지 위기를 방어하는 시점이 아니라, 금융의 구조를 재정의하고 향후 성장 동력으로 전환할 수 있는 전략적 골든타임이다.

03 **위 보도자료의 내용과 일치하지 않는 것은?**

① 혁신 전략은 기술 기반 금융 인프라를 정비하여 기존 금융의 틀을 유지하는 것을 핵심으로 한다.
② 완화 전략은 정책금융을 활용하여 사회 구조 변화의 속도를 지연시키거나 그 충격을 완화하는 방향이다.
③ 적응 전략은 변화에 부응하여 금융의 내부 시스템을 보완하고, 금융회사의 기능적 구조 전환을 목표로 한다.
④ 금융위원회는 디지털 금융보안법 제정과 AI 인프라 구축 등 제도 기반 정비를 통해 민간의 대응 역량을 지원한다.
⑤ 금융은 위기를 흡수하는 기능을 넘어, 새로운 사회·산업적 가치 창출의 중심축이 되어야 한다는 관점이 제시된다.

04 **위 보도자료의 ㉠과 문맥적 의미가 가장 유사한 것은?**

① 사고 차량의 외형을 정비소에서 다시 <u>정비</u>하였다.
② 오랜 시간 방치된 산책로를 주민들이 직접 <u>정비</u>하였다.
③ 군사 훈련 후 장비와 복장을 <u>정비</u>하는 시간이 주어졌다.
④ 행정 조직의 비효율성을 해소하기 위해 체계를 <u>정비</u>하였다.
⑤ 기자는 취재 후 기사를 정리·<u>정비</u>하여 신문사에 송고하였다.

출제예상 / 제1회

05 다음 글의 필자가 <사례>를 분석한다고 할 때, 적절하지 않은 것은?

경제학자들은 거래 당사자 중에서 어느 한쪽이 정보를 갖고 있고 다른 한쪽은 갖고 있지 않을 경우, 시장이 우리가 기대하는 만큼의 기능을 하지 못할 수도 있다고 경고하였다. 이처럼 정보 파악이 공평하게 이루어지지 않은 상태를 '정보의 비대칭성'이라고 하였다.

다음과 같은 중고차 시장이 있다고 가정해 보자. 이 중고차 시장에서 팔고 있는 자동차의 절반은 복숭아(훌륭한 자동차)이고 나머지 절반은 레몬(결함이 있는 형편없는 차)이다. 판매자들은 자신이 팔고 있는 차가 레몬인지 복숭아인지 알고 있지만, 구매자들은 자동차가 레몬일 확률과 복숭아일 확률이 50%임을 알고 있을 뿐이다. 이와 같은 상황에서 구매자가 중고 자동차를 구입한다고 하자. 구매자가 중고 자동차의 적정 가격이 200만 원에서 250만 원이라고 생각하고 판매자와 흥정을 하게 된다면 100만 원도 안 되는 레몬을 갖고 있는 판매자는 주저함 없이 자동차를 200만 원에 팔 것이다. 하지만 400만 원 이상의 가치를 지닌 복숭아를 갖고 있는 판매자는 손해를 볼 수 없으므로 팔지 않을 것이다. 판매자들은 이익의 극대화를 목표로 삼기 때문이다. 그러나 이러한 거래가 몇 번 반복되다 보면 구매자는 판매자들이 자신을 속이고 있다는 사실을 눈치채게 될 것이다.

이러한 상황이 지속된다면 이 시장은 그 기능을 완전히 상실하게 될 것이다. 판매자를 신뢰할 수 없는 상황에서 레몬일 확률이 50%나 되는데 이러한 위험 부담을 감수하고 그 차를 400만 원씩이나 주고 사려는 구매자는 없을 것이다. 판매자들은 레몬을 팔기 위해 가격을 낮출 것이고, 결국 구매자들은 이전보다는 낮은 가격이지만 형편없는 레몬을 사게 될 것이다. 이런 현상이 반복되다 보면 복숭아를 갖고 있는 판매자들은 이 시장을 떠날 것이고, 구매자들은 복숭아는 없고 레몬을 팔고 있는 이 신뢰할 수 없는 시장을 더 이상 이용하지 않을 것이다. 결국 정보의 비대칭이라는 상황 때문에 이 중고차 시장은 매매 기능을 상실하게 될 것이다.

편중된 내부 정보가 상호 이익이 될 수 있는 거래를 방해하고 있다면, 판매자와 구매자 사이의 정보 격차를 줄일 수 있는 방법을 찾아야만 할 것이다. 경제학자 스펜서는 유용한 정보를 많이 소유하고 있는 사람이 그렇지 못한 사람에게 신뢰할 수 있는 정보를 제공할 것을 제안하였다.

경제학자 스티글리츠는 스펜서와는 정반대 방식으로 시장에서 정보의 비대칭을 해소할 수 있는 방안을 제안하였다. 그는 정보가 적은 사람이 필요한 정보를 얻어 내기 위해 노력해야 함을 강조하였는데, 이러한 과정에서 심사가 중요하다고 역설하였다. 예컨대 '정보의 비대칭'을 해결하기 위해 구매자는 레몬을 복숭아로 속여 파는 판매자들을 사전에 '위험 부류'로 분류하거나, 레몬인지 복숭아인지를 확인할 수 있는 방법을 미리 익혀 중고 자동차를 사기 전에 이를 적용해 보아야 한다는 것이다.

<사례>

툭하면 아픈 A와 건강을 잘 유지해 온 B는 장래를 대비하기 위해 C라는 생명보험 상품을 계약하려고 한다. A와 B에 대한 정보가 없는 C는 A와 B에게 나이가 몇인지, 담배를 피우는지, 병으로 입원한 적은 없는지, 부모나 가까운 친척 중에 질병으로 사망한 경우가 있는지 등에 대해 물었다. C는 A와 B의 답변을 바탕으로 A와 B의 보험료를 다르게 책정하려고 한다.

① C가 A와 B의 신상에 대해 모르고 있는 상황은 '정보의 비대칭'에 해당한다.
② C가 A와 B에 대한 정확한 정보를 갖게 된다면 손해를 볼 확률은 낮아질 것이다.
③ C가 A와 B에게 질문을 한 것은 일종의 '심사'로, 이는 정보 격차를 줄이기 위한 것이다.
④ 장기적인 관점에서 볼 때, A와 B가 정보를 노출하지 않아야 C가 이익을 극대화할 수 있다.
⑤ C의 입장에서 볼 때, A는 위 글에 제시된 '레몬'에, B는 '복숭아'에 대응한다고 볼 수 있다.

[06~07] 다음 글을 읽고 물음에 답하시오.

사회 후생의 관점에서 볼 때 독점 기업은 많은 부정적 측면을 지니고 있다. 그중 하나는 독점 기업이 선택하는 생산량이 사회적으로 적절한 수준에 못 미치게 된다는 사실이다. 시장에 공급되는 상품의 양이 많아지면 가격은 떨어지게 마련이고, 이로 인해 이윤이 줄어드는 결과가 생길 수 있다. 그러므로 이윤 극대화를 추구하는 독점 기업은 생산량을 적당히 줄여 높은 가격을 받고 판매하는 전략을 사용하게 된다. 이에 따라 똑같은 조건하에 있는 시장이라도 독점화되어 있는 경우에는 완전 경쟁이 이루어지는 경우에 비해 상품 생산량이 더 낮은 수준에 머물게 된다.

완전 경쟁 시장은 효율적인 자원 분배를 가져다 준다는 점에서 이상적인 경쟁 형태라고 말할 수 있다. 이는 사회 후생의 관점에서 볼 때, 생산 수준은 완전 경쟁이 실현된 상태가 가장 바람직한 결과를 낳는다는 것을 말한다. 반면, 독점화되어 있는 시장에서는 생산량이 사회적으로 최적인 수준에 미치지 못하는 결과가 나타난다. 독점 기업이 이윤을 더 크게 만들기 위해 상품 생산량을 스스로 줄이기 때문이다. 상품 생산량이 최적에 이를 때 사회 후생이 가장 커질 수 있다면, 독점 체제하의 사회 후생은 이보다 더 작을 것이 분명하다. 이와 같이 상품 생산량이 최적 수준에 미치지 못해 사회 후생이 줄어드는 것을 독점이 가져다 주는 사회적 손실의 첫 번째 것으로 꼽을 수 있다.

또한 독점의 존재는 부(富)의 편중을 심화시키는 결과를 가져오기도 한다. 독점 체제하에서는 비정상적으로 높은 독점 이윤이 발생하기 때문에, 자연히 부가 편중되는 결과가 나타나게 된다. 세계적으로 이름난 부호 가문의 재산 축적 과정을 보면 독점 이윤의 획득이 결정적인 역할을 했음을 발견할 수 있다. 우리나라의 경우에도 독과점 체제에서 나온 막대한 이윤이 재벌의 급속한 성장에 중요한 역할을 했다. 이와 같은 부의 편중은 사회적·정치적 권력의 집중으로 이어질 가능성이 크다. 우리가 정경유착이라고 부르는 사회적 병폐는 독점 시장을 그 배경으로 하는 경우가 많다.

어떤 사람은 독점 기업이 경쟁자의 등장을 막기 위해 진입 장벽을 구축하는 데 들어가는 낭비적 지출이 상당하다는 점도 지적한다. 독점 기업은 자신의 독점적 지위를 잃지 않으려고 높은 진입 장벽을 쌓아 잠재적인 경쟁자가 감히 진입할 엄두를 내지 못하게 만든다. 엄청난 돈을 써 이곳저곳에 광고를 한다거나, 관료들을 구워삶기 위해 많은 돈과 노력을 로비 활동에 쏟아붓는 것은 모두 진입 장벽을 견고하게 만들려는 시도의 일환이다. 그런 돈과 노력을 비용 절감이나 품질 개선 같은 유용한 목적에 쏟아부었다면 훨씬 더 생산적이었을 것이다. 단순히 진입 장벽을 구축하려는 목적으로 낭비된 자원이 사회적 관점에서 볼 때 부정적인 것임은 두말할 나위가 없다.

나아가 독점 기업은 경쟁의 압력이 없기 때문에 최대한의 효율성을 추구할 동기를 갖기 어렵다는 점도 고려해야 한다. 치열한 경쟁이 벌어져 기업이 존망의 기로에 서 있다면, 기업은 마지막 남은 효율성까지 추구하려고 노력할 것이다. 그러나 독점적 지위 덕분에 충분한 이윤이 확보되어 있는 상황에서는 경영자나 근로자 모두 열심히 일해야 할 이유를 찾지 못한다. 다시 말하면 독점 체제는 효율성의 측면에서 문제를 가질 수 있다는 것이다. 경쟁자도 없이 마음대로 시장을 요리할 수 있는 독점 기업의 경우에는 아무래도 최대한의 효율성을 발휘하기 힘들 것이다.

06 위 글의 내용과 일치하지 않는 것은?

① 독점 기업의 지위는 근로자의 근무 태도에 영향을 받는다.
② 사회 후생의 관점에서 완전 경쟁 시장은 이상적 경쟁 형태이다.
③ 사회적 관점에서 진입장벽을 높이기 위한 광고는 자원의 낭비이다.
④ 우리나라의 재벌과 세계적 부호 가문이 부를 축적한 방법의 핵심은 동일하다.
⑤ 동일한 조건에서 어떤 제품의 공급량은 독점 시장보다 경쟁 시장에서 더 많을 것이다.

07 위 글을 작성한 A와 <보기>를 작성한 B가 나눈 대화 내용으로 적절하지 않은 것은?

<보기>

완전 경쟁 시장과 독점 시장 모두 상품 가격에만 주목하고 제조사별 상품의 질적 차이는 없다고 가정한다. 그런데 소비자는 단순히 가격이 싸다는 이유만으로 상품을 구매하지 않고 상품의 가격, 기능, 디자인, 품질 등을 종합적으로 고려해 결정한다.

에드워드 체임벌린은 독과점 시장과 완전 경쟁 시장의 중간에 해당하는 시장에 대한 이론적 토대로 '독점적 경쟁' 개념을 고안했다. 독점적 경쟁 시장에서는 완전 경쟁 시장처럼 여러 공급자가 상품을 생산하지만, 각 기업의 상품은 타 기업의 상품과 차별점이 있다. 크게 볼 때는 같은 종류의 상품이지만 제조사에 따라 상품이 완전히 동질적이지 않기 때문에 소비자는 브랜드별로 불완전한 대체재로 받아들인다.

① A: 시장에서 독점은 소비자에게 불리하고, 사회적으로 부정적 측면이 있습니다. 따라서 가장 바람직한 시장은 독점이 없는 완전 경쟁 시장입니다.
② B: 독점적 경쟁은 소비자의 다양한 기호에 부응할 수 있습니다. 예를 들어, 제지 회사 갑, 을, 병이 각각 용지 한 장당 무게를 50g, 65g, 80g으로 생산해 판매한다면 갑은 50g 용지를, 을은 65g 용지를, 병은 80g 용지를 독점 판매하는 것이고, 소비자는 기호에 따라 용지를 선택할 수 있습니다.
③ A: 독점화되어 있는 시장에서 생산자는 이윤 증대를 위해 생산량을 조절하고 다른 생산자와 시장을 나누지 않기 위해 추가적인 지출을 하게 될 것입니다. 사회적 관점에서 이는 결국 제품의 획일성으로 이어지므로 독점은 소비자에게 유리하지 않습니다.
④ B: 소비 결정에 있어서 상품 가격만 영향을 준다는 것은 현실을 적절히 반영하지 못한 전제입니다. 어떤 소비자는 비용을 더 지불하더라도 품질 좋은 상품을 구매하고 싶을 수 있습니다.
⑤ A: 소비자 개인의 입장만 고려하지 말고 사회적 관점에서 본다면 독점 기업은 최대한의 효율성을 추구하지 않기 때문에 자원의 낭비입니다. 그러므로 독점 시장은 충분히 문제가 될 수 있습니다.

[08~09] 다음 글을 읽고 물음에 답하시오.

생산비가 타국에 비해 절대적으로 적은 상품의 생산에 각각 특화하여 교역하면 양국 모두에게 이익이 발생한다는 것이 애덤 스미스가 주장한 절대우위론이다. A국 국민이 7명, B국 국민이 9명이며, A국과 B국이 모두 쌀과 밀을 1단위씩 생산하고 있다고 하자. 쌀 1단위 생산에 필요한 노동자는 A국이 5명, B국은 3명이고, 밀 1단위 생산에 필요한 노동자는 A국이 2명, B국은 6명이라고 한다.

절대우위론에 따르면 A국은 밀 생산에 특화하고, B국은 쌀 생산에 특화한다. A국은 밀 생산에 7명을 전부 투입해 3.5(=7/2)단위의 밀을 생산하고, B국은 쌀생산에 9명을 투입해 3(=9/3)단위의 쌀을 생산한다. 특화 이후 A국과 B국이 쌀과 밀 1단위를 서로 교환하면 A국은 특화 전에 비해 1.5단위 밀을 더 가지게 되고, B국은 1단위 쌀을 더 가지게 된다. 양 국가 모두 이득을 얻은 것이다.

하지만 절대우위론은 양국 중 한 나라가 모든 재화에 절대우위가 있는 경우에는 무역의 발생을 설명할 수 없다는 한계점이 있다. 이런 문제는 비교우위론으로 해결할 수 있다. 비교우위론은 애덤 스미스의 절대생산비 이론의 한계를 극복하기 위해서 리카도가 그의 저서 『정치경제와 조세의 원리』에서 주장한 이론이다. 비교우위론이란 한 나라가 두 상품 모두 절대우위에 있고 상대국은 두 상품 모두 절대열위에 있더라도 생산비가 상대적으로 더 적게 드는(기회비용이 더 적은) 상품에 특화하여 교역하면 상호이익을 얻을 수 있다는 이론이다.

<표 1> A국과 B국의 생산성

구분	핸드폰	명품의류
A	8시간	9시간
B	12시간	10시간

〈표 1〉은 A, B 두 나라에서 핸드폰과 명품의류를 한 단위씩 생산하는 데 소요되는 노동투입량을 나타낸다(단, 양국은 동일한 생산요소인 노동만을 가지고 있으며, 시간당 임금도 동일하다고 가정한다. 따라서 투입노동시간은 곧 생산비와 같다). A국은 두 상품 모두 더 적은 비용으로 생산할 수 있기 때문에 두 재화 모두 절대우위를 가지고 있다. 이 경우 절대우위론에서는 무역이 발생하지 않는다. 그러나 비교우위론에 따르면 무역이 발생할 수 있는데, 이를 설명하려면 〈표 1〉을 기회비용의 개념으로 나타내는 것이 편리하다.

<표 2> A국과 B국의 기회비용

구분	핸드폰 1단위	명품의류 1단위
A	명품의류 0.89단위	핸드폰 1.125단위
B	명품의류 1.2단위	핸드폰 0.83단위

A국이 핸드폰 한 단위를 더 생산하기 위해서는 명품의류 0.89(8/9)단위를 포기해야 하고, B국에서는 1.2(12/10)단위를 포기해야 한다. 한편, A국이 명품의류 한 단위를 더 생산하기 위해서는 핸드폰 1.125(9/8)단위를 포기해야 하는 반면, B국은 0.83(10/12)단위를 포기해야 한다. 핸드폰 생산에 있어서는 A국의 기회비용이 더 작고, 명품의류 생산에 있어서는 B국의 기회비용이 더 작다. 따라서 A국은 핸드폰 생산에, B국은 명품의류 생산에 비교우위가 있다.

최초에 A국과 B국은 모두 핸드폰과 명품의류 1단위씩 생산하고 있다고 가정하고 비교우위에 의한 특화와 무역의 이익을 설명해 보자. 기회비용이 상대적으로 더 작은 경쟁력 있는 상품에만 전념해 생산하는 것을 특화라고 한다. 따라서 A국은 비교우위에 있는 핸드폰 생산에 17시간을 모두 투입하고, B국은 22시간을 모두 명품의류 생산에 투입한다. 이 경우 A국은 핸드폰 2.125(=17/8)단위를 생산할 수 있고, B국은 명품의류 2.2(=22/10)단위를 생산할 수 있다. 이때 A국과 B국이 두 재화를 1:1로 교환하게 되면 교역 전에 비해 A국은 핸드폰 0.125단위를, B국은 명품의류 0.2단위를 추가로 소비할 수 있다. 무역의 이익이 발생한 것이다.

<표 3> A국과 B국의 특화와 교역

구분	교역 전		특화 후		교역 후	
	핸드폰	명품의류	핸드폰	명품의류	핸드폰	명품의류
A	1단위	1단위	2.125단위	0단위	1.125단위	1단위
B	1단위	1단위	0단위	2.2단위	1단위	1.2단위

08 위 글에 대한 설명으로 옳은 것은?

① 상품을 생산할 때에는 기회비용이 많이 드는 상품에 특화하는 것이 유리하다.

② 비교우위론은 리카도의 절대우위론이 가진 한계점을 극복하기 위해 애덤 스미스가 제시한 이론이다.

③ 만약 A국이 다른 국가에 비해 자동차 생산에 드는 비용이 적을 경우 A국은 자동차 생산에 절대우위가 있다고 말할 수 있다.

④ 절대우위론은 한 국가가 다른 한 국가에 비해 두 상품 모두에 절대우위가 있는 경우 해당 두 상품 간의 무역 발생에 대해 설명할 수 있다.

⑤ 비교우위론에 따르면 두 국가가 각각 특화하여 생산한 상품을 교역할 경우 한 국가는 이익을 얻는 반면, 다른 한 국가는 손해를 보게 되어 있다.

09 갑국과 을국은 각각 진주목걸이와 에어컨을 1단위씩 소비하고 있었다. 그러던 중 양국은 비교우위론에 따라 진주목걸이와 에어컨 중 비교우위에 있는 재화에 특화하여 갑국은 22시간, 을국은 15시간 동안 재화를 생산한 뒤, 각국이 특화한 재화를 1단위씩 교역하기로 합의하였다. 다음 <표>에 따를 때, 교역 후 갑국과 을국이 각각 교역 전보다 많은 단위를 소비할 수 있게 된 재화와 그 추가 소비량을 옳게 짝지은 것을 고르면? (단, 각국의 투입노동시간은 생산비와 같다)

<표> 재화 1단위 생산에 투입되는 노동시간

구분	진주목걸이	에어컨
갑국	12시간	10시간
을국	6시간	9시간

	갑국	을국
①	진주목걸이 0.2단위	에어컨 0.5단위
②	진주목걸이 0.5단위	에어컨 0.2단위
③	에어컨 0.2단위	진주목걸이 0.5단위
④	에어컨 0.5단위	진주목걸이 0.2단위
⑤	에어컨 1단위	진주목걸이 1단위

10 **다음 글의 주장으로 가장 적절한 것은?**

1960년대 및 1970년대 브라질의 평균 물가 상승률은 연간 42%나 되었다. 그럼에도 브라질은 이 기간 동안 세계적으로 손꼽힐 정도로 급속한 경제성장을 이루었다. 이 20년 사이에 브라질의 1인당 소득은 연간 4.5%씩 늘어났다. 이와는 대조적으로 신자유주의 정통파의 견해, 그중에서도 특히 거시경제에 관한 견해를 받아들인 1996년부터 2005년까지 브라질의 물가 상승률은 평균 7.1%로 크게 낮아졌다. 그러나 이 기간 동안 1인당 소득은 겨우 연간 1.3% 성장에 머물렀다.

한국 경제는 경제 '기적'의 기간 동안 1인당 소득이 연간 7%씩 증가했는데 물가 상승률은 20%에 가까웠다. 이것은 몇몇 남미 국가에서 나타난 것보다 높은 비율로 동아시아인들은 저축을 많이 하고 검소한 반면, 남미 사람들은 놀기 좋아하고 낭비를 잘한다는 문화적 통념과는 완전히 반대되는 것이다.

1960년대 한국의 물가 상승률은 베네수엘라, 볼리비아, 멕시코, 페루, 콜롬비아 등 5개 남미 국가보다 훨씬 높았고, '반항하는 10대'로 알려진, 악명 높던 아르헨티나에 비교해도 크게 낮지 않았다. 1970년대에도 한국의 물가 상승률은 베네수엘라, 에콰도르, 멕시코보다 높았고, 콜롬비아와 볼리비아에 비교해도 훨씬 더 낮지는 않았다.

물론 급속한 물가 상승이 합리적인 경제적 계산의 기초 자체를 흔들어 놓은 것은 명백하다. 1980년대 및 1990년대 초 아르헨티나의 경험은 이를 잘 드러낸다. 이 기간 동안 아르헨티나에서는 물가가 너무나 빠르게 올라 일부 슈퍼마켓에서는 아예 가격표를 붙이지 않았다. 극심한 물가 인상은 당연히 장기 계획을 불가능하게 만들어 건전한 투자 결정을 불가능하게 만들고 따라서 건전한 경제성장은 어려워진다. 그러나 극심한 물가 상승의 파괴적 성격을 인정하는 것과 물가 상승률이 낮을수록 좋다고 주장하는 것 사이에는 엄청난 논리적 비약이 있다. 브라질과 한국의 사례에서 보듯 순조로운 경제성장을 위한 물가 상승률이 반드시 신자유주의 경제학자들이 원하는 1~3% 범위 이내여야 할 필요는 없다. 실제로 많은 수의 신자유주의 경제학자들조차 10% 이하의 물가 상승률은 경제성장에 역효과를 미치지 않음을 인정한다.

① 평균 물가 상승률이 높은 나라일수록 경제성장률 또한 높다.
② 동아시아인들은 낭비를 잘하는 반면 남미 사람들은 검소하다.
③ 남미와 한국의 경우에 있어 신자유주의 경제학자들의 견해는 타당하지 않다.
④ 급속한 물가 상승은 합리적인 경제적 계산의 기초를 흔들어 놓아 경제성장에 악영향을 미친다.
⑤ 극심한 물가 상승은 경제성장에 해롭지만 적당한 물가 상승은 경제성장에 있어 반드시 해로운 것은 아니다.

수리능력

11 다음 <표>는 중공업과 경공업 종사자의 비중을 분야와 성별, 연령별 구분에 따라 정리한 자료이다. <표>에 대한 설명으로 옳지 않은 것을 <보기>에서 모두 고르면?

<표> 중공업 및 경공업의 분야·성별·연령별 취업자 비중

(단위: 천 명, %)

업종(분야)	종사자 전체	성별		연령별			
		남자	여자	20세 이상 29세 미만	30세 이상 49세 미만	50세 이상	55세 이상
중공업	10,852.2	59.9	40.1	15.5	52.8	31.7	19.2
자동차	5,503.8	60.9	39.1	17.6	55.4	27.0	15.0
석유화학	476.4	58.5	41.5	12.3	51.3	36.4	22.7
항공	466.0	58.6	41.4	15.5	52.1	32.4	19.0
발전	667.1	59.7	40.3	14.6	49.7	35.7	23.9
조선	663.7	57.6	42.4	11.6	49.7	38.7	25.0
중장비	457.4	58.8	41.2	11.2	48.7	40.1	26.6
철강	1,042.2	58.3	41.7	13.1	46.2	40.7	27.8
기계	1,287.1	60.6	39.4	14.3	53.4	32.3	19.4
시멘트	288.5	54.5	45.5	12.8	49.6	37.6	25.3
경공업	2,246.2	55.3	44.7	8.2	35.9	55.9	43.0
식품	159.2	58.2	41.8	11.5	41.8	46.7	32.9
의류	212.0	56.2	43.8	9.2	38.6	52.2	37.5
의약	288.5	58.7	41.3	10.4	41.6	48.0	35.4
화장품	369.6	56.8	43.2	9.3	36.6	54.1	41.3
완구	170.4	53.9	46.1	5.5	33.3	61.2	48.0
플라스틱	459.8	52.8	47.2	6.2	32.1	61.7	49.4
가구	305.4	55.2	44.8	8.1	34.6	57.3	44.9
생활용품	281.3	52.4	47.6	7.2	32.9	59.9	47.5

※ 1) 50세 이상은 55세 이상을 포함한 수치임
2) 20세 미만의 종사자는 고려하지 않음

<보기>

ㄱ. 중공업에서 연령이 20세 이상 49세 미만인 종사자의 비중이 60%를 넘지 않는 분야는 없다.
ㄴ. 중공업에서 50세 이상 55세 미만 종사자 수가 가장 많은 분야는 자동차이다.
ㄷ. 경공업 종사자 중에서 남자와 여성의 비중의 차이가 가장 작은 분야는 플라스틱이다.
ㄹ. 경공업에서 20세 이상 29세 미만 종사자 수와 30세 이상 49세 미만 종사자 수의 차이가 가장 큰 분야는 의약이다.

① ㄱ, ㄴ, ㄷ
② ㄱ, ㄴ, ㄹ
③ ㄱ, ㄷ, ㄹ
④ ㄴ, ㄷ, ㄹ
⑤ ㄱ, ㄴ, ㄷ, ㄹ

12 다음 <표>는 준서의 'Life 신용카드'의 혜택과 준서의 7월 한 달간의 지출 예상 내역에 관한 자료이다. 준서가 Life 신용카드를 사용한다면, <조건>에 근거하여 가장 많은 포인트를 적립하기 위해 선택해야 하는 신용카드 혜택으로 옳은 것은? (단, 준서는 7월에 <표 2>의 지출 예상 내역 그대로 Life 신용카드를 통해 일시불 결제한다고 가정한다)

<표 1> Life 신용카드 혜택

영역	분류	적립률	적립 한도
생활비/생계비	공과금	7%	5,000포인트
	통신비	7%	6,000포인트
	식료품	30%	6,000포인트
여가/취미	문화활동	10%	8,000포인트
	운동/레저	8%	6,000포인트
	디지털 콘텐츠	3%	8,000포인트
	여행	7%	5,000포인트
쇼핑/소비재	온라인 쇼핑	3%	10,000포인트
	백화점/아웃렛	5%	5,000포인트
	의류/패션	7%	7,000포인트
	뷰티/화장품	3%	5,000포인트
	생활용품	3%	5,000포인트
	가전/디지털	6%	6,000포인트
교통/이동	대중교통	10%	10,000포인트
	자차 관련	7%	15,000포인트
외식/카페	일반 음식점	5%	7,000포인트
	프랜차이즈 식음료	3%	9,000포인트
	카페/디저트	5%	9,000포인트

<표 2> 준서의 7월 지출 예상 내역

(단위: 만 원)

영역	분류	금액
생활비/생계비	공과금	16
	식료품	4
여가/취미	디지털 콘텐츠	12
쇼핑/소비재	백화점/아웃렛	8
	뷰티/화장품	9
	온라인 쇼핑	7
교통/이동	대중교통	6
	자차 관련	10
외식/카페	프랜차이즈 식음료	3

<조건>

○ Life 신용카드의 혜택은 7월 1일부터 한 달간 적용되며, 해당 기간 동안 혜택 변경이 불가하다.

○ Life 신용카드의 혜택은 매달 1일부터 말일까지의 사용분에 대하여 포인트가 적립된다.

○ 혜택은 5개 영역 중 최대 3개의 영역만 선택 가능하며, 선택한 영역에서 각 1개의 분류만 이용할 수 있다.

※ 예 '생활비/생계비' 영역에서 '식료품'을 선택한 경우 '공과금'은 선택할 수 없음

① 식료품, 대중교통, 자차 관련

② 식료품, 백화점/아웃렛, 자차 관련

③ 공과금, 백화점/아웃렛, 자차 관련

④ 공과금, 디지털 콘텐츠, 뷰티/화장품

⑤ 디지털 콘텐츠, 백화점/아웃렛, 대중교통

13 **다음 <표>는 2025년의 특정일들에 제조기업 갑의 상품 매입·매출(판매) 가격 및 수량에 대한 내용이다. <매출원가 계산법>을 바탕으로 할 때, 옳은 것을 <보기>에서 모두 고르면? (단, <표> 이외의 매입과 매출(판매)은 존재하지 않는다고 가정한다)**

<표> 제조기업 갑의 상품 매입·매출(판매) 가격 및 수량

(단위: 원, 개)

매입			매출(판매)		
일자	가격	수량	일자	가격	수량
2월 1일	1,000	4,000	7월 11일	(　)	3,000
3월 3일	1,200	2,000	9월 13일	(　)	1,000
6월 3일	1,600	2,000	11월 7일	(　)	2,500
6월 9일	1,500	2,000	12월 20일	(　)	2,500

<매출원가 계산법>

○ 선입선출법(FIFO): 연내 가장 먼저 매입한 상품부터 먼저 매출(판매)했다고 가정하여 매출원가를 계산하는 방법이다.

○ 후입선출법(LIFO): 연내 가장 나중에 매입한 상품부터 먼저 매출(판매)했다고 가정하여 매출원가를 계산하는 방법이다.

예 7월 11일의 매출(판매)은 6월 9일에 단가 1,500원으로 매입한 2,000개와 6월 3일에 단가 1,600원으로 매입한 1,000개를 사용한 것으로 본다. 이때 매출원가는 $\frac{(1,500\times2,000)+(1,600\times1,000)}{3,000}\fallingdotseq1,533.3$원이다.

○ 평균법(가중평균법): 연내 매입한 모든 상품의 총액을 총수량으로 나눈 가중평균단가를 기준으로 매출원가를 계산하는 방법이다.

○ 연말재고: 연내 매입한 상품 중 판매되지 않고 남아 있는 재고로, 총매입량－총매출량＝연말재고량으로 계산된다.

○ 연초재고는 없다.

※ 매출원가: 매출 시 개당 가격

<보기>

ㄱ. 11월 7일에 매출(판매)되는 상품의 매출원가는 선입선출법으로 계산하는 경우에 비해 후입선출법으로 계산하는 경우가 10% 이상 낮다.

ㄴ. 평균법으로 계산하는 경우 11월 7일 매출(판매)되는 상품의 매출원가는 1,300원 이하이다.

ㄷ. 후입선출법으로 계산하는 경우 연말 재고는 개당 가격이 1,000원이며, 수량은 1,000개이다.

① ㄱ　　② ㄱ, ㄴ　　③ ㄱ, ㄷ
④ ㄴ, ㄷ　　⑤ ㄱ, ㄴ, ㄷ

14 **다음 <표>는 금융기관별 주택금융신용보증 잔액에 관한 자료이다. <표>에 대한 설명으로 옳지 않은 것은? (단, 소수점 아래 둘째 자리에서 반올림한다)**

<표> 금융기관별 주택금융신용보증 잔액

(단위: 억 원)

구분	2018년	2019년	2020년	2021년	2022년	2023년
합계	775,179	898,510	1,057,519	1,169,989	1,236,334	1,308,230
주택도시기금	213,073	286,082	315,984	320,685	353,487	414,770
국민은행	112,856	124,167	154,766	175,574	180,732	163,495
우리은행	99,981	108,137	123,699	126,408	137,223	155,926
신한은행	76,164	80,199	96,632	105,070	107,160	106,154
한국시티은행	9	6	6	5	2	2
하나은행	92,655	95,343	123,059	127,021	118,931	108,498
농·수협은행	61,524	72,738	86,627	98,700	97,860	95,651
기타 은행	118,917	131,838	156,746	216,526	240,939	263,734

① 2021년 주택금융신용보증 잔액 중 기타 은행 비중은 전년 대비 증가했다.

② 2022년에 주택금융신용보증 잔액이 전년 대비 감소한 금융기관은 3개이다.

③ 2019~2023년 중 우리은행 주택금융신용보증 잔액이 가장 높은 비율로 전년 대비 증가한 해는 2020년이다.

④ 국민은행 주택금융신용보증 잔액의 농·수협은행 주택금융신용보증 잔액에 대한 비율은 2018년이 2023년보다 낮다.

⑤ 2019~2023년 중 신한은행 주택금융신용보증 잔액이 전년 대비 감소한 해에 주택금융신용보증 잔액 중 하위 3개 금융기관의 비중은 15% 이상이다.

[15~16] 다음 <표>는 연도별 채권 등록 종목 및 잔액의 현황에 관한 자료이다. <표>를 보고 물음에 답하시오.

<표 1> 채권 등록 종목

(단위: 개)

구분	2019년	2020년	2021년	2022년	2023년
합계	19,093	205,586	172,156	12,905	12,663
국채	87	1,000	906	71	70
지방채	1,097	12,895	12,417	974	967
특수채	343	3,730	3,027	187	175
금융채	1,346	14,821	12,919	968	942
회사채	16,217	173,104	142,851	10,702	10,506
기타	3	36	36	3	3

<표 2> 채권 등록 잔액

(단위: 억 원)

구분	2019년	2020년	2021년	2022년	2023년
합계	2,043,159	1,644,714	1,403,989	1,242,500	1,149,975
국채	660	453	316	157	139
지방채	4,101	4,097	4,092	1,488	1,487
특수채	252,778	215,243	181,530	161,683	150,345
금융채	435,764	272,747	181,506	123,266	93,463
회사채	1,347,630	1,149,948	1,034,319	953,680	902,315
기타	2,226	2,226	2,226	2,226	2,226

15 **위 <표>에 대한 설명으로 옳지 않은 것은?**

① 2022년 국채 등록 종목은 전년 대비 90% 이상 감소했다.
② 2021년 채권 등록 잔액 중 회사채의 비중은 70% 이상이다.
③ 제시된 기간 동안 기타를 제외하고 등록 종목이 가장 적은 채권이 등록 잔액도 가장 적다.
④ 2023년 회사채 등록 종목 1개당 등록 잔액은 전년 대비 감소했다.
⑤ 2022년 지방채와 특수채 등록 종목 합은 회사채의 11% 이상이다.

16 **위 <표>에 따를 때 다음 <대화>의 ㉠~㉢에 모두 해당하는 채권은?**

<대화>

A: 제가 전달한 채권 등록 종목과 등록 잔액 확인하셨나요? 2023년 등록 종목이 1,000개 미만인 채권은 무엇인가요?

B: 네, 기타를 제외하고 (㉠)입니다.

A: 기타를 제외한 채권 중 2023년 등록 잔액이 전년 대비 10% 이상 감소한 채권을 확인할 수 있을까요?

B: 네, 2023년 등록 잔액이 전년 대비 10% 이상 감소한 채권은 (㉡)입니다.

A: 마지막으로, 2023년 채권 등록 종목 전체에서 차지하는 비중이 7% 이상인 채권을 확인할 수 있을까요?

B: 네, 2023년 채권 등록 종목 전체에서 차지하는 비중이 7% 이상인 채권은 (㉢)입니다.

① 국채
② 금융채
③ 지방채, 국채
④ 금융채, 특수채
⑤ 특수채, 지방채

17 다음 <그림>은 유가증권시장에서 거래되는 K사 주식의 5월 8일~12일 일별 주가에 대한 자료이다. 이에 대한 <보기>의 설명 중 옳은 것을 모두 고르면? (단, 주식은 1주씩만 매수·매도한다)

<그림> K사 일별 주가

(단위: 원)

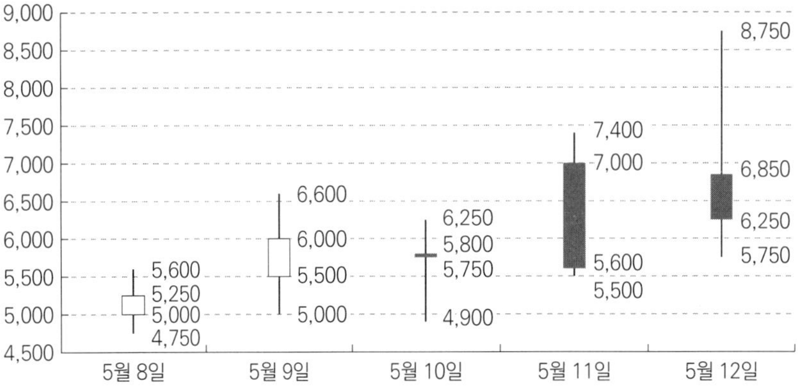

※ 1) 각 데이터 포인트(캔들) 우측의 수치는 위에서부터 아래 순서대로 흰색 캔들의 경우 고가, 종가, 시가, 저가를 나타내며, 검은색 캔들의 경우 고가, 시가, 종가, 저가를 나타낸 것임

2) 일평균 수익금(원) $= \frac{\text{매도 가격} - \text{매수 가격}}{\text{매도일} - \text{매수일}}$

3) 수익률(%) $= \frac{\text{매도 가격} - \text{매수 가격}}{\text{매수 가격}} \times 100$

<보기>

ㄱ. 5월 8일 저가에 매수하여 고가에 매도했을 경우의 수익률은 시가에 매수하여 종가에 매도했을 경우보다 10%p 이상 높다.

ㄴ. 5월 9일부터 12일 사이에 각 일별 시가에 매수하여 당일 고가에 매도했을 경우, 수익률이 가장 낮은 날은 5월 11일이다.

ㄷ. 5월 9일부터 12일 사이에 저가가 가장 낮은 날은 5월 9일이다.

ㄹ. 5월 8일 종가에 매수하여 5월 9일부터 12일 사이의 하루 중 고가에 매도했을 경우, 일평균 수익금이 가장 높은 날은 5월 12일이다.

① ㄱ, ㄴ　② ㄱ, ㄷ　③ ㄴ, ㄷ
④ ㄷ, ㄹ　⑤ ㄴ, ㄷ, ㄹ

18 **다음 <표>는 2025년 상반기 신발 쇼핑몰 'Foot'의 신발 상품 정보와 할인 정보에 대한 자료이다. 이에 대한 설명으로 옳지 않은 것은?**

<표 1> 신발 상품 정보

(단위: 원)

상품코드	분류	제조사	인터넷 공동 구매	소매점 구매
F0001	운동화	갑	160,000	200,000
F0002	운동화	무	270,000	350,000
F0003	정장화	을	50,000	80,000
F0004	정장화	병	70,000	80,000
F0005	정장화	병	85,000	100,000
F0006	정장화	정	100,000	110,000
F0007	아동화	갑	130,000	140,000
F0008	아동화	갑	140,000	155,000
F0009	아동화	정	70,000	80,000
F0010	부츠	을	120,000	140,000
F0011	부츠	을	90,000	130,000
F0012	부츠	무	170,000	210,000

<표 2> 할인 정보

번호	할인 기간	할인 대상	할인 기준가 및 할인율
1	1월 1일~2월 28일	전 제조사 운동화·부츠	인터넷 공동 구매 가격 기준 20%
2	2월 14일~3월 21일	갑·을·병사 전 상품	소매점 구매 가격 기준 30%
3	4월 5일~5월 31일	을·정·무사 전 상품	소매점 구매 가격 기준 25%
4	5월 6일~6월 30일	전 제조사 운동화·정장화·부츠	소매점 구매 가격 기준 20%
5	6월 1일~6월 30일	갑·정사 전 상품	인터넷 공동 구매 가격 기준 15%

※ 1) 할인 기간, 할인 대상, 할인 기준가가 겹치면 중복 할인이 가능하다. 이때 각 할인율은 단리 방식으로 적용함
2) 소비자는 할인을 적용한 인터넷 공동 구매가와 소매점 구매가 중 더 저렴한 구매방식을 선택함

① 5월 7일 소매점에서 F0011을 75,000원 이하로 구매할 수 있다.

② F0001, F0007, F0008을 같은 날에 구매하는 경우 총액 35만 원 이하에 구입할 수 있다.

③ 6월 2일 F0001~F0003 중 인터넷 공동 구매와 소매점 구매의 가격 차이가 가장 큰 상품은 F0001이다.

④ 2월 27일 F0006을 구매하는 경우 인터넷에서 공동 구매를 하는 것이 소매점에서 구매하는 것보다 저렴하다.

⑤ 2025년 상반기 중 각 제조사의 전 상품을 가장 저렴하게 구매한다고 할 때, 제조사 병의 전 상품 구매 총액은 제조사 정의 전 상품 구매 총액보다 낮다.

19 **다음 <표>는 은행 A의 2024년 7~12월 대출 현황 자료이다. <보고서>를 작성하기 위해 <표> 이외에 추가로 필요한 자료를 <보기>에서 모두 고르면?**

<표 1> 2024년 7~12월 은행 A 대출 신청 건수

(단위: 건)

구분	7월	8월	9월	10월	11월	12월
전체	28,037	27,903	27,943	27,920	27,889	27,517
개인	16,126	16,029	16,040	16,015	16,013	15,886
법인	11,911	11,874	11,903	11,905	11,876	11,631

※ 1) 대출 신청 건수는 대출 승인 건수와 대출 거절 건수의 합계를 의미함

2) 대출 가능 대상 건수는 대출 신청 건수와 대출 미신청 건수의 합계를 의미함

3) 대출 신청률 $= \frac{\text{대출 신청 건수}}{\text{대출 가능 대상 건수}} \times 100$

<표 2> 2025년 7~12월 대출 거절률

(단위: %)

구분	7월	8월	9월	10월	11월	12월
전체	3.4	3.6	3.3	3.2	3.1	3.3
개인	3.6	3.8	3.6	3.4	3.3	3.5
법인	3.2	3.3	2.9	2.9	2.9	3

※ 1) 대출 거절률 $= \frac{\text{대출 거절 건수}}{\text{대출 신청 건수}} \times 100$

2) 대출 승인율 $= \frac{\text{대출 승인 건수}}{\text{대출 가능 대상 건수}} \times 100$

<보고서>

2024년 하반기(7~12월) 대출 신청 건수는 평균 27,868건으로 직전년도 하반기에 비해 다소 증가한 것으로 나타난다. 동기간 대출 신청률은 평균 약 63.5%로 추정된다. 개인의 대출 신청률은 법인의 대출 신청률보다 평균 약 20%p 높다.

2024년 12월에는 전월대비 개인과 법인 모두 대출 거절률이 증가하고 대출 거절 건수가 증가하였다. 대출 승인 건수는 개인과 법인 모두 감소하였다. 이는 전월대비 개인과 법인 모두 대출 거절 건수가 감소한 11월과 대비된다. 2024년 하반기 대출 승인 건수가 가장 많은 달은 10월이며, 대출 거절 건수가 가장 많은 달은 8월인 것으로 나타난다. 2024년 하반기에 전월대비 대출 거절 건수의 변동폭이 가장 큰 달은 7월이다.

2024년 하반기에 가장 높은 대출 승인율을 기록한 달은 7월로 7월의 대출 승인율은 61.6%이다. 7월 이후 대출 승인율은 일정하게 유지되다가 12월에 급감한다.

<보기>

ㄱ. 2023년 7~12월 대출 신청 건수
ㄴ. 2024년 7~12월 각 개인, 법인의 대출 가능 대상 건수
ㄷ. 2024년 1~12월 대출 거절 건수
ㄹ. 2024년 1~12월 대출 승인 건수

① ㄱ, ㄴ ② ㄱ, ㄷ ③ ㄷ, ㄹ
④ ㄱ, ㄴ, ㄷ ⑤ ㄱ, ㄷ, ㄹ

20 **다음 <표>는 연도별 국내와 미국의 금리 현황을 다룬 자료이다. 이에 대한 <보기>의 설명 중 옳은 것을 모두 고르면?**

<표> 연도별 금리 현황

(단위: %)

항목 \ 연도		2018	2019	2020	2021	2022	2023	2024	2025
국내	예금금리	3.72	3.62	3.13	3.12	2.59	1.79	1.44	1.80
	주담대 고정금리	4.31	3.90	3.24	3.00	2.84	1.98	1.53	2.00
	신용대출금리	4.77	4.20	3.45	3.28	3.18	2.30	1.75	2.28
	중소기업 대출금리	4.66	4.41	3.77	3.19	2.99	2.08	1.89	2.33
미국 기준 금리		2.50	3.25	2.75	2.50	2.00	1.50	1.25	1.50

※ 1) 국가 스프레드* = 국내 예금금리 − 미국 기준 금리
2) 신용 스프레드* = 중소기업 대출금리 − 주담대 고정금리
3) 기간 스프레드* = 신용대출금리 − 주담대 고정금리
* 스프레드: 금융 시장에서 두 가격, 금리, 수익률 또는 다른 금융 상품 간의 차이를 뜻함

<보기>

ㄱ. 조사 기간 동안 각 금리의 순위는 해마다 동일하게 유지된다.
ㄴ. 2018년 대비 2025년의 금리 변화율이 가장 큰 항목은 주담대 고정금리이다.
ㄷ. 2021~2024년 사이 국가 스프레드는 연속적으로 감소한다.
ㄹ. 조사 기간 동안 신용 스프레드와 기간 스프레드의 증감 방향은 매년 일치한다.

① ㄱ, ㅣ ② ㄱ, ㄷ ③ ㄴ, ㄷ
④ ㄴ, ㄹ ⑤ ㄷ, ㄹ

문제해결능력

21 **다음 글을 읽고, 네 명의 가족이 다리를 모두 건너는 데 걸리는 최소 시간으로 옳은 것은? (단, 한 사람이 다리를 2번 이상 왕복할 수 없다)**

> ○ 한 가족이 강 건너에 사는 친척집에 방문하려고 하는데 친척집을 갈 수 있는 다리는 하나뿐이다.
>
> ○ 밤중이고 가족에게는 손전등이 하나밖에 없다. 하나의 손전등으로는 최대 두 사람이 같이 다리를 건널 수 있고, 세 사람 이상이 건너려고 하다가는 한 사람이 잘 보이지 않아 크게 다치게 된다.
>
> ○ 매우 어둡고 위험해서 손전등 없이는 다리를 건널 수 없으며, 다리 중간에서 기다리는 방법도 쓸 수 없다.
>
> ○ 아버지는 다리를 건너는 데 2분, 아들은 4분, 어머니는 5분, 딸은 8분이 걸린다. 빠른 걸음의 사람은 느린 걸음의 사람에게 맞춰줘야 해서 아버지와 아들이 함께 다리를 건넌다면 총 4분이 걸리게 된다.

① 22분　　② 23분　　③ 24분
④ 26분　　⑤ 28분

22 **다음 <조건>은 같은 회사에서 근무하고 있는 A~F의 근무 연수에 대한 정보일 때, 항상 참인 것은?**

<조건>

○ A~F의 근무 연수는 1년 차부터 6년 차이고, 근무 연수가 동일한 사람은 없다.

○ A는 B와 D보다 근무 연수가 높다.

○ A와 D의 근무 연수 차이는 C와 B의 근무 연수 차이의 2배이다.

○ 근무 연수가 가장 높은 사람과 B의 근무 연수 차이는 근무 연수가 가장 낮은 사람과 F의 근무 연수 차이의 2배이다.

○ E의 근무 연수는 3년 차이다.

① B와 C의 근무 연수 차이는 1년이다.
② A와 D의 근무 연수 차이는 2년이다.
③ B는 E보다 근무 연수가 낮다.
④ F는 2년 차이다.
⑤ D는 5년 차이다.

23 다음 글에 근거하여 판단할 때 을과 병이 맡을 기획안이 바르게 연결된 것은?

A분야, B분야, C분야의 기획안은 분야별로 세분화할 수 있는데, A분야의 기획안 A－1, A－2, B분야의 기획안 B－1, B－2, C분야의 기획안 C－1, C－2로 총 6개로 구성되어 있다. 그리고 갑, 을, 병은 서로 다른 분야의 기획안들을 각각 2개씩 맡아서 처리해야 한다.

이들은 일의 능률을 높이고자 서로 합의하에 게임을 하여 그 결과에 따라 우선권이 있는 사람이 먼저 자신이 선호하는 기획안을 고를 기회를 주기로 했다. 갑, 을, 병의 세 명은 각각 자신이 선호하는 기획안을 다음과 같이 제시했다.

○ 갑: A－1 기획안, B－2 기획안
○ 을: A－1 기획안, C－2 기획안
○ 병: A－2 기획안, B－2 기획안

게임 결과, 갑, 을, 병의 순서대로 선호하는 기획안을 고를 기회를 얻었다. 한편 어떤 사람이 선호하는 기획안을 우선권자가 먼저 골랐다면 해당 기획안을 제외한 나머지 기획안 가운데 자신이 선호하는 기획안만을 고르고, 남은 기획안은 한 사람이 서로 다른 분야의 기획안을 맡도록 자동으로 할당된다.

	을	병
①	A－1, C－2	B－1, C－1
②	A－2, C－1	B－1, C－2
③	A－2, C－2	B－2, C－1
④	B－1, C－2	A－1, B－2
⑤	B－1, C－2	A－2, C－1

24 **케이크 가맹점을 운영하는 갑은 본사로부터 매일 신선한 케이크를 공급받아 판매하고 있다. 갑은 본사에서 케이크 하나당 원가 30,000원에 구입하여 판매가격 50,000원에 판매하는데, 당일 팔리지 않은 케이크는 모두 폐기 처분한다. 갑이 <조건>에 따라 최소한의 재고 수준을 유지하고자 한다고 할 때, 다음 중 옳은 설명을 <보기>에서 모두 고르면? (단, 점포 임대료 및 기타 부대비용은 고려하지 않는다)**

<조건>

○ 한계이익(Marginal Profit: MP)은 케이크 하나를 팔아서 얻는 이익으로 판매가격과 원가의 차이이다. 한계손실(Marginal Loss: ML)은 팔리지 않고 남은 케이크의 원가이다. 주어진 케이크가 모두 팔릴 확률(P)은 주어진 공급량보다 수요가 같거나 더 클 확률을 의미한다.

○ 기대한계이익은 주어진 단위가 모두 팔릴 확률(P)에 한계이익(MP)을 곱하여 계산하며, 기대한계손실은 주어진 단위가 팔리지 않을 확률(1－P)에 한계손실(ML)을 곱하여 계산한다.

○ 최소한의 재고 수준: $P \geq \frac{ML}{MP+ML}$

○ 케이크 가맹점(갑)의 확률분포

1일 케이크 판매량(개)	주어진 수준 이상 판매될 확률
11	1.00
12	0.95
13	0.80
14	0.70
15	0.60
16	0.40
17	0.20

<보기>

ㄱ. 최소한의 재고 수준은 기대한계이익이 기대한계손실 이상이 되는 범위에서 재고량을 결정함을 의미한다.
ㄴ. 갑은 본사로부터 구입하는 1일 케이크 주문량을 15개로 결정할 것이다.
ㄷ. 케이크의 원가가 25,000원으로 하락하는 경우 갑은 본사로부터 구입하는 1일 케이크 주문량을 15개로 결정할 것이다.

① ㄴ　　② ㄷ　　③ ㄱ, ㄴ
④ ㄴ, ㄷ　　⑤ ㄱ, ㄴ, ㄷ

25 다음 글을 읽고 판단할 때 <보기> 중 옳지 않은 것을 모두 고르면?

계약은 쌍방의 의사가 합치하면 성립한다. 그런데 어떠한 경우에 그러한 합의를 인정할 수 있는가에 대해서 문제가 되는 경우가 있다. 의사표시에 있어서 그 표시의 객관적인 의미와 그 내심의 진정한 의사가 일치하지 않는 경우를 민법은 허위표시, 비진의의사표시, 행위착오의 3가지로 나누어 설명하고 있다.

첫째, 허위표시란 의사표시를 하는 사람이 그러한 불일치를 알았으나 상대방과 서로 짜고 한 것인 경우를 말한다.

둘째, 비진의의사표시란 자기가 하는 표시행위의 합리적인 의미가 자신의 내심의 진의와 다르다는 것을 알면서 행한 의사표시를 말한다. 예를 들면 사직할 의사가 없으면서 고용주의 자신에 대한 신임의 정도를 알아보기 위하여 사직서를 제출하는 경우 등이 이에 해당한다. 그러한 의사표시는 원칙적으로 유효하고, 그 '진의 없음'을 이유로 무효가 되지는 않는다.

셋째, 착오란 당사자가 표시의 합리적인 의미와 진의가 일치하지 않는다는 것을 알지 못하고 의사표시를 하는 경우를 말한다. 이와 같이 표시의 합리적인 의미와 진의가 서로 일치하지 않는데 표의자*가 그 점을 알지 못하였던 경우를 행위착오라고 한다. 나아가 표시의 합리적인 의미와 진의는 서로 일치하지만 그러한 의사표시에 이르는 과정에서 전제가 되었던 사정의 존부나 내용에 대하여 착오가 있었던 경우도 역시 이 법리에 의하여 다루어진다. 이를 동기착오라고 한다.

위의 경우는 의사표시에 대한 각 당사자의 이해가 서로 다른 경우이고, 그들의 내심의 의사가 서로 일치하는데, 다만 그 표시만을 잘못한 경우에는 그 일치하는 내심의 의사대로 계약이 성립된다.

* 표의자: 자기의사를 표명한 자(의사표시자)

<보기>

ㄱ. 갑이 채권자들로부터의 강제집행을 피하기 위하여 친지 을과 서로 짜고 자신이 소유한 부동산을 을에게 매도하는 내용의 매매계약을 한 다음 이를 원인으로 하여 소유권등기를 을에게 이전해 두는 경우 허위표시에 해당한다.

ㄴ. 그러한 물건이 없으리라고 믿으면서 자신의 식견을 자랑하기 위하여 희한한 골동품을 주문한 경우, 실제로 그 골동품이 존재하여 상대방이 그 주문을 승낙하였을 때에는 그대로 법률 행위의 효력이 발생하게 된다.

ㄷ. 토지를 주택을 지을 목적으로 샀는데(매수한다는 의사표시 그 자체에는 하등 표시나 진의와의 불일치가 없음), 알고 보니 그 땅은 건축이 제한되는 것인 경우 행위착오에 해당한다.

ㄹ. 토지를 동일한 크기로 잘라서 파는 사람이 매수할 사람과 함께 목적물이 된 토지를 측량하고 바로 그것을 매매하기로 합의하였다. 그런데 두 사람이 모두 목적물의 지번을 잘못 알아서 그대로 계약서에 목적물의 지번을 표시한 경우 이 계약은 표시의 합리적인 의미대로 계약상의 지번에 의한 토지에 대하여 성립하는 것이 아니라, 공통된 내심의 의사대로 원래의 목적물에 대하여 성립한다.

ㅁ. 미국과 홍콩은 화폐단위를 모두 '달러'라고 하는데, 홍콩 사람이 미국에서 미국인에게 의사표시를 하면서 홍콩 달러라는 생각으로 "1만 달러에 사겠다."라고 한 경우는 동기착오에 해당한다.

① ㄱ, ㄴ ② ㄴ, ㄹ ③ ㄴ, ㅁ
④ ㄷ, ㄹ ⑤ ㄷ, ㅁ

26 **다음 <표>는 6월 교육 일정 및 A~E 컨벤션 현황에 관한 자료이다. 일정에 맞춰 교육 진행을 위해 컨벤션을 예약할 때, 지불해야 하는 최소 비용은?**

<표 1> 6월 교육 일정

구분	일시	참여 인원	비고
1차	2024. 06. 10.(월) 10:00~13:00	120명	프로젝터 필수
2차	2024. 06. 11.(화) 09:00~12:00	70명	—
3차	2024. 06. 12.(수) 14:00~18:00	150명	—
4차	2024. 06. 14.(금) 15:00~18:00	80명	프로젝터 필수

<표 2> A~E 컨벤션 현황

구분	최대 수용인원	시간당 금액	비고
A	100명	22만 원	프로젝터 무료 사용 가능
B	180명	27만 원	프로젝터 사용 불가
C	120명	25만 원	내부 공사로 6월 12일부터 예약 불가
D	70명	20만 원	프로젝터 무료 사용 가능
E	100명	20만 원	프로젝터 사용 시 1시간당 1만 원 추가

① 306만 원 ② 309만 원 ③ 312만 원
④ 315만 원 ⑤ 320만 원

[27~28] 다음 <표>는 K사 사내 카페테리아 물품의 유통기한과 취급방법에 대한 자료이다. <표>를 보고 물음에 답하시오. (단, 1개월은 편의상 일자를 고려하지 않는다. 예를 들어, 2월 5일의 1개월 뒤는 3월 5일, 7월 10일의 1개월 뒤는 8월 10일이다)

<표 1> 물품별 유통기한

브라질산 원두	에티오피아산 원두	더치커피	우유	휘핑크림	자몽청
제조 후 6개월 이내 또는 개봉 후 1개월 이내	제조 후 4개월 이내 또는 개봉 후 20일 이내	제조 후 1개월 이내 또는 개봉 후 2주 이내	제조 후 14일 이내	제조 후 1개월 이내 또는 개봉 후 2일 이내	제조 후 2개월 이내 또는 개봉 후 1개월 이내

※ 1) 유통기한에는 제조일 또는 개봉일이 포함되지 않음
2) 유통기한은 제조일 기준과 개봉일 기준 중 빠른 것으로 함

<표 2> 물품별 취급방법

브라질산 원두	에티오피아산 원두	더치커피	우유	휘핑크림	자몽청
개봉 전 실온보관, 개봉 후 실온보관 또는 냉장보관		8℃ 이하 실온 또는 냉장보관	10℃ 이하 실온 또는 냉장보관	5℃ 이하 실온 또는 냉장보관	25℃ 이하 실온 또는 냉장보관

※ 취급방법을 지키지 못한 물품은 상한 것으로 간주하고 폐기함

27 **위 <표>에 따를 때 다음 <보기>의 내용 중 옳은 것을 모두 고르면? (단, 개봉했다는 언급이 없으면 미개봉 상품으로 간주한다)**

<보기>

ㄱ. 제조일이 2025년 5월 6일로 동일한 브라질산 원두와 에티오피아산 원두 중 브라질산 원두를 8월 10일 개봉했다면, 유통기한이 더 빠른 것은 브라질산 원두이다.
ㄴ. 더치커피, 우유, 휘핑크림의 냉장보관을 위해 냉장고는 10℃ 이하여야 한다.
ㄷ. 여름철 실내온도가 25℃보다 높을 경우 자몽청은 냉장보관하여야 한다.

① ㄱ　② ㄴ　③ ㄷ
④ ㄱ, ㄴ　⑤ ㄴ, ㄷ

28 **위 <표>에 따를 때 다음 <보기> 중 2025년 11월 25일 기준으로 반드시 폐기해야 하는 물품은 모두 몇 개인가? (단, 유통기한이 11월 25일인 경우에는 폐기하지 않는다)**

<보기>

ㄱ. 제조일이 2025년 5월 20일인 브라질산 원두를 11월 1일 개봉한 경우
ㄴ. 제조일이 2025년 8월 10일인 에티오피아산 원두를 11월 20일 개봉해 냉장보관한 경우
ㄷ. 제조일이 2025년 11월 1일인 더치커피를 11월 20일 개봉해 5℃인 냉장보관한 경우
ㄹ. 제조일이 2025년 11월 11일인 우유를 11월 15일 개봉해 냉장보관한 경우
ㅁ. 제조일이 2025년 11월 20일인 휘핑크림을 겨울철 영상 1~2℃인 베란다에 보관한 경우
ㅂ. 제조일이 2025년 10월 4일인 자몽청을 27℃인 창고에 보관하다가 20℃인 베란다로 옮긴 경우

① 1개 ② 2개 ③ 3개
④ 4개 ⑤ 5개

29 **다음 글은 S은행과 K텔레콤이 개최하는 공모전의 평가 기준이다. <표>를 바탕으로 평가가 이뤄졌을 때 사업화 예산금을 받는 팀은?**

○ S은행과 K텔레콤은 핀테크, AI, ESG 등 다양한 분야의 혁신 아이디어를 발굴하기 위하여 사내벤처·신사업 아이디어 공모전을 공동 개최하였다. 1등을 한 팀에게 1억 원의 사업화 예산금을 제공한다.

○ 지원팀은 A, B, C, D, E가 있다.

○ 아이디어 공모전의 수상 기준은 총 150점 만점[아이디어의 혁신성 및 창의성(80점), 시장성 및 실현 가능성(20점), 사업 모델의 명확성(30점), 다양성(20점)]으로 하여 평가 점수가 가장 높은 팀을 1등으로 한다. 각 항목별 평가 방법은 다음과 같다.

- 혁신성 및 창의성: 기존 시장에 없는 새로운 접근 방식이나 기술을 제안하는지 여부를 평가하는 것으로 K텔레콤의 ICT 임원 3인의 평가 후 평균점수를 활용한다.
- 시장성 및 실현 가능성: 제안된 아이디어가 실제 시장에서 성공할 가능성과 구현 가능성을 중점적으로 검토한다. 시장성과 실현 가능성을 충족한 경우 만점인 20점, 시장성이 의심되지만 실현 가능성은 충족하는 경우 15점, 시장성은 충족하지만 실현 가능성이 낮은 경우 10점, 시장성이 의심되면서 실현 가능성도 낮은 경우 5점을 부여한다.
- 사업 모델의 명확성: 수익 창출 구조와 고객 가치 제공 방식이 명확하게 정의되어 있는지를 평가하는 것으로 S은행의 기획임원 4인의 평가 점수 중 최고점과 최저점을 제외한 나머지 점수의 평균점수를 활용한다.
- 관련성은 핀테크 분야인 경우 만점인 20점, 플랫폼 분야인 경우 15점, 커머스 또는 ESG 분야인 경우 10점, 이외 분야는 0점을 부여한다.

<표 1> 혁신성 및 창의성, 사업 모델의 명확성 평가

(단위: 점)

구분	혁신성 및 창의성			사업 모델의 명확성			
	ICT임원1	ICT임원2	ICT임원3	기획임원1	기획임원2	기획임원3	기획임원4
A	30	80	20	25	15	30	25
B	60	40	30	24	5	10	25
C	30	25	45	30	20	10	20
D	20	70	60	30	8	5	22
E	35	75	10	10	15	30	25

<표 2> 시장성 및 실현 가능성 평가, 관련성

구분	시장성 및 실현 가능성				관련성
	시장성 ○ 실현 가능성 ○	시장성 X 실현 가능성 ○	시장성 ○ 실현 가능성 X	시장성 X 실현 가능성 X	분야
A				○	핀테크
B	○				커머스
C			○		의료
D		○			플랫폼
E	○				ESG

① A ② B ③ C ④ D ⑤ E

30 **다음은 甲사에 근무 중인 J의 월간 업무 일정과 근로기준법 일부이다. 이를 토대로 甲사가 J에게 지급해야 하는 연장 및 휴일 근로에 따른 근로수당은 최소 얼마인가?**

<J의 월간 업무 일정>

○ 평일 연장근로: 3시간 – 5일
5시간 – 3일
2시간 – 4일

○ 휴일근로: 5시간 – 2일
10시간 – 3일

○ J의 1시간당 통상임금: 18,750원

근로기준법 제56조(연장·야간 및 휴일 근로) ① 사용자는 연장근로(제53조, 제59조 및 제69조 단서에 따라 연장된 시간의 근로를 말한다.)에 대하여 통상임금의 100분의 50 이상을 가산하여 근로자에게 지급하여야 한다.

② 제1항에도 불구하고 사용자는 휴일근로에 대하여는 다음 각호의 기준에 따른 금액 이상을 가산하여 근로자에게 지급하여야 한다.

1. 8시간 이내의 휴일근로: 통상임금의 100분의 50
2. 8시간을 초과한 휴일근로: 통상임금의 100분의 100

③ 사용자는 야간근로(오후 10시부터 다음날 오전 6시 사이의 근로를 말한다.)에 대하여는 통상임금의 100분의 50 이상을 가산하여 근로자에게 지급하여야 한다.

① 2,265,000원 ② 2,355,000원 ③ 2,475,000원
④ 2,515,000원 ⑤ 2,635,000원

제1회 출제예상 모의고사

은행 NCS 실력점검

스터디원 풀이 결과

최고 득점자 A	상위 30% 컷 득점자 B	최빈값 득점자 C	하위 30% 컷 득점자 D
✔ 경상계열 ✔ 필기 합격 경험 ○ (국민은행, 기업은행)	✔ 자연계열 ✔ 필기 합격 경험 × * 수험기간 3개월 미만	✔ 인문계열 ✔ 필기 합격 경험 ○ (농협은행)	✔ 자연계열 ✔ 필기 합격 경험 ×

문항 번호	나의 풀이 결과	스터디원 풀이 결과				문항 번호	나의 풀이 결과	스터디원 풀이 결과			
		A	B	C	D			A	B	C	D
01		○	○	○	○	16		○	○	○	○
02		○	×	○	○	17		×	○	○	×
03		○	○	○	○	18		○	×	×	×
04		○	○	○	○	19		○	○	×	×
05		○	○	○	×	20		○	×	×	○
06		○	○	○	○	21		○	×	×	×
07		○	○	×	×	22		○	○	×	×
08		○	○	○	○	23		×	○	○	○
09		○	×	×	○	24		○	×	×	×
10		○	○	○	○	25		○	×	×	×
11		○	○	×	×	26		○	○	○	×
12		○	×	×	×	27		×	○	○	○
13		○	×	○	×	28		○	○	○	×
14		○	○	○	○	29		○	○	○	○
15		○	○	○	○	30		○	×	×	×
						합계	/ 30	27/30	20/30	18/30	15/30

득점 분포 그래프

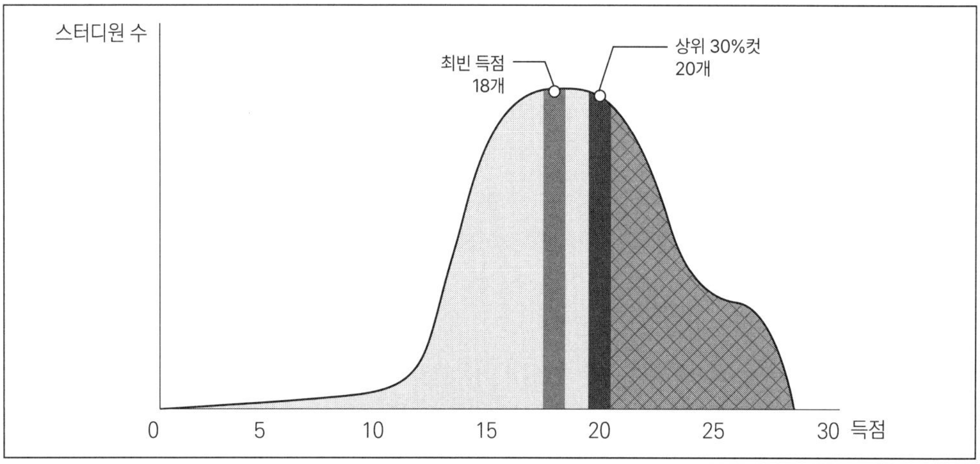

문항별 정답률

문항 번호	01	02	03	04	05	06	07	08	09	10
상위 30%(A)	96%	86%	96%	100%	96%	96%	67%	100%	83%	100%
전체(B)	92%	92%	83%	100%	90%	90%	50%	100%	67%	92%
(A−B)	4%p	−6%p	13%p	0%p	6%p	6%p	17%p	0%p	16%p	8%p
문항 번호	11	12	13	14	15	16	17	18	19	20
상위 30%(A)	100%	67%	56%	78%	100%	96%	56%	22%	93%	67%
전체(B)	56%	37%	25%	63%	83%	81%	56%	17%	50%	40%
(A−B)	44%p	30%p	31%p	15%p	17%p	15%p	0%p	5%p	43%p	27%p
문항 번호	21	22	23	24	25	26	27	28	29	30
상위 30%(A)	44%	85%	82%	22%	39%	56%	78%	56%	87%	26%
전체(B)	29%	52%	67%	8%	38%	40%	75%	42%	67%	27%
(A−B)	15%p	33%p	15%p	14%p	1%p	16%p	3%p	14%p	20%p	−1%p

- 이번 회차의 결정적 문항 11 19
- 위 2개 문항은 득점 상위 30% 스터디원의 정답률과 전체 스터디원의 정답률이 40%p 이상 차이 나는 문항으로, 합격권에 들기 위해 꼼꼼한 복습이 필요합니다.

결정적 문항 오답 패턴 분석

11번

오답자들은 '종사자 비중'과 '종사자 수'를 혼동하거나, 단순한 비율 비교만으로 정답을 고른 경향이 있다. 특히 보기 ㄴ에서 '가장 많은 수'를 묻고 있음에도 '비중'만 비교해 선택지 ⑤를 정답으로 착각했을 수 있다. 복습 시 1) 비중이 아닌 실제 수(비중×전체 수)를 정확히 계산하는 훈련과 2) 범주 간 포함·차감 관계(예 50세 이상 vs. 55세 이상)를 명확히 이해하는 데 집중해야 한다.

19번

〈표〉와 〈보고서〉의 핵심 비교 시점이 '2024년 하반기(7~12월)'임에도 불구하고, 굳이 '2024년 상반기 승인 건수(ㄹ)'까지 필요한 것으로 잘못 판단한 결과, 오답자의 상당수가 'ㄱ, ㄷ, ㄹ'을 골랐다. 실제로 승인 건수는 신청 건수와 거절률로 역산 가능하며, 전월 대비 변동을 파악하기 위해서는 '6월(ㄷ)' 자료가 필수적임을 인지하는 것이 중요하다. 문항의 주요 쟁점은 '직전년도 비교'와 '전월 대비' 표현이다.

디지털 금융과 은행의 전략 +관련 문항 02

디지털 금융은 ICT 기술을 기반으로 한 금융 서비스의 제공을 의미하며, 인터넷·모바일·AI·빅데이터·블록체인 등의 기술을 활용한 비대면 금융 환경을 중심으로 발전해 왔다. 디지털 금융은 금융 소비자에게 접근성과 편의성을 제공함과 동시에, 금융기관에게는 운영 효율성과 새로운 수익모델 창출의 기회를 제공한다. 특히 은행권은 디지털 금융 환경 변화에 따라 전통적인 점포 기반 모델에서 탈피해 플랫폼 중심의 서비스로 빠르게 전환하고 있다.

디지털 금융이 발전하면서 은행이 직면한 가장 큰 도전은 빅테크 및 핀테크 기업과의 경쟁이다. 이들 기업은 뛰어난 사용자 경험과 기술력을 바탕으로 송금, 결제, 대출, 투자 등 다양한 금융 서비스를 공격적으로 제공하며, 기존 은행의 시장 점유율을 빠르게 잠식하고 있다. 이에 대응하기 위해 은행은 기존 금융업무를 디지털화할 뿐 아니라, 데이터 중심의 고객 맞춤형 서비스, 클라우드 기반 IT 인프라 전환, 플랫폼 연계 전략 등을 적극적으로 추진하고 있다.

은행의 디지털 전략은 크게 내부 혁신 전략과 외부 협력 전략으로 구분된다. 내부적으로는 모바일뱅킹 고도화, 인공지능 상담 도입, 자동화된 여신심사 시스템 구축 등을 통해 고객 경험을 개선하고 업무 효율을 극대화하고 있다. 외부적으로는 핀테크 기업과의 제휴, 오픈뱅킹을 통한 API 기반 서비스 확장, 마이데이터 사업을 통한 고객정보 활용 등의 방식으로 디지털 생태계와의 융합을 시도하고 있다.

[표] 빅테크 기업과 은행의 SWOT 분석

빅테크기업	SWOT	은행
• 많은 고객 수와 데이터 집적도 • 비금융분야에서의 거대 네트워크 • 자본력	강점	• 높은 시장지배력과 고객 신뢰도 • 다방면에서의 위기관리 능력
• 고객과 단기적 관계를 형성 • 데이터 보호의 우선도가 낮음 • 위기관리 능력의 한계	약점	• 이자수익 비중이 높은 수익구조 • 비금융분야의 데이터 수집량이 적음
• 새로운 서비스에 대한 혁신 역량 • 신흥국의 금융서비스 수요 증가	기회	• 소프트 인포메이션을 활용한 수익 모델 • 핀테크를 활용한 새로운 수익 창출
• 시장 독점 방지, 정보보호에 대한 전 세계적인 규제 도입 추진 • 비슷한 사업모델을 가진 빅테크 기업과의 경쟁 구도 형성	위협	• 새로운 금융서비스 경쟁자의 등장 • 은행 고유의 역할 축소

은행 취업 필수 키워드

서비스형 뱅킹(BaaS: Banking as a Service)

BaaS는 API와 같은 기술을 활용하여 금융사의 금융 상품 및 서비스를 라이선스가 없는 비금융사(일반 기업, 핀테크 등)에게 제공하는 것을 의미한다. 고객이 현재 머무르고 있는 플랫폼 안에 해당 금융서비스가 '내장'되어 있다는 의미로 임베디드(Embedded) 뱅킹으로 불리기도 한다. BaaS는 대규모 고객을 보유하고 있는 기업과의 시너지 효과, 협업을 통한 고객 접점 채널 확보, 차별화된 상품 및 서비스, 수익 구조 다각화 등의 이점이 있다.

슈퍼앱(Super App)

다양한 버티컬 서비스를 모아 하나의 앱 안에서 제공하는 'all-in-one multi-purpose mobile app'을 말한다. 싱글 앱과는 달리 하나의 앱에서 여러 개의 미니 앱들을 앱 스트리밍 방식으로 이용하는 단일화 플랫폼이다. 슈퍼앱은 중국 텐센트의 위챗(WeChat), 알리바바의 알리페이(AliPay)처럼 다수의 이용자 확보 후 소비 활동과 관련된 여러 기능을 추가하여 사용자들에게 편의성을 제공하며 성장하는 전략을 주로 사용한다. 국내 시중은행들도 인터넷전문은행과의 경쟁이 격화되면서 하나의 앱으로 은행 업무부터 증권, 결제, 생활서비스 등을 이용할 수 있도록 하는 슈퍼앱 전략을 채택하고 있다.

마이데이터(mydata)

개인이 자신의 정보를 적극적으로 관리·통제하는 것은 물론 이러한 정보를 신용이나 자산관리 등에 능동적으로 활용하는 일련의 과정을 말한다. 은행, 카드, 통신 회사 등에 흩어진 개인 신용정보를 한곳에 모으거나 이동시켜 볼 수 있고, 자신의 정보를 제공해 맞춤 상품이나 서비스를 추천받을 수 있다.

RPA(Robot Process Automation)

소프트웨어 로봇 또는 AI 작업자의 개념 기반의 하는 사무자동화 기술이다. 사람이 반복적으로 처리하는 업무를 로봇 소프트웨어를 통해 자동화하는 솔루션으로, 업무 효율성 개선과 비용 절감 등의 효과로 금융권에서 많이 도입하고 있다. RPA 기술은 정보통신 시스템 간의 손쉬운 연결을 통해 직원들이 반복적인 작업에서 벗어나 창의적인 업무 수행이 가능하고 인력 감축 효과를 거둘 수 있다.

FDS(Fraud Detection System, 이상거래탐지시스템)

전자금융거래를 함에 있어 이용자의 금융거래 정보와 패턴을 수집 및 분석하여 비정상적인 금융 거래를 판별하고 실시간으로 사기 행위를 차단함으로써 거래의 보안성을 향상시키고 사용자를 보호하는 시스템이다. 고도화된 FDS는 보이스피싱을 비롯해 메모리 해킹까지 대부분의 공격에 대응할 수 있다는 장점도 갖추고 있다.

레그테크(RegTech)

'규제(regulation)'와 '기술(technology)'의 합성어로, 금융회사들이 복잡한 금융 규제를 효율적으로 준수할 수 있도록 하는 기술을 말한다. 즉, 레그테크는 규제 준수, 이행과 감시, 감독에 인공지능(AI), 블록체인, 빅데이터 등 첨단 기술을 활용하는 것이다.

제2회 출제예상 모의고사

- **문항 수:** 30문항
- **시험 형식:** 객관식 5지 선다형
- **시험 시간:** 45분

문항 구성표

영역	번호	소재	난이도
의사소통 능력	01	네트워크 경제	★★
	02	심층학습	★
	03	심층학습	★
	04	가상자산 매도 제도화	★★
	05	가상자산 매도 제도화	★
	06	로봇세	★★★
	07	주입과 누출	★
	08	소득세	★★
	09	묶어팔기	★★★
	10	묶어팔기	★★
수리 능력	11	15세이상인구 및 경제활동인구	★★
	12	카드별 포인트 적립 기준 및 카드 이용 내역	★★★
	13	보험사기 적발 현황	★★
	14	甲국의 은행 고객 현황 및 활성 예금계좌	★
	15	甲국의 은행 고객 현황 및 활성 예금계좌	★★★
	16	지급방식별 주택연금 공급현황	★
	17	나스닥 증권거래소 종목 시세	★★
	18	최저임금 및 급여 보호 프로그램	★★★
	19	최저임금 및 급여 보호 프로그램	★★★
	20	코스닥시장 상장 주식 결제 현황	★★★
문제해결 능력	21	발령받고 싶어하는 부서	★★
	22	중소기업 지원자금	★
	23	중소기업 지원자금	★★
	24	A~G의 자동차 탑승	★★★
	25	현행 DTI제도	★★★
	26	비파괴적 압축방식	★
	27	이용 가능한 교통수단	★
	28	이용 가능한 교통수단	★
	29	회원 비밀번호 암호화 방식	★
	30	회원 비밀번호 암호화 방식	★

의사소통능력

01 **다음 글을 통해 알 수 없는 것은?**

우리는 지금까지 한 번도 경험하지 못한 자본주의의 새로운 단계를 맞이하고 있다. 지금까지 우리가 떠받들어 온 모든 경제적 토템은 하나둘 허물어지고 있다. 이 자리에 대신 들어서는 것은 역사의 새로운 시대에 걸맞은 상업적 우상이다. 네트워크 경제의 탄생, 물품의 점진적인 탈물질화, 물질적 자본의 감소, 무형 자산의 부상, 물품의 순수한 서비스로의 변신, 생산 관점을 밀어내고 사업의 중심축으로 자리 잡은 마케팅 관점, 모든 관계와 경험의 상품화 등은 사람들이 서서히 시장과 재산 교환을 뒤로 하고 접속의 시대로 나아갈 여정을 시작하는 상황에서 첨단 글로벌 경제에 존재하는, 급격하게 벌어지는 구조 변화를 현실적으로 확인할 수 있는 요소들이다.

지난 25년 동안 주택 건축 분야에서 일어난 변화는 '소유'에서 '관계에 대한 접속'으로 사회의 경제의 무게 중심이 이동하면서 수많은 분야에서 벌어지고 있는 미묘한 변화의 기류를 전형적으로 보여준다. '생활공간의 접속'으로 완전히 변신하기까지는 아직도 한 세대 이상이 더 걸릴 것으로 보이지만 지금까지의 과정을 보면 앞으로 새로운 경제가 요구하는 거주 환경의 성격이 어떤 것인지 그 전모를 대강 예상할 수 있다.

아직 집을 살 만한 여력이 없는 저소득 가구, 독신자, 신혼부부가 주로 이용해 온 아파트 임대 시장에 변화의 조짐이 보인다. 편리한 서비스, 시설, 경험에 대한 단기적 접속에 높은 비중을 두고 전통적인 주택 소유에 수반되는 책임으로부터 벗어나고 싶어 하는 사람들이 점점 아파트 임대로 관심을 돌리고 있다. 시간을 절약하기 위해 장기적 소유보다는 단기적 접속에 역점을 두는 기업이 늘어나는 것처럼 부동산 시장에서도 똑같은 문제의식이 작용하여 부유층과 젊은 세대에서는 주택을 소유하기보다는 임차하려는 추세이다. 아직은 주택 소유가 다수를 점유하고 있지만 앞으로 사회 전체가 접속의 시대로 나아가는 추세에 발맞추어 젊은 세대가 소유보다는 접속을 선택할 경우, 주택 임대가 서서히 주류로 부상할 것이다.

실제로 우리 생활에서 임대, 리스, 회원권 같은 형태가 차지하는 비중이 점점 늘어나고 있다. 하지만 거시적으로 볼 때 소유에서 접속으로 변하는 것이 과연 엄청난 차이가 있는 것일까? 사실상 모든 것이 접속으로 바뀌는 사회에서 소유에 수반되는 개인적 자부심, 책임감, 의무감은 어떻게 되는 것일까? 인간관계의 구조가 소유에서 접속으로 바뀌는 것은 분명한 사실이지만 그것이 가져오는 장단점이 구체적으로 어떤 양상으로 나타날 것인지 아직은 아무도 속단하지 못한다.

시간적 네트워크 안에 편입하는 것은 장소에 뿌리를 둔 삶의 충분하고 의미 있는 대안이 될 수 있는가? 지리는 필수불가결한 조건인가, 아니면 지나간 시대의 주변적 찌꺼기에 불과한 것인가? 지리는 좌표이고 제약인가, 아니면 고려해야 할 수많은 요소 중의 하나에 불과한가? 장소에 대한 갈망을 가진 사람들은 여전히 있지만 공간을 폐지하고 우리의 경험을 시간화하려는 욕망은 적지 않은 사람들에게 호소력을 발휘하고 있다. 우리의 생활공간을 소유에서 접속으로 어느 정도까지 탈바꿈시킬 것인가 하는 것은 우리가 누구이며 21세기를 어떤 식으로 살고 싶어 하는가에 대한 두 가지 감수성의 우열에 따라 판가름 날 것이다.

① 접속의 시대가 되면서 개인적 책임감, 의무감은 점점 희박해질 것이다.
② 접속의 개념이 오늘날처럼 부각된 것은 인류 역사상 처음 있는 일이다.
③ 오늘날 사실상 사회의 거의 모든 것이 '접속'의 대상으로 바뀌어 가고 있다.
④ 주택을 소유하는 것보다는 주택을 임대하는 것이 앞으로는 주류가 될 것이다.
⑤ 젊은 세대뿐만 아니라 부유층에서도 주택을 소유하기보다는 임차하려는 추세이다.

[02~03] 다음 글을 읽고 물음에 답하시오.

현재의 인공지능 기술은 딥러닝이라고 불리는 심층학습 기술과 GPU를 기반으로 한 고속병렬처리 기술을 바탕으로 구축되어 있다. 심층학습은 실제 인간의 뇌 구조와 같이 많은 수의 계층을 쌓아 만든 심층 신경망 회로를 학습하는 기술이다. 심층학습이 처음 제안된 1990년대 후반에는 많은 수의 계층으로 이루어진 신경망 회로를 학습하기 위해 수일이 소요되는 문제점이 있었으나, 최근 고속병렬처리 기술로 인해 학습 시간이 획기적으로 단축되었고, 이를 바탕으로 다양한 심층학습에 대한 연구가 활발히 진행되고 있다.

<그림> 심층 신경망 회로

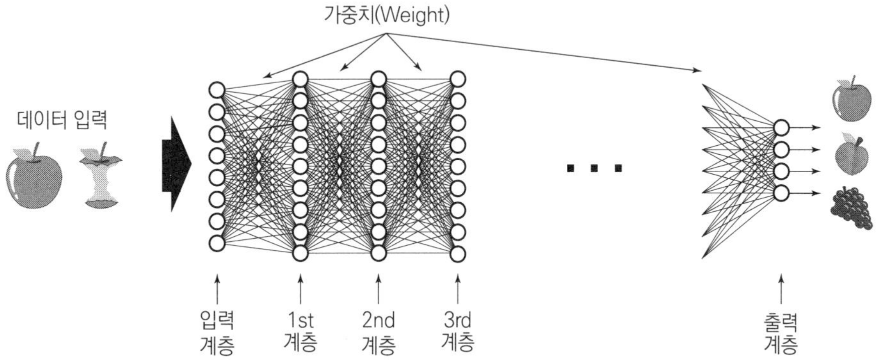

심층학습 기술, 더 나아가 인공지능 기술을 올바르게 이해하기 위해서는 학습의 의미를 정확히 알 필요가 있다. 〈그림〉은 심층 신경망 회로의 예를 보여 주고 있다. 대용량 데이터를 이용하여 학습을 수행한다는 것은 주어진 심층 신경망 회로 내 계층 간 가중치(〈그림〉에서 계층을 서로 연결한 선에 해당하는 값으로 '필터'라고도 불림)를 계산한다는 의미이다. 예를 들어, 사과 영상을 데이터로 입력한 경우 출력계층에서 계산된 값과 사과에 해당하는 값의 차이를 최소화하는 방향으로 가중치를 재조정하는 과정을 반복하는 것이 바로 학습이라는 것이다. 이를 통해 학습 데이터에 없었던 새로운 사과 영상을 입력하더라도 계산된(즉, 학습된) 가중치 값과의 선형 연산을 통해 이 영상을 사과로 인식할 확률값을 정확하게 계산할 수 있다.

심층학습이 기존 기계학습 기술과 달리 인간 수준의 인식 성능을 보일 수 있는 것은 계층 간 추상화가 이루어지기 때문이다. 이는 계층이 거듭될수록 이전 계층보다 일반적인 특징을 학습하여, 인식하고자 하는 대상의 다양한 변이를 효과적으로 극복할 수 있다는 것을 의미한다. 예를 들어, 우리가 빨간 사과, 한입 베어 문 사과, 깎아 놓은 사과, 녹색 사과를 모두 '사과'라고 인식할 수 있는 것은 우리 머릿속에 사과에 대한 개념이 이미 추상화되어 있기 때문이다. 심층학습은 이러한 사람의 학습 과정을 그대로 모사한 기술이기 때문에 기존 학습 기술 대비 뛰어난 성능을 도출할 수 있다.

현재 인공지능 기술을 이용한 영상 및 음성인식의 경우, 대부분 심층학습을 기반으로 하는 서로 다른 신경망 회로 구조를 채택하고 있다. 먼저 영상인식 분야에서는 합성곱 신경망(Convolutional Neural Network: CNN) 구조를 이용한 객체인식, 장면인식, 시맨틱 영상 분할 연구를 활발히 진행하고 있다.

영상인식은 입력 데이터의 크기가 기본적으로 크기 때문에 합성곱 연산을 통해 가중치를 공유함으로써 파라미터 수를 효과적으로 감소시킬 수 있다. 음성인식 분야에서는 반복신경망(Recurrent Neural Network: RNN) 구조의 한 종류인 LSTM(Long Short-Term Meomory) 기법을 이용한 방법이 널리 사용되고 있다. 음성인식은 시간 축에서 정보 흐름을 학습해야 하기 때문에 신경망 회로 내에 피드백 루프가 결합된 다소 복잡한 형태를 지니고 있다. 이를 통해 비교적 긴 시간의 데이터를 효과적으로 학습할 수 있어 최근 음성인식 기반 스피커에도 널리 적용되고 있다. 이와 같은 심층 신경망 학습 기술로 인해 기존에는 구현하기 어려웠던 기술들의 실현 가능성이 높아지자 산업계에서는 이를 이용하여 다양한 신사업을 창출하기 위해 노력하고 있다.

02 **위 글을 읽고 답변할 수 있는 질문이 아닌 것은?**

① 심층학습에서 의미하는 학습이란 무엇인가?
② 인공지능 기술이 개발되는 데 기반이 되었던 두 가지 핵심 기술은 무엇인가?
③ 일반적인 심층 신경망 회로에서 계층 간 가중치의 최솟값과 최댓값은 각각 얼마인가?
④ 심층학습을 통해서 뭉게구름, 새털구름, 양떼구름을 모두 '구름'으로 인식하는 것이 가능한가?
⑤ 최근 심층학습에서의 학습 시간을 크게 줄이는 데 결정적으로 영향을 주었던 기술은 무엇인가?

03 **위 글에 따를 때, 심층학습을 기반으로 하는 인공지능 영상인식과 음성인식의 특성을 <보기>에서 찾아 각각 옳게 짝지은 것을 고르면?**

<보기>

ㄱ. 합성곱 신경망 구조를 채택하여 활용한다.
ㄴ. 데이터에 대한 학습이 시간 축에서 이루어진다.
ㄷ. 반복신경망 구조 중에서 주로 LSTM 기법을 활용한다.
ㄹ. 파라미터의 수를 줄이기 위해 신경망 회로 내에서 가중치를 공유하는 방식을 사용한다.
ㅁ. 신경망 회로에 피드백 루프가 존재하기 때문에 긴 시간의 정보를 학습하는 데 용이하다.

	영상인식	음성인식
①	ㄱ, ㄴ	ㄷ, ㄹ, ㅁ
②	ㄱ, ㄹ	ㄴ, ㄷ, ㅁ
③	ㄴ, ㅁ	ㄱ, ㄷ, ㄹ
④	ㄱ, ㄷ, ㄹ	ㄴ, ㅁ
⑤	ㄷ, ㄹ, ㅁ	ㄱ, ㄴ

[04~05] 다음 보도자료를 읽고 물음에 답하시오.

보도자료			
보도 일시	배포 즉시	배포일	2025. 5. 2.(금)
배포 기관	금융위원회	담당 부서	가상자산과

가상자산 매도 제도화: 비영리법인 및 거래소의 시장 참여 조건과 규율

가상자산의 제도권 편입이 진전되면서, 그동안 직접적인 시장 참여가 제한되었던 비영리법인과 가상자산거래소의 가상자산 매도 행위가 2025년 6월부터 허용된다. 이는 금융위원회가 주관한 제4차 '가상자산위원회'의 주요 논의 결과로, 비영리법인 및 거래소를 위한 매도 가이드라인 마련, 그리고 건전한 시장 질서 유지를 위한 거래지원 심사기준 개정 등이 함께 추진된다.

먼저, 비영리법인의 가상자산 매각은 기부의 투명성과 자금세탁방지 측면에서 정교한 내부통제가 요구된다. 매도는 '5년 이상 업력을 갖춘 외부감사 대상 법인'만 가능하며, 법인 내부에는 기부의 적정성과 현금화 계획을 심의하는 기부금심의위원회를 설치해야 한다. 기부 대상은 국내 3개 이상 원화거래소에 상장된 가상자산으로 제한되며, 수령한 자산은 즉시 현금화가 원칙이다. 또한 기부는 반드시 국내 원화거래소 계정을 통해서만 이루어져야 하며, 은행·거래소·법인이 중첩적으로 고객확인(KYC)을 수행함으로써 자금세탁을 차단한다.

반면, 가상자산거래소의 매도는 운영경비 충당이라는 제한된 목적하에서만 허용되며, 시장 교란 방지를 위해 더욱 엄격한 기준이 적용된다. 매도 대상 자산은 5개 주요 원화거래소 기준 시가총액 상위 20개 종목으로 한정되며, 일일 매도 한도 제한이 있고, 자기 거래소를 통한 매도 금지가 의무화된다. 내부통제 강화를 위해 이사회 사전 의결 및 사후 공시, 자금사용 내역 공개 등의 절차도 필수적으로 따라야 한다. 이러한 규제는 거래소가 수수료 등으로 보유한 가상자산을 처리할 때 이용자와의 이해상충을 최소화하기 위한 목적을 지닌다.

두 가이드라인은 모두 매도 자격, 허용 범위, 내부통제 절차, 자금세탁 방지 조치 등의 공통 요소를 가지며, 제도 도입의 목적은 각각 다르다. 비영리법인은 건전한 기부문화와 기부금 유통의 투명성을 확보하는 데 중점을 두고, 거래소는 시장 안정성과 소비자 보호를 주된 목표로 한다.

아울러 거래지원(상장) 모범사례 개정안도 함께 발표되었다. 상장 직후 수급 불균형으로 발생하는 '상장빔' 현상 억제를 위해 최소 유통량 확보 의무 및 시장가 주문 제한 등의 완충장치가 도입되며, 거래소가 거래지원을 검토할 때 '좀비코인'(거래량·시총 미미)과 '밈코인'(용도 불분명)에 대한 내부기준 마련이 의무화된다. 이는 단기 투기성 자산의 난립을 억제하고 시장의 신뢰도를 제고하려는 조치이다.

금융당국은 이번 ㉠ 제도화가 단기 규제 정비에 그치지 않고, 향후 마련될 가상자산 통합법의 제도 기반으로 기능하기를 기대하고 있다. 하반기에는 전문투자자 및 상장법인의 시장 참여 확대를 위한 2단계 로드맵도 발표될 예정이며, 실명계좌 발급 등 인프라 지원도 순차적으로 시행된다.

04 **위 보도자료의 내용과 일치하지 않는 것은?**

① 거래소는 가상자산 매도 시 자사 플랫폼을 통한 거래를 금지당한다.
② 비영리법인의 가상자산 매도는 원화거래소 세 곳 이상에 상장된 종목에만 허용된다.
③ 금융당국은 가상자산 매도 허용과 동시에 이해 상충 방지 및 소비자 보호 조치도 병행하였다.
④ 거래소의 매도 대상 가상자산은 일정한 유통량 기준을 충족해야 거래 심사를 통과할 수 있다.
⑤ 비영리법인은 기부금심의위원회를 통해 기부금 수령 및 현금화 계획의 타당성을 사전에 검토해야 한다.

05 **다음 중 ㉠과 문맥상 가장 가까운 의미는?**

① 사회적 관행이나 절차를 규범과 체계를 갖춘 공식적인 틀로 정비함
② 특정 종교 교리를 신앙 규범으로 고정하여 교육과 전파의 중심으로 삼음
③ 기존의 개별 사례를 분석하여 공통적 법칙을 도출함
④ 정치적 결정 과정을 법률 없이 관례적으로 운용함
⑤ 조직 내 비공식 절차를 개인의 판단에 맡기고 유연하게 적용함

06 다음 글의 내용 전개상 문단 배열이 가장 적절한 것은?

(가) 한편, 로봇세가 모든 사회 구성원에게 정당하게 받아들여질 수 있는지도 문제다. 예컨대, 로봇은 인간과 달리 인격이 없기에 인간에게만 부과되는 의무인 세금을 적용할 수 있는가에 대한 법리적 논란이 제기된다. 그뿐만 아니라 기업의 입장에서는 로봇세가 기술 혁신을 저해하는 역기능을 초래할 수 있다는 우려도 크다. 기업이 부담해야 하는 세금이 증가하면 로봇 도입을 꺼릴 수 있으며, 이는 결과적으로 생산성 하락과 경쟁력 저하로 이어질 수 있다.

(나) 현재 로봇세는 어떠한 국가에서도 실질적으로 도입되지 않고 있다. 심지어 로봇세 논의를 선도했던 유럽의회조차 로봇세의 법적·제도적 기반이 미비하다는 이유로 도입을 유보하고 있다. 그럼에도 불구하고 일부에서는 로봇에게 법적 지위를 부여함으로써 과세의 가능성을 열어두는 방안을 검토 중이다. 로봇세가 여전히 생소한 개념이지만, IT기술의 급격한 발전 속도를 고려할 때 제도 부재의 공백을 최소화하기 위한 선제적 논의가 요청된다.

(다) 로봇세(robot tax)는 인간 노동을 대체한 로봇에게 과세함으로써 사라진 일자리에 대한 보전 재원을 확보하자는 제도이다. 4차 산업혁명으로 대표되는 기술 변화는 단순히 생산성 향상에 그치지 않고, 기존의 고용 구조 자체를 전면적으로 재편하고 있다. 이에 따라 인간의 경제적 역할과 권리를 유지하기 위해 새로운 방식의 조세 정책이 필요하다는 논의가 힘을 얻고 있다.

(라) 로봇세 도입의 필요성을 주장하는 측은 특히 고용 구조 변화에 주목한다. 최근 보고서에 따르면 2025년부터 2027년까지 약 8,700만 개의 일자리가 사라질 것으로 전망되며, 중장기적으로는 전체 일자리의 40% 이상이 자동화될 가능성도 제기된다. 이에 대해 로봇세를 통해 줄어든 노동자의 소득을 보전할 수 있을 뿐 아니라, 고령화로 인한 복지 재정 문제도 일정 부분 완화할 수 있다는 기대가 존재한다.

(마) 그렇다면 로봇세가 실제로 사회적 합의를 거쳐 도입되기 위해서는 어떠한 전제가 필요할까? 무엇보다도 로봇을 법적으로 과세 대상이 되는 '의무 주체'로 인정할 수 있는 제도적 장치가 마련되어야 한다. 또한 로봇세가 사회 전체의 이익을 도모하기 위한 정책임을 설득력 있게 설명함으로써, 단순히 기업에 대한 규제가 아닌 공공정책이라는 점을 사회적으로 공감받을 수 있어야 한다.

① (다) – (가) – (라) – (나) – (마)
② (다) – (라) – (가) – (마) – (나)
③ (다) – (라) – (마) – (가) – (나)
④ (라) – (가) – (다) – (나) – (마)
⑤ (라) – (다) – (마) – (가) – (나)

07 다음 글을 읽고 판단한 내용으로 적절한 것을 <보기>에서 모두 고르면?

주입이란 가계의 소비지출 외에 국내에서 생산된 재화나 서비스 구입에 사용되는 부분을 말한다. 가계 이외의 경제주체가 국내에서 생산된 재화나 서비스를 구입하면 소득순환 규모가 커지게 된다. 주입의 예로는 투자, 정부지출, 수출 등이 있는데 일반적으로 주입의 규모에 따라 국민소득의 크기가 결정된다.

누출이란 국민소득 중에서 가계에 의해 국내에서 생산된 재화나 서비스의 구입에 사용되지 않은 부분을 말한다. 소득 중 일부가 국내에서 생산된 재화 및 서비스 구입에 사용되지 않고 빠져나가면 소득 순환 규모가 작아진다. 누출의 예로는 저축, 조세, 수입 등이 있는데 일반적으로 소득이 처분 과정에서 그 크기가 정해진다.

<보기>

ㄱ. 주입과 누출의 상대적인 크기에 따라 거시경제의 순환 규모는 커지기도 하고 작아지기도 한다.
ㄴ. 주입이 누출보다 크면 소득순환의 규모는 증대한다.
ㄷ. 이자율이 높아져 가계의 저축이 늘어나면 소득순환 규모에 음(−)의 영향을 미친다.
ㄹ. 이자율이 높아져 가계의 저축이 늘어나도 그만큼 정부지출이 늘어나면 소득순환 규모에 양(+)의 영향을 미친다.
ㅁ. 주입과 누출의 규모가 같다는 것은 실질적으로 소득순환 규모가 감소함을 의미한다.

① ㄱ, ㄴ
② ㄱ, ㄴ, ㄷ
③ ㄴ, ㄷ, ㄹ
④ ㄷ, ㄹ, ㅁ
⑤ ㄱ, ㄴ,ㄹ ,ㅁ

출제예상 / 제2회

08 다음의 글을 읽었을 때 ㉠~㉤의 관계를 바르게 이해하지 못한 것은?

"죽음과 세금은 절대 피하지 못한다!"라는 말이 있다. 이 말은 세금이 인간이 사회를 이루고 사는 데 꼭 필요한 것임을 뜻한다. 정부는 세금을 재원으로 시장에서 자율적인 거래가 가능하도록 거래의 규칙을 마련하고 '시장의 실패'가 발생한 곳에 일정 부분 개입한다. 그런데 이보다 세금이 필요한 더욱 중요한 이유가 있다. 그것은 세금이 자원의 재분배를 위한 수단이 된다는 사실이다. 세금은 국가가 사회의 구성원이 여러 위험 요소들로부터 생활의 안정을 보장받을 수 있도록 자원을 재분배하는 데에 필수적이다.

자원의 재분배를 위한 조세 제도 중 가장 대표적인 것이 소득세이다. 조세를 연구하는 사람들은 소득세를 보고 '아름답다'라고 표현하기까지 한다. 이것은 소득세가 인적 공제 제도와 누진세 제도를 통해 납세자 부담 능력에 따라 공평한 과세를 해야 한다는 '응능부담(應能負擔)'의 원칙을 따르고 있는 것과 관련이 있다. ㉠ 인적 공제 제도는 같은 금액의 소득자라고 하더라도 배우자 및 부양가족에 따라 과세를 달리하는 것을 말하고, ㉡ 누진세 제도는 고소득층에게 많은 세금 부담을 지워 이를 저소득층에게 배분하는 것을 말한다. 우리나라의 소득세는 이 두 제도를 이용해 조세의 형평성을 실현해 가고 있다.

그럼 조세의 형평성이란 무엇일까? 조세의 형평성은 수평적 형평성과 ㉢ 수직적 형평성으로 나뉜다. 수평적 형평성은 같은 돈을 버는 사람은 같은 세금을 내는 것이고, 수직적 형평성은 돈을 더 많이 버는 사람은 세금을 더 많이 내는 것이다. 그렇다면 10만 원 버는 사람이 세금을 1만 원을 내고 100만 원 버는 사람이 10만 원 내는 식으로 같은 세율을 적용하면 수직적 형평성이 이룩되는 것이 아닐까? 과세 표준이 커짐에 따라 고율의 세율을 적용하는 누진세는 조세의 형평성에 어긋난 것이 아닌가?

소득세에 누진세를 적용하는 이유는 소득이 약간만 많다 하더라도 최저 생계비를 제외한 소득의 차이는 급진적으로 늘어나기 때문이다. 소득세의 경우 최저 생활비 이하의 소득에 대해서는 소득세를 내지 않도록 하는 ㉣ 최저 생활비 면세의 원칙을 지킨다. 3인으로 구성되어 100만 원의 소득을 올리는 가구와 110만 원의 소득을 올리는 가구가 있다고 하고, 3인 가족의 최저 생계비는 90만 원이라고 하자. 이 경우 후자의 경우는 전자의 경우에 비해 10%의 소득이 많을 뿐이지만 최저 생계비를 제외한 소득만 놓고 보면 사정이 달라진다. 전자의 경우 최저 생계비를 제외한 나머지 소득에 10만 원에 불과하지만, 후자의 경우에는 20만 원이 되어 소득이 10% 더 많음에도 불구하고 최저 생계비를 제외한 ㉤ 가처분 소득은 두 배가 된다.

소비와 저축을 자유롭게 할 수 있는 가처분 소득의 차이는 소득의 차이가 커질수록 더욱 크게 벌어지게 마련이다. 따라서 소득이 커질수록 누진적으로 고율의 세율을 엄격하게 적용해야 한다. 이렇게 해야 저소득자와 고소득자의 가처분 소득을 비슷하게 유지하고 고소득자의 소득을 사회에 환원시킴으로써 사회 구성원 전체의 복지 수준 향상을 도모할 수 있다. 어떤 사람들은 세금을 통한 저소득층에 대한 자원의 배분이 근로 유인의 감소나 도덕적 해이를 초래할 수 있다고 주장한다. 그러나 이러한 주장은 지나친 감이 있다. 우리나라는 현재 선진 외국과 비교하여 국민 소득 대비 복지 지출이 대단히 미흡한 실정이다. 특히 향후 예상되는 저출산 고령화 사회에 대비하기 위해서는 재정을 확충하고 복지 지출을 늘리는 일이 시급한 과제이다.

① ㉠은 ㉤의 형평을 기하려는 정신을 담고 있다.
② ㉡은 ㉢을 구체적으로 실현하기 위한 조세 제도이다.
③ ㉠은 ㉣을 지키기 위한 제도로서의 성격을 갖고 있다.
④ ㉠과 ㉡은 공통적으로 납세자의 부담 능력을 고려한다.
⑤ ㉣은 ㉢을 전제로 하여 소득에 따라 탄력적으로 적용된다.

[09~10] 다음 글을 읽고 물음에 답하시오.

어떤 음식점에 가 보면 'A세트 정식'이니 혹은 'B세트 정식'이니 하는 이름으로 요리 몇 가지를 묶어 파는 것을 볼 수 있다. 이와 같이 여러 상품을 한꺼번에 묶어 파는 판매 전략을 '묶어 팔기(bundling)'라 한다.

기업이 묶어 팔기를 하는 궁극적인 동기는 이윤 극대화에 있다. 그렇다면 여러 상품들을 따로 팔 때보다 묶어 팔 때 이윤이 더욱 커지는 이유는 무엇일까? 어느 도시에 하나밖에 없는 샌드위치 전문점과 이를 찾는 두 고객(민서, 동원)이 있다고 하자. 이 가게는 주스와 샌드위치를 팔고 있는데, 각 상품에 대해 두 사람이 최대한으로 지불할 용의가 있는 금액은 다음의 〈표〉와 같다.

<표>

구분	주스	샌드위치
민서	3,000원	5,000원
동원	2,000원	7,000원

※ 가격 결정 시 생산 원가는 매우 낮아 고려 대상에서 제외하고, 샌드위치 전문점은 수입(收入)을 가능한 한 크게 만들려고 한다고 가정함

(가) 만약 주스와 샌드위치를 묶어 팔지 않고 따로 판다면 주스는 2,000원, 샌드위치는 5,000원에 가격이 정해진다. 그래야 두 사람이 주스와 샌드위치를 모두 사 먹게 되기 때문인데, 이 경우 샌드위치 전문점의 수입은 1만 4,000원이 된다. 그런데 주스와 샌드위치를 묶어서 팔기로 한다면 민서의 경우 8,000원, 동원이의 경우 9,000원의 금액을 지불할 용의가 있다. 그러므로 8,000원의 가격에 이 둘을 묶어 두 사람 모두에게 팔 경우에는 수입이 1만 6,000원으로 증가한다.

이 예에서 보는 것처럼 묶어 팔기를 할 때의 수입이 따로 팔 때의 수입보다 더 커지는 데에는 민서와 동원이의 상품에 대한 선호가 다르다는 사실이 중요한 역할을 한다. 따로 팔 때는 두 사람 모두에게 상품을 팔기 위해서 두 상품에 대한 지불용의 금액 중 낮은 금액이 각 상품의 가격으로 결정되지만, 묶어 팔기의 경우 두 상품에 대한 지불용의 금액의 합 중 낮은 금액으로 가격이 결정되기 때문이다. 만약 민서가 동원이보다 주스뿐 아니라 샌드위치에 대해서도 더 큰 금액을 낼 용의가 있다면, 따로 파는 경우와 묶어 파는 경우의 수입이 동일하다.

묶어 팔기는 부정적인 측면과 긍정적인 측면을 모두 갖고 있다. 우선 가격 규제가 적용되는 상품과 그렇지 않은 상품을 묶어 판매하여 규제를 회피하는 수단으로 활용될 수 있다. 또한 묶어 파는 방식을 선택하여 특정 상품에 대해 경쟁기업 몰래 가격 할인을 함으로써 경쟁사를 시장에서 몰아내기도 한다. 이와 같은 판매 전략은 경쟁을 저해하고 공정한 거래질서를 해치는 결과를 가져오게 된다. 그러나 경우에 따라서는 묶어 팔기가 효율성을 제고하기도 한다. 여러 상품을 묶어 팔면 소비자는 여러 곳을 돌아다니면서 물건을 사지 않아도 되고, 생산자는 상품을 유통시키는 데 지불하는 비용을 절약할 수 있는 것이다.

09 위 글의 (가)와 관련지어 다음 <상황>을 이해했을 때, 적절하지 않은 것은?

<상황>

A는 ○○지역, B는 △△지역에 하나밖에 없는 문구점으로, A를 찾는 고객으로는 '갑'과 '을'만이 있고, B를 찾는 고객으로는 '병'과 '정'만이 있다. 두 문구점은 각각의 고객에게 샤프와 지우개 두 가지 모두를 판매하여 수입을 가능한 한 크게 만들고자 한다. 다음은 각 고객이 A와 B에서 판매하는 상품 한 단위에 대해 지불할 용의가 있는 최대 금액을 나타낸 것이다.

구분	갑	을	병	정
샤프	5,500원	5,000원	5,000원	10,000원
지우개	500원	800원	800원	1,000원

※ 샤프와 지우개의 생산 원가는 무척 낮아 고려 대상에서 제외함

① 갑과 을의 지우개에 대한 지불용의 금액이 서로 바뀐다면 A는 묶어 팔기 금액을 낮춰야 한다.
② A가 샤프를 5,000원, 지우개를 800원에 각각 판다면 샤프와 지우개를 묶어서 갑과 을 모두에게 팔았을 때보다 매출이 적을 것이다.
③ A가 갑과 을 모두에게 샤프와 지우개를 각각 1개씩 팔 때에 발생하는 매출은 샤프와 지우개를 묶어서 한 번씩 팔았을 때의 매출보다 적다.
④ 병과 정의 지불용의 금액이 다른 이유는 샤프와 지우개에 대한 선호도가 다르기 때문이다.
⑤ 묶어 팔기를 할 때의 매출이 따로 팔 때의 매출보다 커지므로 B는 이윤 극대화를 위해 반드시 묶어 팔기 전략을 취할 것이다.

10 위 글을 읽고 다음 <사례>에 대해 보인 반응으로 적절하지 않은 것은?

<사례>

- 운동기구 회사인 A사는 국내 운동기구 시장에서 독점력을 지니고 있다. 그런데 러닝머신을 생산하는 외국 회사 B사가 국내에 진출해 공격적 마케팅을 펼치자, A사는 다른 운동기구와 묶어 러닝머신을 최대 80%까지 할인해 주는 판촉 행사를 했다.
- 20년간 디지털 카메라를 생산하고 판매해 온 C사는 올해부터 메모리카드를 생산하며 국내에서 유일하게 디지털 카메라와 메모리카드를 묶어서 판매했다. 이때 C사는 개별 상품을 구매할 때보다 50% 저렴하도록 가격을 책정하여 판매했다. 이로 인해 C사의 매출은 급증했고, 디지털 카메라를 생산·판매하는 경쟁사 D와 메모리카드를 생산·판매하는 경쟁사 E사의 매출은 급감했다.

① A사의 판매 전략은 국내 운동기구 시장의 경쟁을 저해할 수 있겠군.
② A사는 B사와 몰래 담합하여 적정 가격을 유지하는 정도로만 할인했겠군.
③ C사의 판매 전략은 디지털 카메라와 메모리카드를 구매해야 하는 소비자의 효율성을 높여 주겠군.
④ C사는 이윤을 극대화하기 위해 새로운 상품을 생산하고 기존 상품과 묶어 팔기를 하는군.
⑤ C사의 판매 전략으로 D사와 E사가 결국 시장에서 사라지면 C사의 사례는 묶어 팔기의 부정적 측면의 예가 되겠군.

수리능력

11 **다음 <표>는 고용노동부가 조사·발표한 15세이상인구 및 경제활동인구에 대한 자료이다. 이를 해석한 내용으로 옳지 않은 것을 <보기>에서 모두 고르면?**

<표> 15세이상인구 및 경제활동인구

(단위: 천 명, %)

구분	2024. 2.		2025. 1.				2025. 2.			
	규모	구성비	규모	구성비	전년 동월 대비		규모	구성비	전년 동월 대비	
					증감	증감률			증감	증감률
15세이상 인구	40,420	100.0	40,843	100.0	457	1.1	40,879	100.0	459	1.1
남자	19,768	48.9	19,976	48.9	221	1.1	19,991	48.9	223	1.1
여자	20,652	51.1	20,867	51.1	236	1.1	20,887	51.1	235	1.1
경제 활동인구	24,035	100.0	24,114	100.0	33	0.1	24,431	100.0	396	1.6
남자	14,192	59.0	14,235	59.0	22	0.2	14,422	59.0	230	1.6
여자	9,843	41.0	9,879	41.0	11	0.1	10,009	41.0	166	1.7
비경제 활동인구	16,385	100.0	16,729	100.0	425	2.6	16,448	100.0	63	0.4
남자	5,577	34.0	5,741	34.3	200	3.6	5,570	33.9	−7	−0.1
여자	10,808	66.0	10,988	65.7	225	2.1	10,878	66.1	70	0.6

※ 15세이상인구＝경제활동인구＋비경제활동인구

<보기>

ㄱ. 2024년 1월에 15세이상인구 중 남자의 구성비는 50% 이하이며, 여자의 구성비는 50%를 초과한다.

ㄴ. 2024년 1월에서 2024년 2월로 넘어가는 기간에 경제활동인구에서 남자의 수와 여자의 수는 모두 증가하였으며, 남자의 증가 수가 여자의 증가수에 비해서 2배 이상 많다.

ㄷ. 2025년 1월과 2월의 평균 비경제활동인구 수는 2024년 1월과 2월의 평균 비경제활동인구 수보다 많다.

ㄹ. 2024년 1월에 비하여 2025년 1월에 15세이상인구, 경제활동인구, 비경제활동인구의 수는 모두 증가하였으며, 그중에서도 15세이상인구수의 증감이 가장 크고, 증감률도 가장 높다.

① ㄱ, ㄴ　② ㄴ, ㄷ　③ ㄷ, ㄹ

④ ㄱ, ㄷ　⑤ ㄴ, ㄹ

12 **다음 <표>는 어떤 카드사의 카드별 포인트 적립 기준과 사용자별 카드 이용 내역에 대한 자료이다. 이에 대한 <보기>의 설명 중 옳지 않은 것을 모두 고르면?**

<표 1> 카드사 카드별 포인트 적립 기준

(단위: %)

사용 분야 \ 카드 종류	콕콕카드	Deep카드	FUN카드	Zero카드
음식·음료	0	20	5	0
유통·쇼핑	10	0	10	20
교통·이동	5	20	5	0
의료·건강	10	0	5	0
여가·문화	10	10	5	15
교육·육아	5	0	10	0
공과금·통신	0	10	20	30

※ 1) 제시된 적립 기준 이외의 포인트 적립은 없음
  2) 포인트 적립 기준이 없는 사용 분야는 '기타'로 분류함

<표 2> 사용자별 카드 이용 내역(최근 1개월)

(단위: 천 원)

사용 분야 \ 사용자	갑 (콕콕카드)	을 (Deep카드)	병 (FUN카드)	정 (Zero카드)	무 (Deep카드)
음식·음료	0	150	0	0	100
유통·쇼핑	150	20	0	400	0
교통·이동	70	120	130	30	80
의료·건강	45	15	55	80	60
여가·문화	60	40	100	20	30
교육·육아	30	40	0	25	160
공과금·통신	0	0	350	0	0

※ 모든 사용자는 제시된 1개의 카드만 사용함

<보기>

ㄱ. 최근 1개월 동안 병이 적립한 포인트 총합은 정이 적립한 포인트 총합보다 작다.
ㄴ. 최근 1개월 동안 교통·이동 분야에서 가장 많은 포인트를 적립한 사용자는 을이다.
ㄷ. 최근 1개월 동안 총 카드 이용액이 가장 많은 사람과 해당 기간에 적립한 포인트의 총합이 가장 많은 사람은 다르다.
ㄹ. 최근 1개월 동안 적립한 포인트가 가장 적은 사람은 Deep카드를 사용한다.

① ㄴ ② ㄱ, ㄷ ③ ㄱ, ㄹ
④ ㄱ, ㄷ, ㄹ ⑤ ㄴ, ㄷ, ㄹ

13 **다음 <그림>은 연도별 보험사기 적발 현황에 관한 자료이다. <그림>에 대한 설명으로 옳지 않은 것을 <보기>에서 모두 고르면?**

<그림> 보험사기 적발 현황

(단위: 억 원, 명)

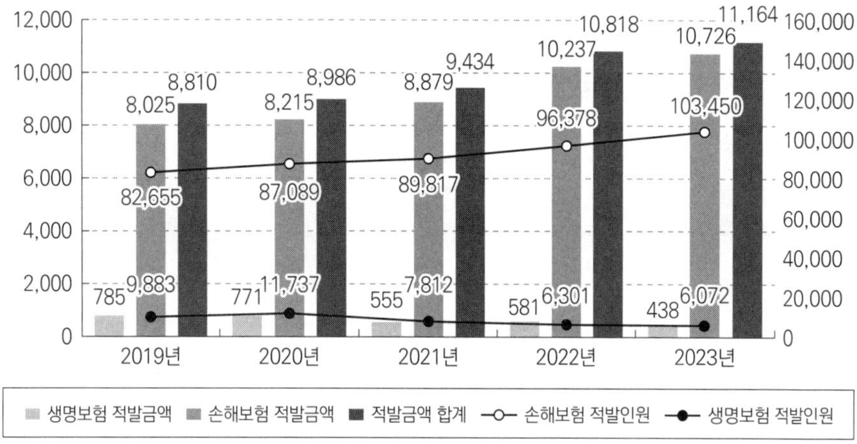

<보기>

ㄱ. 2021~2023년 동안 생명보험 적발인원과 생명보험 적발금액의 전년 대비 증감 추이는 다르다.

ㄴ. 2023년 생명보험 적발인원 1명당 적발금액은 전년 대비 증가했다.

ㄷ. 2022년 손해보험 적발금액은 전체 적발금액보다 더 낮은 비율로 전년 대비 증가했다.

ㄹ. 조사 기간 중 손해보험 적발인원이 평균 손해보험 적발인원보다 낮은 해는 3개년이다.

① ㄱ, ㄴ　　② ㄴ, ㄷ　　③ ㄷ, ㄹ

④ ㄱ, ㄴ, ㄷ　　⑤ ㄴ, ㄷ, ㄹ

[14~15] 다음 <표>는 甲국의 2020~2024년 은행 고객 현황과 활성 예금계좌의 수와 비율을 나타내고 있다. 이어지는 물음에 답하시오. (단, 은행은 A, B만 존재하는 것으로 가정한다)

<표 1> 은행 내국인·외국인 고객 현황

(단위: 천 명, 천 명, 명)

구분	은행 B			은행 전체		
	내국인	외국인	고객 구성비	내국인	외국인	고객 구성비
2020	11,912	12,516	95.2	37,099	37,528	98.9
2021	11,972	12,573	95.2	37,257	37,717	98.8
2022	12,032	12,630	95.3	37,477	37,932	98.8
2023	12,093	12,687	95.3	37,678	38,116	98.9
2024	12,153	12,743	95.4	37,847	38,295	98.8

※ 1) '고객 구성비'는 외국인 100명당 내국인의 수를 의미함
2) '은행 전체'는 은행 A와 은행 B의 고객을 더한 수치를 의미함

<표 2> 은행 활성 예금계좌 수 및 활동계좌율

(단위: 천 좌, %)

구분	은행 A		은행 B	
	활성 예금계좌 수	활동계좌율	활성 예금계좌 수	활동계좌율
2020	25,501	61.3	12,598	70.2
2021	25,873	61.5	12,470	70.2
2022	26,536	62.4	13,922	70.2
2023	26,913	62.6	13,630	70.5
2024	27,247	62.8	14,002	70.5

※ 활동계좌율(%) = $\frac{\text{활성 예금계좌 수}}{\text{전체 예금계좌 수}} \times 100$

14 위 <표>에 대한 설명으로 옳은 것은?

① 2021년 은행 A의 외국인 고객은 내국인 고객보다 많다.
② 2023년 은행 A의 전체 계좌 수는 전년에 비해 감소하였다.
③ 주어진 기간 중에 은행 전체의 활동계좌율이 가장 높은 해는 2024년이다.
④ 2023년 은행 B의 전체 예금계좌 수는 2022년 은행 B의 전체 예금계좌 수보다 많다.
⑤ 주어진 기간 중에 은행 A의 고객은 매년 증가하였으나 은행 B의 고객은 감소한 때도 있다.

15 위 <표>의 내용과 부합하는 것만을 <보기>에서 모두 고르면?

<보기>

ㄱ. 은행 A 고객 구성비

(단위: 명)

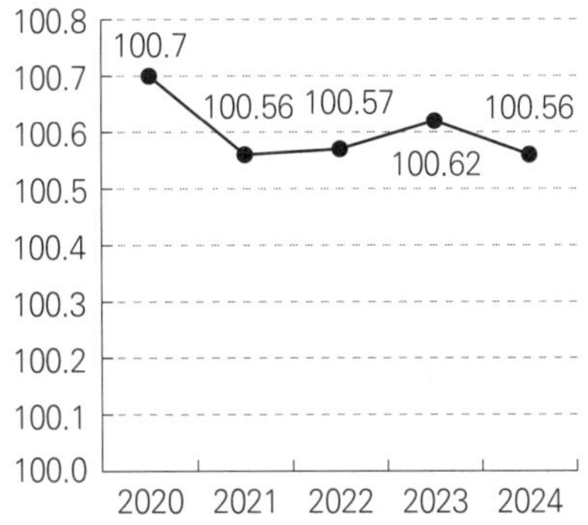

ㄴ. 은행 전체 활성 예금계좌 수

(단위: 천 좌)

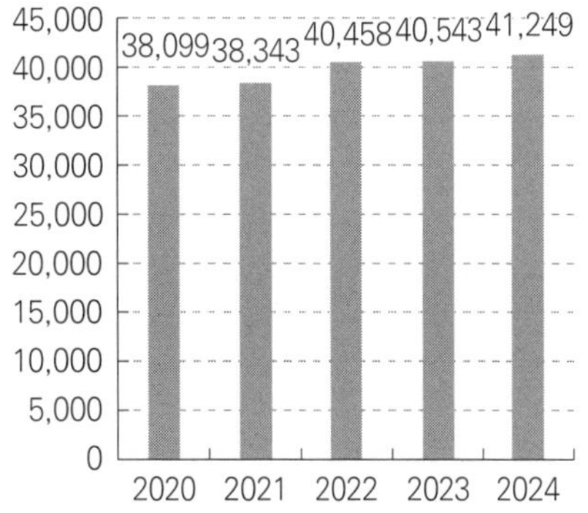

ㄷ. 은행 A와 은행 B의 활동계좌율

(단위: %)

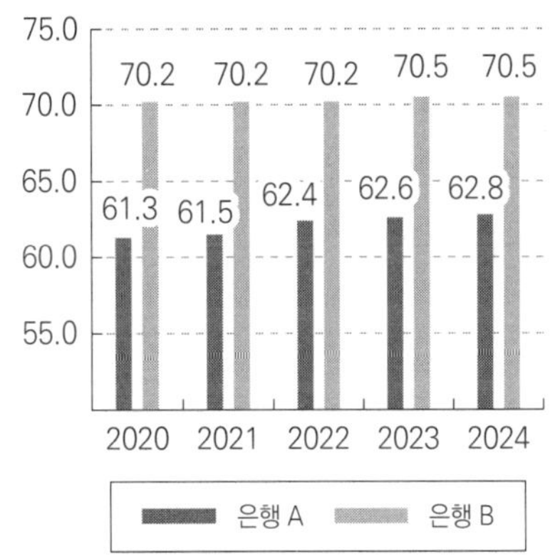

ㄹ. 2022년 은행 전체 고객 구성

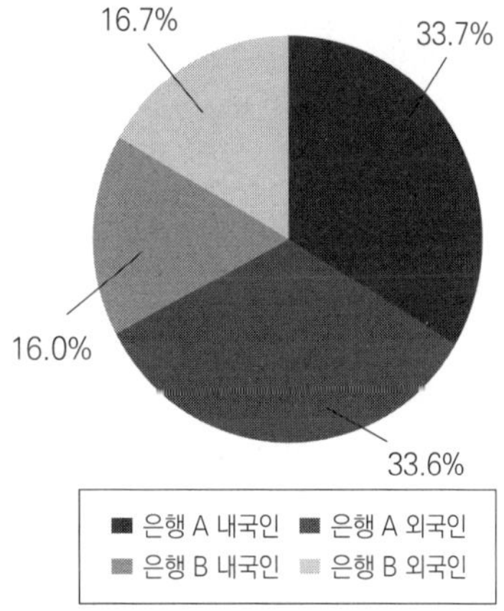

① ㄱ, ㄴ, ㄷ　② ㄱ, ㄴ, ㄹ　③ ㄱ, ㄷ, ㄹ
④ ㄴ, ㄷ, ㄹ　⑤ ㄱ, ㄴ, ㄷ, ㄹ

16 다음 <표>는 지급방식별 주택연금 현황에 관한 자료이다. 이에 대한 설명으로 옳은 것은?

<표> 지급방식별 주택연금 현황

(단위: 건, 억 원)

구분		7월	8월	9월	10월	11월	12월
합계	건수	987	848	779	940	1,608	1,614
	연금지급액	1,803	1,886	1,901	1,776	2,342	2,290
	보증공급액	12,499	11,124	9,529	14,233	27,285	25,573
종신지급 방식	건수	538	439	415	501	895	920
	연금지급액	931	988	1,061	923	1,067	1,099
	보증공급액	7,385	6,319	5,714	8,232	15,755	15,327
종신혼합 방식	건수	234	217	164	229	409	374
	연금지급액	655	676	636	627	898	883
	보증공급액	3,476	3,240	2,317	4,076	8,130	7,259
기타	건수	215	192	200	210	304	320
	연금지급액	217	222	204	226	377	308
	보증공급액	1,638	1,565	1,498	1,925	3,400	2,987

① 매월 종신지급방식 1건당 연금지급액은 1.5억 원 이상이다.
② 매월 종신혼합방식 보증공급액은 기타 보증공급액의 2배 이상이다.
③ 종신혼합방식의 보증공급액 대비 연급지급액 비율이 가장 큰 달은 9월이다.
④ 8월 합계 주택연금 보증공급액 중 종신지급방식 보증공급액 비중은 전월 대비 증가했다.
⑤ 11월 기타 연금지급액의 전월 대비 증가율은 보증공급액의 전월 대비 증가율보다 크다.

17 **다음 <표>는 2025년 1~5월 나스닥 증권거래소 종목 시세에 대한 자료이다. 이에 대한 <보기>의 설명 중 옳은 것을 모두 고르면? (단, <표>에 제시된 것 이외의 나스닥 증권거래소 종목은 없는 것으로 가정한다)**

<표> 나스닥 증권거래소 종목 시세(2025년 1~5월)

(단위: $)

구분		1월	2월	3월	4월	5월
A사	고가	2,718	2,794	5,053	4,431	6,706
	저가	2,363	2,500	3,547	3,928	5,595
	종가	2,640	2,697	4,494	4,181	6,704
N사	고가	393	264	432	345	359
	저가	304	201	298	314	328
	종가	316	248	372	338	332
T사	고가	3,514	3,359	5,180	4,677	7,190
	저가	2,900	2,623	4,658	4,055	6,180
	종가	3,452	3,078	5,058	4,651	6,630

※ 1) 종가는 매월 마지막 영업일 16시 종가 기준임

2) 불안정성(%) $= \frac{\text{고가}-\text{저가}}{\text{저가}} \times 100$

<보기>

ㄱ. 조사기간 중 A사는 전월 대비 종가가 하락한 달이 1회이다.
ㄴ. 1월~5월 중 모든 종목에서 종가가 가장 높은 달에 저가도 가장 높다.
ㄷ. 4월에 세 종목 중 A사의 불안정성이 가장 높다.
ㄹ. 1월 종가 대비 5월 종가의 증가율이 가장 높은 종목은 A사이다.
ㅁ. T사의 경우 고가와 저가의 차이가 가장 적게 나는 달은 3월이다.

① ㄱ, ㄴ, ㄷ　② ㄱ, ㄷ, ㄹ　③ ㄱ, ㄹ, ㅁ
④ ㄴ, ㄷ, ㄹ　⑤ ㄷ, ㄹ, ㅁ

[18~19] 다음 <표>와 <조건>은 甲국의 최저임금 변동 현황과 급여 보호 프로그램에 대한 자료이다. 이어지는 물음에 답하시오.

<표> 최저임금 변동 현황

(단위: $, %)

적용 연도	시급	일급 (8시간 기준)	월급 (209시간 기준)	인상률
2018년	4.32	34.56	—	5.1
2019년	4.58	36.64	—	6.0
2020년	4.86	38.88	—	6.1
2021년	5.21	41.68	—	7.2
2022년	5.58	44.64	—	7.1
2023년	6.03	48.24	—	8.1
2024년	6.47	51.76	—	7.3
2025년	7.53	60.24	1,573.77	16.4

※ 甲국의 물가 상승률은 매년 5%임

<조건>

○ 급여 보호 프로그램 지원 금액

- 월 보수 $1,900 미만 상용 근로자: 근로자 1인당 월 $130
- 단시간 근로자(소정근로시간 주 40시간 미만)

소정근로시간(주 단위)	월 지급액
30시간 이상 40시간 미만	$120
20시간 이상 30시간 미만	$90
10시간 이상 20시간 미만	$60
10시간 미만	$30

- 일용 근로자: '월 근로일수' 기준으로 비례 지급

월 근로일수	월 지급액
22일 이상	$130
19일 이상 22일 미만	$120
15일 이상 19일 미만	$100

※ 일 평균 근로시간이 8시간 이상인 경우 8시간 대비 일 평균 근로시간에 비례하여 월지급액을 산정

예 22일 이상인 경우: $130× 일 평균 근로시간÷8

18 **위 <표>에 대한 <보기>의 설명 중 옳은 것을 모두 고르면?**

<보기>

ㄱ. 2021년부터 2025년까지 전년 대비 최저 시급 인상액이 $1를 초과하는 해는 2025년뿐이다.
ㄴ. 최저 월급(209시간 근로한 경우)이 처음으로 $1,200을 초과하는 해는 2022년이다.
ㄷ. 2025년에 단시간 근로자에게 최저임금을 지급하는 고용주의 입장에서 급여 보호 프로그램을 차감한 최저 시급 부담액은 $5 미만이다.
ㄹ. 조사 기간 동안 실질 최저 시급(최저 시급÷소비자 물가)은 지속적으로 상승하였다.

① ㄱ, ㄴ ② ㄱ, ㄷ ③ ㄱ, ㄴ, ㄹ
④ ㄱ, ㄷ, ㄹ ⑤ ㄴ, ㄷ, ㄹ

19 **다음 <표>는 2025년 5월 현재 甲제조사의 근로자 고용 현황이다. 2025년 5월 급여 보호 프로그램 지원 금액의 총액은? (단, 모든 유형의 근로자들은 2025년 최저임금을 보장받는 것으로 가정한다)**

<표> 甲제조사 근로자 고용 현황

구분	인원수	인원별 주요 사항
상용 근로자	13명	월 보수 $1,800
A팀 단시간 근로자	12명	주 35시간 근로
B팀 단시간 근로자	9명	주 25시간 근로
일용 근로자	3명	월 23일, 276시간 근로

① $3,940 ② $4,135 ③ $4,200
④ $4,330 ⑤ $4,525

20 다음 <표>는 코스닥시장 상장 주식 결제 현황을 정리한 자료이다. <표>에 대한 설명으로 옳지 않은 것은?

<표> 코스닥시장 상장 주식 결제 현황

(단위: 천만 주, %, 백억 원)

구분	2017년	2018년	2019년	2020년	2021년	2022년	2023년
거래량	17,869	19,343	20,285	40,464	43,539	25,436	27,392
차감률	84.3	83.7	84.1	88.6	89.2	86.9	86.6
결제량	2,805	3,275	3,220	4,625	4,709	3,330	3,681
거래대금	88,852	120,896	106,012	268,218	294,435	169,755	245,601
증권거래세	264	358	283	659	674	389	481

※ 1) 차감률＝차감량/거래량×100

2) 결제율＝결제량/거래량×100

① 2021년 차감률은 2019년 대비 5% 이상 증가했다.

② 2022년 거래대금은 2018년 대비 40% 이상 증가했다.

③ 2020년 거래대금 대비 증권거래세 비율은 2018년 대비하여 감소했다.

④ 차감량이 가장 큰 해와 가장 작은 해의 차이는 23,000천만 주 이상이다.

⑤ 2017년을 제외한 기간 중 결제율이 전년 대비 감소한 해는 2개년이다.

문제해결능력

21 **다음은 ICT기업 甲사에 채용된 신규직원들이 발령받고 싶어 하는 부서에 대한 글이다. 이를 토대로 할 때, 옳은 것은?**

> 올해 새로 채용된 9명의 신규직원은 각각 기획전략부, 인프라부, 개발설계부로 발령받는데, 이들은 자신이 발령받고 싶어 하는 부서를 각각 1지망, 2지망, 3지망으로 지원할 수 있다. 즉, 자신이 가장 발령받고 싶어 하는 부서를 1지망, 다음 부서를 2지망, 가장 발령받고 싶지 않은 부서를 3지망으로 지원하는 것이다. 다음은 신규직원 9명의 지원 현황에 대해서 알려진 일부이다.
>
> 〈지원 현황〉
>
> ○ 개발설계부보다 인프라부로 발령받고 싶어 하는 신규직원은 2명이다.
> ○ 인프라부보다 기획전략부로 발령받고 싶어 하는 신규직원은 3명이다.
> ○ 개발설계부보다 기획전략부로 발령받고 싶어 하는 신규직원은 3명이다.
> ○ 개발설계부를 3지망으로 지원한 신규직원은 없다.

① 인프라부를 1지망으로 지원한 신규직원은 2명이다.
② 3지망으로 인프라부를 지원한 신규직원이 가장 많다.
③ 기획전략부를 2지망으로 지원한 신규직원은 2명이다.
④ 1지망으로 개발설계부를 지원한 신규직원이 가장 적다.
⑤ 인프라부를 2지망으로 지원한 신규지원과 3지망으로 지원한 신규직원의 수는 동일하다.

[22~23] 다음 글을 읽고 물음에 답하시오.

N은행과 신용보증기금은 우수 중소기업에 대해 지원자금을 5,000억 원 한도 내에서 다음과 같은 〈지침〉에 따라 A, B, C, D기업에 배분하고자 한다.

〈지침〉

1. 평가지표별 점수 부여
   평가지표별로 1위 기업에게는 4점, 2위는 3점, 3위는 2점, 4위는 1점을 부여한다. 다만, 부채비율과 ESG 불이행 항목은 숫자가 낮을수록 순위가 높으며, 나머지 지표는 숫자가 클수록 순위가 높다.
2. 기업 평가순위 부여
   획득한 점수의 합이 큰 기업 순으로 평가순위(1~4위)를 부여한다.
3. 지원금액 및 한도
   평가순위 1위 기업에게는 2,000억 원, 2위에는 1,500억 원, 3위에는 1,000억 원, 4위에는 500억 원까지 지원할 수 있다. 다만, 각 기업에 대한 지원한도는 순자산의 2/3로 제한된다.
4. 추가 인센티브
   IT와 2차전지 업종에 대하여는 상기 지원금액에 20%를 추가하여 지원할 수 있다.
5. 기업별 현황
   다음은 각 기업의 평가지표, 순자산 현황이다.

구분		A	B	C	D
업종		IT	음식료	섬유	2차전지
평가지표	기술력(100점 만점)	95	85	80	70
	영업이익률(%)	10	3	5	7
	부채비율(%)	500	300	200	400
	매출액증가율(%)	15	6	8	10
	ESG 불이행(건수)	7	5	6	3
순자산(억 원)		2,100	600	900	3,000

22 **위 글에 따르를 때, A기업에 대한 지원금액은 얼마인가?**

① 1,580억 원　② 1,630억 원　③ 1,680억 원
④ 1,730억 원　⑤ 1,780억 원

23 **위 글에 따를 때, <보기>에서 옳지 않은 것을 모두 고르면?**

<보기>

ㄱ. 가장 많은 지원금액을 받을 수 있는 기업은 D이다.
ㄴ. 모든 기업의 지원금을 합할 경우 당초 목표했던 지원금액 5,000억 원의 90% 이상을 달성할 수 있다.
ㄷ. IT와 2차전지 업종의 추가 인센티브를 40%로 증액할 경우 당초 목표했던 지원금액 5,000억 원을 초과한다.
ㄹ. 모든 업종에 인센티브 20%를 부여할 경우 당초 목표했던 지원금액 5,000억 원을 초과한다.

① ㄱ, ㄴ ② ㄱ, ㄹ ③ ㄴ, ㄷ
④ ㄴ, ㄹ ⑤ ㄷ, ㄹ

24 **다음 <조건>은 A~G의 자동차 탑승에 대한 정보이다. 항상 참인 것은?**

<조건>

○ A~G는 1~3호차에 탑승한다.
○ 각 자동차는 운전자를 포함하여 2명 이상이 탑승한다.
○ C는 탑승자가 가장 많은 차량에 운전자로 탑승한다.
○ 탑승자가 가장 많은 차량은 1호차이며, E는 1호차에 탑승하며, 운전자로 탑승하지 않는다.
○ F는 1호차에 탑승하지 않으며, B는 3호차에 탑승하지 않는다.
○ B와 F가 같은 차량에 탑승하는 경우 B는 운전자로 탑승하고, B가 G와 같은 차량에 탑승하는 경우 운전자로 탑승하지 않는다.
○ F는 G와 같은 차량에 탑승하지 않으며, 두 명 모두 운전자로 탑승하지 않는다.
○ D는 E, G와 같은 차량에 탑승하지 않는다.
○ 모든 인원이 운전을 할 수 있다.

① A는 1호차에 탑승하지 않는다.
② B는 1호차에 탑승하지 않는다.
③ D는 2호차에 탑승하지 않는다.
④ F는 3호차에 탑승하지 않는다.
⑤ 모든 자동차에 탈 수 있는 사람은 없다.

핵심 개념 플러스+

25 **다음은 갑(甲)국이 시행하고 있는 <현행 DTI제도>와 이를 보완하기 위한 <개선안>을 정리한 것이다. 이에 대해 추론한 내용으로 옳지 않은 것을 <보기>에서 모두 고른 것은?**

<현행 DTI제도>

○ DTI의 정의
- DTI는 총부채 상환 비율로서 연간 소득에서 대출금의 연간 원리금 상환액과 기타 부채의 이자 상환액을 합한 금액이 차지하는 비율임
- DTI 규제는 자신의 기존 대출금 상환액을 포함해서 대출상환액(원금+이자)이 소득의 일정비율을 넘기지 않도록 제한하기 위해 실시하는 제도임
- 예를 들어 연봉이 $30,000이고 DTI 비율이 60%이면 원금+이자 상환액이 $18,000을 넘을 수 없음

○ 적용 비율과 대상
- A지역과 B지역 대부분의 아파트 매매에 적용되고 있으며(단독, 연립, 다세대, 빌라 등은 적용되지 않음), 2020년 9월부터 B지역 전역의 주택 대출에도 DTI 적용
- A지역의 경우 DTI가 50%로 적용
  * A지역 중에서도 A-a구역, A-b구역, A-c구역은 이전과 동일하게 40%가 적용
- B지역의 경우 DTI가 60%로 적용
- DTI는 $50,000가 넘는 대출에만 적용

<개선안>

○ 무주택자 또는 1가구 1주택자가 주택 구입 시 금융회사가 자율적으로 DTI 적용 시행

○ 소득 중심의 심사과정에서 자산 비중을 늘려 소유자산도 고려해 한도를 설정하도록 추진

○ 같은 소득이라도 나이가 다르면 한도의 차등화(젊은 층에 유리)를 추진

<보기>

ㄱ. 갑(甲)국은 미래 기대 수익에 따라 대출한도도 조정되어야 한다고 본다.

ㄴ. 고액 대출이 주로 부동산 투기와 연결된다고 가정하면 DTI 제도 시행 당시 A지역 중 A-a구역, A-b구역, A-c구역, 그다음으로 이외의 A지역, 그리고 B지역의 순으로 부동산 투기의 과열 양상을 보였을 것이다.

ㄷ. 현행 DTI 제도에서는 연령이 30세, 연봉은 $50,000로 같더라도, 부동산을 가지고 있는 사람은 그렇지 못한 사람보다 주택담보대출을 더 많이 받게 된다.

ㄹ. 현행 DTI 제도는 A지역에서 아파트를 구매하기 위해 $30,000를 대출하려는 사람에게도 적용된다.

① ㄱ, ㄴ　　② ㄱ, ㄷ　　③ ㄱ, ㄹ
④ ㄴ, ㄷ　　⑤ ㄷ, ㄹ

26 **다음 글을 읽고 주어진 <데이터>를 비파괴적 압축방식으로 압축할 때 그 결과로 적절한 것을 고르면?**

MP3의 압축 방식은 우리가 알고 있는 zip이나 arj 등과 같은 일반적인 압축 방법보다 복잡한 알고리즘을 갖고 있다. MP3의 압축 방식을 이해하기 위해서는 파일 및 소리의 특성에 따라 압축 방식을 다르게 사용해야 한다는 점을 인식해야 한다.

먼저 컴퓨터에서 일반적으로 사용되는 압축 방법은 비파괴적인 방식으로, 데이터를 압축하고 복원하는 과정에서 데이터의 변경이나 손실이 전혀 없는 방식이다. 예를 들어 '한글'로 작업한 문서를 zip으로 압축해서 인터넷으로 송신했다고 하자. 만약 압축 과정에서 데이터가 변경되거나 손실되면 문서를 받는 사람이 내용을 정확하게 알아볼 수 없다. 이때 비파괴적인 압축 방식을 사용한다.

비파괴적인 압축 방식의 알고리즘은 상당히 단순하다. 연속되면서 동일한 데이터를 그 데이터와 반복 횟수로 표시하는 방법을 사용한다. 예를 들어 반복이 없으면 그 데이터만 표시되고, '5555555'처럼 반복되는 경우는 '5-7'로 표시된다. 같은 데이터의 반복이 많은 파일일수록 압축률은 높아진다. 이 방식을 사용하면 문서 파일은 연속된 데이터가 많기 때문에 일반적으로 3분의 1 이상 줄어들고, Wave파일은 약간 밖에는 줄어들지 않는다. 사운드와 같은 멀티미디어 데이터들은 일반 문서나 실행 파일과는 달리 연속되는 데이터가 적기 때문이다. 따라서 소리나 음악 파일은 비파괴적인 방법으로 압축하지 않고 다른 복잡한 알고리즘을 가진 파괴적인 압축 방법을 사용하게 된다.

파괴적인 압축 방식은 한번 압축한 후에는 원형으로 복원이 어려운 반면 압축률은 상당히 높아진다. 일반 문서나 실행 파일과 같이 정확한 복원을 목적으로 하는 경우에는 사용할 수 없다. 반면 사운드나 그림 데이터와 같이 약간 음질이 손상되고 화질이 저하되어도 듣거나 보기에 무리가 없는 경우에 주로 사용된다. JPEG나 MPEG 등이 파괴적인 압축 방식에 속한다.

<데이터>

7 6 6 6 1 2 3 3 8 8 9 9 9 9 5 4 4 4

① 7 - 63 - 123 - 2 - 32 - 82 - 94 - 5 - 43
② 7 - 63 - 123 - 28 - 294 - 54 - 3
③ 76 - 3123 - 28 - 29 - 454 - 3
④ 76 - 3123 - 28 - 294 - 54 - 3
⑤ 76 - 2123 - 282 - 9 - 454 - 3

[27~28] 다음 글을 읽고 물음에 답하시오.

서울의 N은행 A지점에서 근무하고 있는 김 행원은 대전의 B지점으로 출장을 가려고 한다. 출장 당일 김 행원은 오전 9시부터 11시까지 A지점에서 진행되는 회의에 참석한 후, 회의가 끝나는 즉시 출장길에 올라 오후 1시 40분까지 B지점에 도착해야 한다. 출장 편도 교통비로는 25,000원이 주어졌고, 김 행원은 이 교통비만으로 편도 운임을 모두 충당할 계획이다. 〈그림〉은 A지점에서 B지점까지의 이동 경로를 나타내고, 〈표〉는 이용 가능한 교통수단에 따른 소요시간 및 비용을 나타낸다. 〈그림〉 및 〈표〉에 주어진 교통수단별 소요시간과 비용 이외의 다른 소요시간과 비용은 고려하지 않는다.

<그림> 이동경로 및 이용 가능 교통수단

<표> 교통수단별 소요시간 및 비용

구분	A지점 → 서울역		서울역 → 대전역		대전역 → B지점	
	소요시간	비용	소요시간	비용	소요시간	비용
택시	25분	9,000원	—	—	15분	7,000원
전철	40분	1,500원	—	—	30분	1,400원
KTX	—	—	1시간	23,000원	—	—
새마을호	—	—	1시간 40분	16,000원	—	—

※ '—'로 표시된 칸의 소요시간 및 비용은 고려하지 않음

27 **위 글에 따를 때 김 행원이 이용할 교통수단을 순서대로 나열한 것은?**

① 택시 → KTX → 택시
② 택시 → 새마을호 → 전철
③ 전철 → KTX → 택시
④ 전철 → 새마을호 → 택시
⑤ 전철 → 새마을호 → 전철

28 **출장 당일 아침 김 행원은 B지점의 이 행원으로부터 다음과 같은 연락을 받았다. 위 글과 <연락 내용>에 따를 때 <보기> 중 옳지 않은 것을 모두 고르면? (단, 지점 차량을 이용하는 데에는 비용이 들지 않는다)**

<연락 내용>

- 이 행원: 김 행원님, 안녕하세요. B지점에서 근무하고 있는 이 행원입니다.
- 김 행원: 네, 안녕하세요.
- 이 행원: 오늘 저희 B지점으로 출장을 오신다고 들었습니다. 제가 지점 차량을 이용하여 대전역까지 모시러 갈 테니, 김 행원님께서는 오후 1시 10분까지 대전역에 도착해 주시기 바랍니다.
- 김 행원: 네, 알겠습니다.

<보기>

ㄱ. 김 행원은 A지점에서 서울역까지 이동할 때 택시를 이용할 수도 있고, 전철을 이용할 수도 있다.
ㄴ. 김 행원은 서울역에서 대전역까지 이동할 때 반드시 새마을호를 이용해야 한다.
ㄷ. 김 행원이 소요시간을 최소화한다면 A지점에서 대전역까지 이동하는 데 2시간 5분이 소요된다.
ㄹ. 김 행원이 비용을 최소화한다면 A지점에서 대전역까지 이동하는 데 24,500원이 든다.

① ㄱ ② ㄴ, ㄷ ③ ㄴ, ㄹ
④ ㄱ, ㄷ, ㄹ ⑤ ㄴ, ㄷ, ㄹ

[29~30] 다음 글을 읽고 물음에 답하시오.

A사의 회원 비밀번호 암호화 규칙은 다음과 같다.

1. 회원 비밀번호는 8자리이며, 영문(소문자), 숫자, 특수기호를 각각 1자리 이상씩 이용해야 한다.

2. 영문 변환 코드

a	b	c	d	e	f	g	h	i
01	02	03	04	05	06	07	08	09
j	k	l	m	n	o	p	q	r
00	10	11	12	13	14	15	16	17
s	t	u	v	w	x	y	z	
18	19	20	21	22	23	24	25	

3. 숫자 변환 코드

1	2	3	4	5	6	7	8	9
51	52	53	54	55	56	57	58	59

4. 특수기호 변환 코드

!	@	#	$	%	^	&	*
81	82	83	84	85	86	87	88

29 **A사에 회원으로 가입한 김○○이 비밀번호를 noname3$으로 설정하였다. 다음 중 위의 글을 기준으로 했을 때 김○○의 비밀번호를 변환한 암호화 코드로 옳은 것은?**

① 1314130112055384
② 1314131021555384
③ 1314330121505184
④ 1314311012503584
⑤ 1314311021053584

30 **위의 글을 바탕으로 했을 때 사용할 수 없는 비밀번호는?**

① 0109178554510102
② 1114210581815152
③ 5209135184031484
④ 5557015453210113
⑤ 8802010224535381

스터디원 풀이 결과

최고 득점자 A	상위 30% 컷 득점자 B	최빈값 득점자 C	하위 30% 컷 득점자 D
✔ 경상계열 ✔ 필기 합격 경험 ○ (농협중앙회)	✔ 인문계열 ✔ 필기 합격 경험 ○ (농협은행, 신한은행)	✔ 교육계열 ✔ 필기 합격 경험 ○ (신협)	✔ 인문계열 ✔ 필기 합격 경험 ×

문항 번호	나의 풀이 결과	스터디원 풀이 결과				문항 번호	나의 풀이 결과	스터디원 풀이 결과			
		A	B	C	D			A	B	C	D
01		×	×	○	×	16		○	○	○	○
02		○	○	○	○	17		○	×	○	×
03		○	○	○	○	18		×	×	○	×
04		×	×	×	×	19		×	×	×	×
05		○	○	○	○	20		○	○	×	×
06		○	×	×	×	21		○	○	○	×
07		○	○	○	○	22		○	○	×	○
08		○	○	×	×	23		○	×	×	○
09		○	○	×	×	24		○	○	×	×
10		○	○	×	×	25		○	×	×	○
11		○	○	○	○	26		○	○	○	○
12		×	×	×	×	27		○	○	○	○
13		○	×	○	○	28		○	○	○	○
14		○	×	○	○	29		○	○	○	○
15		○	○	×	×	30		○	○	○	×
						합계	/ 30	25/30	19/30	17/30	15/30

득점 분포 그래프

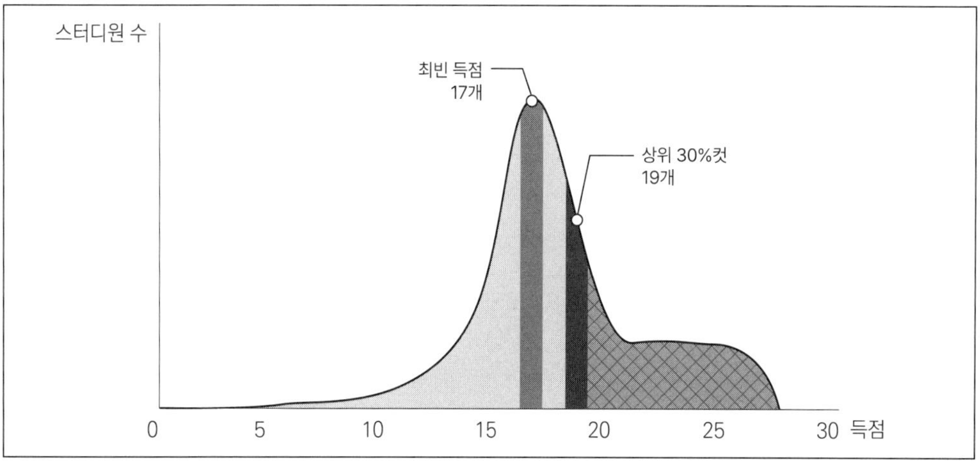

문항별 정답률

문항 번호	01	02	03	04	05	06	07	08	09	10
상위 30%(A)	50%	94%	88%	63%	100%	72%	91%	88%	97%	94%
전체(B)	56%	94%	92%	50%	100%	42%	83%	58%	48%	58%
(A−B)	−6%p	0%p	−4%p	13%p	0%p	30%p	8%p	30%p	49%p	36%p
문항 번호	11	12	13	14	15	16	17	18	19	20
상위 30%(A)	75%	42%	59%	81%	72%	65%	63%	38%	44%	63%
전체(B)	69%	42%	63%	71%	42%	73%	67%	29%	23%	38%
(A−B)	6%p	0%p	−4%p	10%p	30%p	−8%p	−4%p	9%p	21%p	25%p
문항 번호	21	22	23	24	25	26	27	28	29	30
상위 30%(A)	81%	97%	53%	72%	38%	97%	69%	97%	97%	94%
전체(B)	52%	83%	56%	29%	42%	92%	71%	83%	92%	73%
(A−B)	29%p	14%p	−3%p	43%p	−4%p	5%p	−2%p	14%p	5%p	21%p

- 이번 회차의 결정적 문항 09 24
- 위 2개 문항은 득점 상위 30% 스터디원의 정답률과 전체 스터디원의 정답률이 40%p 이상 차이 나는 문항으로, 합격권에 들기 위해 꼼꼼한 복습이 필요합니다.

결정적 문항 오답 패턴 분석

09번

해당 문항에서 정답률 격차가 큰 원인은 문제에서 '수입 극대화 여부' 판단을 위해 구체적인 수입 계산을 요구함에도 불구하고, 이를 생략하거나 잘못 계산한 데 있다. 오답자들은 각 선택지에서 따로 팔 때와 묶어 팔 때의 매출 비교 또는 조건 변화에 따른 가격 설정 변경의 필요성을 명확히 따지지 않았다. 특히 선택지 ①, ②, ③처럼 매출 차이를 계산해야 하는 선택지에서 오판이 많았으며, 선택지 ⑤의 경우 '이윤 극대화'의 의미를 묶어 팔기만이 유일한 해법으로 오해하여 맞는 내용으로 여긴 경우가 많았다. 복습 시에는 묶어 팔기 상황에서의 총 지불용의 합계 비교와 가격 설정의 유연성, 수입 비교 계산을 정확히 훈련하는 것이 필요하다.

24번

복잡한 조건을 한꺼번에 처리하려다 주요 전제를 놓친 경우가 많았다. 특히 '1호차에 가장 많은 인원이 탑승하고, 그 차량에 C가 운전자로, E가 동승자로 탑승한다.'는 조건을 통해 1호차에 3명이 타고 나머지 차량에 각 2명이 탄다는 기본 구조를 먼저 도식화했어야 한다. 선택지 ②(B는 1호차에 탑승하지 않는다)와 ④(F는 3호차에 탑승하지 않는다)를 고른 응답자는, B와 F의 위치를 조건에 따라 충분히 분기해 보지 못한 채 일부 가능성을 배제하거나 고정된 사실로 오해했다. 이러한 실수를 방지하기 위해서는 반드시 고정 조건을 먼저 정리한 후, 주요 인물(B, F, G)의 상호관계를 중심으로 경우의 수를 체계적으로 도식화하며 좁혀가는 훈련이 필요하다.

DTI(Debt To Income Ratio, 총부채상환비율) +관련 문항 25

DTI는 금융기관이 대출을 취급할 때 차주의 상환능력을 평가하기 위해 사용하는 대표적인 지표로, 은행 여신심사 및 건전성 관리에서 매우 중요한 역할을 한다. DTI는 **차주의 연간 총소득 대비 연간 부채 원리금 상환액의 비율**을 나타내며, **차입자의 소득 수준에 비해 얼마나 많은 부채를 부담하고 있는지를 파악**하는 데 유용하다. 특히 주택담보대출과 같이 장기 금융상품을 취급할 때 리스크를 사전에 점검하고, 무리한 대출을 억제하기 위한 중요한 기준이 된다. 「은행업 감독규정」에서는 DTI 비율을 다음과 같이 산정한다.

DTI=(해당 주택담보대출의 연간 원리금 상환액+기타부채의 연간 이자상환액)/연소득* × 100
* 근로소득, 사업소득, 금융소득 등을 포함한 총소득

은행 취업 필수 키워드

✎ DSR(Debt Service Ratio, 총부채원리금상환비율)

DSR은 **차주의 상환능력 대비 원리금상환부담**을 나타내는 지표로서, 차주가 보유한 모든 대출의 연간 원리금상환액을 연간소득으로 나누어 산출된다.

DSR=(연간 총부채 상환액* ÷ 연소득) × 100
* 주택담보대출, 신용대출, 전세자금대출, 학자금대출, 마이너스통장, 카드론 등 모든 대출의 원금+이자 상환액을 합산

✎ LTV(Loan to Value, 담보인정비율)

LTV는 대출을 받을 때 담보가 되는 **주택 가치에 대한 대출금의 비율**을 말한다. 예를 들어 아파트 감정가격이 5억 원이고 LTV가 70%이면 금융기관으로부터 3억 5천만 원의 주택담보대출을 받을 수 있다. DSR, DTI가 개인의 소득과 상환액을 중심으로 대출의 적정성을 판단하는 지표라면, LTV는 담보물인 주택 가격을 기준으로 삼는 지표이다.

LTV=(주택담보대출+선순위채권+임차보증금 등)/담보가치 × 100

당초 LTV 규제는 은행권을 중심으로 내규에 반영하여 자율적으로 시행해 오다가 금융기관의 경영 안정성 유지, 주택가격 안정화 등을 위한 주택담보대출 규모의 관리 필요성이 제기되면서 감독규제 수단으로 도입되었다. 최근에는 가계부채 증가 억제 및 부동산경기 조절 등 거시건전성정책 수단으로 활용되고 있으며, 금융기관별, 지역별로 세분화하여 차등 적용되고 있다.

✎ ISA(Individual Savings Account, 개인종합자산관리계좌)

일명 '만능통장'으로 불리는 ISA는 **한 계좌에 예·적금, 펀드, ELS 등 다양한 금융상품을 담아서 운용하면서 손익통산 및 비과세(저율분리과세) 혜택을 받을 수 있는 상품**이다. 저금리, 고령화 시대에 노후 대비 및 국민의 장기 재산 형성을 지원하기 위해 정부 차원에서 시행한 세제혜택 상품으로 전 금융기관을 통틀어 1인 1계좌만 개설이 가능하다.

예대율

대출금을 예수금으로 나눈 비율 또는 예금 잔액에 대한 대출금 잔액의 비율을 말한다. 일반적으로 예금에 비해 대출이 많은 오버론(over - loan)의 정도를 파악하는 자료로 쓰이며, 각 은행이 조달한 예수금을 초과하여 대출을 취급하는 것을 지양하도록 유도하기 위한 지표다.

예대율=(원화대출금－동대출 관련 차입금)/(가용예금＋원화금융채＋가용자기자본)×100

예대율의 표준비율은 100%이다. 예금보다 대출이 많으면 예대율이 100%를 넘으므로 은행경영에 적신호가 켜진 셈이고, 예대율이 100%에 크게 미치지 못하면 자금을 제대로 운용하지 못하는 것으로 평가된다.

기술금융

기술금융은 기술을 보유한 기업이나 기술 자체의 경제적 가치를 평가하여 자금을 지원하는 금융활동을 의미한다. 전통적인 담보나 신용보다는 기술력, 기술사업화 가능성, 기술의 시장성 등을 평가 기준으로 삼기 때문에, 혁신적인 중소·벤처기업의 자금 조달에 중요한 역할을 한다.

[표] 기술금융의 다양한 유형

구분	세부 내용
기술보증	기술력이 우수한 중소기업에 대해 보증기관(예 기술보증기금)이 은행에 보증을 제공함으로써 대출을 가능하게 함
기술평가대출	은행이 기업의 기술가치평가 결과를 바탕으로 대출 실행(무담보 신용대출)
기술이전 금융	기업이 보유한 기술을 다른 기업에 이전하거나 라이선싱하는 데 필요한 자금을 지원
IP 담보대출	특허·상표 등 지식재산권을 담보로 대출을 제공
기술기반 투자	벤처캐피털이나 정책기관 등이 기술력을 보고 자본을 투자

은행의 AI 활용 방안

은행에서는 그동안 인공지능 기술이 챗봇, 로보어드바이저 등 일부 한정된 분야에 적용되어 왔으나 점차 기술이 발전함에 따라 신용평가 등 전통적 업무영역에도 AI가 적극 도입되고 있는 추세이다.

[표] 은행에서의 AI 활용 분야

활용 분야	AI 적용 방안 예시
고객응대	챗봇, 음성봇, AI 콜센터, 24시간 고객 상담
여신심사 및 리스크	AI 신용평가, 이상거래탐지(FDS), 리스크 조기경보 시스템
맞춤형 서비스	상품 추천, 소비 분석 기반 초개인화 서비스, 로보어드바이저
보안 및 인증	얼굴·음성 인식, 이상 로그인 탐지, AI 기반 사이버보안
내부업무 자동화	AI OCR, 문서 자동분류 및 요약, RPA
마케팅	고객 행동 분석, 이탈 예측, 캠페인 효과 분석
투자 및 트레이딩	로보어드바이저(알고리즘 매매), 시장 뉴스·정서 분석
금융 포용성 확대	대안적 신용평가(비금융 데이터 기반), AI 마이크로대출

배현우

혼JOB NCS 대표 강사. 풍부한 교육 경험을 바탕으로 한 실속 있는 강의로 다수의 금융권, 공기업 합격생을 배출했다. 한국자산관리공사 취업잡이 캠프, 청년재단 필기 특강, 지역대학 연합캠프 NCS 클리닉 과정 등을 담당했으며, 건국대, 국민대, 성신여대, 세종대, 이화여대, 중앙대, 한국외대 등 여러 대학에서 NCS 강의를 진행하고 있다.

혼JOB취업연구소

㈜커리어빅이 운영하는 취업 전문 연구소. 분야별 전문성을 바탕으로, 채용 시장 분석, 수험서 개발, 취업 강의, 교육 컨설팅 등 다양한 영역에서 활동하고 있다.

혼JOB 은행 NCS를 위한 피셋PSAT 300제

초판 1쇄 발행 2025년 9월 6일
초판 2쇄 발행 2025년 9월 26일

편 저 자 배현우 혼JOB취업연구소

발 행 인 석의현
기획·편집 이선주 전준표 박효빈
디 자 인 안신영
마 케 팅 김경숙

발 행 처 ㈜커리어빅
등 록 2018년 11월 26일(제2019-000110호)
주 소 서울특별시 종로구 인사동5길 25, 하나로빌딩 408호
전 화 02)3210-0651
홈페이지 www.honjob.co.kr
이 메 일 honjob@naver.com

가 격 27,000원
I S B N 979-11-91026-89-4(13320)

※ 정오 문의 및 정오표 다운로드는 홈페이지 내 고객센터를 이용해 주시기 바랍니다.

나만의 성장 엔진
www.honjob.co.kr

혼JOB

자소서 / 면접 / NCS·PSAT / 전공필기 / 금융논술 / 시사상식 / 자격증

금피셋&은피셋 시리즈

은행NCS를 위한
피셋 PSAT 300제

국민은행
기업은행
농협은행
신한은행
하나은행
수협은행
iM뱅크
BNK금융그룹
농협중앙회
신협중앙회
새마을금고중앙회
금융감독원
신용보증기금
한국산업은행
한국수출입은행

정답 및 해설

은행권 필기 합격을 위한
고난도 문제 풀이 훈련

- 금피셋과 100% 다른 문항으로 엄선
- 기출 유형 및 소재 완벽 반영
- 피셋기출 8회분 + 출제예상 2회분
- 명쾌한 풀이 전략을 담은 맞춤형 해설

혼JOB

금피셋&은피셋 시리즈

은행 NCS를 위한 피셋 PSAT 300제

국민은행
기업은행
농협은행
신한은행
하나은행
수협은행
iM뱅크
BNK금융그룹
농협중앙회
신협중앙회
새마을금고중앙회
금융감독원
신용보증기금
한국산업은행
한국수출입은행

정답 및 해설

은행권 필기 합격을 위한
고난도 문제 풀이 훈련

- 금피셋과 100% 다른 문항으로 엄선
- 기출 유형 및 소재 완벽 반영
- 피셋기출 8회분 + 출제예상 2회분
- 명쾌한 풀이 전략을 담은 맞춤형 해설

혼JOB

정답 및 해설

PART 1

피셋기출 모의고사

제1회 피셋기출 모의고사

[정답표]

01	02	03	04	05	06	07	08	09	10
①	①	③	③	①	③	④	①	④	⑤
11	12	13	14	15	16	17	18	19	20
①	④	⑤	⑤	④	③	③	⑤	①	⑤
21	22	23	24	25	26	27	28	29	30
③	④	③	①	③	③	①	④	⑤	③

01 난이도 ★★★ 정답 ①

구조 파악

제시문은 주식회사의 이사 선임 방식인 단순투표제와 집중투표제의 특징과 차이점을 설명하고 있다. 단순투표제의 한계와 이를 보완하기 위한 집중투표제의 도입 그리고 현재 집중투표제의 활용 현황을 순차적으로 설명하고 있다. 각 문단의 주요 내용을 정리하면 다음과 같다.

1문단	주식회사 이사 선임의 기본 원칙을 설명하고 있다. 주주총회에서 이사를 선임하며, 1주 1의결권 원칙에 따라 주식 보유 비율만큼 의결권을 가진다.
2문단	단순투표제의 특징과 한계를 설명하고 있다. 각 이사 후보자별로 별도 의결이 이루어지며, 50% 초과 지분 보유 주주가 모든 이사를 선임할 수 있어 소수주주의 권익이 침해될 수 있음을 지적하고 있다.
3문단	집중투표제의 특징과 작동 방식을 설명하고 있다. 복수의 이사를 한 번에 선임하며, 주주가 보유한 의결권을 특정 후보에게 집중할 수 있어 소수주주의 이사 선임 가능성을 높일 수 있음을 구체적 예시와 함께 설명하고 있다.
4문단	집중투표제의 시행 조건과 현황을 설명하고 있다. 정관에 배제 규정이 없어야 청구 가능한 옵트아웃 방식이 적용되나, 현재 대부분의 상장회사가 배제 규정을 두고 있어 활용이 미미함을 설명하고 있다.

해설

① (○) 단순투표제에서는 이사 선임 건수만큼 각각 1표씩 행사하므로 결과적으로 선임할 이사 수만큼의 의결권을 행사하게 된다. 집중투표제에서도 제시문의 예시처럼 5인의 이사를 선임할 때 25주를 가진 주주는 125개(25×5)의 의결권을 가지므로, 1주당 의결권 수가 선임할 이사 수와 동일하다.

② (X) 선임할 이사 수가 많아질수록 소수주주가 의결권을 한 후보에게 집중할 수 있는 기회가 증가하므로, 오히려 대주주에게는 불리하다. 제시문의 예시에서도 25% 지분을 가진 소수주주가 자신의 의결권을 집중하여 이사 선임 가능성을 높일 수 있다고 설명하고 있다.

③ (X) 집중투표제가 소액주주의 이사 선임 가능성을 높일 수 있다고 했지만, 반드시 선임된다고 보장하지는 않으며, 확률이나 조건에 따라 결과가 달라질 수 있다.

④ (X) 제시문에서는 주주가 집중투표를 청구하기 위해서는 정관에 집중투표를 배제하는 규정이 없어야 한다고 설명하고 있다. 즉, 정관에 규정이 없을 때 오히려 청구가 가능한 옵트아웃 방식이 적용된다.

⑤ (X) 단순투표제에서 찬성 수를 가장 많이 얻은 순서대로 선임된다고만 설명하고 있을 뿐, 과반수 득표가 필요하다는 내용은 언급하지 않았다.

02 난이도 ★ 정답 ①

구조 파악

제시문은 국내 물가상승의 주요 원인과 이에 따른 정책적 대응 방안을 설명하고 있다. 물가상승의 주된 요인으로 원자재 가격과 글로벌 공급망 차질을 지목하고, 이에 대한 대응으로 통화긴축 정책의 중요성과 저소득층 중심의 선별적 지원을 강조하며, 향후 구조적 물가 불확실성에 대한 대비가 필요함을 논하고 있다. 각 문단의 주요 내용을 정리하면 다음과 같다.

1문단	국내 물가 상승의 원인 분석: 원자재 가격이 가장 큰 영향을 미치며, 글로벌 공급망 차질이 환율과 유사한 수준으로 영향을 주고 있다. 국내 수요압력은 미국보다 낮은 것으로 확인되었으며, 2022년 2분기 물가상승의 60%가 원자재 가격과 공급망 차질에서 기인하였다.
2문단	통화정책 관련 시사점: 선제적 통화긴축으로 점진적 기준금리 인상을 유지하고 있으며, 기대인플레이션 상승, 보복소비 가능성, 환율 불안정성으로 인해 통화긴축이 중요하나 국내 수요압력이 낮은 점을 고려할 필요가 있다.
3문단	여타 정책 대응 방향: 통화정책과의 일관성 유지가 필요하며, 포괄적 감세와 보조금 지급은 한계가 있으므로 저소득층 중심의 선별적 지원이 필요하다.
4문단	향후 전망과 과제: 중앙은행 긴축으로 물가상승세 완화가 기대되나 팬데믹, 지정학적 갈등, 기후변화로 인한 구조적 불확실성이 존재하며, 저물가 회귀가 어려운 만큼 경기변동 조절과 구조적 대비가 필요하다.

해설

① (X) 미국에 비해 국내에서는 수요압력이 물가상승에 기여하는 바가 크지 않다고 했으므로, 미국이 국내보다 수요압력이 크다.

② (O) 중앙은행의 긴축으로 물가상승세가 완화되더라도 팬데믹, 지정학적 갈등, 기후변화 등의 영향으로 구조적 물가 불확실성이 확대될 수 있다고 하였다.

③ (O) 선제적으로 통화긴축을 실시한 덕분에 점진적인 기준금리 인상경로를 유지하고 있다고 하였다. 즉, 선제적 통화긴축이 기준금리 인상경로에 영향을 미친다는 것을 알 수 있다.

④ (O) 국내 물가 상승의 주요 원인이 글로벌 요인에 있다고 하였다.

⑤ (O) 포괄적 에너지 지원정책이 총수요압력 완화를 위한 통화긴축과도 일관되지 않는 측면이 있다고 하였다.

03 난이도 ★★★ 정답 ③

구조 파악

자연스러운 문단 배열의 순서를 정하기 위해 각 문단의 핵심 내용을 정리하면 다음과 같다.

(가)	• 글에서 다루고 있는 현상의 문제점을 다룬 문단이다. • 대기업집단의 문제점: 시장지배력을 통한 과도한 영향력 행사, 내부거래를 통한 시장 독과점, 소유·지배 구조의 왜곡, 경영권 승계를 통한 경제력의 개인 집중
(나)	• 해결방안을 다룬 문단이다. • 규제를 통해 대기업집단의 소유분산, 업종전문화, 기업지배구조 개선 등의 목표
(다)	• 우리나라 경제력 집중의 역사적 특징을 다룬 문단이다. • 발생 과정: 정부의 특혜와 지원 → 독과점적 지위 → 새로운 시장 진입과 지배력 확장
(라)	• 경제력과 경제력 집중의 개념 정의를 다룬 문단이다. • 경제력의 정의: 경제적 자원이나 수단으로 다른 경제주체의 선택에 영향을 미치는 힘 • 경제력 집중의 정의: 경제력이 특정 경제주체에 집중되는 현상 • 경제력 집중의 구분: 시장집중과 일반집중
(마)	• 경제력 집중의 긍정적·부정적 측면을 설명하는 문단이다. • 긍정적 측면: 규모의 경제와 범위의 경제를 통한 경제적 효율성 증대 • 부정적 측면: 시장기능 왜곡, 자원배분 비효율성, 소비자 후생 저하, 대기업집단의 경우 개별 시장의 독과점과 경쟁 제한 가능성 증가

해설

문단의 논리적 연결 관계를 분석해 보면 다음과 같다. 경제력과 경제력 집중의 개념을 정의하고 있는 (라)가 전체 내용의 시작점이 되어야 자연스럽다. 이어서 앞서 정의된 경제력 집중의 긍정적·부정적 영향을 설명하고 있는 (마)가 (라) 다음에 위치하는 것이 적절하다. (다)는 '한편'이라는 접속어를 사용하여, 앞 문단 (마)에서 다룬 일반적인 영향 설명을 바탕으로 우리나라에서의 특수한 양상과 그 문제점을 제기하는 방향으로 논의를 전환하고 있다. (가)는 (다)에서 설명한 역사적 과정의 결과로 나타난 대기업 집단의 구체적인 문제점을 설명하고 있으므로 (다) 뒤에 (가)가 이어지는 것이 바람직하다. 마지막으로 (나)는 '따라서'라는 접속어를 사용하여 앞서 제기된 문제점들에 대한 법적 규제 방안을 제시하며 글을 마무리하고 있다. 이러한 논리적 흐름을 고려할 때 (라) – (마) – (다) – (가) – (나)의 순서가 가장 적절하다.

04 난이도 ★★ 정답 ③

구조 파악

제시문은 기업의 경영자가 개인적 이득을 위해 재무제표에 개입하는 '이익조정'의 개념과 그 두 가지 유형인 '실물이익조정'과 '장부상 이익조정'에 대해 설명하는 글이다. 각 문단의 주요 내용을 정리하면 다음과 같다.

1문단	• 기업 경영자가 개인적 이득을 위해 재무제표상 이익을 조정하는 이유 • '이익조정'의 개념 정의와 '이익조작'과의 차이점
2문단	• '실물이익조정'의 개념과 예시 • 생산이나 판매 의사결정을 통해 실제 자원이나 자금 흐름에 영향을 주며 이익을 조정함
3문단	• '장부상 이익조정'의 개념과 예시 • 실질적 자원 흐름과 무관하게 회계처리 방식 변경을 통해 이익을 조정함

해설

ㄱ. (O) 기업 A의 경영자는 실제 생산량을 비정상적으로 늘려 당기 이익을 높이고자 했다. 이는 제시문에서 설명한 생산이나 판매에 대한 의사결정을 통해 다양한 물적·인적 자원이나 자금의 흐름에 실제로 영향을 주면서 이익을 조정하는 실물이익조정에 해당한다. 생산량을 늘리는 것은 실제 기업 활동을 변경하는 것으로, 실질적인 자원의 흐름에 영향을 미치기 때문이다.

ㄴ. (X) 기업 B의 경영자가 광고비를 대폭 늘려 당해 연도 이익을 낮추었다는 사례는 장부상 이익조정이 아니라 실물이익조정에 해당한다. 광고비 지출을 늘리는 것은 제시문에서 언급한 연구개발비 삭감과 유사한 실제 자금 흐름에 영향을 주는 행위로, 실물이익조정에 해당한다. 장부상 이익조정은 실질적인 자원의 흐름과 무관하게 회계

처리 방식의 변경을 통해 이익을 조정하는 것인데, 이 사례에서는 실제 광고비 지출을 늘렸기 때문에 장부상 이익조정이 아니다.

ㄷ. (○) 기업 C의 경영자는 재고자산의 단가 계산 방식을 변경하여 이익을 상향 조정했다. 이는 제시문에서 설명한 실질적인 자원의 흐름과는 무관하게 회계처리 방식의 변경을 통해 이익을 조정하는 장부상 이익조정에 해당한다. 실제로 생산이나 판매에 대한 의사결정을 바꾼 것이 아니라, 단순히 재고자산의 가치를 계산하는 회계적 방식만 변경했기 때문이다.

05 난이도 ★ 정답 ①

구조 파악

제시문은 지문 인식 시스템의 원리와 종류, 인식 과정에 대해 설명하고 있으며, 제시문에 명시적으로 드러난 정보를 정확히 파악할 수 있는지 평가하는 문항이다. 각 문단의 주요 내용을 정리하면 다음과 같다.

1문단	지문의 정의와 지문이 신원 확인을 위한 생체 정보로 사용되는 이유
2문단	지문 인식 시스템의 기본 원리와 지문 입력 장치의 작동 방식
3문단	광학식 지문 입력 장치의 구성 요소와 작동 원리
4문단	정전형 센서식 지문 입력 장치의 구성 요소와 작동 원리
5문단	초전형 센서식 지문 입력 장치의 구성 요소와 작동 원리
6문단	지문 인식 시스템의 단계적 과정: 생체 정보 수집, 전처리, 특징 데이터 추출, 정합

해설

① (○) 3문단에서 광학식 지문 입력 장치는 조명 장치, 프리즘, 이미지 센서로 구성되어 있다고 하였으므로 광학식 지문 입력 장치에는 프리즘이 필요하다는 것을 알 수 있다.

② (X) 1문단에서 홍채, 정맥, 목소리 등과 함께 지문은 신원을 확인하기 위한 중요한 생체 정보로 널리 사용되고 있다고 하였다.

③ (X) 5문단의 "이 장치(초전형 센서식 지문 입력 장치)는 다른 지문 입력 장치보다 소형화할 수 있어 스마트폰과 같은 작은 기기에 장착할 수 있다."를 통해 알 수 있다.

④ (X) 3문단에서 "융선 부분에 묻어 있는 습기나 기름이 반사면에 얇은 막을 형성한다."라고 했으며, "이 장치는 지문이 있는 부위에 땀이나 기름기가 적은 건성 지문인 경우에는 온전한 지문 영상을 획득하기 어렵다."라고 하였다. 따라서 융선 모양의 얇은 막이 형성되어야 온전한 지문 영상을 얻을 수 있다.

⑤ (X) 5문단의 "센서가 늘어선 방향과 직각 방향으로 손가락을 접촉시킨 채 이동시키면, 접촉면과 지문의 융선 사이에 마찰열이 발생하여 융선과 골에 따라 센서의 온도가 달라진다."에 따르면 초전형 센서식 지문 입력 장치에서는 손가락을 움직여야 온도 차이가 발생하고 지문 영상을 얻을 수 있다.

06 난이도 ★★ 정답 ③

구조 파악

지문 입력 장치(㉠~㉢)의 작동 원리를 정확히 이해하고, 각 장치에서 감지되는 물리량(빛의 세기, 전하량, 온도)의 차이를 추론할 수 있는지 평가하는 문항이다. 각 지문 입력 장치의 물리적 원리를 정확히 이해하는 것이 중요하다. 특히 융선과 골의 차이가 각 장치에서 어떤 물리량의 차이로 나타나는지 논리적으로 추론해야 한다. 융선은 손가락이 입력 장치에 직접 닿는 부분이고, 골은 닿지 않는 부분이라는 점을 기억하면 각 장치에서의 물리량 차이를 더 쉽게 파악할 수 있다.

해설

① (X) 3문단의 "융선 부분에 묻어 있는 습기나 기름이 반사면에 얇은 막을 형성한다. 조명에서 나와 얇은 막에 입사된 빛은 굴절되거나 산란되어 약해진 상태로 이미지 센서에 도달한다. 골 부분은 반사면에 닿아 있지 않으므로 빛이 굴절, 산란되지 않고 반사되어 센서에 도달한다."를 통해 ㉠에서는, 융선 위치에서 반사된 빛의 세기는 약해진 상태로 센서에 도달하므로, 골의 위치에서 반사된 빛의 세기보다 약하다는 것을 알 수 있다.

② (X) 4문단의 "판에 손가락이 닿으면 전하가 방전되어 센서의 전하량이 줄어든다. 이때 융선이 접촉된 센서와 그렇지 않은 센서는 전하량에 차이가 생긴다."를 통해 ㉡에서는, 융선과 골에 대응하는 센서의 전하량은 다름을 알 수 있다.

③ (○) 4문단의 "판에 손가락이 닿으면 전하가 방전되어 센서의 전하량이 줄어든다."를 통해 ㉡에서는, 융선은 손가락이 입력 장치에 닿는 부분이므로, 융선에 대응하는 센서의 전하량이 방전되어 골에 대응하는 센서의 전하량보다 적을 것임을 알 수 있다.

④ (X) 5문단의 "접촉면과 지문의 융선 사이에 마찰열이 발생하여 융선과 골에 따라 센서의 온도가 달라진다."를 통해 ㉢에서는, 융선과 골에 대응하는 센서의 온도는 다름을 알 수 있다.

⑤ (X) 5문단에서 "접촉면과 지문의 융선 사이에 마찰열이 발생하여 융선과 골에 따라 센서의 온도가 달라진다."라

고 하였다. 마찰열은 융선 부분에서 발생하므로, ㉢에서는 융선에 대응하는 센서의 온도는 골에 대응하는 센서의 온도보다 높을 것임을 알 수 있다.

07 난이도 ★★★ 정답 ④

구조 파악

지문 인식 시스템의 단계를 이해하고, 이를 <보기>에 제시된 홍채 인식 시스템에 적절하게 적용할 수 있는지 평가하는 문항이다. <보기>는 홍채에 대해 다음과 같은 세 가지 중요한 정보를 제공한다. 첫째, 홍채의 해부학적 위치와 구조, 둘째, 홍채의 생리적 기능, 셋째, 홍채 무늬의 고유성과 개인 식별 가능성이다. 이러한 정보는 홍채 인식 시스템을 설계할 때 각 단계(생체 정보 수집, 전처리, 특징 데이터 추출, 정합)에서 고려해야 할 사항을 판단하는 근거가 된다.

해설

① (O) 2문단에 따르면 지문 입력 장치는 손가락과 직접 접촉하는 방식으로 작동한다. 반면 〈보기〉에 따르면 홍채는 각막과 수정체 사이에 있는 근육막이다. 따라서 홍채 정보를 수집할 때는 각막이 있어 홍채 입력 장치와 홍채가 직접 닿지 않도록 해야 한다는 점은 적절한 고려 사항이다.

② (O) 6문단에 따르면 전처리 단계에서는 지문 형태와 무관한 영상 정보를 제거하고 지문 형태의 특징이 부각되도록 지문 영상을 보정한다. 홍채 인식 시스템에서도 홍채의 불규칙한 무늬가 나타난 부분만을 분리하는 것은 전처리 단계에서 필요한 과정이다.

③ (O) 6문단에 따르면 전처리 단계에서는 지문 형태의 특징이 부각되도록 지문 영상을 보정한다. 홍채 인식 시스템에서도 홍채의 불규칙한 무늬가 선명하게 드러나도록 영상을 보정하는 것은 전처리 단계에서 필요한 과정이다.

④ (X) 6문단에 따르면 특징 데이터 추출 단계는 "각 지문이 가진 고유한 특징 데이터를 추출"하는 과정이다. 〈보기〉에서는 홍채의 고유성에 대해 "홍채에는 불규칙한 무늬가 있고, 두 사람의 홍채 무늬가 같을 확률은 매우 낮다."라고 했다. 반면, "홍채 근육은 동공의 크기를 조절"하는 공통적 생리작용을 담당한다고 설명된다. 동공이 차지하는 비율은 조명이나 환경 변화에 따라 달라지는 일시적인 상태이며, 모든 사람에게 나타나는 보편적 현상으로 고유성(특이성)을 가진 특징 데이터로 보기 어렵다. 따라서 동공이 차지하는 비율을 홍채 인식 시스템의 '특징 데이터'로 추출해야 한다는 주장은 특징 데이터 추출의 개념과 맞지 않으며, 적절한 고려 사항이 아니다.

⑤ (O) 6문단에 따르면 정합 단계에서는 사전에 등록되어 있는 특징 데이터와 지문 조회를 위해 추출된 특징 데이터를 비교하여 유사도를 계산한다. 이 값이 기준치보다 크면 동일한 사람의 지문으로 판정한다. 홍채 인식 시스템에서도 유사도를 판정하는 기준치가 필요하다는 점은 적절한 고려 사항이다.

실전 적용 TIP

생체 인식 시스템의 일반적인 과정을 이해하고 이를 다른 생체 정보에 적용할 때는, 각 생체 정보의 고유한 특성을 고려해야 한다. 특히 '특징 데이터 추출' 단계에서는 개인마다 차이가 있고 변하지 않는 고유한 특징을 추출해야 한다는 점을 기억해야 한다. 또한 홍채의 불규칙한 무늬는 개인마다 고유하지만, 동공의 크기는 빛의 양에 따라 변하는 생리적 반응이므로 개인 식별용 특징 데이터로는 적합하지 않다.

08 난이도 ★ 정답 ①

구조 파악

제시문은 국제법의 새로운 규범 형태로서 BIS 비율 규제의 특성과 발전 과정을 설명하고 있다. 제시문의 주요 내용을 정리하면 다음과 같다.

도입 (1문단)	국제법 규범의 유형을 소개하고, BIS 규제의 특수성을 제시하고 있다. • 국제법의 세 가지 유형(조약, 국제관습법, 국제기구 결정) 제시 • BIS 비율 규제의 특수성 소개 • 법적 구속력 없는 규범의 준수 현상 제기
본론 (2~4문단)	BIS 비율의 개념과 바젤 협약의 변천 과정을 상세히 설명한다. • BIS 비율의 개념과 산출 방식(2문단) • 바젤 I 협약의 도입과 발전(2문단) • 바젤 II 협약의 특징과 변화(3문단) • 바젤 III 협약의 주요 내용(4문단)
결론 (5~6문단)	바젤 기준의 실제 적용 사례와 규범적 성격을 종합적으로 정리했다. • 바젤 협약의 실제 적용 사례(5문단) • 바젤 기준의 법적 성격과 의의(6문단) • 말랑말랑한 법으로서의 특성 정리

해설

① (O) BIS 비율이라는 특정 국제적 기준의 구체적 내용을 상세히 설명하고 있다. 바젤 I 협약에서 바젤 III 협약까지의 변화 과정을 체계적으로 서술하면서, 법적 구속력이 없음에도 국제 사회에서 실질적인 규범으로 작용하는 현상을 말랑말랑한 법이라는 개념을 통해 설명하고 있다.

② (X) BIS 비율이 제정된 배경보다는 그 구체적인 내용과 바젤 I 협약에서 바젤 III 협약으로의 변화 과정을 중심으

로 설명하고 있다. 또한 제시문은 국제 사회의 규범을 감독 권한의 발생 원인에 따라 분류하는 방식이 아니라, 법적 구속력이 없음에도 불구하고 실제로 규범으로 작용하는 방식에 주목하며 '말랑말랑한 법'이라는 개념을 통해 그 실효성을 설명하고 있다.

③ (X) 규범의 필요성을 상반된 관점에서 논증하고 있지 않다. 대신 BIS 비율이라는 규범이 실제로 작동하는 방식과 그 영향력을 중심으로 설명하고 있다. 글의 전개는 상반된 관점의 제시가 아닌, 하나의 현상에 대한 설명적 서술에 가깝다.

④ (X) 국내법의 특징을 중점적으로 다루지 않았으며, 규범의 장단점을 평가하지도 않았다. 우리나라의 사례는 규범의 수용 과정을 보여주는 예시로만 언급되었을 뿐, 국내법의 특징이나 규범의 장단점을 설명하는 데 초점을 두지 않았다.

⑤ (X) 기준 설정 주체의 변화를 다루지 않는다. 오히려 바젤위원회라는 동일한 주체가 지속적으로 기준을 발전시켜 온 과정을 설명하고 있다. 또한 규범 설정 주체의 특징을 분석하기보다는 규범 자체의 특성과 영향력에 초점을 맞추고 있다.

09 난이도 ★ 정답 ④

구조 파악

BIS 비율과 관련된 바젤 협약의 내용을 정확히 이해하고 있는지 확인하는 문제이다. 각 협약별 특징을 구분하고, 제시문에 명시된 내용을 바탕으로 선지의 진위를 판단해야 한다. 특히 각 협약에서 달라진 내용과 위험 측정 방식의 차이를 정확히 파악하는 것이 중요하다.

해설

① (X) 바젤 I 협약에서는 회사채에 대해 100%의 획일적인 위험가중치를 부여했다. 신용도와 관계없이 위험가중치가 동일하게 적용되므로, 회사채의 신용도 변화는 BIS 비율에 영향을 미치지 않는다. 신용도에 따른 위험가중치 차등 적용은 바젤 II 협약부터 도입되었다.

② (X) 제시문에서는 각국의 감독 기관이 필요시 위험가중자산에 대한 자기자본의 최저 비율이 규제 비율을 초과하도록 요구할 수 있다고 서술하고 있다. 이는 모든 은행에 동일한 최저 비율이 적용되는 것이 아니라, 감독 기관의 판단에 따라 더 높은 비율이 개별적으로 요구될 수 있음을 의미한다. 따라서 "모든 은행의 최저 비율이 동일하다."라는 설명은 적절하지 않다.

③ (X) 바젤 II 협약에서는 OECD 국채와 회사채 모두 신용도에 따라 위험가중치가 차등 적용된다. OECD 국채는 0%에서 150%까지, 회사채는 20%에서 150%까지 신용도에 따라 다른 위험가중치가 부여되므로, 국채를 매각하고 회사채에 투자할 때 BIS 비율이 항상 높아진다고 할 수 없다.

④ (O) 바젤 II 협약에서는 신용 위험 측정에 있어 표준모형이나 내부모형 중 하나를 은행이 선택할 수 있게 되었다. 이는 시장 위험 측정 방식과 마찬가지로 감독 기관의 승인하에 은행이 선택할 수 있는 방식이므로 적절한 설명이다.

⑤ (X) 제시문에 바젤 III 협약과 관련하여 보완자본의 최소 비율에 대한 구체적인 언급이 없으므로 이는 제시문의 내용을 바탕으로 판단할 수 없는 내용이다.

10 난이도 ★★★ 정답 ⑤

구조 파악

<보기>에 제시된 갑 은행의 재무 데이터를 바탕으로 BIS 비율과 관련된 다양한 상황을 분석하는 문제이다. 바젤 II 협약의 표준 모형을 적용했다는 점을 파악하고 주어진 수치를 정확히 계산하여 판단해야 한다.

해설

① (O) 자기자본은 기본자본 50억 원과 보완자본 20억 원을 합한 70억 원이고, 위험가중자산은 국채 300억 원과 회사채 300억 원을 합한 600억 원이다. 이를 통해 BIS 비율을 계산하면 (70억 원/600억 원)×100≒11.67%로, 규제 비율인 8%를 상회한다는 것을 알 수 있다.

② (O) 회사채의 위험가중치가 50%에서 20%로 낮아지면 회사채의 위험가중자산이 300억 원에서 120억 원으로 감소한다. 이에 따라 총 위험가중자산은 600억 원에서 420억 원으로 줄어들게 되어 BIS 비율이 높아질 것이다.

③ (O) 국채와 회사채의 위험가중자산이 모두 300억 원으로 동일한데, 회사채의 위험가중치가 50%로 더 높게 적용되었다. 따라서 실제 보유 규모는 국채가 회사채보다 더 컸음을 알 수 있으며, 이는 국채의 위험가중치가 회사채보다 낮았다는 것을 의미한다.

④ (O) 바젤 I 협약에서는 회사채에 대해 100%의 위험가중치를 일률적으로 적용한다. 현재 50% 위험가중치로 300억 원인 위험가중자산을 역산하면 실제 회사채 규모는 600억 원임을 알 수 있다. 따라서 바젤 I 협약 기준으로는 600억 원의 위험가중자산이 산출된다.

⑤ (X) 제시문에서는 바젤 III 협약의 보완자본과 관련된 구체적인 기준을 언급하지 않았다. 따라서 보완자본을 10억 원 증액하는 것이 바젤 III 협약의 기준 충족 여부에 어떤 영향을 미치는지 판단할 수 없다.

11 난이도 ★★★ 정답 ①

구조 파악

문제에서 시기별 자동차 가격변화, 세율, 국가별 세율 등을 파악한 후 <보기>의 상황별 순이익을 구하여 수익금이 높은 순서대로 나열하는 문제이다. 문제에서 제공하는 정보를 정리한 후 <보기>의 수익금을 도출해 보자.

해설

문제의 정보를 정리하면 다음과 같다.

구분	t년도	(t+1)년도
X 자동차 가격	1,000만 원	1,100만 원
국내대출금리	6%	
국내예금금리	3%	
원달러환율(₩/$)	1,000/1	1,070/1
미국대출금리	7%	
미국예금금리	4%	

A~C 투자전략의 투자 수익금을 구하면 다음과 같다.

A: t년도에 국내 은행에서 1,000만 원을 대출받아 X 자동차를 구매하였다. 이때 t+1년도에 은행에 상황해야 할 금액은 1,000만 원×1.06=1,060만 원이다. 이후 t+1년에 제3자에게 자동차를 판매할 경우 1,100만 원을 받게 되며 이 중 대출액인 1,060만 원을 상환할 경우 수익금은 40만 원이다.

B: t년도에 국내은행에서 500만 원을 대출받은 경우 t+1년도에 국내은행에 상환해야 할 금액은 500만 원×1.06=530만 원이다. t년도에 500만 원을 달러로 환전하면 5,000달러가 되며, 해당 금액을 미국 은행에 예금하면 t+1년도에 만기 해지할 때 5,000×1.04=5,200달러를 받게 된다. t+1년도에 5,200달러를 다시 원화로 환전하면 5,200×1,070=5,564,000원이 된다. 이 중 국내 은행에 530만 원을 갚은 후 남은 금액인 264,000원이 수익금이 된다.

C: t년도에 미국에서 25,000달러를 대출받은 경우 t+1년도에 미국 은행에 상환해야 할 금액은 25,000×1.07=26,750달러이다. t년도에 대출받은 25,000달러를 원화로 환전하면 2,500만 원이며, 이를 이용해 자동차 2대의 권리금 2,000만 원을 지불하며, 남은 500만 원을 국내 은행 예금에 예치 시 t+1년에 500만 원×1.03=515만 원을 받을 수 있다. 또한 t+1년에 X 자동차 2대를 판매하면 2,200만 원을 더하여 총 2,715만 원을 보유하게 된다. 이때 미국 은행에 상환해야 할 26,750달러를 원화로 환산할 경우 28,622,500원이 되기에 해당 대출금을 상환할 경우 1,472,500원을 손해보게 된다.

따라서 A는 400,000원, B는 264,000원, C는 −1,472,500원의 수익금을 냈으므로 이를 수익금이 높은 순서대로 배열하면 A → B → C이다.

12 난이도 ★★★ 정답 ④

구조 파악

동일 상품을 여러 상점에서 판매하고 있고, 상점별 혜택이 다르며, 상점과 상품마다 판매하는 단위가 다르다는 점에 주의하며 문제를 풀어 보자.

해설

ㄱ. (X) H플라워에서 장미 10송이와 튤립 10송이를 구매할 경우 최종 지불액은 (17,000+17,000)×0.95+4,000=36,300원으로 38,000원보다 더 저렴하게 구매할 수 있다.

ㄴ. (O) 스타치스 50송이를 구매할 경우 최종 지불액은 H플라워가 24,000×0.95+4,000=26,800원이고, P꽃집이 17,000+4,000=21,000원이다. 따라서 P꽃집에서 H플라워에 비해 5,800원 더 저렴하게 구매할 수 있다.

ㄷ. (O) 판매단위로 단일 상품 꽃다발을 구매할 때 1송이당 최종 지불액을 정리하면 다음과 같다.

구분	상품명	1송이당 최종 지불액
H플라워	장미	(17,000+4,000)/10=2,100원
	튤립	(17,000+4,000)/10=2,100원
	거베라	(13,000+4,000)/10=1,700원
	스타치스	(12,000×0.95+4,000)/30 =513.3원
S화원	튤립	(7,500+4,000)/5=2,300원
	카네이션	(9,400+4,000)/10=1,340원
	프리지아	(16,900+4,000)/30=696.7원
	러넌큘러스	(10,900+4,000)/10=1,490원
P꽃집	장미	(8,000+4,000)/5=2,400원
	카네이션	(5,500+4,000)/5=1,900원
	소국	(5,000+4,000)/5=1,800원
	스타치스	(8,500+4,000)/25=500원

따라서 1송이당 최종 지불액이 3번째로 저렴한 상품은 S화원의 프리지아이다.

ㄹ. (X) 판매단위로 단일 상품 꽃다발을 구매할 때 판매상점에 따른 1송이당 최종 지불액 차이는 카네이션이 1,900−1,340=560원, 튤립이 2,300−2,100=200원으로 튤립보다 카네이션이 더 크다.

실전 적용 TIP

판매단위로 단일 상품 꽃다발을 구매하기 위해 1송이당 최종 지불액을 구할 때 배송비와 상점별 혜택을 잊지 않도록 주의해야 한다. ㄴ의 경우, H플라워에서 스타치스를 구매할 때와 P꽃집에서 스타치스를 구매할 때 각각 상점별 혜택이 적용되어야 한다.

13 난이도 ★★★ 정답 ⑤

구조 파악

<표 1>의 상점별 생화 배송상품 가격을 통해 <표 2>의 꽃다발 종류별 최저 가격을 계산하는 문제이다. 꽃다발 구성요소에 따라 둘 이상의 상점에서 생화를 나누어 구매할 수도 있다는 사실을 잊지 말고 문제를 풀어 보자.

해설

① (○) 프로포즈 꽃다발을 만들기 위해 P꽃집에서 장미와 스타치스를 구매할 경우 비용은 (8,000×5+8,500)+4,000=52,500원이다.

② (○) 졸업식 꽃다발을 만들기 위해 S화원에서 프리지아, H플라워에서 스타치스를 구매할 경우 비용은 (16,900+4,000)+(12,000×0.95+4,000)=36,300원이다.

③ (○) 어버이날 꽃다발을 만들기 위해 P꽃집에서 카네이션과 스타치스를 구매할 경우 비용은 (5,500×4+8,500)+4,000=34,500원이다.

④ (○) 화병용 꽃다발을 만들기 위해 S화원에서 튤립과 리넌큘러스를 구매할 경우 비용은 (7,500×2+10,900)+4,000=29,900원이다.

⑤ (×) 꽃바구니를 만들기 위해 P꽃집에서 장미, 스타치스를, S화원에서 러넌큘러스를 구매할 경우 비용은 (8,000×3+8,500×2)+4,000+10,900+4,000=59,900원으로, 60,050원보다 더 저렴하게 구매할 수 있다.

실전 적용 TIP

한 상점에서 구매할 수 있다면 최대한 상점 수를 줄여서 배송비를 줄이는 것이 관건이나, 구성요소 전부를 한 상점에서 팔지 않아 불가피하게 둘 이상의 상점을 이용해야 하는 경우 배송비까지 함께 고려해야 한다.

14 난이도 ★★★ 정답 ⑤

구조 파악

주어진 <표>로 작성할 수 있는 그래프를 고르는 문제이다. <보기>의 그래프 중 <표>에는 없는 키워드가 존재하거나 수치가 있다면 옳지 않은 선지이므로 제외하며 풀어 보자.

해설

ㄱ. (○) 〈표〉의 가구주 연령대 자료를 이용해 만든 것이다.

ㄴ, ㄹ. (○) 〈표〉의 가구주 종사상 지위 자료를 이용해 만든 것이다.

ㄷ. (×) 〈표〉의 자료로 작성할 수 있는 그래프이지만 수치가 잘못되었다. 30세 미만은 2.0%, 30~39세는 12.5%, 40~49세는 22.6%, 50~59세는 25.2%, 60세 이상은 37.7%이어야 한다.

15 난이도 ★ 정답 ④

구조 파악

<보고서>를 작성하기 위해 주어진 <표> 이외에 필요한 자료들을 <보기>에서 고르는 문제이다. <표>에서 도출 가능한 수치가 들어 있는 자료를 정답으로 골라서는 안 된다는 점에 유의해야 한다.

해설

ㄱ. (○) 〈보고서〉 두 번째 문단의 "'갑'국 택배업 매출액의 연평균 성장률은 2001~2010년 19.1% … 여전히 높은 성장률을 유지하고 있음을 알 수 있다."에서 2001~2014년 연도별 택배업 매출액을 이용해 연평균 성장률을 도출하였음을 알 수 있다.

ㄴ. (○) 〈보고서〉 두 번째 문단의 "2011~2018년 '갑'국 유통업 매출액의 연평균 성장률은 3.5%로 … 매우 낮다고 할 수 있다."에서 2011~2018년 연도별 유통업 매출액을 이용해 유통업 매출액의 연평균 성장률을 도출하였음을 알 수 있다.

ㄷ. (×) 〈보고서〉 두 번째 문단의 "택배의 평균단가는 2015년 이후 매년 하락하고 있다."에서 〈보고서〉에 사용된 자료는 2012~2014년 연도별 택배 평균단가가 아닌 〈표〉의 2015~2018년 택배 평균단가임을 알 수 있다.

ㄹ. (○) 〈보고서〉 첫 번째 문단의 "2015년 이후 '갑'국의 경제활동 인구 1인당 택배 물량 … 계속될 것으로 예측된다."에서 2015~2018년 연도별 경제활동인구와 〈표〉의 2015~2018년 택배 물량을 이용하여 해당 수치를 도출하였음을 알 수 있다.

실전 적용 TIP

<보고서>에서 사용된 자료의 연도를 확실하게 체크해야 한다. 물론 본 문제에서는 <표>에서 택배의 평균단가가 도출되어 있기에 연도를 보지 않았더라도 ㄷ이 필요하지 않다고 확인할 수 있지만, 이는 충분히 헷갈리게 출제될 수 있는 부분임을 유념하자.

16 난이도 ★★★ 정답 ③

구조 파악

<표 1>과 <표 2>의 2004년 말과 2005년 말의 금융시장 주요지표 수치를 보고 <보기>의 일치부합을 판단하는 문제이다. 각각의 표에서 종합주가지수와 KOSDAQ지수에 대한 거래량과 거래대금이 명시되어 있으므로, <보기>에서 비교할 대상이 종합주가지수과 관련된 수치인지 KOSDAQ지수에 관련된 수치인지 명확히 확인하도록 하자.

해설

ㄱ. (O) KOSDAQ지수는 2005년 초가 2004년도 말인 380.33보다 항상 높았으며, 2006년 초가 2005년 말인 701.79보다 항상 높았다.

ㄴ. (X) 2006년 1월 9일 종합주가지수는 전년에 비해 하락하였으나, KOSDAQ 지수는 전날에 비해 상승하였다.

ㄷ. (O) 2005년 초 환율은 2004년 말 환율 1,035.10에 비해 높은 수준을 유지하고 있으며, 2006년 초 환율은 2005년도 말 환율 1,011.60에 비해 낮은 수준을 유지하고 있다.

ㄹ. (O) KOSDAQ 1주당 평균거래금액은 KOSDAQ 거래대금/KOSDAQ 거래량을 통해 구할 수 있다. 2005년 말 KOSDAQ 1주당 평균거래금액은 24,372(억)/66,362(만)=0.37만 원이며, 2004년 말 KOSDAQ 1주당 평균거래금액은 6,203(억)/27,490(만)=0.23만 원이다. 2004년 말 KOSDAQ 1주당 평균거래금액의 1.5배는 0.23×1.5=0.345이므로 2005년 말 KOSDAQ 1주당 평균거래금액은 2024년 말보다 1.5배 이상 증가하였음을 알 수 있다.

실전 적용 TIP

ㄹ의 경우, KOSDAQ과 관련된 수치를 이용하여 판단해야 한다. 종합주가지수와 혼동하지 않도록 유의해야 하며, 2005년 말 평균거래금액과 2004년 말 평균거래금액을 비교할 때 같은 단위를 사용하여 계산을 해야 하므로 굳이 수치 단위인 '만', '억'을 고려할 필요는 없다.

17 난이도 ★★★ 정답 ③

구조 파악

각 <표>의 국내 금융기관의 개인대출 현황 자료를 통해 <보기>의 일치부합을 판단하는 문제이다. 문제에서 '<표 4>의 연령대별 차입자 현황의 구성비가 모든 금융기관에 동일하게 적용'된다는 부분에 유의하며 문제를 풀어 보자.

해설

ㄱ. (O) 새마을금고를 이용하고 있는 차입자 수는 58.5만 명이며, 연령대별 차입자 구성비가 모든 금융기관에 동일하게 적용되고 있으므로 40대 비율은 〈표 4〉에 의해 30%임을 알 수 있다. 따라서 58.5만×0.3=17.5만 명이다.

ㄴ. (X) 은행의 개인대출 취급금액은 234.8조 원이고, 30대의 개인대출 금액 비중은 〈표 2〉에 의해 29.9%이므로 은행을 통한 30대 차입인구의 개인대출 총액은 234.8×0.299=70.2조 원이다.

ㄷ. (O) 상호금융의 개인대출 취급금액은 80.2조 원이고, 60세 이상의 개인대출 금액 비중은 〈표 2〉에 의해 20%이므로 상호금융을 통한 60세 이상 차입인구의 개인대출 총액은 80.2×0.2=16.04조 원이다. 상호금융을 이용하고 있는 차입자 수는 208.5만 명이고 60세 이상의 구성비는 10.1%이므로 상호금융을 이용한 60대 이상의 차입자 수는 208.5만×0.101=21.0585만 명이다. 따라서 상호금융을 통한 60대 이상 차입인구의 평균 개인대출 금액은 16.04조/21.0585만=0.76억 원으로 약 7천6백만 원이다.

실전 적용 TIP

<표 4>의 연령대별 차입자현황 구성비가 모든 금융기관에 동일하게 적용된다는 점을 꼭 염두에 두어야 한다. 이를 이용하지 않을 경우 해당 문제의 선지를 절대 판단할 수 없다.

18 난이도 ★★ 정답 ⑤

구조 파악

<표>는 우리나라 가구소득 5분위별 소비지출 구성비를 나타낸 자료이다. 주어진 수치를 통해 선지의 일치부합을 판단하는 문제로, 유의미한 수치를 분석하는 과정에서 적합한 상관관계인지에 주의하며 문제를 풀어 보자.

해설

① (O) 평균소득수준이 높을수록, 즉 소득분위가 높을수록 식료품은 33.7 → 31.2 → 30.6 → 28.4 → 25.4, 주거는 5.5 → 4.0 → 3.1 → 2.9 → 2.5, 광열수도는 5.4 → 4.2 → 3.8 → 3.3 → 2.7로 지출비율이 낮아짐을 알 수 있다.

② (O) 1분위과 5분위 간의 평균소득격차는 가구당 평균소득 하단의 1분위 기준배율을 통해 약 7.3배임을 알 수 있으며, 평균소비지출의 격차는 가구당 평균소비지출 하단의 1분위 기준배율인 3.17, 즉 약 3.2배임을 알 수 있다.

③ (O) 평균소득수준이 높은 계층, 즉 소득분위가 높아질수록 교육비 지출 비율은 전반적으로 증가하는 경향을 보인다. 실제로 1분위부터 5분위까지의 지출 비율은 8.4% → 11.5% → 12.8% → 14.2% → 14.2%로 나타나며, 4분위

와 5분위는 동일한 수준에서 유지된다. 5분위의 교육비 지출 비율은 1분위의 8.4%에 비해 5.8%p 높은 수치로, 소득수준이 높을수록 교육에 더 많은 비중을 두는 경향이 있음을 시사한다.

④ (○) 1분위의 가구당 평균소비지출은 1,015.7천 원으로 가구당 평균소득인 806.1천 원보다 높으므로, 다른 분위에 비해 저축의 여력이 없음을 알 수 있다.

⑤ (×) 보건의료비와 교통통신비 지출 비율이 소득분위가 높을수록 증가한다고 하더라도, 저소득층의 절대 소비 여력과 소득 대비 부담률을 고려하면, 해당 항목에 대한 사회적 지원이 빈부격차 완화에 기여할 가능성은 존재한다. 하지만 소득분위별 지출 비율만을 근거로 사회적 지출의 효과를 설명하는 것은 적절하지 않다. 즉, 표에서 도출되는 사실 설명이 아니라 정책적·규범적 주장이다.

실전 적용 TIP

④의 경우, 소득 806.1천 원보다 소비지출 1,015.7천 원이 더 크므로 저축할 돈이 남아있지 않음을 의미한다. 통상적으로 '소득=소비+저축'으로 이루어져 있다는 것을 감안할 때, 1분위의 평균소득과 평균지출비용을 고려한다면 도리어 적자가 나고 있다는 것을 인지할 수 있다.
⑤의 경우, 빈부격차를 완화하기 위해서는 소득분위가 낮을수록 큰 비율을 차지하고 있는 항목을 지원해야 할 것이다.

ㄷ. (×) 〈그림 2〉에 따르면 전체 대출채권 중 담보대출 비중이 2001년 6월에서 12월 사이에 신용대출 비중을 추월한 것으로 나타난다. 즉, 해당 시기 전체 대출에서 담보대출 비중이 더 커졌다는 점은 사실이다. 그러나 이러한 변화의 원인을 분석하기 위해 〈그림 1〉과 〈그림 3〉을 함께 봐야 한다. 〈그림 3〉에 따르면 2001년 6~12월 사이 기업대출 중 담보대출 비중은 오히려 소폭 감소하였다. 같은 기간 가계대출 중 담보대출 비중은 거의 변화가 없거나 유지되었다고 볼 수 있다. 반면, 〈그림 1〉에서는 전체 대출 중 가계대출 비중이 2000년 말부터 2001년 말 사이 급격히 증가한 것으로 나타난다. 이를 종합하면, 2001년 하반기에 전체 담보대출 비중이 증가하여 신용대출을 추월하게 된 직접적인 이유는 '기업대출 내 담보대출 증가' 때문이 아니라, 전체 대출에서 차지하는 '가계대출 자체의 급증'과 함께 이 가계대출의 상당 부분이 담보대출이었기 때문이다. 즉, 담보대출 비중 상승의 주된 요인은 기업 부문이 아닌 가계 부문의 확장에 있다.

실전 적용 TIP

ㄷ의 경우, 실제 시험장에서 해당 이유까지 추론하기보다는 단순히 <그림 3>에서 2001년 6월, 2001년 12월의 기업대출 중 담보대출 비중이 감소하였다는 점만을 파악한 후 넘어가는 것이 좋다.

19 난이도 ★★★ 정답 ①

구조 파악

<그림>을 통해 <보기>의 일치부합을 판단하는 문제이다. 주어진 모든 자료의 수치가 정확한 값을 나타내는 것이 아닌 비중 내지는 비율을 나타내고 있다는 점에 주의하며 문제를 풀어 보자.

해설

ㄱ. (×) 주어진 모든 자료에서는 비중만 나와 있을 뿐 정확한 액수가 나와 있지 않으므로, 기업대출액의 증감 여부를 파악할 수 없다.

ㄴ. (○) 〈그림 1〉에 따르면 2002년 말 일반은행의 전체 대출액 중 가계대출 비중은 약 50%이며, 〈그림 3〉에 따르면 가계대출 중 약 60%가 담보대출이다. 이를 통해 전체 대출액 대비 가계 담보대출의 비중은 $0.5\times0.6=0.3$, 즉 30%로 추정할 수 있다. 1999년 말의 가계대출 비중은 약 20% 수준이며, 이 중 약 60%가 담보대출이므로 $0.2\times0.6=0.12$, 즉 12%로 추정된다. 따라서 전체 대출액 대비 가계 담보대출 비중은 1999년 12%에서 2002년 30%로 약 2.5배 이상 증가한 것이므로, 선택지에서 말하는 담보대출의 증가 추세에 대한 판단은 타당하다.

20 난이도 ★ 정답 ⑤

구조 파악

<표 1>의 주택마련시기와 <표 2>의 주택구입자금 마련방법 관련 자료를 통해 선지의 일치부합을 판단하는 문제이다. <표 1>에서는 지역, 연령대에 따라 수치를 세분화하였으며, <표 2>에서는 연령대가 아닌 혼인 전과 후를 통해 수치를 나타냈다는 점에 주의하며 문제를 풀어 보자.

해설

① (×) 〈표 1〉에 따르면 읍면부의 결혼 전 주택마련 비율은 18.2%로 동부의 13.2%보다 높으며, 〈표 2〉에 따르면 읍면부의 증여 및 상속 비율은 30.8%로 동부의 7.0%보다 높다. 그러나 단순히 이러한 수치로만 각 구역의 결혼 전 주택마련비율이 증여 및 상속 비율과 관련있다고 단정 지을 수 없다.

② (×) 〈표 1〉에 명시되어 있는 비율은 전체 연령대 중 15~29세에 주택을 마련한 비율이 69.9%라는 의미가 아니라, 15~29세 중 결혼 전 주택을 마련한 비중이 69.9%라는 것이다. 또한 각 연령대별 전체 인원을 알 수 없기에 가구수를 판단할 수 없다.

③ (X) 읍면부의 융자 및 사채 비율은 2001년 10.7%, 2004년 13.7%로 증가하였고, 동부의 융자 및 사채 비율 역시 2001년 18.6%, 2004년 20.5%로 증가하였다.

④ (X) 〈표 1〉에 따르면 연령대가 낮아질수록 평균 주택마련 소요년수가 짧아지는 것은 맞으나, 해당 수치와 앞으로 한국의 주택마련 소요년수의 증감 여부는 상관관계가 없으므로 알 수 없다.

⑤ (O) 저축을 통해 주택을 마련한 가구수의 비율이 2001년은 49.2%, 2004년은 50.5%로 각각 절반 정도의 비율이므로 옳다.

21 난이도 ★★★ 정답 ③

구조 파악

글을 통해 미세먼지의 발생과 제거과정을 인지한 후 <상황>에 따라 공기청정기가 자동으로 꺼지는 시각을 구하는 문제이다. 글 중 4번째 조건인 '미세먼지는 사람에 의해서만 발생하고, 공기청정기에 의해서만 제거된다.'에 주목하며 문제를 풀어 보자.

해설

15:50 현재 미세먼지의 양은 90으로 공기청정기가 작동 중이다. 이후 10분 단위로 미세먼지의 양을 계산하면 다음과 같다.

시간	증감	미세먼지의 양
15:50		90
16:00	−15	75
16:10	+10−15	70
16:20	+10−15	65
16:30	+10−15	60
16:40	+10−15	55
16:50	+10+15−15	65
17:00	+10+15−15	75
17:10	+10+15−15	85
17:30	(+10+15−15)×2	105
18:00	(+10+15−15)×3	135
18:30	(−15)×3	90
19:00	(−15)×3	45
19:10	−15	30

실전 적용 TIP

단순히 교실 내에 사람이 있다고 하여 미세먼지가 발생하는 것이 아니라 두 번째 조건에서 '학생 각각'이라고 표현한 점에 주목하여 학생 1명당 10분마다 미세먼지의 양을 5만큼 증가시킨다는 점에 유의하여야 한다.

22 난이도 ★ 정답 ④

구조 파악

글의 A, B, C 은행의 최종금리 결정 조건과 <상황>의 甲과 乙이 적용받을 은행별 최고금리를 계산하는 문제이다. 인물별 상황이 다르며, 적용받을 우대금리 역시 상이하기에 헷갈리지 않도록 주의하자. 특히 A은행의 경우 우대금리의 총합보다 최대가산 우대금리가 작다는 점에 유의하며 문제를 풀어 보자.

해설

甲은 연 소득 2,200만 원으로 특별금리를 받을 수 있다. 甲의 은행별 최종금리를 계산하면 다음과 같다.

- A은행: 4.2+0.5+{max 1.0(=0.5+0.5+0.5)}=4.2+0.5+1.0=5.7%
- B은행: 4.0+0.5+1.0+0.5=6.0%
- C은행: 3.8+0.5+0.6=4.9%

乙의 은행별 최종금리를 계산하면 다음과 같다.

- A은행: 4.2+{max 1.0(=0.5+0.5)}=4.2+1.0=5.2%
- B은행: 4.0+0.5=4.5%
- C은행: 3.8+0.7+0.6+0.4=5.5%

따라서 甲은 최종 금리가 6.0%로 가장 높은 B은행을, 乙은 최종금리가 5.5%로 가장 높은 C은행을 선택할 것이다.

실전 적용 TIP

B은행과 C은행의 최대가산 우대금리는 우대금리 조건을 모두 충족하더라도 제한이 없는 한도이나, A은행의 최대가산 우대금리는 우대금리 조건을 모두 충족할 경우의 1.5%보다 낮은 1.0%임에 주의하여야 한다.

23 난이도 ★★ 정답 ③

구조 파악

글에서 규정하고 있는 등급별 부서장 평가 점수와 각 업무실적 항목별 점수를 보고 <상황>에서 갑~무의 2024년 업무평가 점수를 계산하는 문제이다. 각 직원의 항목별 점수를 정확하게 파악하여 계산해야 하며, 가장 높은 등급의 사람을 고르는 것이 아닌 'A'등급의 직원을 골라야 한다는 점에 주의하며 문제를 풀어 보자.

해설

각 직원별 부서장 평가 점수와 업무실적 점수를 구하면 다음과 같다.

구분	부서장 평가 점수와 업무실적 점수		총합
갑	6페이지 보고서 2개	10×2=20	200
	70장 이상 PPT 3개	30×3=90	
	고객사 미팅 1번 (계약 성사)	10+50=60	
	부서장 평가 보통	30	
을	부서장 평가 보통	30	240
	2주 이상 해외출장 2번	(10+5)×2=30	
	고객사 미팅 3번 (모두 계약 성사)	(10+50)×3=180	
	3페이지 보고서 10개	0	
병	부서장 평가 우수	50	220
	50페이지 이상 보고서 3개	50×3=150	
	17페이지 보고서 1개	20	
	5페이지 보고서 1개	0	
정	고객사 미팅 15번	10×15=150	160
	부서장 평가 미흡	10	
무	40장 PPT 4개	20×4=80	170
	10장 PPT 2개	0	
	부서장 평가 보통	30	
	당일치기 국내출장 12번	5×12=60	

점수가 높은 순서대로 등급이 부여되므로 S등급 - 을(240점), A등급 - 병(220점), B등급 - 갑(200점), C등급 - 무(170점), F등급 - 정(160점)이다. 따라서 A등급을 받은 사람은 병이다.

24 난이도 ★★★ 정답 ①

구조 파악

제시문을 읽고 <보기>의 일치부합을 판단하는 문제이다. 1인 가구를 중심으로 다인 가구, 연령별, 전체 가구 등과 비교해놓은 제시문을 읽으며 해당 <보기>를 파악하기 위해서는 어느 문단을 중점적으로 봐야 하는지에 초점을 두며 문제를 풀어 보자.

해설

ㄱ. (○) 3문단의 "다만 노동의 질적 측면을 살펴보면 1인 가구는 여타 가구에 비해 임시·일용직 비중이 높아 고용상황이 상대적으로 불안정한데, 특히 고령층에서 그 정도가 심한 모습이다."를 통해 옳은 선지임을 알 수 있다.

ㄴ. (○) 1문단의 "연령별로 균등화 소득 격차를 살펴보면 29세 이하의 경우 전체 가구와 1인 가구 간 차이가 크지 않았으나 30대부터는 커지기 시작하여 연령이 증가할수록 드 차이가 확대되었다."를 통해 50대 1인 가구와 50대 전체 가구 간의 균등화 소득 격차는 40대 1인 가구와 40대 전체 가구 간의 균등화 소득 격차보다 크다는 것을 알 수 있다.

ㄷ. (X) 2문단에서 1인 가구의 균등화 순자산은 1억 6,000만 원이고 전체 가구의 균등화 순자산이 2억 8,000만 원이라고 하였으므로 1인 가구의 균등화 순자산은 전체 가구의 균등화 순자산의 57.1%이다.

ㄹ. (X) 제시문의 내용만으로는 30대 이상 1인 가구, 50대 이상 전체 가구, 30대 이하 전체 가구, 50대 이상 1인 가구의 취업자 비율을 나열할 수 없다.

25 난이도 ★★★ 정답 ③

구조 파악

글을 통해 각 방식별 환전율이 다르다는 점에 유의하며 <보기>의 상황별 '방식 1'이 더 유리한 경우를 판단하는 문제이다. 특히 '방식 2'에는 수수료가 별도로 발생한다는 점에 주의하며 문제를 풀어 보자.

해설

각 방식별 환전율을 정리하면 다음과 같다.

- 방식 1: 25원=1페소
- 방식 2: 1,500원=1달러=61페소(수수료 100페소 별도)

ㄱ. 방식 1: 750,000원=30,000페소, 30,000−100=29,900페소
방식 2: 750,000원=500달러=30,500페소, 30,500−100(수수료)−600=29,800페소
따라서 방식 1을 선택한다.

ㄴ. 방식 1: 600,000원=24,000페소, 24,000−100=23,900페소
방식 2: 600,000원=400달러=24,400페소, 24,400−100(수수료)−100=24,200페소
따라서 방식 2를 선택한다.

ㄷ. 방식 1: 750,000원=30,000페소, 30,000−200=29,800페소
방식 2: 750,000원=500달러=31,000페소, 31,000−100(수수료)−1,200=29,700페소
따라서 방식 1을 선택한다.

실전 적용 TIP

방식 1과 방식 2에서 택시요금으로 지불하는 금액이 같을 수도(ㄴ) 다를 수도(ㄱ, ㄷ) 있다는 점에 주의하여야 한다. 또한 ㄷ의 경우 달러에서 페소로 환전할 때 환전율이 달라짐에 유의하여야 한다.

26 난이도 ★★★

정답 ③

구조 파악

甲이 담당하는 업무와 업무코드를 통해 <보기>의 일치부합을 판단하는 문제이다. 甲은 오늘 특정 두 업무를 포함하여 서로 다른 6가지 업무를 처리했다는 점에 유의하며 문제를 풀어 보자.

해설

甲은 휴페업신고서관리(BA13), 신고서 목록 관리(CB11)를 처리하였다. 남은 4건에 대한 경우의 수를 통해 아래 선지를 확인해 보자.

ㄱ. (○) A를 1번만 입력했다면, 이미 휴폐업신고서(BA13)를 통해 A가 입력되었으므로, 남은 4건의 업무코드에 A가 포함되어서는 안 된다. 이미 처리한 휴폐업신고서와 신고서 목록관리를 제외한 6건의 업무 중 사업자등록 결과처리(AD10)와 신용카드 이용대금 조회(DA14)에만 A가 포함되어 있다. 그러므로 甲은 해당 업무를 제외한 휴폐업신고서 조회(BC13), 사업자등록신청서 입력(BE02), 신고자내역 조회(CD08), 전자계산서 발급 조회(DD12)를 처리하였을 것이다. 이때 사용된 D는 신고자내역 조회(CD08), 전자계산서 발급 조회(DD12)의 3회이다.

ㄴ. (X) 현재 휴폐업신고서 관리(BA13), 신고서 목록 관리(CB11)는 확정이며, 남은 6개의 업무 중 B가 포함된 업무는 휴폐업신고서 조회(BC03), 사업자등록신청서 입력(BE02)이다. B가 가장 많이 입력되어야 하므로, 위의 4가지 업무를 고정한 채, 남은 업무의 경우의 수를 고려하면 다음과 같다. 이때, 전자계산서 발급조회 코드가 DD12로 D가 많다는 점을 이용하여 D가 B보다 더 많을 수 있는 경우의 수를 찾아보고자 전자계산서 발급조회(DD12)를 고정한 채 경우의 수를 구해 보자.

• 휴폐업신고서 관리(BA13) • 신고서 목록 관리(CB11) • 휴폐업신고서 조회(BC03) • 사업자등록신청서 입력(BE02)	• 전자계산서 발급 조회(DD12) • 사업자등록 결과처리(AD10) [A1, D3]	[A2, B4, C2, D0]
	• 전자계산서 발급 조회(DD12) • 신고자내역 조회(CD08) [C1, D3]	[A1, B4, C3, D3]
	• 전자계산서 발급 조회(DD12) • 신용카드 이용대금 조회(DA14) [A1, D3]	[A2, B4, C2, D3]

세 번째 경우에서 '전자계산서 발급 조회'를 처리하더라도 B를 4번으로 가장 많이 입력하였으므로 옳지 않다.

ㄷ. (○) 현재 휴폐업신고서 관리(BA13)와 신고서 목록 관리(CB11)의 네 번째 자리 숫자 합은 3+1=4이다. 신고자내역 조회(CD08)를 제외한 모든 업무의 네 번째 자리 숫자의 합을 구하더라도 0+3+3+2+1+4+2=15이므로 '신고자내역조회'를 처리해야만 21을 맞출 수 있다.

실전 적용 TIP

이미 고정된 '휴폐업신고서 관리'와 '신고서 목록 관리'를 적절히 이용할 수 있어야 한다. 또한 업무를 중복해서 처리한 것이 아닌 '서로 다른' 6건의 업무를 진행했다는 점이 본 문제의 큰 힌트이므로, 이를 활용하여 문제를 풀어 보자.

27 난이도 ★★★

정답 ①

구조 파악

글의 규정과 노상주차장 주차요금표를 읽고 <보기>의 일치부합을 판단하는 문제이다. 규정의 조항은 각각 가산금과 감면에 대해 명시하고 있으므로, <보기>의 상황이 어느 규정에 해당하는지를 정확하게 파악하도록 하자.

해설

편의상 위에서부터 제1조, 제2조라고 칭한다.

ㄱ. (○) 제2조 제1항 제6호에 의해 주차시간 최초 1시간 범위 내에서 주차요금을 면제하고, 1시간 초과 시부터 부과되는 주차요금의 50%를 할인한다. 즉, 3시간 중 1시간은 면제, 이후 2시간에 대해서는 50%의 요금만을 납부하면 되므로 주차요금은 250×12×2×0.5=3,000원이다.

ㄴ. (X) 제2조 제3항에 따라 둘 이상의 주차요금 감면사유에 해당할 경우 감면율이 가장 높은 하나만을 적용해야 한다. 乙의 경우 제2조 제1항 제4호에 의해 전체 주차요금의 50%를 감면받거나 제2조 제1항 제5호에 의하여 주차시간 2시간에 한하여 50%를 감면받을 수 있다. 이 중 하나의 감면율만을 적용받을 수 있기에 乙은 전자의 조항에 의해 총 50%의 주차요금 할인을 받을 수 있다.

ㄷ. (X) 丙이 4급지 노상주차장에 15일 동안 야간 주차를 할 경우, 1일 주차권과 월 정기권의 가격은 다음과 같다.
- 1일 주차권: 2,000×15=30,000원
- 월 정기권: 30,000원

두 경우 모두 30,000원으로 동일하다.

실전 적용 TIP

ㄴ의 경우, 규정의 최하단에 있는 제2조 제3항의 내용을 놓치지 않도록 주의해야 한다. 또한 해당 조항을 발견하지 못하더라도 제2조 제1항 제4호와 제5호의 할인율만으로 80%를 구할 수 없다는 점 역시 중요한 부분이다.

28 난이도 ★★★ 정답 ④

구조 파악

글의 규정과 노상주차장 주차요금표를 통해 <상황>의 납부 총비용을 계산하는 문제이다. 가산금 부과 여부와 감면 여부를 확실하게 적용하여 계산해 보자. 주차요금 계산 시 기준이 되는 시간은 5분이므로 이를 1시간으로 계산할 경우 12를 곱해야 한다는 점에 주의하자.

해설

편의상 위에서부터 제1조, 제2조라고 칭한다.

A: 제1조 제2항 제3호에 의거하여 주차요금을 납부하지 않고 도주한 자는 해당 주차요금의 4배를 가산금으로 부과한다. A의 주차요금은 (500×12×2)=12,000원으로 주차요금의 4배인 가산금 48,000원을 더하여 총 60,000원을 납부해야 한다.

B: 제2조 제1항 제1조에 의해 환승주차장이 아닌 주차장에 주차하였을 경우 주차요금의 80%를 할인하므로 (3,000×5+2,000×5)×0.2=5,000원을 납부해야 한다.

C: 제2조 제3항에 따라 감면율이 높은 하나를 적용하여야 한다. C가 적용받을 수 있는 감면율은 다음과 같다.

- 저공해자동차&환승 목적 환승 주차장 이용: 제2조 제1항 제2호에 의해 3시간까지의 요금 면제 및 이후 주차 시간에 대한 요금 80% 할인
- 소상공인 간편결제 시스템 이용: 제2조 제1항 제8호에 의해 10% 할인

C는 전자의 감면율을 적용하는 것이 더 유리하므로, 이를 계산할 경우 3시간 이후의 시간은 1시간에 대해 500×12×0.2=1,200원을 납부해야 한다.

D: 제2조 제1항 제3호에 의해 1년간 주차요금을 면제하므로 0원이다.

E: 제1조 제2항 제4호에 의거하여 주차장을 주차 외의 목적으로 이용하였으므로 해당 주차요금의 4배를 가산금으로 부과한다. 이때 주차요금은 250×12×3=9,000원이므로 주차요금의 4배인 가산금 36,000원을 더하여 총 45,000원을 납부해야 한다.

따라서 납부 비용이 적은 순서대로 나열하면 D(0원), C(1,200원), B(5,000원), E(45,000원), A(60,000원)이다.

실전 적용 TIP

문제에서 명시하고 있는 총비용은 주차요금과 가산금이 더해진 금액이라는 점에 주목해야 한다. 또한 가산금을 부과해야 하는 경우와 감면 가능 여부를 확실히 파악해야 헷갈리지 않고 계산할 수 있다. 가령 30% 할인인지, 30%만 부과하는지를 헷갈리지 않도록 해야 한다.

29 난이도 ★★★ 정답 ⑤

구조 파악

제시문을 읽고 <보기>의 일치부합을 판단하는 문제이다. '현가', '연금현가' 등 다소 생소한 용어들이 등장해 난이도가 어렵다고 느낄 수 있으나, 제시문 속 <표 1>과 <표 2>만을 이용하더라도 충분히 해결할 수 있으니 이자율과 경과기간에 유의하며 문제를 풀어 보자.

해설

ㄱ. (X) 연이자율 5% 복리로 자금을 운영하여 2014년 1월에 100만 원을 마련하기 위해서는 2009년 1월 현재 〈표 1〉의 현가율표를 이용하여 경과기간 5년, 이자율 5% 값인 0.7835를 적용한 78.35만 원이 필요하다.

ㄴ. (O) 2009년 1월 현재 연이자율 5% 복리로 운용되고 있는 1억 원의 자금을 15년에 걸쳐 매년 1월(2009년 1월 1일 포함)에 연금의 형태로 지급한다면 1회에 지급하는 연금액은 1억 원을 〈표 2〉의 경과기간 15년, 이자율 5%를 적용한 10.8986으로 나눈 금액이다.

ㄷ. (O) 2009년 1월 현재 10년 후 100만 원의 현가는 이자율 4%일 때 67.55만 원, 5%일 때 61.39만 원으로 이자율 4%일 때가 더 크다.

ㄹ. (O) 2009년 1월부터 향후 30년에 걸쳐 매년 1월 100만 원의 연금을 지급한다고 하면 2009년 1월 현재 필요한 재원은 〈표 2〉의 경과기간 30년, 이자율 4%인 17.9837을 적용한 약 1,798만 원이다.

실전 적용 TIP

ㄷ의 경우, 계산해 보지 않아도 바로 알 수 있다. 이자율이 높을수록 이자로 돌려받는 금액이 커지기에 만기 시 같은 돈을 돌려받는다면 내가 최초로 투입해야 하는 금액이 적어진다.

30 난이도 ★ 정답 ③

구조 파악

통신사별 요금표를 보고 <상황>에 따라 가장 저렴한 통신사를 구하는 문제이다. <상황>에서 명시하고 있는 조건을 충족하는지 여부를 먼저 파악한 후 2월 예상 요금을 구해도 되지 않는 통신사는 미리 제하고 문제를 풀어 보자.

해설

〈상황〉의 조건을 정리하면 다음과 같다.

- 월 요금 총액이 가장 저렴할 것
- 데이터 전송 속도 200Mbps 이상
- 데이터 사용량 400GB
- OTT 구독 예정

두 번째 조건에 의해 데이터 전송속도가 100Mbps인 통신사 A는 제외된다. 통신사 D와 E는 데이터 제공량이 甲이 사용할 400GB 이상이며, 통신사 E는 기본요금에 OTT 콘텐츠 구독료가 포함되어 있다는 사실에 주의하며 남은 통신사 B~E의 각 월 요금 총액을 구하면 다음과 같다.

- B: 60,000+(400−100)×200+20,000=140,000원
- C: 80,000+(400−250)×200+20,000=130,000원
- D: 120,000+20,000=140,000원
- E: 140,000원

따라서 월 요금 총액이 130,000원으로 가장 저렴한 C를 이용한다.

제2회 피셋기출 모의고사

[정답표]

01	02	03	04	05	06	07	08	09	10
①	③	④	⑤	①	⑤	④	④	②	②
11	**12**	**13**	**14**	**15**	**16**	**17**	**18**	**19**	**20**
④	⑤	②	⑤	②	②	④	④	③	①
21	**22**	**23**	**24**	**25**	**26**	**27**	**28**	**29**	**30**
④	④	⑤	①	④	②	⑤	⑤	③	③

01 난이도 ★ 정답 ①

구조 파악

제시문은 기업의 사회적 역할 수행 방식으로서 '사회적 책임 이행'과 '공유가치 창출'의 차이점을 설명하고, 커피 회사 X사의 사례를 통해 두 방식의 특징과 효과를 비교하는 글이다. 제시문의 맥락을 정확히 이해하고 문맥에 맞는 적절한 단어를 찾아 빈칸을 채우는 능력을 평가하는 문제로 특히 '사회적 책임 이행'과 '공유가치 창출'의 개념 차이와 특징을 명확히 파악하고, 두 개념이 기업과 사회에 미치는 영향의 차이점을 이해해야 한다. 또한 X사의 사례를 통해 두 개념이 구체적으로 어떻게 실현되는지 파악하는 것이 중요하다.

해설

(가): 1문단에서 '사회적 책임 이행'은 목표를 달성했더라도 기업의 (가)까지는 이어지지 못했다고 했는데, 2문단에서 '공유가치 창출'은 사회적 기여와 함께 '기업 자신의 핵심 역량 강화'도 실현할 수 있다고 설명한다. 따라서 '사회적 책임 이행'이 달성하지 못한 것은 '핵심 역량 강화'임을 알 수 있다.

(나): 3문단에서 X사가 커피 농부들의 소득 향상을 위해 시행한 '고가 매수 프로그램'이 기업의 (나)에 대한 대표적 사례라고 했다. 4문단에서는 이와 대비되는 '캡슐커피 프로그램'을 '공유가치 창출 프로그램'이라고 명시하며 이것이 종래의 사회 기여 프로그램을 어떻게 혁신할 수 있는가를 보여준다고 설명하고 있다. 따라서 (나)에는 '사회적 책임 이행'이 들어가야 한다.

(다): 5문단에서 공유가치 창출은 장기적으로 기업과 지역사회의 건설적 관계를 추구하며 기업의 사회적 기여와 기업의 핵심 역량 강화의 (다)라는 새로운 방향을 제시한다고 설명하고 있다. 2문단에서 공유가치 창출은 기업이 사회적 기여라는 역할을 수행하면서 기업 자신의 핵심 역량 강화도 실현할 수 있는 활동이라고 정의했고, 4문단의 X사 사례에서도 캡슐커피 프로그램을 통해 커피 농부들의 소득이 15배 이상 증가(사회적 기여)하고 X사의 고급 원두 시장에서의 매출액이 30% 이상 증가(기업의 핵심 역량 강화)하는 결과를 가져왔다고 설명하고 있다. 즉, 공유가치 창출은 기업의 사회적 기여와 핵심 역량 강화를 함께 추구하는 접근 방식이다. 따라서 두 가지를 함께 추구한다는 의미에서 (다)에는 '통합'이 들어가는 것이 적절하다.

02 난이도 ★ 정답 ③

구조 파악

제시문은 AI 시대의 경쟁력이 데이터에 있으며, 이는 단순한 기술 경쟁을 넘어 국가 간 패권 경쟁으로 확대되고 있다는 내용을 담고 있다. 특히 중국의 사례를 통해 데이터 확보의 중요성과 그 파급효과를 잘 보여주고 있다. '슈퍼 앱의 구체적 사례 제시 → 중국의 경쟁력 → 글로벌 패권 구도 변화 → AI 민족주의'의 순서로 논지를 전개하고 있으며, 각 문단의 내용을 정리하면 다음과 같다.

1문단	중국의 위챗으로 대표되는 슈퍼 앱은 일상생활의 모든 서비스를 통합하여 제공하며, 이를 통해 수집된 데이터는 AI가 소비자의 행동을 예측할 수 있게 하는 기반이 된다.
2문단	중국은 미국의 3배에 달하는 인터넷 이용자를 바탕으로 방대한 데이터를 확보했으며, 이를 통해 양적·질적 측면에서 독자적인 AI 경쟁력을 갖추게 되었다.
3문단	4차 산업혁명 시대에서 AI 기술은 미국 중심의 일극체제에서 미국과 중국의 양극체제로 전환되었으며, 이는 단순한 기술 경쟁을 넘어 강대국 간 패권 경쟁으로 발전하고 있다.
4문단	각국은 자국의 AI 관련 데이터와 서비스를 보호하고 타국의 영향력을 제한하는 새로운 형태의 민족주의를 보이고 있으며, 이는 국가 간 기술 격차와 AI의 무기화 가능성으로 이어지고 있다.

해설

ㄱ. (○) 3문단에서 4차 산업혁명의 핵심동력인 인공지능이 미국 중심의 일극체계를 중국과 미국의 양극체계로 전환시켰다고 하였다.

ㄴ. (○) 4문단에서 각종 보고서에서는 인공지능 기술이 정

치 질서와 맞물리며 국가 간 과학기술 격차는 물론 강력한 무기화 가능성을 지적한다.

ㄷ. (X) 4문단에서 AI가 오히려 인공지능 민족주의를 촉발하여 국가 간 장벽을 강화하고 있다고 설명하고 있다. 통합적 사고나 지구촌의 하나 된 의식과 같은 내용은 언급되어 있지 않으며, 오히려 반대되는 현상이 나타나고 있음을 말해 주고 있다.

03 난이도 ★★ 정답 ④

구조 파악

제시문은 인앱결제 강제 방지법의 도입 배경, 입법 과정, 주요 내용, 후속 조치 및 영향을 순차적으로 설명하고 있다. 각 문단의 주요 내용을 정리하면 다음과 같다.

1문단	인앱결제 강제 방지법은 글로벌 플랫폼의 인앱결제 강제 방지가 목적이며, 앱 마켓은 개발자와 이용자 간 거래 중개 공간을, 인앱결제는 앱 마켓 운영업체의 자체 결제 시스템을 의미한다.
2문단	인앱결제는 결제 절차가 편리하다는 장점이 있으나 높은 수수료와 비용 전가라는 단점이 있어, 여야의 법안 발의와 1년간의 심사를 거쳤으며, 세계 최초 입법례로 주목받았다.
3문단	특정 결제방식 강제, 심사 지연, 부당 삭제 등을 금지하는 내용을 담고 있으며, 2022년 3월 8일 시행령을 통해 구체적 유형을 규정하고 매출 2% 이하 과징금, 이행강제금, 과태료 등의 제재 방안을 마련했다.
4문단	공정 경쟁 촉진과 생태계 구성원의 변화 체감이 기대되며, 실제로 구글과 애플이 제3자 결제 방식을 허용하기로 결정했다.

해설

① (O) 앱 개발자 입장에서는 앱 마켓 사업자에게 비싼 결제 수수료를 지불해야 한다고 하였다.

② (O) 시행령이 2022년 3월 8일 국무회의에서 의결되었다고 했으므로, 법안은 그 이전에 본회의를 통과했음을 알 수 있다.

③ (O) 인앱결제는 앱 마켓 운영업체가 자체적으로 개발한 시스템을 활용해 내부적으로 결제하는 방식이라고 정의하고 있으므로 앱 개발사의 내부결제는 이에 해당하지 않음을 알 수 있다.

④ (X) 앱 마켓 사업자가 앱 마켓에서 모바일콘텐츠 등을 부당하게 삭제하는 행위가 금지되는 것이지, 앱 개발자의 행위를 규제하는 것은 아니다.

⑤ (O) 세계 최초의 앱 마켓 규제 입법례로 평가되면서 미국·독일·프랑스 등 주요 국가 외신에서 대서특필하였다.

04 난이도 ★★★ 정답 ⑤

구조 파악

제시문은 케인즈 경제학 이론에 관한 글로 고용과 소득, 소비, 투자, 유효 수요 간의 관계를 설명하고 있다. 글쓴이는 고용 증가와 투자, 유효 수요의 관계를 중심으로 경제 시스템의 작동 원리와 '풍요 속의 빈곤' 현상을 분석하고 있다.

1문단	고용이 증가하면 총실질소득이 증가하지만, 소비는 소득만큼 증가하지 않는다. 따라서 일정 수준의 고용을 유지하기 위해서는 충분한 경상 투자가 필요하다. 균형고용수준은 경상 투자량에 의존하며, 투자 유인은 자본의 한계효율스케줄과 이자율 체계의 관계에 의존한다.
2문단	유효 수요 부족으로 인해 완전 고용에 도달하기 전에 고용 증가가 멈출 수 있다. 노동의 한계생산 가치가 한계비효용을 초과해도 유효 수요 부족이 생산 과정을 저해할 수 있다.
3문단	공동체가 부유할수록 실제 생산과 잠재적 생산의 차이가 커진다. 가난한 공동체는 적은 투자량으로도 완전 고용이 가능하지만, 부유한 공동체는 더 많은 투자 기회가 필요하다. 투자 유인이 약한 사회는 부득이 실제 생산을 줄일 수밖에 없다.

해설

① (O) 1문단에서 공동체의 소비 성향이 일정할 때 균형고용수준, 즉 고용주 전체가 고용을 늘리거나 줄이려는 아무런 유인이 없는 수준은 경상 투자량에 의존한다고 하였다.

② (O) 3문단에서 부유한 공동체는 비교적 부유한 구성원의 저축성향이 가난한 구성원의 고용과 양립하기 위해 훨씬 더 풍부한 투자 기회가 있어야 하기 때문이라고 설명하고 있다. 또한 잠재적으로 부유하지만 투자 유인이 약한 사회에서는 유효 수요의 원리가 작용해서, 사회 전체가 매우 가난해질 것이라고 언급하고 있다. 이는 부유한 공동체일수록 유효 수요 부족 시 실업 문제가 더 심각할 수 있음을 시사한다.

③ (O) 1문단에서 경상 투자량은 우리가 '투자 유인'이라고 부르려는 것에 의존하며, 투자 유인은 '자본의 한계효율스케줄'과 다양한 만기와 위험을 가진 대출에 대한 이자율 체계의 관계에 의존한다는 것을 알게 될 것이라고 설명하고 있다.

④ (O) 2문단에서 노동의 한계생산의 가치가 여전히 고용의 한계비효용을 초과함에도 불구하고, 유효 수요의 부족이 생산과정을 저해하는 것이라고 언급하고 있다. 이는 노동의 시장 가치가 높더라도 유효 수요 부족으로 인해 생산이 제한되고 실업이 발생할 수 있음을 의미한다.

⑤ (X) 글쓴이는 정부 개입의 효과나 과잉 생산 문제에 대해 직접적으로 언급하지 않았다. 오히려 글쓴이는 유효 수요

부족이 고용과 생산을 제한하는 핵심 요인임을 강조하고 있다. 케인즈 경제학의 관점에서는 일반적으로 정부 개입을 통해 유효 수요를 창출하고 고용을 증가시킬 수 있다고 보는데, ⑤는 그와 반대되는 주장을 하고 있다.

실전 적용 TIP

글쓴이가 직접적으로 언급한 내용과 글의 전체적인 맥락을 모두 고려해야 한다. 특히 '가장 거리가 먼 것'을 찾는 문제에서는 글쓴이의 주장과 명확히 모순되거나, 글에서 전혀 언급되지 않은 내용을 담은 선택지를 찾아야 한다. 케인즈 경제학 관련 문제에서는 유효 수요, 고용, 투자, 소비의 관계를 정확히 이해하는 것이 중요하며, 글쓴이가 특정 개념들 간의 인과관계를 어떻게 설명하는지 주의 깊게 살펴봐야 한다. 또한 '정부 개입'과 같이 글에서 직접 언급되지 않은 요소가 포함된 선택지는 글쓴이의 견해와 거리가 멀 가능성이 높다.

05 난이도 ★★★ 정답 ①

구조 파악

제시문은 국제 통화 체제의 변천 과정과 기축 통화로서 달러화가 가진 특성 및 문제점을 설명하고 있다. 기축 통화인 달러화를 중심으로 브레턴우즈 체제의 작동 원리와 트리핀 딜레마를 소개하고, 이 체제가 붕괴된 후에도 달러화가 기축 통화로 유지되는 이유를 규모의 경제 측면에서 설명하고 있다. 특히 국제 유동성 공급과 달러화의 신뢰도 사이의 딜레마가 결국 브레턴우즈 체제의 붕괴로 이어졌으나, 거래 비용 절감이라는 경제적 이점 때문에 달러화의 기축 통화 지위는 계속 유지되고 있음을 강조하고 있다. 글을 이해하는 데 있어 중요한 특징을 몇 가지 정리하면 다음과 같다.

환율과 통화 가치의 관계	• 평가 절상: 통화 가치 상승 • 평가 절하: 통화 가치 하락
브레턴우즈 체제의 주요 특징	• 달러화만이 금 태환 가능 • 다른 통화들은 달러화에 고정 • 제한적인 환율 변동 허용
트리핀 딜레마의 핵심	• 국제 유동성 공급을 위한 경상수지 적자 필요 • 과도한 적자는 달러화 신뢰도 하락 초래

해설

① (X) 마르크화가 달러화에 대해 평가 절상된다는 것은 마르크화의 가치가 달러화에 비해 상승함을 의미한다. 브레턴우즈 체제에서는 달러화로만 금을 매입할 수 있었으므로, 마르크화 가치가 상승하면 같은 금액의 마르크화로 더 많은 달러화를 교환할 수 있게 된다. 따라서 같은 금액의 마르크화로 구입할 수 있는 금의 양은 오히려 증가하게 된다. 이는 금 1온스가 35달러로 고정되어 있었기 때문이다.

② (O) 1문단에서 트리핀 교수는 미국이 경상수지 적자를 허용하지 않으면 국제 유동성 공급이 중단되어 세계 경제가 위축될 것이라고 지적했다. 반면, 적자 상태가 지속되어 달러화가 과잉 공급되면 준비 자산으로서의 신뢰도가 저하되고 고정 환율 제도가 붕괴될 것이라고 경고했다. 이는 적정 수준의 국제 유동성 공급이 필요하지만, 과잉 공급은 문제가 된다는 것을 의미한다.

③ (O) 국제 유동성을 달러화에만 의존하는 것이 트리핀 딜레마의 원인이므로, 금을 통한 국제 유동성 공급이 증가하면 달러화 의존도가 낮아질 수 있다. 이는 달러화 과잉 공급 문제를 완화할 수 있는 방법이 될 수 있다. 제시문에서 금이 국제 유동성의 역할을 했다는 내용을 통해 이를 추론할 수 있다.

④ (O) 3문단에 따르면 당시 독일과 일본은 대규모 대미 무역 흑자 상태였으며, 이 상황이 지속되기 어려울 것이라는 전망이 있었다. 이는 결국 마르크화와 엔화의 평가 절상이 불가피할 것이라는 예상으로 이어졌고, 이에 따라 두 통화에 대한 투기적 수요가 증가했다.

⑤ (O) 브레턴우즈 체제에서는 달러화의 평가 절하가 규정상 불가능했다. 그러나 닉슨 쇼크로 달러화의 금 태환 의무가 폐지되고 브레턴우즈 체제가 붕괴되면서 달러화의 평가 절하가 가능해졌다. 이는 달러화의 고평가 문제를 해결할 수 있는 수단이 생겼음을 의미한다.

06 난이도 ★★★ 정답 ⑤

구조 파악

이 문제를 해결하려면 세 가지 다른 통화 체제(금 본위 체제, 브레턴우즈 체제, 기축 통화가 없는 체제)에서 환율의 가짓수를 계산하고 비교할 수 있어야 한다. 특히 각 체제에서 자동적으로 결정되는 환율과 교차 환율의 개념을 정확히 이해해야 한다.

- 금 본위 체제: 각국 통화가 금의 가치에 고정되어 환율이 자동 결정
- 브레턴우즈 체제: 달러화가 금에 고정, 여타 통화는 달러화에 고정
- 기축 통화 부재 체제: 모든 통화 간 환율이 개별적으로 결정

해설

① (X) 금 본위 체제에서 3개국의 경우, 전체 환율은 3개가 형성된다. 각 나라가 금에 대한 자국 통화의 가치를 고정하면, 이 중 2개의 환율이 결정될 때 나머지 1개는 자동으로 결정된다. 따라서 자동 결정되는 환율은 1개뿐이며, 이는 금에 고정된 국가 수(3개)보다 2개가 적은 것이다.

② (X) 브레턴우즈 체제하에서는 달러화가 기축통화로 작용하여, 각 국가는 자국 통화와 달러화의 환율만 정하면 나

머지 통화 간의 교차 환율은 자동적으로 결정된다. 이러한 방식은 브레턴우즈 체제가 붕괴한 이후에도 달러화가 여전히 기축통화 역할을 수행하면서 유지되었기 때문에, 교차 환율의 결정 방식에는 변화가 없었다. 따라서 교차 환율의 가짓수는 변하지 않는다.

③ (X) 기축 통화가 없는 체제에서 환율의 가짓수는 국가 수에 따라 n(n−1)/2 공식으로 결정된다. 예를 들어 3개국일 때는 3개, 4개국일 때는 6개, 5개국일 때는 10개의 환율이 생긴다. 즉, 국가가 하나씩 증가할 때마다 환율의 가짓수는 산술적으로 하나씩 증가하는 것이 아니라 기하급수적으로 늘어난다.

④ (X) 금 본위 체제에서는 각국이 금에 대한 환율을 정하면 다른 환율이 자동 결정되고, 브레턴우즈 체제에서는 달러화에 대한 환율이 정해지면 교차 환율이 자동 결정된다. 두 체제 모두 기준이 되는 가치(금 또는 달러화)에 의해 환율이 결정되는 구조이므로, 자동적으로 결정되는 환율의 가짓수는 동일하다.

⑤ (○) 브레턴우즈 체제에서는 달러화가 기축 통화이므로, 다른 두 통화는 달러화에 대해 환율을 정하고, 이 두 통화 간의 교차 환율 1개만 자동으로 결정된다. 반면 기축 통화가 없는 체제에서는 3개국 간에 모든 환율(3개)이 개별적으로 결정되어야 한다. 따라서 브레턴우즈 체제의 교차 환율 가짓수(1개)는 기축 통화가 없는 체제의 전체 환율 가짓수(3개)보다 적다.

07 난이도 ★★★ 정답 ④

구조 파악

브레턴우즈 체제 붕괴 이후의 기축통화국 상황과 환율 변동이 미치는 영향을 이해하고 있는지 파악하는 문제이다. 특히 금리, 통화 공급, 환율 변동 간의 관계와 이것이 경상수지에 미치는 영향을 정확히 이해해야 한다. <보기>의 내용을 순서대로 정리하면 다음과 같다.

석유 가격 급등으로 인한 A국의 금리 인상과 통화 공급 감소
↓
정부 정책(소득세 감면, 군비 증대)으로 인한 추가 금리 인상
↓
높은 금리로 인한 외국 자본 유입
↓
국제적 합의를 통한 환율 조정

해설

① (X) A국의 금리 인상과 통화 공급 감소는 통화 가치와 신뢰도를 높이는 정책이며, 〈보기〉에서 이로 인해 높은 금리가 형성되어 외국 자본이 대량으로 유입되었다고 명시하고 있다. 따라서 A국 통화의 신뢰도가 낮아졌다는 것은 적절하지 않다.

② (X) 〈보기〉에서는 "국제적 합의에 따라 B국 통화의 A국 통화에 대한 환율이 50% 하락하였다."라고 제시하고 있다. 이는 B국 통화의 평가절하를 의미하며, B국 통화의 가치가 A국 통화에 비해 절반으로 낮아졌다는 뜻이다. 그러나 이 사실만으로 국제 유동성 공급량이 증가했다거나, A국 통화 가치가 상승했다고 단정할 수는 없다. 평가절하된 것은 B국 통화이고, A국 통화의 가치는 상대적으로 상승했다고 볼 수 있으나, 그것이 전반적인 국제 유동성 증가를 의미하지는 않는다.

③ (X) 〈보기〉에 따르면 A국 통화에 대해 B국 통화의 환율은 50%, C국 통화의 환율은 30% 하락했다. 이는 B국 통화가 C국 통화보다 더 큰 폭으로 평가절하되었음을 의미한다. 따라서 B국 통화에 대한 C국 통화의 환율은 상승했을 것이다.

④ (○) 〈보기〉에 따르면 B국 통화가 C국 통화보다 더 큰 폭으로 평가절하되었다(50% > 30%). 이는 B국 상품의 가격 경쟁력이 C국 상품보다 더 크게 개선되었음을 의미한다. 따라서 B국은 수출이 증가하고 C국으로부터의 수입이 감소하여, C국의 대 B국 경상수지는 개선되었을 것이다.

⑤ (X) 〈보기〉에서 A국의 소득세 감면과 군비 증대는 금리를 인상시켰고, 이미 국제적 합의를 통해 B국 통화의 환율을 하락시키기로 했다. 이러한 상황에서 B국 통화의 환율을 상승시키는 것은 합의된 내용과 모순된다.

08 난이도 ★ 정답 ④

구조 파악

제시문은 기업의 경영활동에서 발생하는 비용의 구조와 영업레버리지의 개념, 효과 그리고 기업 의사결정에 미치는 영향을 설명하는 글이다. 먼저 기업의 비용을 영업비와 재무비로 구분하고, 영업비를 다시 영업변동비와 영업고정비로 세분화하여 설명한다. 특히 영업고정비가 영업레버리지 효과를 발생시키는 원리와 이를 측정하는 도구인 영업레버리지도의 개념을 구체적인 수식과 사례를 통해 상세히 설명한다. 나아가 영업레버리지 효과가 기업의 의사결정에 주는 시사점으로, 사업 전망과 연계한 평가의 필요성과 시설 투자나 생산 방식 전환 시 영업위험 변화에 대한 고려의 중요성을 강조하고 있다.

해설

① (X) 영업비와 재무비는 기업 비용의 구성 요소로 설명되어 있을 뿐, 지렛대가 이들의 비중을 조절한다는 내용은 제시되어 있지 않다. 또한 지렛대 효과는 영업고정비와 관련하여 설명되고 있다.

② (X) 제시문에서는 공헌이익이 '매출액에서 영업변동비를 차감한 금액'이라고 명시되어 있으며, 이는 매출액이 증가하거나 감소하면 그에 따라 공헌이익도 함께 변동할 수 있음을 의미한다. 하지만 선지에서는 공헌이익이 '일정하게 조절된다'고 하여, 마치 공헌이익이 고정되거나 조절 가능하다는 인상을 준다. 이는 제시문에서 확인되지 않는 내용이므로 옳지 않다. 제시문은 공헌이익의 정의와 그것이 영업이익 결정에 어떤 역할을 하는지를 설명하지만, 기업이 이를 능동적으로 조절할 수 있다는 내용은 포함하고 있지 않다.

③ (X) 제시문에서는 영업고정비 증가로 인한 생산 규모 확대가 규모의 경제를 발생시켜 단위생산원가를 낮추고 영업이익을 확대시킨다고 설명하고 있다. 따라서 규모의 경제 효과를 축소시킨다는 설명은 제시문의 내용과 상반된다.

④ (O) 제시문에서는 영업고정비가 증가할수록 매출액의 변동에 따른 영업이익의 변동 폭이 확대된다고 명시적으로 설명하고 있다. 실제 예시에서도 매출액 10% 변동이 영업이익 20% 변동으로 나타나는 것처럼, 작은 변화가 큰 변화로 이어지는 지렛대의 원리를 정확히 보여주고 있다.

⑤ (X) 제시문에서는 사업 전망과 관련지어 영업레버리지 효과를 평가해야 한다고 설명하며, 사업 전망이 흐린 기업의 경우 영업레버리지도가 높으면 오히려 손실이 확대될 수 있다고 명시하고 있다. 따라서 기업의 이익을 언제나 증가시킨다는 설명은 적절하지 않다.

실전 적용 TIP

지렛대라는 비유적 표현의 의미를 파악하기 위해서는 뒷부분에 나오는 영업레버리지 효과의 구체적인 설명을 주의 깊게 읽어야 한다. 예시로 제시된 수치를 통해 매출액 10% 변동이 영업이익 20% 변동으로 이어지는 것처럼, 작은 변화가 큰 변화로 이어지는 지렛대의 원리를 이해하면 답을 쉽게 찾을 수 있다.

09 난이도 ★★ 정답 ②

구조 파악

제시문은 영업레버리지도의 정의와 계산 방법, 영업고정비와의 관계를 설명하고, 구체적인 수치 예시를 통해 이를 보여준다. 또한 영업레버리지도가 기업의 의사결정에 미치는 영향도 함께 설명하고 있다.

해설

① (X) 소모품비는 영업변동비에 해당하며, 영업레버리지도는 영업고정비와 관련이 있다. 소모품비의 증감은 영업레버리지도에 직접적인 영향을 미치지 않는다.

② (O) 비유동자산에 대한 투자가 많을수록 영업고정비가 증가하고, 이는 영업레버리지도를 높인다. 따라서 비유동자산을 처분하면 영업고정비가 감소하여 영업레버리지도가 감소하게 된다.

③ (X) 생산 시설 확장은 비유동자산의 증가를 의미하고, 이는 영업고정비를 증가시킨다. 영업고정비가 증가하면 영업레버리지도도 증가하므로, 이전과 동일하게 유지된다는 설명은 적절하지 않다.

④ (X) 영업레버리지도는 기업의 매출액 변동에 따른 영업이익의 변동 정도를 측정하는 도구이므로 단위생산원가를 측정하는 도구라는 설명은 적절하지 않다.

⑤ (X) 영업이익과 공헌이익이 같다는 것은 영업고정비가 0이라는 의미이며, 이 경우 영업레버리지도는 1이 되어 영업레버리지 효과가 발생하지 않는다.

10 난이도 ★★★ 정답 ②

구조 파악

<보기>는 A와 B 두 가지 생산 방식의 판매량 변동에 따른 영업이익 변화를 보여주는 구체적인 수치 데이터를 제시하고 있다. A 생산 방식은 영업고정비가 없고, B 생산 방식은 20억 원의 영업고정비가 발생하는 상황이다. 제시된 데이터를 정확히 분석하여 두 생산 방식의 차이점을 이해하고, 영업레버리지 효과와 관련된 개념을 실제 사례에 적용할 수 있어야 한다.

해설

① (O) A 생산 방식의 경우, 판매량이 100%일 때 90억 원의 영업이익이 발생하고, 판매량이 10% 증가하면 99억 원, 10% 감소하면 81억 원의 영업이익이 발생한다. 이는 판매량 변동률(±10%)에 비해 영업이익 변동률(±10%)이 동일하게 나타나므로, 영업레버리지 효과가 없다.

② (X) 매출액에서 영업변동비와 영업고정비를 차감한 금액이 영업이익이다. 생산 방식 전환에 따른 영업이익을 계산해 보면 OO 기업의 판매량이 100만 개일 때, A 생산 방식과 B 생산 방식의 영업이익은 둘 다 10억 원이다. OO 기업이 B 생산 방식으로 생산 방식을 전환해도 판매량이 그대로 유지되었을 때의 영업이익은 변함이 없다.

③ (O) OO 기업이 B 생산 방식으로 전환하면 공헌이익이 30억 원, 영업이익이 10억 원이 되어 영업레버리지도는 3이 된다. 따라서 판매량이 10% 증가할 때 매출액도 10% 증가하고 이때 영업이익은 30% 증가하므로 적절하다.

④ (O) 사업 전망이 부정적일 경우, 제시문에서 설명한 대로 영업레버리지도가 높으면 손실이 확대될 수 있다. B 방식은 영업고정비 20억 원으로 인해 영업레버리지 효과가 발생하여 판매량 감소 시 손실 폭이 더 커질 수 있다. 따라서 영업고정비가 없는 A 방식을 유지하는 것이 유리하다.

⑤ (O) A 방식은 영업고정비가 전혀 없고 개당 9,000원의 영업변동비만 존재한다. 이는 생산량에 정확히 비례하여 증가하는 비용만으로 구성되어 있음을 의미한다. 따라서 영업비가 생산량에 비례하여 증가하는 비용만으로 구성된다는 설명은 적절하다.

11 난이도 ★★★ 정답 ④

구조 파악

다국적기업 R의 자회사 I, S, W, J, Y의 법인세 부담액을 계산하여 법인세 부담액이 큰 순서대로 나열하는 문제이다. 자회사의 법인세 부담률과 부담액을 계산하기 위해서는 주어진 <표>의 자회사별 법인세, 종업원 수 및 유형자산 금액을 이용하여야 한다.

해설

자회사의 법인세 부담률을 구하기 위해 공통으로 필요한 수치를 계산하면 다음과 같다.

- 전체 자회사의 종업원 수 합계=10+25+45+30+10=120
- 전체 자회사의 유형자산 금액 합계=500+450+350+300+400=2,000

각 자회사의 법인세 부담액을 계산하면 다음과 같다.

- 자회사 I의 법인세 부담액
  - 법인세 부담률=0.5×(10/120)+0.5×(500/2,000)=0.167
  - 법인세 부담액=1,000×0.167=167(백만 원)
- 자회사 S의 법인세 부담액
  - 법인세 부담률: 0.5×(25/120)+0.5×(450/2,000)=0.2165
  - 법인세 부담액=3,500×0.2165=757.75(백만 원)
- 자회사 W의 법인세 부담액
  - 법인세 부담률: 0.5×(45/120)+0.5×(350/2,000)=0.275
  - 법인세 부담액=2,000×0.275=550(백만 원)
- 자회사 J의 법인세 부담액
  - 법인세 부담률: 0.5×(30/120)+0.5×(300/2,000)=0.2
  - 법인세 부담액=4,000×0.2=800(백만 원)
- 자회사 Y의 법인세 부담액
  - 법인세 부담률: 0.5×(10/120)+0.5×(400/2,000)=0.142
  - 법인세 부담액=5,000×0.142=710(백만 원)

따라서 법인세 부담액이 큰 순서대로 나열하면 J → S → Y → W → I이다.

실전 적용 TIP

시간이 부족할 경우 5개 사를 모두 계산하기보다는 선지를 먼저 확인 후 J와 S를 계산하여 1위와 2위를 확정 지은 후 W와 Y를 계산하는 것도 좋다. 이 경우 I는 별도로 계산하지 않더라도 J와 S의 순위 확정으로 인해 자동으로 5위가 되기 때문이다.

12 난이도 ★★★ 정답 ⑤

구조 파악

<표>를 바탕으로 작성된 <보고서> 내용의 일치부합을 판단하는 문제이다. 무역수지는 수출액에서 수입액을 뺀 값으로 구할 수 있으며, 소재·부품·장비 산업의 무역현황은 하위 항목으로 각 산업별 무역 현황이 별도로 작성되어 있다. <보고서>의 비교대상을 정확하게 파악하여 헷갈리지 않도록 하자.

해설

① (O) 2019년 대비 2020년 A국 전체 산업의 무역수지 증가율은 {(2020년 무역수지−2019년 무역수지)/2019년 무역수지}×100으로 구할 수 있다. {(44,865−38,890)/38,890}×100=15.4%로 15% 이상 증가하였다.

② (O) 2020~2023년 동안 전체 산업 수출액에서 소재·부품·장비 산업 수출액이 차지하는 비중은 다음과 같다.

2020년	(300,186/512,498)×100=58.6%
2021년	(363,479/644,400)×100=56.4%
2022년	(373,749/683,585)×100=54.7%
2023년	(215,731/409,502)×100=52.7%

따라서 2020년~2023년 동안 전체 산업 수출액에서 소재·부품·장비 산업 수출액이 차지하는 비중은 매년 감소하고 있다.

③ (O) 2019~2023년 동안 소재 산업의 무역수지는 다음과 같다.

2019년	91,390−62,254=29,136백만 달러 =291.36억 달러
2020년	90,647−59,050=31,597백만 달러 =315.97억 달러
2021년	120,324−81,362=38,962백만 달러 =389.62억 달러
2022년	117,719−81,358=36,361백만 달러 =363.61억 달러
2023년	69,382−47,814=21,568백만 달러 =215.68억 달러

따라서 2019~2023년 동안 매년 소재 산업의 무역수지는 200억 달러 이상이다.

④ (○) 2022년 전체 산업 수입액 대비 부품 산업 수입액의 비중은 (152,420/731,370)×100=20.8%로 2021년 전체 사업 수입액 대비 부품 산업 수입액 비중인 (133,683/615,093)×100=21.7% 대비 감소하였다.

⑤ (×) 2019년 대비 2020년 장비 산업의 무역수지 증감폭은 |(−6,438)−3,033|=9,471백만 달러로 2022년 대비 2023년 장비 산업의 무역수지 증감폭 (14,025−19,711)−(−8,357)=2,671백만 달러의 3배인 8,013백만 달러 이상이다.

실전 적용 TIP

증감폭과 증가폭의 차이에 주의하여야 한다. ⑤의 경우, '증가폭'으로 작성되었다면 2019년 대비 2020년 장비 산업의 무역수지 증가폭은 −9,471달러가 되므로 옳은 선지가 된다. 그러나 증감폭은 증가하고 감소한 정도를 나타내기에 절댓값으로 도출되어야 한다.

13 난이도 ★★ 정답 ②

구조 파악

<표>의 수치를 통해 <보기>의 일치부합을 판단하는 문제이다. <표>의 하위항목이 다양하므로 <보기>에서 나타내고자 하는 수치가 어느 항목을 기준으로 하는지를 명확하게 파악해야 하며 특히 '가계부채 잔액'과 '가계대출 잔액'을 헷갈리지 않도록 주의하자.

해설

ㄱ. (○) 명목GDP 대비 가계부채 잔액 비율과 가계부채 잔액을 통해 명목 GDP를 구할 수 있다. 명목 GDP 대비 가계부채 잔액 비율=(가계부채 잔액/명목 GDP)×100이므로 명목 GDP=(가계부채 잔액/비율)×100으로 구할 수 있다. 2020~2024년까지의 '갑'국의 연도별 명목 GDP를 구하면 다음과 같다.

- 2020년: (1,828.8/89.6)×100=2,041.1조 원
- 2021년: (1,998.3/97.1)×100=2,058.0조 원
- 2022년: (2,192.2/98.7)×100=2,221.1조 원
- 2023년: (2,260.1/97.3)×100=2,322.8조 원
- 2024년: (2241.4/93.6)×100=2,394.7조 원

ㄴ. (×) 2022~2024년 가계부채 잔액의 항목은 가계대출 잔액, 판매신용 잔액, 자금순환표상 개인부채 잔액으로 이루어져 있다. 각 항목의 비중을 구하면 다음과 같다.

구분	개인부채 잔액	판매신용 잔액	가계대출 잔액
2022년	15.0%	4.8%	80.1%
2023년	17.4%	5.2%	77.4%
2024년	15.9%	5.3%	78.8%

따라서 2023년을 제외한 2022년과 2024년의 수치가 일치하지 않으므로 옳지 않다.

ㄷ. (○) 2021~2024년 주택담보대출 잔액의 전년 대비 증가분을 구하면 다음과 같다.

- 2021년: 583.9−534.0=49.9조 원
- 2022년: 629.6−583.9=45.7조 원
- 2023년: 644.1−629.6=14.5조 원
- 2024년: 672.1−644.1=28.0조 원

ㄹ. (×) 2020~2024년 비은행·기타분 잔액 대비 예금은행분 잔액의 비율을 구하면 다음과 같다.

- 2020년: (767.7/737.2)×100=104.1%
- 2021년: (849.9/783.7)×100=108.4%
- 2022년: (910.1/847.0)×100=107.4%
- 2023년: (902.6/847.2)×100=106.5%
- 2024년: (916.0/851.3)×100=107.6%

실전 적용 TIP

ㄹ의 경우, 2020년 예금은행분 잔액은 767.7로 비은행·기타분 잔액인 737.2보다 크다. 즉, 비은행·기타분 잔액 대비 예금은행분 잔액의 비율은 100%를 초과하는데 <보기>에 명시된 수치는 96.7%이므로 별도의 계산과정 없이 틀렸다는 것을 확인할 수 있다.

14 난이도 ★★★ 정답 ⑤

구조 파악

2018~2020년 시장소득 및 가처분 소득을 각 소득분위별 소득점유율과 소득분배지표로 계산한 <표>를 통해 <보기>의 일치부합을 판단하는 문제이다. 각주에 나타나 있는 5분위배율, 10분위배율, 10분위 분배율을 활용하여 문제를 풀어 보자.

해설

ㄱ. (○) 상위 30% 소득점유율은 각주의 소득분위 정의에 의하여 8/10, 9/10, 10/10분위의 소득점유율 합을 말한다. 2018~2020년 동안 시장소득 상위 30% 소득점유율을 구하면 다음과 같다.

- 2018년: 13.0+16.5+28.0=57.5%
- 2019년: 13.0+16.5+28.0=57.5%
- 2020년: 13.0+16.2+28.3=57.5%

따라서 2018~2020년 동안 매년 50% 이상임을 알 수 있다.

ㄴ. (○) 2018~2020년 가처분소득 기준 10분위배율을 구하면 다음과 같다.

• 2018년: 11.4
• 2019년: 24.9/2.3=10.8
• 2020년: 24.8/2.5=9.9
따라서 2018~2020년 가처분소득 기준 10분위배율은 매년 감소한다.

ㄷ. (○) 2020년 시장소득 기준 5분위배율은 11.4로 2018년의 시장소득 기준 5분위배율 (28.0+16.5)/(0.9+3.1)=11.1보다 높다.

ㄹ. (○) 2018~2020년 가처분소득 기준 10분위 분배율을 구하면 다음과 같다.
• 2018년: 45.1%
• 2019년: {(2.3+4.2+5.5+6.8)/(15.5+24.9)}×100=46.5%
• 2020년: 48.3%
따라서 2018~2020년 가처분소득 기준 10분위 분배율은 매년 증가한다.

실전 적용 TIP

소득분위에 대한 정의를 확실히 이해하고 10분위배율과 10분위 분배율을 헷갈리지 않는다면 어렵지 않게 풀 수 있는 문제이다. 소득분위를 기점으로 상위 또는 하위 일부 소득점유율을 구할 수 있었는가에 초점을 두고 문제를 다시 읽어 보자.

15 난이도 ★ 정답 ②

구조 파악

공공기관 A~C의 경영실적 및 평가점수 일부가 비어 있는 <표>를 하단의 각주를 이용하여 채워나가며 <보기>의 일치부합을 판단하는 문제이다. 평가점수는 단순히 자산회전지표와 영업이익지표의 합산이 아닌 가중치가 있음에 유의하며 문제를 풀어 보자.

해설

ㄱ. (X) A의 매출액은 각주 1)의 자산회전지표 공식을 변형하여 구할 수 있다. '자산회전지표=매출액/평균총자산'이므로 '매출액=자산회전지표×평균총자산'으로 구하면 A의 매출액=0.50×2,000=1,000백만 원이다. C의 매출액을 구하기 위해서는 평가점수 공식을 이용해 자산회전지표를 먼저 구해야 한다. 자산회전지표+0.5×2=1.5이므로 자산회전지표는 0.5이고, C의 매출액=0.5×6,000=3,000백만 원이다. A의 매출액은 1,000백만 원, B의 매출액은 4,000백만 원, C의 매출액은 3,000백만 원으로 A의 매출액이 제일 작으므로 옳지 않다.

ㄴ. (X) 영업이익은 영업이익지표 공식을 변형하여 구할 수 있다. '영업이익지표=영업이익/매출액'이므로 '영업이익=영업이익지표×매출액'이다. C의 영업이익은 앞선 ㄱ에서 구한 매출액을 이용하여 0.5×3,000=1,500백만 원임을 알 수 있다. A의 영업이익은 400백만 원, C의 영업이익은 1,500백만 원으로 A의 4배인 1,600백만 원에 미치지 못하므로 옳지 않다.

ㄷ. (○) A의 영업이익지표는 ㄱ과 ㄴ의 해설을 통해 400/1,000=0.4임을 알 수 있다. 각 기관의 평가점수를 계산하면 다음과 같다.
• 공공기관 A의 평가점수: 0.50×1+0.4×2=1.3점
• 공공기관 B의 평가점수: 0.80×1+0.15×2=1.1점
• 공공기관 C의 평가점수: 1.5점
따라서 평가점수는 공공기관 B가 1.1점으로 가장 낮다.

16 난이도 ★ 정답 ②

구조 파악

'갑'기업 전체 임원(A~J)의 보수 현황에 관한 <표>를 토대로 선지의 일치부합을 판단하는 문제이다. <표>에는 임원별 소속 사업부와 등기 여부, 보수총액, 보수의 세부 항목인 급여와 상여가 명시되어 있다. 각주를 통해 보수총액은 급여와 상여로만 구성되어 있다는 사실을 알 수 있다. 또한 <표> 내부 빈칸이 존재하는데, 개수도 많지 않을뿐더러 단순 계산으로 구할 수 있기에 선지를 보기 전 미리 채우고 풀어 보자.

해설

보수총액은 급여와 상여로만 구성되어 있다는 점을 통해 〈표〉의 빈칸을 먼저 채워 보자.
• 임원 B의 상여: 보수총액−급여=6,497−2,408=4,089십만 원
• 임원 C의 급여: 보수총액−상여=4,068−2,000=2,068십만 원
• 임원 D의 보수총액: 급여+상여=1,130+2,598=3,728십만 원

① (X) 임원 C의 보수총액은 4,068십만 원으로 임원 D의 보수총액 3,728십만 원보다 많으나 상여는 임원 D가 2,598십만 원으로 임원 C 2,000십만 원보다 더 많다.
② (○) '마'사업부의 임원은 E, F이다. 이들의 보수총액의 합에서 급여 합이 차지하는 비중은 {(1,933+1,643)/(3,609+3,069)}×100=53.5%로 60% 미만이다.
③ (X) 사업부별 임원 1인당 보수총액과 급여는 다음과 같다.

사업부	소속 임원	1인당 보수총액	1인당 급여
가	A	7,187	2,700

나	B, G	(6,497+3,050)/2 =4,773.5	(2,408+1,633)/2 =2,020.5
다	C, J	(4,068+2,990)/2 =3,529	(2,068+2,176)/2 =2,122
라	D	3,728	1,130
마	E, F	(3,609+3,069)/2 =3,339	(1,933+1,643)/2 =1,788
바	H	3,036	1,626
사	I	3,000	2,000

따라서 임원 1인당 보수총액이 가장 적은 사업부는 '사' 사업부이나 임원 1인당 급여가 가장 적은 사업부는 '라' 사업부이다.

④ (X) 임원별 보수총액에서 상여가 차지하는 비중을 구하면 다음과 같다.

임원	상여 비중
A	(4,487/7,187)×100=62.4%
B	(4,089/6,497)×100=62.9%
C	(2,000/4,068)×100=49.1%
D	(2,598/3,728)×100=69.7%
E	(1,676/3,609)×100=46.4%
F	(1,426/3,069)×100=46.5%
G	(1,417/3,050)×100=46.5%
H	(1,410/3,036)×100=46.4%
I	(1,000/3,000)×100=33.3%
J	(814/2,990)×100=27.2%

따라서 보수총액에서 상여가 차지하는 비중이 가장 큰 임원은 69.7%의 D이다.

⑤ (X) 미등기 임원은 A, D, G, H, J로 이들의 급여 합은 2,700+1,130+1,633+1,626+2,176=9,262십만 원이다. 등기 임원의 급여 합은 전체 임원의 급여 합에서 미등기 임원의 급여 합을 제한 금액이므로 19,317−9,262=10,106십만 원으로 미등기 임원의 급여 합은 등기 임원의 급여 합보다 적다.

실전 적용 TIP

⑤의 경우, 미등기 임원의 급여 합을 구한 후 등기 임원의 급여 합을 구하는 과정에서 B, C, E, F, I의 급여 합을 하나하나 더해도 좋지만, 시간을 절약하기 위해서 <표>는 '갑'기업 전체 임원의 보수 현황을 나타내었기에 결국 전체 임원의 급여 합은 미등기 임원의 급여 합과 등기 임원의 급여 합으로 이루어져있다는 점을 이용하는 것이 좋다.

17 난이도 ★★★ 정답 ④

구조 파악

<표 1>은 승진후보자별 2021~2023년의 근무성적점수이고, <표 2>는 3가지 평가방법별 2021~2023년 가중치를 나타낸 자료이다. <표 1>과 <표 2>를 토대로 <정보>의 방법을 적용하여 <보기>의 일치부합을 판단해 보자.

해설

평가방법별 승진후보자별 평정점수를 계산하면 다음과 같다.

구분	연도	정숙	윤호	찬희	상용
A	2023	85×0.5 =42.5	70×0.5 =35	75×0.5 =37.5	80×0.5 =40
	2022	65×0.3 =19.5	85×0.3 =25.5	75×0.3 =22.5	60×0.3 =18
	2021	65×0.2 =13	75×0.2 =15	65×0.2 =13	65×0.2 =13
	합계	75	75.5	73	71
B	2023	85×0.6 =51	70×0.6 =42	75×0.6 =45	80×0.6 =48
	2022	65×0.4 =26	85×0.4 =34	75×0.4 =30	60×0.4 =24
	2021	65×0 =0	75×0 =0	65×0 =0	65×0 =0
	합계	77	76	75	72
C	2023	85×1 =85	70×1 =70	75×1 =75	80×1 =80
	2022	65×0 =0	85×0 =0	75×0 =0	60×0 =0
	2021	65×0 =0	75×0 =0	65×0 =0	65×0 =0
	합계	85	70	75	80

ㄱ. (O) 정수은 75 → 77, 윤호는 75.5 → 76, 찬희는 73 → 75, 상용은 71 → 72로 모든 승진후보자의 평점점수는 평가방법 A를 적용할 때보다 평가방법 B를 적용할 때가 더 높다.

ㄴ. (X) 평가방법 A를 적용할 때의 승진대상자는 윤호이며, 평가방법 C를 적용할 때의 승진대상자는 정숙이다.

ㄷ. (O) '상용'의 2023년 근무성적점수만 90점으로 변경될 경우, '상용'의 평가방법별 평정점수는 다음과 같다.

구분	2023년	2022년	2021년	합계
A	90×0.5 =45	60×0.3 =18	65×0.2 =13	76

B	90×0.6 =54	60×0.4 =24	65×0 =0	78
C	90×1 =90	60×0 =0	65×0 =0	90

'상용'의 2023년 근무성적점수가 90점으로 변경된다면 평가방법 A 적용 시 최고점이었던 윤호의 75.5점보다 높은 76점을, 평가방법 B 적용 시 최고점이었던 정숙의 77점보다 높은 78점을, 평가방법 C 적용 시 최고점이었던 정숙의 85보다 높은 90점이 되기에 평가방법 A~C 중 어떤 평가방법을 적용하더라도 '상용'이 승진대상자가 된다.

실전 적용 TIP

<표>에 적혀 있는 연도가 역순으로 되어 있어 '상용'의 점수를 변환하는 과정에서 2023년이 아닌 2021년 점수를 변환하는 실수를 할 수 있으므로 유의해야 한다. 선지 구성상 ㄱ과 ㄴ을 풀기 위해서는 각 평가방법별 승진후보자의 점수와 승진대상자를 모두 구해야 하므로, 미리 구해놓고 선지의 일치부합을 판단하는 것도 좋다.

18 난이도 ★★★ 정답 ④

구조 파악

<표>의 수치와 각주의 공식을 이용하여 <표>의 빈칸을 채우며 <보기>의 일치부합을 판단하는 문제이다. '갑'국 연금 가입자는 연금 계좌를 중복으로 보유할 수 있다는 점에 주의하며 문제를 풀어 보자.

해설

ㄱ. (○) 연금계좌는 1명이 2개까지 보유 가능하므로 인구에 가입률과 중복가입률을 합한 값을 곱하여 구할 수 있다. 2017년 연금계좌 수는 31,354×(0.698+0.28)=30,664(천 개)로 전년도 30,265(천 개)보다 많다.

ㄴ. (×) 연금계좌를 중복으로 보유하고 있는 가입자 수는 연금 계좌 수에서 연금 가입자 수를 제함으로써 알 수 있다. 2018년 연금계좌 중복 가입자 수는 31,432−22,296=9,136(천 명)으로 2018년 중복 가입률은 (9,136/31,183)×100=29.3%가 된다. 2019년 중복 가입률과는 0.7%p 차이로 1%p 미만이다.

ㄷ. (○) 연금 가입자 수는 연금 계좌 수에서 중복 가입자를 제한 값으로 구할 수 있다. 연금 가입자 수는 2019년에 31,538−(30,915×0.3)=22,264(천 명)이므로 2020년 연금 가입자 수는 2019년에 비하여 {(23,793−22,264)/22,264}×100=6.9% 증가하였다.

ㄹ. (○) 중복 가입률은 2020년에 {(33,459−23,793)/30,590}×100=31.6%, 2021년에 {(33,458−23,727)/30,128}×100=32.3%이므로 2021년 중복 가입률은 전년보다 증가하였다.

실전 적용 TIP

선지를 보기 전 <표>의 빈칸을 다 채우고 시작할 필요는 없다. 계산이 약하다면 최대한 계산을 줄이고 주어진 수치를 이용하여 선지의 일치부합을 판단해 보자. 본 문항에서도 2017년의 연금가입자 수나 2019년 가입률 등은 별도로 구하지 않았음에도 모든 선지의 일치부합을 판단하는 것이 가능하다.

19 난이도 ★★★ 정답 ③

구조 파악

<표>의 수치를 통해 선지의 일치부합을 판단하는 문제이다. 선지에서 명시하고 있는 기간이 <표>의 전체 기간인지 일부 기간인지에 유의하며 문제를 풀어 보자.

해설

① (×) 2019년부터 2023년까지 발급 건수가 매년 전년 대비 감소하는 발급수단은 전용카드와 앱카드로 2개이다.

② (×) 2019년부터 2023년까지 발급액이 매년 전년 대비 감소하는 발급수단은 전용카드 1개이다.

③ (○) 2019년부터 2022년까지 휴대폰을 통한 현금영수증 발급 건수 1건당 발급액은 다음과 같다.
- 2018년: 2.11만 원
- 2019년: 2.40만 원
- 2020년: 2.68만 원
- 2021년: 2.86만 원
- 2022년: 3.02만 원

따라서 매년 전년 대비 증가하므로 옳다.

④ (×) 2018년부터 2021년까지 현금영수증 전체 발급액 중 등록번호를 통한 발급액이 차지하는 비중은 다음과 같다.
- 2018년: 28.2%
- 2019년: 29.2%
- 2020년: 28.2%
- 2021년: 27.3%

따라서 매년 30% 미만이므로 옳지 않다.

⑤ (×) 2021년과 2022년 현금영수증 전체 발급 건수 대비 발급 건수의 비중을 구하면 다음과 같다.

구분	휴대폰	등록번호	전용카드	앱카드	멤버십
2021년	87.8%	11.6%	0.5%	0.001%	0.2%

2022년	88.0%	11.4%	0.4%	0.001%	0.2%

따라서 2022년 현금영수증 전체 발급 건수 대비 발급 건수의 비중이 전년 대비 증가한 발급수단은 1개로 옳지 않다.

20 난이도 ★★ 정답 ①

구조 파악

<표>의 수치를 파악하여 선지의 일치부합을 판단하는 문제이다. 선지에서 명시하는 수치가 '송금' 기준인지 '현찰' 기준인지에 주의하며 선지를 읽어 보자.

해설

① (X) 2022년 12월 4일의 경우 '기준환율－현찰 파실 때 환율'이 1,357－1,359＝－2k/aaa이다.

② (O) 2022년 12월 1일부터 12월 21일 중 영업일별 '송금 보내실 때 환율－송금 받으실 때 환율'과 같은 기간 '현찰 사실 때 환율－현찰 파실 때 환율'은 다음과 같다.

일	송금	현찰	일	송금	현찰	일	송금	현찰
1	27	54	8	27	55	15	28	54
2	27	54	9	28	55	16	28	54
3	28	54	10	27	55	17	27	54
4	28	54	11	28	55	18	28	54
5	27	55	12	27	55	19	27	53
6	28	55	13	28	55	20	27	53
7	28	54	14	28	54	21	27	53

③ (O) 2022년 12월 1일부터 12월 21일 중 기준환율이 연속하여 상승한 최장기간은 5일에서 7일까지 3일간으로, 하락한 최장기간 14일에서 17일까지 4일간보다 짧다.

④ (O) 2022년 12월 1일부터 12월 13일 사이의 '현찰 사실 때'의 최저 환율 3일 1,399원과 2022년 12월 14일부터 12월 21일 사이의 '현찰 파실 때'의 최고 환율 15일, 16일 1,343원의 차이는 56k/aaa이다.

⑤ (O) 2022년 12월 1일부터 12월 21일 중 영업일별 '현찰 사실 때 환율－송금 보내실 때 환율'은 다음과 같다.

1일	2일	3일	4일	5일	6일	7일
13	13	13	13	14	13	13
8일	9일	10일	11일	12일	13일	14일
14	13	14	14	14	14	13
15일	16일	17일	18일	19일	20일	21일
13	13	14	13	13	13	13

21 난이도 ★★ 정답 ④

구조 파악

제시문의 내용과 조건을 확인하여 <보기>의 일치부합을 판단하는 문제이다. 종목별 개최지역이 다르며, 각각의 명제를 통해 최대한의 정보를 확보한 후 <보기>의 선지를 확인하도록 하자.

해설

글의 내용을 정리하면 다음과 같다.

- 산악: 스키, 봅슬레이 / 해안: 컬링, 쇼트트랙, 아이스하키
- A와 B는 서로 다른 지역의 종목 관람
- C는 스키 관람
- B 쇼트트랙 → D 봅슬레이 / ~D 봅슬레이 → ~B 쇼트트랙
- E 쇼트트랙 or 아이스하키 → A 봅슬레이 / ~A 봅슬레이 → ~E 쇼트트랙 & ~E 아이스하키

C가 스키를 관람하는 것이 확정되었으므로 산악지역 개최되는 봅슬레이는 서로 다른 지역의 종목을 관람하는 A나 B가 관람할 것이다. 따라서 ~D 봅슬레이 → ~B 쇼트트랙에 의해 B는 쇼트트랙을 관람하지 않는다.

ㄱ. (X) A가 봅슬레이를 관람하게 될 경우, B는 컬링 or 아이스하키, D는 컬링 or 쇼트트랙 or 아이스하키, E는 컬링 or 쇼트트랙 or 아이스하키로 A와 C를 제외한 인원의 관람종목을 확정 지을 수 없다.

ㄴ. (O) 위의 설명에 의해 B는 쇼트트랙을 관람하지 않는다.

ㄷ. (O) E가 쇼트트랙을 관람할 경우 E 쇼트트랙 or 아이스하키 → A 봅슬레이 명제에 의해 A는 봅슬레이를 관람하게 되며, B는 아이스하키나 컬링을 관람하게 된다.

실전 적용 TIP

ㄱ에서 A가 봅슬레이를 관람한다고 하여 E 쇼트트랙 or 아이스하키 → A 봅슬레이를 활용해 E가 쇼트트랙이나 아이스하키를 관람한다고 확정할 수 없다. 이는 후건긍정의 오류로 다른 경우라도 A가 봅슬레이를 관람할 수 있는 경우는 얼마든지 존재할 수 있다.

22 난이도 ★★★ 정답 ④

구조 파악

제시문을 읽고 선지의 일치부합을 판단하는 문제이다. 제시문에서 설명하고 있는 '단순체크섬'과 '계단체크섬'의 특징을 정확히 파악한 후 선지를 읽어 보자.

해설

① (X) 숫자 메시지의 원본이 '839362'인 경우 단순 체크섬의 값은 8＋3＋9＋3＋6＋2＝31로 1이다.

② (X) 숫자 메시지의 원본이 '123456789'일 경우 계단 체크섬의 값은 $1\times1+2\times2+3\times3+4\times4+5\times5+6\times6+7\times7+8\times8+9\times9=285$로 5이다.

③ (X) 단순 체크섬 시스템과 계단 체크섬 시스템을 모두 활용한 경우 두 체크섬이 모두 일치할 때 메시지는 정확하거나 세 개 이상의 오류를 갖고 있다는 뜻이다. 즉, 두 개 이상의 모든 오류를 검출할 수 있다는 주장은 과도하다.

④ (O) 숫자 메시지의 원본이 '987654321'일 경우 계단 체크섬의 값은 $9\times1+8\times2+7\times3+6\times4+5\times5+4\times6+3\times7+2\times8+1\times9=165$로 5이다.

⑤ (X) 단순 체크섬과 계단 체크섬 시스템을 모두 활용하여 원본 메시지 '12345'를 전송하려고 하는 경우, 단순 체크섬의 값은 $1+2+3+4+5=15$로 5이며, 계단 체크섬의 값은 $1\times1+2\times2+3\times3+4\times4+5\times5=55$로 5이다. 단순체크섬을 원본 메시지 다음에 먼저 쓰고, 계단 체크섬을 마지막에 쓰므로 실제 전송되는 메시지는 '1234555'이다.

23 난이도 ★★★ 정답 ⑤

구조 파악

제시문의 단순 체크섬과 계단 체크섬을 응용한 <조건>의 제곱 체크섬을 계산하여 실제 전송되는 메시지를 계산하는 문제이다. 제곱 체크섬의 값을 직접 구하기에는 원본 메시지의 자릿수가 많으므로, 간단하게 바꿀 수 있는 방법을 생각해 보자.

해설

원본 메시지 '52525'의 계단 체크섬은 $1\times5+2\times2+3\times5+4\times2+5\times5=57$로 7이다. 제곱 체크섬은 '52525'의 제곱을 구해야 하는데, 5자리 수의 제곱을 막연히 구하기에는 어려움이 있으므로 곱셈공식을 이용하여 구해보도록 하자. 우선 $(a+b)^2=a^2+2ab+b^2$이라는 곱셈공식을 이용해 보자. $52525^2=(5252\times10+5)^2=(5252\times10)^2+2\times5252\times10\times5+5^2=5252^2\times10^2+525200+25$까지 도출할 수 있다. 이때 5252^2의 값은 〈조건〉에 나와 있으므로 이를 이용하여 계산할 수 있다. 결론적으로 $27583504\times100+525{,}200+25=2758875625$이므로 각 자릿수를 다 더할 경우 $2+7+5+8+8+7+5+6+2+5=55$로 제곱 체크섬의 값은 5가 된다. 계단 체크섬과 제곱 체크섬을 모두 활용하여 메시지를 전송할 경우, 계단 체크섬인 7을 원본 메시지 '52525'의 오른쪽에 먼저 쓰고, 제곱 체크섬인 5를 가장 오른쪽에 쓰므로, 실제 전송되는 메시지는 '5252575'가 된다.

실전 적용 TIP

<조건>에 5252^2의 값이 나와 있고, 곱셈공식을 활용할 수 있다는 생각만 든다면 단순하게 풀릴 수 있는 문제이다. 그러나 막연하게 5자리 수의 제곱값을 직접 구해야겠다는 생각 밖에 들지 않는다면 계단 체크섬의 값만 구하여 선지 ①, ②, ③이 아님을 확인한 후 다른 문제를 푼 뒤에 다시 돌아와 시도하는 것이 좋다.

24 난이도 ★★ 정답 ①

구조 파악

<그림>을 통해 OO기업이 선택할 의사결정을 판단하는 문제이다. <그림>에 명시된 내용 이외에 주관적인 판단을 통해 답을 도출하지 않도록 주의하자.

해설

① (X) 〈그림〉의 OO기업의 비전과 전략 중 향후 완성차업체를 인수·합병할 계획은 명시되어 있지 않으므로 옳지 않다.

② (O) 〈그림〉의 중점전략 중 '해외시장 확대'를 통해 OO기업은 인도시장과 아프리카 시장에 진출할 수 있다는 결론을 도출할 수 있다.

③ (O) 〈그림〉의 '기술역량강화' 혹은 '품질강화'를 통해 OO기업은 미국에 연구개발을 전담하는 연구소를 개설할 수 있다는 결론을 도출할 수 있다.

④ (O) 〈그림〉의 '환경 경영'을 통해 오염물질을 최소화하는 자동화·첨단화에 투자할 것임을 도출할 수 있다.

⑤ (O) 〈그림〉의 '지식 경영'을 통해 사내 대학이나 사내 MBA과정을 설치·운영할 수 있음을 도출할 수 있다.

25 난이도 ★★ 정답 ④

구조 파악

<그림>을 통해 연령대별 판촉활동 시행 여부에 따른 판촉효과와 계절효과의 유무를 파악하는 문제이다. 판촉효과나 계절효과에 따른 별도의 각주가 없음에 주의하며 문제를 풀어 보자.

해설

ㄱ. (O) 왼쪽 그림에서 20대 이하 집단의 경우 겨울과 여름 모두 판촉을 시행함에 따라 매출액이 늘었으므로, 판촉효과가 있다고 판단할 수 있다.

ㄴ. (O) 오른쪽 그림에서 30대 이상 집단은 판촉을 시행하지 않을 때, 겨울과 여름의 매출액의 차이가 발생하므로 계절효과가 있다고 판단할 수 있다.

ㄷ. (O) 오른쪽 그림에서 30대 이상 집단은 판촉을 시행했을 때, 겨울의 매출이 시행하지 않았을 때보다 증가하였으므로 판촉효과가 있다고 판단할 수 있다.

ㄹ. (×) 20대 이하 집단은 계절에 상관없이 판촉을 시행할 시 같은 폭으로 매출액이 증가하였으므로, 계절에 따라 판촉효과가 차이가 있다고 보기 어렵다.

ㅁ. (○) 30대 이상 집단은 판촉을 진행할 시 겨울의 경우 매출액이 증가하였으나, 여름은 판촉 시행 여부에 상관없이 매출액이 동일하므로, 30대 이상 집단은 계절에 따라 판촉효과의 차이가 있다고 볼 수 있다.

실전 적용 TIP

판촉효과와 계절효과를 어렵게 생각할 필요가 없다. 판촉효과는 판촉을 시행할 시 판촉을 시행하지 않을 때에 비하여 매출액이 증가한다면 효과가 있다고 보는 것이며, 계절효과는 계절에 따라 매출액이 달라진다는 것을 의미한다.
참고로 ㄹ의 경우, 겨울과 여름이 판촉에 따른 '증가량'은 동일하지만, '증가율'은 다르기 때문에 계절에 따라 차이가 있다고 볼 소지도 있다. 하지만 출제자는 이것을 옳지 않은 내용으로 출제했으므로 출제자의 의도에 따라 옳지 않은 내용으로 풀이하였다.

26 난이도 ★ 정답 ②

구조 파악

제시문을 읽고 스키밍전략과 침투전략의 의미에 대해 인지한 후, <보기> 중 스키밍전략이 더 유리한 상황을 판단하는 문제이다. 스키밍전략과 침투전략의 특성을 판단한 뒤, <보기>의 선지를 읽어 보자.

해설

ㄱ. (침투) 소비자들이 가격에 아주 민감하고, 낮은 가격으로 상품을 공급할 때, 시장의 성장이 촉진될 것으로 예상되는 경우라면 침투전략을 통해 낮은 가격으로 소비자들을 공략하여 탄탄한 소비층을 형성한 다음 차츰 가격대를 올리며 장기이익을 노리는 것이 더 유리하다.

ㄴ. (스키밍) 가격에 개의치 않고 해당 상품을 사겠다는 사람들이 많은 경우, 침투전략을 이용하여 초반의 가격을 낮은 가격으로 시작할 이유가 없다. 가격이 낮든, 높든 해당 소비층들이 구매할 것이 확실하다면, 스키밍전략을 이용해 최초 가격을 높게 형성하여 단기 이익을 확실히 실현하는 것이 유리하다.

ㄷ. (스키밍) 통상적으로 소량생산에 비해 대량생산을 하는 것이 원가절감에 유리하나, 대량생산의 가장 큰 단점은 팔리지 않을 경우 해당 상품이 고스란히 재고가 된다는 점이다. 그러나 소량생산과 대량생산에 단가 차이가 크지 않다면, 초반부터 높은 가격을 형성하여 소비층이 비록 적을지라도 재고발생 자체가 적으며, 시간이 지날수록 가격을 낮춰 더 많은 소비층을 확보하여 대량생산으로 이어질 수 있기에, 스키밍전략이 유리하다.

ㄹ. (침투) 생산 경험이 쌓일수록 생산원가가 빨리 감소하는 경우, 판매 초반에 최대한 많은 양을 판매하여 생산 경험을 늘리는 것이 중요하다. 이를 실현하기 위해서는 초반 가격을 낮게 형성하는 침투전략이 유리하다.

ㅁ. (스키밍) 소비자들이 가격과 품질이 비례할 것이라는 생각을 하고 있다면 결국 가격이 높을수록 품질이 더욱 좋을 것이라고 생각하는 것이기에 이 경우 스키밍전략을 통해 높은 가격을 형성하여 상품의 품질이 좋을 것이라고 인식하게 만드는 것이 중요하다.

ㅂ. (침투) 가격경쟁력을 강화함으로써 경쟁사의 시장진입을 방지하거나 늦출 수 있는 경우 침투전략을 통해 최초 판매가를 낮춰 최대한 많은 소비층을 형성하여 경쟁사의 시장진입을 방지하거나 늦추는 것이 중요하다.

27 난이도 ★★★ 정답 ⑤

구조 파악

제시문을 읽고, 각 그래프가 표현한 항목과 각 점의 의미를 파악하는 문제이다. 수확체감의 법칙, 환경수용점 등 다소 낯선 용어가 등장하나, 제시문 전체를 이해하기보다는 용어 자체의 특징만을 파악하는 것에 중점을 두며 문제를 풀어 보자.

해설

제시문에 등장하는 수확체감점과 환경수용점의 가장 큰 차이는 해당 지점을 초과하였을 경우, 필연적으로 생산량이 감소하는지 혹은 유지되거나 늘어나는 경우가 발생할 수 있는지의 여부이다. 원칙적으로 수확체감점을 초과할 경우 생산량이 감소해야 하나, 제시문의 예시처럼 자본과 기술, 노동력 등의 외적 변수의 개입으로 생산량이 유지되거나 도리어 늘어나는 경우가 발생할 수 있다. 그러나 환경수용점을 초과할 경우에는 예외 없이 필연적으로 생산량의 감소로 이어진다. 이를 통해 C점을 초과한 경우에서 노동량이 증가함에 따라 A 그래프의 값은 감소하나 B 그래프는 일정 구간 증가하는 모습을 보인다. 그러나 D점을 초과하는 구간에서는 노동량이 증가함에 따라 A그래프, B그래프 값 모두 감소하고 있다. 이를 통해 C점은 수확체감점, D점은 환경수용점임을 알 수 있다. 또한 수확체감점과 환경수용점은 투입량이 아닌 노동량이 증가함에 따라 생산량의 변화를 나타내기에 B 그래프는 생산량 그래프임을 추론할 수 있다. 더불어 수확체감의 법칙에서 기준이 되는 값은 단위노동력당 생산량, 즉 생산량을 투입량으로 나눈 값을 의미하므로 A 그래프의 항목은 생산량/투입량이 됨을 알 수 있다.

실전 적용 TIP

사실 A를 별도로 도출하지 않더라도 수확체감점과 환경수용점의 특징만을 파악한다면 선지 ①, ②, ⑤를 바로 제거할 수 있으며, 수확체감점과 환경수용점은 결국 노동량 증가에 따른 생산량과 관련된 수치이기에 B 그래프가 투입량이 되는 것은 해당 그래프와 관련이 없다고 판단할 수 있다.

28 난이도 ★★★ 정답 ⑤

구조 파악

규정을 읽고 <보기>의 일치부합을 판단하는 문제이다. 해당 상황이 어느 규정에 해당하는지를 파악한 후, 예외조항에 해당하는지까지 확인해야 하는 것에 주목하며 문제를 풀어 보자.

해설

편의상 위에서부터 제1조, 제2조라고 칭한다.

ㄱ. (○) 제1조 제1항 제2호 라목에 의해 A부처는 지방자치단체와 수의계약을 할 수 있으며 이때 추정가격이 1천만 원이기에 제2조 제1항 제2호에 따라 1인으로부터 받은 견적에 의할 수 있다.

ㄴ. (×) 제2조 제1항 제2호 단서조항에 따라 제1조 제1항 제2호 다목의 어느 하나에 해당하는 자와 계약할 체결하는 경우 1인으로부터 받은 견적서에 의할 수 있다.

ㄷ. (○) D부처가 경쟁에 부칠 여유가 없는 상태에서 원자재 가격 급등을 해결하기 위해 「장애인기업활동 촉진법」에 따른 장애인 기업 E와 추정가격 1억 원의 수의계약을 하는 경우는 제1조 제1항 제1호 가목에 해당하므로 제2항 제1항 제1호에 따라 1인으로부터 받은 견적서에 의할 수 있다.

실전 적용 TIP

ㄷ의 경우, 「장애인기업활동 촉진법」에 혹하여 제2조 제1항 제2호에 해당한다고 헷갈리지 않도록 주의하자.

29 난이도 ★★★ 정답 ③

구조 파악

<그림>의 도시 사이의 거리를 통해 1에서 2~7에 도달하는 최소이동거리를 구하여 <보기>의 일치부합을 판단하는 문제이다. 1번의 이동으로 도달할 수 없는 도시의 경우, 최소한의 도시를 들러 도달하는 것보다 '이동거리' 자체를 최소화해야 한다는 점에 유의하며 문제를 풀어 보자.

해설

도시 1에서 도시 2~6을 가는 최소이동거리는 다음과 같다.

- 1 → 2: 16km
- 1 → 3: 9km
- 1 → 3 → 4: 24km
- 1 → 3 → 4 → 5: 38km
- 1 → 3 → 6: 31km
- 1 → 3 → 4 → 7: 43km

ㄱ. (×) A가 도시 1에서 도시 2~6까지 이동하는 최소거리의 합은 16+9+24+38+31+43=161km이다. 그러나 문제에서 A는 다시 도시 1로 돌아온다고 하였으므로 A가 6주 동안 이동한 거리는 편도가 아닌 왕복거리이므로 161km의 2배인 322km가 된다.

ㄴ. (×) 도시 5를 가기 위해 1 → 2 → 5 로 이동할 경우 이동거리는 41km이고, 1 → 3 → 4 → 5로 이동할 경우 이동거리는 38km이다.

ㄷ. (○) A는 도시 7을 가기 위해 이동거리가 43km인 1 → 3 → 4 → 7을 이용한다.

ㄹ. (○) A가 도시 5까지 가는 거리는 1 → 3 → 4 → 5 = 38km로, 도시 6까지 가는 거리인 1 → 3 → 6 = 31km에 비해 길다.

실전 적용 TIP

반드시 적은 도시를 거쳐 가는 것이 가장 짧은 거리가 될 수 없음을 인지하여야 한다. 또한 ㄱ에서 '총거리'를 물었으므로, 편도를 구하는 것이 아닌 왕복 거리를 구해야 함에 주의하자.

30 난이도 ★★★ 정답 ③

구조 파악

<표>의 차량모델별 가격표를 통해 주어진 예산 내에서 구매할 수 없는 차량을 고르는 문제이다. 하위등급의 기본장착품목은 상위등급에 모두 포함되며, 하단 품목일수록 상위등급의 차량모델이라는 사실을 인지하며 문제를 풀어 보자.

해설

① (○) 셀프레벨라이저는 가장 상위등급인 300VXL Premium의 기본장착품목이며, 가죽시트는 가장 하위등급인 300X Value의 기본장착품목이므로 300VXL Premium의 기본장착품목에 포함되어 있다. 따라서 300VXL Premium을 구매할 경우 해당 품목이 모두 적용되어 있어 43,580,000원이 필요하므로 예산 내 구매가 가능하다.

② (○) TPMS는 300VX Luxury의 기본장착품목이며, 버튼시동스마트키는 300VX Luxury의 선택장착품목 혹은 그보다 상위등급의 기본장착품목이다. DMB navigation은 300VX Luxury의 선택장착품목이다. 따라서 300VX Luxury에 버튼시동 스마트키와 DMB navigation을 추가할 경우 40,290,000+1,030,000+1,690,000=43,010,000원으로 예산 내 구매가 가능하다.

③ (×) 가죽커버는 300X Value의 기본장착품목이며, 사운드 시스템은 300VX Premier의 선택장착품목이다. 하위등급의 기본장착품목은 상위등급의 기본장착품목에 포함되어 있으므로 300VX Premier에 사운드 시스템을 추가할 경우 42,290,000+1,890,000=44,180,000으로 예산을 초과하므로 구매할 수 없다.

④ (○) 245/65R 17타이어는 300X Value의 기본장착품목이며, 사이드스텝과 루프랙은 300VXL Premium의 기본장착품목 혹은 300X Deluxe이상의 선택장착품목이다. 세이프티 썬루프는 300VX Premier의 기본장착품목 혹은 300X Deluxe이상의 선택장착품목이다. 300X Deluxe을 구매하며, 사이드스텝과 루프랙, 세이프티 썬루프를 추가할 경우 35,520,000+300,000+440,000=36,260,000으로 예산 내 구매가 가능하다.

⑤ (○) VDC는 300VX Premier의 기본장착품목이며, 가죽시트는 300X Deluxe의 기본장착품목이다. 하위등급의 기본장착품목은 상위등급의 기본장착품목에 포함되어 있으므로, 300VX Premier의 42,290,000원으로 예산 내 구매가 가능하다.

제3회 피셋기출 모의고사

[정답표]

01	02	03	04	05	06	07	08	09	10
④	①	④	⑤	①	⑤	②	④	②	③
11	**12**	**13**	**14**	**15**	**16**	**17**	**18**	**19**	**20**
①	③	④	⑤	②	③	③	①	④	⑤
21	**22**	**23**	**24**	**25**	**26**	**27**	**28**	**29**	**30**
④	②	④	③	⑤	④	③	④	②	②

01 난이도 ★★★ 정답 ④

구조 파악

제시문은 연준의 금리 인상이 미국 주식시장에 미치는 영향에 대해 설명하는 글이다. 각 문단의 주요 내용을 정리하면 다음과 같다.

(가)	연준이 코로나 대응 제로금리 정책에서 벗어나 테이퍼링 종료 시점을 앞당기고 금리 인상을 준비하고 있다.
(나)	금리 인상은 일반적으로 경기 회복기에 이루어지므로, '금리 인상=주가 하락'이라는 단순한 등식에 의문을 제기할 수 있다.
(다)	우라카미의 주가 사이클 이론에 따르면 경기 순환에 따라 주식시장에도 4계절이 있으며, 금융장세에서 실적장세로 전환된다.
(라)	주식 투자 시 기업의 이익, 성장성, 금리라는 세 가지 주요 요소를 고려해야 하며, 금리 상승은 주가에 부정적 영향을 미친다.
(마)	최근 연준의 금리 인상이 주가에 부정적인 이유는 과도한 유동성에 기댄 주가 상승과 고성장 기대 기업의 실적 리스크 때문이다.
(바)	미국 주식시장의 역사를 보면 급격한 금리 인상 시기에는 주가가 하락하며, 금융장세에서 실적장세로의 전환이 순탄하지 않았다.

해설

제시문의 도입부에는 주식 투자에 관한 기본적인 설명을 통해 일반 독자의 이해를 높이는 것이 좋으므로 (라)가 오는 것이 가장 자연스럽다. 또한 논리적 흐름상 각 문단이 앞선 내용을 기반으로 다음 내용을 구체적으로 전개하는 흐름이 자연스럽다.

(라) 주식 투자의 기본 원리 설명(기업이익, 성장성, 금리) → 투자의 기본 원리를 먼저 설명하여 독자의 이해를 돕는다.

(나) 금리 인상=주가 하락 등식에 대한 의문 제기 → 기본 원리를 설명한 후 통념에 대한 문제 제기로 자연스럽게 연결된다.

(다) 우라카미의 주가 사이클 이론 설명 → 제기된 의문에 대한 이론적 설명을 제시한다.

(가) 현재 연준의 금리 정책 방향 → 이론적 배경을 설명한 후, 현재 상황을 제시한다.

(바) 미국 주식시장의 역사적 사례 → 현재 상황에 대한 역사적 관점을 제시한다.

(마) 금리 인상의 부정적 영향 분석 → 최종적으로 현재 상황에 대한 분석과 전망을 제시한다.

따라서 주식 투자의 기본 원리(라) → 통념에 대한 의문 제기(나) → 이론적 설명(다) → 현재 상황(가) → 역사적 사례(바) → 분석과 전망(마)의 순서로 전개되는 것이 가장 적절하다.

실전 적용 TIP

이 글은 금리 인상과 주가의 관계에 대한 의문 제기로 시작하여, 이론적 설명과 실제 투자 시 고려사항을 설명한 후 현재 상황과 역사적 사례를 통해 결론을 도출하는 구조를 가지고 있다. 각 문단은 앞선 내용을 기반으로 하여 다음 내용을 전개하고 있으며, 일반적인 것에서 구체적인 것으로, 이론에서 현실로 진행되는 논리적 흐름을 보여준다. 문단의 흐름을 묻는 문제는 글의 전체 흐름을 확인하는 것이 중요한데, 일반적으로 도입 → 전개 → 마무리의 구조 또는 현상 → 원인 → 해결, 주장 → 근거 → 결론과 같은 흐름을 갖는다. 이러한 점을 유념하고 시간 순서나 인과관계의 자연스러운 흐름을 고려하여 문단의 순서를 나열해야 한다. 문단이 여러 개일 때는 첫 문단(도입)과 마지막 문단을 먼저 결정하는 것이 정답을 찾는 데 유리하다. 첫 문단은 가장 포괄적이고 일반적인 내용을 담고 있으며, 핵심 개념이나 용어를 처음 소개하는 문단인 경우가 많다. 일반적으로 마지막 문단에서는 전체 내용을 정리하거나 향후 전망을 제시한다. 첫 문단과 마지막 문단을 결정하고 난 후 따라서, 결국 등과 같은 접속부사를 통해 문단 간의 연결 고리를 찾아 문단의 순서를 나열해야 한다.

02 난이도 ★★ 정답 ①

구조 파악

각 문단의 주요 내용을 정리하면 다음과 같다.

1문단	실생활에서 자주 사용되는 RFID: 주차 차단기, 톨게이트, 교통카드 등
2문단	RFID는 태그와 리더기가 정보를 전송할 수 있는 짧은 시간 동안만 열결됨
3문단	RFID가 사용하는 주파수 대역에 따른 분류 - 장파장 대역: 0~500kHz의 낮은 주파수 사용, 인식 범위 50cm 이내, RFID 기술 중 가장 오래됨 - 단파장 대역: 13.56MHz 사용, 인식 범위가 수 cm 이하 - 극초단파장 대역: 400MHz 이상의 높은 주파수, 인식 범위 수십 m
4문단	스마트폰에 우선 적용하기 위한 NFC: 13.56MHz 사용, 통신거리 10cm 이내로 제한, 데이터의 양방향 전송 가능
5문단	NFC의 장점: 통신거리가 짧아 보안성이 높고, 이용자 맞춤형 서비스들과 연결하기에 용이함
6문단	NFC의 활용: 스마트폰에 내장되어 교통카드, 신용카드, 멤버십카드, 쿠폰, 신분증 등의 다양한 분야에 활용됨

해설

① (X) 3문단에서 알 수 있듯이, RFID의 주파수는 높은 순으로 '극초단파장 대역＞단파장 대역＞장파장 대역'이고, 인식 범위는 넓은 순으로 '극초단파장 대역＞장파장 대역＞단파장 대역'이다. 이를 통해 주파수와 인식 범위는 비례 관계가 아님을 알 수 있다.

② (O) 4문단 세 번째 문장에 따르면 NFC의 통신 거리는 10센티미터 이내로 제한되어 있고, 4문단 첫 번째 문장에 따르면 NFC는 스마트폰에 우선적으로 적용하기 위한 것이다.

③ (O) 4문단 첫 번째 문장을 통해 확인할 수 있다.

④ (O) 3문단 다섯 번째, 여섯 번째 문장에 의하면 13.56메가헤르츠의 단파장대역 주파수가 스키장에서 리프트권에 사용된다. 또한 3문단 네 번째 문장에 따르면 134.2킬로헤르츠는 동물 식별 등에 사용되고 귀에 부착하는 형태로 돼지, 소, 양 등에 널리 쓰인다. '1M＝1000k'이므로 '13.56메가헤르츠＝13560킬로헤르츠'이고 134.2킬로헤르츠보다 크다.

⑤ (O) 2문단 세 번째, 네 번째 문장을 통해 확인할 수 있다.

03 난이도 ★★★

정답 ④

구조 파악

정부 규제의 비용과 영향에 관한 글이다. 규제가 정부 예산에 드러나지 않는 재정 지출의 성격을 가지고 있어 실질적인 정부 규모를 판단할 때 단순히 예산만 볼 것이 아니라 규제를 통한 비용 전가까지 고려해야 한다는 점을 강조하고 있다. 각 문단의 주요 내용을 정리하면 다음과 같다.

1문단	정부는 예산 증액이 어려워지자 규제 확대를 통해 활동 범위를 넓히려 한다. 규제는 예산 지출 없이 정책 목표를 달성할 수 있는 수단이다.
2문단	규제는 눈에 잘 띄지 않는 재정 지출의 성격을 갖고 있어 표면적 예산만으로 정부 규모를 판단하면 안 된다. 일본과 미국의 정부지출 대 GDP 비율 비교 사례 제시한다.
3문단	규제는 공공정책 비용을 개인과 기업에게 전가시킨다. 미국 연방정부 규제로 인한 민간부문 비용이 1995년 기준 6,680억 달러로, 가구당 7,000달러(소득세 납부액보다 높음)이다.
4문단	규제 비용 수치는 보수적으로 계산된다. 직접적 비용만 고려되고 생산성 저하 등 간접 비용은 포함되지 않는다. 규제예산 제도의 필요성과 작동 방식 소개한다.
5문단	규제예산 제도의 장점은 규제가 초래할 비용 부담을 명백히 드러내어 불필요한 규제를 막는 데 있다.

해설

① (O) 4문단에서 "그 수치에는 규제에 순응하기 위해 지출해야 하는 직접적 비용만이 고려되고 그 밖의 비용은 포함되지 않고 있다."라고 언급하며, 5문단에서는 "정부가 도입을 고려하고 있는 규제가 국민에게 얼마나 많은 비용 부담을 요구하게 될지 명백히 드러나게 만든다는 데 있다."라고 설명한다. 따라서 간접적 비용이 잘 밝혀지지 않고 있으며, 이것이 드러나는 것이 의의가 있다는 추론은 타당하다.

② (O) 1문단에서 최저임금제도의 예를 들었고, 4문단에서 "새로운 규제가 도입되었을 때 기업들이 이에 적응하는 과정에서 생긴 생산성 저하"에 대해 언급했다. 또한 규제예산제도가 규제의 비용을 측정하는 방법을 제시하고 있으므로, 최저임금제 도입으로 인한 사회적 효율성 저하의 크기를 추정하는 것은 가능하다고 추론할 수 있다.

③ (O) 3문단에서 "한 가구당의 비용으로 환산하면 무려 7,000달러나 되어, 한 가구당 평균 소득세 납부액 6,000달러보다도 더 높은 것으로 드러난다."라고 언급했다. 여기서 가구당 평균 소득세 납부액이 6,000달러라는 정보를 얻을 수 있다. 연방정부 예산이 1조 5,000억 달러이고, 미국의 가구 수와 가구당 평균 소득세 납부액을 고려하면 약 40%가 소득세를 통해 조달되었다고 추론할 수 있다.

④ (X) 4문단에서 규제예산제도는 "각 정부부처에 규제로 인해 발생하는 비용의 일정한 한도를 배정하고, 그 한도를 넘지 않는 범위 안에서만 규제를 실시할 수 있게 만든다."라고 설명하고 있다. 이 설명에 따르면, 규제예산제

도는 규제를 집행하는데 필요한 정부 예산의 한도가 아니라, 규제로 인해 민간부문이 부담하게 되는 비용의 한도를 설정하는 제도이다.

⑤ (○) 2문단에서 "지난 15년 동안의 통계에서 이 비율(정부지출의 대 GDP 비율)을 구해보면, 일본은 32.4% 수준에 머물고 있었는데 미국의 경우에는 32.9%로 이보다 높았던 것으로 드러나 있다. 그렇지만 일본이 미국보다 상대적으로 더 작은 정부를 유지해 왔다고 생각하는 사람은 아무도 없다."라고 언급했다. 이는 일본이 정부지출 비율은 낮지만 실질적인 정부 규모는 크다는 것을 의미하며, 규제를 통한 비용 전가가 더 클 수 있다는 추론이 가능하다.

04 난이도 ★ 정답 ⑤

구조 파악

제시문은 세 가지 인공지능 패러다임(기호주의, 연결주의, 뉴로 심볼릭)의 특징, 장단점, 활용 분야를 순차적으로 설명하는 글이다. 각 문단의 주요 내용을 정리하면 다음과 같다.

1문단	인공지능의 세 가지 주요 패러다임을 소개하며, 기호주의 인공지능은 논리와 규칙 기반 추론을, 연결주의 인공지능은 인공 신경망 기반 추론을, 뉴로 심볼릭 인공지능은 두 패러다임의 결합을 통한 추론과 학습을 특징으로 한다고 설명하고 있다.
2문단	기호주의 인공지능의 특징과 장단점을 설명하며, 기호를 사용한 지식 표현과 논리연산을 통한 추론이 가능하고 전문가 시스템에 적합하나 대량의 데이터나 불완전한 데이터 처리에는 한계가 있으며, 자연어 처리 등 다양한 분야에 활용되고 있음을 서술하고 있다.
3문단	연결주의 인공지능의 특징과 장단점을 설명하며, 인간의 뇌를 모방한 인공 신경망을 기반으로 하여 패턴 인식과 예측이 가능하고 다양한 데이터 처리가 가능하나, 내부동작 해석의 어려움과 높은 계산비용이라는 단점이 있음을 서술하고 있다.
4문단	뉴로 심볼릭 인공지능의 특징과 전망을 설명하며, 기호주의와 연결주의의 장점을 결합한 하이브리드 방식으로, 복잡한 데이터 처리에 한계가 있으나 인공의 일반지능 개발에 활용될 수 있을 것으로 평가됨을 서술하고 있다.

해설

① (○) 3문단에서 연결주의 인공지능의 장점(많은 양의 데이터에서 복잡한 패턴 감지 가능, 다양한 데이터 적용 가능)을 설명한 후, 단점으로 내부동작 해석과 결과 도출 과정의 이해가 어렵다고 명시하고 있다. 또한 계산비용이 많이 들고 대규모 데이터가 필요하다는 추가적인 단점도 함께 언급하고 있다.

② (○) 2문단에서 기호주의 인공지능이 전문가 시스템, 규칙 기반 의사 결정 등 도메인별 지식을 포함하는 작업에는 적합하지만, 전문지식 없이 데이터만 있는 경우에는 한계가 있다고 설명한다. 특히 대량의 데이터만 제공되는 복잡한 작업이나 불완전한 데이터 처리에는 효과적이지 않다고 구체적으로 언급하고 있다.

③ (○) 4문단에서 인공의 일반지능을 인간이 할 수 있는 어떠한 지적인 업무도 성공적으로 해낼 수 있는 기계의 지능이라고 명확히 정의하고 있다. 이 정의에 따르면, 인간의 지적 업무를 성공적으로 수행하지 못하는 기계의 지능은 일반지능의 정의에 부합하지 않으므로, 제시문의 내용과 일치한다.

④ (○) 2문단에서 기호주의 인공지능의 특성을 설명하면서, 전문지식 없이 데이터만 있는 경우의 한계점을 직접적으로 언급하고 있다. 이는 기호주의 인공지능이 기호와 논리연산을 통해 작동하는 특성상, 전문지식의 부재가 큰 제약이 된다는 것을 의미한다.

⑤ (×) 4문단에서 뉴로 심볼릭 인공지능이 복잡한 데이터 처리에 한계가 있다고 설명하면서도, 그럼에도 불구하고 인공의 일반지능 개발에 활용될 수 있다고 명시적으로 언급하고 있다. ⑤는 한계점은 정확히 파악했으나, 그 한계점으로 인해 일반지능 개발에 활용이 어렵다고 결론짓고 있어 제시문의 내용과 배치된다.

05 난이도 ★ 정답 ①

구조 파악

글의 전개 방식을 파악하는 문제이다. 제시문은 경기 변동의 주원인에 대한 다양한 이론적 견해들을 시대순으로 설명하고 있다. 먼저 경제 성장과 경기 변동의 개념을 정의한 후, 1970년대까지 주류를 이루었던 총수요 충격 이론을 소개한다. 이어서 루카스의 화폐적 경기 변동 이론을 구체적 사례와 함께 설명하는데, 이는 경제 주체들의 합리적 기대와 불완전한 정보로 인한 잘못된 판단이 경기 변동을 초래한다고 본다. 이후 대규모 경기 변동을 설명하기 위해 등장한 실물적 경기 변동 이론을 다루며, 기술 혁신이나 유가 상승과 같은 실물적 요인의 중요성을 강조한다. 마지막으로 세계 경제의 상호 연관성이 높아짐에 따라 경기 변동의 국제적 전파 가능성을 주장하는 최근의 견해를 소개하고 있다. 각 문단의 주요 내용을 정리하면 다음과 같다.

1문단	경제 성장과 경기 변동의 개념을 정의한다. 경제 성장은 장기적 GDP 증가를, 경기 변동은 실질 GDP가 장기 추세선에서 단기적으로 벗어나는 현상임을 설명한다.

2문단	1970년대까지의 주류적 견해를 설명한다. 민간 기업의 투자 지출 변화에 따른 총수요 측면의 충격이 경기 변동의 주원인이며, 이후 금융 당국의 통화량 조절이 원인이라는 새로운 주장이 제기된다.
3문단	루카스의 화폐적 경기 변동 이론을 소개한다. 경제 주체들의 합리적 기대과 불완전한 정보로 인한 잘못된 판단이 경기 변동을 일으킨다는 이론을 제시한다.
4문단	루카스의 이론을 구체적 사례로 설명한다. 기업이 자사 상품 가격 상승의 원인을 정확히 판단할 수 없어 생산량을 조절하는 과정에서 경기 변동이 발생하는 과정을 보여준다.
5문단	루카스 이론의 한계와 실물적 경기 변동 이론을 설명한다. 대규모 경기 변동을 설명하기 어렵다는 비판 이후, 기술 혁신이나 유가 상승 같은 실물적 요인이 경기 변동의 주원인이라는 새로운 이론을 소개한다.
6문단	최근의 해외 부문 영향론을 설명한다. 세계 각국의 경제적 협력 관계가 밀접해지면서 경기 변동이 국제적으로 전파될 수 있다는 관점을 제시한다.

해설

① (○) 제시문은 경기 변동의 주원인에 대한 여러 견해를 시간의 흐름에 따라 차례대로 설명하고 있다. 1970년대까지의 총수요 충격 이론을 시작으로, 루카스의 화폐적 경기 변동 이론, 실물적 경기 변동 이론, 그리고 최근의 국제적 전파 이론까지 시대 순서대로 소개하면서 각 이론의 특징과 한계를 체계적으로 설명하고 있다.

② (X) 경제 주체들의 대응 방식을 서로 비교하거나 대조하고 있지 않다. 루카스의 이론을 설명하면서 한 기업의 사례를 들어 불완전한 정보로 인한 판단과 대응 과정을 보여주고는 있지만, 이는 서로 다른 경제 주체들의 대응을 대조하는 것이 아닌 하나의 사례로 제시된 것이다.

③ (X) 경기 변동이라는 현상의 장점과 단점을 분석하고 있지 않다. 대신 경기 변동이 발생하는 원인에 대한 여러 학자들의 견해를 소개하면서 각 이론의 특징과 한계를 설명하는 데 초점을 맞추고 있다.

④ (X) 경기 변동으로 인한 경제 주체들의 구체적인 생활 양상을 보여주고 있지 않다. 경기 변동의 발생 원인과 과정을 설명하는 과정에서 기업의 의사결정이 언급되기는 하지만, 이는 경제 주체들의 생활 양상을 보여주기 위한 것이 아닌 이론을 설명하기 위한 예시이다.

⑤ (X) 생산량 변화로 인한 미래 상황을 예측하거나 전망하고 있지 않다. 루카스의 사례에서 생산량 변화가 언급되기는 하지만, 이는 경기 변동이 발생하는 과정을 설명하기 위한 것이며 미래 상황을 예측하기 위한 것이 아니다.

06 난이도 ★ 정답 ⑤

구조 파악

제시문의 가상 사례를 통해 설명된 화폐적 경기 변동 이론의 핵심 내용을 정확히 이해하고 있는지, 합리적 기대를 하는 경제 주체들의 행동 변화를 논리적으로 추론할 수 있는지를 확인하는 문제이다. 제시문은 경제 성장과 경기 변동의 개념을 설명하고, 경기 변동의 원인에 대한 다양한 이론들의 변천 과정을 시대순으로 소개하고 있다. <보기>는 통화량 증가 정책이 반복될 경우 기업들의 행동 변화에 대해 설명하고 있다. 루카스의 가상 사례를 통해 기업들이 반복되는 통화량 증가 정책으로 인한 가격 상승을 학습하고, 합리적 기대에 따라 판단 오류를 줄여나가는 과정에 관해 설명한다. 각 문단의 주요 내용을 정리하면 다음과 같다.

1문단	경제 성장은 장기적 관점에서 GDP가 지속적으로 증가하는 현상이며, 경기 변동은 실질 GDP의 장기 추세선에서 단기적으로 이탈하여 상승과 하락을 보이는 현상임을 설명
2문단	• 1970년대까지의 주된 견해: 경기 변동의 주원인을 민간 기업의 투자 지출 변화에 따른 총수요 측면의 충격으로 보았음 • 정부의 총수요 관리 정책으로 경기 변동 억제가 가능하다고 판단
3문단	• 1970년대 이후 새로운 견해: 금융 당국의 자의적 통화량 조절이 경기 변동의 원인이라는 주장 제기 • 루카스의 화폐적 경기 변동 이론 등장: 경제 주체들의 합리적 기대과 불완전한 정보로 인한 잘못된 판단이 경기 변동을 야기한다고 설명
4문단	루카스의 이론을 구체적 사례로 설명: 기업이 자사 상품 가격 상승의 원인(전반적 물가 상승 vs 선호도 변화)을 정확히 판단하지 못해 발생하는 경기 변동 메커니즘 설명
5문단	• 실물적 경기 변동 이론 등장: 기술 혁신, 유가 상승 등 실물적 요인이 경기 변동의 주원인이라고 설명 • 기술 혁신은 고용량과 생산량 증가로, 유가 상승은 고용량과 생산량 감소로 이어짐
6문단	• 최근 견해: 국가 간 경제적 협력 강화로 인한 경기 변동의 국제적 전파 가능성 강조 • 각국 경기 변동의 높은 상관관계 주목

해설

① (X) 제시문에서 강조하는 합리적 기대의 개념과 모순된다. 기업은 새로운 정보를 적절히 이용하여 미래에 대한 기대를 형성한다고 하였다. 통화량 증가 정책이 반복되면 기업은 이를 학습하여 합리적 판단에 반영할 것이다. 따라서 합리적 기대와 무관하게 행동한다는 것은 제시문의 논리와 배치된다.

② (X) 통화량 증가는 명목적 변화일 뿐, 실질적 생산량 증가의 원인이 되지 않는다. 제시문에서 전반적인 물가 상승에 의한 것이라면 기업은 생산량을 늘릴 이유가 없다고 명시하고 있다. 합리적 기대를 하는 기업이라면 통화량 증가가 실질적인 수요 증가가 아님을 인식할 것이므로 통화량 증가 예상이 생산량 증가로 이어진다는 논리는 적절하지 않다.

③ (X) 임금 변화는 결과적 현상이지 기업의 생산량 결정 요인이 아니다. 제시문에서 임금 상승은 기업이 생산량을 늘린 결과로 설명되고 있다. 인과관계가 반대로 설정되어 있어 적절하지 않다.

④ (X) 선호도 변화는 생산량 증가의 정당한 이유가 된다. 제시문에서 소비자 선호도 변화는 생산량 증가의 합리적 근거로 제시된다. 오히려 선호도 변화라면 생산량을 늘리는 것이 합리적 선택이다. 따라서 선호도 변화를 이유로 생산량을 늘리지 않는다는 것은 논리적 모순이다.

⑤ (○) 통화량 증가 정책이 반복되면 기업은 가격 상승의 원인을 학습하게 된다. 전반적 물가 상승이라면 실질적 수요 증가가 아니므로 생산량 증가가 불필요하다. 따라서 합리적 기대를 하는 기업은 이러한 상황을 정확히 판단하여 생산량을 늘리지 않을 것을 알 수 있다.

07 난이도 ★ 정답 ②

구조 파악

제시문의 ⓐ '일어나는'과 문맥적으로 가장 유사한 의미로 쓰인 것을 찾는 문제이다. 단순히 일어나다의 사전적 의미가 아닌, 제시문 속에서의 맥락적 의미를 정확히 파악하여 이와 가장 유사하게 쓰인 용례를 찾아야 한다. 제시문의 ⓐ는 '경기 변동이 일어나는'이라는 표현으로 사용되었으며, 이는 '어떤 현상이나 일이 발생하다'라는 의미로 쓰였다.

해설

① (X) '불꽃이 일어나다'는 '약하거나 희미하던 것이 성하여지다.'라는 의미로 쓰였으며, 구체적인 물리적 현상을 나타낸다.

② (○) '싸움이 일어나다'는 '어떤 일이 생기다.'라는 의미로, 제시문의 '경기 변동이 일어나다'와 가장 유사한 맥락으로 사용되었다.

③ (X) '화가 일어나다'는 어떤 마음이 생기다의 의미로, 심리적 상태의 변화를 나타낸다.

④ (X) '몸과 마음을 모아 나서다.'라는 의미로 사용되어, 능동적인 행위를 나타낸다.

⑤ (X) '열기가 일어나다'는 '약하거나 희미하던 것이 성하여지다.'라는 의미로, 분위기의 고조를 나타낸다.

08 난이도 ★★ 정답 ④

구조 파악

제시문은 CDS(신용 파산 스와프) 프리미엄의 개념과 작동 원리를 설명하고 있다. 채권은 정부나 기업이 자금을 조달하기 위해 발행하는 금융 상품으로, 투자자는 이자와 원금 지급이 약속된 채권에 투자한다. 그러나 채권에는 발행자의 지급 불능 가능성인 '신용 위험'이 존재한다. 이를 평가하기 위해 AAA부터 D까지의 신용 등급 체계가 사용되며, 신용 위험이 커지면 채권 가격은 하락한다. CDS는 이러한 신용 위험을 관리하기 위한 파생 금융 상품이다. CDS 거래에서 '보장 매입자'는 자신이 보유한 채권(기초 자산)의 부도 위험을 '보장 매도자'에게 이전한다. 보장 매도자는 이에 대한 대가로 보장 매입자로부터 CDS 프리미엄을 받는다. CDS 프리미엄은 기초 자산의 신용 위험이 클수록, 그리고 보장 매도자의 지급 능력이 우수할수록 커진다. 즉, 기초 자산의 신용 등급이 낮을수록, 보장 매도자가 발행한 채권의 신용 등급이 높을수록 CDS 프리미엄은 증가한다.

해설

① (X) 5문단에서 '은행 갑(㉠)은, 기업 을(㉡)이 발행한 채권을 매입하면서'라고 언급되어 있으므로, ㉠은 기초 자산(을이 발행한 채권)을 보유하고 있다.

② (X) 4문단에 따르면 보장 매도자가 '보장 매입자가 보유한 채권에서 부도가 나면 이에 따른 손실을 보상하는 역할을 한다'라고 설명되어 있다. ㉠은 보장 매입자이므로 손실을 보상하는 역할이 아니라 보상을 받는 측이다.

③ (X) ㉡은 기업으로서 채권의 발행자이며, 신용 위험을 기피하는 투자자가 아니다. 5문단에서 ㉡은 채권을 발행했다고 명시되어 있다.

④ (○) 5문단에서 '보험 회사 ㉢병과 CDS 계약을 체결할 수 있다'고 언급하고 있으며, 4문단의 설명에 따르면 CDS 계약에서 보장 매도자는 신용 위험을 부담하는 역할을 한다. 따라서 ㉢은 신용 위험을 부담하는 보장 매도자이다.

⑤ (X) 보장 매도자인 ㉢은 기초 자산에 부도가 나면 손실을 보상해야 하는 의무가 있으므로, 부도 발생 시 이득을 보는 것이 아니라 오히려 비용을 지불해야 한다.

09 난이도 ★★★ 정답 ②

구조 파악

CDS 프리미엄을 결정하는 두 가지 핵심 요인(기초 자산의 신용 위험과 보장 매도자의 지급 능력)의 상대적 중요도와 영향 관계를 이해하고 있는지 평가하는 문제이다. 특히 신용 등급 체계에 대한 이해를 바탕으로 서로 다른 조건을 가진 CDS 거래들의 프리미엄 크기를 정확히 비교하고, 신용 등급이 신용 위험과 반비례 관계에 있다는 점을 정확히 이해해야 한다.

(해설)

① (X) ㉮의 경우, 기초 자산의 신용 등급은 BB+이고 보장 매도자 발행 채권의 신용 등급은 AAA이다. 제시문에 따르면 기초 자산의 신용 등급이 낮을수록(BB+는 BBB−보다 낮음) CDS 프리미엄이 크고, 보장 매도자 발행 채권의 신용 등급이 높을수록(AAA는 가장 높은 등급) CDS 프리미엄이 크다. 따라서 ㉮의 CDS 프리미엄은 가장 큰 값을 가진다.

② (O) ㉯의 경우, 기초 자산의 신용 등급은 BB+이고 보장 매도자 발행 채권의 신용 등급은 AA−이다. 기초 자산의 신용 등급이 BB+인 것은 ㉮와 동일하지만, 보장 매도자 발행 채권의 신용 등급이 AAA보다 낮은 AA−이므로 ㉮보다는 작고 나머지 거래들보다는 큰 CDS 프리미엄을 갖는다. BB+의 기초 자산은 BBB−보다 신용 위험이 크기 때문에 ㉯의 CDS 프리미엄은 ㉰, ㉱, ㉲보다 크다. 따라서 ㉯는 CDS 프리미엄이 두 번째로 큰 것이다.

③ (X) ㉰의 경우, 기초 자산의 신용 등급은 BBB−이고 보장 매도자 발행 채권의 신용 등급은 A−이다. BBB−는 BB+보다 신용 등급이 높아 신용 위험이 작고, A−는 같은 BBB− 기초 자산을 가진 다른 거래들의 보장 매도자 발행 채권 신용 등급(AA−, A+)보다 낮다. 따라서 ㉰의 CDS 프리미엄은 제시된 거래들 중 가장 작다.

④ (X) ㉱의 경우, 기초 자산의 신용 등급은 BBB−이고 보장 매도자 발행 채권의 신용 등급은 AA−이다. BBB−는 BB+보다 신용 등급이 높아 신용 위험이 작으므로, 같은 조건이라면 ㉯보다 CDS 프리미엄이 작다. 따라서 ㉱는 CDS 프리미엄이 세 번째로 크다.

⑤ (X) ㉲의 경우, 기초 자산의 신용 등급은 BBB−이고 보장 매도자 발행 채권의 신용 등급은 A+이다. BBB−는 BB+보다 신용 등급이 높고, A+는 AA−보다 낮으므로 ㉱보다 CDS 프리미엄이 작다. 따라서 ㉲는 CDS 프리미엄이 네 번째로 크다.

실전 적용 TIP

제시문에 따르면 기초 자산의 신용 위험과 보장 매도자의 지급 능력이 모두 CDS 프리미엄에 영향을 미친다. 먼저 기초 자산의 신용 등급에 따라 거래들을 그룹화한 다음(BB+ 그룹과 BBB− 그룹), 각 그룹 내에서 보장 매도자 발행 채권의 신용 등급에 따라 순위를 매기면 효율적으로 문제를 해결할 수 있다. 또한 신용 등급과 신용 위험이 반비례 관계임을 기억해야 한다. ㉮~㉲의 CDS 프리미엄의 크기를 정리하면 ㉮ > ㉯ > ㉱ > ㉲ > ㉰ 순이다.

10 난이도 ★★★ 정답 ③

구조 파악

<보기>는 2011년 1월 1일부터 2015년 12월 31일까지 약 5년 동안의 CDS 계약 관련 사건들을 시간 순서대로 제시하고 있다. X(채권 발행자), Y(보장 매입자), Z(보장 매도자)의 세 당사자 간의 관계와 B_X 채권의 신용 상황 변화, Z의 신용 등급 변화, 그리고 CDS 프리미엄 수치가 주요 정보로 제공된다. 문제는 이러한 정보를 바탕으로 특정 시점(2011년 1월, 11월, 2013년 1월, 3월, 4월)에 대한 진술의 참 또는 거짓을 판단하도록 구성되어 있다.

(해설)

① (X) 2011년 1월 1일에 X는 채권 B_X를 발행했고, 같은 날 Y가 B_X를 기초 자산으로 하는 CDS 계약을 Z와 체결하여 보장 매입자가 되었다. CDS 계약의 구조상 Y는 보장 매입자로서 B_X의 신용 위험을 Z에게 이전하는 것이지, X가 신용 위험을 부담하게 되는 것이 아니다. X는 채권 발행자로서 원래부터 자신의 신용 위험을 갖고 있으며, CDS 계약으로 인해 X의 신용 위험 부담이 변하지 않는다. 따라서 2011년 1월에 X가 신용 위험을 부담하게 되었다는 내용은 옳지 않다.

② (X) 〈보기〉에 따르면 2011년 9월 17일에 X의 재무 상황이 악화되어 B_X의 신용 위험에 대한 우려가 발생했다. 이는 B_X의 신용 등급이 하락했거나 하락할 가능성이 있음을 시사한다. 신용 등급이 A−보다 높아졌다는 것은 신용 위험이 감소했다는 의미인데, 이는 재무 상황 악화와 모순된다. 보기에서 2011년 11월에 B_X의 신용 등급이 상승했다는 내용은 언급되지 않았다. 따라서 2011년 11월에 B_X의 신용 등급이 A−보다 높아졌다는 내용은 옳지 않다.

③ (O) 〈보기〉에 따르면 2012년 12월 30일에 X의 지급 능력이 2011년 8월 시점보다 개선되었다고 명시되어 있다. 이는 B_X의 신용 위험이 감소했음을 의미한다. 제시문에서 설명한 대로 기초 자산의 신용 위험이 감소하면 CDS 프리미엄도 감소한다. 따라서 2013년 1월 시점에는 X의 지급 능력이 개선된 상태가 지속되었을 것이므로, B_X의 신용 위험으로 Z가 손실을 입을 가능성이 2011년 10월(재무 상황 악화 이후)보다 작아졌다는 내용은 타당하다.

④ (X) 〈보기〉에서 2013년 10월 2일에 BX의 CDS 프리미엄이 100bp라고 명시되어 있지만, 2013년 3월 시점의 CDS 프리미엄에 대한 정보는 제공되지 않았다. 2013년 3월에 CDS 프리미엄이 100bp보다 작았다는 것을 입증할 근거가 없다.

⑤ (X) 〈보기〉에서 2013년 4월의 B_X 신용 등급에 대한 정보는 제공되지 않았다. 2013년 9월에 Z가 발행한 채권의

신용 등급이 AAA로 변경되었다는 정보만 있을 뿐, B_X의 신용 등급이 BB－보다 낮아졌다는 내용은 없다.

11 난이도 ★★ 정답 ①

구조 파악

<표>의 지역별 아파트 평균 매매가격의 수치를 통해 선지의 일치부합을 판단하는 문제이다. 각 열별 자료가 알려주고 있는 수치가 무엇인지 정확히 파악하며 문제를 풀어 보자.

해설

① (X) 2019년 전국 아파트 매매건수 중 수도권 아파트 매매건수는 전국 아파트 평균 매매가격과 수도권 아파트 평균 매매가격, 지방 아파트 매매가격을 통해 유추할 수 있다. 수도권 아파트 매매건수와 지방 아파트 매매건수가 동일하다면, 전국 아파트 평균 매매가격은 수도권 아파트 평균 매매가격과 지방 아파트 매매가격을 더하고 2로 나눈 값과 동일할 것이다. 즉, 가중평균을 0.5로 설정하여 계산한 평균값이 나올 것이다. 그러나 수도권 혹은 지방 아파트 매매건수 중 한쪽의 건수가 많을 경우, 가중평균에 의하여 전국 아파트 평균 매매가격은 건수가 더 많은 쪽의 가격에 가까워질 것이다. 현재 2019년 수도권 아파트 평균 매매가격은 684.1(만 원)이며 지방 아파트 평균 매매가격은 297.8(만 원)이다. 가중치를 0.5로 두고 평균을 구할 경우 전국 아파트 평균 매매가격은 490.95(만 원)이 되어야 한다. 그러나 실제 전국 아파트 평균 매매가격은 수도권 평균 매매가격에 가까운 500.2(만 원)이므로, 전국 아파트 매매건수 중 수도권 아파트 매매건수는 50%를 초과한다는 사실을 알 수 있다.

② (O) 2006년 전국 아파트 매매건수 중 수도권 아파트 매매건수는 75% 이상임을 입증하기 위해서는 2006년 전국 아파트 매매건수 중 수도권 아파트 매매건수가 최소 75%라고 가정하여 전국 아파트 평균 매매가격을 구하였을 때, 전국 아파트 평균 매매가격인 305.6(만 원)보다 낮게 나와야 한다. 전국 매매건수는 수도권 매매건수와 지방 매매건수로 이루어져 있기에 수도권 매매건수가 75%라면 지방 매매건수는 당연히 25%가 될 것이다. 이러한 가중치를 두고 가중평균을 구할 경우 $362.8\times0.75+133.0\times0.25=272.1+33.25=303.35\leq305.6$으로 전국 아파트 평균 매매가격보다 낮게 도출되었다. 즉, 2006년 전국 아파트 매매건수 중 수도권 매매건수는 75% 이상임을 알 수 있다.

③ (O) 2011년 대비 2019년 서울의 권역별 아파트 평균 매매가격 인상률을 정리하면 다음과 같다.

도심권	$\{(1,234.5-649.7)/649.7\}\times100=90\%$
동북권	$\{(827.5-459.9)/459.9\}\times100=79.9\%$
동남권	$\{(1,547.8-899.2)/899.2\}\times100=72.1\%$
서북권	$\{(1,009.1-506.4)/506.4\}\times100=99.3\%$
서남권	$\{(927.0-502.7)/502.7\}\times100=84.4\%$

따라서 서북권이 99.3%로 가장 높다.

④ (O) 2011년 대비 2019년 수도권 아파트 평균 매매가격 인상률은 $\{(684.1-383)/383\}\times100=78.6\%$, 지방 아파트 평균 매매가격 인상률은 $\{(297.8-199.1)/199.1\}\times100=49.6\%$로 수도권이 지방보다 높다.

⑤ (O) 2013년부터 2019년까지 서울의 모든 권역별 아파트 평균 매매가격은 매년 지속적으로 상승하였다.

실전 적용 TIP

가중평균을 알고 사용할 수 있어야 ①, ②의 일치부합을 판단할 수 있다. 본 문제에서 어려움을 느꼈다면 ③, ④, ⑤보다는 ①, ②에 초점을 맞춰서 다시 학습해 보자.

12 난이도 ★★★ 정답 ③

구조 파악

<정보>를 읽고 각 상황별 부동산 보유세를 계산하여 부동산 납부세액이 가장 큰 납세의무자를 고르는 문제이다. 이때 과세기준일이 매년 6월 1일이라는 점과 초과누진세율을 적용한다는 점, 조정대상지역 주택보유자는 별도로 처리한다는 점에 유의하여 문제를 풀어 보자.

해설

편의상 계산 단위는 억 단위로 표현한다.

- 갑: a와 b가 과세대상이며, 납부기한을 지나 납부하였으므로, 가산세를 포함하여 계산해야 한다.
  - 과세표준$=(16.4+7.6-6)\times0.9=16.2$억 원
  - 산출세액$=3\times0.006+3\times0.008+6\times0.012+4.2\times0.016=0.1812$억 원
  - 납부세액$=0.1812+0.1812\times0.03=0.186636$억 원 $=1,866$만 3,600원
- 을: c, d, e가 과세대상이며, 3주택 이상 보유자이기에 별도 세율을 적용한다.
  - 과세표준$=(7+6.8+4.2-6)\times0.9=10.8$억 원
  - 산출세액$=3\times0.012+3\times0.016+4.8\times0.022=0.1896$억 원
  - 납부세액$=0.1896$억 원$=1,896$만 원
- 병: f, g가 과세대상이며, 조정대상지역 2주택 보유자이기에 별도 세율을 적용한다.

- 과세표준=(11.3+8.7−6)×0.9=12.6억 원
- 산출세액=3×0.012+3×0.016+6×0.022+0.6×0.036=0.2376억 원
- 납부세액=0.2376억 원=2,376만 원

• 정: h가 과세대상이며 법인이기에 기본공제 6억 원이 적용되지 않는다.
  - 과세표준=5.2×0.9=4.68억 원
  - 산출세액=4.68×0.03=0.1404억 원
  - 납부세액=0.1404억 원=1,404만 원

• 무: j는 2021년 6월 1일 이후 취득하였기에 I만 과세대상이며, 법인이기에 기본공제 6억 원이 공제되지 않고, 납부기한을 지나 납부하였으므로 가산세를 포함하여 계산해야 한다.
  - 과세표준=7.5×0.9=6.75억 원
  - 산출세액=6.75×0.03=0.2025억 원
  - 납부세액=0.2025+0.2025×0.03=0.208575억 원=2,085만 7,500원

따라서 병의 납부세액이 2,376만 원으로 가장 크다.

13 난이도 ★★★ 정답 ④

구조 파악

근로소득자 갑의 기본정보와 A국의 올해 연말정산 제도를 읽고, 갑의 소득에 대한 산출세액과 결정세액을 계산하는 문제이다. 이때 배우자 관련 공제에 대한 조항을 놓치지 말고 함께 확인하도록 하자.

해설

A국 올해 연말정산 제도 소개에 명시되어 있는 대로 구하면 다음과 같다.

1) 근로소득금액=4,500−{750+(4,500−1,500)×0.15}
=3,300만 원

2) 과세표준을 구하기 위해서는 소득공제와 소득공제 종합한도 초과액을 구해야 한다.
  • 소득공제=기본공제+연금보험료 소득공제+특별소득공제+신용카드 소득공제
    - 기본공제=150만 원(배우자 연간 근로소득이 500만 원 초과이기에 배우자 공제는 적용되지 않음)
    - 연금보험료 소득공제=480만 원
    - 특별소득공제=120만 원
    - 신용카드 소득공제=3,000×0.8=2,400만 원
    (그러나 한도가 330만 원이므로 330만 원만 적용)
  • 소득공제 종합한도=4,500×0.3=1,350만 원
  소득공제=150+480+120+330=1,080만 원≦소득공제(종합한도=1,350만 원이므로 소득공제 종합한도 초과액은 0원)
  과세표준=근로소득금액−소득공제+소득공제 종합한도 초과액
  =3,300−1,080+0
  =2,220만 원

3) 산출세액=72+(2,220−1,200)×0.15
=225만 원

4) 결정세액=산출세액−세액공제
  • 세액공제=근로소득 세액공제+교육비 세액공제
    - 근로소득 세액공제=71.5+(225−130)×0.3=100만 원
    - 근로소득 세액공제 한도=74−{(4,500−3,300)×0.008}=644,000원 단, 이 금액이 66만 원 미만인 경우 66만 원으로 적용한다.
    - 교육비 세액공제: 배우자 교육비가 있으나, 배우자의 근로소득이 500만 원 초과로 기본공제 대상에서 제외되었기에 배우자 교육비로 교육비 세액공제를 받을 수 없다.
  세액공제=66만 원
  • 결정세액=225−66
  =159만 원

따라서 산출세액 225만 원, 결정세액 159만 원이다.

실전 적용 TIP

각 항목별 공제 금액과 공제 한도를 확인하여 실제 공제되는 금액이 어떻게 되는지 체크해야한다. 공제 합신 금액 전부기 모두 적용되지 않는 경우가 있었다. 그리고 배우자의 경우 배우자의 연간 소득액이 500만 원 초과된 700만 원이기에 기본공제 대상에서 제외된다는 점에 유념해야 한다.

14 난이도 ★ 정답 ⑤

구조 파악

<보고서>를 작성하기 위하여 <표> 이외에 필요한 자료만을 고르는 문제이다. 주어진 <표>로도 도출할 수 있는 수치인지의 여부를 판단하는 것에 중점을 두고 문제를 풀어 보자.

해설

ㄱ. (○) 〈보고서〉의 세 번째 줄 '사업체 규모별 종사자 수 동향을 살펴보면 …'에서 사용되는 자료임을 알 수 있다.

ㄴ. (×) 〈보고서〉 중 주요 산업별 종사자 수 동향과 관련된 내용은 명시되어 있지 않다.

ㄷ. (○) 〈보고서〉의 다섯 번째 줄 '한편, 2023년 7월 입직자는 전년 동월 대비 …'에서 사용되는 자료임을 알 수 있다.

ㄹ. (○) 〈보고서〉의 일곱 번째 줄 '또한, 2023년 7월 전체 입

직자 중 채용을 통한 입직자는 …'에서 사용되는 자료임을 알 수 있다.

실전 적용 TIP

ㄴ과 같은 자료가 <보고서>에 사용되는지를 판단하기 위해서는 '제조업', '건설업', '도매 및 소매업'과 같은 키워드가 사용되었는지를 눈으로 훑으며 빠르게 살피는 것이 좋다. 현재 <보고서>에서는 관련 키워드가 전혀 사용되지 않았으므로 이를 배제하고 보는 것이 타당하다.

15 난이도 ★★★ 정답 ②

구조 파악

<표>를 통해 자료를 도출할 수 있는지를 파악하여야 한다. <표 2>의 제목에서는 '상위 10개 업종'을, <표 3>의 제목에서는 '10개 업종'이라고 명시되어 있어 업종의 목록이 다를 수 있음을 유의해야 한다. 또한 <표 2>에서 성별 창업건수와 그 합이 함께 제시되어 있으므로 비교대상이 '특정 성별'인지 '합'인지 확인해야 한다.

해설

① (○) 〈표 1〉을 통해 도출할 수 있다.

② (×) 해당 값은 〈표 2〉의 '합'과 〈표 3〉의 '2017' 값을 통해 도출할 수 있다.

구분	2017년 창업건수	2021년 창업건수	증감폭
통신판매업	42,123	50,703	+8,580
숙박·음식점업	31,428	38,514	+7,086
상품중개업	18,023	24,706	+6,683
온라인광고업	9,945	11,662	+1,717
정보통신업	8,174	10,162	+1,988
부동산업	9,823	10,064	+241
운송 및 창고업	7,122	5,517	−1,605
교육서비스업	6,119	5,493	−626
여가 관련 서비스업	3,089	2,430	−659
제조업	1,891	1,464	−427

운송 및 창고업, 교육서비스업, 여가 관련 서비스업, 제조업은 2017년 대비 감소하여 음의 값을 가지게 된다. 그래프에서는 양의 값으로 나타나 있어 옳지 않다.

③ (○) 〈표 1〉을 통해 도출할 수 있다. 여성 창업건수의 전년 대비 증가율을 구하면 다음과 같다.

- 2018년: {(75,457−78,119)/78,119}×100=−3.4%
- 2019년: {(87,797−75,457)/75,457}×100=16.4%
- 2020년: {(87,998−87,797)/87,797}×100=0.2%
- 2021년: {(75,730−87,998)/87,998}×100=−13.9%

④ (○) 〈표 2〉를 통해 도출할 수 있다. 2021년 청년 창업건수 상위 10개 업종의 성별 창업건수 구성비를 구하면 다음과 같다.

- 여성: (57,250/160,715)×100=35.6%
- 남성: (103,465/160,715)×100=64.4%

⑤ (○) 〈표 2〉를 통해 도출할 수 있다. 2021년 청년 창업건수 상위 3개 업종의 성별 창업건수 구성비를 구하면 다음과 같다.

- 통신판매업 창업건수 남성 비율: (30,352/50,703)×100=59.9%
- 통신판매업 창업건수 여성 비율: (20,351/50,703)×100=40.1%
- 숙박·음식점업 창업건수 남성 비율: (29,352/38,514)×100=76.2%
- 숙박·음식점업 창업건수 여성 비율: (9,162/38,514)×100=23.8%
- 상품중개업 창업건수 남성 비율: (18,341/24,706)×100=74.2%
- 상품중개업 창업건수 여성 비율: (6,365/24,706)×100=25.8%

실전 적용 TIP

'증감폭'이라는 단어에 유의할 필요가 있다. 증감폭은 증가하거나 감소한 폭을 의미하므로, 그래프에서 감소폭에 해당하는 부분이 없다면 해당 부분을 먼저 찾아보는 것도 좋다. 본 문제에서는 <표 2>의 상위 10개 업종과 <표 3>의 10개 업종이 같게 출제되었지만, 상이한 경우도 있으므로 업종 목록을 비교하는 습관을 가질 필요가 있다.

자료변환 유형에서는 모든 선지를 다 확인하기보다는 특정 유형을 먼저 확인하는 것이 시간을 단축할 확률이 높아진다. 본 문제에서는 '증감폭'을 나타냄에도 음의 값이 없는 ②이나, '증가율 추이'를 확인하는 ③을 먼저 확인하는 것도 방법이다. 이때 ③은 값을 전부 구하기보다는 증가율이 늘어나거나 줄어드는 방향만 가볍게 확인하는 것도 좋다.

16 난이도 ★★★ 정답 ③

구조 파악

<표 1>은 2017년과 2018년의 재무구조 및 영업이익에 따른 기업 분포를, <표 2>는 2018과 2019년의 재무구조 및 영업이익에 따른 기업 분포를 나타내고 있는 자료이다. <정보>는 영업이익이 흑자 혹은 적자인 경우, 자본이 부채를 초과하

거나 이하인 경우에 대하여 서술하고 있다. <정보>를 토대로 <표 1>과 <표 2>에 대해 언급하고 있는 선지의 일치부합을 판단하는 문제로 선지의 경우가 <정보>에서 명시하고 있는 어느 경우에 해당하는지 파악하는 것이 중요하다.

해설

〈정보〉의 내용을 정리하면 다음과 같다.

1. 영업이익 관련
   - t년도 영업이익 증가율을 계산하는 경우: (t－1)년도와 t년도의 영업이익이 모두 흑자인 경우
   - t년도 영업이익 증가율을 계산할 수 없는 경우: (t－1)년도, t년도 영업이익 중 하나 이상 적자인 경우
     - (t－1)년도 영업이익 적자, t년도 영업이익 흑자인 경우 → 흑자로 전환되었다.
     - (t－1)년도 영업이익 흑자, t년도 영업이익 적자인 경우 → 적자로 전환되었다.
     - (t－1)년도 영업이익 적자, t년도 영업이익 적자인 경우 → 적자가 지속되었다.
2. 자본 증가율 관련
   - t년도 자본 증가율을 계산하는 경우: (t－1)년도와 t년도의 자산이 부채를 모두 초과하는 경우
   - t년도 자본 증가율을 계산할 수 없는 경우: (t－1)년도, t년도 중 하나 이상 완전자본잠식(자산이 부채 이하)인 경우
     - (t－1)년도 자산이 부채 이하, t년도 자산이 부채 초과인 경우 → 완전자본잠식이 해소되었다.
     - (t－1)년도 자산이 부채 초과, t년도 자산이 부채 이하인 경우 → 완전자본잠식으로 전환되었다.
     - (t－1)년도 자산이 부채 이하, t년도 자산이 부채 이하인 경우 → 완전자본잠식이 지속되었다.

① (○) 2019년에 완전자본잠식이 해소되면서 그 해에 흑자로 전환된 기업은 2018년도 자산이 부채 이하, 2019년도 자산이 부채 초과인 경우이며, 그와 동시에 2018년도 영업이익은 적자, 2019년도 영업이익은 흑자인 경우를 말하며 해당 경우의 기업의 수는 〈표 2〉에서 찾을 수 있으며, 39개이다. 2018년에 완전자본잠식이 해소되면서 그 해에 흑자로 전환된 기업은 2017년도 자산이 부채 이하, 2018년 자산이 부채 초과인 경우이며, 그와 동시에 2017년 영업이익은 적자, 2018년 영업이익은 흑자인 경우를 말하며 해당 경우의 기업의 수는 〈표 1〉에서 찾을 수 있으며 47개로 전자보다 후자가 더 크다.

② (○) 2018년 영업이익 증가율을 계산할 수 없는 기업들 중 그 해에 완전자본잠식이 지속된 기업은 2017년, 2018년 중 1개년도 이상 적자가 발생한 기업이며, 이들 중 2017년과 2018년 모두 자산이 부채 이하인 기업은 〈표 1〉에서 찾을 수 있으며 총 210(2017 적자, 2018 적자)＋145(2017 흑자, 2018 적자)＋27(2017 적자, 2018 흑자)＝382개이다. 2019년 영업이익 증가율을 계산할 수 없는 기업들 중 그 해에 완전자본잠식이 지속된 기업은 2018년, 2019년 중 1개년도 이상 적자가 발생한 기업이며, 이들 중 2018년과 2019년 모두 자산이 부채 이하인 기업을 말하므로 이는 〈표 2〉에서 찾을 수 있으며, 총 218(2018 적자, 2019 적자)＋29(2018 흑자, 2019 적자)＋126(2018 적자, 2019 흑자)＝373개로 전자가 후자보다 많다.

③ (×) 2018년 자본 증가율을 계산할 수 있는 기업들 중 그 해의 영업이익 증가율을 계산할 수 있는 기업은 2017년과 2018년도의 자산이 모두 부채를 초과하며, 2017년, 2018년도의 영업이익이 모두 흑자인 기업을 말한다. 이는 〈표 1〉에서 확인할 수 있으며 총 458개의 기업이 해당된다. 2019년에 자본 증가율을 계산할 수 있는 기업들 중 영업이익 증가율을 계산할 수 없는 기업은 2018년, 2019년도 모두 자본이 부채를 초과하나, 2018년, 2019년도 중 1개년도 이상 적자가 발생한 기업을 말한다. 이는 〈표 2〉에서 찾을 수 있으며, 총 47(2018 흑자, 2019 적자)＋148(2018 적자, 2019 흑자)＋96(2018 적자, 2019 적자)＝291개이다. 전자는 458개로 후자 291개의 2배를 초과하지 않으므로 옳지 않다.

④ (○) 2018년 영업이익 증가율을 계산할 수 있는 기업들 중 그 해에 완전자본잠식으로 전환된 기업은 2017년, 2018년 모두 영업이익이 흑자이나, 2017년도 자산은 부채를 초과하지만 2018년도 자산은 부채 이하인 경우를 말한다. 이는 〈표 1〉에서 확인할 수 있으며 이 경우에 해당되는 기업은 총 35개이다. 이에 비해 2018년도 영업이익 증가율을 계산할 수 있는 기업들 중 그 해에 완전자본잠식이 해소된 기업은 2017년, 2018년 모두 영업이익이 흑자이나, 2017년도 자산은 부채 이하이며 2018년도 자산은 부채를 초과한 경우를 말한다. 이 역시 〈표 1〉에서 확인할 수 있으며 이 경우에 해당되는 기업은 총 57개로 전자가 후자보다 적다.

⑤ (○) 2019년에 자산이 부채를 초과한 기업들 중 그 해에 적자가 발생한 기업은 〈표 2〉에서 찾을 수 있으며, 이 경우 2018년도의 영업이익과 자본을 고려하지 않기에 47＋96＋12＋37＝192개이다. 2018년에 자산이 부채를 초과한 기업들 중 그 해에 적자가 발생한 기업은 〈표 1〉, 〈표 2〉에서 모두 찾을 수 있으며, 어느 〈표〉를 활용하더라도 값은 148＋96＋14＋58＝316으로 동일한 값이 나온다. 전자가 후자보다 적다.

17 난이도 ★ 정답 ③

구조 파악

선지의 상황을 <표>에 대입하여 청약 가점을 계산하거나 각기 다른 대상의 점수를 비교하는 문제이다. 가점의 합이 높을수록 당첨확률이 높으며, 문제의 끝머리에 '주택보유자라고 명시하지 않은 사람은 무주택자로 가정'한다는 문구과 각주에서 무주택기간의 가점은 현재 무주택자에 한하여 적용된다는 점을 잊지 않도록 주의하자.

해설

① (X) A의 청약가점은 18(무주택기간 8년)+25(부양가족수 4명)+2(청약통장 가입기간 6개월)=45점이다.

② (X) B와 C의 청약통장 가입기간이 같다면 해당 항목의 점수는 같으므로 이를 제외하고 남은 항목을 계산해 보면 B는 32(무주택 기간 15년)+30(부양가족수 5명)=62점, C는 28(무주택기간 13년)+35(부양가족수 6명)=63점으로 C의 점수가 더 높아 C가 B보다 당첨될 확률이 높으므로 옳지 않다.

③ (O) D는 주택보유자이므로 무주택기간 가점은 적용되지 않는다. 이외 항목의 점수를 계산할 경우 35(부양가족수 7명)+17(청약통장 가입기간 15년)=52점이다. E는 32(무주택 기간 15년)+15(부양가족수 2명)+4(청약통장 가입기간 2년)=51점으로 D가 E보다 청약가점이 더 높으므로 옳다.

④ (X) F와 G의 무주택기간이 같을 경우 무주택기간 항목의 가점이 같으므로 이를 제외하고 남은 항목을 계산해 보자. F는 30(부양가족수 5명)+7(청약통장 가입기간 5년)=37점이다. G는 25(부양가족수 4명)+10(청약통장 가입기간 8년)=35점이므로 F가 G보다 당첨확률이 더 높다.

⑤ (X) 2(무주택기간 1년미만)+5(부양가족수 0명)에 청약통장 가입기간이 가장 길다고 가정할 경우 17점이 더해져 총 24점이 되므로, 20점을 넘을 수 있다.

18 난이도 ★★ 정답 ①

구조 파악

<표>의 수치와 각주의 공식을 이용하여 업종별, 사업장별 비정규직 직접고용, 간접고용별 인원과 비율을 구하여 <보기>의 일치부합을 판단하는 문제이다. 각주의 공식을 통해 비정규직 간접고용비율과 직접고용비율의 합은 100이라는 점을 파악한 후 문제를 풀어 보자.

해설

ㄱ. (O) 업종별 비정규직 간접고용 총인원을 구하면 다음과 같다.

- 백화점(A, B, C, D, F)=3,408+209+2,149+231+146=6,143
- 마트(E, G, H, I J)=8,603+682+1,552+1,613+2,168=14,618

따라서 마트의 비정규직 간접고용 총인원 14,618명은 백화점 비정규직 간접고용 총인원 2배인 12,286명 이상이다.

ㄴ. (X) A와 H의 비정규직 직접고용 인원을 구하면 다음과 같다.

- 사업장 A의 비정규직 직접고용 인원: 비정규직 직접고용비율은 100에서 간접고용비율을 제하여 구할 수 있다. 사업장 A의 비정규직 직접고용비율은 100−74.9=25.1%이다. 수치를 반올림하여 계산할 경우 사업장 A의 비정규직 직접고용인원(25.1%≒25%)은 간접고용인원(74.9%≒75%)의 1/3 정도임을 알 수 있다. 간접고용인원이 3,408명이므로 직접고용인원은 해당 인원의 1/3인 약 1,136명 정도임을 알 수 있다.
- 사업장 H의 비정규직 직접고용 인원: 사업장 H의 비정규직 직접고용비율은 100−90.4=9.6%임을 알 수 있다. 이는 간접고용비율 90.4%의 약 1/10 정도이므로, 간접고용인원 1,553의 10%인 약 155명이 사업장 H의 직접고용인원이라고 볼 수 있다. 따라서 사업장 A의 비정규직 직접고용 인원은 약 1,136명으로 사업장 H의 직접고용 인원 약 155명의 10배인 1,550명에 한참 미치지 못한다.

ㄷ. (O) 전체 비정규직 간접고용비율은 29.9%이므로 전체 비정규직 직접고용비율은 100−29.9=70.1%임을 알 수 있다. 계산의 편의성을 위해 간접고용비율은 30%, 직접고용비율은 70%로 반올림하여 전체 직접고용인원을 구해보자. 전체 직접고용인원은 (20,761/30)×70=48,442명이다. 비정규직 간접고용비율이 가장 낮은 사업장은 19.6%로 E이다. 사업장 E의 직접고용비율은 100−19.6=80.4%로 간접고용비율의 약 4배 정도이다. 즉, 직접고용인원 역시 간접고용인원의 4배로 계산할 경우 8,603×4≒34,424명이 된다. 전체 직접고용인원인 48,442명에서 사업장 E의 직접고용인원 34,424명을 제한 48,442−34,424=14,018명이 다른 9개 사업장의 직접고용의 인원이다. 사업장 E의 직접고용인원 34,424명이 다른 9개 사업장의 비정규직 직접고용인원의 합인 14,018명보다 많다.

ㄹ. (X) 유통업체 '다'와 '라'의 사업장별 비정규직 간접고용인원과 간접고용비율, 비정규직 전체 인원을 구하면 다음과 같다.

유통업체	사업장	간접 고용 인원	간접고용 비율	전체 비정규직 인원
다	C	2,149	36.6 (≒36.4=4/11)	(2,149/4)×11 =5,910
	D	231	39.9(≒40)	231×2.5 =578
	E	8,603	19.6(≒20)	8,603×5 =43,015
	합계	10,983	(10,983/49,503) ×100=22.2%	49,503
라	F	146	34.3(≒33.3)	146×3 =438
	G	682	34.4(≒33.3)	682×3 =2,046
	합계	838	(838/2,484) ×100=33.8%	2,484

따라서 유통업체별 비정규직 간접고용 비율은 '다'가 22.2%로 '라' 33.8%보다 낮다.

실전 적용 TIP

ㄹ에서 36.6%의 근사치로 36.4%를 본 이유는 36.4%가 4/11이기 때문이다. 비율의 근사치를 구할 때는 분수로 표현하기 편한 값으로 하는 것이 좋다.

19 난이도 ★★ 정답 ④

구조 파악

<표 1>은 일제강점기 8개 도시의 기간별 물가를, <표 2>는 해당기간 동안의 명목임금 비교지수를 나타낸 자료이다. 이를 통해 <보기>의 일치부합을 판단하는 문제이다. <표 1>과 <표 2> 모두 기간별 각 도시의 비교지수는 해당 기간 8개 도시 평균값 대비 각 도시의 비율이라는 점에 유의하며 문제를 풀어 보자.

해설

ㄱ. (○) 1910~1914년 기간 동안 경성(1.04)보다 물가가 낮은 도시는 대구, 목포, 부산, 신의주, 평양 5곳이고, 1935~1939년 기간 동안 경성(1.06)보다 물가가 낮은 도시는 대구, 목표, 부산, 신의주, 원산, 청진, 평양 총 7곳이다.

ㄴ. (○) 물가와 명목임금 모두가 기간별 8개 도시 평균보다 매 기간에 걸쳐 높다는 것은 각 도시의 비교 지수가 1보다 크다는 것을 의미한다. 물가와 명목임금 모두가 기간별 8개 도시 평균보다 매 기간에 걸쳐 높은 도시는 청진 1곳이다.

ㄷ. (X) 비교지수는 해당 기간의 8개 도시 평균 명목임금이 1이라는 전제이므로 시기가 다른 비교지수의 비교로는 임금의 증가와 감소를 알 수 없다.

ㄹ. (○) 1920~1924년 기간의 명목임금은 목포가 0.97, 신의주가 0.79이다. 신의주 수치인 0.79의 1.2배는 0.948이고, 목포는 0.948 이상인 0.97이므로 옳다.

실전 적용 TIP

ㄷ이 헷갈리기 좋은 선지이다. 각주를 제대로 읽지 않았다면 모든 기간의 기준 값인 1이 동일한 물가(명목임금)이라고 생각할 수 있으므로, 단순히 지수 비교로 ㄷ을 판단할 수 있기 때문이다. 그러나 기간별 평균 물가(명목임금)을 1이라고 전제하고 있으므로 1910~1914년의 1과 1935~1939년의 1이 뜻하는 바가 다르기에 지수만으로 단순 비교를 할 수는 없다.

20 난이도 ★ 정답 ⑤

구조 파악

주어진 수치를 통해 호텔별 객실 수입과 객실 판매율을 도출하여 선지의 일치부합을 판단하는 문제이다. 선지의 특성상 모든 호텔의 객실 수입과 객실 판매율을 알아야 선지를 판단할 수 있기에 본 문항은 모든 수치를 먼저 도출하고 선지와 확인하는 것이 좋다는 점을 인지하고 문제를 풀어 보자.

해설

〈표〉의 수치를 활용하여 각 호텔별 객실 수입과 객실 판매율, 판매가능 객실당 객실 수입을 구하면 다음과 같다.

호텔	객실 수입	객실 판매율	판매가능 객실당 객실 수입
A	1,600×40 =64,000	(1,600/3,500)×100 =45.7%	64,000/3,500 =18.3
B	2,100×30 =63,000	(2,100/3,000)×100 =70%	63,000/3,000 =21
C	1,000×20 =20,000	(1,000/1,250)×100 =80%	20,000/1,250 =16
D	990×10 =9,900	(990/1,100)×100 =90%	9,900/1,100 =9

ㄱ. (X) 객실 수입이 가장 많은 호텔은 64,000(만 원)으로 A이다.

ㄴ. (○) 객실 판매율은 호텔 C가 80%이므로 호텔 D 90%보다 낮다.

ㄷ. (X) 판매가능 객실당 객실 수입이 가장 적은 호텔은 D이다.

ㄹ. (O) 판매가능 객실 수가 많은 호텔 순으로 나열하면 A → B → C → D이고, 객실 판매율이 낮은 순대로 나열하면 A → B → C → D로 같다.

21 난이도 ★ 정답 ④

구조 파악

<정보>를 통해 각 호실별 연구원과 책을 매칭하는 문제이다. 여백에 조건들을 매칭해 가며 문제를 풀어 보자.

해설

〈정보〉의 세 번째 조건과 다섯 번째 조건을 매칭할 경우 다음과 같다.

311호	E	전환이론
312호	D	
313호		
314호		사회혁신
315호	C	복지실천

네 번째 조건을 통해 B에게 연구개발, D에게 공공정책을 전달해야 한다. D는 312호이므로, 해당 연구실에 공공정책을 전달할 수 있으며, 현재 연구원과 연구실이 모두 비어있는 곳은 313호이므로 313호를 사용하는 연구원은 B이며, 연구개발을 전달해야 한다. 고로 남은 연구실 314호를 A가 사용하며, A에게 사회혁신을 전달해야 한다.

실전 적용 TIP

세 번째와 다섯 번째 조건처럼 확정적인 정보를 미리 배치하는 것이 중요하다. 이를 통해 네 번째 정보를 연관 지어 확정 지을 수 있기 때문이다.

22 난이도 ★★★ 정답 ②

구조 파악

A국의 소득세 과세 원칙을 읽고 <상황>에 들어갈 할인 금액의 범위를 구하는 문제이다. 단순 할인 금액으로 적용하는 것이 아니라, 해당 금액이 할인될 경우 근로소득자와 사업자 모두에게 어떠한 세금혜택이 있는지에 초점을 맞추어 문제를 풀어 보자.

해설

할인 없이 원칙적으로 100만 원에 판매 및 구매하였을 경우 甲과 乙의 소득에 대한 세금은 다음과 같다.

- 甲의 세금: (근로소득－1,000,000×0.05)×0.2
  =(근로소득－50,000)×0.2
  =근로소득×0.2－10,000
- 乙의 세금: (1,000,000－800,000)×0.2=40,000원
- 乙의 순이익: 1,000,000－800,000－40,000(세금)－10,000(신용카드 수수료)=150,000원

즉, 甲이 신용카드로 구매 시 甲은 10,000원에 해당하는 세금을 공제받을 수 있으며, 乙은 150,000원의 순이익이 발생한다. 이를 지역상권부흥상품권으로 할인하여 구매·판매할 때 甲과 乙이 모두 금전적으로 이익을 보기 위해서는 甲은 최소 990,000원 미만의 금액으로 구매를 해야 하며, 乙은 950,000원을 초과하는 금액으로 판매해야 한다. 그렇기에 할인 범위는 $1<X<5$(만 원)이 된다.

23 난이도 ★★ 정답 ④

구조 파악

사업선정을 위한 규정과 <상황>에 따라 사업자로 선정되는 업체를 고르는 문제이다. 입찰가격 평가점수와 기술능력 평가점수로 나누어 평가하며, 특히 기술능력 평가점수 산정에 유의하며 문제를 풀어 보자.

해설

사업선정을 위한 점수 산정은 다음과 같이 이루어진다. 입찰가격 평가점수는 각 입찰업체가 제기한 가격에 따라 20점 만점으로 산정한다. 기술능력 평가점수의 경우 5명의 평가위원이 평가하되, 최고점과 최저점을 제외한 3명의 점수를 산술평균하여 산정한다. 이때 기술능력 평가점수에서 만점의 85%, 즉 80×0.85=68점 미만의 점수를 받은 업체는 선정에서 제외한다. 입찰가격 평가점수와 기술능력 평가점수를 합산한 점수가 가장 높은 업체를 선정하되, 동점이 발생한 경우 기술능력 평가점수가 더 높은 업체를 선정하게 된다. 각 업체의 기술능력 평가점수를 산정한 결과는 다음과 같다.

구분	甲	乙	丙	丁	戊
A위원	~~68~~	65	~~73~~	75	65
B위원	68	~~73~~	69	70	60
C위원	68	~~62~~	69	65	~~60~~
D위원	68	65	~~65~~	~~65~~	70
E위원	~~72~~	65	69	~~75~~	~~75~~
결과	68	65	69	70	65

기술능력 평가점수가 68점 미만인 乙, 戊는 선정에서 제외된다.

남은 업체들의 입찰가격 평가점수와 기술능력 평가점수를 합산한 점수는 다음과 같다.

- 甲: 13+68=81점
- 丙: 15+69=84점
- 丁: 14+70=84점

따라서 丙, 丁이 84점으로 동점이지만 기술점수가 丁이 더 높기에 사업자로 선정되는 업체는 丁이다.

실전 적용 TIP

기술능력 평가점수에서 만점의 85% 미만의 점수를 계산할 때 만점이 '100점'이 아닌 '80점'임에 주의해야 한다. 만점을 '100점'으로 산정하여 계산할 경우 업체 5곳 모두가 기술능력 평가점수 미달로 선정할 수가 없다.

24 난이도 ★★ 정답 ③

구조 파악

A기업의 초과근무 '실적시간'과 '인정시간' 관련 규정을 읽고 A기업 근무자 甲~戊의 초과근무 인정시간의 합이 가장 많은 근무자를 구하는 문제이다. 초과근무 실적시간과 인정시간이 상이할 수 있음에 유의하며 문제를 풀어 보자.

해설

A기업의 초과근무 관련 규정을 정리하면 다음과 같다.

- 실적시간: 일과시간(월~금, 9:00~18:00)을 제외한 근무시간
- 인정시간: 실적시간에서 개인용무시간을 제외한 근무시간, 평일 기준 최대 일 4시간, 토요일은 2시간 인정
- 재택근무 시 실적시간 반영하지 않음

A기업 근무자 甲~戊의 근무현황에 따른 실적시간과 인정시간은 다음과 같다.

구분	실적시간	인정시간
甲	금 2시간 5분, 토 3시간	금 2시간 5분, 토 2시간 → 4시간 5분
乙	금 2시간 55분	금 2시간 55분
丙	금 3시간 30분, 토 1시간 30분	금 3시간, 토 1시간 30분 → 4시간 30분
丁	없음(재택근무)	없음
戊	금 5시간 30분	금 4시간

따라서 丙이 4시간 30분으로 초과근무 인정시간의 합이 가장 많다.

실전 적용 TIP

인정시간은 실적시간에서 개인용무시간을 제외해야 하며, 한도가 있음에 유의해야 한다. 또한 재택근무의 경우 실적시간을 인정하지 않기으므로 당연히 인정시간 역시 존재하지 않는다.

25 난이도 ★★ 정답 ⑤

구조 파악

9:00~20:00 11시간 동안 요금이 가장 저렴한 주차장을 고르는 문제이다. 차량 정보와 주차요금 산정기준을 통해 A~E 주차장 중 甲 주무관이 이용할 주차장을 골라 보자.

해설

甲 주무관은 9:00~20:00까지 총 11시간 동안 주차장을 이용할 예정이며, 주차할 자동차는 중형차이며, 3종 저공해 차량이다. 주차요금은 기본요금과 추가요금을 합산하여 산정하며, 할인 대상인 경우 주차요금에 대하여 할인을 적용한다.

A~E 주차장별 주차요금을 구하면 다음과 같다.

- A 주차장: 2,000+1,000×20=22,000원
- B 주차장: 경차 전용 주차장이므로 중형차인 甲 주무관의 자동차는 이용할 수 없다.
- C 주차장: 시간요금제를 이용할 경우 3,000+1,750×20=38,000원이나 일 주차권은 20,000원이므로 일 주차권을 이용한다.
- D 주차장: 5,000+700×20=19,000원
- E 주차장: (5,000+1,000×16)×0.8=16,800원

따라서 가장 저렴한 주차장은 16,800원의 E 주차장이다.

26 난이도 ★ 정답 ④

구조 파악

글과 <상황>을 근거로 판단할 때 2023년 기준으로 甲~戊 중 청년자산형성적금에 가입할 수 있는 사람을 고르는 문제이다. 글에서 명시하고 있는 청년자산형성적금 가입요건을 확인하고 甲~戊의 상황이 가입요건에 충족하는지의 여부를 판단하도록 하자.

해설

청년자산형성적금의 가입조건은 다음과 같다.

- 직전 과세년도 근로소득+사업소득이 5,000만 원 이하
- 직전 과세연도 무소득자 가입 불가
- 직전 2개년도 중 1회 이상 금융소득종합과세 대상자는 가입 불가
- 청년은 19~34세인 자를 의미, 이때 군 복무 기간은 나이 계산에 포함하지 않음

① (×) 甲은 직전 과세연도 소득이 없어 가입이 불가능하다.
② (×) 乙은 청년 나이조건 19~34세에 해당하지 않아 가입이 불가능하다.
③ (×) 직전 2개년도 중 2022년에 금융소득종합과세 대상자였으므로 가입이 불가능하다.
④ (○) 직전 과세연도 근로소득+사업소득이 5,000만 원 이

하이며, 직전 2개년도 모두 금융소득종합과세 대상자가 아니었으며, 군복무기간을 제외한 나이가 33세이므로 청년에 해당되어 청년자산형성적금 가입이 가능하다.

⑤ (X) 직전년도 근로소득+사업소득이 5,000만 원을 초과하였으며, 직전 2개년도 중 2021년에 금융소득종합과세 대상자였으므로 가입이 불가능하다.

실전 적용 TIP

단순히 금융소득종합과세대상자라고 하여 가입이 전부 불가능한 것은 아니다. 본 사업에서 규정으로 두고 있는 부분은 2023년 기준 직전 2개년도, 즉 2021년과 2022년에 금융소득종합과세대상자였던 자를 가입할 수 없다고 명시하고 있다. J의 경우 2020년에 금융소득종합과세대상자로 해당되었으므로 본 규정에 위배되지 않는다.

27 난이도 ★ 정답 ③

구조 파악

의사결정나무 방법에 관한 설명과 예시가 적혀 있는 글과 <상황>을 읽고 적절하게 도출된 결과를 고르는 문제이다. 의사결정나무 방법 자체의 이해보다는 예시로 작성된 A은행 의사결정나무모형에 따라 <상황>의 결과를 도출하는 것에 초점을 두고 문제를 풀어 보자.

해설

A 은행의 의사결정나무 모형에 따라 〈상황〉을 정리해 보자.

1. 직업 유무를 확인한다. → 30세의 K씨는 직장에서 승진하여=직장이 있다.
2. 직업이 있다면 월 수입이 월 400만 원 이상인가? → 연봉이 4,000만 원=월 3,333,333원=월 400만 원 이하이다.
5. 직업이 있고 월수입이 400만 원 미만이라면 직계비속이 있는지 확인한다. → 얼마 전에는 첫아이도 태어났다=직계비속이 있다.
   직계비속이 있다면 기존에 대출받은 금액이 얼마인지 확인한다. → 처음으로 대출을 받아보기 위해=기존에 대출을 받은 이력이 없다.
6. 기존에 대출을 받은 이력이 없다면 우량고객으로 판단한다.
8. 우량고객은 대출이 가능하다.

따라서 K씨는 우량고객으로 분류되어 대출을 받을 수 있다.

28 난이도 ★★★ 정답 ④

구조 파악

보증기금의 보증연계투자 관련 규정과 <상황>을 읽고 <보기>의 일치부합을 판단하는 문제이다. 현재 보증기금과 신용보증관계를 성립하고 있지 않은 기업 B는 보증연계투자를 할 수 없으며, 기금의 보증연계투자 총액의 한도는 기본재산과 이월이익금 합의 1%인 35억 원이라는 점에 유의하며 문제를 풀어 보자.

해설

편의상 제1조라 한다.

ㄱ. (X) 제1조 제1항의 방식 중 교환사채 인수는 명시되어 있지 않다.

ㄴ. (X) 제1조 제1항에 따라 B기업과는 신용보증관계가 성립되어 있지 않아 보증연계투자를 진행할 수 없다.

ㄷ. (O) C기업과는 신용보증관계가 성립되어 있으며, 제1조 제1항 제2호에 따라 전환 사채 인수로 보증연계투자가 가능하며, 제2항에 따라 총액의 한도 35억 원을 넘지 않으므로 가능하다.

ㄹ. (X) D기업과는 신용보증관계가 성립되어 있어 제1조 제1항 제1호에 다른 주식의 인수 방법으로 보증연계투자가 가능하나 이미 D기업 주식 6억 원을 인수하여 보유중이기에 32억 원을 추가로 인수하게 될 경우 기금의 보증연계투자 총액의 한도 35억 원을 초과하므로 불가능하다.

실전 적용 TIP

제2항과 제3항의 한도가 충돌한다고 생각해서는 안 된다. 현재 주어진 <상황>에 의하여 제2항이 적용되어 총액의 한도가 35억 원이 된 것일 뿐, 실제 보증기금의 기본재산이나 이월이익금이 늘어난다면 총액의 한도 역시 늘어나게 된다.

29 난이도 ★★★ 정답 ②

구조 파악

무주택자 인정 관련 규정을 읽고 선지의 상황별 무주택 인정 적합 여부를 판단하는 문제이다. 선지마다 등장인물이 2명 이상인데 적합 여부를 판단해야 하는 대상이 누구인지 헷갈리지 않도록 주의하며 문제를 풀어 보자.

해설

편의상 위에서부터 제1조, 제2조라 한다.

① (O) 주택공급신청자 A는 주택소유자 B와 주민등록이 따로 되어 있어 같은 세대를 구성하고 있지 않으므로 A가 단독 주민등록이 되어 있고 분양권이나 공유지분을 소유하고 있지 않은 경우 단독세대주이자 세대를 구성하는 본인이 무주택이므로 무주택자로 인정받을 수 있다.

② (X) 동일한 주민등록표에 등재되어 있기에 한 세대로 구성된 C와 D는 세대 내에서 20제곱미터 이하의 주택을 한 채만 소유하고 있다면 주택을 소유하고 있지 않다고 보아 무주택자로 인정받을 수 있으나, C와 D 각각 1채, 즉 세

대 내 2호 이상의 주택을 소유하고 있기에 무주택자로 인정받을 수 없다.

③ (○) G가 상속으로 주택의 공유지분을 취득하여 사업주체로부터 부적격자로 통보받은 날로부터 3개월 이내에 G가 자신의 지분을 처분하였다면 제2조 제1항에 근거하여 무주택자로 인정받을 수 있다.

④ (○) 제1조 제3항에 근거하여 H가 본인 명의의 주택이 없더라도 H의 자녀인 I 및 I의 배우자인 J와 주민등록이 함께 되어 있고 실질적으로 거주를 함께하고 있는 경우에 I 명의의 주택이 있다면 H는 무주택자로 인정받을 수 없다.

⑤ (○) 제2조 제4항에 의해 무주택자이며 단독세대주인 K가 부모인 L로부터 공부상 주택으로 등재되어 있는 주택을 단독상속받아 주택을 소유하게 되었으나 해당 주택이 낡아 사람이 살지 아니하는 폐가인 경우, 사업주체로부터 부적격자로 통보받은 날부터 3개월 이내에 이를 멸실시켰다면 K는 무주택자로 인정받을 수 있다.

30 난이도 ★★ 정답 ②

구조 파악

다음 글을 읽고 <프로그램>의 결과로 출력된 값들을 모두 더하는 문제이다. 명령어의 종류는 크게 3가지로 나뉘어져 있으며 세부 항목으로 양수 인덱스와 음수 인덱스로 나뉜다는 점에 주목하며 문제를 풀어 보자.

해설

〈프로그램〉의 문자열에 양수 인덱스와 음수 인덱스를 나타내면 다음과 같다.

문자	2	0	2	2	9	7	8	1	2	3	5	4
양수	1	2	3	4	5	6	7	8	9	10	11	12
음수	−12	−11	−10	−9	−8	−7	−6	−5	−4	−3	−2	−1

- a: [: 5] → 〈보기〉 ②에 따라 시작부터 5번째 직전까지 가져오기＝2022
- b: [7:9] → 〈보기〉 ③에 따라 7번째부터 9번째 직전까지 가져오기＝81
- c: [−10:−7] → 〈보기〉 ③에 따라 -10부터 -7 직전까지 가져오기＝229
- d: [10:] → 〈보기〉 ①에 따라 10번째부터 끝까지 가져오기＝354

따라서 a+b+c+d는 2,686이다.

제4회 피셋기출 모의고사

[정답표]

01	02	03	04	05	06	07	08	09	10
①	⑤	④	②	⑤	①	①	③	④	②
11	**12**	**13**	**14**	**15**	**16**	**17**	**18**	**19**	**20**
①	⑤	①	⑤	④	⑤	①	⑤	④	⑤
21	**22**	**23**	**24**	**25**	**26**	**27**	**28**	**29**	**30**
③	⑤	⑤	⑤	④	①	③	①	②	③

01 난이도 ★ 정답 ①

구조 파악

제시문은 글로벌공급망의 정의, 위험성, 상호의존성의 증가, 혼란으로 인한 영향과 해결방안을 순차적으로 설명하고 있다. 글로벌공급망은 재화를 상품으로 변환시키는 모든 상호작용의 네트워크를 의미하며, 활동, 인적요소, 기술, 정보, 자원을 포함한다. 최근 분산된 공급망의 발달로 상호의존성이 증가하면서 위험성도 함께 높아지고 있다. 공급망 혼란은 특정 지역에 국한되지 않고 전 세계적으로 영향을 미치며, 특히 필수 물자를 필요로 하는 취약계층에 부정적 영향을 준다. 이러한 문제를 해결하기 위해서는 이해당사자들 간의 표준화된 커뮤니케이션이 필요하며, 이를 통해 비용 절감, 효율성 개선, 위험성 경감을 도모할 수 있다.

해설

ㄱ. (X) 분산된 공급망이 발달하게 되면서 복잡한 상호의존성으로부터 발생하는 위험성은 매우 높은 변동성을 가져올 수 있으며 분산된 공급망의 발달은 위험성을 증가시킨다.

ㄴ. (X) 기관들과 개별국가들이 자신들의 활동 안에서 상호내부적으로 문제를 해결할 수 있는 가능성이 높아지지 않는 한 상호의존성이 지속될 것이라고 설명하고 있어, 내부적 상호작용성 증가는 오히려 상호의존성을 낮출 수 있음을 암시한다.

ㄷ. (O) 상호의존성과 글로벌공급망의 위험성이 동시에 높아지고 있다고 하였다.

ㄹ. (X) 휴대전화와 같은 고급 기술에 기반한 상품의 가격 인상과 공급부족만을 초래하는 것이 아니며, 식품과 에너지 등 기본적인 물자에도 영향을 미친다고 설명하고 있다.

ㅁ. (O) 부유국들과 부유한 개인들은 이러한 공급부족을 해결하고자 물자를 매점매석함으로써 그것들을 가장 필요로 하는 사람들에 부정적인 영향을 미치게 된다고 하였다.

02 난이도 ★★★ 정답 ⑤

구조 파악

각 문단의 주요 내용을 정리하면 다음과 같다.

1문단	- 3D 프린팅의 의미: 소재를 층층이 이어 쌓아 물건을 만드는 과정 - 전통적 제조 과정(기계 가공, 플라스틱 사출 성형, 금속 주조)과 다름 - '3D 프린팅'이라는 용어는 바이오 프린팅, 4D 프린팅 등의 최첨단 기술을 포함하지 못함
2문단	• 3D 프린팅 기술은 25년 전에 등장했지만 최근 여러 용도로 사용 가능해져 주목받게 됨 • 첨단소재 등 다양한 소재를 이용한 3D 프린팅이 보편화될 것임
3문단	• 3D 프린팅의 경제성: 소량 생산 가능, 납품 시간과 배송 비용 절감 • 3D 프린팅은 전체적인 생산 시스템을 파괴하여 앞으로 선진국과 개발도상국 모두에 큰 영향을 끼칠 것임
4문단	• 3D 시스템은 생산과 소비 시스템, 글로벌 공급망을 바꿀 것임 • 3D 프린팅의 결과물이 미숙련, 노동집약적 및 저부가가치 노동을 대체함에 따라 개발도상국의 산업과 노동 시장은 어려워질 것임
5문단	• 3D 프린팅은 아직 글로벌 제조업 시장에서 낮은 비중을 차지하지만 빠르게 성장하고 있음 • 3D 프린터 시장은 하키스틱 모양의 성장을 보일 것임

해설

ㄱ. (X) 3문단에 따르면 컨테이너화와 기술 격차의 추세가 촉진시킨 생산과 소비의 분리는 노동력이 풍부한 개발도상국으로의 오프쇼어링을 가능하게 했다. 또한 4문단에서 3D 프린팅으로 제작된 결과물들이 개발도상국들의 노동 집약적 및 저부가가치 노동을 대체하면 선진국으로의 리쇼어링으로 이어질 수 있다고 보았다. 즉, '컨테이너화와 기술 격차의 추세는 생산과 소비의 분리를 촉진하여 오늘날 개발도상국으로의 오프쇼어링의 원인이 되고 있다.'로 수정해야 글의 내용과 일치하므로 ㄱ은 옳지 않다.

ㄴ. (X) 5문단에서 가트너는 3D 프린팅 시장 규모가 2016년 50만 대 수준, 2015년은 그 절반인 25만 대 수준이었으며, 2020년은 670만 대로 증가할 것으로 예상했다. 즉, 2015년에 비해 2020년에는 26.8배 증가할 것으로 예상한 것이므로 ㄴ은 옳지 않다.

ㄷ. (X) 5문단에 따르면 3D 프린팅을 활용해 생산된 제품의 비중은 미미하지만 3D 프린팅 산업은 빠르게 성장하고 있으며, 3D 프린터 시장의 성장 속도가 전형적인 하키스틱 모양의 패턴이 될 것이라고 했다. '3D 프린팅을 활용해 생산된 제품 시장'과 '3D 프린터 시장'은 다르므로 ㄷ은 옳지 않다.

ㄹ. (X) 4문단에서 3D 프린팅 제작물들이 미숙련, 노동 집약적 및 저부가가치 노동을 완전하게 대체하면 영향력은 보다 파괴적으로 작용할 수 있다고 하였고, 4문단에서 개발도상국이 채택한 노동 집약적 저비용 제조업 기반의 산업화 전략은 효과를 잃을 것이며 많은 일자리가 사라질 것이라고 예측하였다. 즉, 3D 프린팅이 개발도상국의 노동을 아직 완전하게 대체한 것은 아니며, 개발도상국의 산업화 전략이 효과를 잃을 것이라 예측한 것이지 해당 국가의 산업화 전략에 대대적인 수정이 이루어지고 있다고 본 것은 아니다. 따라서 ㄹ은 옳지 않다.

03 난이도 ★

정답 ④

구조 파악

제시문은 제품 시장의 경쟁 정도에 영향을 미치는 세 가지 주요 요인(진입비용, 규모의 경제, 범위의 경제)에 대해 설명하고 있다. 각 문단의 주요 내용을 정리하면 다음과 같다.

1문단	진입비용과 퇴출비용이 시장 경쟁에 미치는 영향: 높은 진입비용과 퇴출비용은 더 치열한 경쟁을 유발함
2문단	규모의 경제가 시장 경쟁에 미치는 영향: 규모의 경제 가능성이 큰 시장일수록 경쟁이 치열함, 최소 유효생산규모비율과 시장 생존의 관계
3문단	범위의 경제가 시장 경쟁에 미치는 영향: 범위의 경제는 비용절감과 시너지 효과를 통해 수익성을 높이고 경쟁우위를 제공함

해설

① (O) 1문단에서 진입비용의 면에서, 진입비용이 높은 시장에서 진입비용이 낮은 시장보다 경쟁이 더 치열하다고 하였다. 따라서 반대로 진입비용이 낮으면 경쟁정도가 낮아진다고 추론할 수 있다.

② (O) 1문단에서 "제품시장에서 특유의 자산에 관한 비용이 퇴출비용으로 작용한다면 상황은 더욱 그러할 것이다. 즉, 높은 퇴출비용이나 자산 특이성은 더 치열한 경쟁을 유발한다."라고 하였다. 따라서 자산의 특유성이 높으면 퇴출비용이 높아지고 이는 더 치열한 경쟁을 유발한다고 추론할 수 있다.

③ (O) 2문단 첫 문장에서 "규모의 경제면에서, 한 제품시장에서 규모의 경제 가능성이 다른 시장보다 크다면 그 시장에서 경쟁이 더 치열할 것이다."라고 직접적으로 언급하고 있다. 따라서 규모의 경제 가능성이 커질수록 시장 경쟁정도가 높아진다고 추론할 수 있다.

④ (X) 2문단에서 "규모의 경제에서 진입비용의 효과는 시장 크기 대비 최소한 유효생산 규모의 비율로서 나타낼 수 있다."라고 설명하고 있다. 또한 "최소 유효생산규모 비율이 높을수록 자사의 점유율 또는 시장 입지를 지키는 데 더 많은 노력이 들어가는 것"이라고 언급하고 있다. 이는 유효생산규모비율이 높을수록 시장에서 생존하기 위한 진입장벽이 높아진다는 의미로, 시장진입비용이 낮아진다고 추론하기는 어렵다. 오히려 반대로 유효생산규모비율이 높을수록 시장진입비용도 높아질 가능성이 크다.

⑤ (O) 3문단에서 "한 제품시장에서 제품라인을 생산하거나 여러 제품시장에서 다양한 제품을 생산할 때 그 기업은 생산, 마케팅 그리고 기타 활동으로부터 비용절감을 할 수 있어 수익성을 높이는 시너지 효과를 거둘 수 있다."라고 언급하고 있다. 또한 "범위의 경제가 시너지 효과로 나타나면 경쟁사의 행동에 대해 관련되는 제품으로부터 보다 신속하고 효과적인 대응을 할 수 있다."라고 설명하고 있다. 이를 통해 범위의 경제가 있는 제품 라인은 비용을 절감하고 경쟁력도 높일 수 있다고 추론할 수 있다.

04 난이도 ★

정답 ②

구조 파악

플랫폼 노동의 정의와 특징을 설명하고, 특히 플랫폼 기업의 알고리즘을 통한 노동자 통제 방식과 그 문제점을 중점적으로 다루고 있다. 각 문단의 주요 내용을 정리하면 다음과 같다.

1문단	플랫폼 노동의 정의와 기본 구조를 설명하며, 디지털 플랫폼을 통한 서비스 수요자와 공급자의 연결, 플랫폼 기업의 중개 역할을 서술하고 있다.
2문단	플랫폼 노동의 통제 방식을 설명하며, 직접적 지시나 감독은 없으나 데이터와 알고리즘을 통한 평판에 의한 통제이 이루어짐을 구체적 예시와 함께 설명하고 있다.
3문단	평판에 의한 통제의 문제점을 지적하며, 플랫폼 기업이 이윤 극대화를 위해 노동자를 평가하고, 노동자는 평가 기준이나 알고리즘의 작동 방식을 알 수 없는 새로운 형태의 사용 - 종속 관계가 형성됨을 설명하고 있다.

4문단	플랫폼 노동의 자율성에 대해 설명하며, 시간 선택의 자유가 있어 보이나 실제로는 알고리즘을 통한 은폐된 통제가 작동하고 있음을 지적하고 있다.

해설

① (○) 플랫폼 기업이 단순 중개를 넘어 알고리즘을 통해 노동자를 통제한다고 설명하고 있으므로 제시문의 내용과 일치한다.

② (×) 플랫폼 기업은 노동자의 성취에 대한 정당한 보상을 위해서 업무 평가를 진행하는 것이 아니다. 플랫폼 기업은 이윤을 극대화하기 위해 노동자의 노동 과정을 수치화하고 알고리즘에 반영하여 평가한다고 명시하였으므로 제시문과 상충된다.

③ (○) 직접적 지시나 감독이 없더라도 알고리즘을 통한 새로운 형태의 사용 – 종속 관계가 존재한다고 하였다.

④ (○) 전통적인 사업장처럼 공식적 근무 시간이 없기에 자기 상황에 맞춰 일과 여가를 유연하게 조정하는 것이 분명 가능하다고 하였다.

⑤ (○) 고객 만족도를 측정할 수 있는 별도의 평가 항목을 만들고, 이 수치가 데이터로 축적되어 알고리즘을 통해 다음 일감을 부여하는 기준이 된다고 설명하였다.

05 난이도 ★ 정답 ⑤

구조 파악

제시문은 기업의 경쟁 전략 중 하나인 기업인수합병(M&A)의 개념과 유형, 각 유형별 특징과 장단점을 설명하고 있는 글이다. 기업인수합병의 세 가지 유형인 수평적·수직적·다각적 인수합병을 구체적인 사례와 함께 설명하고, 마지막으로 기업인수합병의 전반적인 주의사항을 제시하고 있다. 각 문단의 내용을 정리하면 다음과 같다.

1문단	• 기업인수합병의 개념 소개 • 기업인수합병의 세 가지 유형 제시: 수평적, 수직적, 다각적
2문단	수평적 인수합병의 개념과 특징 – 같은 업종 간의 결합(예 두 전자회사의 결합) – 장점: 불필요한 경쟁 감소, 생산량 증가, 규모의 경제 실현 – 단점: 독과점 발생 가능성
3문단	수직적 인수합병의 개념과 특징 – 생산 활동 단계가 다른 업종 간의 결합 – 전방 통합과 후방 통합으로 구분 – 장점: 생산 단계 효율성 증가, 거래비용 감소, 원자재 안정적 공급 – 단점: 특정 기업 문제 발생 시 전체 위험
4문단	다각적 인수합병의 개념과 특징 – 관련성이 적은 기업 간의 결합 – 장점: 위험 분산, 안정된 수익성 유지 – 단점: 외형적 비대화로 인한 수익 한계
5문단	• 기업인수합병의 전반적인 주의사항 • 외적 성장과 내적 성장의 균형 필요성 • 인수합병 과정에서의 인적 문제 발생 가능성

해설

① (○) 1문단에서 기업들이 이익 극대화를 위해 경쟁하며, 이러한 경쟁 전략의 하나로 인수합병을 활용한다고 명시적으로 설명하고 있다. 또한 각 유형별 장점을 통해 이익 극대화가 가능함을 보여주고 있다.

② (○) 3문단에서 수직적 인수합병의 효과로 생산 단계의 효율성 증가를 직접 언급하고 있다. 이는 생산 활동 단계가 다른 업종 간 결합을 통해 달성되는 핵심적인 이점으로 설명된다.

③ (○) 4문단에서 다각적 인수합병의 구체적 사례와 함께, 한 회사의 수익성이 낮더라도 다른 회사를 통해 위험을 분산시켜 안정된 수익성 유지가 가능하다고 하였다.

④ (○) 2문단에서 수평적 인수합병의 효과로 경쟁 관계에 있던 회사들의 결합을 통한 불필요한 경쟁 감소를 설명하였다. 이는 같은 업종 간 결합의 주요 이점으로 제시된다.

⑤ (×) 3문단에서 수직적 인수합병은 동일한 분야에 있으면서 생산 활동 단계가 다른 업종 간의 결합이라고 정의하고 있다. 따라서 서로 다른 분야에 있고 생산 활동 단계가 같은 업종 간의 결합이라는 설명은 제시문의 내용과 상반된다.

06 난이도 ★ 정답 ①

구조 파악

기업인수합병의 유형(수평적, 수직적, 다각적)에 대한 정확한 이해를 바탕으로, 각 인수합병 유형의 특징과 장단점을 정확히 파악하고 있는지 확인하는 문제이다. 기업인수합병의 세 가지 유형을 정리하면 다음과 같다.

유형	특징	장점	단점
수평적 인수합병	• 같은 업종 간의 결합 • 예시: 두 전자회사의 결합	• 불필요한 경쟁 감소 • 생산량 증가 • 규모의 경제 실현 • 생산 단가 하락 • 가격 경쟁력 증가 • 시장점유율 상승	• 독과점으로 인한 폐해 발생 가능 • 규제 대상이 될 수 있음

수직적 인수 합병	• 생산 활동 단계가 다른 업종 간의 결합 • 전방 통합: 원자재 공급 기업이 생산 기업 통합 • 후방 통합: 생산 기업이 원자재 공급 기업 통합 • 예시: 자동차 원자재 공급 기업과 자동차 생산 기업의 결합	• 생산 단계의 효율성 증가 • 거래비용 감소 • 원자재의 안정적 공급	특정 기업에 문제 발생 시 기업 전체가 위험해질 수 있음
다각적 인수 합병	• 서로 관련성이 적은 기업 간의 결합 • 예시: 전자, 건설, 자동차 회사의 결합	• 위험 분산 가능 • 안정된 수익성 유지 • 한 분야의 낮은 수익을 다른 분야에서 보완	• 외형적 비대화 • 시장에서 높은 수익을 내기 어려울 수 있음

해설

① (X) A자동차 회사와 B자동차 회사는 같은 자동차 회사로, 이는 수평적 인수합병에 해당한다. 다각적 인수합병은 관련성이 적은 기업 간의 결합을 의미한다.

② (O) B자동차 회사는 생산 단가를 낮추고 가격 경쟁력을 증가시키기 위해 A자동차 회사를 인수합병했다고 명시되어 있다.

③ (O) 자동차 생산 기업(B자동차 회사)이 원자재 공급 기업(철강 회사)을 통합한 것은 후방 통합의 사례이다.

④ (O) 제시문에서 수직적 인수합병의 단점으로 특정 기업에 문제가 발생할 경우, 기업 전체가 위험해질 수 있다고 설명하고 있다.

⑤ (O) B사가 신기술 연구에 소홀했다는 것은 제시문의 내적 성장을 위한 투자에 소홀할 수 있다는 내용과 연결되며, 이로 인해 경쟁에서 뒤처졌다고 볼 수 있다.

07 난이도 ★ 정답 ①

구조 파악

문맥 속에서 단어의 의미를 정확하게 이해하고, 적절한 유의어로 대체할 수 있는 능력을 확인하는 문제이다. 특히 어휘의 기본 의미뿐만 아니라 문장 속에서의 쓰임과 의미가 적절한지 판단해야 한다.

해설

① (O) '나누다'는 '여러 가지가 섞인 것을 구분하여 분류하다.'의 의미이며, '일정한 기준에 따라 전체를 몇 개로 갈라 나누다'라는 뜻을 지닌 '구분하다'로 바꿔 쓸 수 있다.

② (X) '늘리다'는 '양이나 규모를 증가시킨다.'는 의미로, '실현할(기대 따위를 실제로 이룸)'과는 의미가 다르다.

③ (X) '일어나다'는 '어떤 일이 생기다.'라는 의미로, '촉구될(재촉하여 요구됨)'과는 의미가 다르다.

④ (X) '이루어지다'는 '어떤 일이 실현된다.'는 의미로, '포함되면(어떤 사물이나 현상 가운데 함께 들어가거나 함께 넣어지면)'과는 의미가 다르다.

⑤ (X) '치우치다'는 '한쪽으로 기울거나 쏠린다.'는 의미로, '왜곡되어(사실과 다르게 해석되거나 전달됨)'와는 의미가 다르다.

08 난이도 ★ 정답 ③

구조 파악

제시문은 파생상품의 두 종류인 선도와 선물을 비교하며 설명하고 있다. 특히 거래 방식, 계약의 안정성, 거래소의 역할 등을 중심으로 두 상품의 특징을 대조적으로 보여주고 있다. 둘의 차이점을 정리하면 다음과 같다.

구분	선도	선물
거래 장소	특정 거래소 없음	공인된 거래소에서 거래
거래 안정성	계약 파기의 위험이 높음	제도적 장치를 통해 안정성 확보
거래 매개	거래 당사자가 직접 상대방 물색	거래소가 매개 역할 수행
제도적 장치	없음	반대거래, 증거금, 일일정산 등 보유
계약 변경	만기 전 계약 변경 어려움	반대거래를 통해 계약 청산 가능
투자 성격	위험 회피 목적	위험 회피+투자 수단

해설

① (O) 1문단에서 파생상품은 기초자산의 가치 변동에 따라 가격이 결정되고, 이러한 가격 변화가 거래 당사자의 손익을 발생시킨다고 했다. 선도와 선물은 모두 파생상품의 일종이므로, 둘 다 기초자산의 가치 변동에 따라 거래 당사자의 손익이 결정된다.

② (O) 제시문에서 선도의 경우 계약을 체결했더라도 만기 이전에 그 계약을 임의로 파기할 위험이 높다는 불안정성이 늘 존재했다고 했다. 반면 선물은 거래소를 통해 다양한 제도적 장치를 마련하여 이러한 불안정성을 해결했다고 설명하고 있다.

③ (X) 제시문에서 선물은 기초자산을 계약 체결 시점에 정

해 놓은 가격과 수량으로 계약 만기 시점에 거래한다는 점에서는 선도와 동일하다고 명시하고 있다. 따라서 이는 선도만의 특징이 아니라 선도와 선물의 공통점이므로, 선도가 선물과 달리 가진 특징이라는 설명은 적절하지 않다.

④ (○) 제시문에서 선물은 거래 안정성을 확보하기 위해 반대거래, 증거금(개시증거금, 유지증거금), 일일정산 등의 제도적 장치를 갖추고 있다고 상세히 설명하고 있다. 이는 선도에는 없던 새로운 특징으로, 선물 거래의 안정성을 높이는 핵심적인 요소라고 설명하고 있어 적절한 설명이다.

⑤ (○) 제시문에서 선물은 공인된 거래소에서 거래가 이루어진다는 점에서 차이가 있다고 명시하고 있다. 또한 거래소가 이해관계가 일치하는 거래 당사자들이 쉽게 만날 수 있는 장을 마련하고 거래 당사자들 사이에서 거래의 매개적 역할을 한다고 구체적으로 설명하고 있어 적절한 설명이다.

09 난이도 ★★★ 정답 ④

구조 파악

<보기>에는 선물 거래가 5월 10일에 시작되어, 5월 30일에 반대거래가 이루어지고, 6월 8일에 최종 만기가 되는 상황이 제시되어 있다. 이 과정에서 갑, 을, 병 세 당사자 간의 거래 관계 변화를 파악해야 한다.

해설

① (○) 최초 거래 시점인 5월 10일에 갑이 을에게서 선물을 매수하므로, 갑은 매수자가 되고 을은 매도자가 된다. 제시문에서 설명한 것처럼 이는 갑이 을에게 '특정 기업의 주식을 미래의 특정 시점에, 정해진 수량만큼 정해진 가격으로 사겠다는 계약'을 체결한 것으로, 갑이 을에게 그 계약, 즉 선물을 산 것을 의미한다.

② (○) 5월 30일에 갑이 병과 반대거래를 함으로써 갑과 을 사이의 선물 거래 관계는 청산된다. 제시문에서 '반대거래가 발생하면 그 시점에서 A는, 선물 계약에 따른 만기 시점의 주식 거래와 관련된 B에 대한 의무를 C에게 넘기게 된다'고 설명한 것과 같은 맥락이다. 따라서 갑의 의무가 병에게 이전되면서 갑과 을의 원래 계약 관계는 종료된다.

③ (○) 반대거래 시점인 5월 30일에 갑은 자신이 보유한 선물을 병에게 매도하는 것이므로, 갑은 매도자가 되고 병은 매수자가 된다. 이는 제시문에서 설명한 반대거래의 개념과 일치한다. 즉, 갑이 가지고 있던 매수 포지션을 병에게 넘기면서 갑은 매도자, 병은 매수자의 위치에 서게 되는 것이다.

④ (×) 만기 시점인 6월 8일에는 갑과 을 사이의 거래 관계가 청산되는 것이 아니다. 이미 5월 30일의 반대거래로 갑과 을의 관계는 청산되었으며, 갑의 권리와 의무는 병에게 이전되었다. 따라서 6월 8일에는 을과 병 사이에서 실제 주식 거래가 이루어진다. 제시문에서도 '선물 계약의 만기 시점이 되면 C는 계약에서 정한 대로 특정 기업의 주식을 정해진 가격과 수량으로 B에게 사게 된다'라고 설명하고 있다.

⑤ (○) 만기 시점인 6월 8일에는 최초 매도자였던 을이 주식을 매도하고, 반대거래로 갑의 권리를 이전받은 병이 매수자가 되어 거래가 이루어진다. 이는 제시문에서 설명한 것처럼, 반대거래 이후 만기 시점에서의 최종적인 주식 거래는 원래의 매도자(을)와 새로운 매수자(병) 사이에서 이루어지게 된다는 내용과 일치한다.

실전 적용 TIP

선물 거래에서 반대거래가 일어나면 최초 거래자의 권리와 의무가 새로운 거래자에게 이전된다는 점을 이해하는 것이 중요하다. 특히 만기 시점에서 누가 실제 주식을 거래하는지 파악하기 위해서는 반대거래로 인한 권리 이전 관계를 정확히 추적해야 한다.

10 난이도 ★★★ 정답 ②

구조 파악

제시문에서 설명한 선물 거래의 손익 계산 방법을 이해하고, 반대거래 시점과 만기 시점의 손익을 정확히 계산할 수 있는지 평가하는 문제이다.

해설

문제를 해결하기 위해 주어진 정보를 정리해 보면, 선물 계약 체결일인 5월 10일의 기준 가격(선물 가격)은 13만 원이며, 갑은 이 시점에서 매수 포지션을 취하였다. 이후 5월 30일에 반대 거래를 하여 계약을 청산하였고, 이 시점의 시장 가격은 10만 원이었다. 또한 만기일인 6월 8일의 시장 가격은 7만 원이었다.

갑은 매수자였기 때문에 선물 가격이 하락하면 손해를 보게 된다. 먼저 5월 30일 반대 거래를 했을 경우의 손익(ⓐ)은 청산 시점의 가격(10만 원)에서 계약 체결 가격(13만 원)을 뺀 차액에 거래 단위(거래승수)를 곱하여 구한다. 즉, (10만 원−13만 원)×50주=−150만 원으로, 150만 원의 손실이 발생한다.

한편, 갑이 만기일까지 포지션을 유지했을 경우의 손익(ⓑ)은 만기일 가격(7만 원)과 계약 체결 가격(15만 원)의 차이에 거래 단위 50주를 곱하여 계산한다. (7만 원−15만 원)×50

주=−400만 원으로, 이 경우에는 더 큰 손실이 발생한다. 따라서 갑은 5월 30일에 반대 거래를 통해 계약을 종료함으로써 만기까지 보유하는 것보다 손실을 줄일 수 있었다. 이처럼 선물 매수자는 가격 하락 시 손해를 보기 때문에 시장 상황에 따라 조기 청산 여부를 결정하게 된다.

실전 적용 TIP

선물 거래의 손익을 계산할 때는 최초 계약 시점의 매수·매도 포지션을 정확히 파악하고, 거래승수를 반드시 고려해야 한다. 또한 반대거래 시점과 만기 시점의 가격 차이를 정확히 계산해야 하며, 특히 주가 변동에 따른 손익이 거래승수만큼 증폭된다는 점을 이해해야 한다.

11 난이도 ★★★ 정답 ①

구조 파악

2021년 '갑'국의 건물 기준시가 산정방법을 통해 A~E의 기준시가를 산정하는 문제이다. 구조별, 용도별 적용 지수가 모두 다르므로 주의하며 문제를 풀어 보자.

해설

A~E의 기준시가는 다음과 같다. 계산 편의상 '×100,000'은 생략하였다.

- A: 1×1.1×{1−0.04(2021−2016)}×125=110
- B: 0.67×1.2×{1−0.05(2021−1991)}×500=40.2
- C: 1×1.25×{1−0.05(2021−2017)}×375=375
- D: 1.3×1.5×{1−0.05(2021−2001)}×250=48.75
- E: 1.3×1.5×{1−0.05(2021−2002)}×200=39

따라서 C → A → D → B → E 순으로 기준시가가 높으며, 두 번째로 기준시가가 높은 건물은 A이다.

12 난이도 ★ 정답 ⑤

구조 파악

제시된 <표>와 <정보> 이외에 필요한 자료'만'을 찾는 문제이다. <표>와 <정보>로 도출할 수 있는 자료는 고르면 안 된다는 점을 주의하여야 한다.

해설

ㄱ. (○) 〈보고서〉의 "'갑'국의 주택 수는 ~"부터 두 번째 줄 "~1.8% 증가하였다."에 해당하는 자료이다.

ㄴ. (○) 〈보고서〉의 "가구 주택소유율은 ~ 56.0%로 감소하였다."에 필요한 자료이다.

ㄷ. (○) 〈보고서〉의 "2023년 지역별 가구 주택소유율을 ~ 나타났다."에 해당하는 자료이다.

ㄹ. (X) 〈보고서〉에서 가구주 연령대별 가구 주택소유율에 관한 내용은 없다.

실전 적용 TIP

이러한 문제 유형에서는 모든 보기를 다 확인하는 것보다 선지를 보고 최소한의 보기를 골라 푸는 것이 효율적이다. ㄱ은 선지 3개에, ㄴ은 선지 4개에 분포되어 있다는 점에 주목하여, ㄱ부터 먼저 확인한 후, 선지 ③, ④를 지운다. 다음으로는 선지 ㄷ과 ㄹ 중 본인이 확인하기 편한 보기를 골라 확인하는 것이 좋다.

또한 <보고서>에 '갑'국 가구 수가 명시되어 있지 않아 ㄴ을 필요 없는 자료라고 판단하기 쉽다. 그러나 ㄴ은 5번째 줄의 '가구 주택소유율' 관련 수치를 도출하기 위해 <표>와 함께 필요한 자료임을 인지하여야 한다.

13 난이도 ★★★ 정답 ①

구조 파악

갑~무 5개국(사랑, 행복, 희망, 평화, 지혜)의 GDP 대비 소득세 부담 비중과 총조세 대비 소득세 부담 비중에 대한 <표>와 <조건>을 근거로 질문에 따라 국가를 나열하는 문제이다. 총조세 대비 소득세 부담비중의 2021년과 2012년의 차이(D−C)가 큰 국가대로 나열할 경우 선지는 갑 → 무 → 병 → 을 → 정 순서대로 나열해야 한다는 점에 유의하여 문제를 풀어 보자.

해설

단순 계산으로 〈표〉의 빈칸을 채울 수 있으므로, 〈표〉를 완성하면 다음과 같다.

구분	GDP 대비 소득세 부담 비중			총조세 대비 소득세 부담 비중		
	2012년 (A)	2021년 (B)	차이 (B−A)	2012년 (C)	2021년 (D)	차이 (D−C)
갑	4.95	7.50	2.55	19.50	24.75	5.25
을	8.80	9.90	1.1	27.40	29.70	2.3
병	8.00	9.50	1.5	18.10	21.00	2.9
정	9.40	10.50	1.1	25.60	26.60	1.0
무	9.20	11.20	2.0	38.50	42.10	3.6
OECD 평균	7.50	8.30	0.8	22.40	23.80	1.4

문제에서 (D−C)가 큰 국가부터 나열하라고 하였으므로, 선지는 갑 → 무 → 병 → 을 → 정 순서대로 나열되었음을 확인할 수 있다.

1번째 조건에서 2012년과 2021년 GDP 대비 소득세 부담 비중의 차이(B－A)가 가장 큰 두 국가는 사랑과 희망이라고 하였다. 이를 〈표〉에서 찾으면 갑과 무임을 알 수 있다. 2번째 조건에 의해 2012년과 2021년 총조세 대비 소득세 부담 비중의 차이(D－C)가 OECD 평균 1.4의 두 배인 2.8 미만인 국가는 평화와 행복이라고 하였다. 이를 〈표〉에서 찾으면 을과 정임을 알 수 있다. 세 번째 조건인 사랑의 총조세 대비 GDP 비중을 구하기 위해서는 총조세 대비 소득세 부담 비중을 GDP 대비 소득세 부담 비중으로 나눠야 한다. 이를 식으로 적을 경우 다음과 같다.

총조세 대비 GDP＝GDP/총조세
＝(소득세/총조세)÷(소득세/GDP)
＝(소득세/총조세)×(GDP/소득세)
＝GDP/총조세

이때 사랑은 갑 또는 무이며, 평화는 을 또는 정이므로 갑, 을, 정, 무의 총조세 대비 GDP를 구하면 다음과 같다.

- 갑의 총조세 대비 GDP＝24.75/7.5＝3.3
- 을의 총조세 대비 GDP＝29.7/9.9＝3
- 정의 총조세 대비 GDP＝26.6/10.5＝2.53
- 무의 총조세 대비 GDP＝42.10/11.20＝3.76

이때 갑의 총조세 대비 GDP 비중이 3.3으로 을의 총조세 대비 GDP 비중인 3의 1.1배이므로 갑이 사랑, 을이 평화임을 알 수 있다. 이어서 자동으로 무가 희망, 정이 행복, 병이 지혜가 되어 사랑 → 희망 → 지혜 → 평화 → 행복이 되어야 한다.

실전 적용 TIP

1번째 조건에 의해 갑과 무가 사랑과 희망임을 알 수 있다. 이때 선지에서 갑과 무는 첫 번째와 두 번째에 있어야 하므로, 무조건 사랑 → 희망 or 희망 → 사랑이 되어야 한다. 이에 해당되는 선지는 ①과 ②뿐이므로 자동으로 3번째 국가인 병은 지혜가 됨을 알 수 있다. 또한 을, 정 역시 평화와 행복이 되므로 두 번째 조건은 따로 확인하지 않고 바로 세 번째 조건으로 평화의 위치만 확인하여 선지를 선택하고 문제를 넘어갈 수 있다.

14 난이도 ★★★ 정답 ⑤

구조 파악

<표 1>은 지역별 소비상품권 발행액, 국가부담분, 지역부담분, 사용액 및 구매자 수에 대한 자료이며, <표 2>는 지역별 전체 소비상품권 사용액 대비 해당 산업 소비상품권 사용액 비중에 대한 자료이다. <표 1>과 <표 2>를 토대로 선지의 일치부합을 판단해야 하므로 각주를 통해 수치들의 관계성에 대해 인지하며 문제를 풀어보도록 하자.

해설

① (X) 지역별 구매자 1인당 발행액과 미사용액을 정리하면 다음과 같다. 1인당 발행액은 〈표 1〉의 지역별 발행액을 구매자 수로 나누어 구할 수 있다. 미사용액은 각주를 활용하여 발행액에서 사용액을 제하여 구할 수 있다.

구분	가	나	다	라
1인당	0.63	0.47	0.58	0.69
미사용액	10,205	5,822	12,192	6,768
구분	마	바	사	아
1인당	0.61	0.51	0.57	0.52
미사용액	7,377	9,233	4,908	20,111

구매자 1인당 발행액이 가장 낮은 지역은 '나'지역이나, 미사용액이 가장 적은 지역은 '사'지역으로 일치하지 않는다.

② (X) 발행액은 국가부담분과 지역부담분, 사용자 부담분의 총합으로 이루어져 있다. 발행액에서 사용자 부담분이 차지하는 비중이 모든 지역에서 각 70% 이상이라는 것은 곧 발행액에서 국가부담분과 지역부담분이 차지하는 비중이 모든 지역에서 30% 이하라는 뜻과 동일하다. 〈표 1〉의 수치를 활용하여 지역별 국가부담분과 지역부담분의 합과 발행액의 30%에 해당하는 금액을 정리하면 다음과 같다.

구분	가	나	다	라
국가＋지역	11,717	6,087	12,573	3,675
30%	11,338.2	7,938.9	11,429.7	5,801.1
구분	마	바	사	아
국가＋지역	14,365	12,557	10,430	14,499
30%	11,646.9	11,079	9,201.9	14,030.7

'가', '다', '마', '바', '사', '아' 지역에서 국가＋지역부담분이 30%를 초과하고 있으므로 옳지 않다.

③ (X) '라' 지역의 여가취미산업 소비상품권의 사용액은 12,549×0.137＝1,722(천 달러)로 '마' 지역의 의료산업 소비상품권 사용액 31,446×0.063＝1,981(천 달러)보다 적다.

④ (X) 전체 소비상품권 사용액에서 외식, 헬스뷰티, 의료 소비상품권 사용액이 차지하는 비중의 합은 다음과 같다.

가	나	다	라	마	바	사	아
50.9	53.9	49.7	49.9	44.6	45.7	47	52.4

'다', '라', '마', '바', '사' 지역에서 50%를 넘지 않으므로 옳지 않다.

⑤ (O) 소비상품권 발행액 대비 미사용액의 비율을 정리하면 다음과 같다.

가	나	다	라	마	바	사	아
27%	22%	32%	35%	19%	25%	16%	43%

이 중 20% 미만인 '마'와 '사' 지역이 발행액에서 지역 부담분이 차지하는 비중은 '마'가 (9,318/38,823)×100=24%, '사'가 (7,055/30,673)×100=23%로 20% 이상이다.

15 난이도 ★★★ 정답 ④

구조 파악

<표 1>의 지주회사 수 변동 추이와 <표 2>의 2020년도 자산총액별 지주회사 수, <그림>의 2020년도 부채비율별 지주회사 수 관련 자료를 통해 <보고서>의 일치부합을 판단하는 문제이다. <보고서>의 내용별로 확인해야 할 자료를 적절히 조합하는 것에 중점을 두며 문제를 풀어 보자.

해설

ㄱ. (○) 대기업 집단 소속 지주회사의 수는 〈표 1〉을 통해 확인할 수 있다. 2017~2020년 동안 대기업 집단 소속 지주회사의 수는 34+3=37개 → 37+2=39개 → 41+2=43개 → 44+2=46개로 매년 증가하였다.

ㄴ. (○) 2020년 자산총액 1조 원 이상 지주회사의 수는 2020년 전체 지주회사의 수에서 자산총액 1조 원 미만인 지주회사의 수를 제하여 구할 수 있다. 2020년 전체 지주회사의 수는 〈표 1〉을 통해 154+44+10+2=210개임을 알 수 있다. 여기에 자산총액 1조 원 미만인 지주회사의 수는 〈표 2〉를 통해 76+2+36+9=123개임을 알 수 있다. 210−123=87개가 2020년 자산총액 1조 원 이상인 지주회사의 수이다. (87/210)×100=41.4%로 2020년 자산총액 1조 원 이상 지주회사가 전체 지주회사 수의 30% 이상을 차지하고 있다는 것을 알 수 있다.

ㄷ. (○) 2020년 자산총액이 1조 원 미만인 지주회사는 〈표 2〉를 통해 76+2+36+9=123개임을 알 수 있다. 이 중에서 대기업 집단 소속 지주회사는 2+9로 11개, (11/123)×100=8.94%로 10% 미만이다.

ㄹ. (×) 2020년 부채비율이 100% 미만인 지주회사의 수는 2020년 전체 지주회사의 수에서 부채비율이 100% 이상인 지주회사의 수를 제하여 구할 수 있다. 이를 구하면 210−(1+3+7)=199개임을 알 수 있다. 2020년 부채비율이 전체 지주회사의 수에서 차지하는 비중은 (199/210)×100=94.7%로 95% 미만을 차지하고 있다.

실전 적용 TIP

특정 구간의 수치를 구할 때는 해당 구간에 속하는 모든 수치들의 합을 구하는 것도 좋지만, 특정 구간이 아닌 수치들의 합을 구하여 전체에서 빼는 것도 좋은 방안이 될 수 있다. 특히 본 문제에서는 여집합의 방법으로 수치들을 구하는 것이 보다 더 효율적이다.

16 난이도 ★★★ 정답 ⑤

구조 파악

<표>과 <정보>를 이용하여 선지의 일치부합을 판단하는 문제이다. 물품의 종류에 따라 가격별 세율 구간이 달라진다는 점에 주의하며 문제를 풀어 보자.

해설

ㄱ. (×) 와인(1,000ml)에 대한 과세가격은 80×1,000+50×1,000=130,000원이다. 교육세는 130,000×0.1=13,000원, 주세는 130,000×0.3=39,000원이므로 옳지 않다.

ㄴ. (×) 가방(5kg)에 대한 과세가격은 180×1,000+10,000×5=230,000원이고, 수입가격은 200,000×1.08×1.1+30,000×1.08×1.2×1.3=288,144원이므로 옳지 않다.

ㄷ. (○) 고시환율 하락 전 위스키(1,000ml)에 대한 과세가격은 (50×1,000+30×1,000)=80,000원으로 관세는 80,000×0.1=8,000원이다. 이후 고시환율이 800원/달러로 하락한다면 과세가격은(50×800+30×1,000)=70,000원으로 관세는 70,000×0.1=7,000원이 되므로 하락 전에 비해 관세는 1,000원 감소한다.

ㄹ. (○) 위스키(1,000ml)에 대한 과세가격은 300×1,000+30×1,000=330,000원, 수입가격은 (200,000×1.1×1.1×1.3×1.2)+(130,000×1.2×1.1×1.5×1.3)=712,140원이다.
와인(1,000ml)에 대한 과세가격은 300×1,000+50×1,000=350,000원, 와인 수입가격은 350,000×1.15×1.1×1.1×1.3=633,132.5원이므로 위스키 수입가격보다 와인 수입가격이 더 낮다.

실전 적용 TIP

관세, 부가가치세, 교육세, 주세를 각각 구해 합하는 것이 아니라 세율 자체를 서로 곱한다는 점에 주의하여야 한다. 또한 가방과 위스키의 경우 과세가격이 20만 원 초과일 경우 과세가격을 나누어 수입가격을 구해야 한다는 점 역시 유의해야 할 부분이다.

17 난이도 ★★★ 정답 ①

구조 파악

2020년 기준 글로벌 전기차 시장 점유율 상위 10개 업체의 전기차 판매량 및 시장 점유율에 관련된 <표>를 통해 <보고서>의 일치부합을 판단하는 문제이다.

해설

ㄱ. (○) H사의 2016년 판매량은 6,460대, 2020년 판매량은 146,153대로 약 22.6배이다.

ㄴ. (×) 해당 〈표〉는 2020년 기준 시장점유율 상위 10개 업체의 순위이므로, 해당 자료로 2015년과 2016년의 순위를 예측할 수는 없다.

ㄷ. (×) T사의 2016년 이후 전기차 판매량 증가폭과 시장 점유율 증가폭을 정리하면 다음과 같다.

구분	2016년	2017년	2018년	2019년	2020년
판매량	+19,639	+17,682	+145,905	+77,287	+154,032
점유율	−1.5%P	−3.6%P	+6.6%P	+2.4%P	+2.3%P

따라서 판매량이 전년 대비 가장 많이 증가한 해는 2020년이며, 시장 점유율이 가장 많이 증가한 해는 2018년으로 일치하지 않는다.

ㄹ. (×) 2020년 전기차 판매량 상위 10개 업체의 판매량 증가율은 다음과 같다.

구분	T사	G사	V사	R사	H사
증가율	50.6%	148.6%	206.7%	28.2%	48%
구분	B사	S사	P사	A사	W사
증가율	−11%	31.2%	883.9%	49.3%	44.8%

따라서 판매량 증가율이 가장 높은 업체는 P사이다.

18 난이도 ★★★ 정답 ⑤

구조 파악

<표 1>의 무역지수를 이용하여 <표 2>의 교역조건지수를 채워넣으며 <보기>의 일치부합을 판단하는 문제이다. 이때 각주의 소득교역조건지수를 간단하게 약분할 경우 (수출물가지수×수출물량지수)/수입물가지수={(수출금액지수/수출물량지수)×100×수출물량지수}/수입물가지수=(수출금액지수×100)/수입물가지수로 표현할 수 있다.

해설

〈표 1〉의 수치를 이용해 〈표 2〉를 계산하면 다음과 같다.

구분	순상품교역조건지수	소득교역조건지수
6월	91.94	(104.5)
7월	(89.9)	95.59
8월	(90.7)	98.75
9월	91.79	(101.6)

ㄱ. (×) 수출금액지수와 수출물량지수는 매월 상승하지 않는다.

ㄴ. (○) 수출물가지수는 6월 96.8, 7월 97.4, 8월 95.8, 9월 95.7로 매월 90 이상이다.

ㄷ. (○) 순상품교역조건지수는 매월 100 이하이다.

ㄹ. (○) 소득교역조건지수는 9월이 101.6으로 6월 104.5보다 낮다.

19 난이도 ★★ 정답 ④

구조 파악

<표>의 연도별, 기업별 기초·기말재고자산, 매출원가 및 매출액 수치를 통해 각주의 평균재고자산, 재고자산회전율, 매출원가, 매출 총이익을 계산하여 <보기>의 일치부합을 판단하는 문제이다. <보기>에서 비교대상이 기업인지 연도인지 헷갈리지 않도록 주의하자.

해설

ㄱ. (×) 2019년과 2022년의 기업별 평균재고자산을 구하면 다음과 같다.

구분	2019년	2022년
A	(4,200+5,300)/2 =4,750	(6,100+4,800)/2 =5,450
B	(5,800+4,100)/2 =4,950	(4,200+5,300)/2 =4,750
C	(6,400+9,600)/2 =8,000	(5,700+6,000)/2 =5,850

따라서 2019년 대비 2022년 평균재고자산이 증가한 기업은 A기업으로 1개이다.

ㄴ. (○) 2019년 기업별 재고자산회전율을 구하면 다음과 같다.

- A기업: 3,600/4,750=0.758
- B기업: 3,000/4,950=0.606
- C기업: 6,400/8,000=0.8

따라서 2019년 재고자산회전율이 가장 높은 기업은 C기업이다.

ㄷ. (×) 매입자산은 각주의 매출원가 공식을 이용하여 구할 수 있다. '매출원가=기초재고자산+매입자산−기말재고자산'을 이항하여 '매입자산=매출원가−기초재고자산+기말재고자산'으로 변형하여 매입자산 값을 구할

수 있다. 2022년 A기업과 B기업의 매입자산, 매출총이익은 다음과 같다.

구분	매입자산	매출총이익
A	7,600−6,100+4,800 =6,300	8,500−7,600 =900
B	5,300−4,200+5,300 =6,400	6,000−5,300 =700

따라서 2022년 매입자산은 B기업이, 매출총이익은 A기업이 더 많다.

ㄹ. (○) 2022년 기업별 재고자산회전율과 매출총이익을 구하면 다음과 같다.

구분	재고자산회전율	매출총이익
A	7,600/5,450=1,394	8,500−7,600=900
B	5,300/4,750=1,116	6,000−5,300=700
C	5,500/5,850=0.940	6,100−5,500=600

따라서 2022년 재고자산회전율은 A>B>C 순으로 높으며, 매출총이익도 A>B>C 순으로 많다.

20 난이도 ★★★ 정답 ⑤

구조 파악

<표>의 수치를 토대로 선지의 일치부합을 판단하는 문제이다. 각 국가별 생산자 물가지수의 기본값인 100이 각 나라의 2010년 물가수준에 기초하여 있기에 나르나는 섬에 수의하여 문제를 풀어 보자.

해설

① (○) 2021년 스페인 생산자물가지수의 전년 대비 증가율은 {(122.3−106.5)/106.5}×100=14.8%이며, 2021년 세르비아 생산자물가지수의 전년 대비 증가율은 {(142.1−130.8)/130.8}×100=8.6%이다. 8.6의 1.5배는 12.9배이므로 옳다.

② (○) 제시된 국가 중 2017년 생산자물가지수가 가장 작은 국가는 96.3으로 몰타이며, 2021년 몰타의 생산자물가지수는 106.3으로 2017년 대비 {(106.3−96.3)/96.3}×100=10.4%로 옳다.

③ (○) 2019년 제시된 모든 국가의 생산자물가지수는 2010년보다 크다.

④ (○) 제시된 국가 중 2018년 대비 2020년 생산자물가지수가 증가한 국가는 독일, 헝가리, 몰타, 폴란드, 우크라이나, 영국으로 총 6개국이다.

⑤ (×) 제시된 국가 중 2017년 대비 2018년 생산자물가지수의 증가폭이 2번째로 큰 국가는 러시아로, 2017년 대비 2018년 생산자물가지수의 증가율은 세 번째로 크다.

구분	알바니아	독일	헝가리	아일랜드	몰타
증가폭	1.7	2.0	6.1	−1.8	4.2
증가율	1.7%	1.9%	5.6%	−1.7%	4.4%
구분	네덜란드	노르웨이	폴란드	러시아	스페인
증가폭	3.1	16.3	2.3	21.6	2.6
증가율	2.9%	14.9%	2.1%	12.3%	2.4%
구분	스웨덴	우크라이나	영국	세르비아	
증가폭	6.8	52.7	3.3	1.4	
증가율	6.7%	17.6%	3.1%	1.1%	

21 난이도 ★★★ 정답 ③

구조 파악

대화를 통해 <보기>의 일치부합을 판단하는 문제이다. 이들은 각각 모두 참만을 말하거나 거짓만을 말하였으며 범인은 1명이다. 범인이 참을 말하였는지, 거짓을 말하였는지는 알 수 없으며, 참과 거짓을 말한 인원 역시 명시되어 있지 않다는 점에 주의하며 문제를 풀어 보자.

해설

답변 내용을 정리하면 다음과 같다.

- 바다: 적어도 1개의 아이디어에는 모든 참석자들이 관심을 가졌다.&~다은
- 다은: 모든 참석자들은 1개 이상의 아이디어에 관심을 가졌다.&은경 or 경아
- 은경: 몇몇 참석자들은 1개 이상의 아이디어에 관심을 가졌다.&~경아
- 경아: 모든 참석자들은 아무 아이디어에도 관심이 없었다.&바다

위의 답변을 통해 경아가 진실을 말한다면 남은 3명 모두 거짓을 말한 것이 되거나 혹은 경아, 혹은 경아와 다른 누군가가 거짓을 말한 것이 된다. 경아가 진실을 말한 경우를 가정한다면 바다가 범인이 된다. 바다, 다은, 은경은 모두 거짓을 말했어야 하나 참석자 관련 발언은 모두 거짓이나 범인 관련 답변에서 바다와 은경은 진실을 말했다. 따라서 경아가 진실을 말한 경우는 모순이므로 옳지 않다. 그렇기에 경아는 거짓을 말했음이 확실하다.

ㄱ. (○) 바다와 은경의 말이 모두 참일 경우, 참석자 모두가 특정 아이디어에 관심을 보였고, ~다은&~경아라는 결론을 도출할 수 있다. 이때 다은의 답변이 거짓이라면 바다와 은경의 답변과 모순되므로 다은 역시 참을 말했음을 알 수 있으며, 다은이 범인은 은경 또는 경아라고 하

였으나 바다와 은경은 ~다은&~경아라고 하였으므로 범인은 은경임을 알 수 있다.

ㄴ. (X) 다은과 은경의 모두 참인 경우 학술대회에 참석한 사람들은 모두 1개 이상의 아이디어에 관심을 가졌으며 범인은 은경이라는 결론을 도출할 수 있다. 이때 바다의 답변이 거짓이라면 다은과 은경의 결론과 모순이므로 바다 역시 참을 말했음을 알 수 있으며, 이 경우 결론은 학술대회에 발표된 상용화 아이디어 중 1개 이상은 모든 참석자들의 관심을 받았으며 범인은 은경임을 알 수 있다. 따라서 다은과 은경의 말이 모두 참인 상황이 가능하다.

ㄷ. (O) ㄱ와 ㄴ의 경우가 모두 바다, 다은, 은경이 참인 경우이며 경아는 거짓을 말한 것이 확정적이므로 은경이 범인이 되어 옳다.

실전 적용 TIP

바다, 다은, 은경의 참석자 관련 답변이 집합으로 표현할 경우 바다⊂다은⊂은경 이라는 점을 파악한다면 결국 바다의 말이 참일 경우 다은, 은경 역시 차례대로 참이 될 수밖에 없음을 알 수 있다.

22 난이도 ★★ 정답 ⑤

구조 파악

제시문의 주요 내용인 역모기지론 정책이 효과적으로 시행될 수 있는 조건을 판단하는 문제이다. 역모기지을 이용할 수 있는 조건과 역모기지론의 장점을 추론하여 <보기>를 판단해 보자.

해설

역모기지론이란 주택을 담보로 대출을 받되, 이를 일정 주기마다 연금의 형태로 지급받는 것을 말한다. 역모기지를 이용하기 위한 조건은 다음과 같다.

① 만 65세 이상
② 1주택자
③ 해당 주택의 공시가격 8억 원 이하

즉, 역모기지론이 효과적으로 시행되기 위해서는 만 65세 이상의 노인들의 주택 소유율이 높아야 하며, 또한 이들이 소유 중인 주택의 공시가격이 8억 원 이하여야 한다. 또한 역모기지를 이용할 경우 주택을 담보로 일정 금액을 지급받는다는 점에서 사망 시(만기 시)까지 주택을 매각하여 별도로 노후 자금을 마련할 필요 없이 평생 거주가 보장된다는 장점이 있다.

ㄱ. (O) 청·장년층(만 30세 미만, 30대, 40대)에 비해 만 65세 이상 가구주의 주택 소유 비율이 높기에, 역모기지론이 보다 효과적으로 시행될 수 있는 조건에 해당된다.

ㄴ. (O) 역모기지론은 주기(제시문에서는 매월)마다 연금의 형태로 일정 금액을 지급받는다. 즉, 노후자금이 부족하거나, 만 65세 이상의 노인들에게 특정 소득이 없다면, 이들에게 역모기지론으로 지급받는 금액은 삶을 영위함에 있어 매우 효과적일 수 있다.

ㄷ. (O) 역모기지를 이용하기 위한 조건 중 하나로, 만 65세 이상 노인들이 보유하고 있는 주택 대부분이 공시가격 8억 원 이하일 경우 역모기지론이 더욱 효과적으로 시행될 수 있다.

ㄹ. (O) 역모기지론의 장점으로, 거주의 안정성을 보장받을 수 있다. 주택을 담보로 매월 일정 금액을 지급받기에 해당 주택에서 평생 거주하며 노년을 보낼 수 있다.

실전 적용 TIP

역모기지론의 시행조건과 정책목적을 얼마나 이해하고 있는가가 관건인 문제이다. 단순히 제시문만을 읽고 내용의 일치부합을 판단하는 것을 넘어서 역모기지론에 대한 이해가 필요하다. 특히 ㄴ과 ㄹ의 경우, 제시문에서는 해당 선지의 내용을 찾을 수 없으며, 이는 정책이 시행되는 이유까지 생각해야 옳고 그름의 여부를 판단할 수 있다.

흔히 '주택담보대출'이라 불리는 모기지론은 주택을 담보로 목돈을 대출받아 원금과 이자를 상환하는 방식이다. 이에 비해 역모기지론은 주택을 담보로 대출받는다는 점에서는 모기지론과 동일하나, 대출금을 한 번에 목돈 형태로 수령하는 것이 아닌 일정 주기로 수령한다는 점에서 모기지론과 차이점을 가진다. 즉, 수령 주기를 월 단위로 한다면, 제시문에서 언급된 내용처럼 연금형태로 보여질 수 있다. 제시문의 내용과 결합하여 요약한다면 역모기지론은 만 65세 이상 공시지가 8억 원 이하 1주택만을 소유한 노인에게 소유 주택을 담보로, 매월 일정 금액을 지급하고, 만기 시(사망 시) 그동안의 대출금과 이자를 상환하거나 해당 주택의 소유권 내지는 처분권을 대출기관으로 이전하는 상품이 된다. 역모기지론은 살아있는 동안 평생 지급되기에, 별도로 주택을 매각하여 노후자금을 마련할 필요 없이, 만기 시(사망 시)까지 거주가 보장되는 거주의 안정성이 가장 큰 장점이다.

23 난이도 ★★ 정답 ⑤

구조 파악

역모기지론과 관련된 제시문을 읽고, 각 선지의 상황의 일치부합을 판단하는 문제이다. 제시문의 내용을 요약하면 다음과 같다.

• 1문단: 역모기지론 이용조건(3가지 모두 충족) – ① 만 65세 이상, ② 1주택자, ③ 해당 주택의 공시지가 8억 원 이하
→ 주택 가격과 가입 당시의 연령에 따라 지급 금액 변동
• 2문단: 월 지급금액 예시

감정가	가입 당시 연령	월 지급액
8억 원	만 70세	198만 원
	만 65세	186만 원
5억 원	만 65세	93만 원
	만 68세	107만 원
	만 70세	118만 원

- 3문단: 역모기지론 이용자 혜택 조건
  ▷ 등록세 면제: 감정가 5억 원 이하 주택 보유자
  ▷ 국민주택채권매입의무 면제, 재산세 25% 감면, 대출 이자비용 200만 원 한도 내 소득공제: ① 감정가 5억 원 이하 주택, ② 국민주택규모(전용면적 85m^2 이하), ③ 연간 소득 1,000만 원 이하 → 3가지 모두 충족 시 혜택 부여

해설

① (X) 만 70세에 역모기지론을 신청하는 노인이 월 198만 원을 지급받기 위해서는 보유 중인 주택이 2문단에서 명시된 감정가(공시가격) 8억 원이어야 하기에 3문단에 명시된 등록세 면제 조건인 감정가 5억 원 이하 주택 보유자에 해당하지 않아 등록세를 납부해야 한다.

② (X) 월 수령액이 만 65세 93만 원, 만 68세 107만 원으로 차이가 나는 이유는, 역모기지론 신청자들이 보유한 주택가격을 주변 주택시가의 평균으로 산정하기 때문이 아니라, 감정가가 5억 원으로 동일한 주택을 보유 중이나 가입연령에 따른 월 산정액이 달라지기 때문이다.

③ (X) 감정가 8억 원인 주택을 소유하고 있는 노인이 역모기지론을 신청할 경우, 3문단에 명시된 재산세 25% 감면 조건 ① 감정가 5억 원 이하 주택, ② 국민주택규모(전용면적 85m^2 이하), ③ 연간 소득 1,000만 원 이하 중 ①을 만족하지 않기에 재산세 25% 감면을 받을 수 없다.

④ (X) 국민주택채권매입의무 면제, 재산세 25% 감면, 대출이자비용 200만 원 한도 내 소득공제의 조건은 ① 감정가 5억 원 이하 주택, ② 국민주택규모(전용면적 85m^2 이하), ③ 연간 소득 1,000만 원 이하를 모두 충족하여야 하는데, 감정가는 2억 5천만 원으로 충족되나 전용면적이 110m^2로 ② 국민주택규모인 전용면적 85m^2를 초과하기에 3가지 혜택을 모두 받을 수 없다.

⑤ (O) 2문단에 따르면 감정가 8억 원인 주택을 보유했으며, 만 65세에 역모기지론을 신청한 사람은 월 186만 원을 지급받으나, 감정가 5억 원인 주택을 보유 중이며 만 65세에 역모기지론을 신청한 사람은 지급금액이 93만 원이 된다. 즉, 주택가격이 낮아질수록 월 수령액은 줄어들기에, 재평가된 주택가격이 신청 당시의 감정가보다 하락할 경우 월 수령액은 최초 수령액보다 작아진다.

24 난이도 ★★★ 정답 ⑤

구조 파악

제시문의 정보와 대화를 토대로 선지의 일치부합을 판단하는 문제이다. 이때 3명은 진실만을, 2명은 거짓만을 말하고 있다는 점을 이용하여 특정 인물 간의 진술이 일치하지 않는 점을 이용하여 진실과 거짓을 말하는 인물을 찾는 것이 중요하다.

해설

주어진 정보를 정리하면 다음과 같다.

- 인물: 로피, 애디, 쿠롱, 페티, 푸비
- 지붕 색: 빨강, 주황, 노랑, 초록, 파랑
- 진실 3인, 거짓 2인

이들의 답변 중 로피가 말한 애디네 집 지붕 색과 페티가 말한 푸비네 지붕 색이 일치하므로 둘 중 한 명 이상은 거짓을 말하고 있다. 또한 애디가 말한 로피네 지붕 색과 쿠롱이 말한 본인 집 지붕 색이 동일하므로 이 역시 둘 중 한 명 이상이 거짓말을 하고 있음을 알 수 있다. 이를 고려하여 진실 3인과 거짓 2인의 경우를 고려할 경우 다음과 같다.

- 로피 거짓, 페티 진실, 애디 진실, 쿠롱 거짓(거짓 2인이 충족되었으므로 남은 푸비는 진실)
  애디와 패티, 푸비의 답변으로 인해 다음과 같다는 것을 알 수 있다.

1	2	3	4	5
로피/애디	쿠롱/패티	푸비	쿠롱/패티	로피/에디
빨강/?	?/초록	주황	?/초록	빨강/?

이제 로피와 쿠롱의 거짓을 이용할 경우, 쿠롱은 왼쪽에서 두 번째 집에 살지 않으므로 4번에 살고 있음을 확인할 수 있다. 또한 애디는 쿠롱의 바로 오른쪽에 살지 않으므로 애디는 1번에 산다는 것을 알 수 있다. 이를 정리하면 다음과 같다.

1	2	3	4	5
애디	패티	푸비	쿠롱	로피
?	초록	주황	?	빨강

- 로피 진실, 페티 거짓, 애디 진실, 쿠롱 거짓(거짓 2인이 충족되었으므로 남은 푸비는 진실)
  로피, 애디, 푸비의 답변으로 인해 다음과 같다는 것을 알 수 있다.

1	2	3	4	5
로피/쿠롱	애디	푸비	쿠롱	로피/애디
빨강/?	주황		?	빨강/주황

이제 페티와 쿠롱의 거짓을 이용한다면 애디네 집은 가장

자리가 아니므로 2번에 산다는 것을 알 수 있다. 또한 쿠롱은 왼쪽에서 두 번째 집에 살지 않으나 로피의 진실로 인해 쿠롱은 애디의 바로 왼쪽 집에 살아야 하므로 1번에 산다는 것을 알 수 있다. 이를 정리하면 다음과 같다.

1	2	3	4	5
쿠롱	애디	푸비	페티	로피
?	주황		초록	빨강

• 로피 진실, 페티 거짓, 애디 거짓, 쿠롱 진실(거짓 2인이 충족되었으므로 남은 푸비는 진실)

로피, 쿠롱, 푸비가 진실을 말했으나 이들 답변에 모순이 생긴다. 로피는 애디네 집이 쿠롱이네 바로 오른쪽에 살고 있다고 하였고, 쿠롱은 왼쪽에서 두 번째 집, 푸비는 한 가운데에 산다고 하였다. 이를 정리하면 다음과 같다.

1	2	3	4	5
	쿠롱	애디/푸비		

따라서 애디와 푸비네 집이 겹치게 되므로 해당 경우는 옳지 않다.

① (○) 첫 번째 경우와 두 번째 경우 모두에서 쿠롱이네 집 지붕 색은 알 수 없다.

② (○) 애디네 집 지붕이 주황색인 경우는 두 번째 경우로, 이때 페티네 집 지붕 색은 초록색이므로 옳다.

③ (○) 첫 번째 경우와 두 번째 경우 모두 푸비네 집은 한 가운데 있다.

④ (○) 첫 번째 경우에서 쿠롱이네 집은 가장자리에 있지 않다.

⑤ (X) 쿠롱이와 애디가 서로의 옆집에 사는 경우는 두 번째 경우로 이때 푸비네 집 지붕 색은 알 수 없다.

실전 적용 TIP

한 번에 진실과 거짓을 모두 고려하기보다는 진실의 답변만을 고려하여 표를 채운 다음 거짓 답변을 이용하여 확정해 나가는 것이 좋다. 또한 본 문제의 경우 고려해야 하는 대상이 많아 짧은 시간으로 문제를 풀기에는 어려움이 있으므로 차후에 도전해 보는 것이 좋을 것이다.

25 난이도 ★ 정답 ④

구조 파악

공고를 읽고 <상황>의 사람들 중 휴가지원사업에 참여할 수 있는 사람을 고르는 문제이다. 공고 자체는 단순하나, 참여 대상을 언급하며 제외 대상을 함께 명시하고 있다. 이때 제외되는 대상에서 또 제외되어 결론적으론 참여 가능한 대상이 있으므로, 헷갈리지 않도록 주의하자.

해설

甲. (○) 의료법인 소속 근로자로 제외 대상 근로자에 포함되지 않으므로 휴가지원사업에 참여 가능하다.

乙. (X) 중소기업 근로자이나 제외대상인 회계법인 소속 노무사이기에 휴가지원사업에 참여할 수 없다.

丙. (○) 대표는 참여대상에서 제외되나, 사회복지법인의 대표는 예외적으로 휴가지원사업에 참여 가능하다.

丁. (X) 참여대상은 중소기업·비영리민간단체·사회복지법인·의료법인 근로자이다. 丁은 대기업 근로자로 참여대상에 포함되지 않아 휴가지원사업에 참여할 수 없다.

戊. (○) 임원은 참여대상에서 제외되나, 비영리민간단체의 임원은 예외적으로 휴가지원사업에 참여 가능하다.

실전 적용 TIP

戊가 '의사'이기에 참여대상에서 제외로 명시한 '병·의원 소속 의사'로 판단하여 참여할 수 없다고 판단해서는 안 된다. 참여대상에서 제외되는 의사는 '병·의원 소속'이어야 한다. 戊는 '비영리민간단체 소속 의사'이기에 단순히 의사라고 하여 참여 유무를 판단할 수는 없다.

26 난이도 ★★★ 정답 ①

구조 파악

<규정>을 읽고 <보기>의 상황을 파악하여 예상 비용을 계산하는 문제이다. 여러 기준 중 '하나'만 충족하면 되는지, '모든' 기준을 충족해야 하는지에 유의해야 하며, <규정> 중 '나'의 항목에만 매몰되어 그 외의 경우를 놓치는 일이 없도록 주의하자.

해설

ㄱ. (○) A는 만 26세로 입주대상 조건 중 ①을 충족한다. 본인과 부모의 소득을 합쳐 290만 원으로 소득 기준상 2순위이다. 자산은 2,000만+500만+1,800만=4,300만 원으로 2순위이며, 자동차 가액은 1,800만 원으로 2순위이다. 소득·자산 기준상으로 2순위이기에 4년간 입주예상 비용은 보증금 2,000,000원에 시중 임대료 700,000원의 50% 350,000원×12×4를 더한 18,800,000원이므로 옳다.

ㄴ. (X) B는 만 30세로 입주 대상 조건 중 ①을 충족한다. 차상위계층이기에 소득 기준으로 1순위이며, 자산과 자동차 가액은 별도로 검증하지 않는다. 1순위인 B의 6년간 입주 예상 비용은 보증금 1,000,000원에 시중 임대료 700,000원의 40% 280,000원×12×6를 더한 21,160,000원이므로 옳지 않다.

ㄷ. (○) C는 대학생으로 입주 대상 조건 중 ②의 조건을 충족한다. 본인과 부모소득을 합해 290만 원으로 소득 기준 2순위이며, 자산은 500만+1,000만+2,500만

=4,000만 원으로 순위에 들지 않는다. 자동차 가액의 경우 2,500만 원으로 2순위이다. 소득·자산 기준 중 가장 높은 순위가 2순위이므로, C는 2순위에 해당되어 6년간 입주 예상 비용은 보증금 2,000,000원에 시중 임대료 700,000원의 50% 350,000원×12×6을 더한 27,200,000원이 되므로 옳다.

ㄹ. (X) D는 만 18세 고등학생으로 입주대상 요건 ① 만 19세 이상~39세 이하, ② 대학생(입학 및 복학 예정자 포함), ③ 취업준비생(고등학교, 대학교를 졸업, 중퇴 후 2년 이내인 미취업자) 중 그 어디에도 해당하지 않기에 청년매입임대주택에 입주할 수 없어 예상 비용을 계산할 수 없다.

실전 적용 TIP

입주대상은 3가지 조건 중 하나만 충족해도 되며, 소득·자산 기준은 충족하는 기준 중 가장 높은 순위를 적용하여 계산한다는 점만 유념한다면 그리 어렵지 않게 풀 수 있는 문제이다. 다만, D의 경우에서 나이를 제대로 파악하지 못하고 지나친다면 답을 구할 수 없으므로, 조건을 충족해야 계산이 가능한 본 문제와 유사한 유형에서는 '조건 충족'에 가장 초점을 맞춰서 푸는 것이 중요하다. 계산할 시간이 없다면, 조건 충족자만이라도 판단할 수 있도록 해야 한다.

27 난이도 ★★★ 정답 ③

구조 파악

데이터를 입력한 후 명령문을 통해 입력된 데이터를 출력하는 내용의 제시문을 읽고 <보기>의 일치부합을 판단하는 문제이다. 지문의 내용 자체는 조금 생소할 수 있으나, 선지 자체의 난이도는 높지 않기에 가볍게 지문을 읽으며 문제를 풀어 보자.

해설

ㄱ. (X) '변수 song에 문자형 데이터 애국가, 교가, 군가를 할당함'을 ○○프로그램 명령문으로 나타내면 song = c(애국가, 교가, 군가)가 아닌 song = c("애국가", "교가", "군가")와 같이 나타낼 수 있다. 문자형 데이터는 수치형 데이터와 달리 큰 따옴표로 감싼 형식을 가진다.

ㄴ. (X) 위 글의 〈프로그램〉에서 명령문 df[1,2]는 1이 아니라 Japan이다. df[1,2]는 2번째 변수의 첫 번째 사례를 나타내기에 Japan이 된다.

ㄷ. (O) 타이디데이터 df에서 두 번째 변수에 해당하는 세 번째 사례의 값을 선택해 출력하는 명령문은 df[3, 2]이다. 〈명령문 1〉에서 df[1,]을 입력한 경우 출력된 결과는 각 변수의 하나의 사례가 도출되었고, 〈명령문 2〉에서 df[,1]을 입력한 경우 출력된 결과는 첫 번째 변수의 사례가 도출되었기 때문에 명령문 df[,]에서 앞 숫자는 각 변수의 사례 개수, 뒤 숫자는 사례를 도출할 변수의 개수임을 알 수 있다.

28 난이도 ★★★ 정답 ①

구조 파악

<규정>의 조건과 지원 내용을 파악하여 보기의 상황별 예상 지급액의 옳고 그름을 판단하는 문제이다. 가구의 소득·재산 기준은 3가지 모두 충족하여야 하며, 지원급여 종류마다 최대 지원가능 금액과 횟수가 다르다는 점을 유의하자.

해설

ㄱ. (O) 甲은 배우자와 함께 거주하는 2인 가구로 소득은 217.5(=290×0.75)만 원 이하여야 하며, 농촌에 거주하기에 재산은 금융재산을 포함하여 101백만 원 이하, 금융재산은 500만 원 이하여야 한다. 현재 폭설피해로 인해 소득은 없으며, 재산은 5천만 원, 은행에 예치된 금융재산은 450만 원으로 가구의 소득·재산기준을 모두 충족한다. 생계유지비는 1인당 35만 원이므로, 2인 가구인 甲은 3개월 동안 35×2×3=210만 원, 의료비는 본인 부담금 및 비급여 항목에 한해 최대 300만 원까지 지급이 가능하므로, 1인당 20만 원의 본인부담금을 지출한 甲의 가구는 최대 2회까지 지급받을 수 있어 20×2×2=80만 원을 지급받을 수 있다. 주거비의 경우 甲은 농촌에 거주하기에 1인당 20만 원씩 최대 12회까지 지원받을 수 있으나, 보기 상으로 6개월 동안 지급받을 금액을 도출해야 하기에 20×2×6=240만 원이다. 각 항목의 합을 구하면 210+80+240=530만 원이 된다.

ㄴ. (X) 乙은 4인 가구로 소득은 352.5(=470×0.75)만 원 이하여야 하며, 중소도시에 거주하기에 재산은 118백만 원, 금융재산은 500만 원 이하여야 한다. 재산은 1억 원이며, 은행에 예치되어 있는 금액은 490만 원이기에 가구의 소득·재산기준을 모두 충족한다. 생계유지비는 1인당 35만 원이므로, 乙가구는 35×4×6=840만 원, 의료비는 1회당 최대 300만 원까지 지원 가능하므로 300만 원이다. 각 항목의 합은 840+300=1,140만 원으로 옳지 않다.

ㄷ. (O) 丙은 3인 가구로 소득은 285(=380×0.75)만 원 이하여야 하며, 어촌에서 거주하기에 재산은 101백만 원 이하, 금융재산은 500만 원 이하여야 한다. 현재 태풍으로 인해 소득은 없으며, 재산은 1억 원, 은행에 예치된 금융자산은 300만 원이므로, 가구의 소득·재산기준을 모두 충족한다. 이 가구가 생계유지비를 최대 횟수로 지급받을 수 있는 금액은 6회를 모두 지원받은 35×3×6=630만 원이다.

ㄹ. (X) 丁은 4인 가구로 소득은 352.5만 원 이하여야 하며, 대도시에 거주하기에 재산은 188백만 원, 금융재산은 500만 원 이하여야 한다. 현재 월 소득은 350만 원이며,

재산은 9천만 원, 은행에 예치된 금융자산은 450만 원으로 가구의 소득·재산기준을 모두 충족한다. 이 가구가 주거비를 최대 횟수로 지급받을 수 있는 금액은 12회를 모두 지원받은 60×4×12=2,880만 원이므로 옳지 않다.

실전 적용 TIP

<보기>에서 구하고자 하는 예상금액이 최대 횟수를 소진하지 않는 경우가 있으므로, 단순히 종류만 판단하여 예상금액을 구하지 않도록 조심하자. 그리고 한 가구당 지원금액이 책정되는 것이 아닌, 1인당 지원금액을 제시하고 있으므로, 해당 가구의 인원이 총 몇 명인지 체크하자.

29 난이도 ★★★ 정답 ②

구조 파악

글에 제시된 '총 지원대수'와 '대당 지원기준액', 차량가격대별 지원율을 통해 주어진 <상황>의 보조금 예산 총액을 구하는 문제이다. 이때, 전기택시와 관련된 각주에 유의하며 문제를 풀어 보자.

해설

〈상황〉에 명시된 차종별 구성비율을 대수로 변경하여 나타내보자. 그 전에, 글에서 승용차 전체 대수의 10%는 전기택시에 배정하고, 전기택시는 대당 보조금 500만 원을 추가로 지원한다는 내용과, 〈상황〉에서 국내 전기택시는 모두 5천만 원 미만의 승용차라는 점을 통해, 승용차의 전체 지원 대수 100,000대 중 10%인 10,000대는 전기택시이며, 이들은 모두 5천만 원 미만의 승용차에 해당한다는 점에 유의해야 한다.

구분	5천만 원 미만	5천만~ 8천만 원 미만	합계
승용차	10,000(전기택시) +70,000대	20,000대	100,000대
화물차	30,000대	20,000대	50,000대
승합차	1,000대	1,000대	2,000대

각 금액대 및 차종별 보조금을 구하면 다음과 같다. 편의상 대당 지원기준액에서 '천만' 단위는 생략하여 계산해 보자. 이때 차량가격에 따라 지원율이 달라진다는 점 역시 고려해야 한다.

- 전기택시: 10,000×(1+0.5)=15,000원
- 5천만 원 미만 승용차: 70,000×1=70,000원
- 5천만~8천만 원 미만 승용차: 20,000×1×0.5=10,000원
- 5천만 원 미만 화물차: 30,000×1.5=45,000원
- 5천만 원~8천만 원 미만 화물차: 20,000×1.5×0.5=15,000원
- 5천만 원 미만 승합차: 1,000×3=3,000원
- 5천만 원~8천만 원 미만 승합차: 1,000×3×0.5=1,500원

따라서 각 값의 합을 구하면 15,000+70,000+10,000+45,000+15,000+3,000+1,500=159,500천만 원=1조 5,950억 원이다.

30 난이도 ★ 정답 ③

구조 파악

기업 모집 공고문 관련 글과 <상황>을 통해 해당 사업에 참여 가능한 기업을 고르는 문제이다. 글에서 명시한 참여 자격 조건을 먼저 확인하여 자격 미충족 기업을 제외하여 확인해야 할 사항을 줄여나가야 한다는 점에 집중하여 문제를 풀어 보자.

해설

A. (X) 참여 자격은 충족하였으나 청년수당 가입유지율이 (7/25)×100=28%로 청년 수당 가입인원이 2인 이하인 경우에는 예외적으로 참여가 가능하나, 현재 청년수당 가입인원 7명으로 청년미래공제에 참여할 수 없다.

B. (O) 참여 자격을 충족하였으며, 청년 수당 가입유지율이 (23/25)×100=92%로 참여 가능하다.

C. (X) 고용보험 피보험자 수가 4인으로 청년기업이어야 참여가 가능하나, 대표자의 나이가 14세 이상 39세 이하인 청년의 범위에 충족되지 않아 청년 기업이 아니므로 참여 자격 미준수로 청년미래공제에 참여할 수 없다.

D. (O) 참여 자격을 충족하였으며, 청년 수당 가입유지율이 (0/2)×100=0%이나 청년수당 가입인원이 0인으로 2인 이하 조건을 충족하였기에 참여 가능하다.

E. (X) 고용보험 피보험자 수가 2인으로 청년기업이어야 참여가 가능하나, 사업을 개시한 날부터 7년이 초과되었기에 청년기업이 아니므로 참여 자격 미준수로 청년미래공제에 참여할 수 없다.

실전 적용 TIP

본 기업 공고문의 특이점은 참여 자격을 준수하더라도 '예외조항'으로 참여 제한 조건에 걸릴 경우 참여가 불가하나, '예외조항의 예외조항'을 두어 참여 제한 조건에 걸리더라도 청년 수당 가입인원이 2인 이하인 경우에는 참여 가능하게 하는 등, 조항에 조항을 적용시킨다는 점이 두드러진다.

제5회 피셋기출 모의고사

[정답표]

01	02	03	04	05	06	07	08	09	10
③	④	④	④	③	①	②	⑤	④	⑤
11	**12**	**13**	**14**	**15**	**16**	**17**	**18**	**19**	**20**
③	②	②	①	③	①	①	②	②	①
21	**22**	**23**	**24**	**25**	**26**	**27**	**28**	**29**	**30**
④	①	②	④	②	③	③	②	④	③

01 난이도 ★★ 정답 ③

구조 파악

제시문은 통화량 파악의 중요성과 복잡성을 설명하고, 통화 형성 과정을 통해 통화량 파악이 어려운 이유를 설명한 뒤, 우리나라의 통화 지표 변화와 각 지표의 특징을 설명하는 글이다. <보기>의 내용을 정리하면 다음과 같다.

- 초기 현금: 100만 원(본원통화)
- 예금과 대출의 반복 과정
  - 1단계: A은행 - 예금 100만 원, 대출 90만 원
  - 2단계: B은행 - 예금 90만 원, 대출 81만 원
  - 3단계: C은행 - 예금 81만 원

해설

김 씨가 중앙은행에서 받은 100만 원을 A 은행에 예금했을 때, 이는 본원통화가 예금으로 형태만 바뀐 것이므로 통화량은 여전히 100만 원이다. A 은행이 이 예금에서 90만 원을 이 씨에게 대출하고 이 씨가 이를 B 은행에 예금했을 때, A 은행의 예금 100만 원은 그대로 유지되면서 B 은행의 예금 90만 원이 새로 추가되어 통화량은 190만 원(100만 원+90만 원)이 된다. B 은행이 이 예금에서 81만 원을 박 씨에게 대출하고 박 씨가 이를 C 은행에 예금했을 때, A 은행의 예금 100만 원과 B 은행의 예금 90만 원은 그대로 유지되면서 C 은행의 예금 81만 원이 새로 추가되어 통화량은 271만 원(100만 원+90만 원+81만 원)이 된다.

실전 적용 TIP

신용창조 과정에서의 통화량을 계산할 때는 각 단계별로 발생하는 변화를 순차적으로 파악해야 한다. 우선 초기에 발생한 예금액을 확인하고, 이후 각 은행에서 대출이 이루어지고 그 대출금이 다시 예금될 때마다 새롭게 만들어지는 예금액을 계산해야 한다. 이때 현금이 은행에 예금되는 경우는 단순히 통화의 형태만 바뀌는 것이므로 통화량에는 변화가 없다는 점에 유의해야 한다. 반면, 대출된 돈이 다시 예금될 때는 기존의 예금은 그대로 유지되면서 새로운 예금이 추가되므로 통화량이 증가하게 된다. 따라서 최종 통화량을 구하기 위해서는 각 단계에서 유지되고 있는 예금액과 새롭게 추가된 예금액을 모두 더해야 한다.

02 난이도 ★ 정답 ④

구조 파악

본원통화와 통화승수의 관계를 정확히 이해하고, 통화승수가 하락하는 상황을 논리적으로 추론하는 능력을 평가하는 문항이다. 제시문에 따르면 통화승수는 본원통화보다 몇 배 많은 통화량이 형성되는 증가된 배수를 의미한다. 이는 은행의 대출을 통한 신용창조 과정이 반복되면서 발생한다. 그런데 <보기>의 상황은 중앙은행이 화폐 발행을 통해 본원통화를 대폭 늘렸음에도 불구하고 오히려 통화승수가 하락했다는 것이다. 이는 본원통화가 증가했지만 금융기관들이 대출을 제한하면서 신용창조가 원활하게 이루어지지 않았기 때문이다. 즉, 더 많은 본원통화가 공급되었음에도 은행들이 대출을 꺼리면서 예금 - 대출 - 예금으로 이어지는 신용창조의 연쇄 작용이 충분히 일어나지 않아, 결과적으로 본원통화 대비 실제 통화량의 비율인 통화승수가 하락하게 된 것이다.

해설

① (X) 신용창조가 활성화되면 통화승수가 상승하므로 적절하지 않다.
② (X) 파생된 통화가 증가하면 통화승수가 상승하므로 적절하지 않다.
③ (X) 〈보기〉의 상황은 본원통화가 증가했다고 했으므로 적절하지 않다.
④ (O) 금융기관이 대출을 제한하면 신용창조가 줄어들어 본원통화 대비 통화량 증가 배수가 감소하므로 통화승수가 하락하게 된다.
⑤ (X) 지급준비금이 줄어 대출이 늘어나면 통화승수가 상승하므로 적절하지 않다.

실전 적용 TIP

통화승수는 본원통화 대비 실제 통화량의 비율을 의미하므로, 이것이 하락했다는 것은 본원통화 대비 실제 통화량의

증가 정도가 줄었다는 뜻이다. 따라서 신용창조의 과정이 원활하게 이루어지지 않았음을 의미한다. 본원통화가 증가했음에도 통화승수가 하락했다면, 그것은 금융기관의 대출 제한으로 인해 신용창조가 제대로 이루어지지 않았기 때문일 것이다.

03 난이도 ★★ 정답 ④

구조 파악

<보기> 그래프는 통화량의 변화를 시간의 흐름에 따라 보여주고 있다. 그래프의 가로축은 시간을 나타내며 A와 B 시기로 구분되어 있고, 세로축은 통화량을 나타낸다. ㉮는 Lf(금융기관 유동성)를 나타낸다. 이는 가장 포괄적인 통화지표로서 광의통화에 만기 2년 이상의 저축성 예금 등 모든 금융상품을 포함하며, 실물경제 규모를 파악하는 데 적합하다. 중간에 위치한 ㉯는 광의통화를 나타낸다. 이는 협의통화에 만기 2년 미만의 금융상품을 포함한 것으로, 시중 통화량을 가장 잘 드러내는 지표이며 통화승수 계산의 기준이 된다. ㉰는 협의통화를 나타내는데, 현금과 요구불예금, 수시입출식 저축성 예금과 같이 유동성이 가장 높은 금융상품만을 포함하며 단기금융시장 규모를 파악하는 데 적합하다. 가장 아래에 있는 선은 중앙은행이 발행한 본원통화를 나타낸다.
그래프의 모든 선이 우상향하고 있어 시간이 지날수록 통화량이 증가하는 것을 알 수 있다. 각 선 사이의 간격은 해당 통화지표에 포함되는 금융상품의 차이를 반영하며, 시간이 지날수록 이 간격이 벌어지는 경향을 보인다. 이는 각 금융상품의 규모가 서로 다른 속도로 성장하고 있음을 보여준다. Lf, 광의통화, 협의통화, 본원통화의 순서가 일관되게 유지되며, 이러한 순서는 각 지표가 포함하는 금융상품의 범위를 반영한다.

해설

① (○) 3문단에서 Lf는 광의통화에 포함되지 않았던 모든 금융기관의 금융상품까지 포괄한다고 하였다.
② (○) 3문단에서 협의통화는 현금뿐 아니라 예금을 취급하는 모든 금융기관의 요구불예금 및 수시입출식 저축성 예금이 포함된다고 하였다.
③ (○) 마지막 문단에서 Lf는 실물경제의 규모를 파악하는 데 더 적합하다고 하였다.
④ (X) 3문단에서 광의통화(㉯)가 협의통화(㉰)의 내용에 더해 만기 2년 미만의 금융상품들을 추가로 포함한다고 하였다. 구체적으로 "광의통화는 협의통화에, 예금을 취급하는 모든 금융기관의 예금 상품 중 이자 소득을 포기해야만 현금화할 수 있어 유동성이 낮은 상품들까지 추가한 것이다. 여기에는 정기예금 등 만기 2년 미만의 금융상품들이 해당된다."라고 서술하고 있다. 또한 "다만 이전 지표의 총통화에 포함되었던 만기 2년 이상의 저축성 예금은 유동성이 매우 낮다는 이유로 제외했다."라고 설명하고 있다. 즉, 광의통화는 만기 2년 이상의 금융상품을 포함하는 것이 아니라 오히려 제외하고 있다. 따라서 ㉯가 ㉰보다 높게 나타난 것은 만기 2년 미만의 금융상품이 포함된 결과이지, 만기 2년 이상의 금융상품이 포함된 결과가 아니다.
⑤ (○) 4문단에서 광의통화는 시중의 통화량을 가장 잘 드러내는 지표로 인정받고, 통화승수 역시 광의통화를 기반으로 한다고 설명하고 있다. 따라서 통화승수를 비교하기 위해서는 본원통화 대비 광의통화(㉯)의 통화량을 파악해야 한다는 설명은 적절하다.

04 난이도 ★★★ 정답 ④

구조 파악

제시문은 시대적 변화에 따른 여성의 경제활동 참여 증가와 남녀 간 경제활동 격차 감소에 관한 글이다. 각 문단의 주요 내용을 정리하면 다음과 같다.

(가)	남성의 경제활동 비율이 여전히 높지만, 여성의 경제활동 참여 증가로 남녀 간 격차가 축소되고 있음
(나)	남녀 간 경제활동 참여율 격차 감소의 첫 번째 이유: 가정 영역의 변화(출산율 감소, 가사노동 기계화, 가사 분업 약화 등)
(다)	기혼 여성과 어린 자녀가 있는 여성, 편모의 경제활동 참여율에 관한 통계 제시
(라)	남녀 간 경제활동 참여율 격차 감소의 두 번째 이유: 경제적 압력과 가구 구조의 변화
(마)	여성 경제활동 참여 증가의 역사적 배경: 제2차 세계대전 이후부터 1997년까지의 변화 과정

해설

(마)는 여성 경제활동 참여의 역사적 변화를 시간순으로 설명하는 문단으로, 글의 배경과 역사적 맥락을 제공하므로 글의 시작 부분에 위치하는 것이 적절하다.
(다)는 앞서 언급된 여성 경제활동 참여 증가를 구체화하는 내용이다. 따라서 여성 경제활동 참여 증가에 대한 설명이 선행되어야 한다. (마)가 1997년 여성 경제활동 참여율이 75%에 이르렀다는 내용으로 끝나므로, (다)는 (마) 뒤에 위치하는 것이 자연스럽다.
(가)는 남녀 간 경제활동 참여율 격차에 대해 언급한다. 이는 여성의 경제활동 참여 증가에 대한 내용 뒤에 이어지는 것이 논리적이다. 또한 "이와 같이 성에 따른 격차의 축소는 미래에도 계속될 것 같다."라는 문장으로 끝나는데, 이는 앞으로의 원인 분석으로 자연스럽게 연결된다.

(나)는 성별 격차 감소의 첫 번째 이유(가정 영역의 변화)를 설명한다. 이는 격차 감소에 대한 언급이 있는 (가) 뒤에 위치하는 것이 적절하다.
(라)는 성별 격차 감소의 두 번째 이유(경제적 압력과 가구 구조 변화)를 설명한다. '또한'이라는 접속어는 이 문단이 이유 설명의 연장선상에 있음을 보여주므로, (나) 뒤에 위치하는 것이 자연스럽다.
따라서 논리적인 순서에 맞게 배열하면 (마) – (다) – (가) – (나) – (라)이다.

05 난이도 ★★ 정답 ③

구조 파악

제시문은 해시 함수의 개념과 작동 원리를 설명하고, 해시 함수가 문서 위·변조 여부 확인 및 암호 기술에 활용될 수 있음을 서술하고 있다. 문항은 이러한 제시문을 바탕으로 해시 함수의 기능과 속성에 대한 적절한 이해 여부를 묻는다. 특히 입력값과 해시값, 일방향성·충돌회피성 개념의 정확한 파악이 핵심이다. 각 문단의 주요 내용을 정리하면 다음과 같다.

1문단	온라인 보안 문제 해결을 위해 해시 함수가 사용됨을 소개하며 해시 함수의 정의와 특성 설명
2문단	해시 함수의 민감도와 길이 고정 특성을 예시와 함께 설명하고 검증 수단으로의 활용을 설명
3~4문단	해시 함수의 일방향성과 충돌회피성이 암호 기술로서의 활용을 가능케 함을 설명

해설

① (○) 1문단에서 전자 화폐의 일종인 비트코인은 해시 함수를 이용하여 화폐 거래의 안전성을 유지한다고 했다.
② (○) 1문단에 따르면 해시 함수란 입력 데이터 x에 대응하는 하나의 결과 값을 일정한 길이의 문자열로 표시하는 수학적 함수이다. 따라서 특정 해시 함수는 하나의 입력 데이터로부터 두 개의 서로 다른 해시 값을 도출하지 않는다.
③ (X) 선택지 ③에서 H(x)와 G(x)는 서로 다른 해시 함수 H와 G에 동일한 입력 데이터 x를 대입한 상황이다. 1문단에서 해시 함수는 입력 데이터 x에 대해 하나의 결과 값을 일정한 길이의 문자열로 표시하는 수학적 함수라고 하였고 이에 따르면 입력 데이터가 같고, 함수가 같다면 동일한 해시 값을 얻을 수 있음을 알 수 있다. 그러나 함수가 달라지면 해시 값도 달라지기 때문에 해시 값이 언제나 동일하다는 것은 적절하지 않다.
④ (○) 1문단에 따르면 해시 값을 표시하는 문자열의 길이는 각 해시 함수마다 다를 수 있지만 특정 해시 함수에서의 그 길이는 고정되어 있다. 따라서 해시 함수 H에 대하여 H(x)와 H(y)가 도출한 해시 값의 문자열의 길이는 동일하다.
⑤ (○) 2문단에 따르면 상호 간에 동일한 해시 함수를 사용하는 경우 전자 문서와 그 문서의 해시 값을 함께 전송하면 상대방은 수신한 전자 문서에 동일한 해시 함수를 적용하여 결과 값을 얻은 뒤 전송받은 해시 값과 비교함으로써 문서가 변경되었는지 확인할 수 있다.

실전 적용 TIP

선택지 ③의 진위 여부를 판단할 때, H(x)와 G(x)를 '서로 다른 해시 함수에 동일한 입력 데이터를 적용한 상황'으로 인식해야 한다. 제시문에서 '고정'이나 '동일'하다고 설명한 대상은 '특정 해시 함수의 해시 값의 문자열 길이'뿐이므로 제시문을 통해 H(x)와 G(x)에서 도출한 해시 값이 항상 동일하다고 판단할 수 없다.

06 난이도 ★★ 정답 ①

구조 파악

해시 함수의 특성인 일방향성과 충돌회피성에 대한 이해를 바탕으로, 이를 추론한 선택지를 검토하는 문항이다. 특히, 해시 값으로부터 입력 데이터를 복원할 수 없는지, 서로 다른 데이터가 동일한 해시 값을 가질 수 있는지를 중심으로 판단해야 하며, 제시문에서 직접적으로 설명된 정의와의 일치 여부를 따져야 한다.

해설

① (○) 3문단에 따르면 주어진 해시 값에 대응하는 입력 데이터의 복원이 불가능함을 일방향성이라고 한다. 따라서 일방향성을 지닌 특정 해시 함수에서 도출한 해시 값으로부터 입력 데이터를 복원할 수 없다.
② (X) 1문단에서 특정 해시 함수의 해시 값의 문자열 길이는 고정되어 있다고 했지만, 그 원인이 해시 함수의 일방향성이라는 설명은 언급되어 있지 않다.
③ (X) 1문단에서 특정 해시 함수의 해시 값의 문자열 길이는 고정되어 있다고 했으므로 충돌회피성과 상관없이 특정 해시 함수에서 도출한 해시 값들의 문자열의 길이는 서로 같다.
④ (X) 3문단에서 알 수 있듯이, 충돌회피성이란 특정 해시 값을 갖는 서로 다른 데이터를 찾아내는 것이 현실적으로 불가능하다는 것을 의미한다. 그러므로 입력 데이터 x, y의 해시 값이 같아지는 현상이 발생할 수는 있어도 그것이 충돌회피성 때문에 같은 해시 값을 가지는 것은 아니다.
⑤ (X) 3문단에 따르면 H(x)와 H(y)가 각각 도출한 값이 동일한 것을 충돌이라고 한다. 즉, 충돌은 동일한 해시 함수에 대해 입력 데이터가 다름에도 동일한 해시 값이 나오

는 경우를 말한다. 따라서 서로 다른 해시 함수를 적용했을 때 일어나는 것이 아니며, 일방향성과도 관계가 없다.

07 난이도 ★★ 정답 ②

구조 파악

온라인 경매에서 입찰가를 숨기기 위한 방식이 설명된 제시문을 바탕으로, 해시 함수의 성질(일방향성 등)을 활용한 입찰 방식의 작동 원리와 그에 따른 입찰가 노출 여부, 운영자의 판단 시점 등을 추론해야 하는 문항이다. 논스와 해시 값의 관계를 정확히 이해하고 선택지 각각의 추론이 타당한지를 판단해야 한다.

해설

① (X) [가]에서 입찰 참여자는 논스의 해시 값과, 입찰가에 논스를 더한 것의 해시 값을 게시판에 게시하고, 본인의 입찰가와 논스를 운영자에게 전송한다. 따라서 A는 논스의 해시 값인 r과 입찰가에 논스 값을 더한 해시 값인 m을 게시 기한 내에 운영자에게 전송해야 하지만, 입찰가 a는 게시 기한이 지난 후에 전송하면 된다.

② (O) [가]에서 입찰 참여자들은 게시판에 자신의 입찰가를 감추기 위해 논스의 해시 값과 입찰가에 논스를 더한 것의 해시 값을 게시한다고 하였다. 이때 해시 함수 G가 일방향성을 만족한다고 하였기 때문에, 해시 값에 대응하는 입력 데이터의 복원이 불가능하다. 즉 입찰 참여자들이나 운영자가 게시판에 게시된 해시 값을 바탕으로 입찰가를 알아내는 것이 불가능하다. 따라서 운영자는 게시 기한이 마감된 후 입찰 참여자가 보내 준 입찰가와 논스를 통해 최고 입찰가를 알 수 있게 되므로 마감되기 전에는 최고가 입찰자를 알 수 없다.

③ (X) 해시 값 m과 n이 같다는 것은 입찰가와 논스의 합이 같다는 것을 의미한다. 그런데 논스의 해시 값인 r과 s 가 다르다는 것은, A와 B의 논스가 다르다는 것을 의미하므로 두 사람의 입찰가가 같을 수 없다.

④ (X) 논스는 입찰가를 추측할 수 없게 하기 위해 입찰가에 더해지는 임의의 숫자이고, 해시 값을 통해 원래의 값을 찾을 수 없기 때문에 논스의 해시 값 r과 s만으로는 입찰가를 비교할 수 없다.

⑤ (X) [가]에 따르면 논스를 이용해 입찰 참여자는 자신의 입찰가를 감출 수 있다. 왜냐하면 온라인 경매 사이트에서 활용하는 해시 함수는 일방향성과 충돌회피성을 만족하는데, 일방향성이 있으면 해시 값만으로 입력 데이터의 복원이 불가능하기 때문이다. 따라서 B는 게시판의 m과 r을 통해 A의 입찰가 a를 알아낼 수 없으므로 게시판은 공개적으로 운영되어도 된다.

08 난이도 ★ 정답 ⑤

구조 파악

제시문은 기업의 증권 발행과 공시 의무에 관한 내용을 다루고 있다. 증권 발행 방식(공모와 사모), 상장 법인의 공시 의무, 발행 시장과 유통 시장에서의 공시, 미공개중요정보 이용행위 금지 등에 대해 설명하고 있다. 각 문단의 주요 내용을 정리하면 다음과 같다.

1문단	증권 발행과 청약 권유, 공모와 사모의 구분
2문단	상장 법인의 공시 의무와 중요사항의 개념
3문단	발행 시장에서의 공시 의무 이행 방법
4문단	유통 시장에서의 공시(정기 공시, 수시 공시, 공정 공시)
5문단	미공개중요정보 이용행위 금지와 시장질서 교란행위 금지

해설

① (O) 3문단에서 상장 법인이 제출한 증권 신고서가 금융위원회의 심사를 통과하여 증권이 발행되면, 상장 법인은 청약을 권유하고 투자자는 해당 증권을 청약할 수 있게 된다고 언급하고 있다.

② (O) 4문단에서 유통 시장은 공모 절차를 거친 증권이 투자자들 간에 거래되는 곳이다. 여기에서는 증권의 매매가 끊임없이 이루어지며 가격 또한 변한다고 하였다.

③ (O) 2문단에서 "상장 법인이 중요사항을 공시하지 않으면 시장 참여자 간의 정보 불균형이 발생하며, 이는 증권 시장에 대한 투자자들의 신뢰를 떨어뜨리고 시장의 효율성을 저해하게 된다."라고 설명하고 있다. 이를 반대로 해석하면, 공시 제도는 정보 불균형을 해소하여 시장의 효율성을 높일 수 있다는 의미이다.

④ (O) 3문단에서 "상장 법인이 제출한 증권 신고서가 금융위원회의 심사를 통과하여 증권이 발행되면, 상장 법인은 청약을 권유하고 투자자는 해당 증권을 청약할 수 있게 된다."라고 언급하고 있다. 이는 심사를 통과해야만 청약 권유가 가능하다는 의미이다.

⑤ (X) 3문단에서 "상장 법인이 사모로 증권을 발행한 경우에는 공시 의무가 면제되기 때문에 증권 신고서를 제출하지 않아도 된다."라고 명시하고 있다. 또한 1문단에서 "청약을 권유받는 대상이 50인 미만인 경우를 사모라고 한다. 사모는 취득한 증권을 타인에게 되파는 전매가 1년간 제한된다."라고 설명하고 있다. 따라서 청약의 권유 대상이 50인 미만이면서 1년간 전매가 제한된 증권은 사모에 해당하며, 사모로 증권을 발행하는 경우 공시 의무가 면제된다.

09 난이도 ★★ 정답 ④

구조 파악

제시문에서 각 용어(㉠~㉢)가 무엇을 지칭하는지 정확히 파악하고, 그에 관한 설명을 찾아 선택지와 비교하는 문제이다. 특히 공시 의무의 주체, 대상, 방법, 시기 등 세부적인 내용을 정확히 구분해야 한다. 또한 발행 시장과 유통 시장의 차이, 각 시장에서 이루어지는 공시의 특성을 이해하는 것이 필요하다.

해설

① (X) 3문단에 "발행 시장에서 상장 법인은 증권을 공모할 때마다 증권 신고서를 통해 중요사항을 공개함으로써 공시 의무를 이행한다."라고 명시되어 있다. 여기서 '공모할 때마다'라는 표현은 추가 발행의 경우에도 공시 자료를 제출해야 함을 의미한다.

② (X) 특정인에게 정보를 선별적으로 제공하는 경우에 관련된 공시는 ㉡(정기 공시)이 아니라 '공정 공시'에 해당한다. 4문단에 따르면 공시되지 않은 정보를 특정인에게 투자 설명회 등을 통하여 선별적으로 제공하고자 한다면 그 제공에 앞서 동일한 정보를 공시해야 하며, 정보의 비대칭을 방지하기 위한 이러한 공시를 공정 공시라 한다.

③ (X) ㉢(수시 공시)은 4문단에 따르면 "투자자의 투자 판단에 중대한 영향을 미치는 경영 정보가 발생하는 경우에는 이를 신속하게 공시"하는 것으로, 주기적으로 이루어지는 것이 아니다. 또한 2문단에서 "자료를 제출하지 않거나 자료에 불완전한 정보를 기재한 상장 법인은 제재 대상이 된다."라고 명시하고 있으므로, 불완전한 내용 제출 시 제재 대상이 된다.

④ (O) 2문단에서 "공시 의무는 상장 법인이 금융위원회에 공시 자료를 제출함으로써 이행된다."라고 설명하고 있다. 이는 발행 시장에서의 공시(㉠)와 유통 시장에서의 정기 공시(㉡) 모두에 적용되는 내용이다.

⑤ (X) 3문단에서 ㉠(발행 시장에서의 공시)에는 공모하는 증권의 수량 및 가격 등의 공모 관련 사항이 포함되어야 한다고 하였다. 그러나 ㉢(수시 공시)은 4문단에 따르면 "투자자의 투자 판단에 중대한 영향을 미치는 경영 정보가 발생하는 경우"에 이루어지는 것으로, 증권의 최초 발행 가격과 수량 정보가 반드시 포함되어야 한다는 내용은 제시문에 언급되어 있지 않다.

10 난이도 ★★★ 정답 ⑤

구조 파악

<보기>는 배터리 제조사 갑의 공시 관련 사례를 제시하고 있다.

1. 2022년 7월: 갑은 증권 거래소에 주식 상장 시 대표이사 겸 대주주 A의 지분이 누락된 증권 신고서를 제출
2. 2024년 6월: 갑은 A가 보유 주식 중 일부를 주기적으로 매도한다는 계획을 공시
3. 2024년 10월: A와 임원 B는 지난 분기 영업이익이 시장 예상치를 크게 밑돌았다는 사실을 알게 되었으나 갑은 이를 공시하지 않음
4. B는 자산 관리사 C에게 이 사실을 전달했고, C는 자신의 고객들이 보유한 갑의 주식을 매도함

해설

① (O) 3문단에서 "발행 시장에서의 공시에 포함되어야 하는 중요사항에는 공모하는 증권의 수량 및 가격 등의 공모 관련 사항과 상장 법인의 사업 내용 및 대주주에 관한 사항 등의 발행인 관련 사항이 있다."라고 언급하고 있다. 따라서 대주주 A의 지분은 중요사항에 해당하며, 이를 누락한 것은 공시 의무 위반이다.

② (O) 미공개중요정보 이용행위는 공개되지 않은 중요사항을 이용하는 것이다. A가 6월에 이미 주식 매도 계획을 공시했고, 그 계획에 따라 행동한다면 공개된 정보에 기반한 거래이므로 미공개중요정보 이용행위에 해당하지 않는다.

③ (O) 4문단에서 "투자자의 투자 판단에 중대한 영향을 미치는 경영 정보가 발생하는 경우에는 이를 신속하게 공시하는 수시 공시를 해야 한다."라고 설명하고 있다. 영업이익이 시장 예상치를 크게 밑돌았다는 정보는 투자 판단에 중대한 영향을 미치는 경영 정보이므로, 이를 신속하게 공시하지 않은 것은 수시 공시 의무 위반이다.

④ (O) 5문단에 따르면 "미공개중요정보 이용행위란 중요사항 중 공개되지 않은 것을 특정 증권 등의 매매에 이용하거나 타인에게 이용하게 하는 것"이며, 이 규제의 대상은 "상장 법인의 임직원 등 내부자와 내부자로부터 직접 정보를 받은 1차 정보수령자"이다. B는 갑의 임원으로서 내부자에 해당하며, 공개되지 않은 중요사항(영업이익 부진)을 C에게 전달하여 이용하게 했으므로 미공개중요정보 이용행위 금지를 위반했다.

⑤ (X) C는 B(내부자)로부터 직접 정보를 받은 1차 정보수령자이다. 5문단에서 "이 규제의 대상은 상장 법인의 임직원 등 내부자와 내부자로부터 직접 정보를 받은 1차 정보수령자이다."라고 명시하고 있다. 따라서 C는 미공개중요정보 이용행위 금지 규제의 대상이며, 시장질서 교란행위가 아닌 미공개중요정보 이용행위로 처벌받게 된다. 시장질서 교란행위는 "1차 정보수령자로부터 정보를 받아 이를 증권 매매에 이용하거나 타인에게 이용하게 했다면" 적용되는 규제이다.

실전 적용 TIP

제시문에서 설명하는 개념과 규제 대상을 정확히 파악하는 것이 중요하다. 특히 미공개중요정보 이용행위 금지와 시장질서 교란행위 금지의 적용 대상을 명확히 구분해야 한다. 미공개중요정보 이용행위 금지는 내부자와 1차 정보수령자에게 적용되고, 시장질서 교란행위 금지는 1차 정보수령자로부터 정보를 받은 사람(즉, 2차 정보수령자)에게 적용된다. C는 내부자인 B로부터 직접 정보를 받았으므로 1차 정보수령자에 해당하여 미공개중요정보 이용행위 금지 대상이다.

11 난이도 ★ 정답 ③

구조 파악

<보고서>에서 주어진 정보를 활용하여 <표>의 수치를 계산하여 A, B, D에 해당하는 질환을 고르는 문제이다. 우선 각주 2를 통해 A, B, C, D에 해당하는 질환은 뇌혈관, 심장, 암, 희귀 질환임을 알 수 있다. <표>의 수치가 다소 복잡한 것에 비해, 실질적으로 계산해야 될 부분은 '10배', '3배' 정도임을 <보고서>의 배수표현을 통해 알 수 있으므로 계산에 미리 겁먹지 않도록 하자. 또한 질환별 비교해야 될 부분이 '보험급여'인지 '보험혜택 비율'인지 헷갈리지 않도록 하자. 그리고 <보고서>의 모든 내용이 문제풀이에 필요한지를 선별할 수 있는 능력을 가져, 불필요한 정보에 시간을 쓰지 않도록 하자.

해설

- 〈보고서〉에서 4대 질환 중 전체 보험혜택 비율이 가장 높은 질환은 심장 질환이라고 하였는데, 〈표〉에서 전체 보험혜택 비율이 가장 높은 질환은 7.5인 B 질환이다. 따라서 B는 심장 질환이다.
- 〈보고서〉에서 뇌혈관, 심장, 암 질환의 1분위 보험혜택 비율은 각각 5분위의 10배에 미치지 못하였다고 하였다. 이 경우 1분위 보험혜택 비율이 5분위의 10배를 초과하는 질환을 찾는 것이 빠르다. D 질환의 경우 5분위의 10배인 16보다 1분위의 값(16.7)이 더 크다. 따라서 A, B, C가 뇌혈관, 암, 심장 질환 중 하나인데, B는 심장 질환이므로 A와 C는 각각 뇌혈관과 암 질환 중 하나이고, 각주 2)를 통하여 D는 희귀 질환임을 알 수 있다.
- 〈보고서〉에서 뇌혈관, 심장, 희귀 질환의 1분위 가구당 보험급여는 각각 전체질환의 1분위 가구당 보험급여의 3배 이상이라고 하였다. 전체질환의 1분위 가구당 보험급여의 3배는 128,431×3=약 38만 원임을 알 수 있다. 한편 A의 경우 약 33만 원으로 38만 원 미만이므로 C가 뇌혈관 질환임을 알 수 있다.

따라서 A=암, B=심장, C=뇌혈관, D=희귀 질환이다.

12 난이도 ★ 정답 ②

구조 파악

<표 1>은 월별 아파트 입주 물량에 대한 자료이며 <표 2>는 규모 및 공급주체별 아파트 입주 물량에 대한 자료이다. <보고서>를 작성하기 위해 주어진 <표 1>과 <표 2> 이외에 필요한 자료만을 고르는 문제이다.

해설

ㄱ. (O) 〈보고서〉의 "수도권은 48,584세대로 ~ 46.8% 감소하였다."로 보아 2015~2019년 4분기 수도권 및 비수도권 아파트 입주 물량 관련 자료가 필요하다.

ㄴ. (X) 공급주체별 연평균 아파트 입주 물량 자료가 〈보고서〉에 사용되었으나 이는 〈표 2〉에 명시되어 있는 자료이기에 추가로 필요하지는 않다.

ㄷ. (O) "시도별로 살펴보면 ~ 경남 3,341세대였다."로 보아 2019~2020년 4분기 시도별 아파트 입주 물량 관련 자료가 필요하다.

ㄹ. (X) 2019년 4분기 규모 및 공급주체별 아파트 입주 물량 관련 자료가 〈보고서〉에 사용되었으나 이는 〈표 2〉에 명시되어 있는 자료이기에 추가로 필요하지는 않다.

13 난이도 ★★★ 정답 ②

구조 파악

<표 1>~<표 4>까지의 수치들로 <보기>의 그래프를 만들 수 있는지 혹은 그 수치가 옳은지에 초점을 맞추며 문제를 풀어보자.

해설

ㄱ. (O) 〈표 3〉을 통해 피해자 연령별 보이스피싱 피해금액 비중을 구하면 다음과 같다.

구분	20대 이하	30대	40대	50대	60대
2021년	3.1%	7.3%	13.2%	39.3%	37%
2022년	6.4%	3.7%	10%	33.1%	46.7%
2023년	12%	10%	12.9%	29%	36.4%

ㄴ. (X) 〈표 1〉을 통해 피해자(법인 포함) 1인당 보이스피싱 피해금액 및 환급액을 구할 수 있다.

구분	2021년	2022년	2023년
피해금액	약 12,700,000원	약 11,300,000원	약 17,100,000원
환급액	약 4,600,000원	약 3,000,000원	약 6,000,000원

ㄷ. (○) 범죄유형별 보이스피싱 피해금액 비중 변화는 〈표 2〉를 통해 구할 수 있다.

구분	2021년	2022년	2023년
대출빙자	31%	21.4%	35.2%
메신저피싱	59%	64%	33.7%
기관사칭	10.1%	14.7%	31.1%

ㄹ. (×) 〈표 4〉를 이용하여 2023년 금융권역별 보이스피싱 피해금액 비중을 나타내려고 하였으나 금융권역을 잘못 나누었다. 증권사와 중소서민금융 등을 나타낸 것으로 보아 하위항목을 이용한 것으로 보이나 인터넷 전문은행은 은행의 하위항목으로 은행에 포함되는 항목이다. 고로 인터넷 전문은행과 은행을 동시에 표기하기 위해서는 인터넷 전문은행과 은행(인터넷 전문은행 제외)로 나타내야 한다. 해당 연도 은행 피해금액 비중을 구하더라도 은행(인터넷 전문은행 포함)=(1,417/1,965)×100≒72.1%, 은행(인터넷 전문은행 제외)={(1,417−196)/1,965}×100≒62.1%로 어느 수치와도 맞지 않다.

실전 적용 TIP

ㄱ의 경우, 모든 구간의 비중을 구할 시간이 부족하다면 60대 이상의 비중만 구하여 대략적인 확인을 하는 것도 좋다. 가령 2021년 60대 이상의 구간이 37%라는 것을 구하였다면 20대 이하~50대까지의 비중은 63%여야 하므로, 그래프상 60%를 살짝 넘었는가를 확인하는 것이다.
ㄴ의 경우, <표 3>을 이용하지 않도록 주의하자. ㄴ에서 피해자는 법인을 포함한 숫자이다. <표 3>은 법인을 제외한 피해금액이므로 법인이 포함된 <표 1>을 이용해야 한다. 또한 ㄹ처럼 애초에 항목을 제대로 표기하였는지도 확인하는 것이 중요하다. ㄹ의 경우 은행에 인터넷전문은행이 포함되었는지의 여부가 불확실하므로 은행의 비중만 계산하더라도 틀렸다는 점을 확인할 수 있다.

14 난이도 ★★★ 정답 ①

구조 파악

<표 1>과 <표 2>를 통해 선지의 일치부합을 판단하는 문제이다. 선지를 해석하기 위해서는 <표 1>의 각주에 유의할 필요가 있다. 각 공식별로 필요한 수치가 무엇인지 헷갈리지 않도록 주의하자.

해설

① (×) 유소년인구는 총인구에서 생산가능인구와 노인인구를 제외하여 구할 수 있다. 2017년 유소년인구를 구하기 위해서는 노인인구를 우선 구해야 하는데, 노년 부양비가 {(노인인구)/(생산가능인구)}×100=18.8이며, 생산가능인구가 주어져 있다는 점을 통해 노인인구가 7,064천 명임을 알 수 있다. 총인구에서 생산가능인구와 노인인구를 뺄 경우 6,726천 명이 유소년인구임을 알 수 있다. 2056년 유소년인구의 경우 노인인구와 노년 부양비를 통해 생산가능인구를 구해야 하는데 앞선 식을 통해 22,380천 명임을 알 수 있다. 이 역시 총인구에서 생산가능인구와 노인인구를 뺄 경우 유소년인구는 3,743천 명으로 2056년 유소년인구는 2017년 유소년인구에 비해 50% 이상 감소하지 않았음을 알 수 있다.

② (○) 2029년의 노령화 지수는 {(노인인구)/(유소년인구)}×100을 통해 구할 수 있는데 노년 부양비 공식을 통해 노인인구를 먼저 구할 경우 12,544천 명임을 알 수 있다. 총인구에서 생산가능인구와 노인인구를 뺀 유소년인구는 5,058천 명이다. 2029년의 노령화 지수는 (12,544/5,058)×100=248로 옳다.

③ (○) 2012~2020년의 전년 대비 출생자수 증감폭을 구하면 다음과 같다.

2012	2013	2014	2015	2016
+10,803	−42,704	−6,764	+4,900	−32,239
2017	**2018**	**2019**	**2020**	
−48,992	−28,752	−25,418	−32,882	

전년 대비 출생자 수의 감소폭이 가장 큰 연도는 2017년이다.

④ (○) 2061년 노년부양비는 (18,810/20,127)×100=93.5로 2028년 (12,118/34,664)×100=35에 비해 150% 이상 증가할 것이다.

⑤ (○) 2012~2020년 중 전년 대비 사망자 수가 가장 많이 증가한 해는 2018년으로 전년 대비 출생자 수의 감소율은 7.1%이다.

15 난이도 ★★★ 정답 ③

구조 파악

<정보>의 A기업 성과급 체계를 읽고 선지의 상황별 일치부합을 판단하는 문제이다. 성과급은 총 3종류이며, 사업부와 종류마다 지급하는 기준이 다름에 유의하며 문제를 풀어 보자.

해설

① (×) 반도체 사업부가 연초 수립한 목표를 초과달성하였다면 반도체 사업부 B사원의 연봉이 5천만 원일 때 1년간 받을 성과급은 다음과 같다.

- 성과인센티브=50,000,000×0.45=22,500,000원
- 목표달성장려금=(50,000,000/12)×2=8,333,333원

- 특별상여금=(50,000,000/12)×3=12,500,000원
- 성과급 합=22,500,000+8,333,333+12,500,000=43,333,333원

② (X) 모바일 사업부가 연초 수립한 목표를 초과 달성하였다면 모바일 사업부 C 사원의 월급이 6백만 원일 때 1년간 받을 성과급은 다음과 같다.
- 성과인센티브=6,000,000×12×0.25=18,000,000원
- 목표달성장려금=6,000,000×0.75×2=9,000,000원
- 특별상여금=6,000,000×3=18,000,000원
- 성과급 합=18,000,000+9,000,000+18,000,000=45,000,000원

③ (O) 가전 사업부가 연초 수립한 목표를 초과 달성하였다면 가전 사업부 D 사원의 연봉이 5천만 원일 때 1년간 받을 성과급은 다음과 같다.
- 성과인센티브=50,000,000×0.35=17,500,000원
- 목표달성장려금=(50,000,000/12)×2=8,333,333원
- 특별상여금=(50,000,000/12)×3=12,500,000원
- 성과급 합=17,500,000+8,333,333+12,500,000=38,333,333원

④ (X) 반도체 사업부가 연초 수립한 목표를 초과 달성하지 못하였다면 반도체 사업부 E 사원의 연봉이 5천만 원 일 때 1년간 받을 성과급은 다음과 같다.
- 성과인센티브=지급하지 않음
- 목표달성장려금=(50,000,000/12)×2=8,333,333원
- 특별상여금=지급하지 않음
- 성과급 합=8,333,333원

⑤ (X) 가전 사업부가 연초 수립한 목표를 초과 달성하지 못하였다면 가전 사업부 F 사원의 월급이 6백만 원일 때 1년간 받을 성과급은 다음과 같다.
- 성과인센티브=지급하지 않음
- 목표달성장려금=6,000,000×2=12,000,000원
- 특별상여금=지급하지 않음
- 성과급 합=12,000,000원

실전 적용 TIP

성과인센티브는 연봉 기준으로 계산하고, 목표달성장려금과 특별상여금은 월급 기준으로 계산해야 한다. 또한 성과인센티브와 목표달성장려금은 사업부에 따라 지급비율이 달라지나, 특별상여금은 목표를 초과달성할 경우 사업부에 상관없이 월급의 100%를 연 3회 지급한다는 점에서 차이점을 가진다. 즉, 각 성과급은 연봉/월급, 사업부, 목표달성 여부 등에서 각기 다른 특징을 가지기에 계산 시에 헷갈리지 않도록 유의하여야 한다.

16 난이도 ★ 정답 ①

구조 파악

<표>의 수치를 통해 <보기>의 일치부합을 판단하는 문제이다. 6열로 이루어진 <표>라고 하여 '갑'회사의 지점이 6개라고 착각하지 않도록 주의하자. 마지막 열은 '전체' 값이다.

해설

ㄱ. (O) 직원 1인당 매출액은 매출액/직원 수를 통해 알 수 있다. 각 지점별 직원 1인당 매출액을 구하면 다음과 같다.

구분	A	B	C	D	E
직원 1인당 매출액	2	2.1	2.25	3.33	2

D가 3.33억 원으로 직원 1인당 매출액이 가장 크다.

ㄴ. (O) 목표매출액 달성률은 (매출액/목표매출액)×100으로 구할 수 있다. 각 지점별 목표매출액 달성률을 구하면 다음과 같다.

구분	A	B	C	D	E
목표매출액 달성률	66.7%	81%	90%	77%	75%

C가 90%로 목표매출액 달성률이 가장 높다.

ㄷ. (X) 5개 지점 매출액의 평균은 '전체' 값을 통해 구할 수 있다. 5개 지점 매출액의 평균은 71/5=14.2억 원이다. 매출이 14.2억 원을 초과하는 지점은 B와 C 2곳이다.

ㄹ. (X) 5개 지점의 매출액이 각각 20%씩 증가한다면 각 지점별 매출액과 합계는 다음과 같다.

구분	A	B	C	D	E	전체
매출액	12	25.2	21.6	12	14.4	85.2

전체 매출액은 85.2억 원으로 전체 목표매출액인 90억 원에 미치지 못한다.

실전 적용 TIP

ㄹ의 경우, 각 지점의 매출액을 구해 합산해도 되지만, 모든 지점의 매출이 같은 비율로 증가한 것이기에 전체 매출액인 71×1.2=85.2억 원으로 구해도 무방하다.

17 난이도 ★★★ 정답 ①

구조 파악

<표>에서 주어진 2024년 매출액 상위 10개 제약사와 2018년 매출액 상위 10개 제약사가 동일하지 않을 수 있다는 점에 유의하여 문제를 풀어 보자.

해설

〈표〉에 제시된 2018년 대비 2024년 매출액 순위 변화를 이

용하여 2024년 매출액 상위 10개 제약사의 2018년 순위와 2018년 대비 2024년의 매출액 증감폭 및 증감률을 계산하면 다음과 같다.

18년 순위	24년 순위	기업명	24년 매출액	18년 매출액	매출액 증감폭	매출액 증감률
1	1	Pfizer	512	453	+59	13%
3	2	Novartis	498	435	+63	14.5%
2	3	Roche	467	446	+21	4.7%
4	4	J&J	458	388	+70	18%
5	5	Merck	425	374	+51	13.6%
6	6	Sanofi	407	351	+56	16%
12	7	GSK	387	306	+81	26.5%
10	8	AbbVie	350	321	+29	9%
16	9	Takeda	323	174	+149	85.6%
14	10	AstraZeneca	322	207	+115	55.6%
매출액 소계			4,149	3,455		
전체 제약사 총매출액			11,809	8,277		

ㄱ. (○) 주어진 자료로 2018년 매출액 상위 6위까지의 기업과 10위의 매출액만 알 수 있다. 상위 7~9위 기업의 매출액은 최소 10위의 매출액보다 같거나 클 것이기 때문에 7~9위의 매출액을 10위의 매출액으로 가정해서 계산하면 453+435+446+388+374+351+321+321+321+321=3,731억 달러로 3,700억 달러 이상이다.

ㄴ. (○) 2024년 매출액 상위 10개 제약사 중 2018년 대비 2024년 매출액이 가장 많이 증가한 기업은 149억 달러 증가한 Takeda이고, 가장 적게 증가한 기업은 21억 달러 증가한 Roche이다.

ㄷ. (×) 2024년 매출액 상위 10개 제약사의 매출액 합이 전체 제약사 총매출액에서 차지하는 비중은 (4,149/11,809)×100=35.1%이고, 2018년 매출액의 비중은 (3,455/8,277)×100=41.7%로 2018년이 2024년보다 더 크다.

ㄹ. (×) 2024년 매출액 상위 10개 제약사 중, 2018년 대비 2024년 매출액 증가율이 60% 이상인 기업은 Takeda 1개이다.

실전 적용 TIP

실제 시험장에서 문제를 풀 때는 ㄴ이나 ㄹ의 선지를 확인하기 위해서 모든 기업의 증감폭이나 증감률을 구할 필요는 없다. 눈으로 훑어 내리며 특정 큰 숫자가 나올 경우, 그보다 큰 폭이 있는지만 빠르게 확인하며 시간을 절약하는 것이 중요하다.

18 난이도 ★★★ 정답 ②

구조 파악

글을 읽고 주어진 <표>를 파악하여 <보기>의 일치부합을 판단하는 문제이다. <표>의 사용내역에서 '공적자금기금 출연'과 '국가채무 상환액'이 더해져 나타나 있다는 점에 주의하며 문제를 풀어 보자.

해설

글과 〈표〉의 '공적자금기금 출연 및 국가채무 상환'을 정리하면 다음과 같다.

세계잉여금이 발생할 경우: 교부금 등 정산 사용 → 잔액의 30% 이상을 공적자금기금에 출연 → 잔액의 30% 이상을 국가채무 상환에 사용 → 추가경정예산안 편성 → 다음 연도 세입에 이입

이때 〈표〉의 공적자금기금 출연 및 국가채무 상환은 다음과 같이 나타낼 수 있다.

세계잉여금을 X, 교부금 등 정산에 사용한 금액을 Y라고 한다면 공적자금기금에 출연해야 하는 최소 금액은 (X−Y)×0.3이며, 국가채무 상환에 사용해야 하는 최소 금액은 (X−Y)×0.7×0.3=(X−Y)×0.21로 〈표〉의 공적자금기금 출연 및 국가채무 상환에 해당하는 금액은 최소 {(X−Y)×0.3}+{(X−Y)×0.21}=(X−Y)×0.51이 될 것임을 알 수 있다.

ㄱ. (×) 2020년도 일반회계 세계잉여금에서 교부금 등 정산을 제외한 금액은 214,651−1,475=213,176억 원이 된다. 해당 금액에서 공적자금기금 출연 및 국가채무상환을 위하여 사용해야 될 최소한의 금액은 213,176×0.51=108,719.76으로 단위가 억 원인 것을 감안한다면 최소 10조 8,719억 76백만 원을 사용해야 한다.

ㄴ. (○) 공적자금기금 출연과 국가채무 상환을 나눠서 계산해 보자. 먼저 2020년도 일반회계 세계잉여금에서 교부금 등 정산을 제외한 금액은 213,176억 원이다. 공적자금기금 출연을 최소로 한 후 남은 금액은 213,176×0.7=63,952.8억 원이다. 여기서 국가채무 상환을 위하여 50,000억(5조) 원를 사용하였을 경우, 남은 금액은 13,952.8억 원이 되며, 추가경정예산재원으로 사용될 11,451억 원을 제할 경우 다음 연도 세입으로 이입할 수 있는 금액은 13,952.8−11,451=2,501.8억 원이 되므로 90,000억(9조) 원보다 작음을 알 수 있다.

ㄷ. (○) 2021년 교부금 등 정산에 사용된 금액을 C라고 둔 후, 공적자금기금 출연 및 국가채무 상환에 사용된 금액이 최소치라고 가정해 보자. 그렇다면 식은 (347,874−C)×0.51=15,418억 원이 된다. 347,874−C=30,231.4억 원,

C=317,642.6억 원으로 C는 최소 31조 7,642억 6천만 원이 되어야 한다.

ㄹ. (X) ㄷ의 해설에서 C의 최솟값이 317,642.6억 원임을 알 수 있었다. 이를 이용해서 D+E의 값을 구하면 347,874−317,642.6−15,418=14,813.4억 원으로 최대 1조 4,813억 4천만 원이 됨을 알 수 있다.

실전 적용 TIP

'~보다 크다'라는 서술어일 경우, 해당 수치의 최솟값을 구하여 최솟값이 범위 내에 포함되어있는지를 확인해야 하며, '~보다 작다'라는 서술어는 반대로 해당 수치의 최댓값을 구하여 해당 값이 범위 내에 포함되어 있는지를 확인해야 한다.

19 난이도 ★★★

정답 ②

구조 파악

<표 1>은 공공기관의 자산 현황과 관련된 자료이며 <표 2>는 공공기관 수 현황과 관련된 자료이다. <표>의 수치를 이용해 <보기>의 일치부합을 판단해 보자.

해설

ㄱ. (O) 2013년 대비 2019년 기금관리형 준정부기관의 자산 증가율은 {(125.4−116.3)/116.3}×100≒8%이며 준시장형 공기업 자산 증가율은 {(304−291.7)/291.7}×100≒4%로 준정부기관의 자산 증가율이 더 높다.

ㄴ. (X) '갑'국 전체 공공기간 자산 합계는 2014년에 561.2+187.1+29.4=777.7조 원이며 2015년에 555.6+193.3+32.1=781조 원으로 2015년이 2014년보다 3.4조 원 더 크다.

ㄷ. (O) 2018년 시장형 공기업의 공공기관당 평균자산은 283/15≒18.87조 원이며 2019년은 296.3/16≒18.5조 원으로 2018년이 2019년보다 더 크다.

ㄹ. (X) 기금관리형 준정부기관의 경우, 2018년 자산은 116조 원, 기관 수는 16개이므로 평균자산은 116/16=7.25조 원이다. 2019년 자산은 125.4조 원, 기관 수는 14개이므로 평균자산은 125.4/14≒8.96조 원이다. 따라서 증가율은 (8.96−7.25)/7.25×100≒23.6%로 상당히 크다. 반면, 기타공공기관은 2018년 41.8조 원을 210개 기관으로 나눈 평균이 약 0.199조 원이고, 2019년은 45.3조 원을 같은 210개 기관으로 나눈 약 0.216조 원이다. 따라서 증가율은 (0.216−0.199)/0.199×100≒8.5%에 불과하다. 공공기관당 평균자산 증가율이 가장 큰 것은 기금관리형 준정부기관이다.

20 난이도 ★★★

정답 ①

구조 파악

<표 1>은 가계대출 잔액 증가액 및 2021년 3분기 말 잔액과 관련된 자료이며, <표 2>는 기관별 가계대출 잔액 증가액 및 2021년 3분기 말 잔액에 대한 자료이다. 가계대출 잔액 증가액은 해당 분기 기말 가계대출 잔액에서 기초 가계대출 잔액을 뺀 값이라는 점을 이용하여 선지의 일치부합을 판단해 보자.

해설

① (X) 2020년 2분기부터 2021년 3분기까지 주택담보대출 잔액 증가액이 기타대출 잔액 증가액보다 컸던 분기는 2020년도 2분기, 2021년도 1분기, 2021년 3분기이다. 2020년도 2분기 기타금융기관 가계대출 잔액 증가액은 9.3조 원, 2021년도 1분기 기타금융기관 가계대출 잔액 증가액은 10.5조 원, 2021년 3분기 기타금융기관 가계대출 잔액 증가액은 7.7조 원이므로 옳지 않다.

② (O) 상호저축의 2020년 4분기 말 가계대출 잔액은 37.4−1.4−2.6−1.9=31.5조 원으로 해당 잔액 대비 2021년 3분기 말 가계대출 잔액의 분기별 평균 증가율은 [{(37.4−31.5)/31.5}×100]/3=6.2%이며, 신용협동조합의 2020년 4분기 말 가계대출 잔액은 35.9−0.6−0.3−0.0=35조 원으로 해당 잔액 대비 2021년 3분기 말 가계대출 잔액의 분기별 평균 증가율은 [{(35.9−35)/35}×100]/3=0.9%이다.

③ (O) 예금은행과 상호저축은 2020년 2분기부터 2021년 3분기까지 기관별 가계대출 잔액 증가액이 양수였으므로 분기말 가계대출 잔액이 매 분기 증가하였다.

④ (O) 2020년 4분기말 가계대출 잔액이 제일 큰 세부기관은 예금은행 902−21−12.4−18.7=849.9조 원이며, 기타금융중개회사 219.8−4.7−12.6−7.4=195.1조 원, 상호금융 209.3−5.2−5.7−3.8=194.6조 원이 그 뒤를 잇는다.

⑤ (O) 2020년 2분기부터 2021년 3분기까지 주택담보대출 잔액 증가액에서 기타금융기관의 비중과 예금은행의 총 가계대출 잔액 증가액을 정리하면 다음과 같다.

구분	20년도 2분기	20년도 3분기	20년도 4분기
주담대	14.8	17.4	20.2
기타	39.2%	25.9%	10.3%
예금	14.3	25.9	28.8
구분	21년도 1분기	21년도 2분기	21년도 3분기
주담대	20.4	17.3	20.8
기타	18.1%	63%	7.2%

예금	18.7	12.4	21.0

따라서 기타금융기관의 비중이 가장 컸던 분기와 예금은행의 증가액이 가장 작았던 분기는 2021년도 2분기로 동일하다.

21 난이도 ★★★ 정답 ④

구조 파악

A~G 7명의 각 과목별 일부 인원의 성적을 통해 선지의 일치부합을 판단하는 문제이다. 글에서 전공시험, 영어시험, 적성시험 모두 일정 점수 이상인 응시자는 전부 합격하였다는 것으로 보아 특정 순위까지 합격했다면 모든 시험에서 합격자 집단과 불합격자 집단이 일치한다는 것을 알 수 있다. 물론 집단 내에서의 순위는 과목마다 다를 수 있으나, 집단 자체는 과목마다 동일하다는 것이다. 예를 들어 합격자가 7명 중 4명이라면 모든 과목에서 4등까지의 응시자는 동일하다는 것을 의미한다. 4등 내에서의 순위는 과목마다 다를 수 있으나, 4등까지의 응시자 집단 자체는 동일하다는 것이다. 이러한 점에 유의하며 문제를 풀어 보자.

해설

과목별 일부 응시자의 점수 비교를 정리하면 다음과 같다.

- 전공시험: A>B>E, C>D
- 영어시험: E>F>G
- 적성시험: G>B, G>C

① (X) A는 전공시험에서 B보다 점수가 높다는 사실만 명시되어 있고, 영어시험과 적성시험에서는 A의 위치를 확인할 수 없으므로 A의 합격으로 B의 합격을 유추할 수 없다.
② (X) G는 C보다 적성시험 점수가 높지만, 과목별 기준 미달 시 모두 불합격이므로 C의 불합격 가능성은 여전히 존재한다. 또한 G가 합격했다고 해도 영어 점수가 낮을 수 있어 기준 점수를 충족했는지 불명확하다.
③ (X) A와 B가 합격하였다면 적성시험 점수상 G도 합격하였고, 영어시험 점수상 E와 F도 합격하였음을 알 수 있으나 C와 D와의 점수 비교는 존재하지 않아 알 수 없다.
④ (O) B와 E가 합격하였다면 적성시험 점수상 G도 합격하였고, 영어시험 점수상으로 F도 합격하였으므로 옳다.
⑤ (X) B가 합격하였다면 전공시험 점수상 A도 합격하였고, 적성시험 점수상으로 G 합격, 영어시험 점수상으로 E, F 합격까지 확정 지을 수 있으므로 최소 5명이 합격하였다. 이외에 C와 D의 합격 사실은 유추할 수 없다.

실전 적용 TIP

특정 인물이 합격했다면 그보다 높은 순위는 무조건 합격이라는 포인트를 파악해야 한다.

22 난이도 ★★ 정답 ①

구조 파악

5가지 경로 중 주어진 조건에 가장 부합하는 경로를 선택하여야 한다. 이 문항에서 유의해야 할 점은 다음의 2가지이다.

- 통행요금이 5,000원을 넘으면 해당 경로를 이용하지 않는다.
- 출발 시각은 11:00, 회의 시작 시각은 13:30이지만, B연구소 주차장에 도착한 후의 과정이 있으므로 실질적으로 가용시간은 2시간 30분에서 55분을 차감한 1시간 35분이다.

해설

甲은 B연구소 주차장에 도착한 후 도보 10분 거리의 음식점으로 걸어가 30분 동안 점심식사를 한 후 다시 주차장으로 걸어온 뒤, 주차장에서 5분 걸려 회의장소에 도착할 예정이다. 회의 시작시간 오후 1시 30분보다 10+30+10+5=55분 이상 일찍 주차장에 도착해야 하므로 A부처에서 B연구소 주차장까지의 소요시간은 1시가 35분이 초과되어서는 안 된다. 또한 통행요금이 5,000원 미만이어야 하며, 남은 경로 중 피로도가 가장 덜한 경로를 선택한다는 기준에 따라 다음과 같은 과정으로 경로를 선택할 수 있다.

1. 통행요금이 5,000원 이상인 경로 제외 - 최소시간경로
2. 소요시간이 1시간 35분 이상인 경로 제외 - 최단거리경로, 초보자경로

따라서 甲사무관은 남은 경로 중 피로도가 가장 덜한 경로인 최적경로를 선택한다.

실전 적용 TIP

선택하지 않는 경로는 X표나 선을 그어 선택지를 줄여나가는 연습을 하는 것이 좋다. 마지막 조건에서 단순히 숫자에만 눈길이 가 '점심식사 후 주차장으로 되돌아오는 10분'을 빠뜨리지 않도록 조심하자.

23 난이도 ★★★ 정답 ②

구조 파악

세탁물 훼손에 대해 가원이가 A무인세탁소 사업자로부터 받을 배상 및 환급액을 계산하는 문제이다. 세탁물의 내구연한과 사용일수에 따라 배상비율이 달라지는 점에 유의해야 한다.

해설

훼손된 세탁물에 대한 배상액은 '훼손된 세탁물의 구입가격×배상비율'로 산정한다. 물품의 사용일수는 사용개시일에 상관없이 구입일부터 세탁일까지의 일수이다. 배상과 별도로 이용요금 전액 역시 환급한다는 규정에 따라 가원의 세탁물별 배상액과 이용요금을 합한 금액은 다음과 같다.

• 셔츠: 사용일수(2022. 10. 10.~12. 20.)가 72일이므로 배상액은 40,000×0.6=24,000원
• 조끼: 사용일수(2021. 1. 20.~2022. 12. 20.가 700일이므로 배상액은 60,000×0.4=24,000원이다.
• 치마: 사용일수(2022. 12. 1.~ 12. 20.가 20일이므로 배상액은 70,000×0.8=56,000원이다.
• 무인세탁소 이용요금: 8,000원

따라서 총액은 24,000+24,000+56,000+8,000=112,000원이다.

실전 적용 TIP

셔츠, 조끼, 치마를 한꺼번에 세탁하였다고 명시되어 있으므로 환급받을 이용요금은 세탁 1회 요금인 8,000원이다. 세탁물이 3종류라고 하여 이용요금을 3회로 계산해서는 안 된다.

24 난이도 ★ 정답 ④

구조 파악

기준에 따라 점수를 가감하여 A가 투자할 작품을 고르는 문제이다. 이 문항에서 특히 유의해야 할 부분은 크게 2가지이다.
• 작품마다 기본점수가 서로 다르다.
• 기준 충족 시 점수를 모두 더하거나 감하는 것이 아니라 기준마다 가감 여부가 다르다.

해설

각 작품의 점수를 계산하면 다음과 같다.

구분	기본 점수	스태프 인원	장르	최근 2개 작품 흥행 성공	직전 작품 흥행 실패	최종 점수
성묘	70		+10		−10	70
서울의 겨울	85	−10			−10	65
만날 결심	75					75
빅 포레스트	65			+10		75

따라서 최종점수가 75점 이상인 '만날 결심'과 '빅 포레스트'에 투자한다.

실전 적용 TIP

기준에 따라 점수가 더해지는지, 감해지는지를 확실하게 체크하여 헷갈리지 않도록 한다. 또한 감독의 직전 작품의 흥행 여부를 판단할 때, 작품들의 개봉연도를 확인해 어떤 작품이 직전 작품인지 파악하는 것도 중요하다.

25 난이도 ★ 정답 ②

구조 파악

암호 기술과 관련된 제시문을 읽고 <보기>의 일치부합을 판단하는 문제이다. 문단별 주요 내용을 정리해 보면 다음과 같다.
• 1문단: 암호 기술의 정의 및 구성요소
• 2문단: 암호 알고리즘의 구성요소
• 3문단: 암호 알고리즘에 사용되는 키의 특성
• 4문단: 키의 수와 비트 간의 연관성
• 5문단: 최근에 사용되는 암호 알고리즘

해설

ㄱ. (○) 1문단의 "암호문에서 평문으로 변환하는 것은 복호화라 한다."를 통해 확인할 수 있다.
ㄴ. (×) 3문단의 "비대칭키 방식의 경우에는 수신자가 송신자의 키를 몰라도 자신의 키만 알면 복호화가 가능하다."를 통해 부합하지 않는 내용임을 알 수 있다.
ㄷ. (×) 2문단의 "대체는 각 문자의 다른 문자나 기호를 일대일로 대응시키는 것이고, 치환은 단어, 어절 등의 순서를 바꾸는 것이다."라는 내용을 통해 부합하지 않는 내용임을 알 수 있다.
ㄹ. (○) 5문단의 "DES는 더 이상 안전하지 않아, DES보다는 DES를 세 번 적용한 삼중 DES나 그 뒤를 이은 AES를 사용하고 있다."를 통해 확인할 수 있다.

26 난이도 ★★ 정답 ③

구조 파악

비트의 수에 따라 만들 수 있는 키의 수를 이해하고 <상황>에 접목하여 컴퓨터의 최소가격을 구하는 문제이다. 제시문을 다 읽지 않더라도 4문단의 내용만으로도 문제를 풀 수 있으니 <상황>에 필요한 부분 중심으로 제시문을 파악하도록 하자.

해설

4문단에서 8비트로 만들 수 있는 키의 수는 2^8, 100비트로 구성된 키의 수는 2^{100}임을 알 수 있다. 따라서 〈상황〉에서 2^{56}개의 키의 수는 56비트로 만들 수 있는 키의 수를 의미한다. 60비트로 만들 수 있는 키의 수는 2^{60}이 될 것이다. 이때 컴퓨터의 체크 속도가 2배가 될 때마다 컴퓨터가 10만 원씩 비싸진다는 것은 비트가 1개씩 늘어날 때마다 10만 원씩 비싸진다는 의미이다. 1초에 2^{56}개의 키를 체크하는 속도가 2배가 된다는 것은 $2^{56}\times2=2^{57}$, 즉 1초에 2^{57}개의 키를 체크한다는 것이고, 이는 곧 57비트로 만들 수 있는 키의 수를 의미한다. 60비트로 만들 수 있는 키의 수인 2^{60}개를 1초에 모두 체크하기 위해서는 $2^{56}\times2\times2\times2\times2=2^{60}$, 비트가

4개 늘어나야 하므로 40만 원 추가되어 컴퓨터의 최소가격은 1,400,000원이 된다.

실전 적용 TIP

더하기와 곱하기를 헷갈리지 않도록 유의하여야 한다. 56비트로 만들 수 있는 키의 수에서 60비트로 만들 수 있는 키의 수를 구하기 위해서는 2×4가 아니라 2×2×2×2=2^4이 되어야 한다.

27 난이도 ★ 정답 ③

구조 파악

제시문을 읽고 선지의 일치부합을 판단하는 문제이다. 각 문단의 주요 내용을 정리하면 다음과 같다.

- 1문단: FVI의 정의
- 2문단: 우리나라의 FVI 산출 결괏값

해설

① (X) 한국은행이 FVI 산출값을 공개한 시점이 2021년 6월일 뿐, 2021년 1분기 FVI 값을 2019년 4분기 FVI 값과 비교하여 17포인트 상승했다는 내용으로 보아 한국은행의 FVI가 2021년 6월 이후의 기간에 대해서만 산출되어 있다고 보기는 어렵다.

② (X) 금융 불균형에 대한 경제주체의 심리지표를 주로 반영한 것은 금융안정지수 FSI이다.

③ (O) 1문단에서 "FVI는 역사적 최고치를 100으로, 최저치를 0으로 하여~"라고 명시하고 있으며, 2문단의 "FVI 평가요소 중 자산 가격 총 지수는 주식 및 부동산 시장의 수익 추구 성향 강화로 인해 외환 위기 및 글로벌 금융위기 당시 최고치에 근접했다."를 통해 외환위기 당시 FVI 평가요소 중 자산 가격 총 지수는 최고치인 100에 근접했다는 것을 알 수 있다.

④ (X) 2문단의 "FVI 상승은 금융 불균형 누증 및 금융기관 복원력 약화 등으로 구조적 취약성이 심화되었음을 의미한다."를 통해 옳지 않음을 알 수 있다.

⑤ (X) 2019년 4분기보다 2021년 1분기에 상승한 지수는 FSI가 아니라 FVI이다.

28 난이도 ★★★ 정답 ②

구조 파악

A국의 양도세 관련 규정이 글로 나열되어 있으며, 이를 읽고 <상황>을 판단할 때 甲이 납부하여야 할 양도세를 계산하는 문제이다. 건물과 토지를 거래할 때 양도세의 적용이 다르며, 면제되는 상황도 있음에 유의하며 문제를 풀어 보자.

해설

甲이 양도세를 납부하여야 할 부동산은 건물 X 및 그 부속토지(이하 부속토지 X), 건물 Y 및 그 부속토지(이하 부속토지 Y)이다. 이를 각각 나누어 계산해 보자.

- 건물 X: 건물 X는 주택이 차지하는 비중이 60%로 50%를 초과하기에 주택으로 간주되어 양도세가 면제된다.
- 부속토지 X: 건물 X가 주택으로 간주되기에 주택 면적인 1,000m^2×5=5,000m^2까지 면세된다. A국은 거래대상이 되는 건물이나 토지 일부분의 가격은 해당 부분이 전체에서 차지하는 비율에 가격을 곱한 것으로 보기에, 면세되지 않는 5,000m^2는 전체 면적의 50%로 100억 원의 50%인 50억 원이 과세표준으로 양도세는 과세표준의 10%인 5억 원이 된다.
- 건물 Y: 주택 비율이 40%이기에 60%인 상가부분에 한해서만 양도세가 발생한다. 과세표준은 매도가 1,000억 원의 60%인 600억 원이며, 양도세는 과세표준의 10%인 60억 원이다.
- 부속토지 Y: 부속토지 면적 중 40%는 주택에 부속되는 토지로 보기에 총면적 25,000m^2의 40%인 10,000m^2 중 주택 면적인 2,000m^2×5=10,000m^2에 해당하는 면적은 면세되어 남은 15,000m^2인 60%에 한하여 과세된다. 이때 과세표준은 1,000억 원의 60%인 600억 원으로 양도세는 과세표준의 10%인 60억 원이다.

따라서 甲이 납부하여야 할 양도세의 총액은 부속토지 X+건물 Y+부속토지 Y=5억+60억+60억=125억 원이다.

29 난이도 ★★★ 정답 ④

구조 파악

출산전후휴가와 관련된 <규정>과 <상황>을 토대로 <보기>의 일치부합을 판단하는 문제이다. 기간 계산 시 초일은 산입하며, <보기>의 사실관계는 각각 별도로 본다는 점에 유의하며 문제를 풀어 보자.

해설

편의상 제1조라 칭한다.

ㄱ. (X) 제1조 제1항에 따라 한 번에 둘 이상의 자녀를 임신하여 출산한 A는 120일의 출산전후휴가를 사용할 수 있으며, 이때 출산 이후에 60일 이상이 보장되어야 한다. 그러나 2023. 10. 18.~2024. 2. 14.는 120일로 전체 기간은 준수되나 출산 이후 기간이 45일로 60일에 미치지 않아 〈규정〉을 위반하였다.

ㄴ. (O) 제1조 제6항과 제7항에 의해 임신 후 12주 이내 또는 36주 이후에 있는 여성근로자가 1일 2시간의 근로시간 단축을 신청하는 경우 이를 허용하여야 하며, 이를 이

유로 임금삭감은 불가하다고 명시하고 있다. 그러나 A의 2023. 7. 14.~2023. 8. 14.의 기간은 (1달을 4주로 계산할 때) 4달 2주가 지난 시기이기에 최소 임신 후 18~22주까지의 기간이므로 위의 조항에 부합하지 않아 가능하다.

ㄷ. (X) 제1조 제2항에 따라 유산의 위험이 있는 A가 출산 후 휴가기간을 60일 이상 사용할 수 있는 범위 내에서 출산 전 어느 때라도 휴가를 나눠쓸 수 있도록 청구하는 경우 사용자는 이를 거절할 수 없다. A는 12주 동안 주마다 3일씩 사용한다고 하였으므로 120－(3×12)＝94로 출산 후 60일 사용이 가능하므로 위 조항의 조건을 충족한다. 따라서 사용자가 〈규정〉을 위반하였다.

30 난이도 ★★ 정답 ③

구조 파악

멤버십 서비스에 관한 글을 읽고 甲이 A그룹 제휴 업체에서 결제한 내역을 바탕으로 2024년 1월 10일에 보유한 포인트를 구하는 문제이다. 적립된 포인트는 다음 결제부터 현금처럼 사용 가능하며, 포인트는 먼저 적립된 포인트부터 사용된다는 점, 포인트 적립은 포인트 결제를 제외한 금액에 한해 적립된다는 점, 포인트의 유효기간은 적립일(결제일)로부터 1년이 되는 달의 말일에 소멸된다는 점에 주의하며 문제를 풀어보자.

해설

甲이 A그룹 제휴 업체에서 결제한 내역을 토대로 포인트의 적립 및 사용 내역을 작성하면 다음과 같다. ( ) 속 날짜는 해당 포인트의 소멸기한이다.

- 2022. 1. 5.: 2,500(2023. 1. 31.)
- 2022. 9. 20.: 2,500(2023. 1. 31.)－2,000＋400(2023. 9. 30.)
- 2023. 1. 9.: 500(2023. 1. 31.)＋400(2023. 9. 30.)＋500(2024. 1. 31.)
- 2023. 3. 27.: 400(2023. 9. 30.)－300＋500(2024. 1. 31.)＋2,000(2024. 3. 31.)
- 2024. 1. 5.: 500(2024. 1. 31.)－500＋2,000(2024. 3. 31.)＋500(2025. 1. 31.)

따라서 2024년 1월 10일 기준으로 포인트를 조회할 경우 2,000(2024. 3. 31.)＋500(2025. 1. 31.)＝2,500포인트를 보유 중일 것이다.

실전 적용 TIP

결제일(소멸기한)별로 포인트를 분류하여 과정을 나타낼 경우, 소멸기한을 확인할 수 있어 혼동을 방지할 수 있다.

제6회 피셋기출 모의고사

[정답표]

01	02	03	04	05	06	07	08	09	10
②	②	①	⑤	②	①	①	②	③	③
11	12	13	14	15	16	17	18	19	20
③	③	①	④	④	⑤	②	④	⑤	④
21	22	23	24	25	26	27	28	29	30
③	⑤	③	⑤	④	④	②	②	④	③

01 난이도 ★ 정답 ②

구조 파악

제시문에서 사용된 논증 방식을 파악하는 문제이다. 논증이란 자신의 주장을 정당화하기 위해 사용하는 논리적 방법으로, 다양한 형태가 있다. 제시문은 시장 경제체제와 호혜성 물물교환제도를 비교하며, 호혜성 물물교환제도가 특정 자연환경에서는 시장 경제체제보다 더 적합한 경제체제일 수 있다는 주장을 펼치고 있다. 특히 부시맨족이나 에스키모족과 같은 사례를 들어 호혜성 물물교환제도의 생태학적 합리성을 설명하고 있다.

1문단	시장 경제체제가 가장 적합한(유일한) 경제체제라는 주장 소개
2문단	호혜성 교환경제체제가 특성 자연환경에서는 더 적합하다는 반론 제시
3문단	리차드 리 교수의 연구를 인용하여 부시맨족의 사례를 통해 호혜성 교환경제의 합리성 설명

해설

ㄱ. (X) 제시문에서는 '가설 → 입증 → 일반화'의 과정이 드러나지 않는다. 오히려 일반적 통념(시장 경제체제의 우월성)에 대한 반론을 제시하고, 특정 사례를 통해 이를 뒷받침하는 구조를 취하고 있다. 가설을 세우고 이를 입증한 후 일반화하는 연역적 방법보다는, 구체적 사례를 통해 기존 통념의 한계를 지적하는 방식을 사용하고 있다.

ㄴ. (O) 에스키모족과 부시맨족의 사례를 구체적으로 제시하여 호혜성 교환경제체제가 특정 자연환경에서는 더 적합하다는 주장을 뒷받침하고 있다. 특히 부시맨 사회에서 과도한 생산이 가져올 생태적 위험을 설명하며, 호혜성 물물교환의 합리성을 강조하고 있다.

ㄷ. (X) 귀납적 방법은 다수의 개별 사례나 관찰로부터 일반적 원리나 법칙을 도출하는 방식이다. 제시문에서는 에스키모족과 부시맨족이라는 소수의 사례만을 활용하고 있어, 다양한 사례로부터 일반 법칙을 도출하는 귀납적 방법이라고 보기 어렵다.

ㄹ. (O) 리차드 리 교수의 연구 결과를 인용하여 '부시맨들은 일주일에 단 10~15시간의 노동으로 생활을 영위할 수 있다'는 사실을 제시하고, 이를 통해 현대 산업 사회의 신화에 반론을 제기하고 있다. 이는 전문가의 연구 결과를 자신의 논거로 활용하는 논증 방식이다.

ㅁ. (X) 제시문에서는 결과들을 원인별로 분류하여 분석하는 방법을 사용하지 않는다. 주로 특정 자연환경에서 호혜성 교환경제체제가 더 적합한 이유를 설명하며, 결과 – 원인의 분류 분석보다는 사례 제시와 전문가 견해 인용을 통한 논증을 펼치고 있다.

02 난이도 ★ 정답 ②

구조 파악

이 글은 NFT의 개념, 특성, 활용 가능성, 법적 지위에 대해 단계적으로 설명하고 있다. 각 문단의 주요 내용을 정리하면 다음과 같다.

구분	핵심 키워드	주요 내용
1문단	NFT의 개념과 특성	NFT는 블록체인 기술로 디지털 자산에 고유한 값을 부여한 인증서로, 소유권과 원본을 증명하며 대체가 불가능한 특성을 지닌다.
2문단	NFT의 활용 전망	NFT는 지식재산의 유동화 시장 확대를 가능하게 하는 수단이며, 특히 산업재산권 분야에서의 활용이 주목되나 법적 안정성 확보가 필요하다.
3문단	NFT의 가치 창출 조건	NFT는 단순한 소유 만족을 넘어 디지털 재화와 플랫폼이 결합되어 거래와 투자가 이루어질 때 진성한 자산 가치를 얻을 수 있다.
4문단	NFT의 법적 지위와 과제	현재 NFT는 가상자산이 아닌 디지털 자산으로 인식되며, 시장에서의 기능을 점검한 후 적절한 규제와 법적 지위를 정립해야 한다.

해설

① (X) 1문단에서 NFT는 가치 변동성, 사행성, 보안과 해킹 등의 우려가 제기되는 것도 사실이라고 명시하고 있다.

② (○) 4문단에서 정부(금융위원회)는 NFT가 가상자산의 정의에 부합하지 않는다는 의견이며, 이는 NFT는 암호화폐와 달리 투자나 지급·결제 수단으로 보지 않은 것이라고 했다.
③ (X) 3문단에서 현재 NFT는 희소한 재화를 소유(수집)했다는 데서 오는 효용, 즉 만족감이 절대적이지만, NFT가 해당 재화의 고유한 가치를 인증함으로써 거래와 투자를 일으켜야 자산(asset)으로서의 가치를 충분히 얻을 수 있을 것이라고 설명하고 있다.
④ (X) 2문단에서 상대적으로 디지털화가 용이한 저작권(그림, 음악, 사진 등 콘텐츠)보다는 특허로 대변되는 산업재산권 분야의 변화를 더 주목할 필요가 있다고 언급했다.
⑤ (X) 2문단에서 국가 지식재산정책 어디에서도 NFT·블록체인 기반 지식재산 거래를 검토하고 있지 않다고 명시하고 있다.

03 난이도 ★ 정답 ①

구조 파악

제시문은 저금리로 인한 저축자들의 어려움을 설명하고, 이에 대한 해결방안으로 연금 수수료 규제와 국영 금융기관을 통한 수익률 보장을 제시한 후, 마지막 문단에서 과거 물가연동저축증서의 사례를 들어 정부의 실질금리 보장 정책의 필요성을 강조하고 있다.

해설

① (○) 마지막 문단에서 과거 물가연동저축증서가 저축의 구매력을 보장하고 연 1%의 이자를 지급했다는 사례를 들며, 이러한 수익을 내는 채권의 재도입을 통해 수익률 향상이 가능하다고 설명하고 있다. 이는 앞서 제기된 저축 수익률 저하 문제의 직접적 해결책으로 적합하다.
② (X) 수수료 상한 규제는 제시문에서 단지 하나의 대안으로만 언급되었으며, 국영 금융기관들을 통해 적절한 수익률을 확보하는 것이 직접적인 길이라는 문장을 통해 더 나은 대안이 있음을 시사하고 있다. 또한 사회적 시장경제의 구체적 방안으로 제시되지 않았다.
③ (X) 제시문에 가계소득의 실질성장률이나 국영 금융기관의 수익률에 대한 구체적 언급이 전혀 없다. 이는 제시문과 무관한 내용이다.
④ (X) 즉시 인출 계좌는 오히려 실질금리가 마이너스인 문제점을 가진 예시로 언급되었으며, 이러한 형태의 저축이 부의 감소를 초래할 수 있다고 지적하고 있다.
⑤ (X) 제시문은 저축 수익률 관련 문제와 해결책을 다루고 있으며, 임금 정책이나 최저임금에 대한 내용은 전혀 언급되지 않았다. 이는 글의 핵심 주제인 저축자들의 수익률 문제와도 직접적 관련이 없다.

실전 적용 TIP

빈칸 추론 문제는 앞뒤 문맥의 흐름을 파악하는 것이 중요하다. 특히 빈칸 뒤에 나오는 "이는 급진적인 발상이 아니다."라는 문장과 이어지는 사례들이 중요한 단서가 된다. 글의 전체적인 논지(소액 저축자의 수익률 향상)와 부합하는지 확인해야 하며, 제시문에서 직접 언급되지 않은 내용은 답이 될 수 없다.

04 난이도 ★★ 정답 ⑤

구조 파악

제시문은 전 세계 도서에 부여되는 고유 식별 번호인 ISBN(국제표준도서번호)에 관해 설명하고 있다. 문제를 풀기 위해 ISBN-10의 구성 요소와 번호 부여 방식을 정확히 이해해야 한다. ISBN-10의 네 가지 구성 요소는 다음과 같다.

구분	의미	특징
첫 번째 부분	국가 또는 언어권 코드	책이 출판된 국가 또는 언어 권역, 1~5자리
두 번째 부분	출판사 코드	국가별 ISBN 기관에서 그 국가에 있는 각 출판사에 할당한 번호
세 번째 부분	개별 도서 번호	출판사에서 그 책에 임의로 붙인 번호
네 번째 부분	확인 숫자	0에서 10까지의 숫자 중 하나, 10을 써야 할 때는 로마 숫자인 X를 사용
검증 공식	ISBN-10의 열 개 숫자에 각각 순서대로 10, 9, …, 2, 1의 가중치를 곱해서 각 곱셈의 값을 모두 더한 값이 반드시 11로 나누어떨어져야 함	

해설

① (X) ISBN-10의 첫 번째 부분은 국가 또는 언어 권역을 나타낸다. 즉, 첫 번째 부분에 있는 숫자가 국가일 수도 있고 아닐 수도 있다는 의미이다. 따라서 같은 숫자가 반드시 같은 나라를 의미하지는 않는다.
② (X) ISBN-13으로의 변환 방법은 제시문에 언급되어 있지 않으므로, 단순히 3자리를 추가한다고 단정할 수 없다.
③ (X) ISBN-10의 세 번째 부분은 출판사에서 임의로 붙인 번호이므로, 출판 순서를 의미하지 않는다. 따라서 세 번째 부분에 붙은 00424는 출판사에서 임의로 붙인 번호일 뿐 424번째 출판한 책을 의미하지 않는다.
④ (X) ISBN-10의 두 번째 부분은 국가별 ISBN 기관에서 그 국가에 있는 각 출판사에 할당한 번호이다. 이는 국가별

로 부여되는 번호이므로 두 번째 부분의 숫자가 같다고 해서 동일한 출판사라고 단정할 수 없다. 다시 말해 서로 다른 국가의 출판사이지만 할당한 번호가 동일할 수도 있다.

⑤ (○) ISBN-10의 열 개 숫자에 각각 순서대로 10, 9, …, 2, 1의 가중치를 곱해서 각 곱셈의 값을 모두 더한 값이 반드시 11로 나누어떨어져야 한다. 총합이 11로 나누어떨어지려면 0부터 10까지 들어갈 수 있는 확인 숫자에 1을 곱하였을 때 11의 배수가 나오거나 0이 나와야 한다. 이때 0부터 10까지의 숫자에 1을 곱하여 11의 배수가 나올 수 없으므로, 확인 숫자는 반드시 0이어야 한다.

05 난이도 ★ 정답 ②

구조 파악

제시문은 금융 거래의 기본적인 개념과 형태를 소개하고, 구체적인 내용을 세 가지 측면에서 설명하고 있다. 금리의 개념과 종류를 설명하면서 단리와 복리의 차이, 명목 금리와 실질 금리의 구분, 고정 금리와 변동 금리의 특징을 다루고 있다. 다음으로 개인 간의 금융 거래에서 발생할 수 있는 갈등을 예방하기 위한 금전소비대차 계약의 주요 내용을 이자 합의, 담보 설정, 상환 날짜 등을 중심으로 설명하고 있다. 마지막으로 채무 불이행 시 채무자를 돕기 위한 개인 회생 제도와 개인 파산 제도의 특징과 한계를 다루고 있다. <보기>에서는 주택 구입을 위한 개인 간 금전소비대차 계약 사례를 소개하고 있다.

해설

① (X) A와 B가 인적 담보에 합의한 경우, 채권자는 인적 담보와 물적 담보를 모두 요구할 수 있다. 인적 담보란 채무자 대신 돈을 갚아 줄 보증인을 제공하는 것이므로, 채권자 B는 보증인을 요구할 수 있다.

② (○) 채무자가 지정된 날짜까지 돈을 갚지 않는 경우, 채권자는 계약 해제나 강제 집행을 통해 채무 내용에 대해 강제할 수 있다. 따라서 A가 지정 날짜까지 상환하지 않으면 B는 채무 내용에 대한 강제 집행을 할 수 있다.

③ (X) 물적 담보는 채무자의 소유물이 아니더라도, 다른 사람의 소유물인 경우 해당 소유자로부터 처분에 대한 약속을 받으면 설정할 수 있다. 따라서 A의 소유가 아닌 물건이라도 소유자의 처분 약속을 받았다면 물적 담보로 설정이 가능하다.

④ (X) 〈보기〉의 상황에서 A와 B는 이자 지급에 대해서는 합의했고 이자율만 정하지 않았다. 이 경우 연 5%의 법정 이자율이 적용되므로, A는 이자를 지급해야 한다. 무이자 원칙은 이자 지급 자체에 대한 합의가 없을 때 적용된다.

⑤ (X) 원금 상환 날짜에 채권자가 고의로 나타나지 않거나 받기를 거부하는 경우, 사전 합의가 없더라도 공탁 제도를 활용할 수 있다. 따라서 B가 나타나지 않더라도 A는 공탁 제도를 활용할 수 있다.

실전 적용 TIP

금전소비대차 계약의 주요 내용을 파악할 때는 이자, 담보, 상환 등의 핵심 요소별로 제시문의 설명을 정확히 이해해야 한다. 특히 각 요소에 대한 예외 상황이나 조건을 주의 깊게 살펴보아야 한다. 또한 <보기>의 상황에서 계약 당사자들이 합의한 내용과 합의하지 않은 내용을 구분하여, 제시문의 설명이 어떻게 적용되는지 파악해야 한다.

06 난이도 ★ 정답 ①

구조 파악

개인 회생 제도와 개인 파산 제도의 차이점을 정확하게 이해하고 비교하는 문제이다. 개인 회생 제도는 지속적 수입이 있는 채무자가 신청 가능하고, 5년간 일부 상환 후 나머지가 면제된다. 개인 파산 제도는 지속적 수입이 없는 채무자가 신청 가능하고, 면책 선고 후 전체 채무가 면제된다.

해설

① (○) 개인 회생 제도(㉠)는 5년간 일정 금액을 갚으면 나머지 빚이 면제되는 특징이 있다. 반면, 개인 파산 제도(㉡)는 면책 선고를 받으면 전체 채무가 면제된다.

② (X) 두 제도 모두 자산보다 빚이 많은 채무자를 위한 제도이다. 제시문에서 두 제도는 모두 빚이 자산보다 많아 빚을 갚을 능력이 없는 채무자를 돕기 위한 것이라고 설명한다. 따라서 개인 회생 제도(㉠)만의 특징이라고 볼 수 없다.

③ (X) 두 제도 모두 빚을 갚을 능력이 없다는 것을 법원으로부터 확인받아야 한다고 제시문에서 명시하고 있다. 따라서 개인 회생 제도(㉠)만의 특징이라고 볼 수 없다.

④ (X) 개인 회생 제도(㉠)에서는 채무자의 수입에서 최저 생계비를 제외하고 법원이 정해준 금액을 갚도록 한다고 제시문에서 명시하고 있다. 반면, 개인 파산 제도(㉡)에서는 최저 생계비 보장에 대한 내용이 전혀 언급되어 있지 않다. 따라서 개인 파산 제도(㉡)가 개인 회생 제도(㉠)와 달리 최저 생계비를 보장한다는 설명은 제시문의 내용으로 적절하지 않다.

⑤ (X) 개인 파산 제도(㉡)는 지속적 수입이 없는 경우에 신청할 수 있으며, 개인 회생 제도(㉠)는 지속적 수입이 있을 때 신청할 수 있다.

07 난이도 ★ 정답 ①

구조 파악

어휘의 문맥상 의미를 파악하는 문제이다.

해설

① (X) ⓐ는 '어느 일정한 시기부터 다른 일정한 시기까지의 사이'의 의미이다. 반면, '기간'은 '어떤 분야나 부문에서 가장 으뜸이 되거나 중심이 되는 부분'을 의미한다. 따라서 ⓐ를 사용해 만든 문장으로 적절하지 않다.
② (O) '조절'은 '균형이 맞게 바로 잡음. 또는 적당하게 맞추어 나감.'을 의미한다.
③ (O) '명시'는 '분명하게 드러내 보임.'을 의미한다.
④ (O) '유의'는 '마음에 새겨 두어 조심하며 관심을 가짐.'을 의미한다.
⑤ (O) '상환'은 '갚거나 돌려줌.'을 의미한다.

08 난이도 ★ 정답 ②

구조 파악

제시문에 나타난 원가회계의 개념과 원가 분류 방식에 대한 정확한 이해를 평가하는 문제이다. 원가회계의 분류 체계를 표로 정리하면 다음과 같다.

분류 기준	원가 유형	특징	예시
원가 발생 영역에 따른 분류	제조원가	제품을 만드는 활동에서 소요된 모든 비용	재료비, 인건비, 기계 설비 대여비, 공장 임차료
	비제조원가	생산된 제품을 판매하고 관리하는 활동에서 소요된 모든 비용	광고비, 운반비
원가 형태에 따른 분류	고정원가	조업도 변화와 상관없이 원가 총액이 일정하며, 단위당 원가는 조업도 증가에 따라 감소	기계 설비 대여비, 공장 임차료
	변동원가	조업도 변화에 따라 원가 총액이 비례적으로 변동하고, 단위당 원가는 조업도 변화와 상관없이 일정하게 유지	재료비(밀가루 구입비)
	혼합원가	고정원가와 변동원가의 특성을 모두 가지며, 원가 총액은 조업도 증가에 따라 증가하고 단위당 원가는 조업도 증가에 따라 감소	전기요금(기본요금 + 사용량 요금)

해설

① (O) 2문단에 원가회계에서는 제조원가를 계산할 때 단위당 제조원가를 기준으로 한다고 진술되어 있다. 또한 단위당 제조원가는 특정 기간에 생산된 제품 한 개의 제조원가를 의미하는 것으로, 발생한 제조원가의 총액을 총생산량으로 나누어 구한다고 부연 설명하고 있다.
② (X) 두 가지 서로 다른 분류 체계를 혼동한 선지이다. 제시문에 따르면 원가회계에서는 원가를 크게 두 가지 방식으로 분류할 수 있다. 첫째, 2문단에서 언급된 대로 원가는 제조원가와 비제조원가로 구분된다. 이는 원가가 제품 생산 과정에서 발생했는지, 아니면 판매 및 관리 활동에서 발생했는지에 따른 분류이다. 둘째, 3~4문단에서 설명하듯이 원가는 원가행태에 따라 고정원가, 변동원가, 혼합원가로 분류된다. 이는 조업도(생산량)의 변화에 따라 원가 총액이 어떻게 변화하는지에 따른 분류이다. 따라서 원가행태에 따라 원가를 제조원가와 비제조원가로 나눈다는 진술은 제시문의 내용과 일치하지 않는다.
③ (O) 1문단에서 기업은 원가를 항목별로 분류하여 집계하고 분석하기 위해 원가회계를 활용한다고 언급하고 있다.
④ (O) 1문단에서 원가회계란 정확한 원가나 수익을 측정하고 분석하는 경영 관리 활동 중 하나라고 정의하고 있다.
⑤ (O) 3문단에서 원가회계에서는 조업도의 변화에 따른 원가의 움직임을 유효하게 적용할 수 있는 조업도의 범위를 임의로 정하고, 그 범위 안의 원가행태를 분석한다고 구체적으로 설명하고 있다.

09 난이도 ★ 정답 ③

구조 파악

㉠의 핵심 내용을 추론하는 문제이다. ㉠은 고정원가의 특성을 활용한 기업의 수익 증대 전략에 관한 설명이다. 고정원가는 생산량이 변해도 총액이 일정하므로 생산량이 증가할수록 단위당 고정원가가 감소한다. 따라서 기계 설비 대여비와 같은 고정원가 비중이 높은 기업이 조업도(생산량)를 높이면 단위당 총원가가 줄어들어 동일한 판매가격에서도 단위당 이익이 증가하게 되는 원리를 설명한 것이다.

해설

① (X) 5문단에 따르면 고정원가인 기계 설비 대여비는 조업도의 변화와 상관없이 원가의 총액이 일정하게 발생한다. 따라서 제품의 생산량이 늘어나도 기계 설비 대여비 원가의 총액은 변하지 않는다. 생산량이 늘어날수록 원가 총액이 줄어든다는 설명은 고정원가의 특성과 맞지 않다.
② (X) 기계 설비 대여비 원가의 총액이 단계별로 증가해야 한다는 내용은 제시문에서 찾아볼 수 없다. 오히려 기계 설비 대여비는 고정원가로서 조업도와 상관없이 총액이 일정하게 유지된다고 설명되어 있다.
③ (O) 5문단에서는 고정원가의 특성에 대해 '빵 하나를 생산하는 데 필요한 단위당 임차료는 조업도가 증가할수록

오히려 감소한다'고 설명하고 있다. 기계 설비 대여비도 고정원가이므로 조업도가 증가하면 단위당 기계 설비 대여비가 감소한다. 단위당 원가가 감소하면 같은 판매가격에서도 단위당 이익이 증가하므로 기업의 수익을 높이는 데 효과적이다.

④ (X) 단위당 기계 설비 대여비는 조업도가 증가할수록 감소하는 것이지, 증가하는 것이 아니다. 또한 단위당 원가의 변화가 조업도 변화의 원인이 되는 것이 아니라, 조업도 변화가 단위당 원가 변화의 원인이 된다. 판매가격을 올리는 것과 단위당 원가 감소의 직접적인 연관성도 제시문에서 설명하지 않는다.

⑤ (X) 기계 설비 대여비는 고정원가로, 조업도를 높여도 원가의 총액은 변하지 않는다. 따라서 조업도를 높이면 기계 설비 대여비 원가의 총액이 비례적으로 증가한다는 설명은 고정원가의 특성과 맞지 않다. 또한 원가 총액의 증가가 판매가격 상승으로 이어진다는 내용도 제시문에서 찾아볼 수 없다.

실전 적용 TIP

고정원가의 핵심 특성을 명확히 이해하는 것이 중요하다. 고정원가는 조업도 변화와 상관없이 총액이 일정하기 때문에, 생산량이 증가할수록 단위당 고정원가는 감소한다. 이로 인해 단위당 총원가가 감소하면 같은 판매가격에서도 단위당 이익이 증가하므로, 고정원가 비중이 높은 기업은 조업도를 높이는 것이 수익성 증대에 유리하다. 따라서 원가 구조와 수익성의 관계를 정확히 파악해야 한다.

10 난이도 ★ 정답 ③

구조 파악

<보기>는 A 회사가 나무 의자 제조를 위해 2023년 1월부터 3월까지 가동한 공장의 생산량과 원가 항목별 비용을 정리한 자료이다. A 회사는 해당 기간 동안 근로자 없이 공장을 운영했으며, 생산량은 1월 200개, 2월 400개, 3월 600개로 매월 증가했다. 원가 항목은 목재 구입비, 공장 임차료, 기계 설비 대여비, 공장 전기 요금, 관리비로 구성되어 있으며, 각 항목의 원가가 생산량 변화에 따라 어떻게 달라지는지를 보여주고 있다. 이 중 공장 임차료, 기계 설비 대여비, 관리비는 매월 동일한 금액이 지출된 반면, 목재 구입비는 생산량에 비례하여 증가했고, 공장 전기 요금은 생산량이 증가함에 따라 원가 총액은 증가하지만 단위당 비용은 감소하는 양상을 보인다.

해설

① (O) 〈보기〉에서 1월부터 3월까지 비제조원가에 해당하는 기계 설비 대여비와 공장 임차료는 각각 매달 10만 원, 100만 원으로 동일하게 유지되고 있다. 제시문 2문단에 따르면 비제조원가는 생산된 제품을 판매하고 관리하는 활동에서 소요된 비용으로, 표에서 관리비가 여기에 해당한다고 볼 수 있다. 관리비도 매달 1만 원으로 동일하므로 비제조원가는 매달 동일하다.

② (O) 목재 구입비는 제시문 6문단에서 설명하는 변동원가의 특성을 가진다. 생산량이 증가함에 따라 재료비도 비례하여 증가한다. 표에서 1월 생산량은 200개, 2월은 400개, 3월은 600개로 증가하고 있으며, 단위당 목재 구입비는 매달 5만 원으로 일정하다. 따라서 목재 구입비로 발생한 원가의 총액은 1월 1,000만 원(200개×5만 원), 2월 2,000만 원(400개×5만 원), 3월 3,000만 원(600개×5만 원)으로 3월이 가장 높다.

③ (X) 공장 전기 요금은 제시문 7문단에서 설명하는 혼합원가의 특성을 가진다. 혼합원가는 고정원가와 변동원가의 특성을 모두 가지며, 단위당 원가는 조업도가 증가할수록 감소한다. 표에서 공장 전기 요금의 총액은 1월 15만 원, 2월 25만 원, 3월 35만 원이며, 생산량은 1월 200개, 2월 400개, 3월 600개이다. 따라서 단위당 공장 전기 요금은 1월 750원(15만 원/200개), 2월 625원(25만 원/400개), 3월 약 583원(35만 원/600개)으로 계산된다. 즉, 단위당 공장 전기 요금은 2월에 비해 3월에 감소한다.

④ (O) 원가행태에 따라 분류할 때, 변동원가는 목재 구입비에 해당하고, 고정원가는 공장 임차료에 해당한다. 1월부터 3월까지 목재 구입비 총액은 1,000만 원(1월)+2,000만 원(2월) +3,000만 원(3월)=6,000만 원이다. 같은 기간 공장 임차료 총액은 100만 원×3개월=300만 원이다. 따라서 변동원가(6,000만 원)의 비중이 고정원가(300만 원)의 비중보다 높다.

⑤ (O) 5문단에서 설명하듯이 고정원가는 조업도 변화와 상관없이 원가의 총액이 일정하게 발생한다. 공장 임차료는 고정원가의 대표적인 예로, 생산량이 변하더라도 원가 총액이 변하지 않는다. 따라서 4월에 생산량이 없더라도 공장 임차료로 발생한 원가의 총액은 1월부터 3월까지와 마찬가지로 100만 원으로 변하지 않을 것이다.

실전 적용 TIP

각 비용 항목이 어떤 원가 유형(고정원가, 변동원가, 혼합원가)에 해당하는지 정확히 파악하는 것이 중요하다. 그리고 각 원가 유형의 특성, 특히 조업도 변화에 따른 원가 총액과 단위당 원가의 변화 방향을 제시문에서 설명한 대로 적용해 분석해야 한다. 혼합원가의 경우 원가 총액은 증가하지만 단위당 원가는 감소한다는 점에 주의하여 계산해야 한다.

11 난이도 ★★★ 정답 ③

구조 파악

<표>의 제품별 사양 및 단가를 참고하여 A부서에서 구매한 모니터와 그래픽 카드의 전체 가격을 구하는 문제이다. <대화>를 통해 각 제품군들 중 제외되는 항목을 미리 파악한 후 남은 제품들에 대해 주어진 예산 내에서 구매할 수 있는 경우를 찾는 것이 좋다.

해설

〈대화〉를 통해 알 수 있는 정보를 정리하면 다음과 같다.

- 예산 3,000만 원 이내, 모니터 10개, 그래픽카드 32개 구매
- 모니터: 30인치 이상, 해상도 QHD 이상 지원
- 그래픽카드: 모니터가 지원하는 최고 해상도 기준으로 그래픽 프레임 속도 값이 모니터 주사율보다 높은 것
- 해당 사양을 만족하는 제품 중 모니터는 단가 대비 주사율이 더 높은 제품, 그래픽카드는 메모리 용량이 더 큰 제품을 선택

〈표 1〉을 통해 을과 무는 30인치 이상의 조건을 충족하지 못하였고, 병은 QHD 이상의 조건을 충족하지 못해 제외된다. 남은 갑과 정 중 모니터 단가 대비 주사율은 갑이 0.16, 정이 0.14로 갑이 더 높다.

모니터는 갑으로 확정하였을 때 갑은 UHD까지 지원되며, 주사율이 60임을 감안하면 그래픽카드 중 UHD 프레임 속도가 60 초과인 제품은 '가, 나, 라, 마'이다. 이 중 용량이 큰 제품은 24GB인 가와 라이다. 각각의 금액을 계산하면 다음과 같다.

- 갑+가=360,000×10+3,100,000×32
  =102,800,000원 → 예산 초과
- 갑+라=360,000×10+1,600,000×32
  =54,800,000원 → 예산 초과

가와 라를 제외한 그래픽카드 중 다음으로 메모리 용량이 큰 그래픽카드는 '마'이다. 이 경우 금액을 계산하면 다음과 같다.

- 갑+마=360,000×10+740,000×32=27,280,000원으로 예산 3,000만 원에 부합한다.

실전 적용 TIP

갑+마 조합을 구한 뒤 정과의 경우의 수를 고려할 필요가 없다. 정이 갑보다 더 저렴한 경우라면 당연히 그래픽카드 용량을 고려하여 예상 금액을 계산해 봐야 하지만, 정의 단가는 530,000원으로 갑 360,000원보다 비싸므로 고려 대상이 될 수 없다.

12 난이도 ★★ 정답 ③

구조 파악

<정보>와 <표>의 수치로 A~F에 해당하는 지역을 찾는 문제이다. <표>에는 총계에 대한 값만 명시되어 있으나, 각주를 통해 순계에 대한 값을 구할 수 있으며, <정보>에서 명시하는 지역들 중 이미 밝혀져 있는 서울을 이용하여 경우의 수를 줄여나가 보자.

해설

편의상 〈정보〉를 위에서부터 순서대로 ㉠~㉤이라고 하자.

㉠에서 총자산 평균이 전국 평균보다 높은 지역은 서울, 세종, 경기, 제주라고 하였다. 〈표 1〉에서 총자산이 전국 평균보다 높은 지역은 서울, C, D, E임을 알 수 있다. 그렇다면 세종, 경기, 제주는 C, D, E 중 하나이고, 남은 A, B, F는 대구, 광주, 울산 중 하나임을 알 수 있다.

㉡에서 총부채 평균과 총부채 중앙값의 차이가 큰 상위 3개 지역은 서울, 대구, 제주라고 하였으므로, A~F의 총부채 평균과 총부채 중앙값의 차이를 구하면 다음과 같다.

A	B	C	D	E	F
3,066	703	2,217	1,145	3,289	1,522

이들 중 상위 2개 지역은 A과 E이다. 이때 ㉠에서 얻은 정보로 A, B, F는 대구, 광주, 울산 중 하나라고 하였으므로, A는 대구, E는 제주임을 알 수 있다. 이어서 ㉢에서 총자산 평균은 전국 평균보다 낮은 지역(A, B, F) 중에서 총자산 중앙값이 전국 평균보다 높은 지역(B, F)은 광주, 울산이라고 하였다. 앞의 ㉡과 겹치는 정보이므로, ㉣을 보자. 각주에서 순자산 평균은 총자산 평균−총부채 평균임을 알려주고 있다. 지역이 확정된 A, E를 제외한 지역의 순자산 평균을 구하면 다음과 같다.

B	C	D	F
29,384	37,329	48,639	32,634

상위 3개 지역이 서울, 세종, 제주라고 하였으나, 서울은 이미 주어진 지역이며, E가 제주라는 것은 알고 있기에, 남은 네 지역 중에서 순자산 평균이 가장 큰 D가 세종임을 알 수 있다. 다음 ㉤에서 이미 확정된 지역을 제외하고 총부채 평균 대비 금융부채의 비중을 구하면 다음과 같다.

B	C	F
81.6%	75%	72.9%

이들 중 가장 비중이 높은 B가 광주이다.
따라서 정답은 ③이다.

실전 적용 TIP

㉠에서 ABF/CDE 각각 집단을 구성하는 지역을 알아낸 다음 바로 ㉢으로 넘어가 B, F가 광주, 울산임을 알아냈다면 남은 A가 자연스럽게 대구가 된다는 사실을 알 수 있다. 즉, <정보>가 나열된 순서대로 풀어나갈 필요는 없다. ㉡은 모든 지역의 차이값을 구해야 한다는 점에서 상대적으로 계산이 느린 사람이라면 굳이 먼저 건드려서 해석할 필요는 없다. 또한 반대로 순서대로 정보를 파악하던 중 ㉡에서 A가 대구임을 확인하였다면 ㉢을 통해 알 수 있는 지역이 광주, 울산이라는 것은 굳이 확인하지 않아도 됨을 알 수 있다. A, B, F가 대구, 광주, 울산으로 이루어져 있으나, A가 이미 대구임을 알고 있기에 남은 B, F가 광주, 울산일 것임이 확실하기 때문이다. 즉, ㉡나 ㉢의 정보는 A가 대구임을 확인하는 비슷한 내용임을 알 수 있다. 또한 모든 정보를 다 풀이하여 지역을 구하기보다 하나의 정보를 해결한 후 그에 해당하지 않는 선지는 바로바로 지워나가며 풀이하는 것이 좋다.

13 난이도 ★★★ 정답 ①

구조 파악

A 기관의 2020년 보고서 현황과 업무성과기준에 따라 갑~정 입법조사관의 업무성과점수를 계산하여야 하는 문제이다. 작성한 보고서의 종류에 따라 기준 점수가 달라지며, 작성시기, 공동 작성 등의 단서조항에 주의하여 입법조사관별 업무성과점수를 계산해 보자.

해설

A 기관의 2020년 보고서 현황을 편의상 위에서부터 1번, 2번 … 이라고 하자. 각 보고서별 입법조사관의 업무성과점수를 계산하면 다음과 같다.

구분	업무성과점수	비고
갑	1번: 25×1.5=37.5	상반기 작성
	5번: 50×1.5=75	상반기 작성
	7번: 90×(1+0.1)÷3=33	공동 작성
을	2번: 25×1.5=37.5	상반기 작성
	4번: 90×(1+0.1+0.5)÷3=48	공동 작성 및 상반기 작성
	8번: 25	
병	3번: 25×1.5=37.5	상반기 작성
	4번: 90×(1+0.1+0.5)÷3=48	공동 작성 및 상반기 작성
	7번: 90×(1+0.1)÷3=33	공동 작성
	9번: 25	
정	4번: 90×(1+0.1+0.5)÷3=48	공동 작성 및 상반기 작성
	6번: 25	
	7번: 90×(1+0.1)÷3=33	공동 작성

따라서 업무성과점수가 높은 순대로 나열하면 갑(145.5) → 병(143.5) → 을(110.5) → 정(106)순이 된다.

실전 적용 TIP

보고서 현황에서 보고서의 제목은 중요하지 않다. '분류'에 따라 기준점수가 정해지고, 작성일에 따라 가산 여부가 결정되기에 장황한 제목에 눈길이 가지 않도록 주의하자.

14 난이도 ★★★ 정답 ④

구조 파악

<보고서>의 내용을 작성하기 위해 주어진 <표> 이외에 추가로 필요한 자료를 찾는 문제이다. <보고서>에 사용된 자료가 이미 주어진 <표>인지 아니면 <보기>에 있는 선지인지 확인하는 것에 중점을 두고 문제를 풀어 보자.

해설

ㄱ. (X) 〈보고서〉에 작성된 내용 중 금융소득 없는 가구의 자산이나 소득과 관련된 내용은 명시되어 있지 않다.

ㄴ. (O) 1문단의 "특히 전체가구 중 금융소득 1분위 가구당 금융자산은 자산 총액의 약 35% 수준으로 나타났다."에서 금융소득 분위별 가구당 금융자산 관련 자료가 필요함을 알 수 있다.

ㄷ. (X) 2문단에서 "금융소득 분위가 높아질수록 경상소득도 증가하는 경향을 보였다."라고 하였다. 이때 '경상소득'은 〈표 2〉에서 확인 가능한 항목이다. 그러나 선택지에서는 '경상소득 분위별 가구당 금융소득'이라는 표현을 사용하고 있는데, 이는 〈표 2〉에 나타난 분류 기준(금융소득 분위별)과 항목(경상소득)의 조합과는 전혀 다른 지표다. 즉, 〈표 2〉에 '금융소득 분위별 가구당 경상소득'은 있지만, '경상소득 분위별 가구당 금융소득'은 없다. 선택지의 문장은 분위 기준과 항목을 혼동하고 있는 것으로, 〈보고서〉와 〈표 2〉 어디에도 해당 자료가 없으므로 적절하지 않다.

ㄹ. (O) 1문단의 "이는 금융소득 분위별로 구한 가구당 금융소득과 유사한 비율로 증가한 것이다."에서 금융소득 분위별 가구당 금융소득 관련 자료가 필요함을 알 수 있다.

실전 적용 TIP

ㄷ처럼 경상소득 분위별 가구당 금융소득에 다루는 것인지, 금융소득 분위별 가구당 경상소득을 다루는 것인지 헷갈리

기 쉬우므로 <보고서>에서 명시하고 있는 주어를 확실하게 확인하도록 하자.

15 난이도 ★★ 정답 ④

구조 파악

<표>와 <그림>을 통해 <보기>의 일치부합을 판단하는 문제이다. 무턱대고 비율을 계산하기보다는 최대한 주어진 자료를 이용하여 빠르게 구하고 넘어갈 수 있도록 하자.

해설

ㄱ. (○) 법정세율 15%를 적용받는 과세표준 1억 원 이하의 법인 수는 〈표 1〉의 과세표준 규모 '1천만 원 이하'와 '1천만 원 초과~1억 원 이하'의 소계인 156,692개로 전체 법인의 51.6%를 차지하고 있다.

ㄴ. (X) 1억 원 초과의 과세표준으로 27%의 누진단계세율을 적용받는 법인은 〈표 1〉의 과세표준 규모 '1억 원 초과~10억 원 이하', '10억 원 초과~100억 원 이하', '100억 원 초과~500억 원 이하', '500억 원 초과'의 소계인 44,383개로 전체 법인의 14.6%를 점유하며 해당 법인이 부담하는 총세액은 218,319억 원으로 전체 법인세액의 96.4%가 아닌 97.7%를 납부하고 있고, 법인당 평균세액은 4.92억 원으로 과세표준 1억 원 이하 법인이 납부하는 평균세액 0.03억 원과는 큰 차이를 보이고 있다.

ㄷ. (○) 우리나라 전체 법인 중 과세표준 10억 원 초과 6,456개의 법인이 전체 세액에서 차지하는 비중은 10억 원 초과~100억 원 이하가 14.9%, 100억 원 초과~500억 원 이하가 14%, 500억 원 초과가 60.8%로 14.9+14+60.8=89.7%이다.

ㄹ. (○) 〈그림〉을 통해 법인세 징수액 증가율과 GDP 증가율을 비교할 경우, GDP 증가율은 특정 범위 내에서만 오가는 모습을 볼 수 있으나 법인세 징수액 증가율의 경우 굉장히 큰 폭으로 등락함을 알 수 있다.

ㅁ. (X) GDP 증가율의 증감 방향과 법인세 징수액 증가율의 증감방향은 일치하지 않는다.

16 난이도 ★★ 정답 ⑤

구조 파악

<표 1>은 시기에 따른 제조업 재무구조 관련 추이를 나타낸 자료이며, <표 2>는 업종별 재무구조 관련 지표를 나타낸 자료이다. <보기>의 일치부합을 판단하는 과정에서 상관관계에 유의하며 문제를 풀어 보자.

해설

ㄱ. (X) 2003년 제조업의 차입금의존도는 28.3%로 2002년 31.7%에 비해 낮아진 것은 맞다. 그러나 중소기업의 차입금의존도는 2002년 32.9%에서 2003년 33.5%로 증가하였기에 옳지 않다.

ㄴ. (○) 제조업 부문 1997년 이래 부채비율은 396.3% → 303.0% → 214.7% → 210.6% → 182.2% → 135.4%로 꾸준히 하락하고 있는 반면, 자기자본비율은 20.2% → 24.8% → 31.8% → 32.2% → 35.4% → 42.5%로 상승하고 있다.

ㄷ. (○) 〈표 2〉를 통해 2002년과 2003년 양해 동안 수출기업이 내수기업보다 부채비율과 차입금의존도는 낮고 자기자본비율은 높게 나타나고 있음을 알 수 있다.

ㄹ. (○) 2003년 중소기업 차입금의존도는 33.5%로 2002년 32.9%보다 다소 높아진 가운데 부채비율의 하락폭은 152.1−147.6=4.5%p로 대기업의 하락폭 128.9−113.5=15.4%의 약 1/3 수준이다.

실전 적용 TIP

<보기>의 선지에서 해당하는 수치가 '제조업'의 재무구조 관련 수치인지, 제조업 '부문별' 재무구조 관련 수치인지 파악하는 것이 중요하다. 부채비율, 자기자본비율, 차입금의존도를 나타내고 있기에 항목 자체는 동일할 수 있으나 대상이 다르기에 헷갈리지 않도록 주의하자.

17 난이도 ★★★ 정답 ②

구조 파악

<표>와 각주, <정보>를 통해 선지의 일치부합을 판단하는 문제이다. 연령 및 국가유공자 여부에 따라 이용요금이 달라지므로 이에 유의하며 문제를 풀어 보자.

해설

① (○) 초롱이네 가족 모두가 A 놀이공원에 입장하기 위한 최소금액을 구하면 다음과 같다. 이때 이용요금 중 가장 저렴한 '입장권'을 구매한다고 가정한다.
할아버지는 70세로 65세 이상이며, 아빠는 국가유공자, 동생은 2세로 4세 미만이므로 무료입장이 가능하다. 따라서 요금은 엄마 15,000원, 오빠 12,000원, 초롱이 10,000원으로 합산 37,000원이므로 최소 37,000원 이상의 요금을 지불해야 입장이 가능하다.

② (X) 할아버지는 70세로 65세 이상이며, 아빠는 국가유공자, 동생은 2세로 4세 미만이므로 무료입장이 가능하다. 엄마, 오빠, 초롱이가 주간 자유이용권을 구매하여 이용할 경우 각 29,000+25,000+22,000=76,000원으로

초롱이의 연간회원권 구매비용인 75,000원보다 비싸다.

③ (○) 아빠, 오빠, 초롱이가 연간 3회 주간에 방문하여 자유이용권을 이용할 경우, 1회 이용 시 아빠는 국가유공자로 자유이용권의 50%를 감면받아 14,500원, 오빠 25,000원, 초롱이 22,000원으로 총 61,500원으로 3회 이용 시 경우 184,500원이 필요하다. 각 인원이 연간이용권을 이용할 경우 아빠는 국가유공자로 연간이용권의 50%를 감면받아 45,000원, 오빠 90,000원, 초롱이 66,000원으로 총 201,000원이 필요하다. 따라서 연간회원권보다 자유이용권 3회를 이용하는 것이 더 저렴하다.

④ (○) 할아버지와 동생을 제외한 가족이 모두 동시에 자유이용권을 구입하여 놀이공원을 이용할 경우, 주간 자유이용권보다 야간 자유이용권이 더 저렴하므로, 야간 자유이용권을 구매한다고 가정할 때, 아빠는 국가유공자로 자유이용권의 50%를 감면받아 13,500원, 엄마 27,000원, 오빠 23,000원, 초롱이 20,000원으로 총 83,500원이 필요하다.

⑤ (○) 초롱이와 오빠가 연간 3회는 야간 자유이용권, 1회는 입장권으로 방문할 때, 방문 시마다 입장권 및 자유이용권을 구매하여 이용하는 경우, 초롱이는 10,000+20,000×3=70,000원, 오빠는 12,000+23,000×3=81,000원으로 각각 연간이용권 금액인 75,000원과 90,000원보다 저렴하다.

18 난이도 ★★★ 정답 ④

구조 파악

주어진 <표>를 통해 선지의 일치부합을 판단하는 문제이다. 각주를 통해 선지에서 주어진 정보를 도출할 수 있으니 이에 유의하며 문제를 풀어 보자.

해설

① (○) 2009년 6월 22일 기준 1만원권의 유통비중은 92.2%로, 2009년 6월 23일 이후 5만원권과 1만원권 유통비중의 합 2009년 6월 23일 5.5+86.8=92.3%, 6월 말 8.2+84.5=92.7%, 7월 말 13.7+79.2=92.9%, 8월 말 17+76=93%, 9월 말 21.6+71.8=93.4%, 10월 말 23.4+69.8=93.2%, 11월 말 25.5+67.9=93.4%보다 작다.

② (○) 1만원권의 2009년 9월 말 기준 유통매수는 256,333억/1만=256,333만 매, 2009년 8월 말 기준 유통매수는 236,792억/1만=236,792만 매의 차이는 19,541만 매이다. 1천원권의 2009년 9월 말 기준 유통매수는 12,697억/1천=12,697십만=126,970만 매, 2009년 8월 말 기준 유통매수는 11,679억/1천=11,679십만=116,790만 매의 차이는 10,180만 매으로 2배인 20,360만 매보다 작다.

③ (○) 같은 금액권의 유통매수는 액면가가 동일하므로 발행잔액이 많을수록 유통매수도 많다고 볼 수 있다. 5만원권이 발행된 6월 23일 이후 5만원권의 발행잔액은 전월 말 대비 지속적으로 증가하고 있으나, 1만원권의 경우 9월 말을 제외하면 매월 말 기준 발행잔액이 전월 말에 비하여 지속적으로 감소하고 있음을 알 수 있다.

④ (×) 5만원권은 2009년 6월 23일 이후부터 발행되었으므로, 기준 시점별 고액권(1만원권, 5만원 권)의 비중은 2009년 6월 23일 5.5+86.8=92.3%, 6월 말 8.2+84.5=92.7%, 7월 말 13.7+79.2=92.9%, 8월 말 17+76=93%, 9월 말 21.6+71.8=93.4%, 10월 말 23.4+69.8=93.2%, 11월 말 25.5+67.9=93.4%로 지속적으로 증가하고 있다고 보기 어렵다.

⑤ (○) 2009년 11월 말 기준으로 1천원권의 유통매수는 12,047억/1천=12,047십만=120,470만 매로 동일시기 1만원권의 유통매수는 228,576억/1만=228,576만 매의 50%인 114,288만 매를 상회하고 있다.

실전 적용 TIP

액면가는 각 은행권의 가치를 의미한다. 즉, 유통매수는 해당 은행권의 발행잔액을 해당 은행권의 금액으로 나눈 것이다. 그렇기에 ③에서 같은 금액권의 유통매수를 비교한다면 당연히 액면가는 같으므로 굳이 유통매수를 별도로 구해서 일치부합을 판단하기보다는 발행잔액으로도 판단이 가능하다.

19 난이도 ★★★ 정답 ⑤

구조 파악

<표>와 각주의 공식을 통해 선지의 일치부합을 판단하는 문제이다. 본 문제의 <정보>는 사실상 각주를 글로 풀어놓은 것에 가깝다. 소비자에게 판매하는 경우와 대형마트에 납품하는 경우의 이윤을 구하는 방식이 다르다는 점에 유의하여 문제를 풀어 보자.

해설

판매 방식에 따라 달라지는 이윤 공식을 정리하면 다음과 같다.

- 소비자에게 판매 시 이윤=판매가격－생산원가－판매비
- 대형마트에 납품 시 이윤=납품가격－생산원가

① (○) 강아지 인형을 대형마트에 납품할 때의 이윤과 소비자에게 판매할 때의 이윤이 같다면, 대형마트 납품가격이 소비자 판매가격보다 '판매비'만큼 더 저렴해야 한다. 즉, 소비자 판매가격인 4,000－200=3,800원이 강아지인형의 대형마트 납품가격이 되므로 옳은 선지이다.

② (○) 바비인형을 소비자에게 판매할 때의 이윤율과 대형마트에 납품할 때의 이윤율이 같다는 것을 확인하기 위

해서는 우선 각 상황의 이윤을 구해야 한다. 소비자에게 판매할 때의 이윤은 5,000−3,600−900=500원이며, 이때의 이윤율은 (500/5,000)×100=10%이다. 대형마트 납품가격은 A로 가정할 때, 이때의 이윤율은 {(A−3,600)/A}×100=10%가 되어야 한다. 해당 방정식을 풀 경우 (A−3,600)/A=0.1, A−3,600=0.1A, 0.9A=3,600, A=4,000으로 강아지인형 소비자 판매가격과 같으므로 옳은 선지이다.

③ (○) 강아지인형을 소비자에게 판매할 때의 이윤율은 {(4,000−3,200−200)/4,000}×100=15%이다. 양배추인형을 소비자에게 판매할 때의 이윤율 역시 같은 15%라면, 양배추인형의 소비자 판매가격을 B라고 가정할 때, 이때의 이윤율은 {(B−4,350−240)/B}×100=15%, (B−4,590)/B=0.15, B−4,590=0.15B, 0.85B=4,590, B는 5,400원이 됨을 알 수 있으므로 옳은 선지이다.

④ (○) 곰인형의 소비자 판매가격 대비 판매비의 비율은 (500/7,500)×100=6.7%이다. 이때 호두까기인형의 판매비 비율 역시 같다면 호두까기인형의 소비자 판매가격을 C라고 가정할 때, (440/C)×100=6.7%가 되어야 한다. 이때 C의 값은 6,600원이 된다. 이제 각 품목별 이윤율을 구해 보자. 호두까기인형의 소비자 판매 시 이윤율은 {(6,600−5,000−440)/6,600}×100=17.6%, 곰인형의 대형마트 납품 시 이윤율은 {(6,900−5,500)/6,900}×100=20.3%로 호두까기인형의 소비자 판매 시 이윤율이 더 낮으므로 옳은 선지이다.

⑤ (×) 우선 소비자 판매가격이 명시되어 있는 바비인형의 이윤율을 구하면 {(5,000−3,600−900)/5,000}×100=10%이다. 호두까기인형을 대형마트에 납품할 경우의 이윤율 역시 10%라면, 대형마트 납품가를 D라고 가정할 경우 {(D−5,000)/D}×100=10%가 되어야 한다. 이때 호두까기인형의 생산원가가 이미 5,000원인데 이윤율이 양수라는 것은 납품가는 5,000원을 초과한다는 의미이며, 5,000원의 10%가 500원임을 고려할 때 납품가가 5,000원을 초과한다면 납품가의 10%인 이윤 역시 500원이 초과된다는 사실을 알 수 있다.

실전 적용 TIP

계산이나 문제 자체의 난도가 높은 편은 아니다. 다만, 선지에서 비교하는 값이 대형마트 납품 기준인지 소비자에게 판매하는 가격 기준인지를 확실하게 체크하도록 하자. 또한 대상 두 가지를 비교할 때, 한쪽의 값에 미지수가 있다면, 다른 한쪽의 값은 구할 수 있는 수치가 다 주어져 있는 경우가 많다. 구할 수 있는 값을 먼저 구한 후, 미지수가 있는 값을 해결하도록 하자.

20 난이도 ★★★ 정답 ④

구조 파악

제시된 <그림>과 <표>를 토대로 <보기>의 일치부합을 판단하는 문제이다. 고령인구수와 고령인구 비율을 통해 전체 인구를 구할 수 있음을 인지하며 문제를 풀어 보자.

해설

ㄱ. (×) 2019년 고령인구 비율이 가장 낮은 지역은 8.9%의 세종이다. 세종의 2025년 대비 2045년 고령인구 증가율은 {(153−49)/49}×100=212.2%이다. 그러나 〈표〉의 최상단에 위치한 서울만 보더라도 2025년 대비 2045년 고령인구 증가율이 2,980−1,862=1,118명으로 100%에 미치지 않는다. 그렇기에 세종은 2025년 대비 2045년 고령인구 증가율이 가장 낮은 지역이 아니다.

ㄴ. (○) 2045년 고령인구 비율이 40% 이상인 지역은 강원 43.6%, 전북 42.5%, 전남 45.3%, 경북 43.9%로 4곳이다.

ㄷ. (×) 2025년, 2035년, 2045년 고령인구 상위 세 개 지역을 정리하면 다음과 같다.

구분	2025년	2035년	2045년
1위	경기 (2,379천 명)	경기 (3,792천 명)	경기 (4,783천 명)
2위	서울 (1,862천 명)	서울 (2,540천 명)	서울 (2,980천 명)
3위	부산 (784천 명)	경남 (1,039천 명)	경남 (1,230천 명)

2035년과 2045년 고령인구 상위 세 개 지역은 동일하나, 2025년과는 동일하지 않다.

ㄹ. (○) 인구는 각주의 고령인구 공식을 변형하여 구할 수 있다. '고령인구 비율=(고령인구/인구)×100이므로 '인구=(고령인구/고령인구 비율)×100'이다. 2045년 충북과 전남 인구를 구하면 다음과 같다.

- 충북 인구=(646/39.1)×100=1,652천 명
- 전남 인구=(740/45.3)×100=1,634천 명

2045년 충북 인구는 1,652천 명으로 전남 인구 1,634천 명보다 많다.

실전 적용 TIP

ㄱ의 경우, 세종의 2025년 대비 2045년 고령인구 증가율을 대략적으로 200% 이상으로 인지한 다음 타 지역의 인구 증가폭을 비교하며 200% 이하로 증가한 지역을 빠르게 눈으로 훑어보며 확인하는 것이 좋다. 모든 지역의 고령인구 증가율을 구하는 것은 분초를 다투는 본 시험의 특성상 지양하는 것이 좋다(심지어 다른 선지에서 사용되는 항목도 아니다).

21 난이도 ★★★ 정답 ③

구조 파악

제시문을 읽고 <보기>의 일치부합을 판단하는 문제이다. 제시문은 탄소중립에 관한 내용으로 첫 번째 문단은 탄소중립의 정의에 대한 내용이며 이후 문단부터는 탄소중립을 실시하기 위한 여러 예시들을 담고 있다.

해설

ㄱ. (X) A은행의 전략차단프로젝트는 5문단에서 소개되고 있다. 컴퓨터가 일정시간 사용되지 않으면 언제라도 컴퓨터와 모니터의 전원이 자동으로 꺼지게 하는 시스템으로 주간에도 전략 절감을 이루어낼 수 있다.

ㄴ. (O) A은행의 전략차단프로젝트로 절감되는 예상 전력 소비량은 35만kWh로 A은행의 22,000대의 컴퓨터가 프로젝트 대상이므로 컴퓨터 1대당 절감되는 전력량은 350,000/22,000=15.9kWh, 즉 연간 15kWh 이상이다.

ㄷ. (X) 탄소중립은 배출되는 탄소량과 흡수 및 제고되는 탄소량을 동일하게 만든다는 개념으로 넷제로라고 부르기도 하나, A은행이 화상회의시스템과 전력차단프로젝트를 도입하는 이유는 이산화탄소 배출량을 줄이기 위함이지, 이로 인해 반드시 넷제로가 실현된다고 보기는 어렵다.

ㄹ. (O) 2문단에서 한 사람이 비행기로 출장 시 발생하는 이산화탄소 배출량 400kg은 같은 거리를 4명이 자동차 한 대로 출장 시 발생하는 이산화탄소 평균 배출량의 2배라고 하였으므로 4명이 자동차 한 대로 출장 시 발생하는 이산화탄소는 200kg, 이를 1인당 평균치로 나누면 50kg이므로 옳다.

22 난이도 ★★★ 정답 ⑤

구조 파악

제시문의 2문단과 3문단을 활용하여 A은행이 화상회의 시스템과 전력차단프로젝트를 도입할 경우 이산화탄소 배출량의 연간 감소량을 계산하는 문제이다.

해설

A은행의 연간 전체 이산화탄소 배출량을 C라고 가정하자.

- 항공출장으로 인해 A은행이 배출하고 있는 연간 이산화탄소의 양=(1/5)C=1,000×400kg=400,000kg
  C=2,000,000kg=2,000t
- 매년 연인원 1,000명의 30%에게 화상회의 시스템을 활용하게 함으로써 감소되는 이산화탄소=300×400×0.9=108,000kg=108t
- 전력차단프로젝트로 652t의 이산화탄소 배출량 감소효과=108t+652t=760t
  (760/2,000)×100=38%

따라서 A은행 이산화탄소 배출량은 도입 전에 비해 연간 38% 감소할 것으로 예상되었다.

23 난이도 ★★★ 정답 ③

구조 파악

제시문의 명제가 참일 때 <보기>에서 반드시 참이 되는 선지를 고르는 문제이다. 글의 명제가 전칭 명제가 아닌 특칭 명제라는 점에 주의하며 문제를 풀어 보자.

해설

제시문의 명제를 정리하면 다음과 같다.

- A&D인 후보자가 있다.
- ~B&~D
- (A or B) → ~C
- ~(A&~B) > 누군가는 A&B이다.

ㄱ. (O) 두 번째 명제에서 B와 D 둘 다 가진 후보자는 없다고 하였으므로 자격증은 최대 2개까지만 소지할 수 있다.

ㄴ. (O) 첫 번째 명제를 통해 A&D인 후보자가 있으며 네 번째 명제를 통해 A&B인 후보자가 있다.

ㄷ. (X) ~D → ~C라면 대우명제로 C → D가 성립한다. 이때 한 종류의 자격증을 보유하고 있는 후보자가 없다고 가정할 때 위의 명제를 모두 충족시키기 위해서는 A&D만 소지, A&B만 소지인 후보자만 있어도 되므로, 네 종류 중 한 종류의 자격증만 가지고 있는 후보자가 없어도 본 글의 명제가 성립한다.

실전 적용 TIP

ㄷ에서 한 종류의 자격증만 기진 후보자가 있어도 본 글의 명제가 성립하는 것은 맞다. 그러나 해당 선지가 옳은 선지가 되기 위해서는 한 종류의 자격증만 가진 후보자가 없을 때 본 글의 명제가 성립되지 않는 경우여야 한다.

24 난이도 ★★ 정답 ⑤

구조 파악

SWOT 분석이 무엇인지에 대해 인지한 후 이를 A기업에 적용할 경우 SWOT 전략과 실제 전략과의 일치부합을 판단하는 문제이다.

해설

ㄱ. (O) ST전략은 강점과 위협을 이용한 전략으로 강점인 '막대한 R&D 역량'과 위협인 '휘발유의 부족 및 가격의 급등'을 이용하여 기술개발을 통한 연비개선 전략을 마련하였다.

ㄴ. (X) SO전략은 강점과 기회를 이용한 전략으로 이에 해당하는 전략을 마련하기 위해서는 강점인 '대부분의 부품 자체 생산'과 기회인 '소형 레저용 차량에 대한 수요 증대'를 이용하여 '소형 레저용 차량을 생산한다'라는 전략이 옳다. 대형 레저용 차량을 생산하는 것은 A기업의 기회와 적합하지 않다.

ㄷ. (X) WO전략은 약점과 기회를 이용한 전략이나 규제강화에 대비하여 보다 안전한 레저용 차량을 생산하는 전략은 위협인 '차량 안전 기준의 강화'를 이용한 전략이므로 WO전략이라고 볼 수 없다.

ㄹ. (O) WT전략은 약점과 위협을 이용한 전략으로 위협인 '레저용 차량 전반에 대한 수요 침체'와 약점인 '생산설비에 대한 막대한 투자에 따른 차량모델 변경의 어려움'을 이용하여 생산량 감축을 고려하는 전략을 마련할 수 있다.

ㅁ. (O) WO전략은 약점과 기회를 이용한 전략으로 약점인 '한 곳의 생산 공장만 보유'와 기회인 '새로운 해외시장의 출현'을 통해 국내 다른 지역이나 해외에 공장들을 분산 설립하는 전략을 마련할 수 있다.

ㅂ. (O) ST전략은 강점과 위협을 이용한 전략으로 강점인 '막대한 R&D 역량'과 위협인 '휘발유의 부족 및 가격의 급등'을 이용하여 경유용 레저 차량 생산하는 전략을 마련할 수 있다.

ㅅ. (X) SO전략은 강점과 기회를 이용한 전략으로 해외 시장 진출보다 내수 확대에 집중하는 기회인 '새로운 해외시장의 출현'과 반대되는 전략이므로 SO전략이라 볼 수 없다.

실전 적용 TIP

<보기>의 전략이 SWOT 분석 중 어느 전략에 해당하는지를 판단하기보다는 해당 방안과 주어진 전략이 일치하는지의 여부만 빠르게 판단하는 것이 좋다.

25 난이도 ★ 정답 ④

구조 파악

제시문의 정보를 통해 <상황>의 각 AD 카드별 대회, 탑승권한, 시설입장 권한을 확인하고, 이를 통해 선지의 일치부합을 판단하는 문제이다. AD카드에 담긴 정보는 각각 독립적이며, 특정 권한이 있을 때 특정 시설을 입장하는 등의 종속적인 관계는 없다는 점에 주의하자. 만약 각각 AD카드에 부여된 권한이 헷갈린다면 각 AD카드 하단 여백에 해당 AD카드를 사용할 수 있는 대회, 탑승 권한, 시설입장 권한을 미리 작성해 두는 것도 도움이 된다.

해설

① (O) 알파인 경기장에 들어가기 위해서는 HAL 표시가 있어야 한다. 그런데 갑돌이의 패럴림픽 AD카드에는 ALL 표시가 되어 있으므로, 모든 시설에 입장이 가능하다.

② (O) 갑돌이의 패럴림픽 AD카드에는 T1 표시가 되어 있다. 따라서 패럴림픽 기간 동안 VIP용 지정차량에 탑승한다.

③ (O) 갑돌이의 올림픽 AD카드에는 OFH 표시가 되어 있다. 따라서 올림픽 기간 동안 올림픽 패밀리 호텔에 들어갈 수 있다.

④ (X) 갑돌이의 올림픽 AD카드에는 코드 4, 6이 표시되어 있다. 이는 각각 프레스 구역, VIP 구역을 말하는데 선수준비 구역에 들어가기 위해서는 코드 2가 표시되어 있어야 한다. 따라서 갑돌이는 올림픽 기간 동안 컬링센터 내부 선수준비 구역에 들어갈 수 없다.

⑤ (O) 갑돌이의 올림픽 AD카드에는 TM, IBC 표시가 되어 있다. 따라서 올림픽 기간 동안 미디어 셔틀버스를 타고 국제 방송센터에 들어갈 수 있다.

26 난이도 ★★★ 정답 ④

구조 파악

<조건>에 나타나 있는 기차 구간별 금액과 기차 쿠폰별 가격을 고려하여 <일정>상 경비를 가장 최소화할 수 있는 기차 쿠폰을 선택하는 문제이다. 기차 쿠폰의 할인율의 차이가 평일(러시아워 제외), 평일(러시아워), 주말(토요일, 일요일)로 나뉘어져 있다는 것을 이용하여 효율적으로 문제를 풀어 보자.

해설

평일(러시아워 제외), 평일(러시아워), 주말(토요일, 일요일)로 나누어 일정별 할인 전 금액을 정리하면 다음과 같다.

평일(러시아워 제외)	월	가 → 나	15
		다 → 가	30
	화	가 → 나	15
	수	나 → 마	30
평일(러시아워)	월	나 → 다	15
	수	마 → 라	25
	목	라 → 다	10
	금	다 → 바	20
		바 → 라	30
주말(토요일, 일요일)	토	라 → 가	25
		가 → 라	25
	일	라 → 가	25

• '다 → 가'의 경우 다 → 나 → 가(15+15=30), 다 → 라 → 가(10+25=35) 둘 중 하나의 방법으로 이동 가능하나, 경비를 최소화하여야 하기에 더 저렴한 다 → 나 → 가(30)의 경로로 이동한다.
• '나 → 마'의 경우 나 → 다 → 마(15+15=30), 나 → 다 → 라 → 바 → 마(15+10+30+5=60) 둘 중 하나의 방법으로 이동 가능하나, 경비를 최소화하여야 하기에 더 저렴한 나 → 다 → 마(30)의 경로로 이동한다.
• '다 → 바'의 경우 다 → 마 → 바(15+5=20), 다 → 라 → 바(10+30=40) 둘 중 하나의 방법으로 이동 가능하나, 경비를 최소화하여야 하기에 더 저렴한 다 → 마 → 바(20)의 경로로 이동한다.

할인 전의 가격으로 합산할 경우
• 평일(러시아워 제외): 15+30+15+30=90
• 평일(러시아워): 15+25+10+20+30=100
• 주말(토요일, 일요일): 25+25+25=75

여기에 쿠폰별 할인율을 적용할 경우, 쿠폰별 총경비는 다음과 같다.
• A 쿠폰: 2+90+100+75×0.6=237유로
• B 쿠폰: 5+90×0.6+100+75×0.6=204유로
• C 쿠폰: 23+90×0.6+100×0.8+75×0.6=202유로
• D 쿠폰: 31+90×0.6+100+0=185유로
• E 쿠폰: 105+0+100+0=205유로

따라서 경비를 최소화할 수 있는 쿠폰은 185유로로 가장 저렴한 D 쿠폰이다.

실전 적용 TIP

각 일정의 항목 하나하나 계산을 하는 것도 좋지만, 쿠폰별 할인율을 적용하는 영역이 3가지로 나눠진다는 점을 이용하여 영역별로 합산 금액을 구해둔 뒤, 할인율을 적용하는 것이 자잘한 계산 실수를 줄일 수 있는 방법이다.

27 난이도 ★★★ 정답 ②

구조 파악

글의 배정규칙에 따라 A과 근무인원의 내선번호를 배정할 때 <보기>의 일치부합을 판단하는 문제이다. 직급, 성별, 나이에 따라 배정규칙이 정해진다는 것에 주의하며 문제를 풀어 보자.

해설

글의 배정규칙을 정리하면 다음과 같다.
• 직급순: 과장 > 사무관 > 주무관
• 동일 직급 내 여성 우선
• 동일 직급 동일 성별 내 연장자 우선
• 동일 직급 동일 성별 동일 연령 내 소속팀명 우선

현재 A과 소속 근무 인원을 정리하면 다음과 같다.
• 직급별 인원: 과장 1명, 사무관 3명, 주무관 6명
• 성별 인원: 남성 3명, 여성 5명, 알 수 없음 2명

직급순으로 우선 배정하므로 최우선 순위 과장에게 먼저 번호를 부여하나, 과장이 1명이기에 과장은 0번으로 확정되었다.

ㄱ. (O) 사무관은 총 3명으로 1~3번을 부여받게 된다. 사무관3이 남성이라고 가정한다면 동일 직급 내 여성 우선으로 사무관1과 사무관2가 우선권을 가지게 된다. 그렇다면 남은 사무관3은 자동으로 3번을 부여받게 된다. 이제 사무관3이 여성이라고 가정한다면 동일직급 내 모든 성별이 여성이기에 연장자 우선 규칙으로 넘어가게 된다. 이때 사무관1이 가장 연장자이므로 1번을 부여받게 되며, 연령이 같은 사무관2와 사무관3은 소속팀명으로 우선권이 나눠져 소속팀명이 빠른 사무관2가 2번, 사무관3이 3번을 부여받게 된다. 결국 사무관3은 성별에 상관없이 3번을 부여받게 된다.

ㄴ. (X) 여성이 총 5명이라면 현재 조직도상 여성 5명이 확정되었기에 성별을 알 수 없는 주무관3과 사무관3은 자동으로 남성이 된다. 사무관까지의 내선번호는 앞선 ㄱ의 해설에 의해 과장 0번, 사무관1 1번, 사무관2 2번, 사무관3 3번이 확정된다. 이후 주무관 6명은 4~9번까지의 번호를 부여받게 되는데, 동일 직급 내에서는 여성이 우선이므로 주무관1, 주무관4가 우선권을 가지게 된다. 이때 같은 성별에서는 연장자가 우선이므로 주무관1이 4번, 주무관4가 5번을 부여받게 된다. 남은 남성 주무관들의 내선번호는 주무관3의 나이를 알 수 없으므로 확정할 수 없다. 즉, 여성이 총 5명뿐이라면 확정되는 내선번호는 0~5번으로 총 6명이다.

ㄷ. (O) 사무관까지의 내선번호는 ㄱ의 해설에 의해 과장 0번, 사무관1 1번, 사무관2 2번, 사무관3 3번이 확정된다. 주무관3이 남성이고 31세 이상 39세 이하인 경우, 동일 직급 내에서는 여성이 우선되기에 주무관1과 주무관4가 우선권을 가지게 된다. 이들 중 연장자인 주무관1이 4번, 주무관4가 5번을 가지게 된다. 남은 남성 주무관들의 내선번호는 이들 중 가장 연장자인 주무관5가 6번이 된다. 주무관3이 39세라고 가정할 경우, 주무관2와 주무관3은 나이가 같아 소속팀명이 빠른 주무관2가 7번을, 주무관3이 8번, 주무관6이 9번을 부여받아 모든 과원의 내선번호를 확정할 수 있다. 주무관3이 31세라고 가정할 경우, 연장자 우선에 의해 주무관2는 7번이 되고, 주무관3과 주무관6은 소속팀명 우선순위에 의해 주무관3이 8번, 주무관6이 9번을 부여받게 된다. 주무관3이 32세에서 38세 사이인 경우, 연장자 우선순위에 의해 주무관2가 7번, 주무관3이 8번, 주무관6이 9번을 부여받으므로, 이 역시

모든 과원의 내선번호가 확정된다.

ㄹ. (X) 사무관3은 ㄱ의 해설에 따라 성별에 상관없이 과장~사무관까지의 내선번호가 확정된다. 그러나 현재의 배정규칙상 동일 직급, 동일 성별, 동일 연령, 동일 소속팀 내에서의 배정규칙은 정해지지 않았다. 즉, 주무관3이 27세 여성일 경우, 주무관4와의 우선순위를 결정할 수 없어 모든 과원의 내선번호를 확정할 수 없다.

실전 적용 TIP

본 문항의 선지의 경우 모든 경우의 수를 확인하거나 혹은 선지가 일치하지 않는 반례를 찾아야 한다. ㄱ과 ㄷ의 경우 모든 경우의 수를 확인해야 하며, ㄴ과 ㄹ은 해당 조건이 만족하지 않는 경우를 찾는 것이 중요하다.

28 난이도 ★★ 정답 ②

구조 파악

제시문은 주주총회 결의취소의 소에 관한 글로, 다음과 같은 구성을 취하고 있다.

1문단	결의취소의 소를 제기할 수 있는 사람
2문단	결의취소의 소에서 피고인 회사를 대표해 소송을 수행할 수 있는 사람

해설

① (X) 1문단에서 결의취소의 소를 제기할 수 있는 사람은 해당 회사의 주주, 이사 또는 감사라고 하였다. 따라서 대표이사에서 해임되고 이사의 지위도 상실하였으며 주주도 아닌 甲이 제기한 결의취소의 소는 부적법한 것으로 각하되고, 결의를 취소하는 것이 정당한지에 관한 법원의 판단 없이 소송이 그대로 종료된다.

② (O) 2문단에서 이사 이외의 자가 결의취소의 소를 제기한 때에는 대표이사가 소송을 수행한다고 하였다. 따라서 주주 丙이 제기한 결의취소의 소에 대해 새로 선임된 대표이사 乙이 A회사를 대표하여 소송을 수행하게 된다. 이때 乙이 결의취소의 소의 대상이 된 주주총회 결의로 선임된 경우라 하더라도 대표이사로서 소송을 수행한다.

③ (X) 2문단에서 회사 아닌 사람을 공동피고로 한 경우 그 사람에 대한 소는 부적법한 것으로 각하되고, 회사에 대한 소송만 진행된다고 하였다. 따라서 주주 丁이 A회사와 대표이사 乙을 공동피고로 하여 결의취소의 소를 제기하면, 乙에 대한 소만 부적법한 것으로 각하되고 회사에 대한 소송은 그대로 진행된다.

④ (X) 2문단에서 이사가 결의취소의 소를 제기한 때에는 이사와 대표이사의 공모를 막기 위해서 감사가 회사를 대표하여 소송을 수행한다고 하였다. 따라서 이사 戊가 A회사를 피고로 하여 결의취소의 소를 제기하면, 감사인 己가 A회사를 대표하여 소송을 수행한다.

⑤ (X) 1문단에서 이사·감사가 임기만료나 해임·사임·사망 등으로 그 지위를 상실한 경우, 소는 부적법한 것으로 각하된다고 하였다. 따라서 감사 己의 임기가 만료된 시점이 소의 변론이 종결된 후라면 이것을 사유로 소가 부적법 각하되지는 않는다.

실전 적용 TIP

선택지 ②와 ④는 동일하게 "~이 A회사를 피고로 하여 결의취소의 소를 제기하면, ~이 A회사를 대표하여 소송을 수행한다." 형식을 취하고 있다. 그러므로 선택지를 ①~⑤ 순서대로 하나씩 살펴보기보다는 이 2개 선택지를 묶어 먼저 한 번에 해결하는 것이 시간 절약 측면에서 유리하다.

29 난이도 ★★ 정답 ④

구조 파악

제시문은 개발도상국으로 흘러드는 외국자본에 관해 설명하고 있는 글로, 각 문단에서 다루고 있는 내용은 다음과 같다.

1문단	개발도상국으로 유입되는 외국자본의 종류
2문단	해외 원조의 효과에 대한 견해
3문단	은행 융자와 채권의 변동성
4문단	포트폴리오 투자의 변동성

해설

① (O) 1문단에서 개발도상국에 대한 투자는 포트폴리오 투자와 외국인 직접투자로 이루어지는데, 포트폴리오 투자는 경영에 대한 영향력보다는 경제적 수익을 추구하기 위한 투자이고, 외국인 직접투자는 회사 경영에 일상적으로 영향력을 행사하기 위한 투자라고 하였으므로 옳은 내용이다.

② (O) 2문단에서 해외 원조는 개발도상국에 대한 경제적 효과가 있다고 여겨져 왔으나 최근 경제학자들 사이에서는 그러한 경제적 효과가 없다는 주장이 점차 힘을 얻고 있다고 하였으므로 옳은 내용이다.

③ (O) 1문단에서 개발도상국으로 흘러드는 외국자본은 크게 원조, 부채, 투자가 있는데, 원조는 흔히 '해외 원조'라고 하며, 부채는 '은행 융자'와 정부 혹은 기업이 발행한 '채권'으로, 투자는 '포트폴리오 투자'와 '외국인 직접투자'로 이루어진다고 하였으므로 옳은 내용이다.

④ (X) 3문단에서 개발도상국에 대한 1998년의 은행 융

자 총액은 500억 달러였고, 2005년의 은행 융자 총액은 670억 달러가 되었다고 하였으므로 옳지 않은 내용이다.

⑤ (○) 3문단을 통해 채권은 1998~2002년 연평균 230억 달러에서 2003~2005년 연평균 440억 달러로 210억 달러가 증가하였음을 알 수 있고, 4문단을 통해 포트폴리오 투자는 1998~2002년에는 연평균 90억 달러에서 2003~2005년 연평균 410억 달러로 320억 달러가 증가하였음을 알 수 있다. 따라서 옳은 내용이다.

30 난이도 ★ 정답 ③

구조 파악

우수부서의 수와 기념품 구입 개수를 구하는 문제이다. 포상금 5,000만 원을 글에 명시된 <포상금 사용기준>에 따라 분배할 때 우수부서의 수를 최소한으로 선정해야 한다는 점에 주의하며 우수부서의 수와 기념품 구입개수를 구해 보자.

해설

포상금 5,000만 원 중 40% 이상인 각 부서에 현금으로 배분해야 하므로, 최소 2,000만 원은 각 부서에 배분되어야 한다. 남은 금액 중 2,900만 원은 직원 복지 시설 확충에 사용해야 하며, 이후 최종 남은 금액에 대하여 개당 1만 원의 기념품을 구입할 예정이다.

전체 15개 부서 중 우수부서의 수를 P라고 가정한다면 보통부서의 수는 15－P가 될 것이다. 우수부서에 150만 원, 보통부서에 100만 원을 배분할 때 이를 방정식으로 계산하면 다음과 같다. 편의상 만 원 단위는 제하고 계산한다.

$150P+100(15-P)\geqq 2,000$

$150P+1500-100P\geqq 2,000$

$50P\geqq 500$

$P\geqq 10$

이때 우수부서의 수는 최소한으로 선정해야 하므로, 우수부서는 총 10개 부서, 보통부서는 15－10＝5개 부서가 된다. 각 부서에 배분할 금액은 1,500,000×10＋1,000,000×5＝20,000,000원이다. 남은 30,000,000원 중 29,000,000원은 직원 복지 시설 확충에 사용하며, 남은 1,000,000원으로 개당 10,000원의 기념품을 구매할 경우 총 100개의 기념품을 구매할 수 있다.

실전 적용 TIP

문제를 풀 실마리가 생각나지 않는다면, 선지의 숫자들을 직접 대입하여 풀어나가는 것도 좋은 방안이 될 수 있다. 때로는 선지가 큰 힌트를 줄 수 있다는 점을 잊지 않도록 하자.

제7회 피셋기출 모의고사

[정답표]

01	02	03	04	05	06	07	08	09	10
①	④	④	②	④	②	③	③	③	④
11	**12**	**13**	**14**	**15**	**16**	**17**	**18**	**19**	**20**
③	①	⑤	①	②	④	①	⑤	②	③
21	**22**	**23**	**24**	**25**	**26**	**27**	**28**	**29**	**30**
⑤	②	⑤	④	②	⑤	②	②	①	③

01 난이도 ★ 정답 ①

구조 파악

메타버스는 가상으로 강화된 현실세계와 현실처럼 지속하는 가상공간이 융복합된 공간으로, 4가지 핵심요소(가상세계, 거울세계, 증강현실, 라이프로깅)로 구성된다. <보기>는 이러한 메타버스의 4가지 요소를 X축과 Y축의 의미를 기준으로 각 요소의 성격에 따라 사분면으로 분류하여 설명하고 있다.

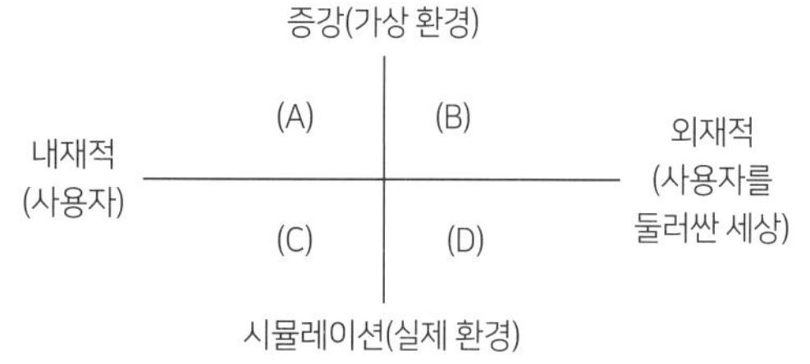

제시문의 내용을 토대로 가상세계, 거울세계, 증강현실, 라이프로깅을 각 요소의 특징에 따라 정리하면 다음과 같다.

구분	내재적	외재적
증강	라이프로깅(A) (개인의 직접적 경험과 일상을 기록, 디지털 기록을 통한 현실 강화)	증강현실(B) (현실세계에 가상 정보를 추가, 현실에 가상 요소 중첩)
시뮬레이션	거울세계(C) (현실세계를 그대로 복제한 외부 환경, 현실 기반의 디지털 복제 환경)	가상세계(D) (아바타를 통해 사용자의 정체성과 행동을 나타냄, 현실과 비슷한 가상의 환경에서 상호작용)

해설

〈보기〉의 분류 기준(X축: 내재적-외재적, Y축: 증강-시뮬레이션)에 따르면 (A)는 내재적·증강의 영역이며 개인의 직접적 경험과 일상을 기록하고 디지털 기록을 통해 현실을 강화하는 특징이 있다. 따라서 라이프로깅이 (A)에 해당한다. (B)는 외재적·증강의 영역으로 현실세계에 가상 정보를 추가, 현실에 가상 요소 중첩하는 특징이 있으므로 증강현실이 이에 해당한다. (C)는 내재적·시뮬레이션 영역으로 현실세계를 그대로 복제한 외부 환경, 현실 기반의 디지털 복제 환경을 특징으로 한다. 따라서 가상세계가 이에 해당한다. (D)는 외재적·시뮬레이션 영역으로 현실세계를 그대로 복제한 외부 환경, 현실 기반의 디지털 복제 환경이라는 특징이 있다. 따라서 거울세계가 이에 해당한다.

02 난이도 ★ 정답 ④

구조 파악

제시문은 쿠폰과 리베이트라는 판매 전략의 본질적 기능을 설명하고 있다. 먼저 쿠폰의 정의와 특성을 설명한 후, 모든 고객에게 동일한 할인을 제공하는 대신 쿠폰 발행 비용을 감수하는 이유를 제시한다. 이는 소비자의 가격 민감도에 따라 자연스럽게 소비자 집단을 분리할 수 있기 때문이라고 설명한다. 실제로 연구 결과에 따르면 20~30%의 소비자만이 규칙적으로 쿠폰을 사용하며, 이는 소득과 시간 여유에 따른 가격 민감도의 차이 때문이라고 분석한다. 이어서 리베이트 역시 쿠폰과 마찬가지로 가격 민감도에 따라 소비자를 분리하는 동일한 기능을 한다고 설명하며, 결과적으로 이러한 판매 전략들이 단순한 소비자 혜택이 아닌 전략적인 소비자 분리 수단으로 활용되고 있음을 보여주고 있다.

해설

① (X) ㉡은 적절하나 ㉠은 부적절하다. 쿠폰은 소비자를 단순히 우대하기 위한 수단이 아니라 소비자 분리 수단이라고 하였다.

② (X) ㉠, ㉡ 모두 부적절하다. 제시문에서 쿠폰과 리베이트가 단순한 소비자 우대나 배려 차원이 아니라고 하였다.

③ (X) ㉠은 적절하나 ㉡은 부적절하다. 리베이트는 쿠폰과 마찬가지로 작용한다고 명시하였으며 이는 소비자 분리 기능을 의미한다.

④ (O) ㉠이 포함된 2문단을 분석해 보면, 모든 고객에게 동일한 할인을 해주면 될 것을 굳이 쿠폰 발행 비용을 들이는 이유에 대한 의문 제기하고 있다는 내용이다. 뒤에 이어지는 3문단에서는 소비자의 20~30%만이 쿠폰을 사용하며, 이는 소득과 시간 여유에 따른 가격 민감도 차이 때문이라고 설명하였다. 따라서 ㉠에는 소비자를 분리하는

하나의 수단이 들어가는 것이 가장 적절하다. ㉡이 포함된 6문단은 가격 민감도에 따라 리베이트 사용 여부가 결정됨을 설명하고 있다. 이는 앞서 설명한 쿠폰의 소비자 분리 기능과 동일한 기능이라는 맥락이므로 ㉡에는 소비자 집단을 가격 민감성에 따라 분리하는 수단이 들어감이 적절하다.

⑤ (X) ㉠은 적절하나 ㉡은 부적절하다. 리베이트 역시 쿠폰과 동일하게 소비자 분리 기능을 한다. 가격에 민감한 소비자 집단은 반드시 영수증을 챙겨 5% 리베이트를 받을 것이라는 설명을 통해 이것이 단순한 가격 배려가 아닌 분리 수단임을 보여주고 있다.

03 난이도 ★ 정답 ④

구조 파악

선진국들과 일부 개발도상국의 인구 통계 변화와 그에 따른 정치적·사회적 영향에 관한 글이다. 각 문단은 독일, 일본 등 주요 국가의 고령화 추세와 출산율 감소, 그로 인한 연금 제도의 지속가능성 문제 등을 다루고 있다.

구분	주요 내용
(가)	선진국과 일부 개발도상국(중국 포함)의 인구 통계가 비슷한 경향을 보이고 있음. 특히 일부 유럽 지역은 독일이나 일본보다 출산율이 더 낮음
(나)	일본의 인구 변화 예측과 고령화 추세. 독일과 마찬가지로 출산율이 가임 여성 1인당 1.3명으로 낮음
(다)	노년층 지지가 모든 선진국의 정치적 규범이 됨. 연금과 이민 정책이 정치적 논란거리가 되어 선진국들의 정치 상황을 바꾸고 있음
(라)	독일의 고령화 예측. 2030년에는 65세 이상 인구가 성인 인구의 절반을 차지할 것이며, 출산율이 회복되지 않으면 젊은 인구 감소율이 노인 인구 증가율보다 2배 빠를 것임
(마)	연금 부담 해결을 위한 정년퇴직 연령 제도 철폐 가능성. 젊은 세대의 연금 기금 고갈에 대한 우려와 정치인들의 현행 연금 제도 유지 주장

해설

(라)는 독일이라는 구체적인 국가 사례로 시작한다. 이는 글의 도입부로 적합하다. (라) 다음에는 독일과 비슷한 다른 국가의 사례가 이어지는 것이 자연스럽다. (나)는 "독일의 인구 통계 변화는 전혀 예외적인 것이 아니다."로 시작하여 일본의 사례를 언급하고 있다. 따라서 (라) 다음에 (나)가 오는 것이 논리적으로 자연스럽다. (나) 다음에는 두 주요 국가(독일, 일본)의 사례가 보편적인 현상임을 보여주는 내용이 이어지는 것이 자연스럽다. (가)는 "이런 통계는 대부분의 선진국에게 있어 엇비슷하며"로 시작하여 다양한 국가들의 유사한 경향을 언급하고 있다. 따라서 (나) 다음에 (가)가 오는 것이 적절하다. (가) 다음에는 이러한 인구 통계 변화가 가져오는 정치적·사회적 영향에 대한 설명이 이어지는 것이 자연스럽다. (다)는 "이 모든 것이 의미하는 바는"으로 시작하여 노년층 지지의 정치적 규범화, 연금 문제의 정치 쟁점화 등을 다루고 있다. 따라서 (가) 다음에 (다)가 오는 것이 적절하다. 마지막으로, 문제 해결 방안이나 대응책을 다루는 내용으로 글을 마무리하는 것이 자연스럽다. (마)는 "노동 인구가 지불해야 하는 연금 부담이 지나치게 높아지지 않도록 하기 위한 한 가지 대책으로"라며 정년퇴직 연령 제도 철폐 가능성을 언급하고 있으므로 (다) 다음에 (마)가 오는 것이 적절하다.
따라서 가장 적절한 문단 배열은 (라) – (나) – (가) – (다) – (마)이다.

실전 적용 TIP

문단 배열 문제를 해결할 때는 각 문단의 첫 문장과 마지막 문장에 주목하는 것이 중요하다. 이는 종종 이전 문단이나 다음 문단과의 연결 관계를 보여준다. 글의 구조적 흐름도 파악해야 하는데, 일반적으로 글은 도입(문제 제기, 주제 소개)에서 본론(사례, 분석, 논증)을 거쳐 결론(해결책, 전망)으로 전개된다. 또한 숫자나 통계 자료의 시간적 흐름을 확인하는 것도 도움이 되는데, 보통 과거에서 현재, 미래 순으로 전개된다. 인과관계가 명확한 경우에는 원인이 먼저 제시되고 결과가 후에 제시되는 것이 일반적이다. 첫 문단과 마지막 문단을 먼저 파악하는 것도 유용한 전략이다. 첫 문단은 주제를 소개하고, 마지막 문단은 결론이나 해결책을 제시하는 경우가 많기 때문이다.

04 난이도 ★★★ 정답 ②

구조 파악

글쓴이의 핵심 주장을 파악한 후, 각 선택지가 이 주장과 얼마나 밀접하게 연관되어 있는지 판단하는 문제이다. 각 문단의 주요 내용을 정리하면 다음과 같다.

1문단	같은 소득을 가진 두 사람이라도 동일한 금액에서 얻는 만족이나 고통은 다를 수 있음
2문단	충분히 많은 사람들의 평균으로 본다면, 같은 소득 집단 간에는 동일한 금액의 이득과 손해가 비슷한 영향을 미침
3문단	특히 비슷한 직업, 환경의 사람들 간에는 그 유사성이 더 커짐
4문단	부자보다 가난한 사람에게 동일한 금액이 더 큰 쾌락이나 고통을 의미함을 설명

해설

① (X) 글쓴이는 소득 수준에 따른 쾌락의 차이를 명확히 비교하고 있다.

② (O) 이 선택지는 경제학의 '한계효용체감의 법칙'을 설명하고 있다. 4문단에서 "1실링은 가난한 사람보다 부자에게 적은 쾌락 또는 만족을 준다."라고 말하며, 부자는 이미 많은 돈을 가지고 있기 때문에 추가적인 1실링이 주는 만족이 가난한 사람보다 적다고 설명한다. 이는 소비나 소득이 증가할수록 추가적인 소비나 소득이 주는 쾌락이 감소한다는 한계효용체감의 법칙과 정확히 일치한다.

③ (X) 화폐 1단위가 주는 쾌락이 소득 수준에 따라 다르다고 주장하고 있지만, 상품 소비의 쾌락을 최대화하는 내용에 대해서는 언급하지 않았다.

④ (X) 글쓴이는 동일한 금액이라도 개인 간, 특히 소득 수준에 따라 쾌락의 크기가 다르다고 주장하고 있다.

⑤ (X) 제시문에서는 소비의 최적 수준이나 합리적 소비에 대한 논의가 소개되지 않았다.

05 난이도 ★ 정답 ④

구조 파악

글의 세부내용을 파악하는 문제이다. 제시문은 노동 가능 인구의 구분과 실업률, 고용률의 개념을 설명하고, 다양한 실업의 형태와 원인을 분석한 뒤, 베버리지 곡선을 통해 수요 부족 실업과 비수요 부족 실업을 구분하여 실업 문제의 해결 방안을 모색하는 방법을 설명하는 글이다. 각 문단의 주요 내용을 정리하면 다음과 같다.

1문단	• 노동 가능 인구의 구분: 경제 활동 인구와 비경제 활동 인구 • 경제 활동 인구의 구분: 취업자와 실업자
2문단	• 실업률과 고용률의 개념 • 실업률의 한계와 고용률의 중요성 • 취업자와 구직단념자의 정의
3문단	• 실업의 주요 형태 구분 • 수요 부족 실업(경기적 실업)의 개념 • 비수요 부족 실업의 유형: 마찰적 실업, 구조적 실업, 계절적 실업
4문단	• 베버리지 곡선의 기본 개념 • 실업자 수와 결원 수의 관계 • 완전 고용 상태의 의미 • 베버리지 곡선을 통한 수요 부족 실업자 수 계산 • 실질적인 수요 부족 실업자 수와 비수요 부족 실업자의 구분
5문단	• 베버리지 곡선의 이동과 의미 • 노동 시장의 수요와 공급 불일치에 따른 실업 문제 해결 방안

실업률(㉠)은 경제 활동 인구 중에서 실업자가 차지하는 비율을 의미한다. 여기서 실업자는 일할 능력과 의사가 있으나 지난 4주 동안 일자리를 구하지 못한 사람을 말하며, 경제 활동 인구는 취업자와 실업자를 포함한다. 실업률 계산에는 비경제 활동 인구, 구직단념자, 육아·가사·취학·취업 준비자는 포함되지 않는다. 취업자의 기준이 1주일에 1시간 이상 일한 사람으로 설정되어 있어 정규직뿐만 아니라 부업 노동자나 일용직 노동자도 모두 포함된다. 또한 구직단념자가 제외되어 실제 실업 상황을 정확히 반영하지 못한다는 한계가 있다.

고용률(㉡)은 노동 가능 인구 중에서 취업자가 차지하는 비율을 의미한다. 취업자는 지난 1주간 1시간 이상 수입을 목적으로 일한 사람을 모두 포함하며, 노동 가능 인구는 경제 활동 인구와 비경제 활동 인구를 모두 포함한다. 고용률 계산에는 실업자, 비경제 활동 인구, 구직단념자는 포함되지 않는다. 실업률이 가진 한계를 보완할 수 있어 최근에는 고용률을 더 중시하는 경향을 보이고 있다. 고용률 역시 실업률과 마찬가지로 정규직, 부업 노동자, 일용직 노동자를 모두 취업자로 포함한다.

해설

① (X) 육아로 인해 경제 활동 의사가 없는 사람은 비경제 활동 인구로 분류되어 실업률 계산에 포함되지 않는다.

② (X) 지난 1주간 1시간 이상 수입을 목적으로 일한 사람은 모두 취업자로 분류되므로, 8시간 일한 사람도 고용률에 반영된다.

③ (X) 이직을 위한 퇴직자는 구직 활동을 하는 실업자가 되어 실업률은 증가하고, 취업자가 감소하므로 고용률은 감소한다.

④ (O) 취업 준비자가 취업하면 비경제 활동 인구에서 취업자가 되므로 경제 활동 인구는 증가하나 실업자는 변함없어 실업률은 감소하고, 취업자가 증가하므로 고용률은 증가한다.

⑤ (X) 구직 단념자는 최근 일정 기간 동안 구직 활동을 하지 않아 비경제활동인구로 분류되며 실업률 계산의 분모인 경제활동인구에 포함되지 않는다. 다만, 고용률은 경제활동인구 여부와 관계없이 15세 이상 인구 중 취업자의 비율이기 때문에, 구직 단념자의 상태가 기존 취업자에서 구직 단념자로 바뀐 경우에는 고용률에 영향을 미친다. 그러나 이 문항에서는 일반적인 설명으로, '이미 취업자가 아닌 상태'임을 전제하고 있기에 고용률에도 영향을 미치지 않는다고 본 해설은 문항 취지상 타당하다.

06 난이도 ★★★ 정답 ②

구조 파악

베버리지 곡선을 통해 실업의 유형을 분석하고, 구체적인 수치를 해석할 수 있어야 한다. <보기>의 그래프는 OO 지역의 베버리지 곡선을 나타내며, 가로축은 실업자 수, 세로축은 결원 수를 보여준다. 현재 노동 시장 상황인 점 A에서 실업자 수(U_A)는 20만 명, 결원 수(V_A)는 5만 명이다. 완전 고용 상태인 점 t에서 실업자 수(U_t)는 10만 명 결원 수는 10만 명이다. A'는 베버리지 곡선이 우측으로 이동한 상황을 보여준다. 또한 그래프에는 45도 직선 F가 그려져 있어 실업자 수와 결원 수가 같아지는 지점을 보여주며, 이 직선과 베버리지 곡선이 만나는 t점이 완전 고용 상태를 나타낸다. A에서 A'로의 이동은 노동 시장의 수요와 공급 불일치가 심화되어 비수요 부족 실업이 증가하는 상황을 의미한다.

해설

① (○) 경기 부양 대책으로 수요 부족 실업을 해소하더라도 완전 고용 수준인 t에 대응하는 실업자 수까지만 줄일 수 있다. 그래프에서 t점에 해당하는 실업자 수가 10만 명이므로, ○○ 지역의 경기를 부양시켜 일자리 수를 증가시키더라도 10만 명의 실업자는 여전히 존재하게 된다.
② (X) 실질적인 수요 부족 실업자 수는 현재 실업자 수(U_A)에서 완전 고용 수준의 실업자 수(U_t)를 뺀 것이다. 그래프에서 U_A는 20만 명, U_t는 10만 명이므로 실질적인 수요 부족 실업자 수는 10만 명이다. 단순히 현재의 실업자 수에서 결원 수를 빼서 계산하는 것은 잘못된 방법이다.
③ (○) 그래프에서 현재 결원 수는 5만 개이고, 완전 고용 상태인 t점에서의 결원 수는 10만 개이다. 따라서 수요 부족 실업을 해결하기 위해 경기를 부양시키면 현재보다 5만 개(10만 개 − 5만 개)의 일사리를 늘릴 수 있다.
④ (○) 그래프의 t점이 나타내는 10만 명의 실업자는 마찰적 실업과 구조적 실업 같은 비수요 부족 실업자에 해당한다. 제시문에서 설명했듯이 베버리지 곡선을 통해 비수요 부족 실업자를 구분하여 적절한 정책을 마련할 수 있다.
⑤ (○) 베버리지 곡선이 B_1에서 B_2로 이동하는 것처럼, A에서 A'로 이동하는 것은 노동 시장에서 결원 수가 높아지고 있음에도 실업이 증가하는 현상을 보여준다. 이는 노동 시장에서 수요와 공급의 불일치 정도가 높아져 비수요 부족 실업자가 증가하고 있음을 의미한다.

07 난이도 ★ 정답 ③

구조 파악

제시문에서 사용된 단어들의 문맥적 의미를 이해하고, 이를 사전적 의미와 비교하여 정확하게 파악할 수 있는 능력을 평가하는 문제이다.

해설

① (○) '지표'는 '방향이나 목적, 기준 따위를 나타내는 표지.'의 의미로 쓰였다.
② (○) '경향'은 '현상이나 사상, 행동 따위가 어떤 방향으로 기울어짐.'의 의미로 쓰였다.
③ (X) '파악'은 '어떤 대상의 내용이나 본질을 확실하게 이해하여 앎.'의 의미로 쓰였다. '한발 물러나서 어떤 일이 되어 가는 형편을 바라봄.'의 의미를 가진 단어는 '관망'이다.
④ (○) '공존'은 '두 가지 이상의 사물이나 현상이 함께 존재함.'의 의미로 쓰였다.
⑤ (○) '해소'는 '어려운 일이나 문제가 되는 상태를 해결하여 없애 버림.'의 의미로 쓰였다.

08 난이도 ★★ 정답 ③

구조 파악

제시문은 기업 투자를 위한 재무제표 분석의 중요성을 설명하고, 특히 자기자본순이익률(ROE)을 중심으로 한 듀퐁 ROE 분해 방법을 통해 기업의 수익성, 효율성, 안정성을 평가하는 방법을 설명하는 글이다. 문제를 해결하려면 재무레버리지의 개념과 계산 방법을 정확히 이해하고, 각 구성 요소의 변화에 따른 영향을 논리적으로 분석할 수 있어야 한다.

재무레버리지 특징
• 계산식: 평균총자산/평균자기자본 • 평균총자산 = 자기자본 + 부채 • 높을수록 기업의 안정성이 낮아짐

해설

① (X) 부채가 일정하고 평균총자산이 증가하는 상황을 분석해보면, 평균총자산은 자기자본과 부채의 합이므로 자산이 증가했다는 것은 자기자본이 증가했다는 의미이다. 재무레버리지는 평균총자산/평균자기자본이므로, 분자의 증가폭보다 분모의 증가폭이 더 크게 되어 결과적으로 재무레버리지는 낮아지게 된다.
② (X) 부채가 일정한 상태에서 평균자기자본이 증가하면, 평균총자산도 그만큼 증가하게 된다. 재무레버리지 계산식에서 분자(평균총자산)와 분모(평균자기자본)가 같은 크기만큼 증가하는데, 이 경우 원래 값보다 작아지므로 재무레버리지는 낮아진다.
③ (○) 평균자기자본이 일정한 상태에서 부채가 증가하면, 평균총자산(자기자본+부채)도 그만큼 증가한다. 재무레버리지 계산식에서 분모(평균자기자본)는 변화가 없는데 분자(평균총자산)만 증가하므로 재무레버리지는 높아진다. 이는 기업이 자기자본보다 부채에 더 의존하게 됨을 의미한다.
④ (X) 재무레버리지가 낮아진다는 것은 기업의 안정성이

높아진다는 의미이다. 따라서 금리가 인상되더라도 이자 부담이 커지지 않는다. 오히려 재무레버리지가 높을 때 금리 인상에 따른 재무적 어려움을 겪을 가능성이 높아진다고 설명하고 있다.

⑤ (X) 평균총자산이 일정한 상태에서 평균자기자본이 증가한다는 것은 필연적으로 부채가 감소함을 의미한다(총자산=자기자본+부채). 재무레버리지 계산식에서 분자(평균총자산)는 일정한데 분모(평균자기자본)가 증가하므로 재무레버리지는 낮아진다.

09 난이도 ★ 정답 ③

구조 파악

제시문에서 설명한 재무비율 분석 방법을 이해하고, 실제 기업의 재무제표 수치를 활용하여 각 지표를 정확하게 계산하고 해석할 수 있는지 평가하는 문제이다.

해설

① (○) ⓐ는 매출액순이익률로, 〈보기〉에서 2018년 A기업의 당기순이익(20억 원)을 매출액(500억 원)으로 나눈 값이 4%임을 확인할 수 있다. 따라서 당기순이익을 매출액으로 나눈 지표가 4%라는 설명은 적절하다.

② (○) ⓐ(매출액순이익률)를 보면 2018년 A기업은 4%(20억 원/500억 원), B기업은 5%로 나타난다. A기업의 매출액(500억 원)이 B기업(400억 원)보다 높아 매출액순이익률이 더 낮게 나타난다는 설명은 적절하다.

③ (X) ⓑ는 자산회전율로, 2018년 A기업은 2회(매출액 500억/평균자산 250억), B기업은 1회(매출액 400억/평균자산 400억)이다. 이는 A기업이 B기업보다 자산 대비 매출액 창출이 2배 더 효율적임을 의미하는 것이지, 단순히 자산이 2배 효율적으로 운영된다고 해석하는 것은 부적절하다.

④ (○) ⓒ는 재무레버리지로, 〈보기〉에서 2018년 A기업의 값이 2로 나타나며, 이는 B기업과 비교하여 안정성을 판단할 수 있는 지표이다. 이를 산업별 평균값과 비교하겠다는 분석 방향은 적절하다.

⑤ (○) ⓓ는 자기자본순이익률(ROE)로, 〈보기〉에서 2018년 A기업의 값(40%)이 2017년 B기업의 값(40%)과 동일함을 확인할 수 있다.

실전 적용 TIP

각 지표의 계산 방법을 정확히 알고 있어야 한다.

- 매출액순이익률(ⓐ)=당기순이익/매출액
- 자산회전율(ⓑ)=매출액/평균총자산
- 재무레버리지(ⓒ)=평균총자산/평균자기자본
- 자기자본순이익률(ⓓ)=ⓐ×ⓑ×ⓒ

10 난이도 ★★ 정답 ④

구조 파악

<보기>의 재무제표를 참고하여 구체적인 사례에 적용해 보는 문제이다. 주어진 재무제표 수치를 바탕으로 B기업의 재무상태 변화를 분석하고, 각 지표의 변화 추이를 통해 투자 의사결정을 예측할 수 있다.

해설

① (X) 당기순이익은 매출액에서 매출 원가 및 기타 비용을 전부 차감한 금액이다. 〈보기〉의 재무제표에 따르면 2018년 B기업의 당기순이익은 20억 원으로 2017년에 비해 증가했음을 알 수 있다.

② (X) 주주가 투자한 자기자본에 대한 투자의 효율성 지표는 자기자본순이익률을 의미하며, 〈보기〉의 재무제표에 따르면 2018년 B기업의 자기자본순이익률은 40%이므로 2017년에 비해 증가했음을 알 수 있다.

③ (X) 안정성 지표는 재무레버리지를 통해 알 수 있다. B기업은 2017년에는 재무레버리지가 2였으며, 2018년에는 재무레버리지가 4였다. 재무레버리지가 높아지면 기업의 안정성은 낮아지므로 안정성 지표만 중시하는 투자자라면 2019년에는 B기업에 대한 투자를 줄이려고 할 것이다.

④ (○) 수익성 지표는 매출액순이익률을 통해 확인할 수 있다. 〈보기〉의 표에 따르면 B기업의 2017년 매출액순이익률은 10이었으며, 2018년에는 5로 감소하였다. 만약 B기업에 투자하고 있는 투자자가 수익성 지표만을 중시한다면 2019년에는 B기업에 대한 투자를 줄일 것으로 예상할 수 있다.

⑤ (X) 자산의 효율적 이용은 자산회전율을 통해 알 수 있다. 2017년 B기업의 자산회전율은 1이었지만, 2018년 B기업의 자산회전율은 2회로 2017년에 비해 높아졌다. 만약 자산의 효율적 이용만을 중시하는 투자자라면 2019년에는 B기업에 대한 투자를 늘릴 것임을 예상할 수 있다.

11 난이도 ★★ 정답 ③

구조 파악

<보고서>를 읽고 <보기>의 자료들 중 <보고서>의 내용과 부합하는 것을 고르는 문제이다. 자료에 제시된 수치들 중 <보고서>에는 없는 내용이거나 틀린 자료를 골라야 한다는 것에 중점을 두고 문제를 풀어 보자.

해설

ㄱ. (○) 〈보고서〉의 2문단에서 지주회사 수를 언급하고 있는데 2018년 이후 지주회사 수가 2017년 지주회사 수인

193개의 90% 173.7개 이하를 유지하고 있으므로 옳다. 또한, 2022년 지주회사 수는 168개로 전년 164개에 비해 증가하였으므로 〈보고서〉에 부합하는 자료이다.

ㄴ. (X) 〈보고서〉의 3문단에서 지주회사의 평균 소속회사 수 추이를 언급하고 있는데 2017년 이후 자, 손자, 증손회사가 각각 2017년 이후 매년 증가하였다고 하였으나 자료의 추이상으로는 '증손'회사는 동일하거나 감소한 년도도 있어 옳지 않음을 알 수 있다.

ㄷ. (X) 〈보고서〉의 2문단 후단에서 지주회사 편입률을 언급하고 있는데, 2018년 편입률은 80.6%로 80%를 초과하였고, 2019년 이후 70% 이상을 유지하고 있으므로 옳다. 그러나 2022년 지주회사의 전체 계열사 1,281개 중 915개가 지주회사 체제 안에 편입되어있다고 명시되어 있으나, 이는 (915/1,281)×100≒71.4%로 자료에 명시된 78.7%와 맞지 않을뿐더러 편입률 역시 전년 78.1% 대비 감소한 것이므로 옳지 않다.

ㄹ. (O) 〈보고서〉의 4문단에서 자산규모별 지주회사 수를 언급하고 있는데, 2022년 자산규모 1천억 원 이상 5천억 원 미만인 지주회사 수는 66개로 2017년 97개에 비해 32% 감소하였으며, 5천억 원 이상인 지주회사는 2022년 기준 16개로 2017년 12개에 비해 33.3% 증가하였으므로 옳다.

실전 적용 TIP

<보고서>에서 제시된 수치가 자료에 나타나 있는지와 더불어 '시기'의 적합 여부까지 체크해야 한다. 또한 틀린 자료는 선지에서 바로 지워가며 확인해야 할 자료의 양을 줄이는 것 역시 필요한 습관이다.

12 난이도 ★★★ 정답 ①

구조 파악

<그림>은 가지치기 형식으로 그려진 경제활동인구조사 결과이다. 그러므로, 동일한 수준의 하위 항목들의 총합은 상위항목의 값과 일치해야 한다는 점에 유의해야 한다. 이는 인구수뿐만 아니라 괄호 사이 값인 증감 인구수에도 적용된다. 즉, 15세 이상 인구수는 경제활동인구와 비경제활동인구를 더한 값이며, 15세 이상 인구의 증감수는 경제활동인구의 증감수와 비경제활동인구의 증감수를 더한 값과 같다.

해설

15세 이상 인구의 2020년 7월 대비 증감 인구수는 −1만 5천 명이다. 그런데 15세 이상 인구는 경제활동인구와 비경제활동인구의 합으로 구성되어 있다. 따라서 경제활동인구의 2020년 7월 대비 증감 인구수는 +3만 명이므로 비경제활동인구의 2020년 7월 대비 증감 인구수 A는 −4만 5천 명이 되어야 한다. 한편 경제활동인구는 취업자와 실업자의 합이므로 취업자 B는 175만 7천 명−6만 1천 명=169만 6천 명이다.

13 난이도 ★★★ 정답 ⑤

구조 파악

<표 1>과 <표 2>의 수치를 통해 <보기>의 일치부합을 판단하는 문제이다. 각주의 내용을 통해 표에 명시되지 않은 수치를 구할 수 있다는 점을 고려하며 문제를 풀어 보자.

해설

ㄱ. (X) 5인 가구 수는 〈표 1〉의 4인 이상 5인 이후 가구 수에서 〈표 2〉의 4인 가구 소속 가족 구성원 수치를 4로 나눈 값을 제하여 구할 수 있다. 〈표 1〉 각주에 명시되어 있는 n인 가구는 가족 구성원이 n명인 가구를 의미한다는 점을 이용하여 4인 가구 수를 구하는 것이다. 이에 따라 갑 지역과 을 지역의 5인 가구 수를 구하면 다음과 같다.
- 갑 지역 5인 가구 수: 1,072−(2,864/4)=356
- 을 지역 5인 가구 수: 820−(1,844/4)=359

따라서 5인 가구 수는 갑 지역이 을 지역보다 적다.

ㄴ. (O) 1인 가구 수는 〈표 1〉의 2인 이하 가구 수에서 〈표 2〉의 2인 가구 소속 가족 구성원 수치를 2로 나눈 값을 제하여 구할 수 있다. 1인 가구는 가족 구성원이 1명인 가구를 의미하기에 1인 가구수와 1인 가구 소속 가족 구성원 수는 동일하다는 것을 알 수 있다. 이에 따라 갑 지역과 을 지역의 1인 가구 수(1인 가구 소속 가족 구성원 수)를 구하면 다음과 같다.
- 갑 지역 1인 가구 수: 1,733−(1,940/2)=763
- 을 지역 1인 가구 수: 1,357−(1,708/2)=503

따라서 을 지역 1인 가구 수의 150%는 503×1.5=754.5로 갑 지역 1인 가구 수는 해당 수치를 초과한다.

ㄷ. (X) 월 소득 400만 원 미만인 전체 가구 중 4인 이상 5인 이하 가구 수가 차지하는 비중을 각 지역별로 구하면 다음과 같다.
- 갑 지역: {(1,072−390)/(3,686−1,002)}×100=25.4%
- 을 지역: {(820−188)/(2,765−415)}×100=26.9%

따라서 갑 지역이 25.4%로 을 지역 26.9%보다 작다.

ㄹ. (O) 월 소득 300만 원 이상 400만 원 미만인 3인 이하 가구 월 소득 총합은 갑 지역이 더 크다는 것을 증명하기 위해서는 갑 지역의 300만 원 이상 400만 원 미만 3인 이하 가구 월 소득은 최저 값인 300만 원이라 가정하고, 을 지역의 300만 원 이상 400만 원 미만 3인 이하 가구

월 소득은 최댓값인 400만 원(원칙적으로는 400만 원 미만이기에 3,999,999원으로 계산해야 하나 계산의 편의성을 위해 400만 원으로 계산)으로 계산할 경우 다음과 같다.

- 갑 지역: 3,000,000×(449+259)=2,124,000,000원
- 을 지역: 4,000,000×(315+150)=1,860,000,000원

따라서 해당 구간에서 갑 지역 소득을 최저로 설정하고, 을 지역의 소득을 최고로 설정하였음에도 갑 지역의 소득 총합이 더 크다.

실전 적용 TIP

ㄷ의 경우, 월 소득 400만 원 미만인 4인 이상 5인 이하 전체 가구 수를 140+232+310으로 구해도 무방하다. 그러나 반대로 생각한다면 4인 이상 5인 이하 전체 가구에서 소득 400만 원 이상인 가구를 제한 값과 같다는 것을 알 수 있다. 그렇기에 4인 이상 5인 이하 가구 수 전체 1,072에서 400만 원 이상 가구 수인 390을 제하여 구할 수 있다. 또한 ㄹ에서 실제 단위는 300만 원, 400만 원이나 단위가 커서 불편하다면 간단하게 3×(449+259)=2,124, 4×(315+150)=1,860으로 같은 값으로 나누어 수를 작게 만들어 푸는 것도 방법이 될 수 있다.

14 난이도 ★★★ 정답 ①

구조 파악

C국 기준 A~F의 콜라와 커피의 상대가격을 나타낸 <표>를 통해 <보기>의 일치부합을 판단하는 문제이다. 상대가격의 기준이 되는 C국의 콜라 가격과 커피 가격이 상이할 수 있음에 주의하며, C국의 커피·콜라지수에서 힌트를 얻어 문제를 풀어보자.

해설

먼저 C국의 콜라 가격을 P, 커피 가격을 Q라고 가정하자. 즉, C국 기준 국가별 콜라의 상대가격이 100이라면 해당 국가의 콜라가격은 P이며, 커피 상대가격이 100이라면 해당 국가의 커피 가격은 Q라는 것을 의미한다. 커피·콜라지수는 해당 국가의 커피가격을 해당 국가의 콜라가격으로 나눈 값으로 C국 기준으로 표시한 국가별 상대가격과는 상관없다. C국의 커피·콜라지수가 150인 것으로 보아 C국의 커피 가격인 Q는 콜라가격인 P보다 1.5배 비싸다는 사실을 알 수 있다. 이를 식으로 나타낼 경우 Q=1.5P라는 것이다. 이러한 사실에 기초하여 〈보기〉를 읽어 보자.

ㄱ. (○) 우선 C국의 커피 가격 Q는 콜라 가격 P의 1.5배이다. 이를 반대로 해석할 경우 C국의 콜라 가격 P는 Q의 2/3, 즉 66.7%라는 점을 알 수 있다. 이를 이용한다면 A~F국의 커피 가격이 P=0.667Q, 즉 C국 기준 커피의 상대가격이 66.7 미만일 경우 C국의 콜라 가격보다 낮다는 것이다. 커피의 상대가격이 나와 있지 않은 A국을 제외한 B~F국의 커피 상대가격 중 66.7보다 작은 국가는 F국뿐이라는 사실을 알 수 있다. 그렇다면 A국의 커피 상대가격을 구하면 다음과 같다.

- A국: A국의 커피상대가격은 커피·콜라지수를 이용하여 구할 수 있다. A국의 커피·콜라지수가 140이라는 것은 커피가 콜라보다 1.4배 비싸다는 뜻이다. A국의 콜라가격은 0.75P이므로 커피 가격은 0.75P×1.4=1.05P가 된다. A국의 커피 가격은 C국의 콜라 가격인 P보다 1.05배 크다.

  A~F국 중 커피 가격이 C국의 콜라가격보다 낮은 국가는 F국 1개이다.

ㄴ. (×) ㄱ의 해설을 통해 ㉠은 1.05P라는 것을 도출했다. 이를 Q값으로 환산하기 위해서는 P는 Q의 2/3라는 점을 이용하여 구할 수 있다. 1.05P=1.05×(2/3)Q=0.7Q, 즉 ㉠은 70이 된다. ㉡은 B의 커피·콜라지수를 이용하여 구할 수 있다. B국의 커피 가격은 콜라가격보다 1.44배 비싼데, B국의 C국 기준 커피 상대가격은 1.2Q이다. 1.44로 나눌 경우 B국의 커피 가격이 된다. (1.2Q)/1.44=(5/6)Q가 된다. 이를 P값으로 환산하기 위해서는 Q=1.5P라는 점을 이용하여 구할 수 있다. (5/6)Q=(5/6)×1.5P=1.25P이므로 ㉡은 125가 된다. ㉠은 70으로 100보다 작고, ㉡은 125로 100보다 크다.

ㄷ. (×) C국의 콜라 가격 P가 2,500원일 때, A, B, C, D, F국의 커피 가격과 E국의 콜라 가격을 구하면 다음과 같다. 이때 C국의 콜라 가격이 2,500원이므로 C국의 커피 가격은 콜라 가격 P의 1.5배인 3,750원이라는 점을 이용하자.

- A국의 커피 가격: A국의 커피 상대가격은 70이므로 C국 커피 가격의 70%라는 의미이다. 3,750×0.7=3,937.5원
- B국의 커피 가격: B국의 커피 상대가격은 120이므로 C국 커피 가격의 120%라는 의미이다. 3,750×1.2=4,500원
- C국의 커피 가격: C국의 커피 가격은 앞서 구한 것으로 3,750원이다.
- D국의 커피 가격: D국의 커피 상대가격은 80이므로 C국 커피 가격의 80%라는 의미이다. 3,750×0.8=3,000원
- F국의 커피 가격: F국의 커피 상대가격은 60이므로 C국 커피가격의 60%라는 의미이다. 3,750×0.6=2,250원
- E국의 콜라 가격: E국의 콜라 상대가격은 150이므로

C국 콜라 가격의 150%라는 의미이다. 2,500×1.5=3,750

따라서 A, B, C, D, F국의 커피 가격 중 E국의 콜라 가격 3,750원보다 비싼 국가는 A국과 B국이다.

실전 적용 TIP

A국의 커피 상대가격을 구한다면 P는 Q의 2/3라는 점을 이용하여 1.05P=1.05×(2/3)Q=0.7Q이기에 ㉠은 70이 되어 66.7보다 크다고 판단할 수 있다. 그러나 이미 A국의 커피 가격이 C국의 콜라 가격인 P를 이용하여 1.05P라고 도출되었다면 굳이 ㉠을 구하지 않아도 괜찮다. 물론 ㄴ을 판단하기 위해서는 ㉠의 값을 구해야 하나, 단순히 ㄱ을 풀기 위해서는 ㉠을 구하지 않아도 된다는 것이다.
한편 ㄷ에서 E국의 콜라 상대가격은 150으로 이는 1.5P에 해당된다. 앞선 해설을 통해 1.5P는 Q, 즉 C국의 커피 가격에 해당되기에 E국의 콜라 상대가격은 C국의 커피 가격과 동일하다는 것을 알 수 있다. 즉, A, B, C, D, F의 커피 상대가격이 100보다 큰 국가를 찾으면 된다. ㉠은 앞선 해설을 통해 70이라는 것을 증명하였으므로, 이들 중 커피 상대가격이 100보다 큰 국가는 B국과 E국 2개이다.

15 난이도 ★★★ 정답 ②

구조 파악

<표 1>의 2022년 기금건전성 총점에 따라 2023년 예산이 결정된다. <표 1>의 빈칸은 단순 계산으로 채워넣을 수 있으므로 빈칸을 먼저 채우고 선지를 판별해 보자.

해설

기금건전성 총점은 '사업 적성성 점수+재원구조 적성성 점수+기금 존치 타당성 점수×2'로 이루어져 있다. 이를 이용하면 기금 A의 기금존치 타당성 점수는 (76−30−18)/2=14점임을 알 수 있다. 기금 B의 기금건전성 총점은 24+30+13×2=80점이며, 기금 C의 사업 적정성 점수는 82−14−15×2=38점임을 알 수 있다.

ㄱ. (O) 2022년 기금건전성 총점이 가장 높은 기금은 82점의 C이다.

ㄴ. (X) 기금존치 타당성 점수는 A가 14점으로 13점인 B보다 높다.

ㄷ. (X) 2023년 A~E의 예산을 구하면 다음과 같다.

구분	2022년 예산	기금 건전성 총점	2023년 예산
A	200,220	76	200,220×1=200,220
B	34,100	80	34,100×1.1=37,510
C	188,500	82	188,510×1.1=207,350
D	9,251	68	9,251×1=9,251
E	90,565	45	90,565×0.8=72,454

2022년 예산 총액은 200,220+34,100+188,500+9,251+90,565=522,636이며 2023년의 예산 총액은 200,220+37,510+207,350+9,251+72,452=526,783으로 전년 대비 {(526,783−522,636)/522,636}×100=0.8% 증가하였다.

ㄹ. (O) 2022년 사업 적정성 점수가 가장 높은 기금 C는 2023년 예산이 207,350백만 원으로 가장 많다.

실전 적용 TIP

ㄷ에서 2% 이상 증가했는지의 여부를 확인하기 위해서는 522,636의 1%는 5,226이니 2%는 대략 10,452가 될 것이다. 2023년 예산 총액이 522,636+10,452=533,088 이상인지 확인하는 방법도 좋다.

16 난이도 ★★★ 정답 ④

구조 파악

<표> A사 임직원 평균 연봉 현황에 근거하여 <보기>의 일치부합을 판단하는 문제이다. A사 임직원은 사장 1명, 과장 2명, 주임 3명, 사원 5명, 수습 10명으로 구성되어 있으며, <표> 구성상 특정 직급의 평균연봉을 구할 수 있다는 사실에 주목하며 문제를 풀어 보자.

해설

ㄱ. (X) 사장 연봉=전체 임직원 연봉 총합−과장 이하 직급 연봉 총합
=6,000×21−4,875×20
=28,500만 원=285,000,000원
사장의 연봉은 2억 8,500만 원이다.

ㄴ. (O) 주임 3명 평균 연봉=(주임 이하 연봉 총합−사원 이하 연봉 총합)/3
=(3,750×18−3,000×15)/3
=7,500만 원
주임 3명의 평균 연봉은 7,500만 원이다.

ㄷ. (O) 과장 2명 연봉 합=과장 이하 연봉 총합−주임 이하 연봉 총합
=4,875×20−3,750×18
=30,000만 원=300,000,000원
사원 5명 연봉 총합=사원 이하 연봉 총합−수습 연봉 총합
=3,000×15−2,000×10
=25,000만 원=250,000,000원

사원 5명의 연봉의 합은 2억 5천만 원으로 과장 2명의 연봉의 합인 3억 원보다 작다.

실전 적용 TIP

특정 직급 이하 연봉 총합에서 바로 아래 직급 연봉 총합을 뺄 경우 특정 직급의 연봉 총합을 구할 수 있다는 점을 이용하여 문제를 풀 수 있어야 한다. 즉, 본 문제처럼 <표>가 주어질 경우 모든 직급의 연봉 총합과 평균을 구할 수 있어야 한다.

17 난이도 ★ 정답 ①

구조 파악

막대그래프와 꺾은선그래프가 하나의 <그림>에 나타나 있다. 이때 각 그래프가 나타내고 있는 수치가 좌측 수치인지, 우측 수치인지 헷갈리지 않도록 하자. 또한 각주에 나타나 있는 공식을 보고 <그림>에서 나타나 있지 않은 수치가 어떤 것인지 파악한 후 문제를 풀어 보자.

해설

① (O) 최저개발국 직접투자 규모를 조금 더 직관적으로 구하기 위해 각주의 공식을 바꾸면 다음과 같다.
(최저개발국 직접투자 비중)×(해외직접투자 규모)=(최저개발국 직접투자 규모)
2015년도 값을 기준 값으로 고정했을 때, 최저개발국 직접투자 비중은 2023년이 1.7, 2015년이 2.8로 2015년 값에 비해 2023년 값이 60% 조금 웃도는 수치이며, 해외직접투자 규모는 2023년 76,446, 2015년 31,205로 2015년에 비해 2.5배보다 조금 부족한 수치이다. 이를 이용하여 {(2015년 최저개발국 직접투자 비중)×0.6}×{(2015년 해외직접투자 규모)×2.5}=(2015년 최저개발국 직접투자 규모)×1.5가 됨을 알 수 있다. 즉, 최저개발국 직접투자 규모는 2023년이 2015년에 비해 약 1.5배 정도 크다.

② (X) 별다른 계산 없이 〈그림〉만 보고 판단할 수 있다. 2021년 최저개발국 직접투자비중은 1.9%인 것에 비해 전년도인 2020년 최저개발국 직접투자비중은 1.6%로 2021년보다 낮다.

③ (X) ①에서 변환한 공식을 이용한다면 2018년 최저개발국 직접투자 규모는 2018년 최저개발국 직접투자 비중과 해외직접투자 규모를 곱하여 구할 수 있다. 당해 최저개발국 직접투자 비중은 1.8%, 해외직접투자 규모는 40,657백만 달러이다. 해외직접투자규모를 40,000백만 달러라고 가정할 때, 최저개발국 직접투자규모가 10억 달러 이상이 되기 위해서는 최저개발국 직접투자비중이 최소 2.5%는 되어야 한다. 그러나 2018년 최저개발국 직접투자비중은 1.8%이므로 옳지 않다.

④ (X) 2023년 해외직접투자 규모가 전년대비 40% 이상 증가하기 위해서는 2022년도 해외직접투자 규모가 50,000백만 달러라 하더라도 20,000백만 달러 이상 증가해야 한다. 그러나 2022년도 해외직접투자 규모는 그보다 더 큰 약 57,000백만 달러인 것에 비해 증가 규모는 20,000백만 달러 이하이므로 옳지 않다.

⑤ (X) 2017년 해외직접투자 규모는 2016년 28,724백만 달러에서 30,375백만 달러로 전년 대비 증가하였다. 그러나 최저개발국 직접투자 비중은 2016년 2.0%에서 1.4%로 감소하였다.

18 난이도 ★★★ 정답 ⑤

구조 파악

<표>와 각주의 정보를 통해 <보기>의 일치부합을 판단하는 문제이다. 각주에서 제공하는 정보가 많으므로, 각주를 확실하게 인지하고 <표>를 분석하여 선지를 확인하도록 하자.

해설

ㄱ. (O) 공장 관리직 수가 4명이므로 분위별 1명이기에, 최젓값과 1분위, Q1 임금은 동일하고 최곳값과 4분위 임금 역시 동일하다. 중간값은 2분위와 3분위(Q3)의 평균값이므로 중간값이 25,000원, 3분위(Q3)가 30,000원이라면 2분위는 20,000원임을 알 수 있다. 4명 평균이 25,000원이기에 공장 관리직 직급 전체 시간당 임금은 25,000×4=100,000원이 된다. 1분위 15,000원, 2분위 20,000원, 3분위 30,000원을 제하면 4분위이자 최곳값이 35,000원이 됨을 알 수 있다.

ㄴ. (O) 본사 임원은 총 8명으로 분위당 2명이 속한다. 부터 각주 3)에 의해 중간값인 48,000원은 임금이 4번째로 낮은 임직원과 5번째로 낮은 임직원의 평균이다. Q3인 48,000원은 3분위에 속한 값 중 가장 높은 값이니 임금이 6번째로 낮은 임직원의 임금이 된다. 임금이 n번째로 낮은 직원은 n+1번째로 낮은 직원보다 임금이 낮거나 같아야 한다는 점을 고려한다면 중간값에 의해 임금이 4번째로 낮은 임직원과 5번째로 낮은 임직원의 시간당 임금은 48,000원이라는 것을 알 수 있다. 그리고 6번째로 낮은 임직원의 시간당 임금 역시 48,000원이기에 본사 임원 중 최소 3명이 48,000원으로 '시간당 임금'이 같다.

ㄷ. (O) 편의상 임금이 낮은 순서대로 A~H로 칭하자(A가 임금이 가장 낮은 임직원, H가 임금이 가장 높은 임직원이다). 표를 통해 확정 지을 수 있는 임직원의 임금부터 확인하자. A의 시간당 임금은 해당 직급의 최젓값이기에

24,000원이다. Q1은 1분위에서 가장 높은 값이기에 B의 시간당 임금이 된다. D, E, F의 시간당 임금은 ㄴ의 해설에서 알 수 있다. H의 시간당 임금은 최곳값인 55,000원이다. 이를 정리하면 다음 표와 같다.

A	B	C	D	E	F	G	H
24,000	25,600		48,000	48,000	48,000		55,000

평균이 주어지지 않아 C와 G의 시간당 임금을 정확하게 구할 수 없으므로 최젓값인 25,600원과 48,000원을 적용하여 평균을 구할 경우 다음과 같다.

(24,000+25,600+25,600+48,000+48,000+48,000+48,000+55,000)/8=40,275로 본사 임원의 '시간당 임금' 평균은 40,000원 이상이라는 것을 알 수 있다.

ㄹ. (X) 중간값과 최젓값을 이용해 확인할 수 있다. 중간값이 2분위 최곳값과 3분위 최젓값의 평균이라는 점을 고려할 때, 중간값이 23,000원이라면 3분위 최젓값은 23,000원 이상이다. 그렇기에 해당 직급의 3, 4분위 시간당 임금은 23,000원 이상이 됨을 알 수 있다. 공장 관리직, 공장 생산직, 본사 직원의 각 중간값이 23,000원을 넘는 값이기에 해당 직급의 임직원 중 최소 절반은 시간당 임금이 23,000원이 넘는다. 본사 임원의 경우 최젓값이 24,000원이기에 해당 직급 임직원 전체의 시간당 임금이 23,000원 이상이다. 이를 합할 경우 (4/2)+(52/2)+8+(36/2)=54명으로 '시간당 임금'이 23,000원 이상인 임직원은 최소 54명이다.

실전 적용 TIP

선지를 순서대로 풀어 ㄹ까지 확인하지 않고 문제를 해결했다 하더라도 풀이 시간이 오래 걸리는 문항이다. 이런 유형이 초반에 등장한다면 다른 문제부터 먼저 풀고 돌아와서 도전해 보는 것도 좋다. 또한 빈칸이 있다고 해서 무조건 빈칸을 해결해야 문제가 풀리는 것은 아니라는 점도 유념해야 한다.

19 난이도 ★ 정답 ②

구조 파악

<표>에 제시된 수치들을 보고 선지의 일치부합을 확인하는 문제이다. <표 1>에서 가격의 상대적인 값을 나타내는 가격지수를 가격과 혼동하지 않아야 한다. 또한 <표 2>에서는 품목별 판매단위가 동일하지 않음을 주의하며 문제를 풀어 보자.

해설

① (X) 짜장면 가격지수가 80.0이면 가격지수가 100일 때의 가격 대비 80%라는 뜻이므로 짜장면 가격은 5,276×0.80=4,220.8원이다.

② (O) 2018년 짜장면 가격지수는 95.0, 2023년 짜장면 가격지수는 120.6이므로 약 27% 상승하였다.

③ (X) 2018년에 비해 2023년 판매단위당 가격이 2배 이상인 짜장면 주재료 품목은 양파, 청오이로 2개이다.

④ (X) 2020년에 식용유 1,800ml, 밀가루 2kg, 설탕 2kg의 가격합계는 3,980×2+1,280×2+1,350×2=13,220원이다.

⑤ (X) 매년 판매단위당 가격이 상승한 짜장면 주재료 품목은 없다.

실전 적용 TIP

②에서 2023년의 짜장면 가격지수는 120.6으로 기준연도인 2020년 짜장면 가격보다 20% 상승했음을 알 수 있다. 2018년 짜장면 가격지수는 95.0으로 기준연도보다 더 낮은 가격이니 당연히 20% 이상 상승이라고 생각해도 좋다.

20 난이도 ★★ 정답 ③

구조 파악

<표 1>의 요금표와 <표 2>의 스터디룸 사용 현황을 통해 <보기>의 일치부합을 판단하는 문제이다. 스터디룸 요금은 해당 시간대에 사용하는 인원수에 상관없다는 점에 주의하며 문제를 풀어 보자.

해설

각 시간대별 사용 인원이 요금을 정리하면 다음과 같다.

구분	가영	나영	다영	라영
8:00~9:00		6,000		
9:00~10:00		6,000/2 =3,000		6,000/2 =3,000
10:00~11:00	4,800/3 =1,600	4,800/3 =1,600		4,800/3 =1,600
11:00~12:00	4,800/4 =1,200	4,800/4 =1,200	4,800/4 =1,200	4,800/4 =1,200
12:00~13:00	4,800/4 =1,200	4,800/4 =1,200	4,800/4 =1,200	4,800/4 =1,200
13:00~14:00	4,800/3 =1,600	4,800/3 =1,600	4,800/3 =1,600	
14:00~15:00	4,800/2 =2,400		4,800/2 =2,400	
15:00~16:00	4,800/3 =1,600		4,800/3 =1,600	4,800/3 =1,600
16:00~17:00	4,800/3 =1,600		4,800/3 =1,600	4,800/3 =1,600

17:00~18:00	4,800/3 =1,600		4,800/3 =1,600	4,800/3 =1,600
18:00~19:00			6,000/2 =3,000	6,000/2 =3,000
19:00~20:00			6,000	
합계	12,800	14,600	20,200	14,800

ㄱ. (○) 스터디룸의 요금은 인원에 상관없이 사용하는 인원이 1명이라도 있다면 요금을 지불해야 하므로 6,000×2+4,800×8+6,000×2=62,400원이다.

ㄴ. (○) 라영이 최종 부담하는 요금은 14,800원이다.

ㄷ. (×) 나영이 14:00~16:00에도 A스터디룸을 추가로 사용하는 경우 해당 시간대 요금을 재계산하면 다음과 같다.

기존 시간	가영	나영	다영	라영
14:00~ 15:00	4,800/2 =2,400		4,800/2 =2,400	
15:00~ 16:00	4,800/3 =1,600		4,800/3 =1,600	4,800/3 =1,600
합계	4,000원	0원	4,000원	1,600원
변경 시간	가영	나영	다영	라영
14:00~ 15:00	4,800/3 =1,600	4,800/3 =1,600	4,800/3 =1,600	
15:00~ 16:00	4,800/4 =1,200	4,800/4 =1,200	4,800/4 =1,200	4,800/4 =1,200
합계	2,800원	2,800원	2,800원	1,200원

따라서 나영이 14:00~16:00에 추가로 사용하게 되면서 다영의 요금이 4,000원에서 2,800원으로 1,200원 감소하였으므로, 다영이 최종 부담하게 되는 요금 역시 1,200원 감소한다.

실전 적용 TIP

시험장에서 문제를 풀 때는 모든 인원의 시간대별 요금을 계산해 두고 풀기보다는 <보기>를 먼저 보며 필요한 정보만 최소한으로 구하는 것이 중요하다. 본 문제의 경우에는 '라영'의 시간대별 요금과 14:00~16:00의 인원대별 요금만 계산해도 선지의 일치부합을 판단하는 과정에는 지장이 없다.

21 난이도 ★★ 정답 ⑤

구조 파악

<상황>을 통해 인물과 직업을 정해진 좌석에 배치하는 문제이다. 단순히 후보가 4명이라는 것에만 초점을 두지 말고, 사회자를 포함하여 총 5명의 인원과 사회자를 제외한 4명의 직업을 배치해야 한다는 점에 집중하며 문제를 풀어 보자.

해설

〈상황〉의 정보를 정리하면 다음과 같다.

- 인물(사회자 포함): 홍길동, 김대한, 정민국, 나사랑, 이나라
- 직업(사회자 제외): 축산업자, 요리사, 변호사, 교사

(가)~(바)의 6가지 조건 중 확정적인 (가), (마)만을 배치하면 다음과 같다.

좌석 #1	좌석 #2	좌석 #3	좌석 #4	좌석 #5
		사회자	변호사	
			홍길동	

(다)에 따라 요리사 출신 후보는 양쪽 끝자리에 앉지 않으므로 좌석 #2에 앉는다는 사실을 알 수 있다. (라)에서 김대한의 양 옆에는 나사랑과 정민국이 앉는다고 하였고, 현재 빈자리에서 이를 충족할 수 있는 좌석은 #2뿐이므로 김대한은 좌석 #2에 앉게 된다. 이때 (마)에서 정민국은 한 사람만 이웃하고 있다고 하였으므로 김대한은 좌석 좌우 중 한 자리하고만 이웃하는 좌석 #1에 앉는다. 그렇다면 (나)에서 이나라는 축산업을 하고 있다고 하였으므로 현재 직업과 인물이 모두 비어있는 좌석 #5에 이나라가 앉으며, 남은 나사랑이 사회자로 좌석 #3에 앉는다. 이를 정리하면 다음과 같다.

좌석 #1	좌석 #2	좌석 #3	좌석 #4	좌석 #5
교사	요리사	사회자	변호사	축산업자
정민국	김대한	나사랑	홍길동	이나라

ㄱ. (○) 나사랑은 좌석 #3에 앉으며 사회자이다.

ㄴ. (○) 정민국은 좌석 #1에 앉으며 교사이다.

ㄷ. (○) 정민국은 좌석 #1에 앉으며 교사이다.

ㄹ. (○) 김대한은 좌석 #2에 앉으며 요리사이다.

ㅁ. (×) 이나라는 좌석 #5에 앉으며 축산업자이다.

22 난이도 ★★★ 정답 ②

구조 파악

양도소득세를 계산하는 과정을 담은 글을 읽고 <보기>의 상황별 양도소득세를 계산하는 문제이다. 각 상황별 주어진 조건을 정확하게 적용하여 문제를 풀어 보자.

해설

양도소득세의 과세표준=[(양도가액−취득가액)×{(양도가액−9억)/양도가액}]−장기보유특별공제−양도소득기본공제

이때 장기보유특별공제는 자산의 보유기간이 3년 이상인 장기보유자산에 한해 적용하며, 양도소득기본공제는 장기보유특별공제 실시 후 남은 금액에 한해 추가로 250만 원을 공제한다. 이에 따라 A~D의 양도소득세를 계산할 경우 다음과

같다. 이때, A~D 모두 1세대 1주택자이며, 필요경비는 없는 것으로 가정한다는 사실을 잊지 말자.

- A(장기보유특별공제 해당 없음)
  - 과세표준=(15억−6억)×{(15억−9억)/15억}−250만 =3.6억−250만=357,500,000원
  - 양도소득세=357,500,000×0.4=143,000,000원
- B(장기보유특별공제 해당: 보유기간 10년 초과, 거주기간 5~6년)
  - 과세표준=(20억−4억)×{(20억−9억)/20억}×0.4−250만=352,000,000−2,500,000=349,500,000원
  - 양도소득세=349,500,000×0.4=139,800,000원
- C(장기보유특별공제 해당: 보유기간 6~7년, 거주기간 4~5년)
  - 과세표준=(25억−15억)×{(25억−9억)/25억}×0.6−250만=384,000,000−2,500,000=381,500,000원
  - 양도소득세=381,500,000×0.4=152,600,000원
- D(장기보유특별공제 해당: 보유기간 10년 초과, 거주기간 10년 초과)
  - 과세표준=(12억−6억)×{(12억−9억)/12억}×0.2−250만=30,000,000−250만=27,500,000원
  - 양도소득세=27,500,000×0.15=4,125,000원

따라서 양도소득세를 많이 내는 순으로 나열하면 C, A, B, D가 된다.

실전 적용 TIP

장기보유특별공제에 해당되는지 파악하는 것이 우선이다. 특히 거주기간 2~3년의 경우 보유기간 3년 이상된 자산에 한하여 공제된다는 것 역시 헷갈려서는 안 된다.

23 난이도 ★★★ 정답 ⑤

구조 파악

절차에 따라 ICT 기술지원사업을 진행할 때 사업이 시작될 수 있는 가장 늦은 날을 고르는 문제이다. 절차에 따른 소요기간을 확인한 후, 예외사항을 놓치지 않도록 하자.

해설

절차에 따른 과정별 시기 및 소요기간은 다음과 같다.

- 지원사업 공고: 9월 첫 번째 월요일
- 지원신청서 접수: 공고 다음 날부터 7일
- 지원신청서 심의: 접수 마감된 다음 날부터 최대 15일 → 분야별 평균 사업예산이 2,000만 원을 초과하거나 최종선정자 수 대비 지원신청자 수의 비가 10을 초과하는 분야의 경우 5일 이내에서 심의기간 연장 가능
- 심의결과 공개 및 지원결정 통보: 심의 마감일 다음 날
- 지원금 교부신청서 제출: 통보일 다음 날부터 5일 이내
- 지원금 지급: 모든 지원대상자의 지원금 교부신청서가 접수된 다음 날부터 3일 이내
- 사업 실시: 모든 대상자가 지원금을 수령한 다음 날

날짜 계산 시 주의사항은 다음과 같다.

- '일'이라 함은 '영업일', 즉 법정공휴일·토요일을 제외한 평일
- 2023년 9월, 10월의 법정공휴일은 각 주 일요일과 추석 전날, 추석, 추석 다음 날, 개천절(10월 3일), 한글날(10월 9일)
- 만약 추석 연휴 사흘이 다른 법정공휴일과 겹칠 경우 공휴일 다음의 첫 번째 비공휴일을 대체휴일로 한다.

2023년 추석이 9월 29일 금요일이라는 점을 이용해 2023년 9월, 10월 달력을 그릴 경우 다음과 같다.

일	월	화	수	목	금	토
3	4 (공고)	5	6	7	8	9
~~10~~	11	12	13	14	15	16
~~17~~	18	19	20	21	22	23
~~24~~	25	26	27	~~28~~ ~~(추석 전날)~~	~~29~~ ~~(추석)~~	~~30~~ ~~(추석 다음날)~~
~~1~~	2	~~3~~ ~~(개천절)~~	4	5	6	7
~~8~~	~~9~~ ~~(한글날)~~	10	11	12	13	14
~~15~~	16	17	18	19	20	21
~~22~~	23	24	25	26	27	28
~~29~~	30	31				

위 달력에 따라 과정별 기간을 확정 지으면 다음과 같다(가장 늦은 날로 계산해야 하기에 모든 소요기간을 다 채워서 진행한다고 가정한다).

- 지원사업 공고: 9월 4일 월요일
- 지원신청서 접수: 9월 5일~9월 13일
- 지원신청서 심의(분야별 평균 사업예산이 2,000만 원을 초과하는 분야: 클라우드, 기가인터넷/최종 선정자 수 대비 지원신청자 수의 비가 10을 초과하는 분야: 없음 – 5일 이내에서 심의기간 연장 가능): 9월 14일~10월 17일
- 심의결과 공개 및 지원결정 통보: 10월 18일
- 지원금 교부 신청서 제출: 10월 19일~10월 25일
- 지원금 지급: 10월 26일~10월 30일
- 사업실시: 10월 31일

실전 적용 TIP

법정공휴일에 토요일은 포함이 되지 않는다는 사실에 주의하여야 한다. 추석 다음 날인 9월 30일은 토요일이지만, 토요일은 법정공휴일이 아니기에 별도로 대체휴일이 주어지지 않는다.

24 난이도 ★★★

정답 ④

구조 파악

글과 <표>의 규정을 <상황>에 적용하여 5개의 지역 중 선정되는 지역을 고르는 문제이다. 추가 가점, 감점은 중복해서 부여할 수 있으며, 선정기준의 단계에 따라 가점 제외&감점 포함인 경우와 가점·감점 모두 포함인 경우로 나뉘는 점에 유의해야 한다.

해설

우선 지역별 가점·감점 요소를 정리하면 다음과 같다.

- A (+2점): 예비사회적기업이 지원기관과 컨소시엄을 구성하여 참여
  (−5점): 기존 '18년 하반기에 선정된 소규모재생사업의 실집행률이 70%
- B (+0.5점): 도시재생대학 수료 주민이 사업에 참여
  (+1점): 국비 지원 H/W 사업을 100% 공유지·건축물에 계획
- C (−5점): 기존 '19년 하반기에 선정된 소규모재생사업의 실집행률이 20%
  (−3점): 사업 정상 추진을 위하여 다각적으로 노력한 사항이 없음
  (−3점): 노력에 따른 여건 변화 등 긍정적인 성과가 없었음
- D (+2점): '20년 11월 말 집계된 국토부 사업점검 결과 양호사업의 비율이 80%
- E (+1점): E 지역 주민참여프로젝트팀이 지자체가 시행하는 사업에 1회 참여

〈상황〉에 제시된 각 지역의 평가항목당 점수의 총합과 가점, 감점 요소를 합한 결과를 정리하면 다음과 같다.

구분	평가항목 점수 총합	가점 제외, 감점 포함된 총합	가점, 감점 포함된 점수 총합
A	73	68	70
B	70	70	71.5
C	81	70	70
D	70	70	72
E	70	70	71

가점 제외, 감점 포함된 점수 기준, 평가 점수 70점 이상인 지역을 대상으로 사업 선정 및 지원하므로, A는 68점으로 제외된다. 이때, 70점 이상인 지역들이 복수인 경우 가점, 감점 모두 포함된 점수가 가장 높은 지역이 선정되므로, 72점인 D가 도시재생예비사업에 선정된다.

실전 적용 TIP

감점 항목에 소규모 재생사업의 실집행 부진 지방자치단체의 기준이 연도마다 다르다는 것에 유의해야 한다. 가령, E의 '19년 상반기에 선정된 소규모 재생사업의 실집행률이 60%라 하여 이를 감점사항으로 처리해서는 안 된다. 감점사항은 '19년도 실 집행률이 60% '미만'이기 때문이다. 또한 선정기준에서 가점, 감점을 모두 고려하는지, 특정 한 항목만을 고려하는지를 확실하게 확인하도록 하자.

참고로, 이 문항은 2021년 입법고시 상황판단 가책형 5번인데, 제시문 마지막 항목의 "(단, 70점 이상 사업들이 복수인 경우 고득점(가점·감점 포함)인 기초지방자치단체 하나만을 선정·지원)"에서 '사업들이'를 '기초지방자치단체들이'로 수정하는 것이 적절하다고 판단된다. 여기서는 실제 시험 원문에 맞춰 수정하지 않았음을 밝힌다.

25 난이도 ★★

정답 ②

구조 파악

글을 근거로 예산성과금을 계산한 후 가장 많은 성과금을 수령할 수 있는 선지를 고르는 문제이다. 글에서 명시하고 있는 지급 요건 및 대상, 지급 기준을 명확하게 읽고 판단하자.

해설

- 甲: A시 예산 성과금은 예산 절감 및 수입 증대 발생시기가 2020년에 한하여 지급하고 있다. 甲이 예산을 절약한 시기는 2019년이기에 지급 요건에 부적합하여 예산성과금을 받을 수 없다.
- 乙: 2020년 5월 주요 사업비 3천 5백만 원을 절약하여 개선된 제도가 A시청 전 부서로 확대 시행되는데 기여한 A시 사무관 乙은 지급요건 및 대상에 적합하며, 주요 사업비 예산 절감으로 절약액의 20%인 35,000,000×0.2=7,000,000원을 지급받으나, 타 부서로 확산시키는데 공여한 점을 고려하여 지급액 7,000,000원의 30%인 2,100,000원을 가산하여 지급된다. 즉, 7,000,000+2,100,000=9,100,000원을 지급받게 된다.
- 丙: A시 지역축제에 관한 제안을 제출하여 2020년 7월 8천만 원의 수입증대에 기여한 국민 丙은 지급요건 및 대상에 적합하여, 수입증대액 80,000,000원의 10%인 8,000,000원을 지급받게 된다.

• 丁: A시 위임사무를 수행하면서 제도 개선을 통해 2020년 8월 경상적 경비 1천 8백만 원을 절약한 丁은 지급요건 및 대상에 적합하여, 경상적 경비 절약액 18,000,000원의 50%인 9,000,000원을 지급받게 된다.
• 戊: A시장의 지시를 받아 사무용품 조달방법을 개선하여 2020년 9월 경상적 경비 1천만 원을 절약한 A시 사무관 戊는 자발적 노력을 통한 제도 개선 등으로 예산을 절감한 경우에 해당되기에 지급요건에 부적합하여 예산성과금을 받을 수 없다.

따라서 예산 성과금 지급 대상인 乙, 丙, 丁 중 乙이 지급받을 예산성과금이 9,100,000원으로 가장 크다.

실전 적용 TIP

지급요건 및 대상 적합 유무를 파악하는 것이 우선이다. 예산 절감이나 수입 증대만을 확인하여 예산성과금을 계산하더라도 지급요건 및 대상에 적합하지 않을 경우 성과금을 지급할 수 없기 때문이다.

26 난이도 ★★ 정답 ⑤

구조 파악

글과 <상황>을 토대로 2016년 유로로 이루어진 하루 평균 외환거래액을 2010년과 비교(달러 기준)하여야 한다. 글의 1문단은 '대규모 외환거래'에 대해서 설명하고 있으나, <상황>과 관련있는 내용은 2문단에 있으므로, 1문단보다는 2문단을 중점적으로 읽으며 해당 <상황>을 비교한 선지를 찾아보자.

해설

글의 2문단 중 〈상황〉과 관련 있는 내용을 발췌하면 다음과 같다.

→ 1999년 도입된 유럽 유로는 달러와 동등하게 기축통화로 발전할 것으로 예상되었으나, 2020년 세계 외환거래액의 32%를 차지하는 데 그쳤다. 이는 4년 전보다는 2%p 높아진 것이지만 10년 전보다는 오히려 8%p 낮아진 수치이다.

위 내용으로 알 수 있는 사실은 다음과 같다.
• 유럽 유로는 2020년 세계 외환거래액의 32%를 차지
• 유럽 유로는 2016년 세계 외환거래액의 30%를 차지
• 유럽 유로는 2010년 세계 외환거래액의 40%를 차지

이제 〈상황〉을 정리하면 다음과 같다.
• 2010년 하루 평균 세계 외환거래액은 3조 9천억 달러
• 2016년 하루 평균 세계 외환거래액은 5조 2천억 달러

2010년 하루 평균 세계 외환거래액 3조 9천억 달러 중 유럽 유로가 차지한 외환거래는 40%로 3조 9천억 달러×0.4=1조 560만 달러이다. 2016년 하루 평균 세계 외환거래액 5조 2천억 달러 중 유럽 유로가 차지한 외환거래는 30%로 5조 2천억 달러×0.3=1조 560만 달러이다. 즉, 2016년 유로로 이루어진 하루 평균 세계 외환거래액은 1조 560만 달러로 2010년 유로로 이루어진 하루 평균 세계 외환거래액 1조 560만 달러와 변화가 없음을 알 수 있다.

27 난이도 ★★★ 정답 ②

구조 파악

규정을 읽고 <보기>의 일치부합을 판단하는 문제이다. 단순히 규정의 적합 여부를 판단하는 선지뿐만 아니라 규정에 의하여 여러 경우를 계산해야 하는 선지도 있으므로 예외조항에 주의하며 문제를 풀어 보자.

해설

편의상 제1조라 하자.

ㄱ. (○) 제1조 제3항에 의하여 국토교통부장관은 플랫폼운송사업을 하려는 자에게 30년 이내에서 기간을 한정하여 허가할 수 있으므로, 甲에게 사업기간을 15년으로 한정하여 허가할 수 있다.

ㄴ. (×) 제1조 제4항 제1호에 의해 기여금은 월 단위로 산정하여 해당 월의 차차 월(다음다음 달) 말일까지 납부하여야 하므로, 플랫폼운송사업허가를 받아 2020년 12월 15일부터 사업을 시작한 乙은 첫 기여금을 2021년 2월 말일까지 납부하여야 한다.

ㄷ. (○) 100대의 차량으로 플랫폼운송사업허가를 받은 丙이 1개월 동안 20,000회 운행하여 매출 3억 원을 올렸다면, 丙이 납부해야 할 해당 월의 기여금은 제1조 제4항 제2호에 의해 3가지 경우로 나누어 볼 수 있다. 각 경우에 따른 기여금은 다음과 같다.
• 매출액 대비 정률: 300,000,000×0.0125=3,750,000원
• 운행횟수당 정액: 20,000×200=4,000,000원
• 허가대수당 정액: 100×100,000=10,000,000원

매출액 대비 정률로 기여금을 납부할 경우 3,750,000원으로 丙이 납부해야 할 해당 월의 기여금은 400만 원 미만이 될 수 있다.

ㄹ. (×) 300대의 차량으로 플랫폼운송사업허가를 받은 丁은 제1조 제4항 제2호에 따라 매출액의 5%에 해당하는 금액, 운행 횟수당 800원, 허가대수당 40만 원 중 선택하여 기여금을 납부할 수 있다.

실전 적용 TIP

규정도 많이 복잡하지 않고, 선지도 어렵게 구성되지 않아 본 문제와 같은 난도라면 첫 시도에 풀어 봄직하다. 다만 ㄹ의 출제의도는 운행횟수와 허가대수의 혼동으로 보이니 이러한 속임수에 넘어가지 않도록 주의하자.

28 난이도 ★★★ 정답 ②

구조 파악

글과 <상황>을 읽고 甲이 지원금을 가장 많이 받을 수 있는 사업과 그 금액을 계산하는 문제이다. 甲이 수리하고자 하는 부분이 어느 항목에 해당하는지 파악한 후 사업별 지원금을 계산하도록 하자.

해설

甲이 수리하고자 하는 부분을 정리하면 다음과 같다.

- 창호-내부-5,000,000원
- 쉼터-외부-9,000,000원

사업 A는 외부 수리비용 중 본인 부담 10%를 제외한 비용을 1,250만 원 한도 내에서 지원하며 내부는 지원하지 않는다. 사업 A를 선택할 경우 甲은 외부 비용 9,000,000원 중 9,000,000×0.9=8,100,000원(1,250만 원 한도)을 지원받게 된다.

사업 B는 담장(300만 원 한도) 혹은 쉼터(50만 원 한도) 중 하나의 항목만 한도 내에서 전액 지원한다. 담장과 쉼터를 제외한 나머지 항목은 내·외부와 관계없이 본인 부담 50%를 제외한 나머지 비용을 1,200만 원 한도 내에서 전액 지원한다. 甲의 경우, 쉼터 500,000원과 창호 5,000,000원 중 본인 부담 50%를 제한 2,500,000원을 전액 지원받을 수 있어 사업 B를 선택할 경우 500,000+2,500,000=3,000,000원을 지원받을 수 있다.

사업 A를 선택할 경우 8,100,000원을, 사업 B를 선택할 경우 3,000,000원을 지원받을 수 있으므로 甲은 지원금이 더 큰 사업 A를 선택할 것이다.

실전 적용 TIP

우선 창호와 쉼터가 내·외부 중 어디에 속하는지 파악해야 한다. 또한 지원금액이 본인 부담금을 일부 제하고 받는 것인지, 혹은 지원받을 수 있는 금액이 한도를 초과하는지의 여부를 꼼꼼하게 봐야 한다. 또한 각 사업별 지원금액을 도출한 이후, 선택지 ⑤ 역시 맞는 답이라고 체크하는 경우가 없어야 한다. 甲이 선택할 사업은 지원금이 더 많은 사업이라는 점을 잊지 말자.

29 난이도 ★★★ 정답 ①

구조 파악

<보기>의 선지 중 글에 따라 정부가 자영업자에게 지원금을 지급할 수 있는 경우를 고르는 문제이다. 지원금을 받기 위해서는 2020년 대비 2021년의 이익이 감소한 경우에 한정된다는 점에 주의하며 문제를 풀어 보자.

해설

이익=매출액－변동원가－고정원가이며, 매출액=판매량×판매가격이고, 변동원가=판매량×단위당 변동원가이다.

ㄱ. (X) 2021년의 판매량, 판매가격, 단위당 변동원가, 고정원가가 모두 2020년과 동일할 경우, 매출액, 변동원가, 고정원가가 2020년과 모두 동일하기에 이익 역시 변화가 없어 지원금을 지급받을 수 없다.

ㄴ. (○) 2020년에 비해 2021년 판매가격을 5% 인하하여 기존 2,000원에서 1,900원이 되었으며, 판매량과 단위당 변동원가, 고정원가는 2020년과 같을 경우, 이익을 계산하면 다음과 같다.

- 매출액=400,000×1,900=7.6억 원
- 변동원가=6.4억 원(판매량과 단위당 변동원가는 동일하기에 2020년과 같음)
- 고정원가=1억 원(2020년과 같음)
- 이익=7.6억－6.4억－1억=0.2억 원

2020년 이익이 0.6억 원이었던 것에 비해 2021년 이익은 0.2억 원으로 0.4억 원이 감소하였으므로 감소액의 10%인 4백만 원을 지원받을 수 있다.

ㄷ. (X) 2020년에 비해 판매량이 10% 증가하였기에 기존 400,000단위에서 440,000단위가 되었으며, 고정원가가 5% 감소하여 기존 1억 원에서 0.95억 원으로 감소하였으나 판매가격과 단위당 변동원가는 2020년과 같을 경우 이익을 계산하면 다음과 같다.

- 매출액=440,000×2,000=8.8억 원
- 변동원가=440,000×1,600=7.04억 원
- 고정원가=0.95억 원
- 이익=8.8억－7.04억－0.95억=0.81억 원으로 2020년에 비해 이익이 0.21억 원 증가하였으므로 지원금을 지원받을 수 없다.

ㄹ. (X) 2020년에 비해 판매가격을 5% 인상하였기에 기존 2,000원에서 2,100원이 되었으며, 판매량이 25% 증가하였기에 기존 400,000단위에서 500,000단위로 증가하였다. 단위당 변동원가와 고정원가는 2020년과 같을 때 이익을 계산하면 다음과 같다.

- 매출액=500,000×2,100=10.5억 원
- 변동원가=500,000×1,600=8억 원
- 고정원가=1억 원
- 이익=10.5억－8억－1억=1.5억 원으로 2020년에 비해 이익이 0.9억 원 증가하였으므로 지원금을 지급받을 수 없다.

실전 적용 TIP

기본적으로 원가와 이익에 대한 배경지식이 있는 사람이라면 사실 계산 없이도 풀 수 있는 문제이다. ㄱ은 2020년과 모든 것이 같다면 이익 역시 동일하게 나올 것이며, ㄴ의 경우 판매 가격은 인하하였으나 원가 자체가 동일하다면 이익은 줄어드는 것이 당연하다. ㄷ의 경우 판매량이 증가하였기에 매출액은 증가하나, 고정원가가 감소하여 원가가 절감되었으므로, 이는 이익증대로 이어진다. ㄹ의 경우에도 판매가격의 인상은 매출액의 증가 요소이며, 여기에 판매량까지 늘어났다면 매출액은 더 증가하게 될 것이나, 이때 원가는 동일하다면 당연히 이익은 증가하게 된다.

30 난이도 ★★ 정답 ③

구조 파악

글의 성과급 산정기준과 <상황>의 작년과 올해 □□시 소속 직원 甲~丙의 연봉과 성과등급을 통해 선지의 일치부합을 확인하는 문제이다. 성과급 산정기준이 작년과 다르게 변경되었다는 점에 주의하며 문제를 풀어 보자.

해설

작년 규정과 변경된 올해 규정에 따른 성과급 적용 비율을 적용하면 다음과 같다.

구분	작년			올해		
	연봉(만 원)	비율(%)	성과급(만 원)	연봉(만 원)	비율(%)	성과급(만 원)
甲	3,500	(40+20)/2=30	1,050	4,000	40	1,600
乙	4,000	(10+40)/2=25	1,000	4,000	40	1,600
丙	3,000	(10+20)/2=15	450	3,500	10	350

① (○) 甲의 작년 성과급은 1,050만 원이다.
② (○) 甲과 乙의 올해 성과급은 1,600만 원으로 동일하다.
③ (×) 甲과 乙은 작년 대비 올해 성과급이 증가하나, 丙은 작년 대비 올해 성과급이 감소한다.
④ (○) 올해 연봉과 성과급의 합을 구하면 다음과 같다.
- 甲: 4,000+1,600=5,600만 원
- 乙: 4,000+1,600=5,600만 원
- 丙: 3,500+350=3,850만 원

올해 연봉과 성과급의 합이 가장 작은 사람은 3,850만 원으로 丙이다.

⑤ (○) 작년 대비 올해 성과급 상승률을 구하면 다음과 같다.
- 甲: {(1,600−1,050)/1,050}×100=52.4%
- 乙: {(1,600−1,000)/1,000}×100=60%
- 丙: {(350−450)/450}×100=−22.2%

따라서 乙이 60%로 작년 대비 올해 성과급 상승률이 가장 크다.

실전 적용 TIP

단순히 연봉이 증가했다고 해서 성과급 역시 증가했을 것이라는 생각은 가지지 않도록 하자. 작년과 올해의 성과급 산정 비율이 달라졌다는 점에 유념하며, 성과급의 증가폭뿐만 아니라 감소폭 역시 발생할 것이라고 생각하고 있어야 한다.

제8회 피셋기출 모의고사

[정답표]

01	02	03	04	05	06	07	08	09	10
⑤	④	①	③	⑤	③	②	①	①	④
11	**12**	**13**	**14**	**15**	**16**	**17**	**18**	**19**	**20**
②	③	⑤	②	①	⑤	③	④	④	④
21	**22**	**23**	**24**	**25**	**26**	**27**	**28**	**29**	**30**
③	③	④	①	⑤	⑤	④	①	④	①

01 난이도 ★ 정답 ⑤

구조 파악

제시문은 비트코인을 포함한 디지털 자산의 법정 통화 채택과 규제에 대한 세계 각국의 현황과 입장을 설명하고 있다. 엘살바도르 등 개발도상국의 비트코인 법정 통화 채택 사례와 그 이유를 먼저 설명하고, 이어서 선진국들의 규제 프레임워크 구축 현황, 한국과 중국의 대응, 그리고 미국의 최근 규제 동향을 순차적으로 소개하며 디지털 자산에 대한 각국의 다양한 접근 방식을 보여주고 있다.

해설

ㄱ. (O) 온두라스의 한 경제특구가 비트코인을 포함한 암호화폐를 법정 통화로 채택하였으며 이는 중앙 정부 차원이 아닌 지자체 차원에서 법정 통화를 채택한 것이다.

ㄴ. (O) 개발도상국들이 비트코인을 법정 통화로 채택하는 두 번째 이유는 미국의 통화 정책으로 인한 인플레이션에 대응하기 위해서라고 하였다.

ㄷ. (X) 일부 선진국은 디지털 자산에 선제적으로 대응하며 규제 프레임워크를 구축해 왔으나, 아직 법적으로 명확한 원칙을 수립하지는 못한 상황이다.

ㄹ. (X) 중국은 2017년부터 시작된 디지털 자산 금지 정책으로 인하여 채굴과 거래가 금지되었다.

ㅁ. (X) 미국 상원은 디지털 자산의 규제 기관을 SEC가 아닌 CFTC로 해야 한다는 금융 혁신 법안을 발의하였는데, 이는 게리 갠슬러 미국 SEC 위원장의 주장과 충돌되는 내용이라 주목받고 있을 뿐 지지받고 있다는 언급은 하지 않았다.

실전 적용 TIP

제시문을 먼저 읽는 것보다 문제의 <보기>를 보면서 내용을 확인하는 것이 효율적이다. <보기>의 ㄱ~ㅁ의 내용은 제시문의 문단 내용과 순서가 같다. <보기>에 주어진 각 문장에서 핵심 단어를 먼저 찾고, 제시문에서 핵심 단어가 포함된 문단의 내용을 확인하는 것이 정답을 찾는 데 유리하다.

02 난이도 ★★ 정답 ④

구조 파악

제시문은 재정규모를 나타내는 다양한 지표들(총계, 총지출, 총수입)의 개념과 산출방식을 설명하고 있다. 각 용어의 정의를 정확히 파악하고 총계, 총지출, 총수입의 산출방식 차이를 이해하는 것이 중요하다.

- 총계: 일반지출 + 내부거래지출 + 보전지출
- 총지출: 총계 − (내부거래 + 보전거래)
- 총수입: 모든 회계·기금의 자체수입 합계

해설

① (X) 내부거래지출이 없더라도 총계에는 보전지출이 포함되어 있다. 총지출은 내부거래와 보전거래를 모두 제외한 것이므로, 내부거래지출만 없다고 해서 총계와 총지출이 같아지는 것은 아니다.

② (X) 총수입도 총지출과 마찬가지로, 모든 회계와 기금 수입을 단순 합산할 경우 회계 간 거래 등을 중복 계상하여 실제의 재정수입 전체보다 커지는 문제가 발생한다. 이에 따라 중앙재정의 실제 수입규모를 파악하기 위해 회계·기금 간 내부거래 등을 제외하고 산출하며, 이는 IMF가 국제적 비교를 위해 공통기준으로 제시하는 통합재정 작성방식의 관점과 유사하다고 설명하고 있다. 즉, IMF의 통합재정 작성방식은 내부거래를 제외하고 실질적인 재정규모를 파악하는 총수입·총지출의 관점과 유사하다.

③ (X) 일반회계, 특별회계, 기금 수입을 단순 합계하는 경우 정부 내부거래를 중복 계상하여 실제 수입을 과다 계상하게 되므로 총수입 산출 시에는 내부거래를 제외하게 된다고 명시하고 있다.

④ (O) 총계는 일반지출, 내부거래지출, 보전지출을 모두 포함하는 반면, 일반지출은 말 그대로 일반지출만을 의미한다. 따라서 내부거래지출과 보전지출의 합이 커질수록 총계와 일반지출의 차이도 커질 수밖에 없다.

⑤ (X) 여유자금 회수는 보전수입에 해당하며, 이는 정부의 수입과 지출의 차를 보전해주는 역할을 하는 것으로 실질

적인 정부수입으로 보기 힘들기 때문에 총수입 산출 시 제외된다.

03 난이도 ★★★ 정답 ①

구조 파악

제시문은 지준시장에서의 수요와 공급 메커니즘을 설명하고 있다. 1~2문단에서는 수요 측면을, 3문단에서는 공급 측면을 설명하며, 지불준비금에 대한 이자지급 효과와 중앙은행의 역할을 중심으로 논의를 전개하고 있다. 각 문단의 주요 내용을 정리하면 다음과 같다.

1문단	지준시장은 금융기관들의 초단기 자금 거래 시장으로, 은행은 필요 지불준비금과 초과 지불준비금을 보유하며, 이때 지준시장 금리가 기회비용으로 작용하여 총 지불준비금의 규모를 결정한다.
2문단	지준시장 금리와 총 지불준비금은 반비례 관계에 있으며, 최근 미국은 지불준비금에 대해 이자를 지급하는 정책을 실시하고 있어, 지준시장 금리가 이 이자율보다 낮아지면 은행의 지불준비금 수요가 무한히 증가하는 현상이 발생한다.
3문단	지불준비금의 공급은 차입과 비차입 지불준비금으로 구분되며, 중앙은행은 공개시장조작을 통해 비차입 지불준비금의 규모를 조절함으로써 통화정책을 수행할 수 있다.

해설

지준시장의 금리가 높아지면 총 지불준비금에 대한 수요가 낮아진다. 반면에 지준시장 금리가 낮아지면 총 지불준비금에 대한 수요가 높아진다. 즉, 두 변수는 반비례 관계임을 나타낸다. 이를 그래프로 표현할 때 X축은 지준시장의 거래량(지불준비금)을, Y축은 지준시장 금리를 나타낼 수 있다. 금리(y)가 올라가면 지불준비금(x)은 감소하고, 금리(y)가 내려가면 지불준비금(x)은 증가한다. 이러한 좌표 평면에서 반비례 관계는 왼쪽 위에서 오른쪽 아래로 하강하는 형태 곧 음의 기울기를 가진 그래프로 나타난다. 따라서 ㉠에는 음의 기울기가 들어가야 적절하다. 지준시장 수요와 공급에 관한 내용을 그래프로 표현하면 이해하기 더 쉽다.

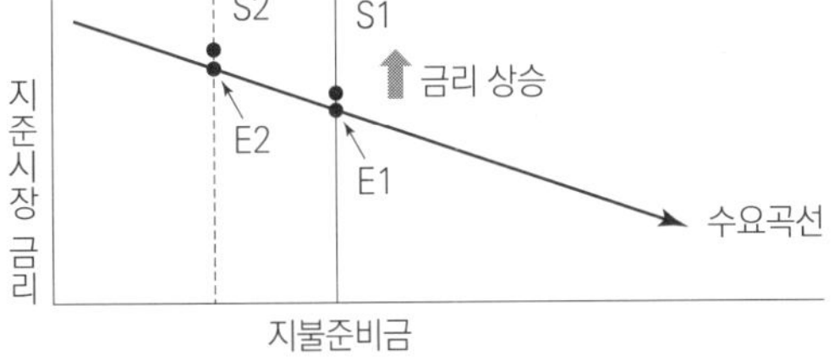

- S1: 최초 공급곡선. 중앙은행이 처음 설정한 비차입 지불준비금의 공급량
- S2: 감소된 공급곡선. 중앙은행이 비차입 지불준비금을 감소시킨 후의 공급량(점선으로 표시)
- E1: 최초 균형점. S1 공급곡선과 수요곡선이 만나는 지점으로, 초기의 균형 거래량과 균형 금리를 나타냄
- E2: 새로운 균형점. S2 공급곡선과 수요곡선이 만나는 지점으로, 공급 감소 후의 새로운 균형을 나타냄

중앙은행이 비차입 지불준비금의 총량을 직접 조정하므로, 특정 시점의 공급량(S1)은 고정되어 있다. 이는 그래프에서 수직선 형태의 공급 곡선으로 나타나며 금리 수준에 상관없이 공급량이 일정하게 유지된다. 따라서 ㉡에는 수직선이 들어가는 것이 적절하다. 중앙은행이 비차입 지불준비금을 감소시키면 공급곡선이 S1에서 S2로 왼쪽으로 이동한다. 이에 따라 균형점이 E1에서 E2로 이동하며 결과적으로 지준시장 금리가 상승하게 된다. 따라서 ㉢에는 상승이 들어가는 것이 적절하다.

04 난이도 ★★ 정답 ③

구조 파악

제시문은 주식회사의 본질적 요소인 자본금, 주식, 유한책임의 개념과 특징을 설명하고, 이로 인한 장단점을 살펴본 뒤, 주식회사의 경제적 폐해를 방지하기 위한 법적 원칙과 조치를 설명하는 글이다. 주식회사 설립과 관련된 개념을 이해하고, 구체적인 정관 사례에 적용하여 분석할 수 있어야 한다. 제시문의 주요 내용은 다음과 같다.

1문단	• 주식회사의 특징: 뛰어난 자본 조달력 • 주식회사의 본질적 요소: 자본금, 주식, 유한책임
2문단	• 자본금과 수권주식총수의 개념 • 주식회사 설립 시 주식 발행과 인수 과정 • 추가 주식 발행을 통한 자본금 조달
3문단	• 주식의 정의와 특징 • 액면주식의 발행 조건 • 주식의 양도와 관련된 규정
4문단	• 주주의 권리와 유한책임 • 유한책임의 개념과 특징 • 회사 재산의 담보 기능
5문단	• 주식회사의 경제적 폐해 • 자본금과 실제 재산의 불일치 문제 • 대주주의 권한 남용과 이해관계자들의 피해
6문단	• 주식회사의 폐해 방지를 위한 법적 원칙 • 자본유지의 원칙, 자본불변의 원칙, 기타 법적 조치

해설

① (○) 수권주식총수는 정관 제5조에 따라 1만 주이다. 수권자본금은 수권주식총수에 1주의 금액을 곱한 것이므로,

1만 주×5천 원=5천만 원이 된다. 이는 제시문의 "수권주식총수를 통해 자본금의 최대한도인 수권자본금을 알 수 있다."라는 내용과 일치한다.

② (○) 현행 상법에서는 주식회사 설립 시 최저 자본금에 대한 제한을 두지 않고 있다. 따라서 설립 시 발행하는 주식 수를 5천 주에서 1주로 수정하더라도 주식회사의 설립은 가능하다. 발행하는 주식이 모두 인수되기만 하면 된다.

③ (×) 제시문에서 "주식회사를 설립할 때는 수권주식총수 중 일부의 주식만을 발행해도 되는데, 발행하는 주식은 모두 인수되어야 한다."라고 설명하고 있다. 정관 제7조에 따르면 설립 시 발행할 주식은 5천 주이므로, 이 5천 주에 대한 출자자만 확정되면 된다. 수권주식총수인 1만 주 전체에 대한 출자자를 확정할 필요는 없다.

④ (○) 정관 제7조에 따라 설립 시 발행하는 주식은 5천 주이고, 제6조에 따라 1주의 금액은 5천 원이다. 제시문에서 "회사가 발행하는 주식을 출자자가 인수하고 해당 금액을 납입하면, 그 금액의 총합이 바로 주식회사의 자본금이 된다."라고 했으므로, 이 회사의 자본금은 5천 주×5천 원=2천5백만 원이 된다.

⑤ (○) 제시문에서 "회사가 수권주식총수 가운데 아직 발행하지 않은 주식은 추후 이사회의 결의만으로 발행할 수 있다."라고 설명하고 있다. 정관에 따르면 수권주식총수 1만 주 중 5천 주를 발행하므로, 나머지 5천 주는 미발행 주식이 된다. 이 미발행 주식을 발행하기 위해서는 이사회의 결의가 필요하다.

실전 적용 TIP

미발행 주식의 발행 절차, 특히 설립 시에는 수권주식총수 전체가 아닌 실제 발행하기로 한 주식에 대해서만 출자자를 확정하면 된다는 점에 유의해야 한다.

05 난이도 ★★★ 정답 ⑤

구조 파악

이 문제를 해결하기 위해서는 우선 각 회사의 지배 구조를 정확히 파악해야 한다. 지배 구조를 통해 한 회사의 위기가 다른 회사에 미칠 수 있는 영향과 주주의 영향력 범위를 이해할 수 있기 때문이다. 또한 서류상으로 나타난 자본금과 실제로 출자된 자본금을 구분하여 파악하는 것이 중요하다. 특히 회사들이 돌려가며 출자하는 경우, 서류상의 자본금은 부풀려져 보일 수 있지만 실제 자본금은 이보다 적다는 점을 고려해야 한다. 이러한 순환 출자는 한 회사의 위기가 다른 회사로 연쇄적으로 전파될 수 있는 위험을 내포하고 있으며, 이는 결과적으로 자본금 원칙을 위배하여 회사의 부실화를 초래할 수 있다는 점을 유념해야 한다. <보기>의 상황을 정리하면 다음과 같다.

- A회사: 초기 자본금 50억 원(홍길동 80% 소유), B회사에 25억 원 출자
- B회사: A회사가 100% 소유, C회사에 15억 원 출자
- C회사: B회사가 100% 소유, A회사 주식 10억 원어치 매입

해설

① (○) 제시문에서 회사의 위기 상황에서 이해관계자들이 피해를 볼 수 있다고 설명했다. A회사가 파산하면 그 영향이 B회사와 C회사로 연쇄적으로 미칠 수 있어 C회사의 이해관계자들도 피해를 입을 수 있다.

② (○) A회사가 B회사의 주식 100%를 소유하고 있으므로, B회사가 부도가 나면 A회사의 출자금 25억 원이 손실될 수 있다.

③ (○) 홍길동은 A회사의 지배주주(80%)이고, A회사는 B회사를, B회사는 C회사를 각각 100% 소유하고 있으므로, 홍길동은 B회사와 C회사에도 영향력을 행사할 수 있다.

④ (○) 설립 시 발행한 주식이 모두 인수되고 해당 금액이 납입되면 그것이 자본금이 된다. C회사의 경우 B회사가 15억 원을 납입했으므로, 인수 비율과 관계없이 자본금은 15억 원이다.

⑤ (×) A회사의 자본금 50억 원, B회사 25억 원, C회사 15억 원으로 총 90억 원이 되는 것처럼 보이나, C회사가 A회사에 10억 원을 재투자하여 실제 출자된 자본금은 90억 원보다 적다.

06 난이도 ★ 정답 ③

구조 파악

자본유지의 원칙(㉠)과 자본불변의 원칙(㉡)의 개념과 목적을 정확히 이해하고 있는지 평가하는 문항이다.

㉠ 자본유지의 원칙(자본충실의 원칙): 자본금이 실제로 출자되고 유지되어야 함

㉡ 자본불변의 원칙: 자본금 변경 시 법적 절차를 거쳐야 함

해설

① (×) 자본유지의 원칙(㉠)은 자본금이 실제로 회사에 출자되어야 하고, 그에 해당하는 재산을 실질적으로 유지해야 한다는 원칙이다. 이는 회사의 재무건전성을 확보하고 채권자를 보호하기 위한 것으로, 주주의 권한을 확대하는 것과는 전혀 관련이 없다. 제시문에서도 이 원칙이 자본충실의 원칙이라고도 불린다고 설명하고 있다.

② (×) 자본불변의 원칙(㉡)은 자본금을 임의로 변경하지 못하고 법적 절차를 거쳐야 한다는 원칙이다. 제시문에 따르면 현행 상법에서는 주식회사 설립 시 최저 자본금에 대한 제한을 두지 않는다고 명시하고 있다. 따라서 자본불변의 원칙으로 소액 설립을 제한할 수 없다.

③ (○) 자본불변의 원칙(㉡)에 따라 자본금의 감소는 엄격한 법적 절차를 요구하고 있다. 이는 자본금 감소로 인해 채권자가 피해를 입을 수 있기 때문에 엄격한 절차를 통해 채권자를 보호하려는 것이다. 반면 자본금 증가는 이사회 결의만으로 가능하도록 하고 있다.

④ (×) 자본유지의 원칙(㉠)은 자본금에 해당하는 재산의 실질적 유지를, 자본불변의 원칙(㉡)은 자본금 변경 시의 법적 절차를 규정하는 것이다. 두 원칙 모두 채권자가 회사의 구체적인 자금 운용 내역을 알 수 있게 하는 것과는 관련이 없다. 제시문에서도 이러한 내용은 언급되지 않았다.

⑤ (×) 두 원칙은 모두 자본금에 관한 원칙이지 정관 작성에 관한 원칙이 아니다. 또한 주식의 자유로운 양도는 주식회사의 기본적 특성이며, 이로 인한 폐해를 방지하는 것은 이 두 원칙의 목적이 아니다. 제시문에서도 이 원칙들은 자본금과 관련된 것임을 명확히 하고 있다.

07 난이도 ★★ 정답 ②

구조 파악

제시문은 연결납세제도의 개념과 특징을 체계적으로 설명하고 있다. 먼저 제도의 정의와 기본 효과를 설명한 후, 긍정적 효과(세부담의 공평성, 세제 중립성)와 부정적 효과(세수 감소, 행정비용 증가)를 대비하여 제시한다. 이어서 제도의 유형을 소득통산형과 손익대체형으로 구분하여 설명하고, A국의 구체적 사례를 통해 실제 적용 방식을 보여주고 있다. 마지막으로 OECD 국가들의 시행 현황을 제시하여 글의 객관성을 높이고 있다.

해설

① (×) 3문단에서 연결납세제도는 연결집단 내 개별 법인의 소득을 합산하여 과세하는 제도로서 결손금 통산 등으로 인해 연결집단의 소득이 감소할 수 있고, 그 계산과정이 복잡하기 때문에 조세행정비용이 증가한다고 하였다. 따라서 조세행정비용이 감소할 수 있다는 추론은 제시문의 내용과 상반된다.

② (○) 1문단에서 연결납세제도를 적용하는 경우 연결집단 내 개별 법인의 결손금이 통산되어 연결집단의 모든 개별 법인이 각각 개별 납세하는 경우보다 세부담이 감소할 수 있다고 설명하였다. 이는 역으로 개별 납세하는 경우 연결납세제도를 적용할 때보다 세부담이 증가할 수 있다는 것을 의미한다.

③ (×) 제시문에 따르면 A국은 소득통산형 방식을 채택하고 있다는 점은 맞으나, 지분율 기준에서는 A국이 100% 완전 지배 관계를 요구하는 반면, OECD 국가들은 대체로 50~95% 기준을 적용하고 있다. 따라서 A국이 더 완화된 기준을 적용한다는 것은 사실과 다르다.

④ (×) A국은 2008년 12월 26일에 법인세법을 개정하여 연결납세제도를 도입했으나, 실제 시행은 2010년 1월 1일부터라고 하였다.

⑤ (×) 제시문에서 독일이 연결납세제도를 시행하고 있다는 점만 언급될 뿐, 독일과 A국의 조세행정비용에 대한 비교나 각국의 정책 중점 사항에 대해서는 어떠한 언급도 없다. 따라서 독일은 A국에 비하여 세수확보보다 조세행정비용을 줄이는 것을 강조한다고 추론하기 어렵다.

실전 적용 TIP

오답을 피하려면 사례나 현황에서 언급된 비교 내용에 주목해야 한다. 또한 구체적인 수치나 날짜는 별도로 체크하여 제시문을 면밀히 분석해야 한다. 특히 제시문에 명시된 내용을 기반으로 한 타당한 추론인지 또는 제시문의 내용을 왜곡하거나 없는 내용을 추론하지는 않았는지 세밀하게 파악하는 것이 중요하다.

08 난이도 ★ 정답 ①

구조 파악

㉠에서 제시된 '독점적 지위를 가진 생산자의 이부가격설정'의 개념을 정확히 이해하고, 이를 실제 사례에 적용하여 판단할 수 있는 능력을 평가하는 문제이다. 이부가격설정의 핵심 요소를 정리하면 다음과 같다.

핵심 요소	세부 내용	예시(놀이공원)
독점적 지위	시장 가격을 임의의 수준으로 결정할 수 있는 권한	해당 지역 유일의 놀이공원
두 단계 가격 설정	• 첫 번째: 이용 권리에 대한 고정 비용 부과 • 두 번째: 실제 이용량에 따른 변동 비용 부과	• 입장료(고정) • 놀이기구 이용료(변동)
가격 결정 방식	• 1단계: 생산자가 이익 극대화 수준에서 이용료 결정 • 2단계: 소비자 잉여의 일부를 권리금으로 설정	• 놀이기구별 이용료 먼저 결정 • 적정 수준의 입장료 결정
가격 설정 시 고려 사항	• 권리금(고정비용)이 너무 높으면 소비자 이탈 • 권리금이 너무 낮으면 생산자 수입 감소 • 소비자의 지불 용의 고려 필요	• 입장료가 너무 높으면 방문 포기 • 입장료가 너무 낮으면 수입 감소

해설

① (○) 골프장이 지역 유일(독점적 지위)하고, 입회비(이용 권리)와 시간당 요금(이용량 비례)을 받는 이부가격설정의 정확한 사례이다.

② (X) 수량에 따라 가격을 달리하는 수량별 할인 판매 방식이다.
③ (X) 두 상품을 묶어 파는 세트 판매 방식이다. 특정 계층에 대한 할인 정책이다.
④ (X) 소비자 그룹의 특성을 고려하여 가격을 달리하는 사용량에 따른 차등 요금제이다.
⑤ (X) 사용량에 따른 차등요금제 방식이다.

실전 적용 TIP

㉠의 사례를 정확하게 파악하기 위해서는 이부가격설정의 핵심 요소를 정확히 이해해야 한다. 먼저 이부가격설정이 가능하려면 생산자가 독점적 지위를 가지고 있어야 한다. 시장 가격을 임의로 결정할 수 있는 권한이 있어야 하기 때문이다. 경쟁 시장에서는 소비자들이 다른 대안을 선택할 수 있어 이부가격설정이 불가능하다.
가격은 반드시 두 단계로 구성되어야 하며, 각 단계의 성격이 달라야 한다. 첫 번째는 상품이나 서비스를 이용할 수 있는 권리에 대한 고정 비용이고, 두 번째는 실제 이용량에 따라 부과되는 변동 비용이다. 단순한 할인이나 묶음 판매와는 다른 개념이다. 생산자는 가격을 전략적으로 결정해야 한다. 우선 이용량에 따른 변동 비용을 이익이 최대화되는 수준에서 결정한다. 그다음 소비자들의 지불 용의를 고려하여 권리금을 책정한다. 권리금이 너무 높으면 소비자들이 아예 이용을 포기할 수 있고, 너무 낮으면 생산자의 수입이 감소하기 때문이다.
이부가격설정은 독점 시장의 비효율성을 개선하는 효과가 있다. 생산자는 소비자 잉여의 일부를 흡수하여 이윤을 증가시킬 수 있고, 생산량이 증가하면서 시장 전체의 총잉여도 증가하게 된다.

09 난이도 ★★ 정답 ①

구조 파악

이부가격설정의 개념과 원리를 이해하고, 이를 새로운 사례에 적용하여 분석할 수 있는 능력을 평가하는 문제이다. 특히 소비자 잉여와 생산자 잉여의 개념을 정확히 이해하고 있는지 확인한다. <보기>는 통신사의 이부가격설정 사례(통화료+기본요금)에 관한 내용이다.

해설

① (X) 기본요금을 부과했을 때의 생산자 잉여는 단순히 사다리꼴 OaEQ가 될 수 없다. 이부가격설정은 기본요금을 통해 소비자 잉여의 일부를 생산자의 이윤으로 흡수하는 것이다. 따라서 생산자 잉여는 사다리꼴 OaEQ(통화료로 인한 잉여)에 기본요금(소비자 잉여에서 흡수한 부분)을 더한 크기가 되어야 한다.
② (O) 이부가격설정은 두 차례 가격을 치르도록 하는 방식이다. ○○통신사는 독점적 지위를 이용하여 통화료(P)에 기본요금을 추가로 부과할 수 있다. 이는 결과적으로 소비자가 P보다 높은 실질적 가격을 지불하게 만든다.
③ (O) 제시문에서 생산자가 정해 놓은 가격 이상을 지불할 용의를 가지고 있는 것이라고 설명했다. Q_1만큼의 통화량을 원하는 소비자가 있다는 것은 해당 소비자가 그 양에 대해 최소한 통화료 P 이상의 지불 용의가 있다는 것을 의미한다.
④ (O) 기본요금이 없는 경우, 통신사의 수입은 오직 통화료에서만 발생한다. 이는 단위당 가격(P)과 총 통화량(Q)을 곱한 값이 되므로, 그래프상에서 사각형 OPEQ의 넓이와 같다. 이는 제시문의 독점 시장 설명과도 일치한다.
⑤ (O) 소비자가 지불할 용의가 있는 금액보다 실제로 지불한 가격이 낮아 얻는 이득을 소비자 잉여라고 하였다. 기본요금이 없을 때, 소비자 잉여는 소비자의 지불용의가격(수요곡선 a−E)과 실제 지불가격(P)의 차이가 되므로 삼각형 PaE가 된다.

실전 적용 TIP

먼저 통신사가 독점적 지위를 가지고 있음을 확인한다. 다음으로 이부가격설정의 두 요소인 기본요금(고정비용)과 통화료(변동비용)를 구분한다. 그래프상에서 각각의 영역이 의미하는 바를 정확히 이해해야 하며, 특히 기본요금 부과 시 생산자 잉여가 어떻게 변화하는지 주목해야 한다. 소비자 잉여와 생산자 잉여의 정의를 정확히 이해하고 있어야 하며, 이부가격설정으로 인한 잉여의 이전 효과를 파악할 수 있어야 한다.

10 난이도 ★ 정답 ④

구조 파악

사용된 단어의 문맥적 의미를 파악하는 문제이다. 해당 단어가 구체적으로 어떤 의미로 쓰였는지 이해하고 제시된 선택지의 단어들을 하나씩 대응해 자연스러운지 확인해야 한다.

해설

① (X) '감정하다'는 '사물의 특성이나 참과 거짓, 좋고 나쁨을 감별하여 결정함.'의 의미이다.
② (X) '배정하다'는 '몫을 나누어 정함.'의 의미이다.
③ (X) '시정하다'는 '잘못된 것을 바르게 잡음.'의 의미이다.
④ (O) '매기다'는 제시문에서 '일정한 기준에 따라 사물의 값이나 등수 따위를 정하다.'의 뜻으로 쓰였다. '책정하다'는 '계획이나 방책을 세워 결정함.'의 의미이므로 문맥상 '매기다'와 바꿔 쓰기에 가장 적절하다.

⑤ (X) '제정하다'는 '제도나 법률 따위를 만들어 정함.'의 의미이다.

11 난이도 ★ 정답 ②

구조 파악

<표>는 2014~2017년 간 IT 산업(소프트웨어, 인터넷, 컴퓨터)의 인수·합병 건수에 대한 자료이다. <보고서>를 통해 A~E 중 갑국을 찾고, 해당 국가의 2017년 IT산업 3개 분야 인수·합병 건수의 합을 구하는 문제이다. 각 표에서 A~E뿐만 아니라 미국의 정보도 함께 명시되어 있으므로 이를 활용해서 문제를 풀어 보자.

해설

〈보고서〉의 내용을 개조식으로 정리하면 다음과 같다.

- 갑국의 IT산업 인수·합병 건수는 3개 분야 모두 매년 미국의 10% 이하이다.
- 갑국의 소프트웨어 분야 인수·합병 건수는 매년 증가하였다.
- 갑국의 컴퓨터 분야 인수·합병 건수는 매년 증가하였다.
- 갑국의 인터넷 분야 인수·합병 건수는 한 해를 제외하고 매년 증가하였다.

각 단서에 해당하는 국가를 찾아보자.

- 갑국의 IT산업 인수·합병 건수는 3개 분야 모두 매년 미국의 10% 이하이다. → D, E
- 갑국의 소프트웨어 분야 인수·합병 건수는 매년 증가하였다. → A, C, D
- 갑국의 컴퓨터 분야 인수·합병 건수는 매년 증가하였다. → A, C, D
- 갑국의 인터넷 분야 인수·합병 건수는 한 해를 제외하고 매년 증가하였다. → B, C, D

각 단서에 모두 해당되는 국가는 D로 갑국은 D임을 알 수 있다. 따라서 D국의 2017년 3개 분야 인수·합병 건수의 합은 49(소프트웨어)+38(인터넷)+18(컴퓨터)=105이다.

실전 적용 TIP

위 해설처럼 각 단서별 해당되는 국가를 모두 찾아 교집합을 구하는 것도 좋지만, 1번째 단서로 D, E만 남았다면 이후 단서부터는 A, B, C는 보지 않고 D, E만 확인하여 정답을 체크하고 넘어가는 것이 실제 시험장에서는 훨씬 유리할 것이다.

12 난이도 ★★★ 정답 ③

구조 파악

<표>는 제품 A~E의 고정원가, 변동원가율, 제조원가율에 대한 내용이다. 이를 토대로 각주의 제조원가, 고정원가율, 변동원가율, 제조원가율 공식을 활용하여 제품 A~E의 매출액을 구하는 문제이다. 이때 <표>에 제시된 수치는 변동원가와 제조원가가 아닌 '변동원가율', '제조원가율'임에 주의하며 문제를 풀어 보자.

해설

주어진 4개의 각주를 정확하게 이해하고 활용할 수 있어야 한다. 1)에서 제조원가는 고정원가와 변동원가의 합임을 알 수 있으며, 2)와 3)에서 고정원가율과 변동원가율의 분모가 모두 '제조원가'임을 알 수 있다. 따라서 '고정원가율(%)+변동원가율(%)=100%'임을 도출할 수 있다. 아울러 4)를 통해 '매출액=제조원가/제조원가율'을 도출할 수 있고, 이를 토대로 정리하면 다음과 같다.

구분	변동 원가율	고정 원가율	제조 원가율	제조원가 (고정원가/고정원가율)	매출액 (제조원가/제조원가율)
A	40%	60%	25%	100,000 (60,000/60%)	100,000/0.25 =400,000
B	60%	40%	30%	90,000 (36,000/40%)	90,000/0.30 =300,000
C	40%	60%	30%	55,000 (33,000/60%)	55,000/0.30 =200,000↓
D	20%	80%	10%	62,500 (50,000/80%)	62,500/0.10 =625,000
E	50%	50%	10%	20,000 (10,000/50%)	20,000/0.10 =200,000

따라서 매출액이 가장 작은 제품은 C이다.

13 난이도 ★ 정답 ⑤

구조 파악

<표 1>은 생산직 근로자 133명을 대상으로, <표 2>는 사무직 근로자 87명을 대상으로 직무스트레스 조사를 진행한 결과이다. 조사를 진행한 집단의 인원이 다르다는 점에 유의하며 문제를 풀어 보자.

해설

ㄱ. (X) 항목별 직무 스트레스 수준이 '상위'에 해당하는 근로자의 비율을 각 항목별로 정리하면 다음과 같다.

구분	생산직 근로자	사무직 근로자
업무과다	9.77+67.67 =77.44	10.34+67.82 =78.16
직위불안	10.53+64.66 =75.19	12.64+58.62 =71.26
관계갈등	10.53+67.67 =78.2	10.34+64.37 =74.71

보상부적절	10.53+60.15 =70.68	10.34+64.37 =74.71

항목 중 '업무과다'와 '보상부적절'은 사무직 근로자의 비율이 더 높으나, '직위불안', '관계갈등' 항목에서는 생산직 근로자의 비율이 더 높음을 알 수 있다.

ㄴ. (○) '직위불안' 항목에서 '낮음'으로 응답한 근로자의 수는 생산직의 경우 133×0.2406≒32명, 사무직의 경우 87×0.2759≒24명으로 생산직 근로자가 더 많다.

ㄷ. (×) '관계갈등' 항목에서 '매우 높음'으로 응답한 생산직 근로자는 133×0.1053≒14명, '매우 낮음'으로 응답한 생산직 관리자는 133×0.015≒2명으로 '매우 높음'으로 응답한 관리자가 12명 더 많다.

ㄹ. (○) '보상부적절' 항목에서 '높음'으로 응답한 근로자는 사무직의 경우 87×0.6437≒56명, 생산직의 경우 133×0.6015≒80명으로 사무직이 생산직보다 적다.

실전 적용 TIP

ㄷ의 경우, '매우 높음'으로 응답한 생산직 관리자와 '매우 낮음'으로 응답한 생산직 관리자의 차이를 식 하나로 나타낼 경우 (133×0.1053)−(133×0.015)가 되므로 위의 해설처럼 따로 계산해서 그 차이를 구해도 좋으나, (133×0.1053)−(133×0.015)=133×(0.1053−0.015)=133×0.0903≒12로 구해도 무방하다. 그리고 ㄴ이나 ㄹ처럼 비교집단의 비율은 차이는 10% 안팎이나 집단 자체의 규모가 1.5배에 달하는 경우 비율에 큰 차이가 나지 않는다면 집단 규모가 큰 '생산직'의 값이 클 확률이 높다. 시간이 부족할 때는 계산을 다 하려고 하기보다는 비율과 집단규모를 비교하는 것도 좋다.

14 난이도 ★ 정답 ②

구조 파악

이 문제의 핵심은 다음 공식을 도출하는 것이다.

- GDP 대비 국가채무 비율=GDP 대비 적자성채무 비율+GDP 대비 금융성채무 비율
- 국가채무=GDP 대비 국가채무 비율×GDP
- 적자성채무=GDP 대비 적자성채무 비율×GDP

해설

ㄱ. (○) • 2020년 국가채무: 36%×1,741
- 2014년 국가채무×1.5: 29.7%×1,323×1.5≒45%×1,323

36% → 45%로의 증가율은 9/36=1/4=25%이다. 한편 1,323 → 1,741로의 증가율은 132 → 174로 볼 수 있고 이는 42/132이다. 132의 30%는 약 39이므로 자세한 계산을 하지 않아도 30%를 넘는 것을 알 수 있다. 따라서 36%×1,741>45%×1,323이므로 2020년 국가채무는 2014년 국가채무의 1.5배 이상이다.

ㄴ. (×) 'GDP 대비 금융성채무 비율=GDP 대비 국가채무 비율−GDP 대비 적자성채무 비율'이다. 2019년 전년 대비 GDP 대비 금융성채무 비율은 34.1−18.3=15.8%에서 35.7−20.0=15.7%로 감소한다. 또한 2020년 전년 대비 GDP 대비 금융성채무 비율 또한 15.7%에서 36.0−20.7=15.3%로 감소함을 알 수 있다.

ㄷ. (○) '적자성채무=GDP 대비 적자성채무 비율×GDP'로 표현할 수 있는데 2018년까지 이 값은 모두 300조 원을 넘지 못한다. 하지만 2019년 1,658×20%=300 초과, 2020년 1,741×20.7%=300 초과이므로 2019년부터는 300조 원 이상인 것을 확인할 수 있다.

ㄹ. (×) 금융성채무가 국가채무의 50% 이상이라는 것은 적자성채무가 국가채무의 50% 미만이라는 것이다. 따라서 'GDP 대비 적자성채무 비율/GDP 대비 국가채무 비율'이 매년 50% 미만인지를 살펴보면 된다. 2014, 2015, 2016년은 이 값이 50% 미만이고, 2017, 2018, 2019, 2020년은 50%를 초과한다. 따라서 금융성채무가 국가채무의 50% 미만인 해도 있다는 것을 알 수 있다.

15 난이도 ★ 정답 ①

구조 파악

<그림>의 '연도별 회원 수', '공제제도별 자산 규모 구성비', '15개 지역 장기저축급여 가입 회원 수', '주요 공제제도별 가입현황' 등이 자료를 통해 선지의 일치부합을 판단하는 문제이다. 이때 각주 내용 중 모든 회원은 1개 또는 2개의 공제제도에 가입한다는 정보에 주의하며 문제를 풀어 보자.

해설

① (×) 〈그림〉에서 연도별 회원 수, 주요 공제제도별 가입현황을 참고하면, 2020년 A공제회 회원 수는 85.2만 명이고, 장기저축급여에 가입된 사람은 744,733명이다. 따라서 장기저축급여 가입 회원 수가 전체 회원에서 차지하는 비중은 $\frac{744,733}{852,000}$이고, 수치를 단순화하면 약 $\frac{74}{85}$라고 할 수 있다. $\frac{74}{85}$가 85%를 넘는지 판단하면 다소 복잡할 수 있으므로, 여사건 방식으로 접근해 보면 $1-\frac{74}{85}=\frac{11}{85}$인데, 분모인 85의 15%는 8.5+4.25=12 이상이다. 따라서 $\frac{11}{85}$<15%이므로 $\frac{74}{85}=100\%-\frac{11}{85}$=100%−15% 미만=85% 이상이다.

② (○) 〈그림〉에서 공제제도별 자산 규모 구성비를 참고하면, 장기저축급여는 27.3조 원이고 총자산 규모에서 차지하는 구성비는 64.5%이다. 구성비 64.5%를 65%로 단순화하면, $65\%=\frac{13}{20}$이므로($\frac{1}{20}=5\%$), 총자산 규모를 X라 하면 $X\times 65\%=X\times\frac{13}{20}=27.3$이므로 X=42이다. 따라서 공제제도의 총자산 규모는 40조 원 이상임을 알 수 있다.

③ (○) 〈그림〉에서 공제제도별 자산 규모 구성비를 참고하면, 자산 규모 상위 4개 공제제도는 장기저축급여, 퇴직생활급여, 목돈급여, 분할급여이다. 이에 해당하는 회원 수는 주요 공제제도별 가입 현황을 통해 알 수 있고 이들의 합은 74.47+4.03+5.51+3.24=87.25만 명이다. 한편 2020년 A 공제회 전체 회원 수는 85.2만 명이므로 87.25−85.2=2만 명 이상이다. 따라서 아무리 못해도 2만 명 이상은 2개의 공제제도에 가입한 회원이라고 볼 수 있다.

④ (○) 충청의 장기저축급여 가입 회원 수는 61,850명이다. 한편 15개 지역 평균 장기저축급여 가입 회원 수는 지도에 표시된 수치를 더하는 것이 아니라 주요 공제제도별 가입 현황 데이터를 활용한다. 여기서 장기저축급여 회원 수는 744,733명이다. 따라서 15개 지역 평균 장기 저축급여 가입 회원 수는 $\frac{744,733}{15}=50,000$명 이하이다. 따라서 충청의 장기저축급여 가입 회원 수는 15개 지역 평균 장기저축급여 가입 회원 수보다 많다.

⑤ (○) • 장기저축급여의 1인당 구좌 수: $\frac{449,579,295}{744,733}$

• 분할급여의 1인당 구좌 수×5: $\frac{2,829,332}{32,411}\times 5$

장기저축급여의 1인당 구좌 수는 약 600이다. (74.5만×600=4.2억+0.27억=4.47억)

한편 분할급여의 1인당 구좌 수는 $283만\times\frac{5}{3.2만}≒\frac{1,400만}{3.2만}$이고 이는 500 미만임을 알 수 있다. 따라서 장기저축급여의 1인당 구좌 수는 분할급여의 5배 이상이다.

16 난이도 ★★★ 정답 ⑤

구조 파악

2018~2019년 기업규모별 수출입 기업 수 및 무역액에 관한 <표>를 통해 <보기>의 일치부합을 판단하는 문제이다. <표>의 빈칸에 주의하며 문제를 풀어 보자.

해설

ㄱ. (○) 중견기업, 중소기업의 2019년 수출액의 전년대비 감소율은 각각 |{(935−982)/982}×100|=4.7%, |{(999−1,050)/1,050}×100|=4.9%로 5% 이하이다.

ㄴ. (○) 2019년 전체 수입액은 3,010+776+1,169=4,955억 달러로 전년대비 감소율은 |{(4,955−4,980)/4,980}×100|=0.5%이다.

ㄷ. (×) 전체 수출액에서 대기업이 차지하는 비중은 2018년이 (4,020/6,052)×100=66.4%, 2019년이 (3,478/5,412)×100=64.3%이다.

ㄹ. (×) 2019년 전체 수출 기업 수는 857+2,032+94,529=97,418개로 2018년 806+1,941+93,490=96,237개 대비 {(97,418−96,237)/96,237}×100=1.2% 증가하였다.

17 난이도 ★★★ 정답 ③

구조 파악

상장지수펀드(ETF)에 관련된 <정보>와 '갑' 상장지수펀드(ETF)에 관련된 <표>를 읽고 선지의 일치부합을 판단하는 문제이다. <정보>에 등장하는 용어와 <표>의 각주를 중점적으로 보며 문제를 풀어 보자.

해설

〈정보〉의 내용을 정리하면 다음과 같다.

- NAV={펀드자산총액−(부채+비용)}/발행주식 수
- 괴리율>0 → 고평가 → 시장가격−NAV>0
- 괴리율=0 → 정확히 반영 → 시장가격=NAV
- 괴리율<0 → 저평가 → NAV−시장가격>0

① (○) 1월 19일의 ETF 종가는 {(괴리율×NAV)/100}−NAV로 구할 수 있다. {(−4.92×16,538)/100}−16,538=15,724원임을 알 수 있다. 1월 25일의 괴리율은 {(16,220−16,268)/16,268}×100=−0.3%이다. 1월 18일부터 1월 26일까지의 기간 중 '갑' ETF의 종가 기준 전일자 가격 변동폭이 가장 컸던 일자는 1월 19일이며, 괴리율의 높고 낮음은 절댓값으로 측정하므로 괴리율이 가장 높았던 일자 역시 4.92%의 1월 19일로 동일하다.

② (○) '갑' ETF가 1월 15일부터 1월 26일까지의 기간 중 저평가된 일자는 15일, 18일, 19일, 22일, 25일, 26일로 총 6일이며, 고평가된 일자는 20일, 21일로 총 2일이다.

③ (×) '갑' ETF가 추종하는 1월 19일의 기초지수를 정확히 반영하기 위해서는 1월 19일 종가가 A=15,724원보다 16,538−15,724=814원 상승해야 하므로 옳지 않다.

④ (○) '갑' ETF의 경우 1월 18일부터 25일까지의 기간 중 괴리율이 전일자 대비 높은 일자는 18일, 19일, 21일로

총 3일자이다.

⑤ (○) '갑' ETF를 12,000원에 매수한 경우 1월 26일 종가 기준 수익률은 {(15,750−12,000)/12,000}×100=31.25%이며, '갑' ETF가 기초지수를 정확히 추종하였다면 수익률은 {(16,334−12,000)/12,000}×100=36.12%이다.

실전 적용 TIP

복잡한 수의 계산을 다소 요구할뿐더러 내용 자체의 난도도 상당히 높은 편이기에, 가볍게 한번 읽으며 풀 수 있겠다는 마음이 들지 않는 이상, 마지막에 푸는 것이 좋을 듯한 문제이다. 괴리율의 높고 낮음은 양수, 음수에 상관없이 절댓값으로 측정한다는 점을 잊지 않아야 한다.

18 난이도 ★★ 정답 ④

구조 파악

2010~2019년 A국 명목 GDP 및 무역 의존도에 관한 <표>와 각주의 공식을 통해 <보기>의 일치부합을 판단하는 문제이다. <표>의 연도별 순서가 역순으로 되어 있음을 인지하고 문제를 풀어 보자.

해설

ㄱ. (X) 2011~2018년 동안 명목GDP의 증가를 확인하기 위해서는 2012년과 2015년의 명목GDP를 구해야 한다. 각주의 수출의존도 공식을 변형하여 명목GDP=(수출액/수출의존도)×100을 통해 해당 연도 명목GDP를 구하면 다음과 같다.

- 2012년 명목GDP=(547,870/42.9)×100 =1,277,086.2
- 2015년 명목GDP=(526,757/35.9)×100 =1,467,289.7

2015년 명목GDP가 전년 대비 감소하였으므로 옳지 않다.

ㄴ. (○) 무역의존도는 수출의존도와 수입의존도의 합으로 구할 수 있는데, 이를 공식으로 나타내면 {(수출액+수입액)/명목 GDP}×100이 된다. 결국 수출+수입액이 명목 GDP에서 차지하는 비중을 뜻하는 것이다. 2010~2019년 동안 무역의존도가 65% 미만인 해를 찾기 위해서는 무역의존도를 구하는 것보다 공식의 의미를 이용하여 수출액과 수입액의 합이 해당연도 명목 GDP의 65% 미만인 해를 찾아보자. 이를 정리하면 다음과 같다.

구분	명목GDP×0.65	수출액+수입액
2019년	1,067,419.6	1,045,566
2018년	1,119,376.35	1,140,852
2017년	1,055,536.3	1,052,172
2016년	975,072.8	901,966
2015년	953,738.305	963,256
2014년	964,806.7	1,098,465
2013년	891,016.75	1,075,218
2012년	830,106.03	1,067,454
2011년	814,594.95	1,079,627
2010년	742,970.8	891,596

2010~2019년 동안 무역의존도가 65% 미만인 해는 2019년, 2017년, 2016년 총 3개이다.

ㄷ. (X) 2011년 수입의존도는 (524,413/1,253,223)×100 =41.8%이며 2012년 수입의존도는 (519,584/1,277,086.2)×100=40.7%로 2012년 수입의존도는 전년 대비 감소하였다.

ㄹ. (○) 2016~2019년 동안 수입액 대비 수출액의 비율을 정리하면 다음과 같다.

2016년	(495,426/406,540)×100=121.9%
2017년	(573,694/478,478)×100=119.9%
2018년	(605,650/535,202)×100=113.2%
2019년	(542,223/503,343)×100=107.7%

따라서 2016~2019년 중 수입액 대비 수출액 비율이 가장 높은 해는 2016년이다.

19 난이도 ★★★ 정답 ④

구조 파악

<정보>와 <표 1>의 재정준칙을 <표 2>의 재정지표에 적용하여 연도별 재정준칙 준수 여부를 확인하는 문제이다. <정보>보다는 <표 1>의 공식에 초점을 두고 선지의 일치부합을 판단해 보자. 이때 각 공식의 A와 B는 <표 2>의 값을 그대로 적용하는 것이 아니라 GDP 대비 비율로 환산하여 적용해야 한다는 것을 주의하자.

해설

〈표 1〉의 재정준칙을 계산하기 쉽게 풀어보자.

A=(국가채무/GDP)×100, B=(통합재정수지/GDP)×100

평상시: (A/60)×(B/−3)≦1.0

경기 둔화 시: (A/60)×(B/−4)≦1.0

즉, 평상시 기준 A≦60%−3≦B≦3이라면 A/60, B/−3 모두 −1 이상 1 이하인 값이기에 둘을 곱하더라도 1 이하의 값이 도출되므로 재정준칙을 준수하게 된다. 경기 둔화 시에는 A≦60% −4≦B≦4가 된다. 그럼 보다 편하게 선지를 판단하기 위해서 〈표 2〉의 값을 A와 B로 바꾸어 나타내 보자.

구분	2018	2019	2020	2021	2022	2023	2024
A	33.3	39.8	41.7	48	50	55	58
B	1.59	−1	−1.6	−3.6	−4	−4	−4

① (○) 별도의 언급이 없으므로, 평상시의 재정준칙을 적용할 경우, 2018, 2019, 2020년은 A≦60% −3≦B≦3 조건을 충족하기에 재정준칙을 준수하므로 확인할 필요가 없다. 그렇다면 남은 2021년부터 2024년까지의 값을 대입하여 계산하면 다음과 같다.
- 2021년: (48/60)×(−3.6/−3)=0.96 → 재정준칙 준수
- 2022년: (50/60)×(−4/−3)=1.1039 → 재정준칙 위반
- 2023년: (55/60)×(−4/−3)=1.2236 → 재정준칙 위반
- 2024년: (58/60)×(−4/−3)=1.2901 → 재정준칙 위반

따라서 재정준칙을 위반하는 해는 2022년, 2023년, 2024년 3개이다.

② (○) 2018~2024년을 경기둔화로 판단할 경우, A≦60% −4≦B≦4 기준을 적용한다. 2018~2024년 모두 A와 B가 해당 범위 내에 있으므로 재정준칙을 준수한다.

③ (○) 2024년 통합재정수지가 22조 원 증가할 경우 −90이었던 재정수지가 −68로 변경되어 B의 값 역시 −4에서 −3으로 변경된다. 이 경우 A≦60% −3≦B≦3의 조건을 만족하므로, 재정준칙 위반에서 재정준칙 준수로 위반 여부가 변경된다.

④ (×) GDP 대비 국가채무비율을 50%로 변경할 경우, 재정준칙의 기준 역시 A≦50% −3≦B≦3으로 변경된다. 2018, 2019, 2020년의 경우 변경된 기준을 준수하므로 재정준칙을 준수한다. 그렇다면 2021년에서 2024년의 값을 대입할 경우 다음과 같다.
- 2021년: (48/50)×(−3.6/−3)=1.152 → 재정준칙 위반
- 2022년: (50/50)×(−4/−3)=1.33 → 재정준칙 위반
- 2023년: (55/50)×(−4/−3)=1.463 → 재정준칙 위반
- 2024년: (58/50)×(−4/−3)=1.5428 → 재정준칙 위반

따라서 재정준칙을 위반하는 해는 2021년, 2022년, 2023년, 2024년 4개 해이다.

⑤ (○) GDP 대비 통합재정수지비율 기준을 −2%로 변경할 경우, A≦60% −2≦B≦2를 적용하여 재정준칙 여부를 판단할 수 있다. 이 경우 2018년, 2019년, 2020년은 재정준칙을 준수한다. 그렇다면 2021년에서 2024년의 값을 대입할 경우 다음과 같다.
- 2021년 (48/60)×(−3.6/−2)=1.44 → 재정준칙 위반
- 2022년 (50/60)×(−4/−2)=1.66 → 재정준칙 위반
- 2023년 (55/60)×(−4/−2)=1.84 → 재정준칙 위반
- 2024년 (58/60)×(−4/−2)=1.94 → 재정준칙 위반

따라서 재정준칙을 위반하는 해는 2021년, 2022년, 2023년, 2024년 4개 해이다.

실전 적용 TIP

④에서 GDP 대비 국가채무비율 기준을 변경하더라도 이미 3개년도가 재정준칙을 준수하므로 재정준칙을 위반하는 해는 최대 4개이다. 선지에서는 위반하는 해가 5개라고 하였으므로, 이는 옳지 않은 선지임을 알 수 있으므로 2021년부터 2024년까지의 재정준칙 여부를 굳이 계산할 필요는 없다. 혹은 A > 50%(B < −3 or B > 3)일 경우, 각 값이 1이 넘으므로 당연히 A/60과 B/−3을 곱한 값이 1보다 커질 것이다. 고로 2022년, 2023년, 2024년은 별도로 계산하지 않아도 1보다 큰 값이 나올 것임을 알 수 있다.

20 난이도 ★★★ 정답 ④

구조 파악

<표>와 <정보>를 통해 <보기>의 일치부합을 판단하는 문제이다. <정보>에서 주어지는 내용 중 실질적으로 사용되는 내용과 한 번도 사용되지 않는 내용이 있어 필요한 부분만 골라 활용해 보자.

해설

ㄱ. (×) 2012~2016년 동안 시장소득 기준 상대적 빈곤율이 전년 대비 감소한 해는 〈표 1〉에서 확인할 수 있는데, 2012년, 2015년 2개이므로 옳지 않다.

ㄴ. (○) 최하위 20% 계층의 평균 소득이 매년 전년 대비 10% 증가할 때, 같은 기간 최상위 20% 계층의 평균소득을 유추하기 위해서는 〈표 2〉의 소득 5분위 배율을 활용해 볼 수 있다. 최하위 20% 계층의 평균 소득이 늘어나는 기간 동안 소득 5분위 배율이 작아진다고 하여 단순히 최상위 20%의 평균 소득이 감소하고 있다고 단정지을 수는 없다. 2012년 소득 5분위 배율 값이 8.10이라는 것은 각 계층의 평균 소득을 약분한 최종 값이 8.1/1이라고 볼 수 있다. 만약 최상위 20%의 평균 소득이 전년과 동일하고, 최하위 20%의 평균 소득이 10% 증가했다고 가정해 보자. 그렇다면 2013년의 소득 5분위 배율 값은 8.1/1.1이 될 것이다. 이는 7.36으로 〈표 2〉의 2013년 값 7.68보다 더 작은 값이다. 즉, 최상위 20%의 평균 소득도 증가하였으나, 단지 최하위 20% 계층의 평균 소득 증가율에 비해 작을 뿐인 것이다. 마찬가지로 2013년 소득 5분위 배율인 7.68/1에서 최하위 20% 계층의 소득만 10% 증가하고 최상위 20% 계층의 소득은 그대로라고 가정해 보자. 이 경우 2014년의 소득 5분위 배율 값

은 7.68/1.1로 6.98이 된다. 이는 역시 〈표 2〉의 2014년 소득 5분위 배율 값인 7.37보다 작다. 즉, 2012~2014년 처분가능소득 기준 최하위 20% 계층의 평균 소득이 매년 전년 대비 10% 증가했다면 같은 기간 최상위 20% 계층의 평균 소득 역시 증가하였음을 알 수 있다.

ㄷ. (○) 2019년 시장소득 기준 중위소득이 4천만 원일 때, 최상위 20% 계층의 평균 소득은 〈표 1〉 시장소득 기준 소득분배지표 현황의 2019년 상대적 빈곤율과 소득 5분위 배율을 통해 구할 수 있다. 상대적 빈곤율은 전제 인구 중 소득이 중위소득의 50% 이하인 인구의 비율로, 2019년 중위소득이 4천만 원이라면, 상대적 빈곤율의 기준은 그의 50%인 2천만 원 이하의 소득을 가진 사람들의 비율을 말한다. 이때 2019년 상대적 빈곤율이 20.8%이므로, 사실상 20%로 가정하여 이를 소득 5분위 배율에 활용할 수 있다. 즉 최하위 20% 계층의 소득 최곳값은 2천만 원일 것이다. 최하위 20% 계층의 평균은 알 수 없다. 그러나 평균이 될 수 있는 값의 최곳값은 알 수 있다. 바로 최하위 20% 계층의 모든 사람들의 소득이 최곳값인 2천만 원인 경우이다. 2019년의 소득 5분위 배율이 11.56이므로 최하위 20% 계층의 평균 소득이 최곳값인 2천만 원이라고 가정한다면 최상위 20% 계층의 평균소득은 최대 2억 3,120만 원이 되어야 한다.

실전 적용 TIP

ㄴ의 경우, 최하위 20% 계층의 소득이 매년 10% 증가할 때 최상위 20% 계층의 소득의 증감 방향을 찾는 것이 중요하다. ㄷ의 경우, 중위소득을 이용해 최상위 20% 계층의 평균 소득을 구하는 방법을 찾아야 한다.

21 난이도 ★ 정답 ③

구조 파악

<진술>이 모두 참일 때 <결론>을 도출하기 위해 추가로 필요한 명제를 찾는 문제이다. <진술> 간의 연관성을 파악하여 연결 짓는 것이 중요하다.

해설

〈진술〉을 정리하면 다음과 같다.

- 화성인이 사랑 → 착하고 잘생긴 금성인
- (선물 or 애정표현) → 사랑
- 갑 → 무뚝뚝한 화성인
- 무뚝뚝 → ~애정표현
- ~애정표현인 사람을 사랑 → 착한 사람
- 을이 사랑 → 갑

이를 통해 갑 → 무뚝뚝한 화성인 → ~애정표현, ~애정표현인 갑을 사랑하는 사람 → 착한 사람 → 을임을 도출할 수 있다.

을이 잘생긴 금성인이라는 결론을 도출하기 위해서는 첫 번째 진술이 성립해야 한다. 그렇다면 화성인인 갑이 을을 사랑한다는 명제를 도출하기 위해서는 두 번째 진술이 성립해야 한다. 앞선 명제들을 통해 갑은 애정표현을 하지 않다는 것을 알고 있으므로, 갑은 을에게 선물을 잘 사준다는 전제가 성립한다면 갑은 을을 사랑하는 것이며, 화성인인 갑이 사랑하는 을은 착하고 잘생긴 금성인이라는 결론이 도출되므로 추가로 필요한 전제는 ③이 된다.

22 난이도 ★★★ 정답 ③

구조 파악

A~F 총 6명을 연립주택 1~5층에 배치하는 문제이다. 인원에 비해 층수가 적기에 한 층에만 A를 포함한 2명이 입주해 있다는 점에 주의하며 대화를 통해 문제를 풀어 보자.

해설

우선 층수에 대한 확정적인 정보는 B는 ~3층, C는 ~4층, F는 1층이라는 것이다. B의 층수를 기점으로 A는 B보다 위층에, E는 B보다 아래층에 살고 있으므로 B는 3층 혹은 4층에 거주해야 한다. 그러나 B층 3층에 거주하고 있지 않으므로, B는 4층에 거주하며, A는 B의 위층인 5층에 거주하게 된다. 남은 C, D, E는 2층과 3층, 그리고 A가 거주 중인 5층 중에 거주하고 있다. D는 C보다 위층에 살고 있으며, E는 B보다 아래층에 거주하고 있다. 이때 C가 5층에 거주할 경우 D를 배정할 수 없으므로, C는 2층 혹은 3층에 거주하고 있음을 알 수 있다. E는 B보다 아래층에 거주하고 있기에 역시 2층 혹은 3층에 거주하고 있음을 알 수 있다. 그렇다면 남은 D가 A와 같은 5층에 거주함을 알 수 있다.

실전 적용 TIP

시간이 부족한 상황이라면 각 인원의 층수를 고려하는 것이 아니라, A와 같은 층을 쓸 수 없는 사람을 먼저 찾아내어 제외한 후 남은 인원 중에서 선택하는 것이 문제를 맞힐 확률을 더 올릴 수 있다. A와 특정 1인만 같은 층에 입주하고, 그 외에는 모두 한 층에 한 명만 입주한다. 그렇기에 일단 B보다 위층에 살고 있는 A는 최소 2층 이상에 거주하기에 1층에 거주하는 F와는 같은 층에 입주할 수 없다. 또한 B보다 위층에 살고 있기에 B와도 같은 층에 입주하고 있지 않으며, B보다 아래층에 살고 있는 E와도 같은 층에 입주하고 있지 않다. 이러한 과정만을 거치더라도 당장 B, E, F를 제외하고 남은 C, D 중에 선택할 수 있기에 정답률은 50%로 올라간다.

23 난이도 ★★ 정답 ④

구조 파악

주어진 제시문을 읽고 보기의 일치부합을 판단하는 문제이다. input 명령문의 특징을 파악한 후 레코드가 1개일 때와 2개 이상일 때를 나누어 판단하도록 하자.

해설

ㄱ. (○) 2문단에서 확인할 수 있다. 'input a 1-3'은 변수 a에 레코드의 1~3번째 위치에 있는 수를 저장하라는 의미이므로 input 명령문은 레코드에서 위치를 지정하여 변수에 수를 저장할 수 있음을 알 수 있다.

ㄴ. (×) 2문단 마지막 부분에서 확인할 수 있다. input 명령문에 @가 있다면 다음 input 명령문은 @가 있는 input 명령문과 같은 레코드를 이용한다. 따라서 두 개의 input 명령문으로 같은 레코드를 이용해 변수에 수를 저장할 수 있다.

ㄷ. (○) 2문단에서 input 명령문이 하나이고 여러 개의 레코드가 있을 경우 모든 레코드를 차례대로 이용한다고 하였다. 다시 말해서 하나의 input 명령문으로 다수의 레코드를 이용해 변수에 수를 저장할 수 있음을 알 수 있다.

24 난이도 ★★ 정답 ①

구조 파악

제시문과 예시를 근거로 <프로그램>의 <결과>를 구하는 문제이다. 명령문 Input의 특징 중 해당 수가 0으로 시작될 경우 0을 빼고 저장한다는 것과, input 명령문이 다수일 경우 @가 있다면 바로 다음 input 명령문은 @가 있는 input 명령문과 같은 레코드를 사용한다는 점에 유의하며 문제를 풀어 보자.

해설

프로그램

```
cards
020824
701102
720508
;
input a 1-6 b 3-4;
input c 5-6@;
input d 3-4;
input e 3-5;
print;
```

〈결과〉

- a: 첫 번째 레코드 020824의 1~6번째 수를 저장하는데, 앞의 숫자 0은 제외되므로 '20824'이다.
- b: 첫 번째 레코드 020824의 3~4번째 숫자 08을 저장하는데, 앞의 숫자 0은 제외되므로 '8'이다.
- c: 두 번째 레코드 701102의 5~6번째 숫자 02를 저장하는데, 앞의 숫자 0은 제외되므로 '2'이다.
- d: @가 있는 명령문 바로 다음의 명령문이므로, @가 있는 명령문과 같은 레코드를 이용한다. 따라서 701102의 3~4번째 숫자인 11을 저장하므로 '11'이다.
- e: 세 번째 레코드 720508의 3~5번째 숫자 050을 저장하는데, 앞의 숫자 0은 제외되므로 '50'이다.

따라서 a+b+c+d+e=20895이다.

25 난이도 ★ 정답 ⑤

구조 파악

가전제품 A~E를 각 1대씩 구매할 때, 상점 甲~丙 중 가장 저렴하게 구매할 수 있는 방안을 찾는 문제이다. 이때 각 상점별로 가전제품의 가격과 혜택이 다르다는 점에 집중하여 문제를 풀어 보자.

해설

상점별 가전제품 판매가격은 다음과 같다.

구분	A	B	C	D	E
甲	150	50	50	20	20
乙	130	45	60	20	10
丙	140	40	50	25	15

甲의 혜택을 이용하기 위해서는 A의 구매가 필수적이다. A를 구매하지 않고서는 B~E의 구매만으로 200만 원을 채울 수 없기 때문이다. 그러나 A+B를 甲에서 구매하여 10% 할인받는다고 하여도 실구매금액은 190만 원이나, 할인혜택을 전혀 받지 않은 乙이나 丙에서 A+B를 구매 시 175만 원 혹은 180만 원으로 구매가 가능하기에 甲의 상점 혜택을 이용할 이유가 없다. 다음으로 乙의 혜택을 이용하기 위해 A+C+D 조합을 丙과 비교할 경우, 乙에서 해당 조합을 구매하면 130+(60+20)×0.8=194만 원이며, 丙에서 구매하면 215만 원임을 알 수 있다. 丙의 혜택을 누리기 위해 E를 추가로 구매하더라도 乙은 10만 원이 추가되어 204만 원인 것에 비해 丙은 5만 원이 추가되어 220만 원이 됨을 알 수 있다. 즉, 乙의 상점 혜택을 최대한으로 누리되, 이외의 가전제품은 가장 저렴한 상점에서 구매하는 것이 모든 가전제품을 저렴하게 구매할 수 있는 방법이 될 것이다. 이를 정리하면 다음과 같다.

구분	실구매
A	乙-130
B	丙-40

C	乙−(60×0.8=48)
D	乙−(20×0.8=16)
E	乙−10
최종 합계	244

26 난이도 ★★★ 정답 ⑤

구조 파악

<대화>를 통해 <품질인증서번호 부여 규칙> 중 사용될 규칙을 빠르게 판단하는 것이 중요하다. 이때 발급연도의 3, 4번째 숫자가 부여되는 ⓐ에 주의하자. 품질인증서는 접수일로부터 3주 후에 발급되며, ⓐ의 기준이 되는 연도는 접수연도가 아닌 발급연도이다.

해설

㉠은 발급연도의 3, 4번째 숫자를 의미한다. 〈대화〉를 통해 甲이 2019년 12월 15일 이후에 접수하였음을 알 수 있다. 품질인증서는 접수일을 기준으로 3주 후에 발급되므로 2020년 1월에 발급됨을 알 수 있다. 따라서 '20'이다.

㉡에 해당되는 신청유형은 '재발급(기간만료 후)', '재발급(공장주소변경)'이다. 각각 4B, 6C에 해당하는데 숫자가 큰 코드 먼저 기재하므로 '6C4B'이다.

㉢에는 토목분야에 해당하는 'CD'가 들어간다.

㉣에 들어갈 지역구분 코드는 발급연도 기준 공장소재지에 따른다. 따라서 발급연도 기준으로 공장은 중동에서 베트남으로 이전했으므로 해당되는 국외 코드는 '아시아'인 'FA'이다.

따라서 乙이 발급받은 품질인증서번호는 '206C4BCDFA'이다.

27 난이도 ★★ 정답 ④

구조 파악

제시된 내용을 토대로 창렬이가 적용받을 수 있는 3개 할인의 주요 내용을 정리해 보면 다음과 같다.

적용 순서	할인	자동 적용 여부	적용 조건 유무
1	개별 물품 할인	○	×
2	이달의 할인 쿠폰	×	×
3	20,000원 추가 할인 쿠폰	×	○

이때 유념해야 할 것은 질문지에서 창렬이가 결제할 '최소 금액'을 묻고 있으므로, 적용 조건이 없는 2번째 할인은 자동 적용이 되지 않더라도 반드시 적용해야 한다는 것이다. 한편 3번째 할인은 적용 조건이 존재하기 때문에 조건에 부합하는 상황인지를 먼저 판단한 후 적용 여부를 결정해야 한다.

해설

창렬이의 구매 물품에 3개 할인을 순서에 따라 적용해 보면 다음과 같다.

(1) 개별 물품 할인: (가방 150×0.9)+(영양제 100×0.7)+(목베개 50×0.9)=135+70+45=250달러

(2) 이달의 할인 쿠폰: 250×0.8=200달러

(3) 결제 금액이 200달러를 '초과'할 때만 사용할 수 있다는 조건이 있으므로, 적용이 불가능하다(만약 200달러 '이상'일 경우에는 적용 가능. '초과'와 '이상'을 구분할 수 있어야 함).

따라서 창렬이가 결제할 최소 금액은 200달러이고, 이것을 원 단위로 환산하면 200달러×1,000원/달러=200,000원이다.

실전 적용 TIP

1번째 개별 물품 할인을 적용할 때, 할인율이 같은 물품을 묶어 계산하면 시간을 절약할 수 있다. 이 문항에서는 가방과 목베개의 할인율이 10%로 동일하기 때문에 {(150+50)×0.9}+(100×0.7)로 식을 세우면 되는 것이다.

28 난이도 ★ 정답 ①

구조 파악

가족돌봄휴직 관련 규정을 근거로 선지의 일치부합을 판단하는 문제이다. 선지의 상황에 해당하는 조항이 어느 항목인지 판단하고, 단서 및 예외조항에 해당하는지의 여부를 판단해야 한다. 선지의 주체가 근로자인지, 사업주인지 파악해야 하며, 가족돌봄휴직과 가족돌봄휴가를 착각하지 않도록 유의하자.

해설

① (○) 제00조 제1항 마지막 문장이 근거이다. 근로자 본인 외에도 조부모의 직계비속 또는 손자녀의 직계존속이 있는 경우에는 그러하지 아니한다고 규정하고 있다. 따라서 근로자 외에도 조부모의 직계비속, 즉 근로자의 부모가 있는 경우이므로, 사업주가 근로자의 가족돌봄휴직을 허용하지 않을 수 있다.

② (×) 제00조 제3항이 근거이다. 사업주가 가족돌봄휴직을 허용하지 아니하는 경우, 해당 근로자에게 그 사유를 서면으로 통보한다. 구술로 통보한다는 내용은 존재하지 않는다.

③ (×) 제00조 제2항이 근거이다. 정상적인 사업운영에 중대한 지장을 초래하는 경우, 사업주는 근로자와 협의하여

그 시기를 변경할 수 있다. 따라서 협의 없이 변경할 수 없다.

④ (X) 제00조 제4항 제1호와 제2호가 근거이다. 가족돌봄휴가 기간은 가족돌봄 휴직 기간에 포함된다고 하고 있다. 따라서 가족돌봄휴가를 8일 사용한 근로자의 가족돌봄휴직 기간의 최댓값은 90－8＝82일이다.

⑤ (X) 제00조 제4항 제3호가 근거이다. 감염병의 확산으로 심각단계의 위기경보가 발령된 경우 가족돌봄휴가 기간을 연간 10일의 범위에서 연장할 수 있다. 하지만 그렇다고 해서 사업주가 근로자에게 연간 20일의 가족돌봄휴가를 허용해야 한다는 조건은 찾아볼 수 없다.

29 난이도 ★★★ 정답 ④

구조 파악

기업별 중소기업 광고비 지원사업에 관한 수리퀴즈형 문항이다. 주어진 조건에 따라 계산을 하되 함정이 될 수 있는 조건들을 놓치지 말아야 한다. 제시문에서 '지급 가능한 최대 금액'을 지급한다고 하였는데 조건에 부합하면 지원금 상한액(1.2억 원)까지 최대로 받을 수 있다는 뜻이다. 또한 총매출이 100억 원 이하라면 지원금 상한액의 2배인 2.4억 원까지 지급이 가능한 점 또한 유의해야 한다.

해설

중소기업 광고비 지원금사업 안내글과 후보 현황표를 바탕으로 대상기업 해당 여부와 금액을 정리하면 다음과 같다.

- 2020년 총매출 500억 원 미만인 기업: C, D, E, F, G
- 우선 지원대상 사업분야: 백신(G), 비대면(E), 인공지능(D)
- 지원대상 선정순위: 소요 광고비×2020년도 총매출이 작은 기업부터 선정

기업	소요 광고비×2020년도 총매출	선정 순서
A	탈락	
B		
C	1,200	5
D(우선)	1,200	3
E(우선)	1,000	2
F	600	4
G(우선)	120	1

우선 지원대상 사업분야인 D, E, G의 선정순위를 살펴보면 '소요 광고비×2020년도 총매출' 값이 작은 G, E, D 순이다. 다음으로 우선 지원대상이 아닌 F, C 순이 된다. 한편 G 기업의 경우, 2020년도 총매출이 100억 원 이하이므로 지원금 상한액 1.2억 원의 2배인 2.4억 원까지 지원금을 받을 수 있다. 하지만 G 기업 소요 광고비의 1/2인 2억 원을 초과할 수 없다. 따라서 G 기업이 받게 되는 지원금은 2억 원이다. 나머지 기업도 이러한 방식으로 계산해 보면 다음과 같다.

기업	지원금
G(우선)	2억 원
E(우선)	1.2억 원
D(우선)	1.2억 원
F	1.6억 원
C	없음

따라서 F가 받는 지원금은 1억 6천만 원이다.

30 난이도 ★★★ 정답 ①

구조 파악

글과 <표>의 수치를 통해 <보기>의 일치부합을 판단하는 문제이다. '투기과열지구'와 '조정대상지역'의 각 기준과 비교대상이 다름에 유의하여 문제를 풀어 보자.

해설

'투기과열지구'와 '조정대상지역'을 정리하면 다음과 같다.

- 투기과열지구: 해당 지역 주택가격 상승률이 전국 소비자 물가 상승률의 1.2배&해당 지역 주택 보급률이 전국 평균 이하 → 주택담보대출규제 강화&분양권 전매 제한
- 조정대상지역: 해당 지역 주택가격 상승률이 해당 지역 소비자 물가 상승률의 1.3배&해당 지역 주택보급률이 전국 평균 60% 이하 → 투기과열지구 조치＋분양가 상한제

각 지역 및 전국의 주택가격 상승률, 소비자 물가 상승률, 주택보급률을 정리하면 다음과 같다.

구분	주택보급률	소비자 물가 상승률	주택가격 상승률
A	110%	6%	5%
B	56%	10%	20%
C	85%	20%	16%
D	54%	20%	24%
E	57%	15%	20%
전국	96%(조정대상 지역 기준 57.6%)	15%(투기과열지구 기준 18%)	20%

A~E 중 투기과열지구에 해당하는 지역은 B, D, E, 조정대상지역에 해당하는 지역은 B, E임을 알 수 있다.

ㄱ. (O) 투기과열지구와 조정대상지역 둘 다 해당하지 않는 지역 A와 C에는 어떠한 부동산 규제 조치도 시행할 수 없다.

ㄴ. (○) B시와 D시는 투기과열지구로 분양권 전매 제한 조치를 시행할 수 있다.

ㄷ. (○) D시와 E시는 투기과열지구로 주택담보대출규제 강화를 시행할 수 있다.

ㄹ. (X) 주택담보대출 규제 강화, 분양권 전매 제한, 분양가 상한제를 모두 시행할 수 있는 지역은 조정대상지역인데, A~E시 중에서 조정대상지역은 B시와 E시이다.

실전 적용 TIP

투기과열지구에서 해당 지역 주택가격 상승률을 비교하는 대상은 전국 소비자 물가 상승률의 1.2배라는 점과 조정대상지역에서 비교하는 대상은 해당 지역 소비자 물가 상승률의 1.3배라는 점에 유의하여야 한다. 또한 조정대상지역은 투기과열지구 조치에 더하여 분양가 상한제 조치도 할 수 있다.

MEMO

정답 및 해설

PART 2

출제예상 모의고사

제1회 출제예상 모의고사

[정답표]

01	02	03	04	05	06	07	08	09	10
②	⑤	①	④	④	①	③	③	③	⑤
11	**12**	**13**	**14**	**15**	**16**	**17**	**18**	**19**	**20**
③	②	④	④	⑤	②	①	⑤	④	③
21	**22**	**23**	**24**	**25**	**26**	**27**	**28**	**29**	**30**
①	④	⑤	⑤	⑤	①	③	②	④	③

01 난이도 ★ 정답 ②

구조 파악

제시문은 한계효용학파의 생산요소 보상 이론이 자본소득을 정당화하지만, 실제로는 자본소득의 정당성을 순환논리로 설명하고 있다고 비판하는 내용이다. 각 문단의 주요 내용을 정리하면 다음과 같다.

1문단	노동과 자본의 생산 기여에 따라 소득이 결정된다는 주장과 그에 대한 의문점 제기
2문단	자본도 생산요소이므로 자본가도 기여한 만큼 보상을 받는다는 논리 제시
3문단	자본의 기여를 입증하려는 논리가 동어반복에 불과하며, 자본소득이 정당성이 실질적으로 설명되지 않음을 비판

해설

㉠의 앞 문장에서 언급된 동어반복('2는 2', '고양이는 고양이')의 논리를 정확히 이어받는 내용이 ㉠에 들어가야 한다. 또한 한계수익 산출량이 자본의 가치로부터 산정되고, 자본의 가치는 다시 자본의 투입량으로 정당화되는 순환논리 구조를 지적하는 내용이어야 한다. 따라서 ㉠에는 "사실상 '자본의 가치는 자본의 가치와 같다.'라거나 '이윤은 이윤과 같다.'라고 말하게 되는 것이다."가 들어가는 것이 적절하다.

실전 적용 TIP

내용을 정리하는 문장을 선택하는 문제는 제시문 전체를 읽고 풀어야 한다. 하지만 시간이 부족하다면 문장이 포함될 문단의 길이가 충분히 길다는 전제하에 해당 문단만 읽고 푸는 것도 방법이다.

02 난이도 ★ 정답 ⑤

구조 파악

제시된 글은 디지털 금융의 개념과 특성, 기술적 변화, 사회적 효과와 그에 따른 문제점 및 대응 방안을 설명하는 글이다. 각 문단의 주요 내용을 정리하면 다음과 같다.

(가)	디지털 금융이 금융 포용에 기여하는 사례 제시(긍정적 사회적 영향)
(나)	디지털 금융의 한계 및 사회적 대응 필요성 언급(비판 및 해결책)
(다)	디지털 기술이 가져온 구조적 변화 설명(기술적 측면)
(라)	디지털 금융의 개념과 특징 소개(서론)

해설

글의 흐름은 개념 설명 → 기술 변화 → 사회적 긍정 효과 → 사회적 한계와 대응이라는 전형적인 전개 구조를 따르고 있다.

(라) 글의 서론에 해당한다. '디지털 금융'이 무엇인지 정의하고, 기존 금융 서비스와 차별화되는 특성(예 시간·장소 제약 없음, 개인화된 서비스 등)을 소개하고 있다. 따라서 독자의 이해를 돕기 위해 가장 먼저 제시되어야 한다.

(다) (라)에서 언급한 디지털 금융의 기술적 기반에 대한 구체적인 설명이다. AI, 로보어드바이저, 블록체인 등 다양한 기술이 어떻게 금융 서비스를 바꾸고 있는지 설명하며, 디지털 금융이 단지 효율성 제고에 그치지 않고 금융 구조의 근본적 변화를 초래하고 있음을 보여준다.

(가) 기술 발전의 사회적 효과 중 하나인 금융 포용성 강화를 다루고 있다. 지리적 제약이나 신용 문제로 전통 금융 접근이 어려웠던 계층에게 디지털 금융이 대안이 되었음을 예시와 함께 설명한다. 이는 디지털 금융의 긍정적 영향에 초점을 맞춘 문단이다.

(나) (가)에서 다룬 긍정적 효과와 대비되는 한계점, 즉 디지털 접근의 어려움이 새로운 금융 배제를 유발할 수 있다는 점을 지적한다. 이어서 제도적 장치와 교육의 필요성을 강조하며, 글의 문제 제기와 해결 제안을 마무리 짓는 역할을 한다.

따라서 올바른 문단 배열은 (라) – (다) – (가) – (나)이다.

03 난이도 ★ 정답 ①

구조 파악

제시된 보도자료는 금융위원회의 '완화·적응·혁신' 3대 전략을 통해 급변하는 사회 환경 속에서 금융의 역할과 구조를 재정의하고자 하는 방향을 설명하고 있다. 각 문단의 주요 내용을 정리하면 다음과 같다.

1문단	(서론) 사회 환경이 급변함에 따라 금융의 역할과 구조가 재편되고 있으며, 이에 금융위는 '완화·적응·혁신' 전략을 제시한다.
2문단	(완화 전략) 금융정책을 통해 구조적 충격을 줄이고 속도를 조절해 사회적 안정성을 확보하고자 한다.
3문단	(적응 전략) 금융회사의 신성장 분야 대응과 이를 지원하기 위한 정부의 제도 정비를 통해 변화된 환경에 맞게 금융 시스템을 고도화한다.
4문단	(혁신 전략) 산업 간 융합, 디지털 금융 제도화, 해외 진출 등을 통해 금융의 외연 확대와 새로운 시스템 구축을 추진한다.
5문단	(결론) 금융이 단순한 대응이 아니라 변화의 중심이 되어야 하며, 정부와 시장 참여자의 공동 대응이 필요한 전략적 전환의 시점이다.

해설

① (X) 4문단에서 혁신 전략은 "금융의 외연을 넓히고, 새로운 시스템과 참여 구조를 정립하여 중장기 성장을 모색하는 방향"이라고 하였다. 이는 변화의 방향을 선도하려는 전략이자 기존 금융의 틀을 재정립하는 시도이다. '기존 금융의 틀을 유지'하는 것은 적응 전략에 가까운 설명이며, 혁신 전략과는 어긋난다.

② (O) 2문단에서 완화 전략에 대하여 변화 그 자체를 막는 것이 아니라, 변화에 따른 불균형과 사회적 비용을 흡수하는 데 초점을 둔다고 하였다. 또한 정책자금을 통해 변화의 속도를 조절하고 충격을 완화하려는 것이 핵심이다.

③ (O) 3문단에서 적응 전략은 "변화된 환경에 능동적으로 대응할 수 있도록 금융의 시스템을 고도화"하고, 금융회사가 "잠재 성장 분야에 특화된 전략을 마련"하여 '기능적 구조 전환'을 유도한다고 하였다.

④ (O) 정부가 금융투자산업의 구조 혁신, 디지털 금융보안법 제정, 망분리 규제 개선, AI 인프라 확충 등을 통해 민간 금융기관이 미래 변화에 적응할 수 있도록 지원한다고 하였다.

⑤ (O) 5문단에서 금융은 사회 전환의 중심축이 되어야 한다고 하며, 단순한 안정성 유지 기능에 그치지 않고, 사회·산업적 가치 창출 주체로서의 확장을 강조하였다.

04 난이도 ★ 정답 ④

구조 파악

제시문에서의 '정비'는 제도적 기반을 새로이 체계화하고, 개선·보완하는 의미로 사용되었다. 즉, 단순히 물리적 상태를 수리하거나 원상 복구하는 것이 아니라, 기존 구조의 체계적 재구성 및 효율화를 뜻한다.

해설

①, ②, ③ (X) 모두 물리적 설비나 장비의 수리·복구에 가까운 의미로, 정책·제도와 관련된 ㉠과는 거리가 멀다.

④ (O) '행정 조직의 체계를 비효율 해소를 위해 정비하였다.'에서의 '정비'의 문맥적 의미는 제도 개선에 해당한다. 즉, 기존 구조의 체계화라는 점에서 제시문과 가장 문맥적 의미가 유사하다.

⑤ (X) 문서나 내용을 정리·편집하는 의미로, 제도나 체계를 재구성하는 의미의 ㉠과는 거리가 멀다.

05 난이도 ★ 정답 ④

구조 파악

제시문은 경제학의 '정보 비대칭성'을 설명하며, 중고차 시장 사례를 통해 이로 인한 시장 왜곡 현상을 보여준다. 특히 '신호(signaling)'와 '심사(screening)'라는 정보 격차 해소 방식 두 가지를 소개하며 정보 비대칭 문제를 해결하는 양면적 접근을 설명한다. 문제는 이러한 개념을 <사례>에 적용할 수 있는지를 묻는다. 즉, A와 B의 정보를 모르는 C가 질문을 통해 정보를 얻으려는 상황은 '심사'에 해당하며, A와 B는 각각 레몬과 복숭아로 대응된다. 각 문단의 주요 내용을 정리하면 다음과 같다.

1문단	정보의 비대칭성이 시장 기능을 저해할 수 있다는 경제학자들의 경고와 개념 정의
2문단	중고차 시장에서 정보의 비대칭이 어떻게 거래 왜곡과 부작용을 초래하는지를 설명
3문단	레몬만 남고 복숭아는 시장에서 사라지는 역선택의 심화 과정을 묘사
4문단	스펜서의 해결책: 정보가 많은 사람이 적은 사람에게 신뢰 정보를 제공해야 한다고 주장
5문단	스티글리츠의 해결책: 정보가 부족한 사람이 스스로 심사 등의 방법으로 정보 격차를 줄여야 한다고 제안

해설

① (O) C가 A와 B의 신상에 대해 모르고 있는 상황은 구매자인 C의 입장에서 판매자인 A와 B가 레몬인지 복숭아인지 알 수 없는 상황을 의미하므로 '정보의 비대칭'에 해당한다.

② (O) C가 A와 B에 대한 정확한 정보를 갖게 된다는 것은 구매자인 C가 판매자인 A와 B가 레몬인지, 복숭아인지 알 수 있다는 것이므로 이를 근거로 보험료를 다르게 책정한다면 손해를 볼 확률은 낮아지게 된다.

③ (O) 정보가 적은 사람이 필요한 정보를 얻기 위해 노력한 것에 해당하므로 일종의 '심사'라고 할 수 있다.

④ (X) 장기적으로 판매자인 레몬에 해당하는 A가 자신의 이익을 극대화하기 위한 행동을 하고, 이러한 상황이 지속된다면 구매자는 판매자를 신뢰할 수 없는 상황이 될 것이므로 시장은 그 기능을 완전히 상실하게 될 것이다.

⑤ (O) 제시문에서 복숭아는 품질이 우수한 제품을, 레몬은 결함이 있는 형편없는 제품을 가리킨다. 따라서 생명보험 회사의 입장에서 볼 때 툭하면 아픈 A는 손해를 초래할 가능성이 크다는 점에서 레몬에, 건강을 잘 유지해 온 B는 손해를 초래할 가능성이 적다는 점에서 복숭아에 해당한다고 볼 수 있다.

06 난이도 ★ 정답 ①

구조 파악

독점 시장과 완전 경쟁 시장을 사회 후생 관점에서 비교하며, 독점적 지위가 근로자와 경영자의 태도, 자원 배분, 진입 장벽 형성 등에 미치는 영향을 서술한 글이다. 문항은 각 문장에서 진술한 내용이 글의 논지와 일치하는지를 평가한다. 제시문에 제시된 문장 간 논리관계를 정확히 이해하는 것이 핵심이다. 각 문단의 주요 내용을 정리하면 다음과 같다.

1문단	독점 기업은 이윤 극대화를 위해 생산량을 줄여 사회적으로 바람직한 수준에 미치지 못한다.
2문단	완전경쟁은 효율적인 자원 분배를 가져오지만, 독점은 사회적 최적 생산량에 못 미친다.
3문단	독점 이윤은 부의 편중과 정경유착 같은 사회·정치적 병폐를 유발한다.
4문단	독점 기업은 진입장벽을 만들기 위한 낭비적 지출을 하여 자원이 비효율적으로 사용된다.
5문단	경쟁 없는 독점은 효율성을 저해하며 기업이 최선을 다할 동기를 약화시킨다.

해설

① (X) 5문단 세 번째 문장에 따르면 독점적 지위로 충분한 이윤이 확보되면 경영자나 근로자 모두 열심히 일해야 할 이유를 찾지 못하므로 근로자의 근무 태도는 기업의 독점적 지위에 영향을 받는다. 따라서 "근로자의 근무 태도는 기업의 독점적 지위에 영향을 받는다."로 수정해야 글의 내용과 일치한다.

② (O) 2문단에 따르면 사회 후생의 관점에서 완전 경쟁 시장은 자원 분배가 효율적이기 때문에 이상적인 경쟁 형태이다.

③ (O) 4문단에 따르면 광고와 로비는 진입장벽을 견고하게 만들려는 시도의 일환이다. 4문단 다섯 번째 문장에서는 단순히 진입 장벽을 구축하려는 목적으로 낭비된 자원이 사회적 관점에서 부정적이라고 했다. 두 문장을 종합하면, 진입 장벽 구축을 위한 광고는 사회적 관점에서 자원의 낭비이다.

④ (O) 3문단을 통해 세계적으로 이름난 부호 가문의 재산 축적에는 독점 이윤의 획득이 결정적 역할을 했음을 알 수 있다. 이어지는 문장에서 우리나라의 경우에도 독과점 체제에서 나온 막대한 이윤이 재벌의 급속한 성장에 중요한 역할을 했다고 했다. 따라서 우리나라의 재벌과 세계적 부호 가문이 부를 축적한 방법의 핵심은 독점 이윤으로 동일하다.

⑤ (O) 1문단에서 똑같은 조건하에 있는 시장이더라도 독점화되어 있는 경우에는 완전 경쟁이 이루어지는 경우에 비해 상품 생산량이 더 낮은 수준이라고 했으므로, 동일한 조건에서 어떤 제품의 공급량은 독점 시장보다 경쟁 시장에서 더 많을 것이다.

07 난이도 ★★ 정답 ③

구조 파악

<보기>는 소비자의 선택이 단순 가격이 아니라 상품의 다양성과 차별성에 의존함을 강조하며, 독점적 경쟁 시장 개념을 소개한다. 문항은 제시문과 <보기>의 관점을 종합해 A와 B의 대화의 논리적 타당성을 평가하도록 요구한다.

해설

① (O) 제시문의 2문단에서 완전 경쟁 시장은 이상적인 경쟁 형태라고 했다.

② (O) 〈보기〉의 2문단 두 번째 문장 "독점적 경쟁 시장에서는 ~ 각 기업의 상품은 타 기업의 상품과 차별점이 있다."와 세 번째 문장을 통해 소비자는 세 종류 용지를 크게 볼 때는 같은 종류의 상품이지만 제조사에 따라 상품이 완전히 동질적이지 않다고 느낄 것임을 알 수 있다. 해당 상황에서 소비자는 자신이 원하는 상품을 선택해 구매할 수 있으므로 B는 독점이 소비자의 다양한 기호에 부응한다고 볼 것이다.

③ (X) 제시문의 2문단을 통해 독점화되어 있는 시장에서 생산자는 이윤 증대를 위해 생산량을 조절함을 알 수 있다. 한편, 제시문의 4문단을 통해 독점 기업이 다른 생산자와 시장을 나누지 않기 위해 추가적인 지출을 하게 될 것을 알 수 있으나 이것이 제품의 획일성으로 이어진다는 내용은 없다.

④ (O) 〈보기〉의 1문단 첫 번째 문장을 통해 완전 경쟁 시장과 독점 시장 모두 상품 가격에만 주목함을 알 수 있고, 두 번째 문장을 통해 B는 이에 반대하며 가격뿐만 아니라 품질 등도 고려해야 한다는 입장임을 알 수 있다.

⑤ (○) 제시문의 5문단 첫 번째 문장에서 독점 기업은 최대한의 효율성을 추구할 동기를 갖추기 어렵다고 했고, 네 번째 문장에서 독점 체제는 효율성의 측면에서 문제를 가질 수 있다고 했다.

08 난이도 ★ 정답 ③

구조 파악

제시문은 애덤 스미스의 절대우위론과 리카도의 비교우위론을 개념 및 사례 중심으로 비교·설명하고, <표>를 활용하여 각국이 기회비용이 더 적은 상품에 특화할 때 상호이익이 발생함을 수치로 구체화하고 있다. 문항은 이 개념과 표를 바탕으로 양국의 특화 및 교역 구조에 대한 이해를 평가한다. 각 문단의 주요 내용을 정리하면 다음과 같다.

1문단	애덤 스미스의 절대우위론은 각국이 생산비가 더 적은 재화에 특화하면 모두 이익을 본다고 주장
2문단	A국은 밀, B국은 쌀에 특화하면 양국 모두 이전보다 더 많은 양의 재화를 확보할 수 있음
3문단	절대우위론은 모든 재화에 절대우위가 있는 경우 무역 발생을 설명하지 못하는 한계가 있음
4문단	리카도의 비교우위론은 기회비용이 낮은 상품에 특화해도 무역이 이익이 된다는 점을 보여줌
5문단	A국과 B국의 생산비를 바탕으로 기회비용을 계산한 표를 통해 비교우위의 근거를 제시함
6문단	A국은 핸드폰, B국은 명품의류에 특화하고 교역 시 양국 모두 추가 소비 가능하여 무역 이익 발생

해설

① (X) [표 2]와 5~6문단에 따를 때 A국은 기회비용이 더 적은 핸드폰에, B국은 기회비용이 더 적은 명품의류에 비교우위가 있고, 각각 해당 상품에 특화하여 상호이익을 얻었다. 즉, 상품을 생산할 때에는 기회비용이 적게 드는 상품에 특화하는 것이 유리하다.

② (X) 비교우위론은 애덤 스미스의 절대우위론이 가진 한계점을 극복하기 위해 리카도가 제시한 이론이다.

③ (○) 특정 상품을 생산하는 데 다른 나라에 비해 생산비가 적게 드는 경우 '절대우위가 있다'고 표현하고 있음을 확인할 수 있다.

④ (X) 비교우위론은 한 국가가 다른 한 국가에 비해 두 상품 모두에 절대우위가 있는 경우의 무역 발생에 대해 설명할 수 있지만, 절대우위론은 이를 설명할 수 없다. 비교우위론은 절대우위론의 이러한 한계를 극복하기 위해 나온 이론이기도 하다.

⑤ (X) 3문단에서 "비교우위론이란 한 나라가 두 상품 모두 절대우위에 있고 상대국은 두 상품 모두 절대열위에 있더라도 생산비가 상대적으로 더 적게 드는(기회비용이 더 적은) 상품에 특화하여 교역하면 상호이익을 얻을 수 있다는 이론이다."라고 설명하고 있다. 즉, 각국이 기회비용이 더 적은, 다시 말해 비교우위에 있는 상품에 특화한 후 서로 교역한다면 두 국가 모두 이익을 얻게 된다.

09 난이도 ★★ 정답 ③

구조 파악

비교우위론에 따른 특화와 교역의 이익을 묻는 문항이다. 각국이 어떤 재화에 비교우위가 있는지를 기회비용을 통해 파악한 뒤, 주어진 총 노동시간으로 생산 가능한 수량을 구하고 교역 전후의 소비량을 비교하여 이익이 발생한 재화와 그 양을 계산해야 한다. 특화, 생산, 교역의 단계를 순서대로 이해하는 것이 핵심이다.

해설

4~6문단에 제시된 예시를 문제의 상황에 적용해 보는 문항이다. 먼저, 비교우위에 있는 재화를 알아보기 위해 양국의 각 재화 생산에 대한 기회비용을 계산해 보면 다음과 같다.

구분	진주목걸이	에어컨
갑국	에어컨 1.2	진주목걸이 0.83
을국	에어컨 0.67	진주목걸이 1.5

위 기회비용에 따라 갑국은 에어컨, 을국은 진주목걸이 생산에 특화하면, 갑국은 22시간 동안 에어컨 2.2단위를 생산할 수 있고, 을국은 15시간 동안 진주목걸이 2.5단위를 생산할 수 있다. 이후 진주목걸이와 에어컨을 1단위씩 교역하면, 갑국에는 에어컨 1.2단위가 남게 되고, 을국에는 진주목걸이 1.5단위가 남게 된다. 정리하면 다음과 같다.

구분	교역 전		특화 후		교역 후	
	진주 목걸이	에어컨	진주 목걸이	에어컨	진주 목걸이	에어컨
갑국	1단위	1단위	0단위	2.2단위	1단위	1.2단위
을국	1단위	1단위	2.5단위	0단위	1.5단위	1단위

따라서 교역 전에 비해 갑국은 에어컨 0.2단위를 추가로 소비할 수 있게 되고, 을국은 진주목걸이 0.5단위를 추가로 소비할 수 있게 된다.

10 난이도 ★ 정답 ⑤

구조 파악

제시된 글은 물가 상승률이 낮을수록 반드시 경제성장에 유리하다는 신자유주의적 통념을 브라질과 한국의 사례를 통해 반박하고 있다.

1문단	고물가 속에서도 브라질은 높은 경제성장을 이룬 반면, 저물가 시기에는 성장률이 오히려 낮았음을 설명한다.
2문단	한국 역시 고물가 상황에서도 빠른 경제성장을 경험했으며, 이는 기존의 편견을 반박하는 사례이다.
3문단	한국의 물가 상승률은 당시 여러 남미 국가보다도 높았다는 점에서, 단순 비교의 한계를 보여준다.
4문단	아르헨티나 사례를 통해 극심한 물가 상승이 경제에 미치는 부정적 영향을 인정하지만, 물가가 반드시 낮아야 경제성장에 유리하다는 주장은 논리적 비약이며, 일정 수준의 물가 상승은 성장에 장애가 되지 않음을 강조한다.

해설

① (X) 1문단에 "1960년대 및 1970년대 브라질의 평균 물가 상승률은 연간 42%나 되었다. 그럼에도 브라질은 이 기간 동안 세계적으로 손꼽힐 정도로 급속한 경제성장을 이루었다."라는 내용은 있으나 이는 브라질의 경우일 뿐이고 이것만으로 평균 물가 상승률이 높은 나라일수록 경제성장률이 높다고 할 수는 없다. 오히려 3문단의 "극심한 물가 인상은 당연히 장기 계획을 불가능하게 만들어 건전한 투자 결정을 불가능하게 만들고 따라서 건전한 경제성장은 어려워진다."를 통해 틀린 내용임을 알 수 있다. 또한 글의 전체적인 주장이라고 볼 수도 없다.

② (X) 2문단에서 실제로 존재하는 문화적 통념으로서 '동아시아인들은 저축을 많이 하고 검소하며, 남미 사람들은 놀기 좋아하고 낭비를 잘한다'는 인식을 비판적으로 제시하고 있다. 따라서 이 선택지는 지문의 내용을 전혀 반영하지 못한 것으로, 명백히 틀린 진술이다.

③ (X) 3문단의 "브라질과 한국의 사례에서 보듯 순조로운 경제성장을 위한 물가 상승률이 반드시 신자유주의 경제학자들이 원하는 1~3% 범위 이내여야 할 필요는 없다."에서 알 수 있듯이 신자유주의 경제학자들의 견해는 브라질과 한국에 있어 타당하지 않다. 이는 제시문과 일치하는 내용이기는 하지만 전체적인 글의 주장이라고 볼 수는 없다.

④ (X) 3문단의 "물론 급속한 물가 상승이 합리적인 경제적 계산의 기초 자체를 흔들어 놓은 것은 명백하다."와 "극심한 물가 인상은 당연히 장기 계획을 불가능하게 만들어 건전한 투자 결정을 불가능하게 만들고 따라서 건전한 경제성장은 어려워진다."를 통해 추론할 수 있는 내용이지만 이것이 전체적인 글의 주장이라고 볼 수는 없다.

⑤ (O) 제시문의 주장은 극심한 물가 상승은 해롭지만 브라질과 한국의 사례에서 보듯 적당한 물가 상승은 반드시 해로운 것은 아니라는 것이므로 가장 적절하다. 이는 특히 3문단의 "물론 급속한 물가 상승이 합리적인 경제적 계산의 기초 자체를 흔들어 놓은 것은 명백하다."와 "그러나 극심한 물가 상승의 파괴적 성격을 인정하는 것과 물가 상승률이 낮을수록 좋다고 주장하는 것 사이에는 엄청난 논리적 비약이 있다."에서 잘 나타난다.

11 난이도 ★★ 정답 ③

구조 파악

제시된 <표>는 '중공업'과 '경공업'의 종사자 전체를 분야(수), 성별 및 연령별(비중)로 구분하여 제시하고 있다. 수와 비중의 곱셈을 통해 각 요소의 세부적인 수치를 구할 수 있다.

해설

ㄱ. (X) 20세 이상 29세 미만, 30세 이상 49세 미만 종사자의 비중을 더하면 다음과 같다.
- 중장비 분야: 11.2%+48.7%=59.9%
- 철강 분야: 13.1%+46.2%=59.3%

ㄴ. (O) 50세 이상 55세 미만 종사자 수의 비중은 50세 이상 비중에서 55세 이상 비중을 차감하여 구할 수 있다. 종사자 수를 묻고 있으므로 도출된 비중에 종사자 전체 수를 곱해준다. 종사자 수가 1,000천 명 이상인 분야의 계산 결과는 다음과 같다.
- 자동차: (27%−15%)×5,503.8=660.5천 명
- 철강: (40.7%−27.8%)×1,042.2=134.4천 명
- 기계: (32.3%−19.4%)×1,287.1=166.0천 명

ㄷ. (X) 따라서 중공업에서 50세 이상 55세 미만 종사자 수가 가장 많은 분야는 자동차이다. 경공업에서 각 분야별로 보았을 때, 남성과 여성의 종사자의 비중 차이가 가장 작은 분야는 '생활용품'이며, '플라스틱'은 그다음으로 작다.

ㄹ. (X) 경공업 중 20세 이상 29세 미만 취업자 비중과 30세 이상 49세 미만 취업자 비중의 차이가 가장 큰 지역은 '의약'이지만 종사자 수는 비중에 종사자 전체 수를 곱해야 하므로 경공업에서 20세 이상 29세 미만 취업자 수와 30세 이상 49세 미만 취업자 수의 차이가 가장 큰 분야는 '의약'이 아니라 '플라스틱'이다.

실전 적용 TIP

'중공업'의 '자동차'와 '경공업'의 '플라스틱'이 다른 분야들에 비해 종사자 수가 매우 크다는 점, '50세 이상'과 '55세 이상'이 배타적인 구분이 아니므로 20~50세 이상까지의 비율이 100%를 이룬다는 점을 파악하면 <보기>에 빠르게 접근할 수 있다. <보기>의 ㄱ의 경우, 연령별 종사자 비중에서 20세 이상 49세 미만의 비중을 더하여 검증하기보다는 50

세 이상의 비중이 40% 미만인지 여부를 검토해 보는 것이 좋다. ㄴ의 경우, '자동차' 분야의 취업자 전체의 수가 다른 분야에 비해 월등히 많으므로 중공업에서 50세 이상 55세 미만 취업자 수는 '자동차'가 가장 많음을 알 수 있다.

12 난이도 ★★★ 정답 ②

구조 파악

제시된 자료는 지출이 예상되는 영역별 분류와 그에 대한 혜택을 기술하고 있다. 그러므로 지출 예상 내역의 금액에 대한 적립률을 계산하여 합해야 한다. 동시에 선택이 가능한 영역의 수와 적립의 한도가 고려되어야 한다.

해설

준서의 7월 지출 예상 내역에서 적립 포인트는 다음과 같다.

영역	분류	적립 포인트
생활비/생계비	공과금	5,000포인트 (적립 한도)
	식료품	6,000포인트 (적립 한도)
여가/취미	디지털 콘텐츠	3,600포인트
쇼핑/소비재	백화점/아웃렛	4,000포인트
	뷰티/화장품	2,700포인트
	온라인 쇼핑	2,100포인트
교통/이동	대중교통	6,000포인트
	자차 관련	7,000포인트
외식/카페	프랜차이즈 식음료	900포인트

〈조건〉의 세 번째 항목에 따라 각 영역에서 적립 포인트가 가장 높은 혜택을 하나씩만 선택해야 한다. 따라서 식료품, 백화점/아웃렛, 자차 관련을 선택하면 총 17,000(=6,000+4,000+7,000)포인트로 가장 많은 포인트를 적립할 수 있다.

13 난이도 ★★★ 정답 ④

구조 파악

상품의 매입, 매출(판매)의 가격과 수량을 일자별로 제시하고, 계산법에 따라 달라지는 매출원가를 계산하는 자료이다. 매입된 수량이 처리되는 순서에 방식에 따라 매출(판매) 가격이 크게 달라진다.

해설

ㄱ. (X) 선입선출법으로 계산하는 경우 11월 7일 전 매출(판매)이 총 4,000개이므로 11월 7일에 매출(판매)한 2,500개는 3월 3일 매입한 개당 1,200원인 2,000개 그리고 6월 3일 매입한 개당 1,600원인 500개이다. 매출원가는 1,280원($=\frac{(1,200\times 2,000)+(1,600\times 500)}{2,500}$)이다. 한편 후입선출법으로 계산하는 경우 11월 전에 매출(판매)한 수량이 4,000개이므로 11월 7일에 매출(판매)한 2,500개는 3월 3일 매입한 개당 1,200원인 2,000개, 2월 1일에 매입한 개당 1,000원 500개이다. 매출원가는 1,160원($=\frac{(1,200\times 2,000)+(1,000\times 500)}{2,500}$)이다.
따라서 11월 7일에 매출(판매)되는 상품의 매출원가는 후입선출법으로 계산하는 경우가 선입선출법으로 계산하는 경우에 비해 $(1-\frac{1,160}{1,280})\times 100 ≒ 9.3\%$로, 10% 이상 낮지 않다.

ㄴ. (O) 평균법으로 계산하는 경우 11월 7일에 매출(판매)한 상품의 매출원가는 1,260원[=(1,000×,4000)+(1,200×2,000)+(1,600×2,000)+(1,500×2,000)/10,000]이다.

ㄷ. (O) 매입수량은 10,000개, 매출(판매)수량은 9,000개이므로 재고는 1,000개이다. 후입선출법으로 계산한다고 하였으므로 가정 먼저 매입한 1,000개가 재고로 남게 되어 매출원가는 2월 1일 매입가격인 1,000원이다.

14 난이도 ★★ 정답 ④

구조 파악

시간의 흐름에 따라 금융기관별로 주택금융신용보증의 잔액이 어떻게 변화하는지를 나타내는 자료이다. 시중의 은행뿐만 아니라 '주택도시기금'이라는 공공적 성격을 보이는 요소도 합계에 포함되어 있다.

해설

① (O) 2021년 주택금융신용보증 잔액은 전년 대비 약 10% 증가했지만, 기타 은행 주택금융신용보증 잔액은 30% 이상 증가했으므로 2021년 주택금융신용보증 잔액 중 기타 은행 비중은 전년 대비 증가했다. 주택금융신용보증 잔액 중 기타 은행 비중을 구하면 다음과 같다.
- 2020년: 156,746/1,057,519×100≒14.8%
- 2021년: 216,526/1,169,989×100≒18.5%

② (O) 2022년에 주택금융신용보증 잔액이 전년 대비 감소한 금융기관은 한국시티은행, 하나은행, 농·수협은행 3개이다.

③ (O) 2019~2023년 중 우리은행 주택금융신용보증 잔액의 전년 대비 증가율은 다음과 같다.

- 2019년: (108,137－99,981)/99,981×100≒8.2%
- 2020년: (123,699－108,137)/108,137×100≒14.4%
- 2021년: (126,408－123,699)/123,699×100≒2.2%
- 2022년: (137,223－126,408)/126,408×100≒8.6%
- 2023년: (155,926－137,223)/137,223×100≒13.6%

④ (X) 국민은행 주택금융신용보증 잔액의 농·수협은행 주택금융신용보증 잔액에 대한 비율은 2023년이 2018년보다 낮다. 각 비율은 다음과 같다.

- 2018년: 112,856/61,524≒1.8
- 2023년: 163,495/95,651≒1.7

⑤ (O) 2019~2023년 중 신한은행 주택금융신용보증 잔액이 전년 대비 감소한 해는 2023년이다. 이 해에 주택금융신용보증 잔액 중 하위 3개 금융기관의 비중은 (2+95,651+106,154)/1,308,230×100≒15.4%이다.

15 난이도 ★ 정답 ⑤

구조 파악

연도별로, 채권 종류별로 하나의 조건에 대해 종목과 잔액이라는 두 수치가 주어지는 자료이다. 종목의 관점에서, 잔액의 관점에서, 종목과 잔액의 관점에서 수치를 계산한다.

해설

① (O) 2022년 국채 등록 종목은 전년 대비 |(71－906)|/906×100≒92.2% 감소했다.

② (O) 2021년 채권 등록 잔액 중 회사채의 비중을 어림 계산하면 103/140×100≒73.6%이다. 2021년 채권 등록 잔액 중 회사채의 비중은 1,034,319/1,403,989×100≒73.7%이다.

③ (O) 기타를 제외하고 등록 종목이 가장 적은 채권은 국채이고, 등록 잔액이 가장 적은 채권도 국채이다.

④ (O) 회사채 등록 종목 1개당 등록 잔액은 다음과 같다.

- 2022년: 953,680/10,702≒89.1억 원
- 2023년: 902,315/10,506≒85.9억 원

따라서 2023년 회사채 등록 종목 1개당 등록 잔액은 2022년 대비 감소했다.

⑤ (X) 2022년 지방채와 특수채 등록 종목 합은 회사채의 (974+187)/10,702×100≒10.8%이다.

16 난이도 ★ 정답 ②

구조 파악

<대화>를 바탕으로 모든 조건을 만족시키는 채권의 종류를 찾는 문제이다. 대화의 형식을 보이고 있으므로 불필요한 내용은 거르고 수치의 계산에 필요한 사항만을 확인해야 한다.

해설

㉠ 2023년 등록 종목이 1,000개 미만인 채권은 국채, 지방채, 특수채, 금융채이다.

㉡ 20223년 등록 잔액의 전년 대비 감소율은 다음과 같다.

- 국채: |(139－157)|/157×100≒11.5%
- 지방채: |(1,487－1,488)|/1,488×100≒0.1%
- 특수채: |(150,345－161,683)|/161,683×100≒7.0%
- 금융채: |(93,463－123,266)|/123,266×100≒24.2%
- 회사채: |(902,315－953,680)|/953,680×100≒5.4%

기타를 제외한 채권 중 2023년 등록 잔액이 전년 대비 10% 이상 감소한 채권은 국채, 금융채이다.

㉢ 2023년 채권 등록 종목 비중은 다음과 같다.

- 국채: 70/12,663×100≒0.6%
- 지방채: 967/12,663×100≒7.6%
- 특수채: 175/12,663×100≒1.4%
- 금융채: 942/12,663×100≒7.4%
- 회사채: 10,506/12,663×100≒83.0%

2023년 채권 등록 종목 비중이 7% 이상인 채권은 지방채, 금융채, 회사채이다.

따라서 ㉠~㉢에 모두 해당하는 채권은 금융채 하나뿐이다.

실전 적용 TIP

㉠, ㉡에서 '기타를 제외하고'라는 조건을 빠르게 확인할 수 있어야 한다. ㉢에서는 기타를 제외하라는 언급이 없지만, 일단 비율을 구해야 하는 것과 기타의 수가 극단적으로 작은 상태임을 고려했을 때, 모든 조건에서 기타는 제외하고 진행해도 무방한 것임을 알 수 있다. 그리고 ㉠에 해당되는 채권 종류가 4개지만, 선지에는 최대 2개의 채권만 존재한다는 점을 바탕으로 각 조건을 확인할수록 채권의 종류가 줄어든다는 점을 파악하고, 모든 채권을 확인하기보다 이전 조건에 해당하는 채권의 종류만 확인하는 것이 좋다.

17 난이도 ★★ 정답 ①

구조 파악

어떤 대상이 일정한 시간 동안 변동된 가격을 쉽게 나타낼 수 있는 '캔들 차트'를 통해 주식의 가격을 나타내고, 매매 시점의 경우에 따라 달라지는 수익률과 수익금을 계산한다.

해설

일별 가격을 동일한 항목순으로 정리하면 다음과 같다.

(단위: 원)

구분	5월 8일	5월 9일	5월 10일	5월 11일	5월 12일
시가	5,000	5,500	5,800	7,000	6,850
고가	5,600	6,600	6,250	7,400	8,750

저가	4,750	5,000	4,900	5,500	5,750
종가	5,250	6,000	5,750	5,600	6,250

ㄱ. (○) 5월 8일 저가에 매수하여 고가에 매도했을 경우의 수익률은 17.9%($=\frac{5,600-4,750}{4,750}\times 100$), 시가에 매수하여 종가에 매도했을 경우의 수익률은 5%($=\frac{5,250-5,000}{5,000}\times 100$)이다.

따라서 전자가 후자보다 수익률이 10%p 이상 높다.

ㄴ. (○) 각 일별 시가에 매수하여 당일 고가에 매도했을 경우 수익률을 정리하면 다음과 같다.

- 5월 9일: $\frac{6,600-5,500}{5,500}\times 100=20\%$
- 5월 10일: $\frac{6,250-5,800}{5,800}\times 100 \fallingdotseq 7.8\%$
- 5월 11일: $\frac{7,400-7,000}{7,000}\times 100 \fallingdotseq 5.7\%$
- 5월 12일: $\frac{8,750-6,850}{6,850}\times 100 \fallingdotseq 27.8\%$

따라서 수익률이 가장 낮은 날은 5월 11일이다.

ㄷ. (×) 5월 9일부터 12일 사이에 저가가 가장 낮은 날은 4,900원인 5월 10일이다.

ㄹ. (×) 5월 9일 종가인 5,250원에 매수한 후 일별로 가장 높은 가격에 매도할 때 일평균 수익금은 다음과 같다.

- 5월 9일 고가 매도 시 일평균 수익금: (6,600−5,250)/1=1,350원
- 5월 10일 고가 매도 시 일평균 수익금: (6,250−5,250)/2=500원
- 5월 11일 고가 매도 시 일평균 수익금: (7,400−5,250)/3≒717원
- 5월 12일 고가 매도 시 일평균 수익금: (8,750−5,250)/4=875원

따라서 일평균 수익금은 5월 9일에 가장 높다.

실전 적용 TIP

증권에 대한 캔들 차트는 보통 상승, 하락, 횡보의 경우로 볼 수 있는데, 본 문항에서는 상승과 하락의 경우만 제시되어 있다. 그러므로 하나의 캔들 차트만 확인(종가가 시가보다 높다면 상승, 반대의 경우 하락)하여 무엇이 상승한 날이고 무엇이 하락한 날인지 구분할 수 있다면 <보기>의 내용에 좀 더 쉽게 접근할 수 있다. 또한 <보기> ㄹ의 경우 일평균 수익금의 상대적 크기는 5월 8일 종가와 일별 고가를 연결한 선의 기울기로도 판단할 수 있다. 기울기가 가장 가파른 5월 9일 고가가 일평균 수익금이 가장 높다.

18 난이도 ★★★ 정답 ⑤

구조 파악

한 개의 상품에 대하여 두 개의 구매가격이 있고 기간에 따라 중복도 가능한 할인 방법들이 제시된다. 할인 기간과 할인 대상, 할인율의 조건에 따라 구매가격에 할인이 적용되어야 한다.

해설

① (○) 5월 7일은 〈표 2〉 할인 정보의 3과 4가 진행 중이므로 제조사 을의 부츠인 F0011은 소매점에서 구매하는 경우 45% 할인된다. 따라서 구매가는 71,500원[=130,000×(1−0.45)]으로 75,000원 이하이다.

② (○) 〈표 2〉 할인 정보의 1과 2가 진행 중인 기간에 구매하는 경우, 구매 방식에 따른 할인가는 다음과 같다. F0001은 인터넷 공동 구매 가격에서 20%, F0007과 F0008은 소매점 구매 가격에서 30% 할인받는 것이 가장 저렴하다. 이를 정리하면 다음과 같다.

상품코드	인터넷 공동 구매 할인가	소매점 구매 할인가
F0001	160,000×(1−0.2) =128,000원	200,000원×(1−0.3) =140,000원
F0007	130,000×(1−0.2) =104,000원	140,000원×(1−0.3) =98,000원
F0008	140,000×(1−0.2) =112,000원	155,000원×(1−0.3) =108,500원

따라서 구매 총액은 334,500원[=(160,000×0.8)+{(140,000+155,000)×0.7}]으로 35만 원 이하에 구매할 수 있다.

③ (○) 6월 2일 기준 상품별 인터넷 공동 구매 가격과 소매점 구매 가격을 정리하면 다음과 같다.

상품코드	인터넷 공동 구매 및 할인 적용(A)	소매점 구매 및 할인 적용(B)	차액 (=B−A)
F0001	160,000×(1−0.15) =136,000원	200,000×(1−0.2) =160,000원	24,000원
F0002	270,000원	350,000×(1−0.2) =280,000원	10,000원
F0003	50,000원	80,000×(1−0.2) =64,000원	14,000원

따라서 구매 가격 차이가 가장 큰 상품은 F0001이다.

④ (○) 2월 27일 F0006 구매 시 아무런 할인도 적용되지 않으므로 인터넷에서 공동 구매하는 경우 10만 원, 소매점에서 구매하는 경우 11만 원이다. 따라서 인터넷에서 공

동 구매하는 것이 더 저렴하다.

⑤ (X) 제조사 병은 〈표 2〉 할인 정보의 2일 때 구매하는 경우 상품 구매 총액이 126,000원[=(80,000+100,000)×(1−0.3)]이다. 제조사 정은 〈표 2〉 할인 정보 3과 4일 때 구매하는 경우 상품 구매 총액이 120,500원[=110,000×(1−0.45)+80,000×(1−0.25)]이다. 따라서 제조사 병의 전 상품 구매 총액은 제조사 정의 전 상품 구매 총액보다 높다.

19 난이도 ★★ 정답 ④

구조 파악

단순히 건수와 비율을 계산하는 것이 아니라, 주어진 계산식을 바탕으로 어떤 자료가 더 필요한지 확인해야 한다. 제시된 수치들의 구조는 다음과 같다.

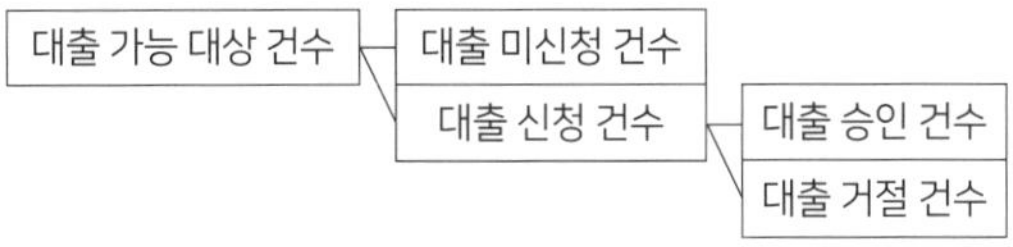

해설

ㄱ. (○) 〈보고서〉 1문단에서 2024년 하반기의 대출 신청 건수와의 비교를 위해 직전년도 하반기인 2023년 7~12월 대출 신청 건수가 필요하다.

ㄴ. (○) 〈보고서〉 전반에 걸쳐 2024년 각 개인, 법인의 대출 신청률과 대출 승인율을 구하기 위해 2024년 7~12월 각 개인, 법인의 대출 가능 대상 건수 자료가 필요하다.

ㄷ. (○) 〈보고서〉 2문단에서 2024년 7월의 전월 대비 대출 거절 건수 변동폭을 구하기 위해서 2024년 6월 대출 거절 건수가 필요하므로, 2024년 1~12월 대출 거절 건수 자료가 필요하다.

ㄹ. (X) 〈보고서〉에 2024년 1~6월 대출 승인 건수와 관련된 내용이 없고, 2024년 하반기 대출 승인 건수는 자료에 나와 있는 대출 신청 건수와 대출 거절률을 통해 구할 수 있다.

실전 적용 TIP

<표>에서 제시된 기간은 하반기라는 점과 <보고서>에서 전월 대비라는 표현이 등장한다는 점을 바탕으로 6월의 데이터가 어떤 방식이든지 필요할 가능성이 크다는 것을 빠르게 유추하여 <보기> ㄷ을 옳은 내용으로 선택해야 한다.

20 난이도 ★★★ 정답 ③

구조 파악

연도별로 여러 종류의 금리를 단순히 나열한 <표>를 제시하고, 추가적으로 3가지 종류의 스프레드(금리 간의 차이)를 계산한다. 국내는 4개의 다양한 종류의 금리로 구성되어 있으나 미국의 경우 기준 금리 1개만 제시되어 있다.

해설

ㄱ. (X) 조사기간 동안 미국 기준 금리 외의 금리 순위는 유지되지 않는다. 연도별 순위는 다음과 같다.

(단위: 위)

구분		2018	2019	2020	2021	2022	2023	2024	2025
국내	예금금리	4	4	4	3	4	4	4	4
	주담대 고정금리	3	3	3	4	3	3	3	3
	신용 대출 금리	1	2	2	1	1	1	2	2
	중소기업 대출금리	2	1	1	2	2	2	1	1
미국 기준 금리		5	5	5	5	5	5	5	5

ㄴ. (○) 2018년 대비 2025년 금리의 변화율은 다음과 같다.

- 예금금리: (1.80−3.72)/3.72≒−51.6%
- 주담대 고정금리: (2.00−4.31)/4.31≒−53.6%
- 신용대출 금리: (2.28−4.77)/4.77≒−52.2%
- 중소기업 대출금리: (2.33−4.66)/4.66≒−50.0%
- 미국 기준 금리: (1.5−2.5)/2.5≒−40.0%

따라서 가장 큰 변화율을 보인 항목은 주담대 고정금리이다.

ㄷ. (○) 국가 스프레드는 2021년 0.62, 2022년 0.59, 2023년 0.29, 2024년 0.19로 해당 기간 동안 지속적으로 감소한다.

ㄹ. (X) 조사기간 동안 신용 스프레드 증감 방향은 '증가, 증가, 감소, 감소, 감소, 증가, 감소'이고, 기간 스프레드의 증감 방향은 '감소, 감소, 증가, 증가, 감소, 감소, 증가'로, 2022년 → 2023년의 증감 방향 외에는 매년 불일치한다. 연도별 각 스프레드는 다음과 같다.

구분	2018	2019	2020	2021	2022	2023	2024	2025
신용 스프레드	0.35	0.51	0.53	0.19	0.15	0.10	0.36	0.33
기간 스프레드	0.46	0.30	0.21	0.28	0.34	0.32	0.22	0.28

21 난이도 ★★★ 정답 ①

구조 파악

사람마다의 능력치를 고려해 최대한 효율적인 결과를 내야 한다. 사람마다 속도가 다르지만, 함께 이동하는 경우 느린 사람의 속도에 맞춰 움직여야 하고 한 사람이 3번까지만 움직일 수 있다는 제한이 있다. 속도가 빠른 사람을 활용할수록 시간이 줄어들기 때문에 아버지와 아들의 움직임이 시간을 결정짓는다.

해설

함께 갈 때는 느린 사람의 걸음에 맞추기 때문에 시간이 오래 걸리므로, 전체 시간을 최소화하기 위해서는 손전등을 가지고 혼자 돌아오는 것은 걸음이 빠른 사람으로 배치해야 한다.

1) 우선 아버지와 아들이 함께 건넌다: 4분
2) 아들은 강 건너에서 기다리고 아버지가 손전등을 가지고 돌아온다: 2분
3) 어머니와 딸이 건너간다: 8분
4) 강 건너에 있던 아들이 손전등을 가지고 돌아온다: 4분
5) 마지막으로 아들이 아버지와 함께 다리를 건넌다: 4분

따라서 네 명의 가족이 다리를 건너는 데 걸리는 최소 시간은 22분이다.

실전 적용 TIP

이 문제는 제한된 조건 속에서 최소 시간을 구하는 문제이다. 핵심 전략은 다음 두 가지이다. 첫째, 느린 사람이 함께 이동할 경우 시간이 많이 소요되므로, 느린 사람들은 한 번에 함께 건너는 것이 유리하다. 둘째, 왕복 시에는 반드시 손전등을 가지고 있어야 하므로, 빠른 사람이 손전등을 가지고 돌아오는 것이 효율적이다.

따라서 일반적인 해설 순서를 따라 접근할 수 있지만, 두 번째 왕복 구간(2)과 네 번째 이동 구간(4)의 순서를 바꿔서 풀어도 정답은 동일하게 나온다. 즉, 두 번째 왕복을 누가 수행하느냐에 따라 경로의 순서는 달라질 수 있으나, '느린 사람은 함께 이동하고 빠른 사람이 손전등을 가지고 돌아온다'는 핵심 전략만 유지하면 정답에 도달할 수 있다.

22 난이도 ★★

정답 ④

구조 파악

1~6년 차에 각각 한 명씩을 배정하되, 고정된 조건, 단순 차이에 대한 조건, 차이의 배율에 대한 조건을 모두 충족시켜야 한다.

해설

1) 5번째 조건에 따라 E는 3년 차로 고정한다.

1년 차	2년 차	3년 차	4년 차	5년 차	6년 차
		E			

2) 3번째 조건에 따라 A와 D의 근무 연수 차이는 2년 또는 4년이어야 한다. 근무 연수가 겹치는 사람이 없으므로 사람 간에 최소 1년에서 최대 5년의 차이가 발생하는데, 이때 가능한 2의 배수는 2년과 4년뿐이기 때문이다.

3) 2년일 경우: 2번째 조건을 고려하여 A를 D보다 더 높은 근무 연수로 설정하면 A가 6년 차, D가 4년 차로 가능하다. A를 5년 차에 두는 것은 E의 고정으로 인해 불가능하다. A를 4년 차에 두면 2번째 조건에 따라 B가 1년 차가 되어야 하는데, 이는 3번째 조건을 위배한다.

가능성	1년 차	2년 차	3년 차	4년 차	5년 차	6년 차
가능			E	D		A
불가			E		A	
불가	B	D	E	A		

4) 위에서 가능한 경우를 바탕으로 이어 나가면, 1년 차와 2년 차에 B 또는 C를 설정할 수 있지만, 4번째 조건에 위배한다. 따라서 A와 D가 2년 차인 모든 경우는 성립 불가하다.

가능성	1년 차	2년 차	3년 차	4년 차	5년 차	6년 차
불가	B, C	B, C	E	D		A

5) 4년일 경우: 2번째 조건을 고려하여 A를 D보다 더 높은 근무 연수로 설정하면 A가 6년 차, D가 2년 차인 경우와 A가 5년 차, D가 1년 차인 경우가 가능하다. 하지만 3번째 조건을 위해서는 B와 C가 2년 차가 되어야 하는데, A가 6년 차면 성립 불가하다.

가능성	1년 차	2년 차	3년 차	4년 차	5년 차	6년 차
불가		D	E			A
가능	D		E		A	

6) 이제 남은 3개의 근무 연수에 B, C, F를 설정해야 하는데, 4번째 조건을 고려해 F를 6년 차나 4년 차에 설정하면 D와의 연차가 너무 커지기 때문에 이는 성립이 불가능함을 알 수 있다. 따라서 F를 2년 차에 설정한다.

가능성	1년 차	2년 차	3년 차	4년 차	5년 차	6년 차
가능	D	F	E		A	

7) 마지막으로 2번째 조건을 위해 4년 차에 B를 설정하면 하나의 경우만 성립함을 알 수 있다.

가능성	1년 차	2년 차	3년 차	4년 차	5년 차	6년 차
가능	D	F	E	B	A	C

① (X) B와 C의 근무 연수 차이는 2년이다.
② (X) A와 D의 근무 연수 차이는 4년이다.
③ (X) B는 4년 차, E는 3년 차이므로 B가 더 높다.
④ (O) F는 2년 차이다.
⑤ (X) D는 1년 차이다.

실전 적용 TIP

4번째 조건의 경우, 근무 연수가 가장 낮은 사람과 F 근무 연수의 차이의 2배를 계산해야 한다. 그렇기 때문에 F를 긴 근무 연수로 설정할수록 조건의 성립이 어려울 가능성이 커진다. 예를 들어, F가 4년 차만 되도 1년 차와 3년의 차이가 나고, 이 값의 2배는 6년이 된다. 따라서 F의 위치를 결정할 때, 2~3년 차 쯤에 있음을 어림짐작하는 것이 좋다.

23 난이도 ★★ 정답 ⑤

구조 파악

정해진 순서에 따라 기획안을 각 인원에게 할당하되, 처음에 할당되지 않은 기획안은 기술된 조건에 따라 할당해야 한다.

해설

1) 갑에게 우선권이 있으므로 A-1과 B-2는 갑이 고르게 된다.

2) 다음으로 을이 선호하는 기획안은 A-1과 C-2이므로 갑이 고른 A-1을 제외한 C-2를 고르게 된다. 마지막으로 병이 선호하는 기획안은 A-2, B-2이므로 갑이 고른 B-2를 제외한 A-2 기획안을 고르게 된다. 이를 정리하면 다음과 같다.

구분	A		B		C	
	1	2	1	2	1	2
갑	○			○		
을						○
병		○				

3) 이때 갑, 을, 병은 서로 다른 분야의 기획안을 맡아야 한다. 남아 있는 B-1과 C-1 가운데 을이 C-2를 골랐으므로 을은 이미 맡은 분야와 다른 분야인 B-1을 맡게 되며, 병은 C-1을 맡게 된다. 이를 정리하면 다음과 같다.

구분	A		B		C	
	1	2	1	2	1	2
갑	○			○		
을			○			○
병		○			○	

따라서 을은 B-1과 C-2를, 병은 A-2와 C-1을 맡게 된다.

24 난이도 ★★★ 정답 ⑤

구조 파악

원가와 판매가격을 바탕으로 계산되는 한계이익과 기대한계이익, 한계손실과 기대한계손실이라는 개념을 정확히 이해해야 한다. 한계이익과 한계손실로 계산되는 재고 수준의 공식을 변환하여 기대한계이익과 기대한계손실에 대한 공식으로 이끌어내는 것이 핵심이다.

해설

ㄱ. (○) 〈조건〉의 두 번째 내용에 따르면 기대한계이익은 P×MP이고, 기대한계손실은 (1−P)×ML이다. 최소한의 재고 수준을 나타내는 식 '$P \geq \frac{ML}{MP+ML}$'을 변형하면 다음과 같다.

$$P \geq \frac{ML}{MP+ML}$$
$$P(MP+ML) \geq ML$$
$$P \times MP \geq ML - P \times ML$$
$$\therefore P \times MP \geq (1-P) \times ML$$

따라서 최소한의 재고 수준은 기대한계이익이 기대한계손실 이상인 범위에서 재고량을 결정하는 것을 의미한다.

ㄴ. (○) $\frac{ML}{MP+ML} = \frac{30,000}{20,000+30,000} = 0.6$이므로 $P \geq 0.6$을 만족하는 수준에서 케이크 주문량을 결정하며, 이는 1일 케이크 주문량이 15개일 때이다.

ㄷ. (○) $\frac{ML}{MP+ML} = \frac{25,000}{25,000+25,000} = 0.5$이므로 $P \geq 0.5$를 만족하는 수준에서 케이크 주문량을 결정한다. 이때 1일 케이크 주문량은 여전히 15개이다. 케이크를 16개 주문할 경우 P=0.4가 되어 P≥0.5를 만족시키지 못하기 때문이다.

25 난이도 ★★★ 정답 ⑤

구조 파악

법률적인 정의를 바탕으로 각 예시를 분류한다. 특히 세 번째 정의인 '착오'의 경우 행위착오와 동기착오를 정확하게 구분한 다음 <보기> ㄷ, ㅁ을 이해해야 한다.

해설

ㄱ. (○) 갑과 을이 서로 짜고 매매계약을 한 것이므로 허위표시에 해당한다.

ㄴ. (○) 진의와 표시행위가 다르고, 행위자가 이를 알고 행한 것이므로 비진의의사표시에 해당한다. 비진의의사표시는 원칙적으로 유효하므로 상대방이 주문을 승낙하였을 때에는 그대로 법률행위의 효력이 발생한다.

ㄷ. (×) 행위착오는 표시행위와 진의가 서로 일치하지 않을 때만 해당하는 것인데, 매수 의사표시와 진의와의 불일치가 없으므로 행위착오에 해당하지 않는다. ㄷ은 동기

착오에 해당한다.

ㄹ. (○) 내심의 의사가 서로 일치하는데 표시만 잘못한 경우이므로 내심의 의사대로 계약이 성립한다.

ㅁ. (×) 홍콩 사람은 홍콩 달러라는 생각으로 1만 달러를 제시한 것인데, 미국에서는 미국 달러로 1만 달러를 제시한 것으로 이해될 것이며, 홍콩 사람은 이를 알지 못하고 의사표시를 한 것이므로 행위착오에 해당한다.

26 난이도 ★★★ 정답 ①

구조 파악

일정에 따라 가장 저렴한 컨벤션을 대여하되 비고의 조건을 고려해야 한다. 특히 프로젝터의 사용 유무와 추가 비용에 대한 조건이 고려되어야 한다.

해설

각 교육 차시별 이용 가능한 컨벤션과 최소 비용은 다음과 같다.

- 1차: 가능한 컨벤션은 C뿐이고, 최소 비용은 25×3=75만 원이다.
- 2차: 가능한 컨벤션은 A, B, C, D, E이고, 최소 비용은 20×3=60만 원이다.
- 3차: 가능한 컨벤션은 B뿐이고, 최소 비용은 27×4=108만 원이다.
- 4차: 가능한 컨벤션은 A, E이고, 최소 비용은 (20+1)×3=63만 원이다.

따라서 최소 비용은 75+60+108+63=306만 원이다.

27 난이도 ★ 정답 ③

구조 파악

글을 통해 유통기한의 계산 기준(제조일 또는 개봉일 기준 중 더 빠른 것)과 보관온도 조건을 확인한 후 <보기>의 각 사례가 이 기준에 적절히 부합하는지를 판단하는 문제이다. 특히 개봉 여부와 유통기한 일자 계산 시 '제조일 또는 개봉일이 포함되지 않는다.'는 조건을 유의하고, 보관온도 조건을 충족했는지 여부도 정확히 따져야 한다.

해설

ㄱ. (×) 제조일이 2025년 5월 6일로 동일한 브라질산 원두와 에티오피아산 원두의 유통기한을 비교하면 다음과 같다.

구분	브라질산 원두	에티오피아산 원두
제조일	2025년 5월 6일	2025년 5월 6일
개봉 전 유통기한	2025년 11월 6일	2025년 9월 6일
8월 10일 개봉 후 유통기한	2025년 9월 10일	–

따라서 개봉 후인 브라질산 원두와 개봉 전인 에티오피아산 원두 중 유통기한이 빠른 것은 에티오피아산 원두이다.

ㄴ. (×) 더치커피는 8℃ 이하, 휘핑크림은 5℃ 이하이다. 세 제품의 냉장보관을 위해서는 제일 낮은 온도에서 보관하는 휘핑크림에 맞춰야 하므로 5℃ 이하여야 한다.

ㄷ. (○) 자몽청은 25℃ 이하에서 보관해야 하므로 실내온도가 25℃보다 높을 경우 냉장보관하는 것이 적절하다.

28 난이도 ★★★ 정답 ②

구조 파악

각 물품별 유통기한(제조일 기준/개봉일 기준)과 취급방법이 제시된 상태에서, <보기>의 상황별 보관 날짜 및 보관 방식이 유통기한과 취급조건을 모두 충족하는지를 판단하는 문제이다. 특히 유통기한 산정 시 '제조일 또는 개봉일은 포함하지 않으며', '두 기준 중 빠른 날짜를 따른다'는 조건에 유의하며 문제를 풀어 보자.

해설

ㄱ. 제조일이 2025년 5월 20일인 브라질산 원두를 11월 1일 개봉한 경우(폐기 ○) → 유통기한이 제조일 기준 11월 20일, 개봉일 기준 12월 1일이므로, 유통기한은 더 빠른 날짜 기준인 11월 20일이다. 따라서 폐기대상이다.

ㄴ. 제조일이 2025년 8월 10일인 에티오피아산 원두를 11월 20일 개봉해 냉장보관한 경우(폐기 ×) → 유통기한이 제조일 기준 12월 10일, 개봉일 기준 12월 10일로 동일하고 원두는 개봉 후에는 실온 또는 냉장보관이므로 취급방법 역시 지켰으므로 폐기대상이 아니다.

ㄷ. 제조일이 2025년 11월 1일인 더치커피를 11월 20일 개봉해 5℃인 냉장보관한 경우(폐기 ×) → 유통기한이 제조일 기준 12월 1일, 개봉일 기준 12월 4일이므로 유통기한은 더 빠른 날짜 기준인 12월 1일이다. 또한 취급방법 역시 잘 지켰으므로 폐기대상이 아니다.

ㄹ. 제조일이 2025년 11월 11일인 우유를 11월 15일 개봉한 경우(폐기 ×) → 유통기한이 제조일 기준 11월 25일이다. 단서조건에 의해 유통기한이 11월 25일인 경우에는 폐기하지 않는다고 하였고, 10℃ 이하로 보관하는 경우에는 폐기대상이 아니다. 따라서 반드시 폐기해야 할 대상에는 속하지 않는다.

ㅁ. 제조일이 2025년 11월 20일인 휘핑크림을 겨울철 영상 1~2℃인 베란다에 보관한 경우(폐기 ×) → 유통기한이 제조일 기준 12월 20일이고, 보관방법은 5℃ 이하인 실온 또는 냉장보관이므로 폐기대상이 아니다.

ㅂ. 제조일이 2025년 10월 4일인 자몽청을 27℃인 창고에 보관하다가 20℃인 베란다로 옮긴 경우(폐기 ○) → 유통기한이 제조일 기준 12월 4일이지만, 자몽청은 25℃ 이하 보관이다. 따라서 27℃인 창고에 보관한 경우 상한 것으로 간주하여 폐기한다.

29 난이도 ★★ 정답 ④

구조 파악

점수의 평균 계산, 극단치(최댓값, 최솟값)를 제외한 점수의 평균 계산, 조건에 부합하는 점수 부여의 과정을 거쳐 최종 점수를 구해야 한다.

해설

지원팀 A~E의 항목별 점수 및 총점을 정리하면 다음과 같다.

(단위: 점)

구분	혁신성 및 창의성	시장성 및 실현 가능성	사업 모델의 명확성	관련성	총점
A	43.3=(30+80+20)/3	5	25=(25+25)/2	20	93.3
B	43.3=(60+40+30)/3	20	17=(24+10)/2	10	90.3
C	33.3=(30+25+45)/3	10	20=(20+20)/2	0	63.3
D	50=(20+70+60)/3	15	15=(8+22)/2	15	95
E	40=(35+75+10)/3	20	20=(15+25)/2	10	90

따라서 사업화 예산금을 받는 팀은 D이다.

실전 적용 TIP

평균의 크기를 비교해야 하는 상황에서는 꼭 필요한 상황이 아니라면 평균을 산출하기보다는 각 값의 합계까지만 산출하여 그 크기를 비교하는 것이 시간을 절약하는 방법이다.

30 난이도 ★★★ 정답 ③

구조 파악

제시된 근로기준법에 따라 J가 수행한 추가적인 업무 시간에 대한 수당을 계산한다. 평일 연장근로인 경우 시간당 통상임금의 1.5배이고, 휴일근로인 경우 시간에 따라 1.5배 또는 2.0배인 것에 주의해야 한다.

해설

甲사가 J에게 지급해야 하는 연장 및 휴일 근로에 따른 근로수당은 다음과 같다.

- 평일 연장근로: 18,750×(3×5+5×3+2×4)×1.5=1,068,750원
- 8시간 이내 휴일근로: 18,750×5×2×1.5=281,250원
- 8시간 초과 휴일근로: 18,750×10×3×2=1,125,000원

따라서 J에게 지급해야 하는 연장·야간 및 휴일 근로에 따른 근로수당은 최소 1,068,750+ 281,250+1,125,000=2,475,000원이다.

제2회 출제예상 모의고사

[정답표]

01	02	03	04	05	06	07	08	09	10
①	③	②	④	①	③	②	⑤	⑤	②
11	**12**	**13**	**14**	**15**	**16**	**17**	**18**	**19**	**20**
⑤	④	②	③	⑤	③	③	④	⑤	⑤
21	**22**	**23**	**24**	**25**	**26**	**27**	**28**	**29**	**30**
①	③	④	①	⑤	③	④	②	①	④

01 난이도 ★★ 정답 ①

구조 파악

제시문은 소유 중심의 자본주의에서 접속 중심의 경제로의 전환이 우리 삶과 주거, 가치관에 어떤 변화를 가져오는지를 주택 등의 대상을 통해 예측하고 있다. 각 문단의 주요 내용을 정리하면 다음과 같다.

1문단	기존 자본주의 질서가 무너지고, 접속과 무형 자산 중심의 새로운 경제 구조가 부상하고 있다.
2문단	주택 건축 분야의 변화는 소유에서 접속으로의 전환 흐름을 대표적으로 보여준다.
3문단	주택 임대 수요가 늘고 있으며, 소유보다 접속을 선호하는 인식 변화가 젊은 세대와 부유층 사이에서 나타나고 있다.
4문단	접속 중심 사회가 확산되고 있지만, 소유가 갖는 의미와 접속의 장단점은 아직 명확히 규명되지 않았다.
5문단	공간의 의미와 시간 중심 네트워크의 대두는 인간의 삶의 방식에 대한 근본적 질문을 던지고 있다.

해설

① (X) 4문단의 "사실상 모든 것이 접속으로 바뀌는 사회에서 소유에 수반되는 개인적 자부심, 책임감, 의무감은 어떻게 되는 것일까? 인간관계의 구조가 소유에서 접속으로 바뀌는 것은 분명한 사실이지만 그것이 가져오는 장단점이 구체적으로 어떤 양상으로 나타날 것인지 아직은 아무도 속단하지 못한다."를 통해 개인적 책임감과 의무감이 접속의 시대가 되면서 점점 희박해질 것이라고 단정 지을 수는 없음을 알 수 있다.

② (O) 1문단에서 "우리는 지금까지 한 번도 경험하지 못한 자본주의의 새로운 단계를 맞이하고 있다."라고 하였는데 여기서 말하는 자본주의의 새로운 단계는 '접속'의 개념이 부각되고 있는 것이므로 접속의 개념이 이처럼 부각된 것은 처음이라고 할 수 있다.

③ (O) 1~2문단의 내용을 통해 사회의 대부분이 '접속'의 대상으로 바뀌어 가고 있음을 확인할 수 있다.

④, ⑤ (O) 4문단의 "부동산 시장에서도 똑같은 문제의식이 작용하여 부유층과 젊은 세대에서는 주택을 소유하기보다는 임차하려는 추세이다. 아직은 주택 소유가 다수를 점유하고 있지만 앞으로 사회 전체가 접속의 시대로 나아가는 추세에 발맞추어 젊은 세대가 소유보다는 접속을 선택할 경우, 주택 임대가 서서히 주류로 부상할 것이다."를 통해 젊은 세대뿐만 아니라 부유층에서도 주택을 임차하려는 추세가 되어 주택을 임대하는 것이 앞으로는 주류가 될 것이라는 점을 확인할 수 있다.

02 난이도 ★ 정답 ③

구조 파악

제시문은 현재 인공지능 기술의 핵심 기반인 딥러닝(심층학습)과 고속병렬처리 기술을 설명하면서, 심층학습의 개념·원리·효용 및 응용 분야를 구체적으로 서술한다. 문항은 제시문에서 설명하지 않은 내용을 판별하도록 구성되었으므로, 제시문의 정보 범위를 정확히 파악하고 벗어난 내용을 선별하는 것이 핵심이다. 각 문단의 주요 내용을 정리하면 다음과 같다.

1문단	딥러닝과 GPU 기반 병렬처리 기술로 학습 시간이 단축되어 심층학습 연구가 활발히 진행 중이다.
2문단	학습이란 계층 간 가중치를 조정하여 새로운 입력에 대한 정확한 출력을 유도하는 과정이다.
3문단	심층학습은 계층별 추상화를 통해 다양한 변형을 극복, 인간 수준의 인식 성능을 구현한다.
4문단	CNN은 영상인식에, RNN의 LSTM은 음성인식에 활용되며 AI 기술은 산업적 활용도가 높아졌다.

해설

① (O) 2문단에서 심층학습 기술과 인공지능 기술의 이해를 위해서는 학습의 의미를 정확히 알 필요가 있다고 말하면서, 사과 영상을 데이터로 입력한 경우를 예로 들며 "출력 계층에서 계산된 값과 사과에 해당하는 값의 차이를 최소화하는 방향으로 가중치를 재조정하는 과정을 반복하는 것"이 학습이라고 하였다.

② (O) 1문단에서 "현재의 인공지능 기술은 딥러닝이라고 불리는 심층학습 기술과 GPU를 기반으로 한 고속병렬처리 기술을 바탕으로 구축되어 있다."라고 설명하였다.

③ (X) 2문단에서 계층 간 가중치의 의미에 대해 "계층을 서로 연결한 선에 해당하는 값"이라고 설명하고 있지만, 일반적인 회로에서의 계층 간 가중치의 최솟값과 최댓값에 대한 내용은 나와 있지 않다.

④ (O) 3문단에서 심층학습에서는 대상의 일반적인 특징을 학습하여 대상의 다양한 변이를 극복할 수 있는 계층 간 추상화가 이루어진다고 하면서 빨간 사과, 한입 베어 문 사과, 깎아 놓은 사과, 녹색 사과를 모두 '사과'라고 인식할 수 있다는 예를 들고 있다. 따라서 심층학습을 통해서 뭉게구름, 새털구름, 양떼구름을 모두 '구름'으로 인식하는 것 역시 가능하다는 점을 추론할 수 있다.

⑤ (O) 1문단에서 "최근 고속병렬처리 기술로 인해 학습 시간이 획기적으로 단축되었고, 이를 바탕으로 다양한 심층학습에 대한 연구가 활발히 진행되고 있다."라고 설명하였다.

03 난이도 ★ 정답 ②

구조 파악

<보기>에 제시된 문장들이 영상인식 또는 음성인식 중 어느 쪽에 해당하는지를 정확히 분류할 수 있는지를 평가한다. 문항을 해결하려면 각 표현의 기술적 특징이 제시문에서 어떤 인식 분야에 해당하는지 파악하는 것이 핵심이다.

해설

인공지능 기술을 이용한 영상 및 음성인식에 관하여 설명하고 있는 4문단에 주목하여 각각의 특징을 분류해 보면 된다.

ㄱ. (영상) "영상인식 분야에서는 합성곱 신경망(Convolutional Neural Network: CNN) 구조를 이용한 객체인식, 장면인식, 시맨틱 영상 분할 연구를 활발히 진행하고 있다."를 통해 영상인식의 특성임을 알 수 있다.

ㄴ. (음성) "음성인식은 시간 축에서 정보 흐름을 학습해야 하기 때문에"를 통해 음성인식의 특성임을 알 수 있다.

ㄷ. (음성) "음성인식 분야에서는 반복신경망(Recurrent Neural Network: RNN) 구조의 한 종류인 LSTM(Long Short-Term Meomory) 기법을 이용한 방법이 널리 사용되고 있다."를 통해 음성인식의 특성임을 알 수 있다.

ㄹ. (영상) "영상인식은 입력 데이터의 크기가 기본적으로 크기 때문에 합성곱 연산을 통해 가중치를 공유함으로써 파라미터 수를 효과적으로 감소시킬 수 있다."를 통해 영상인식의 특성임을 알 수 있다.

ㅁ. (음성) "음성인식은 ~ 신경망 회로 내에 피드백 루프가 결합된 다소 복잡한 형태를 지니고 있다. 이를 통해 비교적 긴 시간의 데이터를 효과적으로 학습할 수 있어"를 통해 음성인식의 특성임을 알 수 있다.

04 난이도 ★★ 정답 ④

구조 파악

보도자료는 2025년 6월부터 허용되는 비영리법인과 가상자산거래소의 가상자산 매도 기준 및 제도화 조치, 그리고 시장 건전성 확보를 위한 상장 심사 기준 개편 내용을 설명하고 있다. 각 문단의 주요 내용을 정리하면 다음과 같다.

1문단	비영리법인과 가상자산거래소의 가상자산 매도가 제도권 내에서 허용되며, 관련 가이드라인과 제도 정비가 추진된다.
2문단	비영리법인의 매도는 기부의 투명성 확보와 자금세탁방지를 위해 자격 요건과 내부통제가 요구된다.
3문단	거래소의 매도는 운영비 충당에 한정되며, 시장 교란 방지를 위한 제한과 공시·통제 의무가 부과된다.
4문단	양측 가이드라인은 구조는 유사하나 목적이 상이하며, 각각 기부 투명성과 시장 안정성 확보에 초점이 맞춰져 있다.
5문단	상장 직후 과열을 막기 위한 유통량 기준, 주문 제한, 좀비코인·밈코인 대응 기준이 도입된다.
6문단	이번 세노와는 가상자산 통합법의 기반이자 향후 전문투자자 참여 확대를 위한 단계적 로드맵의 출발점이다.

해설

① (O) 3문단에서 거래소는 자기 거래소를 통한 매도 금지가 의무화된다고 언급하였다.

② (O) 2문단에 따르면 비영리법인의 매각 대상은 국내 3개 이상 원화거래소에 상장된 종목으로 제한된다.

③ (O) 2문단과 3문단에 따르면 거래소는 이사회 사전 의결, 자금 사용내역 사후 공시, 매도량 제한 등을 통해 이해상충을 방지하고, 비영리법인은 KYC를 중첩 적용하여 자금세탁을 방지함으로써 소비자 보호를 도모한다.

④ (X) 3문단에서 거래소가 매도할 수 있는 자산을 '국내 주요 5개 원화거래소 기준 시가총액 상위 20종목'으로 규정하고 있으며, 상장 심사에서 유통량 기준을 요구하는 내용은 '상장빔 완화' 목적의 별도 조치로 명시되어 있다.

⑤ (O) 2문단에서 비영리법인 내부에는 기부금심의위원회를 설치하고, 기부의 적정성과 현금화 계획을 사전 심의한다고 되어 있다.

실전 적용 TIP

어떤 제도를 설명하는 제시문과 문제의 경우, 서로 다른 대상에게 각각 적용되어야 하는 방안을 뒤바꿔 제시하는 패턴이 잦다. 제시된 보도자료에서도 '매도 제도화'라는 큰 흐름 안에서 비영리법인과 거래소에 대한 방안, 목적이 두 갈래로 나눠지므로 무엇이 공통점이고 어디에서 차이가 있는지 이해하고 문제를 풀어야 한다.

05 난이도 ★★★ 정답 ①

구조 파악

제시문에 따르면 금융당국은 이번 '㉠ 제도화'가 단기 규제 정비에 그치지 않고 가상자산 통합법의 기반이 되기를 기대하고 있다. 이는 '제도화'가 단순한 운영 방식이 아니라, 장기적으로 공식적이고 지속 가능한 법적 틀로 정비되는 것을 의미한다. 즉, 기존의 임시적 규제가 법제화되어 일관된 규범으로 자리 잡기를 바란다는 뜻이다.

해설

① (O) 본문에서 '제도화'의 의미를 정확히 설명한다. 기존에 제도적 근거 없이 관행이나 일시적인 조치에 의존하던 가상자산 규제를, 장기적이고 체계적인 법률적 틀로 정비하려는 취지와 정확히 부합한다.

② (X) '특정 종교 교리를 신앙 규범으로 고정하여 교육과 전파의 중심으로 삼음'이라고 설명하고 있는데, 이는 '제도화'를 종교적 맥락에 한정한 정의로서, 경제 및 법제 관련 문맥인 본문과는 무관하다.

③ (X) '기존의 개별 사례를 분석하여 공통적 법칙을 도출함'이라고 설명한다. 이는 과학적 또는 법칙 도출과 관련된 귀납적 사고에 관한 설명으로, 특정 사회현상을 체계화하는 '제도화'의 의미와는 거리가 있다.

④ (X) '정치적 결정 과정을 법률 없이 관례적으로 운용함'은 본문의 '제도화'와는 정반대되는 개념이다. 본문은 법적 제도화를 지향하고 있는 반면, 이 선택지는 법률적 근거 없이 관례적으로 운영된다는 의미로, 비제도화 상태를 나타낸다.

⑤ (X) '조직 내 비공식 절차를 개인의 판단에 맡기고 유연하게 적용함' 역시 '제도화'의 반대 개념에 가까운 설명이다. 본문은 정식 절차와 법적 틀을 갖춘 공식적인 제도를 마련하는 것이므로, 유연성과 비공식성에 초점을 둔 이 선택지와는 부합하지 않는다.

06 난이도 ★★★ 정답 ③

구조 파악

제시된 글은 로봇세의 정의와 도입 필요성, 제도적 쟁점, 사회적 수용 가능성을 둘러싼 논의를 소개하고, 도입을 위한 조건을 제시하였다. 각 문단의 주요 내용을 정리하면 다음과 같다.

(가)	로봇세의 법적 정당성과 기술 혁신 저해 가능성 등 부정적 시각이 존재한다.
(나)	아직 로봇세는 실질적으로 도입되지 않았지만, 이를 대비한 논의가 필요하다.
(다)	로봇세는 로봇에 과세하여 일자리 상실을 보전하기 위한 조세 제도이다.
(라)	일자리 감소와 복지 재정 문제 해결을 위해 로봇세의 필요성이 강조된다.
(마)	로봇세 도입을 위해선 법적 주체 인정과 사회적 공감 형성이 선행되어야 한다.

해설

(다)에서 가장 핵심적인 개념 정의("로봇세란 무엇인가?")가 등장하며, '기술 변화 → 고용 재편 → 조세 정책 필요'라는 논의 구조가 처음 제시된다. (다)는 전반적인 논의의 출발점이 되는 개념+문제의식 제시 문단이다.

(라)는 (다)에서 제기한 문제(고용 재편 → 노동자 소득 감소)에 대한 정책적 대응 수단으로서의 로봇세 필요성을 구체화하고 있다. 일자리 감소 수치와 사회복지 부담 완화 가능성 등을 제시하여 논거를 구체화한다.

(마)는 이전의 (라)에서는 정책 필요성과 효과가 강조되었지만, 그 정책을 현실적으로 도입하기 위한 제도적 전제 조건을 강조한다. 즉, '어떻게 로봇을 과세 주체로 인정할 수 있는가', '사회적 공감대 형성 필요'라는 논의로 전환된다.

(가)에서는 (마)에서 제도화 조건이 제시된 뒤, 해당 조건들에 대한 반론 및 부작용 우려가 전개된다. 법리적 한계, 기업 부담, 기술 저해 등의 반론이 제시되며, 정책 추진의 장애 요인을 분석한다.

(나)는 앞선 논의(개념 → 필요성 → 제도 조건 → 반론)를 바탕으로, 현재 실제 정책화 수준을 서술한다. 유럽의회의 검토 사례, 로봇세가 여전히 시행되지 않고 있다는 현실, 그리고 미래 지향적 제언으로 글을 마무리한다.

따라서 글을 적절한 순서로 배열하면 (다) – (라) – (마) – (가) – (나)가 된다.

07 난이도 ★ 정답 ②

구조 파악

제시문에서 정의한 '주입'과 '누출'의 개념을 바탕으로, 거시경제에서 소득순환 규모의 증감 원리를 이해하고, 이를 구체적 상황에 적용할 수 있는지를 평가한다. 주입은 국민소득에 긍정적 영향을 주는 요소(예: 투자, 정부지출, 수출)이고, 누출은 부정적 영향을 주는 요소(예: 저축, 조세, 수입)로 설명된다. 따라서 각 선택지는 주입과 누출의 변화가 소득순환에 어떤 영향을 주는지를 논리적으로 판별해야 한다.

해설

ㄱ. (○) 주입은 소득순환 규모를 증가시키고 누출은 소득순환규모를 감소시킨다고 하였으므로, 양자의 상대적인 크기는 소득순환 규모를 증가시키거나 감소시킨다.

ㄴ. (○) 주입에서 누출을 뺀 만큼 소득 순환 규모는 커진다.

ㄷ. (○) 저축은 누출이고, 누출은 소득순환 규모를 감소시킨다.

ㄹ. (×) 저축은 누출이고, 정부지출은 주입이므로 양자가 상쇄되면 소득순환 규모는 그대로 유지된다.

ㅁ. (×) 주입과 누출이 같으면 소득순환 규모는 그대로 유지된다.

08 난이도 ★★ 정답 ⑤

구조 파악

제시문은 소득세의 인적 공제 제도와 누진세 제도가 조세의 형평성과 자원의 재분배를 실현하는 데 어떤 역할을 하는지를 설명하고, 그 정당성을 강조하고 있다. 각 문단의 주요 내용을 정리하면 다음과 같다.

1문단	세금은 자원의 재분배를 통해 사회 안정과 공공복지를 실현하는 필수 수단이다.
2문단	소득세는 인적 공제와 누진세 제도를 통해 응능부담 원칙을 구현하며 조세의 형평성을 추구한다.
3문단	조세의 형평성은 같은 소득엔 같은 세금(수평), 더 많은 소득엔 더 많은 세금(수직)이라는 원칙을 따른다.
4문단	누진세가 필요한 이유는 최저 생계비를 제외한 가처분 소득의 격차가 실제보다 훨씬 크기 때문이다.
5문단	가처분 소득 격차를 줄이기 위해 고소득자에 대해 고율의 누진세를 적용할 필요가 있으며, 이는 복지 향상을 위한 필수 조치이다.

해설

① (○) ㉠은 배우자 및 부양가족에 따라 과세를 달리함으로써 최저 생활비를 보장하는 인적 공제 제도로서 최저 생계비를 제외한 ㉤의 형평을 기하려는 의도를 가지고 있다.

② (○) 고소득층에게 더 많은 세금 부담을 지워 이를 저소득층에게 배분하는 ㉡은 돈을 더 많이 버는 사람이 세금을 더 많이 내면서 형평을 이루도록 하는 ㉢을 구체적으로 실현하기 위한 조세 제도이다.

③ (○) ㉠은 배우자 및 부양가족에 따라 과세를 달리함으로써 최저 생활비를 보장하는 것으로, ㉣을 지키기 위한 제도로서의 성격을 갖고 있다.

④ (○) ㉠은 배우자 및 부양가족 등을 고려하며, ㉡은 소득을 고려하므로 납세자의 부담 능력을 공통적으로 고려한다.

⑤ (×) ㉢은 돈을 더 많이 버는 사람이 그렇지 못한 사람보다 더 많은 돈을 내는 것을 말한다. 그리고 ㉣은 최저 생활비 이하의 소득에 대해서는 소득세를 내지 않는 것을 말한다. 이때 최저 생활비는 소득에 따라 탄력적으로 적용되는 것이 아니라 가족 구성원의 수나 특성 등에 영향을 받는 것이다. 따라서 "㉣은 ㉢을 전제로 소득에 따라 탄력적으로 적용된다."라는 진술은 타당하지 않다.

09 난이도 ★ 정답 ⑤

구조 파악

(가)는 두 소비자의 지불용의 금액을 바탕으로 A와 B가 이윤을 극대화하려 할 때, 개별 판매와 묶어 팔기 전략을 어떻게 선택해야 하는지를 설명한다. 문항은 이를 바탕으로 매출액 비교, 전략 선택, 선호도의 영향 등을 판단할 수 있는지를 묻는다. 묶어 팔기 조건과 각 전략의 매출 산출 방식 이해가 핵심이다. 각 문단의 주요 내용을 정리하면 다음과 같다.

1문단	묶어 팔기란 여러 상품을 한데 묶어 파는 전략이며, 이윤 극대화가 목적이다.
2문단	개별 판매보다 묶어 팔 때 더 높은 수입을 올릴 수 있는 사례가 제시된다.
3문단	묶어 팔기의 효과는 소비자 간 선호 차이에 의해 결정된다는 점을 설명한다.
4문단	선호 구조에 따라 묶어 팔기와 개별 판매의 수입 차이가 없을 수 있음을 말한다.
5문단	묶어 팔기는 경쟁 저해 등 부정적 측면과 효율성 제고 같은 긍정적 측면이 있다.

해설

① (○) (가)의 세 번째 문장과 네 번째 문장으로 볼 때 묶어 팔기를 하려면 샤프와 지우개를 5,800원에 팔아야 한다. 그런데 갑과 을의 지우개에 대한 지불용의 금액이 서로 바뀌면 A는 샤프와 지우개를 5,500원에 묶어서 팔아야 한다.

② (○) (가)의 세 번째 문장과 네 번째 문장으로 볼 때 묶어 팔기를 하려면 샤프와 지우개를 5,800원에 팔아야 한다. 이때 A의 매출은 11,600원이다. 그런데 샤프를 5,000원, 지우개를 800원에 각각 팔면 을은 샤프와 지우개 모두를 사겠지만 갑은 샤프만 사고 지우개를 사지 않아 A의 매출은 10,800원이 될 것이다.

③ (○) (가)의 첫 번째 문장과 두 번째 문장으로 볼 때 A가

갑과 을 모두에게 샤프와 지우개를 따로 팔려면 샤프는 5,000원, 지우개는 500원에 팔아야 하고, (가)의 세 번째 문장과 네 번째 문장으로 볼 때 묶어 팔기를 하려면 샤프와 지우개를 5,800원에 팔아야 한다. 갑과 을에게 샤프와 지우개를 각각 팔면 매출이 11,000원이고 묶어 팔면 매출이 11,600원이다.

④ (○) (가)의 다섯 번째 문장과 여섯 번째 문장을 통해 상품에 대한 선호도가 상품에 대한 지불용의 금액에 영향을 줌을 알 수 있다. 따라서 병과 정의 지불용의 금액이 다른 이유는 샤프와 지우개에 대한 선호도가 다르기 때문이라고 볼 수 있다.

⑤ (X) (가)의 여섯 번째 문장으로 볼 때 B가 병과 정 모두에게 샤프와 지우개를 따로 팔려면 샤프는 5,000원, 지우개는 800원에 팔아야 하고, 묶어 팔기를 하려면 샤프와 지우개를 5,800원에 팔아야 한다. 즉, 묶어 팔기와 따로 팔기의 매출이 동일하므로 B는 이윤 극대화를 위해 반드시 묶어 팔기 전략을 취할 필요는 없다.

10 난이도 ★★ 정답 ②

구조 파악

제시문에 나타난 '묶어 팔기'의 경제적 효과와 기업 전략적 활용 방식을 이해하고, 이를 바탕으로 <보기> 속 기업 A~C의 행동을 분석하여 적절한 설명을 고르는 문항이다. 제시문은 묶어 팔기의 긍정적·부정적 측면 모두를 제시하고 있으며, 문항은 이를 실례에 연결해 사고력을 평가한다. 특히 5문단 내용을 중심으로 판단해야 한다.

해설

① (○) 5문단을 통해 묶어 파는 방식을 선택하여 특정 상품에 대해 경쟁기업 몰래 가격 할인을 함으로써 경쟁사를 시장에서 몰아내는 판매 전략은 경쟁을 저해하고 공정한 거래질서를 해치는 결과를 가져옴을 알 수 있다.

② (X) 5문단에 따르면 기업이 묶어 파는 방식을 선택하여 특정 상품에 대해 경쟁기업 몰래 가격 할인을 함으로써 경쟁사를 시장에서 몰아내기도 한다. 따라서 글을 바탕으로 보았을 때, A사는 B사 몰래 가격 할인 판촉 행사를 했을 것이다.

③ (○) 5문단을 통해 소비자는 여러 곳을 돌아다니면서 물건을 사지 않아도 되고, 생산자는 상품을 유통시키는 데 지불하는 비용을 절약할 수 있어서 경우에 따라서는 묶어 팔기가 효율성을 높이기도 함을 알 수 있다.

④ (○) 2문단에 따르면 기업이 묶어 팔기를 하는 궁극적인 동기는 이윤 극대화이다. 이를 바탕으로 볼 때 C사는 이윤 극대화를 위해 새로운 상품인 메모리카드를 생산하고, 기존 상품인 디지털 카메라와 새로운 상품인 메모리카드를 묶어서 판매했다고 볼 수 있다.

⑤ (○) 5문단에서 묶어 파는 방식을 선택하여 특정 상품에 대해 경쟁기업 몰래 가격 할인하여 경쟁사를 시장에서 몰아내기도 한다고 했고, 이어지는 문장에서 이와 같은 판매 전략은 경쟁을 저해하고 공정한 거래질서를 해치는 결과를 가져온다며 묶어 팔기의 부정적 측면을 서술했다. C사는 디지털 카메라와 메모리카드의 묶어 팔기를 통해 시장에서의 지위를 높이고 경쟁사인 D사와 E사를 견제했다. 이와 같은 판매 전략으로 경쟁이 저해되고 결국 D사와 E사가 시장에서 사라진다면 C사의 사례는 묶어 팔기의 부정적 측면의 예가 된다.

11 난이도 ★★ 정답 ⑤

구조 파악

2025년의 1~2월 자료와 2024년의 2월 자료를 제시하고 있다. 특히 전년 동월 대비의 증감과 증감률을 모두 제시하고 있으므로 2024년의 1월 자료를 역산할 수 있다. 이렇게 제시되지 않은 자료를 제시된 자료를 통해 계산하고, 그것을 활용해 <보기>를 소거하도록 문제가 구성되어 있음을 빠르게 파악해야 한다.

해설

ㄱ. (○) 2025년 1월의 전년 동월 대비 15세이상인구 증감을 고려하면 2024년 1월의 경제활동인구는 40,386명(=40,843−457)이고, 그중 남자는 19,755명(=19,976−221), 여자는 20,631명(=20,867−236)이다. 따라서 남자의 구성비는 48.9%(≒19,755/40,843×100)로 50% 이하이며, 여자의 구성비는 51.1%(≒20,631/40,843×100)로 50%를 초과한다.

ㄴ. (X) 2025년 1월의 전년 동월 대비 경제활동인구 증감을 고려하면 2024년 1월의 경제활동인구 중 남자의 수는 14,213명(=14,235−22), 여자의 수는 9,868명(=9,879−11)이다. 따라서 2024년 2월로 가면서 각각 14,192명, 9,843명으로 감소했다.

ㄷ. (○) 2025년 1월의 비경제활동인구 증감을 고려하면 2024년 1월의 비경제활동인구는 16,304명(=16,729−425)이므로, 2024년 1~2월 비경제활동인구의 평균은 16,345명[=(16,304+16,385)/2]이고, 2025년 1~2월 비경제활동인구의 평균은 16,589명[=(16,729+16,448)/2]이다. 따라서 2025년 1월과 2월 평균 비경제활동인구 수가 2024년 1월과 2월 평균 비경제활동인구 수보다 많다.

ㄹ. (X) 증감률은 비경제활동인구가 더 높다.

실전 적용 TIP

ㄱ의 경우, 2025년 15세이상인구의 증감률, 15세이상인구 중 남자, 여자의 증감률이 모두 1.1%이므로 그 구성비 또한 같다고 판단해야 한다.
ㄷ의 경우, 평균을 모두 구하지 않고 합계까지만 구해 시간을 절약하는 것이 좋다. 그리고 2025년 1월과 2월의 비경제활동인구 수의 전년 동월 대비 증감률이 모두 양수이므로, 2025년 1월과 2월의 비경제활동인구 수는 각각 2024년 1월과 2월의 비경제활동인구 수보다 많음을 빠르게 이해할 수 있다.

12 난이도 ★★★ 정답 ④

구조 파악

카드 이용 내역의 금액이 해당하는 카드의 포인트 적립 기준의 퍼센트에 열(column)의 형태로 곱해지고, 그 값들이 모두 더해져야 한다.

해설

사용자별 포인트 적립 내역을 정리하면 다음과 같다.

(단위: 원)

구분	갑	을	병	정	무
음식·음료	0	30,000	0	0	20,000
유통·쇼핑	15,000	0	0	80,000	0
교통·이동	3,500	24,000	6,500	0	16,000
의료·건강	4,500	0	2,750	0	0
여가·문화	6,000	4,000	5,000	3,000	3,000
교육·육아	150	0	0	0	0
공과금·통신	0	0	70,000	0	0
합계	30,500	58,000	84,250	83,000	39,000

ㄱ. (X) 병이 적립한 포인트는 총 84,250포인트[=(130천 원×5%)+(55천 원×5%)+(100천 원×5%)+(350천 원×20%)]으로 정이 적립한 포인트 총 83,000포인트[=400천 원×20%)+(20천 원×15%)]보다 많다.

ㄴ. (○) 교통·이동 분야에서는 을이 적립한 포인트가 2,400포인트(=120천 원×20%)으로 가장 많다.

ㄷ. (X) 사용자별 카드 이용액의 합계는 다음과 같다.
- 갑: 150천 원+70천 원+45천 원+60천 원+30천 원=355천 원
- 을: 150천 원+20천 원+120천 원+15천 원+40천 원+40천 원=385천 원
- 병: 130천 원+55천 원+100천 원+350천 원=635천 원
- 정: 400천 원+30천 원+80천 원+20천 원+25천 원=555천 원
- 무: 100천 원+80천 원+60천 원+30천 원+160천 원=430천 원

따라서 카드 이용액이 가장 큰 사람은 병이고, 적립한 포인트가 가장 큰 사람도 병이다.

ㄹ. (X) 적립한 포인트가 가장 작은 사람은 갑이며, 사용 카드는 콕콕카드이다.

실전 적용 TIP

구체적 금액을 묻는 <보기>가 없기 때문에 이용액과 적립 기준을 그대로 곱하고 대략적인 합계를 산출한 다음 비교하는 것이 좋다. 그리고 ㄴ의 경우, 교통·이동 분야에서 을과 병의 이용액이 월등히 크다는 점을 빠르게 파악해야 한다. 또한 병의 이용액이 을의 이용액보다 10% 미만으로 크지만, 을이 사용하는 Deep카드의 적립 기준이 병이 이용하는 FUN카드의 적립 기준보다 4배가 넘는다는 점을 통해 을이 가장 많이 적립했음을 계산 없이도 결정할 수 있다.

13 난이도 ★★ 정답 ②

구조 파악

제시된 <그림>은 연도에 따라 두 종류의 보험사기에 대한 적발금액과 적발인원을 나타낸 자료이다. 적발금액은 막대 그래프로, 적발인원은 꺾은선 그래프로 제시되어 있으며 손해보험 관련 사항은 제시 기간 동안 지속 상승하지만, 생명보험은 그렇지 않다는 점을 염두에 두어야 한다.

해설

ㄱ. (○) 2021~2023년 동안 생명보험 적발인원의 전년 대비 증감 추이는 '감소, 감소, 감소'이고 생명보험 적발금액은 '감소, 증가, 감소'이다.

ㄴ. (X) 생명보험 적발인원 1명당 적발금액은 다음과 같다.
- 2022년: 581/6,301×100≒9.2백만 원
- 2023년: 438/6,072×100≒7.2백만 원

ㄷ. (X) 2022년 손해보험 적발금액과 전체 적발금액의 전년 대비 증가율은 다음과 같다.
- 손해보험 적발금액: (10,237−8,879)/8,879×100≒15.3%
- 전체 적발금액: (10,818−9,434)/9,434×100≒14.7%

ㄹ. (○) 조사기간 중 평균 손해보험 적발인원은 91,877.8명[=(82,655+87,089+89,817+96,378+103,450)/5]이므로 손해보험 적발인원이 2019~2021년에 더 낮다.

14 난이도 ★ 정답 ③

구조 파악

<표 1>에서는 은행 전체와 은행 B의 자료가 제시되었기에 은행 A에 대한 값을 역산해야 한다. <표 2>에서는 은행 A, B의 자료가 제시되었기에 은행 전체에 대한 값을 계산해야 한다.

해설

〈표 1〉에서 은행 A의 수치를 계산(=은행 전체−은행 B)하면 다음과 같다.

(단위: 명)

구분	은행 A		
	내국인	외국인	고객 구성비
2020	25,187	25,012	100.7
2021	25,285	25,144	100.6
2022	25,445	25,302	100.6
2023	25,585	25,429	100.6
2024	25,694	25,552	100.6

〈표 2〉에서 전체 예금계좌 수를 계산(=활성 예금계좌 수/활동계좌율×100)하면 다음과 같다.

(단위: 천 좌, %)

구분	은행 A			은행 B		
	활성 예금 계좌 수	활동 계좌율	전체 예금 계좌 수	활성 예금 계좌 수	활동 계좌율	전체 예금 계좌 수
2020	25,501	61.3	41,600	12,598	70.2	17,946
2021	25,873	61.5	42,070	12,470	70.2	17,764
2022	26,536	62.4	42,526	13,922	70.2	19,832
2023	26,913	62.6	42,992	13,630	70.5	19,333
2024	27,247	62.8	43,387	14,002	70.5	19,861

① (X) 2021년 은행 전체의 내·외국인 수와 은행 B의 내·외국인 수를 통하여 은행 A의 내·외국인 수를 구하면 내국인 25,285천 명(=37,257−11,972), 외국인 25,144천 명(=37,717−12,573)이다.

② (X) 활동계좌율 공식을 통해 전체 예금계좌 수를 산출하면 다음과 같다.
- 2022년: 26,536/62.4×100≒42,526천 좌
- 2023년: 26,913/62.6×100≒42,992천 좌

③ (O) 은행 전체의 활동계좌율을 계산하면 다음과 같다.
- 2020년: (25,501+12,598)/(41,600+17,946)×100 ≒64.0%
- 2021년: (25,873+12,470)/(42,070+17,764)×100 ≒64.1%
- 2022년: (26,536+13,922)/(42,526+19,832)×100 ≒64.9%
- 2023년: (26,913+13,630)/(42,992+19,333)×100 ≒65.0%
- 2024년: (27,247+14,002)/(43,387+19,861)×100 ≒65.2%

④ (X) 2022년 은행 B의 전체 예금계좌 수는 약 19,832천 좌(≒13,992/70.5%×100)이고, 2023년 은행 B의 전체 예금계좌 수는 약 19,333천 좌(≒13,630/70.5%×100)이다.

⑤ (X) 은행 A와 B 모두 주어진 기간 중에 매년 고객의 수가 증가하고 있다.

실전 적용 TIP

②의 경우, 활동계좌율은 62.4%에서 62.6%로 증가율이 1% 미만이다. 하지만 활성 예금계좌수는 1% 훨씬 넘게 증가했다. 이를 전체 예금계좌 수의 공식을 바탕으로 본다면, 분자가 분모보다 크게 증가한 것이므로 전체 예금계좌의 수는 증가했다고 판단할 수 있다.

③의 경우, 계산할 필요 없이 판단할 수 있는데, 2024년에 은행 B의 활동계좌율이 전년과 동일하다고 해도 은행 A의 활동계좌율은 전년보다 높아졌기 때문에 이는 결국 은행 전체의 활동계좌율이 높아진다는 결론이 된다.

15 난이도 ★★★ 정답 ⑤

구조 파악

제시된 표의 수치 또는 계산된 수치를 그래프들이 바르게 나타내고 있는지 확인한다. <표>에 제시된 수치를 바로 그래프로 나타낸 <보기>와 별도의 계산이 필요한 수치를 그래프로 나타낸 <보기>를 구분해야 한다.

해설

ㄱ. (O) $\frac{\text{은행 전체 내국인}-\text{은행 B 내국인}}{\text{은행 전체 외국인}-\text{은행 B 외국인}}\times 100$로 은행 A의 고객 구성비를 계산하면 다음과 같다.
- 2020년: $\frac{37,099-11,912}{37,528-12,516}\times 100 ≒ 100.7$명
- 2021년: $\frac{37,257-11,972}{37,717-12,573}\times 100 ≒ 100.6$명
- 2022년: $\frac{37,477-12,032}{37,932-12,630}\times 100 ≒ 100.6$명
- 2023년: $\frac{37,678-12,093}{38,116-12,687}\times 100 ≒ 100.6$명
- 2024년: $\frac{37,847-12,153}{38,295-12,743}\times 100 ≒ 100.6$명

ㄴ. (○) 은행 전체 활성 예금계좌 수를 계산하면 다음과 같다.
- 2020년: 25,501+12,598=38,099천 좌
- 2021년: 25,873+12,470=38,343천 좌
- 2022년: 26,536+13,922=40,458천 좌
- 2023년: 26,913+13,630=40,543천 좌
- 2024년: 27,247+14,002=41,249천 좌

ㄷ. (○) 은행 A와 은행 B의 활동계좌율은 다음과 같다.
- 2020년: 61.3%, 70.2%
- 2021년: 61.5%, 70.2%
- 2022년: 62.4%, 70.2%
- 2023년: 62.6%, 70.5%
- 2024년: 62.8%, 70.5%

ㄹ. (○) 2022년 은행 전체 내·외국인은 다음과 같다.
- 은행 A 내국인: 25,445천 명(=37,477−12,032)
- 은행 A 외국인: 25,302천 명(=37,932−12,630)
- 은행 B 내국인: 12,032천 명
- 은행 B 외국인: 12,630천 명

따라서 은행 전체 고객에서 각각이 차지하는 비중을 계산하면 다음과 같다.
- 은행 A 내국인: $\frac{25,445}{37,477+37,932}\times 100 \fallingdotseq 33.7\%$
- 은행 A 외국인: $\frac{25,302}{37,477+37,932}\times 100 \fallingdotseq 33.6\%$
- 은행 B 내국인: $\frac{12,032}{37,477+37,932}\times 100 \fallingdotseq 16.0\%$
- 은행 B 외국인: $\frac{12,630}{37,477+37,932}\times 100 \fallingdotseq 16.7\%$

16 난이도 ★ 정답 ③

구조 파악

월별로 주택연금이 지급되는데, 그 방식이 3가지로 나눠진다. 그리고 각 방식별로 건수와 연금지급액, 보증공급액, 이들의 합계까지 4가지의 수치가 제시된다.

해설

① (X) 매월 종신지급방식 1건당 연금지급액은 다음과 같다.
- 7월: 931/538≒1.7억 원
- 8월: 988/439≒2.3억 원
- 9월: 1,061/415≒2.6억 원
- 10월: 923/501≒1.8억 원
- 11월: 1,067/895≒1.2억 원
- 12월: 1,099/920≒1.2억 원

② (X) 매월 종신혼합방식 보증공급액은 기타 보증공급액의 배수는 다음과 같다.
- 7월: 3,476/1,638≒2.1배
- 8월: 3,240/1,565≒2.1배
- 9월: 2,317/1,498≒1.5배
- 10월: 4,076/1,925≒2.1배
- 11월: 8,130/3,400≒2.4배
- 12월: 7,259/2,987≒2.4배

③ (○) 종신혼합방식의 보증공급액 대비 연급지급액 비율은 다음과 같다.
- 7월: 655/3,476×100≒18.8%
- 8월: 676/3,240×100≒20.9%
- 9월: 636/2,317×100≒27.4%
- 10월: 627/4,076×100≒15.4%
- 11월: 898/8,130×100≒11.0%
- 12월: 883/7,259×100≒12.2%

④ (X) 전체 주택연금 보증공급액 중 종신지급방식 비중은 다음과 같다.
- 7월: 7,385/12,499×100≒59.1%
- 8월: 6,319/11,124×100≒56.8%

⑤ (X) 11월 기타 연금지급액과 보증공급액의 전월 대비 증가율은 다음과 같다.
- 연금지급액: (377−226)/226×100≒66.8%
- 보증공급액: (3,400−1,925)/1,925×100≒76.6%

실전 적용 TIP

④의 경우, 분모가 되는 7~8월 합계 보증공급액은 12,499억 원에서 11,124억 원으로 약 10% 정도 감소했지만 분자가 되는 종신지급방식 보증공급액은 7,385억 원에서 6,319억 원으로 10%를 훨씬 웃돌게 감소했다. 분모의 감소보다 분자의 감소가 훨씬 크기 때문에 결국 비중은 감소했다고 빠르게 판단할 수 있다.

17 난이도 ★★ 정답 ③

구조 파악

제시된 자료는 월별로 3가지 종목의 고가, 저가, 종가를 기록한 것이다. 각주의 불안정성의 공식을 통해 저가에 대비하여 고가가 얼마나 변동했는지를 나타내고 있음을 알 수 있다.

해설

ㄱ. (○) 조사기간 중 A사의 종가가 전월 대비 하락한 달은 4월($4,494 → $4,181)뿐이다.

ㄴ. (X) 종가가 가장 높은 달은 각각 A사 5월, N사 3월, T사 5월이다. N사의 경우 3월의 저가는 $298로 1, 4, 5월에 비해 저가가 낮다.

ㄷ. (X) 4월 각 종목의 불안정성을 살펴보면 다음과 같다.

• A사: {(4,431－3,928)/3,928}×100≒12.8%
• N사: {(345－314)/314}×100≒9.9%
• T사: {(4,677－4,055)/4,055}×100≒15.3%

따라서 4월의 불안정성은 T사가 가장 높다.

ㄹ. (O) 각 종목의 1월 종가 대비 5월 종가의 증가율을 계산하면 다음과 같다.

• A사: (6,704－2,640)/2,640≒1.54
• N사: (332－316)/316≒0.05
• T사: (6,630－3,452)/3,452≒0.92

ㅁ. (O) T사의 월별 고가와 저가의 차이는 1월 $614, 2월 $736, 3월 $522, 4월 $622, 5월 $1,010이다. 따라서 3월의 차이가 가장 적다.

실전 적용 TIP

ㄷ의 경우, 단순히 고가와 저가의 차이를 짐작해 보면 된다. 특히 10% 가산을 기준으로 어림짐작해 보는 것이 빠른 판단에 도움이 된다. 우선 가장 계산하기 쉬운 N사의 경우는 고가가 저가에 비해 큰 정도가 거의 10%에 수렴함을 알 수 있다. A사는 종가와 저가의 마지막 두 자리가 비슷하므로 백의 자리부터만 계산해 보면 500 정도 차이가 나는데, 이를 채우기 위해서 10%보다 조금 더 큰 가산이 필요하다고 판단할 수 있다. 마지막으로 T사의 경우에도 백의 자리부터만 계산해 보면 약 15%가 더 필요할 것이므로 가장 불안정성이 높다고 볼 수 있다.

18 난이도 ★★★ 정답 ④

구조 파악

제시된 자료는 연도별 최저임금을 제시하고 동시에 노동자들에게 제공되는 지원 금액의 기준을 나타내고 있다. 월급 열은 시급을 통해 산출되어야 한다. <조건>에서 지원금은 노동자의 노동 유형에 따라 나눠진다.

해설

ㄱ. (O) 전년 대비 최저 시급 인상액은 2021년 $0.35, 2022년 $0.37, 2023년 $0.45, 2024년 $0.44, 2025년 $1.06으로, 2025년에만 인상액이 $1를 초과한다.

ㄴ. (X) 최저 시급을 바탕으로 209시간 기준 월급을 계산하면 다음과 같다.

• 2018년: 4.32×209≒$902.88
• 2019년: 4.58×209≒$957.22
• 2020년: 4.86×209≒$1,015.74
• 2021년: 5.21×209≒$1,088.89
• 2022년: 5.58×209≒$1,166.22
• 2023년: 6.03×209≒$1,260.27
• 2024년: 6.47×209≒$1,352.23
• 2025년: 7.53×209≒$1,573.77

ㄷ. (O) 2025년 최저 시급은 $7.53이고, 단기간 노동자에 대한 급여 보호 프로그램의 시간당 지원 금액은 최소 $3(＝$30/10시간) 이상이므로 고용주의 입장에서는 $4.53 이하 금액을 부담한다.

ㄹ. (O) 조사기간 동안 매년 최저임금 인상률은 물가 상승률 5%를 상회하였으므로, 실질 최저 시급 또한 지속적으로 상승했다.

실전 적용 TIP

ㄴ의 경우, 시급과 근로시간의 곱을 구하기보다는 최저 월급이 $1,200을 넘으려면 최저 시급은 $5.74(≒$1,200/209)를 초과해야 한다는 점을 이용하는 것이 좋다.

19 난이도 ★★★ 정답 ⑤

구조 파악

<조건>을 바탕으로 근로자의 근로 유형에 따라 인원수에 맞는 지원금을 계산하고 최종 합계를 구한다. 이때 각주에서 제시하고 있는 일 평균 근로시간이 8시간 이상인 경우가 있는지 고려해야 한다.

해설

급여 보호 프로그램 지원 대상 여부와 금액을 정리하면 다음과 같다.

구분	지원 대상 여부 및 개별 지원 금액	지원 금액
상용 근로자	월 보수 $1,800으로 1인당 월 $130 지원	$130×13명 ＝$1,690
A팀 단시간 근로자	주 35시간 근로로 1인당 $120 지원	$120×12명 ＝$1,440
B팀 단시간 근로자	주 25시간 근로로 1인당 $90 지원	$90×9명 ＝$810
일용 근로자	• 월 근로일수 23일로 1인당 $130 지원 • 일 평균 근로시간: 12시간 (＝276시간/23일) • 재산정: $195(＝$130×12/8)	$195×3명 ＝$585
총 지원 금액	—	$4,525

20 난이도 ★★★ 정답 ⑤

구조 파악

연도별로 코스닥시장의 주식 결제와 관련된 자료가 제시되었다. 차감량과 결제율의 경우 공식을 통해서 산출해야 한다.

해설

① (○) 2021년 차감률은 2019년 대비 (89.2−84.1)/84.1×100≒6.1% 증가했다.

② (○) 2022년 거래대금은 2018년 대비 (169,755−120,896)/120,896×100≒40.4% 증가했다.

③ (○) 거래대금 대비 증권거래세 비율은 다음과 같다.
- 2018년: 358/120,896×100≒0.3%
- 2020년: 659/268,218×100≒0.2%

④ (○) 차감량은 다음과 같다.
- 2017년: 17,869×84.3/100≒15,063.6천만 주
- 2018년: 19,343×83.7/100≒16,190.1천만 주
- 2019년: 20,285×84.1/100≒17,059.7천만 주
- 2020년: 40,464×88.6/100≒35,851.1천만 주
- 2021년: 43,539×89.2/100≒38,836.8천만 주
- 2022년: 25,436×86.9/100≒22,103.9천만 주
- 2023년: 27,392×86.6/100≒23,721.5천만 주

따라서 차감량이 가장 큰 2021년과 가장 작은 2017년의 차이는 23,773.2천만 주(=38,836.8−15,063.6)이다.

⑤ (X) 2017~2023년 중 결제율은 다음과 같다.
- 2017년: 2,805/17,869×100≒15.7%
- 2018년: 3,275/19,343×100≒16.9%
- 2019년: 3,220/20,285×100≒15.9%
- 2020년: 4,625/40,464×100≒11.4%
- 2021년: 4,709/43,539×100≒10.8%
- 2022년: 3,330/25,436×100≒13.1%
- 2023년: 3,681/27,392×100≒13.4%

따라서 결제율이 전년 대비 감소한 해는 2019년, 2020년, 2021년의 3개년이다.

실전 적용 TIP

④의 경우, 거래량이 가장 큰 해는 쉽게 구할 수 있다. 차감률들의 변동폭이 비교적 작은 것에 비해 거래량의 변동폭이 훨씬 크기 때문이다. 그리고 차감량은 거래량과 차감률의 곱으로 계산되므로 차감량이 가장 큰 해는 거래량과 차감률 모두 가장 높은 2021년이다.

21 난이도 ★★ 정답 ①

구조 파악

제시된 9명의 인원을 3개의 부서에 조건을 지키면서 할당한다. 고정된 조건과 그렇지 않은 조건이 존재하고 1~3지망까지 동시에 고려해야 한다.

해설

〈지원 현황〉의 네 번째 내용은 모든 신규직원이 개발설계부를 1지망이나 2지망으로 발령받고 싶어 한다는 것과 같다. 따라서 지원 순서로 가능한 경우는 다음과 같다.

구분	1지망	2지망	3지망
경우 1	개발설계부	기획전략부	인프라부
경우 2	개발설계부	인프라부	기획전략부
경우 3	기획전략부	개발설계부	인프라부
경우 4	인프라부	개발설계부	기획전략부

〈지원 현황〉의 첫 번째 내용에서 개발설계부보다 인프라부로 발령받고 싶어 하는 신규직원은 2명이라고 했으므로 이는 경우 4만 해당한다. 이를 정리하면 다음과 같다.

구분	1지망	2지망	3지망	지원자 수
경우 1	개발설계부	기획전략부	인프라부	0명
경우 2	개발설계부	인프라부	기획전략부	0명
경우 3	기획전략부	개발설계부	인프라부	0명
경우 4	인프라부	개발설계부	기획전략부	2명

〈지원 현황〉의 두 번째 내용에서 인프라부보다 기획전략부로 발령받고 싶어 하는 신규직원은 3명이라고 했으므로 이는 경우 1과 경우 3이 해당된다. 이를 정리하면 다음과 같다.

구분	1지망	2지망	3지망	지원자 수
경우 1	개발설계부	기획전략부	인프라부	3명(중복)
경우 2	개발설계부	인프라부	기획전략부	0명
경우 3	기획전략부	개발설계부	인프라부	3명(중복)
경우 4	인프라부	개발설계부	기획전략부	2명

그런데 〈지원 현황〉의 세 번째 내용에서 개발설계부보다 기획전략부로 발령받고 싶어 하는 신규직원은 3명이라고 하였고 이는 경우 3에만 해당된다. 경우 3의 순서로 지원하고자 하는 신규직원이 3명이므로 경우 1의 순서로 지원하고자 하는 신규직원은 0명이 된다. 따라서 9명 중 경우 2의 순서로 지원하고자 하는 신규직원은 남은 4명이다. 이를 정리하면 다음과 같다.

구분	1지망	2지망	3지망	지원자 수
경우 1	개발설계부	기획전략부	인프라부	0명
경우 2	개발설계부	인프라부	기획전략부	4명
경우 3	기획전략부	개발설계부	인프라부	3명
경우 4	인프라부	개발설계부	기획전략부	2명

① (○) 인프라부를 1지망으로 지원하는 것은 경우 4이며, 이에 해당하는 신규직원은 2명이다.

② (X) 3지망으로 인프라부를 지원한 신규직원은 3명이고,

3지망으로 기획전략부를 지원한 신규직원은 6명이므로, 인프라부를 3지망으로 지원한 신규직원이 가장 많은 것은 아니다.

③ (X) 기획전략부를 2지망으로 지원한 신규직원은 없다.

④ (X) 1지망으로 개발설계부를 지원한 신규직원은 4명으로 가장 많다.

⑤ (X) 인프라부를 2지망으로 지원한 신규직원은 4명이고, 3지망으로 지원한 신규직원은 3명이므로 동일하지 않다.

실전 적용 TIP

가장 먼저 고정된 조건을 찾아 경우의 수를 나누는 것부터 시작해야 시간을 단축할 수 있다. <지원 현황>의 4번째 내용이 간단하고 고정적인 조건이므로 여기에서부터 개발설계부가 1지망인 경우와 2지망인 경우로 나눠야 한다.

22 난이도 ★ 정답 ③

구조 파악

글의 평가 지침에 따라 각 기업의 순위를 정하고, 순위별 지원금액과 순자산 한도를 적용한 뒤, 업종별 인센티브를 고려하여 A기업의 최종 지원금액을 계산하는 문제이다. 평가지표별 순위 부여 방식, 한도 제한 조건, 업종 인센티브 규칙에 유의하며 문제를 풀어 보자.

해설

A기업에 대한 지원금액을 파악하기 위해서는 먼저 기업별 순위를 확인해야 한다. 각 기업의 순위 및 지원금액은 다음과 같다.

구분		A	B	C	D
업종		IT	음식료	섬유	2차전지
평가지표	기술력(100점 만점)	4	3	2	1
	영업이익률(%)	4	1	2	3
	부채비율(%)	1	3	4	2
	매출액증가율(%)	4	1	2	3
	ESG 불이행(건수)	1	3	2	4
평가지표 합산		14	11	12	13
순자산(억 원)		2,100	600	900	3,000
평가순위 기준 지원금액(억 원)		2,000	500	1,000	1,500
한도 감안 지원금액(억 원)		1,400	400	600	1,500
인센티브(억 원)		280	–	–	300
인센티브 합산 지원금액(억 원)		1,680	400	600	1,800

따라서 A기업에 대한 지원금액은 1,680억 원이다.

23 난이도 ★★ 정답 ④

구조 파악

글에서 각 기업의 평가지표, 업종, 순자산, 지원요구금액을 바탕으로 평가순위와 지원금액을 산정하고, <보기>의 진술과 비교해 옳고 그름을 판단하는 문제이다. 평가점수 산정 기준과 인센티브 조건, 지원 한도를 정확히 이해한 후 기업별 최종 지원금액을 계산하며 문제를 풀어 보자.

해설

ㄱ. (O) 위의 해설을 참고하면 D기업이 1,800억 원으로 가장 많은 지원금액을 받게 됨을 알 수 있다.

ㄴ. (X) 모든 기업의 지원금액을 합하면 4,480억 원으로 5,000억 원의 90%인 4,500억 원에 미달한다.

ㄷ. (O) IT와 2차전지 업종의 추가 인센티브를 40%로 증액할 경우 A기업의 인센티브는 560억 원, 최종 지원금액은 1,960억 원이 되고 D기업의 인센티브는 600억 원, 최종 지원금액은 2,100억 원이 된다. 이 경우 A, B, C, D기업의 최종 인센티브 금액을 더하면 5,060억 원이 된다.

ㄹ. (X) 모든 업종에 인센티브 20%를 부여할 경우 B기업의 인센티브 80억 원, C기업의 인센티브 120억 원 등 총 200억 원이 증가한다. 이 경우 총 지원금액은 4,680억 원이다.

24 난이도 ★★★ 정답 ①

구조 파악

7명의 사람, 3대의 차량, 운전 여부라는 3가지 요소를 동시에 고려하면서 경우의 수를 판단한다. 고정된 조건이 있지만 경우의 수가 다양하게 발생함에 주의해야 한다. 그리고 운전자의 여부는 차량마다 필수이므로, 도출된 경우의 수가 성립이 가능한 경우인지 아닌지를 결정해 주는 마지막 조건이 된다.

해설

1) 첫 번째, 두 번째 조건에 의해 각 차량에는 2명, 2명, 3명이 탑승한다. 세 번째, 네 번째 조건을 통해 1호차에 가장 많이 탑승하고, 거기에는 C와 E가 있음을 알 수 있다. 이를 나타내면 다음과 같다. 운전자로 탑승할 수 있으면 '+', 없으면 '–'기호를 붙인다.

구분	탑승자	탑승자	탑승자
1호차	C+	E–	

2호차			
3호차			

2) 다섯 번째 조건을 통해 B와 F의 위치로 경우의 수를 크게 나눠볼 수 있다. 이를 정리하면 다음과 같다.

구분	탑승자	탑승자	탑승자
1호차	C+	E−	B 가능
2호차	F 가능	B 가능	
3호차	F 가능		

3) B의 가능한 위치 하나를 기준으로 하고, 일곱 번째, 여덟 번째 조건을 통해 D와 G의 위치를 정하면 다음과 같다.

경우1	탑승자	탑승자	탑승자
1호차	C+	E−	B
2호차	F−	D	
3호차	G−		

경우2	탑승자	탑승자	탑승자
1호차	C+	E−	B
2호차	G−		
3호차	F−	D	

따라서 A의 위치는 자동으로 정해지고 가능한 경우의 수 2개가 도출된다

4) B의 나머지 가능한 위치를 기준으로 하고, 일곱 번째 조건과 여덟 번째 조건을 통해 D와 G의 위치를 정하면 다음과 같다.

경우3	탑승자	탑승자	탑승자
1호차	C+	E−	G−
2호차	F−	B+	
3호차	D		

따라서 A의 위치는 자동으로 정해지고 가능한 경우의 수 1개가 도출된다.

5) 마지막 경우에서는 여섯 번째 조건에 의해 G가 2호차에도 갈 수 없으므로(B와 G가 같은 차에 탑승하면 운전자가 없기 때문) G는 1호차로 가야 한다.

경우4~5	탑승자	탑승자	탑승자
1호차	C+	E−	G−
2호차		B	
3호차	F−		

따라서 A와 D의 위치는 남은 자리에 교차로 배치할 수 있어 경우의 수 2개가 도출된다.

가능한 경우의 수는 모두 5개이다.

① (○) A는 2호차 또는 3호차 중 한 차량에 탑승한다.
② (×) B는 1호차 또는 2호차 중 한 차량에 탑승한다.
③ (×) D는 2호차 또는 3호차 중 한 차량에 탑승한다.
④ (×) F는 2호차 또는 3호차 중 한 차량에 탑승한다.
⑤ (×) G는 1~3호차 중 한 차량에 탑승한다.

실전 적용 TIP

고정된 조건을 먼저 파악하고 거기에서부터 경우의 수를 나눠보는 것이 중요하다. 그렇지 않으면 처음부터 너무 많은 경우의 수를 파악해야 하므로 시간이 낭비된다. <조건>의 전반부는 이러한 고정 조건이 먼저 나오므로, 이를 바탕으로 도식화하고 후반부의 조건을 통해 경우의 수를 나눠 판단하는 것이 좋다.

25 난이도 ★★★ 정답 ⑤

구조 파악

제시된 자료는 현재 시행되고 있는 제도를 우선 설명하고, 이 제도가 적용될 때 대상에 따라 어떻게 다르게 적용되는지까지 기술하고 있다. 이어서 제도를 어떻게 변화시킬 수 있는지 방안을 마련하고 있으므로, <보기>에서는 현재를 기준으로만 판단할 것이 아니라 개선안이 적용된 상황도 미리 고려해야 한다.

해설

ㄱ. (○) 〈개선안〉을 보면 갑(甲)국은 나이가 다르면 한도의 차등화를 하려고 하며, 젊은 층에 유리하도록 추진한다고 하였다. 이는 젊은 층이 향후 경제활동을 계속할 수 있어 기대 수익이 높으므로 그만큼 더 대출을 할 수 있도록 한다는 의미이다.

ㄴ. (○) 적용 비율이 낮을수록 대출을 강하게 규제하겠다는 의미이며, 이는 과도한 투기가 발생하는 것을 방지하겠다는 의미로 받아들일 수 있다. 따라서 A지역 중 A－a구역, A－b구역, A－c구역, 다음으로 이외의 A지역 그리고 B지역의 순으로 부동산 투기가 과열되었을 것이라 추측할 수 있다.

ㄷ. (×) 〈현행 DTI 제도〉에서는 나이나 자산을 고려하지 않기 때문에 연간 소득이 같다면 가능한 대출금액도 같다. 즉, 부동산 보유는 대출금액의 한도에 영향을 미치지 않는다. 그러나 〈개선안〉에서는 자산도 고려되므로 부동산을 보유한 사람이 더 많은 대출을 받을 수 있다.

ㄹ. (×) 〈현행 DTI 제도〉의 적용 비율과 대상을 보면, DTI는 $50,000가 넘는 대출에만 적용되므로 $30,000를 대출하려는 사람에게는 적용되지 않는다.

26 난이도 ★ 정답 ③

구조 파악

비파괴적 압축 방식의 특징을 이해하고, 이를 활용해 주어진 숫자 배열을 압축한 결과를 판단하는 문제이다. 특히 동일한 숫자가 연속될 경우 해당 숫자와 반복 횟수로 압축된다는 설명에 따라, <데이터>의 연속 패턴을 정확히 식별하여 보기 중 가장 적절한 압축 결과를 찾아야 한다.

해설

제시문의 내용을 보면 비파괴적 압축방식은 데이터가 반복되는 경우에는 반복된 횟수로 표시하여 압축한다는 것을 알 수 있다. 따라서 숫자가 반복되는 횟수로 비파괴적 압축 방식과 같이 표기한 것을 찾으면 된다. 세 번째 단락에서 그 예시가 있는데, '5555555'를 '5-7'로 표기함으로써 원래 숫자와 반복 횟수를 각각 표시함을 알 수 있다. 따라서 〈데이터〉의 숫자는 '76-3123-28-29-454-3'로 압축될 것이다.

27 난이도 ★ 정답 ④

구조 파악

제시문과 표를 읽고 출발 시각과 도착 마감 시각, 비용 한도를 고려하여 소요시간 2시간 40분 이내이면서 비용 25,000원 이하인 교통수단 조합을 찾는 문제이다. 구간별 교통수단의 소요시간과 비용을 모두 계산한 뒤, 조건을 만족하는 유일한 조합을 고르는 것이 핵심이다.

해설

소요시간은 2시간 40분(오전 11시~오후 1시 40분) 이내, 비용은 25,000원 이하인 교통수단의 조합을 찾으면 된다.

구분	소요시간	비용
택시 → KTX → 택시	25분+1시간+15분 =1시간 40분	9,000+23,000 +7,000=39,000원
택시 → 새마을호 → 전철	25분+1시간 40분 +30분=2시간 35분	9,000+16,000 +1,400=26,400원
전철 → KTX → 택시	40분+1시간+15분 =1시간 55분	1,500+23,000 +7,000=31,500원
전철 → 새마을호 → 택시	40분+1시간 40분 +15분=2시간 35분	1,500+16,000 +7,000=24,500원
전철 → 새마을호 → 전철	40분+1시간 40분 +30분=2시간 50분	1,500+16,000 +1,400=18,900원

따라서 소요시간 요건과 비용 요건을 모두 충족하는 교통수단을 순서대로 나열하면 '전철 → 새마을호 → 택시'이다.

28 난이도 ★ 정답 ②

구조 파악

A지점에서 대전역까지 김 행원이 도착해야 하는 시각은 오후 1시 10분이며, 편도 운임으로는 25,000원 이하만 사용할 수 있다. 지점 차량을 이용하면 대전역 이후 B지점까지의 비용과 시간은 고려하지 않아도 되므로, 김 행원이 시간과 비용 조건을 모두 만족하는 교통수단 조합을 고르는 것이 핵심이다.

해설

A지점에서 대전역까지 이동하는 데 소요시간은 2시간 10분(오전 11시~오후 1시 10분) 이내, 비용은 25,000원 이하인 교통수단 조합을 찾아보면 다음과 같다.

- 택시 → 새마을호: 2시간 5분 / 25,000원
- 전철 → KTX: 1시간 40분 / 24,500원

ㄱ. (○) A지점에서 대전역까지 이동할 때 '택시 → 새마을호'를 이용할 수도 있고, '전철 → KTX'를 이용할 수도 있다. 따라서 A지점에서 서울역까지 이동할 때는 택시를 이용할 수도 있고, 전철을 이용할 수도 있다.

ㄴ. (×) A지점에서 서울역까지 전철을 이용했다면, 서울역에서 대전역까지는 KTX를 이용해야 한다.

ㄷ. (×) 소요시간을 최소화한다면 '전철 → KTX'를 선택하게 되고, 이때의 소요시간은 1시간 40분이다.

ㄹ. (○) 비용을 최소화할 때도 역시 '전철 → KTX'를 선택하게 되고, 이때의 비용은 24,500원이다.

29 난이도 ★ 정답 ①

구조 파악

영문, 숫자, 기호의 조합을 사전에 정해진 규칙에 따라 일련의 숫자로 변환해야 한다. 영문은 01~ 25(중간에 j는 00), 숫자는 51~59, 특수기호는 81~88로 구분된다는 특징이 있다.

해설

비밀번호 noname3$을 암호화 규칙에 따라 변환하면 다음과 같다.

n	o	n	a	m	e	3	$
13	14	13	01	12	05	53	84

따라서 비밀번호를 변환한 암호화 코드는 1314130112055384이다.

30 난이도 ★ 정답 ④

구조 파악

변환된 일련의 숫자를 규칙에 따라 영문, 숫자, 기호로 다시 되돌려야 한다. 비밀번호의 사용 가능 여부를 묻고 있으므로, 단순히 되돌리는 절차 외에 비밀번호 생성 자체에 대한 규칙(종류별 최소 1자리 이상 사용)도 존재함에 주의해야 한다.

(해설)

① (○) 비밀번호는 air%41ab이며 사용할 수 있다.

01	09	17	85	54	51	01	02
a	i	r	%	4	1	a	b

② (○) 비밀번호는 love!!12이며 사용할 수 있다.

11	14	21	05	81	81	51	52
l	o	v	e	!	!	1	2

③ (○) 비밀번호는 2in1co이며 사용할 수 있다.

52	09	13	51	84	03	14	84
2	i	n	1	$	c	o	$

④ (X) 비밀번호는 8자리이며, 영문(소문자), 숫자, 특수기호를 각각 1자리 이상씩 이용해야 한다고 하였으므로 사용할 수 없다.

55	57	01	54	53	21	01	13
5	7	a	4	3	v	a	n

⑤ (○) 비밀번호는 *baby33!이며 사용할 수 있다.

88	02	01	02	24	53	53	81
*	b	a	b	y	3	3	!

실전 적용 TIP

문제에 제시된 규칙, 조건과 공식은 이유 없이 주어지는 경우가 드물다. 이러한 관점에서 첫 번째 규칙이 존재함에도 이전 문제(30번)에 사용되지 않았다면 이번 문제에 적용될 가능성이 있음을 염두에 두어야 한다. 그래서 문자를 되돌리는 것부터 수행하기 전에 비밀번호로서 성립될 수도 없는 경우가 존재하는지 대강 탐색하는 것이 좋다. 변환 규칙에 따라 모든 암호화 코드에는 0, 1, 5, 8이 존재해야 하므로 8이 하나도 없는 것을 빠르게 선택할 수 있다.

은행NCS를 위한 피셋PSAT 300제

나만의 성장 엔진
www.honjob.co.kr

혼JOB

자소서 / 면접 / NCS·PSAT / 전공필기 / 금융논술 / 시사상식 / 자격증

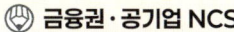

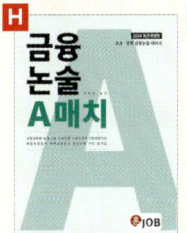